소비자법

전남대학교출판부

머리말

개인주의와 자유주의, 시장경제를 근간으로 하는 근대법은 시민으로서의 합리적 인간상을 전제로 하여 그 원리를 구성하고 있다. 그러나 오늘날 산업혁명으로 촉발된 대량생산과 함께 대량소비시대로 말미암아 사업자와의 관계성에서 좀 더 취약한 소비자로서의 인간상을 전제로 한, 새로운 패러다임과 원칙에 기반한 소비자법의 태동을 요구하게 되었다. 생산은 기업이 전담하게 되었고 일반 가계 및 개인은 기업이 생산하는 상품을 소비하는 일방적 소비자로 전락하게 되었다.

재화 뿐만 아니라 교육, 의료, 컨설팅, 금융, 통신, 스포츠, 연예, 오락뿐만 아니라 상조서비스까지 다양한 서비스분야에서 사업자와 소비자간에 거래가 이루어지고 있다. 그러나 상품과 용역의 매매를 통하여 이윤을 창출하고자 하는 기업은 광고단계부터 계약체결과 이행 및 이행 후 A/S에 이르기까지 우월적 지위를 이용하여 소비자와 공정한 거래를 하지 않을 가능성이 높다. 따라서 소비자보호의 필요성은 증대하고 있고, 소비자입법도 그에 맞추어 제정과 개정이 이루어지고 있다.

이제 소비자보호는 전방위적으로 요구되고 있다. 대량생산에 따른 제조물의 증가와 제조물의 결함과 소비자의 생명, 신체 및 재산의 완전성 이익보호, 인터넷혁명으로 야기된 개인정보침해로부터의 보호와 무수한 광고에 의한 소비자의 현혹과 선택의 왜곡, 종전에 볼 수 없었던 새롭고 전문적인 특수거래의 등장에 따른 정보제공 등 생활의 곳곳에서 소비자보호문제가 쟁점으로 떠오르고 있다.

그 동안 소비자보호는 국가가 후견적 지위에서 적극적으로 소비자거래에 관여하여 왔으나 최근에 소비자주권 개념의 등장과 함께 「소비자보호법」의 명칭도 2006년에 「소비자기본법」으로 개칭되어 능동적이고 자주적인 소비자상을 전제로 하여 소비자가 주도적으로 소비자거래의 당사자로서 시장경제에서 경제적 주권을 행사할 수 있는 것을 전제로 하고 있다. 다만 소비자의 특성상 여전히 사업자에 비해서는 열위인 관계상, 소비자주권이라는 개념에 경도되어 사업자와 소비자간의 관계설정에서 지나치게 소비자의 자주성을 강조하게 되면 소비자보호에 역행하게 될 수 있다는 점에 대해서는 유의해야 할 것이다.

본서는 아주 미세하지만 기 출간된 소비자보호법 도서들과 차별성을 가진다. 소비자법의 성격 규명을 하고자 시도하였고, 소비자법의 기초이론으로서 소비자법의 기본원리와 기본원리의 구성요소를 기술하고 있다. 또한 소비자법의 기본체계로서 헌법을 소비자법원리의 최고규범으로 하여, 소비자기본법을 소비자보호의 기본법으로 두었다. 또한 소비자공법과 소비자사법으로 분리하여 소비자사법을 다시 소비자계약법과 소비자불법행위법으로 나누었다.

소비자계약법의 기본원리로 신의성실의 원칙, 계약공정의 원칙, 소비자의 청약철회권, 사업자의 정보제공의무 등을 제시하였으며, 소비자계약을 매매계약형, 소비자 역무제공형, 소비자신용형, 소비자시설제공형 및 혼합형으로 유형화하고 이에 대한 규율도 특수거래를 규율하는 특별법들을 소개하기보다는 소비자거래의 유형에 따라 규율하는 법률을 소개하고 기술하였다. 다시 소비자불법행위법으로는 제조물책임법과 개인정보법을 주요한 법으로 보아 다루었다. 소비자공법으로는 광고규제법을 소개하고 있다.

본서가 나오기까지 많은 도움이 있었다. 일반대학원과 법학전문대학원에서 소비자법 세미나와 강의를 통하여 학생들과 함께 공부하면서 소비자법체계와 소비자법원리에 대하여 고민하고 공유한 결실들이 여기에 응축되어 있다. 단순히 현재의 소비자법을 소개하지 않고 소비자법의 체계와 기본원리 등을 도출해 내기 위하여 고심하였지만 淺學非才하여 출발점에 머무른 감이 없지 않다.

작년부터 한 쪽 눈에 이상이 있어 한 쪽 눈으로 원고를 정리하고 집필할 수밖에 없는 상황 속에서도 탈고할 수 있도록 은혜 내리워 주신 하나님께 모든 영광을 돌리고, 집필로 인하여 함께 해주지 못한 가족에게 이 자리를 빌려 감사를 드린다. 항상 탈고하고 나면 아쉬움이 남는다. 마음은 용을 그리고자 하나 실제는 뱀을 그리는 것에 그치기 때문이다. 또한 원고 교정의 수고로 도움을 준 법학전문대학원에 재학 중인 이용주, 정원진, 김정길, 강기원군과 박사과정을 수료하고 법학전문대학원에 재학 중인 오대한군에게 감사를 드린다.

또한 본서가 출간하기까지 마지막까지 포기하지 않도록 원고집필을 독려하고 원고마감의 연기까지 신경을 써 주시고 전 과정을 세심히 배려해 주신 전남대학교 출판부의 송미숙 계장님, 표지디자인을 멋지게 해 주신 배광현 님께도 심심한 감사를 드린다.

2013년 5월

저자 씀

목 차

참고문헌

【국내문헌】

고형석, 소비자보호법 제2판, 세창출판사, 2008.

권오승, 소비자보호법 제5판, 법문사, 2005.

김형배외 5인, 독일채권법의 현대화, 법문사, 2003.

박수영, 소비자법해설, Fides, 2011.

사법연수원, 약관규제와 소비자보호연구, 2012.

송오식, 계약법 제2판, 전남대학교출판부, 2013.

송오식, 가상공간법, 전남대학교출판부, 2005.

송오식, 불법행위법, 전남대학교출판부, 2012.

여정성/최종원/장승화 공편, 소비자와 법의 지배, 서울대학교출판부, 2008.

이은영(편), 소비자법과 민법, 세창출판사, 2010.

이은영(편), 금융시장과 소비자보호, 세창출판사, 2011.

이은영(편), 변화하는 온라인서비스 환경과 이용자보호, 2012.

이호영, 소비자보호법, 홍문사, 2010.

허경옥/박희주/이은희/김혜선/김시월, 소비자법과 정책의 이론과 실제, 파워북, 2011.

사법연수원, 약관규제와 소비자보호연구, 2012.

양창수 역, 독일민법전, 2005년판, 박영사, 2005.

【외국문헌】

Geraint Howells/Stephen Weatherill, Consumer protection law, 2nd ed., Aldershot. Burlington: Ashgate, 2005.

日本辯護士聯合會 編, 消費者法講義 第3版, 日本評論社, 2009.

大村敦志, 消費者法 第3版, 有斐閣, 2006.

若原紀代子, 民法と消費者法の交錯, 成文堂, 1999.

長尾治助, 消費者保護法の理論, 信山社, 1992.

長尾治助・中田邦博・鹿野菜穂子 編, レクチヤ-消費者法 第5版, 法律文化社, 2011.

제 1 장
소비자법의 의의

제1장 소비자법의 의의

제1절 소비자법의 연혁

Ⅰ. 현대사회와 소비자문제의 등장

1. 현대사회의 특징

(1) 고도산업사회

산업혁명과 함께 대량생산이 가능하게 됨으로써 생산과 소비가 분리되는 현상이 발생하였으며, 이는 대량생산, 대량유통, 대량소비로 이어지게 되었다. 산업사회 이전의 시대에는 생산자와 소비자는 그 지위가 호환되는 사회였으나 오늘날에는 생산은 기업이 전담하게 되었고 일반 가계는 기업이 생산하는 상품을 소비하는 일방적 소비자로 전락하였다.[1] 이른바 소비사회가 출현하게 된 것이다.

상품뿐만 아니라 교육, 의료, 컨설팅, 금융, 통신, 스포츠, 연예・오락, 상담뿐만 아니라 심지어 상조서비스까지 다양한 서비스분야에서 여러 유형의 전문가집단이 등장하여 일반인들은 이제 서비스공급자로서 전문가가 제공하는 서비스에 절대적으로 의존하는 서비스수요자 내지 서비스소비자의 위치에 있다.

(2) 독과점기업의 출현으로 인한 불공정거래

자본주의의 발전에 따라 자본의 집중이 이루어지고 독과점기업이 출현하게 됨에 따라 실제의 시장에서는 경쟁이 제한되고 있으며 가격기구가 정상적인 기능을 발휘하지 못하게 되었고, 경쟁상태의 기업보다 독과점기업은 공급량을 조절함으로써 더 높은 가격을 책정하여 더 많은 이윤을 취하게 된다. 이러한 독과점 기

1) 오늘날에는 인터넷과 통신의 발달로 소셜미디어와 UCC 등에서 보듯이 소비자가 문화콘텐츠를 생산하여 유튜브등에 upload하는 것이 가능하게 되어 지적재산분야에서는 일방적 소비자에서 생산자로서의 역할도 하고 있다.

업의 출현으로 말미암은 불공정거래는 기업간의 공정거래문제와 아울러 가격결정 등에서 소비자보호문제가 대두되었다.

(3) 제조물의 결함으로 인한 소비자의 안전침해

과학과 기술의 발달로 인하여 종전에는 향유할 수 없었던 공산품과 약품 및 식품가공물 등 많은 제조물의 대량생산이 가능하게 되었지만 그와 함께 제조물의 안전성의 결여로 인하여 소비자의 생명과 신체를 위협하게 되었다. 최근에는 국민들의 소득수준의 향상으로 인하여 소비자들의 욕구가 고급화·다양화됨에 따라 소비자들은 상품의 수량이나 성능뿐만 아니라 그 안전성에 대해서도 고려하게 되었으며 소비자의 안전확보가 점차 그 중요성을 더해 가고 있다.

(4) 광고매체의 발달과 소비자의 왜곡

통신기술과 인터넷의 발달로 신문, 잡지, TV 등 종전의 전통매체를 활용한 상품의 광고는 이제 그 영역을 뛰어넘어 SMS 문자메시지, 인터넷의 포털사이트나 소셜미디어를 활용한 온라인광고까지 확대되고 있다. 이처럼 무차별적으로 광고에 노출되고 있는 현대의 소비자들에게 건전한 정보제공으로서의 광고가 아닌 과대광고나 기만광고에 의한 소비자의 피해가 증대하고 있다.

(5) 정보통신기술의 발달과 개인정보침해 증대

정보통신기술의 발달로 인하여 기업의 상품판매는 오프라인에서 뿐만아니라 온라인에서도 이루어지고 있고, 이러한 온라인거래의 특성상 기업은 상품의 판매과정에서 용이하게 소비자의 개인정보를 수집·가공·축적할 수 있게 되었다. 특히 모바일의 등장과 소셜네트워크, 안전을 위한 CCTV의 광범위한 설치와 자동차 블랙박스의 등장으로 개인정보가 당사자의 동의 없이 무차별적으로 수집되고 있는 실정이다. 또한 신용카드와 체크카드의 사용은 개인의 상품구매 및 기호를 선별하여 수집·가공을 가능하게 하고, 진료기록의 전산화 등은 이러한 자료등이 해킹이 될 경우, 민감한 개인정보 등이 유출될 수 있다는 점에서 그 문제의 심각성을 드러낸다. 과거 공공기관에 의한 개인정보보호문제는 이제는 오히려 기업에 의한 개인정보보호의 문제가 더 중요하게 되었다.

2. 소비자문제의 의의

소비자문제는 한편으로는 상품이나 서비스의 가격과 품질 등에 대한 현재의 수준과 기대되는 수준과의 괴리에서 비롯되며, 영원히 해결할 수 없는 문제이기도 하다. 일반적으로 경제문제는 인간행동의 결과에 대하여 화폐적인 가치를 부여하는 문제, 예를 들면 국민총생산, 경제성장률, 1인당 국민소득 등에 초점을 맞추는 반면에, 소비자문제는 인간의 여러 가지 행동 중에서 최종적인 재화를 소비하는 생활자의 경제적인 행동 - 소득의 창출 및 재화와 용역의 구매, 사용, 폐기에 이르는 일련의 소비과정을 통하여 합리적인 의사결정을 하는 행위 - 이 일어나는 과정에 초점을 맞추게 된다.

소비자문제는 가격기구를 통하여 시장시스템에 기인하지 않는 측면, 즉 소비자의 안전, 사회 및 경제정의의 실현, 소득의 재분배, 소외계층의 보호, 인간성의 회복, 자원절약, 환경보호활동 등이 시장시스템에 기인하지 않는 소비자문제의 원천이 된다. 소비자문제가 개발도상국보다는 오히려 국민소득이 높은 선진국에서 더 큰 사회적 관심을 끌고 있는 것도 바로 이러한 이유에서이다.[2]

3. 소비자피해의 특징

통상 소비자문제라고 하면 그것은 소비자의 피해를 어떻게 구제 또는 예방할 것인가의 문제로 이해된다. 이 때 소비자피해란 "사업자와 거래하는 상품과 서비스의 거래조건과 거래방법에 관하여, 소비자가 가졌던 합리적인 기대와 현실 사이에 부당한 불일치가 있는 상태"라고 할 수 있다.[3] 소비자피해는 사업자와의 계약관계에서도 발생할 수 있고, 계약관계가 없는 경우에도 발생한다. 소비자피해는 계약성립전 광고단계에서부터 계약체결, 계약성립, 계약이행, 계약종료 후까지 전과정에서 발생하며, 계약관계가 없는 경우에도 사회적 접촉관계가 빈번해짐에 따라 다양한 소비자피해가 발생한다.

(1) 피해의 빈번성

대량생산・대량유통・대량소비사회에서 일반 소비자들은 생활의 대부분을 기업에 제공하는 상품과 용역에 의존하고 있다. 의식주와 교통수단, 통신시설, 스

2) 일찍부터 EU국가들은 EU 소비자지침이나 국내법의 개정을 통하여 소비자보호를 꾀하여 왔다.
3) 권오승, 전게서, 14면.

포츠, 여가와 오락, 교육, 금융, 정보습득 등 그야말로 전영역에 걸쳐 있다. 개인으로부터 이러한 상품과 용역을 공급받는 경우는 이제 예외적인 현상이 되었으며, 기업이 소비자의 수요를 예측하여 일방적으로 공급한 상품과 용역을 소비자계약을 통하여 구매함으로써 소비자피해는 거래의 모든 영역에서 발생하고 있다.

(2) 피해의 광범위성

통신기술의 발달로 인해 가상공간에서 거래시간과 공간의 제약을 받지 않는 전자상거래와 같은 새로운 거래유형이 등장하였고, 교통수단의 발달로 인해 기업이 제조한 상품은 이제 전 세계에 단기간에 공급이 가능하게 되었다. 이것은 필연적으로 소비자피해가 이제 한 지역이나 국가만의 문제가 아니라 전 세계적인 문제가 되었으며, 그 피해영역도 광범위하게 되었음을 의미한다.

(3) 피해원인규명(입증)의 곤란성

오늘날 상품과 서비스는 생산과 유통에서 여러 단계를 거칠 뿐만 아니라 생산과정의 복잡성과 전문성 등으로 인하여 소비자의 입장에서는 피해원인규명의 용이하지 않다. 소비자가 발생한 피해에 대한 손해를 청구하기 위해서는 먼저 피해원인제공자를 규명하여야 하고, 그 자의 영역에서 책임있는 사유로 인하여 피해가 발생하였다는 것을 입증하여야만 피해의 구제가 이루어지는데, 전문성이 떨어지는 소비자로서는 이 점에서 불리한 지위에 있다.

(4) 당사자 지위의 불평등성

소비자피해의 가장 큰 특징은 사업자와 소비자간 불평등에서 찾을 수 있다.[4] 소비자는 기술과 정보를 독점하고 있는 사업자에 비하여 정보력, 경제력, 교섭력 등 모든 면에서 열위에 있다. 거래나 가격조건에 대해서도 소비자들이 교섭이나 흥정을 할 수 있는 여지는 거의 없으며, 대개의 거래는 계약의 자유라는 미명하에 소비자는 사업자가 일방적으로 정한 계약조건인 약관에 구속되어 상품과 용역을 구매할 수밖에 없다. 이러한 당사자 지위의 불평등성으로 인한 소비자의 피해는 거래의 전과정과 이행후의 A/S에 이르기까지 걸쳐 있으며, 이로 말미암아 소비자보호도 전 영역에서 이루어져야 한다.

---

4) 사업자와 소비자의 비대칭성을 정보 측면에서의 열등성, 기술조작에 있어서 열등성, 부담전가에 있어서의 열등성, 그리고 조직력과 시장지배력에 있어서의 열등성으로 적시하기도 한다. 권오승, 전게서, 9-10면.

(5) 피해의 부담전가능력의 결여

기업은 자기의 이익을 추구하기 위하여 비용을 상품 및 서비스의 가격에 편입시켜서 결국은 소비자가 부담하도록 하지만, 소비자는 그와 같은 기회와 능력이 없기 때문에 최종적인 비용부담자밖에 될 수 없다. 기업은 제조물책임과 같이 거래가 아닌 영역에서 발생한 손해에 대한 비용도 미리 예상하여 제품가격에 산정하여 부담을 전가할 수 있지만, 소비자는 그러한 부담전가능력이 없다. 결국 발생한 손해의 회복을 위한 손해배상도 소비자의 몫이 되는 셈이다.

(6) 피해구제의 곤란성

피해가 발생한 경우에도 소비자는 발생한 피해가 소액인 경우에는 피해구제에 소극적이 되며, 피해구제에 사업자측에서 임의로 나서지 않을 경우 행정기관이나 법원을 통해서 피해구제를 받아야 한다. 하지만 소액의피해가 주를 이루는 소비자분쟁을 소송으로 해결할 경우에 소비자는 소송에 관한 전문지식의 부족과 시간·절차·경제적인 문제로 권리구제에 소극적이 될 수밖에 없다. 특히 전자상거래의 활성화로 해외의 사업자와 계약을 체결하여 발생한 피해에 대한 소비자의 권리구제문제는 더 곤란하다.

4. 소비자피해의 유형

(1) 법익침해의 유형에 따른 분류

1) 생명이나 신체 상품이나 용역의 결함이 원인이 되어 소비자의 생명이나 신체의 안전을 침해하는 경우로서, 소비자에게 가장 중요한 법익침해가 된다. 이러한 경우로서는 결함제조물로 인한 확대손해, 식품이나 약품의 결함으로 인한 인신손해, 의료과오(소비자계약으로 보는 경우), 비행기나 선박과 같은 교통수단에 의한 사고, 여행중의 사고 등이 여기에 해당한다.

2) 인격권의 침해 사업자측의 과도한 개인정보수집이나 동의 없이 개인정보를 이용하거나 또는 사업자측의 과실이나 제3자에 의하여 개인정보나 프라이버시 등이 침해되는 경우이다. 오늘날 사업자는 사업상 소비자의 정보를 다양하게 수집하고 있는데, 전통적인 형식의 거래뿐만 아니라 금융, 의료, 언론, 교육 등 다양한 영역에서 개인정보나 프라이버시 침해 등이 발생할 수 있다.

3) 재산상의 손해 소비자가 사업자와 거래하는 과정에서 상품의 하자, 허위 광고와 같은 기망, 부당한 가격결정, 불공정한 약관이나 거래조건 또는 불공정한 거래방법 등을 통하여 재산상의 손해가 발생한다. 거래 이외의 영역에서도 제품의 결함으로 인하여 소비자의 재산에 확대손해가 발생할 수 있다.

Ⅱ. 소비자법의 전개

1. 경제생활의 구조변화에 따른 소비자입법의 필요성

근대민법의 입법자는 법률생활을 개인 대 개인으로 상정하고 상호대등성 내지 상호호환성의 전제아래 당사자의 일방을 특별히 고려하거나 보호하려고 하지 않았다. 그러나 영리를 추구하는 기업이 등장함으로써 기업 대 기업의 법률관계나 기업 대 개인의 법률관계는 개인 대 개인의 법률관계와 다른 원리로 규율하여야 할 필요성이 제기되었다. 특별히 기업 대 개인의 법률관계는 교섭력, 정보력, 경제력에서 차이가 나기 때문에 양 당사자를 대등한 원리로 규율하는 것이 일방에게 불공정하거나 가혹하게 되었다. 이에 국가에서는 처음에는 행정규제의 차원에서 소비자를 보호하려고 하였으나 오늘날에는 소비자를 보호의 객체에서 자율적인 주체의 입장에서 입법하는 태도를 보이고 있다. 이제 기업 대 기업의 법률관계는 상법과 경제법의 영역으로 편입되었으며 기업 대 개인의 법률관계는 경제법 내지 소비자법의 영역에서 다루게 되었다.

2. 소비자기본법의 연혁

소비자보호에 관한 최초의 법으로는 1980년에 제정된 소비자보호법인데, 동법은 소비자보호원의 설치 및 법의 실효성 확보를 위하여 1986년에 전면 개정되었고, 2006년에 소비자주권개념의 등장과 함께 소비자기본법으로 입법되었다. 구 소비자보호법은 소비자의 기본권 권리[5]를 제시함과 동시에 국가 및 지방자치단체의 의무(책무)를 정하며 국가의 소비자정책에 관한 기본적 사항을 정하고 있었으므로 실제 기본법적 성격을 띠고 있었다.[6]

---

5) 구체적인 권리라기 보다는 선언적 이념적 성격을 띠고 있었다.

6) 소비자법의 연혁에 대한 상세는 서희석, 소비자기본법 30년과 소비자법의 구조전환 - 소비자법의 제3의 물결을 위하여 -, 법조 통권 654호, 2011.3, 84면 이하 참조.

(1) 소비자보호법 제정까지

1960년대부터 우리나라에서도 민간 소비자단체를 중심으로 소비자문제에 대한 논의가 이루어졌지만, 소비자보호가 법률의 목적조항에 등장하는 것은 1967년 「공산품품질관리법」이다. 동법률은 1960년대 후반, 경제성장에 따라 공업용품의 생산이 증가하면서 제기된 품질관리 문제에 대응하기 위한 법으로 품질표시・품질검사 등을 통하여 소비자의 이익을 보호하고 공업용품의 품질향상을 도모하는 것을 목적으로 하는 것이었다.

이후 독과점의 폐해와 물가의 앙등이 사회문제화 된 1970년대 중반까지 「물가안정 및 공정거래에 관한 법률」(1975) 및 「농수산물의 유통 및 가격안정에 관한 법률」(1976) 등이 계속 제정되었는데, 물가의 안정과 자유로운 경쟁질서의 확립 또는 농수산물의 유통의 원활화가 가격안정을 통한 소비자의 이익 보호가 각 법률의 제정목적으로 규정되었다.

소비자보호에 관한 우리나라 최초의 법으로는 1980년에 제정된 「소비자보호법」이다. 이 법은 우리나라 소비자(보호) 행정에서 실질적으로 최초의 입법적 근거를 마련하였다는 점에서 의미가 있다. 동법률은 기본법적인 성격을 가지나, 행정조치에 관한 사항(검사 및 자료제출 권한, 시정조치, 과태료 등)을 규정하고 있었을 뿐 아니라 벌칙규정도 두어서 동법은 피해구제법(ADR)과 조직법, 사업자에 대한 행정규제법 및 형사규제법까지 아우르는 복합법으로서의 성격을 가지고 있었다.

(2) 소비자보호법의 전면개정

1980년의 「소비자보호법」은 소비자보호를 위한 첫 걸음을 디뎠다는 점에서 의미가 있었으나 소비자보호의 실효성 측면에서는 미흡하였다. 이에 1986년에 소비자보호정책의 추진체계를 마련하기 위한 제도적 근거를 마련하기 위하여 소비자보호법을 전면 개정하였다.

동 법률에서는 소비자보호원의 설립, 소비자의 기본적 권리의 선언, 소비자단체에 관한 근거규정의 신설 등을 내용으로 하는 법 개정을 하였는데, 중요한 것은 소비자피해구제업무 및 분쟁조정위원회제도가 도입되어 한국소비자보호원에서 담당하게 되었다. 이 법을 근거로 하여 「상담 → 피해구제 → 분쟁조정」이라는 3단계 분쟁해결시스템이 완성되었고, 이러한 시스템은 이후 우리나라 행정형 ADR 제도의 모범으로서 기능하였다.[7)]

동법률에 의하여 소비자보호원이 설치되어서 소비자보호를 위한 실질적인 업무를 하였으며, 동 법률의 전면개정과 함께 소비자보호 관련 법규가 제정되기 시작하였다. 동년(1986)에 「약관의 규제에 관한 법률」을 시작으로 하여 「방문판매 등에 관한 법률」(1991), 「할부거래에 관한 법률」(1991), 「여신전문금융업법」(1997), 「표시광고의 공정화에 관한 법률」(1999), 「제조물책임법」(2000년 제정, 2002년 시행), 「전자상거래등에서의 소비자보호에 관한 법률」(2002), 대부업의 등록 및 금융이용자 보호에 관한 법률(2002) 등 소비자보호를 주된 목적으로 하는 법률들이 차례로 제정되었다.

(3) 소비자기본법의 제정

2006년에는 구 소비자보호법의 명칭을 「소비자기본법」으로 변경하고 그 내용 역시 전면적으로 개정하였다. 이는 소비생활환경의 변화와 소비자의 의식 및 지위가 향상되었으며 새로운 정책수요에 대한 대응의 필요성에 따라 종전의 보호위주의 소비자정책에서 탈피하여 경제주체로서 합리적인 소비자의 역할을 강조하고 소비자의 안전 등 최근 더욱 중요성이 부각되고 있는 소비자의 권익보호의 강화가 주된 배경이유였다.[8] 1986년의 소비자보호법과 비교하여 내용에서 큰 차이를 보이는 것은 아니지만 법의 목적의 변화, 공정위가 소비자정책이 주관부서가 되었다는 점이다.[9]

주요 개정내용은 첫째, 소비자보호법의 제명, 입법목적 및 한국소비자보호원의 명칭의 변경과 법체계(장절 구성)를 재구성하였다. 법의 목적조항이 소비자의 기본권익보호에서 소비자의 권익증진으로 변경되었다. 둘째, 소비자의 기본적 권리에 대응하는 '소비자의 책무'가 새로이 부가되었다. 즉 소비자기본법에서는 소비자의 권익증진을 입법목적에 명시함에 따라 소비자의 역할에서 더 나아가 소비자가 스스로 일정한 책무를 부담함을 명시하였다. 즉, 소비자는 사업자 등과 더불

---

7) 「금융감독기구의 설치 등에 관한 법률」(1997)에 의하여 설치된 금융분쟁조정위원회 및 금융감독원에 의한 피해구제제도는 소비자보호법(1986) 상의 3단계 분쟁해결시스템을 모델로 한 것이다.

8) 서희석, 전게논문, 94-95면.

9) 공정거래위원회는 소비자보호에 관한 주요 법률들의 입법 및 집행권한을 가진 부서로서 우리나라의 소비자보호행정에서 대단히 큰 역할을 담당하게 되었다. 공정거래위원회는 2006년 이후부터 소비자정책의 담당자로 전면에 나서게 되면서 보다 강력한 소비자보호의 역할을 수행하게 되었다.

어 자유시장경제를 구성하는 주체임을 인식하여 물품 등을 올바르게 선택하고, 소비자의 기본적 권리를 정당하게 행사하여야 하며, 또한 소비자는 스스로의 권익을 증진하기 위하여 필요한 지식과 정보를 습득하도록 노력하여야 하고, 자주적이고 합리적인 행동과 자원절약적이고 환경친화적인 소비생활을 함으로써 소비생활의 향상과 국민경제의 발전에 적극적인 역할을 다하여야 한다(제5조).

셋째, 소비자정책에 관한 기본계획을 3년마다 수립하고 이를 바탕으로 매연도별 시행계획을 수립 추진한다. 이를 위하여 소비자정책의 심의 · 의결기구인 소비자정책위원회(재정경제부에 설치)를 설치한다(제23조). 한편 소비자보호원의 명칭도 한국소비자원으로 바꾸고 한국소비자원 및 소비자자단체의 관할권을 공정위로 이관하는 등 공정위의 소비자정책기능을 강화하였다. 넷째, 소비자안전의 강화이다. 구 소비자보호법상 소비자안전에 관한 제도의 골격이 형성된 것은 1995년부터인데, 즉 중앙행정기관의 장에 의한 위해 물품 등의 수거 · 파기명령제도(리콜명령제도 또는 강제리콜제도)의 도입이다. 이 제도는 2001년에 결함정보를 사업자 스스로 보고하게 하고(결함정보보고제도), 사업자 스스로 문제가 된 물품 등을 자진수거하도록 하며(자진 리콜제도), 중앙행정기관의 장에 의한 수거 · 파기의 권고제도(리콜 권고제도)를 보완함으로써 현재의 리콜제도의 골격을 완성하였다. 소비자기본법에서는 국가 및 지방자치단체에 대하여 어린이 · 노약자 및 장애인(취약계층)에 대한 보호시책의 강구, 한국소비자원에 소비자안전센타를 설치하여 위해정보를 수집하고 분석하는 등의 업무를 맡게 하였다(제51조, 52조).

다섯째, 집단분쟁조정제도(일괄분쟁조정제도) 및 소비자단체소송제도 등 새로운 피해구제제도의 도입이다. 전자는 기존 분쟁조정제도에 대한 특례의 신설(제68조)로서 소비자분쟁조정위원회가 50인 이상의 소비자에게 발생하는 같거나 비슷한 사건에 대하여 일괄적인 분쟁조정을 실시할 수 있도록 하고, 집단분쟁조정의 실시를 14일 이상 공고하도록 하여, 소액 다수피해 발생이라는 특성을 지닌 소비자 문제를 일괄적 · 효율적으로 해결하도록 하였다. 소비자기본법으로의 변신으로 소비자보호에는 어느 정도 진전이 있다 하더라도 문제는 경쟁정책의 당국인 공정거래위원회에 의한 소비자정책의 겸담 및 법의 목적의 변화(소비자의 기본권익의 보호에서 소비자의 권익증진으로)가 실질적으로 어떠한 의미를 가지는지에 대한 회의론도 존재한다.[10)]

10) 서희석, 소비자법의 30년과 소비자법의 구조전환 - 소비자법의 제3의 물결을 위하여- , 법조,

이후에도 소비자기본법은 2008년에 한국 소비자원 부설 소비자안전센타가 제한 없이 소비자들에게 교정정보를 할 수 있도록 하고, 양벌규정에서 법인 또는 영업주가 종업원 등에 대한 관리·감독상의 주의의무를 다한 경우에는 처벌을 면하게 함으로써 책임주의 원칙이 관철되도록 하였으며(제85조 단서), 2010년에 질서위반행위규제법의 제정으로 불필요해진 과태료의 부과·징수 절차 등에 관한 내용을 정비하였다. 또한 2011년에는 시각장애인 소비자를 위한 별도의 표시기준을 정하였고(제10조 제7호), 사업자가 제품용량 등을 변경하는 경우에는 변경 전후의 사항을 표시하도록 하며, 소비자분쟁조정위원회의 회의운영을 효율화하기 위하여 조정부의 제도를 새로 도입하였다(제63조 제1항 2호).

2006년 소비자기본법으로의 변경 이후에도 소비자보호관련 법률이 새로 제정되거나 소비자보호를 위한 새로운 제도들이 각 법률에 도입되기도 하였다. 재화에 대한 대금결제방식이 전자적으로 이루어짐에 따라 이로 인하여 발생하는 문제를 규율하기 위하여 2007년에 「전자금융거래법」이 제정되었으며, 개인정보의 문제는 그 동안 각각 개개의 법률에 의하여 개인정보를 보호하던 차원에서, 인터넷의 등장으로 전자거래가 활성화됨에 따라 개인정보 보호 기준을 준수해야 할 대상을 공공기관과 정보통신서비스 제공자 뿐만 아니라 모든 민간사업자와 단체로까지 확대한 「개인정보보호법」이 2011년 3월에 제정되어 9월 30일부터 시행되고 있다.

제2절 소비자법의 기초이론

Ⅰ. 소비자법의 기본원리

1. 기본원리의 필요성

모든 법에는 기본원리가 존재한다. 헌법과 행정법, 민법 등 각각 고유의 기본원리가 있게 마련이다. 민법에서의 사적 자치의 원칙은 양당사자의 대등성과 호환성을 전제로 하여 계약자유를 그 본질적 내용으로 하고 구체적 내용으로서는 계약체결의 자유, 계약상대방선택의 자유, 계약내용의 자유, 계약방식의 자유를

통권 654호(2011.3), 법조협회, 98면.

포함한다. 과연 소비자법의 기본원리로 무엇을 꼽을 수 있을지는 현재 생성중인 법으로서 확정적으로 단언하기는 곤란하다. 다만 소비자법도 사업자와 소비자 사이의 법률관계를 규율하는 법으로서 소비자보호에 초점을 맞춘다면, 그러한 가치로부터 기본원리를 도출해 보는 시도는 가능하다고 본다.[11)]

(1) 소비자주권

소비사회의 형성에 따라 사업자의 광고와 마케팅에 의한 소비의 왜곡으로 인하여 소비자가 자신의 진정한 이해와 필요에 의해 주체적·합리적으로 소비를 결정하고 이것이 시장에 신호로 전달되어 사업자의 생산을 조절한다는 소비경제학의 기본전제가 무너지기 시작했다. 즉 소비사회의 성립과 소비주의의 확산으로 인하여 시장의 민주적 기능은 정지되고 시장의 민주적 단위인 소비자의 자기결정권은 침해당하지 않을 수 없게 되었다.

이러한 문제의식에 따라 1950년대 초부터 독일 내에서 시민운동으로서의 소비자운동이 본격적으로 전개되었고 이는 유럽 전역으로 퍼져나갔고, 1950년대 중반부터는 바다 건너 미국에까지 확산되었다. 국가정책 및 사업자의 영향과 조종으로부터 벗어나 시민들이 당당한 소비주체가 되어 민주적 경제구조를 수립하는데 참여해야 한다는 인식이 전 세계적으로 확산되기 시작하였고, 이러한 전제 하에서 미국의 제도주의 경제학자 John Kenneth Galbraith가 1958년에 '소비자 주권(Consumer sovereignty)'의 이론을 주창하기에 이르렀고,[12)] 이를 기점으로 소비자권리선언 및 소비자보호정책들을 발표하게 되었고, 소비자법이라고 하는 새로운 법영역이 탄생하게 되었다. 따라서 소비자주권개념은 소비자보호와 관련하여 초창기에 형성되었으며 자유주의적 소비자보호모델이자 소비자법의 핵심원리로 자리잡았다.

소비자주권의 개념에 대해서는 시장경제에서 주어진 생산자원을 가지고서 누가 무엇을 얼마만큼 생산하여 누구에게 공급할 것인가 하는 문제, 즉 사회전체의 자원배분이 소비자들의 자유로운 선택에 의하여 결정된다고 이해한다.[13)]

---

11) 일본의 大村敦志 교수는 소비자법의 기본원리로 소비자법의 독립성과 소비자법의 완결성을 꼽고 다시 전자에는 법영역의 독립성, 법전·재판기관의 불완전성을 특색으로 들면서 기술하고 있다. 大村敦志, 消費者法(3판), 有斐閣, 2007, 15면 이하.

12) 이에 대해서는 Galbraith, The Affluent Society, Houghton Mifflin Book, 1958, 참조.

13) 권오승, 소비자보호법 제5판, 법문사, 2005, 44면.

소비자주권개념에는 능동적이고 자주적인 소비자상을 전제로 하고 있으며, 소비자는 국민경제의 경제주체로서 민주사회에서의 정치적 주권에 이어 시장경제에서의 경제적 주권을 행사할 수 있다는 것이다. 소비자주권개념은 소비자보호법의 초기단계에서 주창되었으나, 후에 위와 같은 자유주의적 소비자관은 독일의 사회주의 성향의 법학자들에 의하여 비판에 직면하게 된다. 이들은 기존의 자유주의적인 소비자보호모델은 현실적인 소비자상과 괴리가 있는데, 그 이유로 첫째, 규모의 이익을 앞세운 다국적자본이 국경을 초월하여 저렴한 가격과 우수한 품질로 각국 시장을 지배하는 현실 아래서 한 국가의 독점규제정책은 한계를 가질 수 밖에 없고, 둘째 공정거래질서가 이룩된다고 하더라도 제공되는 상품 등의 기술적 복잡성과 다양성 등이 소비자의 합리적 시장조망가능성과 상품간의 ·단점비교가능성 등을 원천적으로 봉쇄하며,[14] 셋째 약관의 적용이 확대되고 소송비용의 부담이 점점 증대되는 등 법현실에서 공정거래질서를 수립하는 이외의 모든 민사상 소비자문제해결을 사적 자치에만 일임할 경우 소비자는 사업자가 일방적으로 지시하고 규율하고 조종하는 바에 의해 따라갈 수밖에 없음을 들었다.

위와 같은 시각에서는 소비자는 결코 이성적이지도 않고 독립적이지도 않으며 자기책임이 강하지도 않고, 그 때 그 때의 상황변화에 따라 정보를 취합하여 합리적 의사결정을 할 수 없는 존재로서 자기의 욕구와 선호도에 대해서도 잘 모르며, 상품의 선택에 있어서도 소비자 자신이 결정하는 것이 아니라, 기업이 광고하고 국가가 유도하는 대로 따라갈 뿐이라는 것이다.[15] 즉 기존의 자유주의적 소비자보호모델이 상정하고 있는 이성적이고 합리적이며 주체적인 소비자란 이 세상에 존재하지 않으며, 설령 그런 소비자가 일부 존재한다고 하더라도 자유주의자들이 말하는 소위 '이성적 소비자관'은 현실성이 없다고 한다.

---

14) Vgl. Reich, Markt und Recht, S. 183 f.; Reich/Tonner/Wegener, Verbraucher und Recht-Üdberholte Konzeptionen, GöAttingen 1976, S. 20; Simitis, Verbraucherschutz-Schlagwort oder Rechtsprinzip?, S.113.

15) Vgl. Simitis, Verbraucherschutz-Schlagwort oder Rechtsprinzip?, S. 111; Fuchs, Zur Disponsibilität gesetzlicher Widerrufsrechte im Privatrecht-unter besonderer BerüPcksichtigung der Widerrufsrechte nach §§ 7 VerbrKrG, 168 S. 2 und 130 Abs. 1 S. 2 BGB, in: AcP 196 (1996), 313 (334); Reich, Verbraucherpolitische Probleme bei der Anwendung des Gesetzes zur Regelung des Rechts der Allgemeinen Geschäoftsbedingungen (AGBG)-Zugleich eine WüPrdigung neu erschienener Erläouterungsliteratur, in: NJW 1978, 513 (519); Reich/Micklitz, Verbraucherrecht in der Bundesrepublik Deutschland - Eine Studie im Auftrage der EG Kommission, New York 1980, Rd. 3.

왜냐하면 소비자는 구조적으로 거대자본의 압도적인 정보력・조직력・교섭력 앞에 약한 존재이며, 지식면에서도 허위정보나 대중매체의 선전・선동에 용이하게 현혹될 만큼 안목을 갖추지 못했으며, 심리적인 면에서도 주위의 압력이나 대세의 분위기에 쉽게 휩쓸리고 동조할만큼 경박・경솔하며 새로운 지식과 정보를 재빨리 검색하고 습득할 만큼 부지런한 것도 아니라는 것이다.

그러나 오늘날의 소비자들은 교육과 지적 수준면에서 과거와는 달리 상당히 세련되었으며 정보와 통신기술의 발달로 정보화시대의 도리로 말미암아 이제 소비자도 일정부분 생산자와 동등한 정보를 보유하고 선호표출 등의 방식으로 생산과정에 직접 참여하는 소비자생산(prosumer)이 확산되면서 시장구조가 소비자중심의 시장구조로 개편되는 등 변화가 일고 있다. 소비자주권의 개념도 현대적인 의미에서 새로이 음미되고 있는 것이다.

(2) 소비자법의 강행법규성

소비자주권론의 등장에 따라 소비자가 보호의 객체에서 주체로 지위의 변화가 시도되고 있다. 과거에는 행정법적 차원에서 소비자보호가 이루어졌고 따라서 이른바 소비자법은 강행법규적 성격을 지니고 있었다. 오늘날 소비자법을 사법적 차원에서 편입하거나 규율하려 하는 움직임이 존재하는데, 사업자와 소비자 사이에 행해지는 계약에 대하여 사법에 편입한다 하더라도 그러한 규정들은 강행법규성을 띠게 된다.

여러 가지 소비자보호규정들이 계약유형강제 및 문서방식강제(할부거래법 제6조), 체약강제, 계약내용통제(약관규제법・이자제한법・대부업법) 등 강행법규화하고 있으며, 소비자계약의 특별법이라고 할 수 있는 약관규제법(제6조 1항・제7조・제8조 등) 방문판매법(제52조), 할부거래법(제43조), 전자상거래소비자보호법(제35조) 등은 소비자에게 불리한 약정을 체결한 경우 그 약정을 무효라고 함으로써 강행법규로서 효력법규임을 밝히고 있다.

(3) 소비자법의 독자성

소비자법 영역은 전통적인 법영역인 헌법, 민법, 형법이나 최소한 체계적인 법전이 있는 상법, 민사소송법, 형사소송법이나 혹은 체계적인 법전은 갖추고 있지 않지만 독자적인 법영역으로 인정받고 있는 경제법이나 노동법과 같이 독립된 법영역의 지위까지 획득하였다고 볼 수 없다.[16] 위에서 살펴보았듯이 소비자의 개념에 대한 논쟁에서 시작하여 자연스럽게 '소비자'라는 인간상의 특성에 대한 논쟁으로 이어가면서 소비자가 보호의 대상이 되는 사회적 약자인지 아니면 충분한 정보가 제시되기만 하면 스스로 유리한 결정과 선택을 할 수 있는 합리적 인간인지에 대한 견해차이가 나타났고 이는 소비자법을 하나의 독자적인 연구영역으로 끌어들이는 동기를 부여하였다.[17]

이상에서 살펴보듯이 1980년 단행법으로서 '소비자보호법'의 제정 이래 거래의 실태에 따른 소비자보호의 필요에 의해서 그 때 그 때 특수거래를 규율하기 위한 단행법의 제정을 통하여 소비자문제에 대처하여 왔는데, 그 단행법들의 성격은 기본적으로는 행정법의 성격을 띠며 절차법, 형법, 민법 등이 복합된 복합법적 성격이 있는 법률이다. 구제절차에서도 단일한 절차에 의하지 않고 사안에 따라 행정소송, 민사소송 혹은 형사절차에 의하는 등 여러 가지 다른 절차에 의하여 행해지고 있고 소비자단체소송은 소비자기본법에서 규율하고 있다.

따라서 소비자법의 영역이 정착되고 전문가집단이 형성되면서 현재의 산발적 소비자특별법체제에 대하여 강력한 비판이 행해졌다. 공통점으로는 첫째, 소비자법으로서 소비자사법과 소비자공법의 분리가 필요하다는 점이고 둘째, 소비자계약법에 관한 일반원칙을 밝히는 규정이 필요하다는 점이다.[18] 현재 활발하게 소비자사법, 그 중에서도 특히 소비자계약법의 민법에의 편입방안 등이 논의되고 있는데, 향후 소비자법이 독자적인 영역을 구성한다면 그 영역에 속하는 법원칙이 무엇인가를 밝히는 작업은 더 구체화되어야 할 것이다.

2. 소비자의 기본적 권리

소비자의 기본적인 권리에 대한 최초의 천명은 미국 케네디 대통령의 '소비자의 이익보호에 관한 특별교서'이며, 동 교서에서는 소비자의 기본적인 권리로 안전의 권리, 정보에 관한 권리, 선택의 권리, 의견제시의 권리를 포함하고 있었다. 이후 보상을 받을 권리, 교육을 받을 권리, 단결 및 단체활동에 관한 권리, 환경에

16) 소비자법의 독자성 확립에 대해서는, 이은영, 소비자계약법의 과제, 소비자법과 민법, 세창출판사, 2010, 1면 이하 참조.

17) 이은영, 상게논문, 2면.

18) 이은영, 전게논문, 28면.

관한 권리가 새로이 추가되었으며, 소비자기본법에서도 소비자의 기본적인 권리로서 8대 권리를 규정하고 있다.

(1) 안전의 권리

소비자는 물품 또는 용역으로 인한 생명·신체 또는 재산에 대한 위해로부터 보호받을 권리를 갖는다(소비자기본법 제4조 1호). 오늘날 소득수준의 향상으로 인하여 소비자들의 욕구수준이 높아지게 되면서, 상품의 안전성이 소비자의 상품선택에서 아주 중요한 고려요소가 되고 있다. 안전의 권리는 소비자의 권리 중 가장 기본적인 권리로서, 사업자가 제공하는 물품이나 용역으로 인하여 소비자의 생명·신체나 재산이 침해되어서는 안된다는 것을 의미한다.

사업자는 소비자가 거래과정에서 피해를 입지 않도록 공정한 거래방식을 채택함과 동시에 재화 등을 제조 또는 판매를 통하여 소비자안전이 침해되지 않도록 적정한 안전기준을 갖춘 재화를 생산하여야 하며, 재화의 용도에 따라 인체에 유해를 가할 위험이 있는 재화에 대하여는 소비자에게 충분히 그 내용을 설명하거나 표시하여 피해를 예방할 수 있도록 조치를 취하여야 한다.

안전할 권리를 보장하기 위하여 국가는 위해방지의무(동법 제8조 제1항)와 자진수거·파기(recall)(동법 제48조), 수거·파기권고(동법 제49조), 수거·파기명령(동법 제50조)을, 국가 및 지방자치단체는 소비자에 대한 정보제공의무(동법 제13조)를, 사업자는 위해방지의무(동법 제19조 제1항)와 결함정보보고의무(동법 제47조 제1항)를 부담한다. 또한 한국소비자원에 소비자안전센타의 설치의무(동법 제51조)를 규정하고 있으며, 제7장에서 소비자안전에 관한 여러 규정(동법 제45조-제52조)를 두고 있다.

또한 제조물의 결함으로 인하여 생명·신체 또는 재산상 손해를 입은 소비자를 보호하기 위하여 제조물책임법을 제정하여 2002년 7월 1일부터 시행되고 있는데, 제조물책임법의 시행으로 기업들은 제조 및 설계상의 결함뿐만 아니라 지시·경고상의 결함에 대하여 세심한 주의를 기울임으로써 소비자의 안전이 확보되었다.[19]

---

19) 소비자의 안전할 권리를 보호하기 위해서 식품위생법, 공산품 품질관리법, 약사법 등의 단행법에서 소비자안전과 관련된 각종 기준을 규정하고 있으나, 본래의 입법목적이 행정청에 의한 행정규제에 있었기 때문에 소비자보호 측면에서는 미흡한 실정이다. 우리나라도 소비자의 안전한 권리를 적극적으로 실현시키기 위해서는 미국, 일본과 같이 소비자제품안전법을 제정하여 산재한 관련 규정을 통일화할 필요가 있다는 주장으로는, 박수영, 소비자법해설, fides, 2011, 각주 37).

(2) 알권리(정보 등을 제공받을 권리)

알권리는 소비자의 입장에서 사업자측으로부터 정보 등을 제공받을 권리를 말하는데, 오늘날 소비자의 권리로서 대단히 중요한 권리가 되었다. 소비자는 물품이나 용역 등을 선택함에 있어서 필요한 지식 및 정보를 제공받을 권리를 갖는다(동법 제4조 2호). 이는 바꾸어 말하면 사업자측에서는 정보제공의무를 부담한다는 것을 의미한다. 이러한 정보에 관한 소비자의 알권리는 합리적인 선택권의 행사 및 소비생활의 영위와 밀접한 관련이 있으며, 그 기초가 된다.

소비자의 알권리를 보장하기 위하여 국가는 표시·광고기준제정의무(동법 제10조·제11조), 소비자에 대한 정보제공의무(동법 제13조) 및 시험검사결과의 공표·조치의무(동법 제17조 제3항)를, 사업자는 소비자단체 및 한국소비자원의 자료·정보제공요청에 대한 적극협력의무(동법 제18조 제2항)와 소비자에 대한 정보제공의무(동법 제19조 제3항)를 부담하며, 등록된 소비자단체 및 한국소비자원의 사업자 또는 사업자단체에 대한 자료·정보제공요청권을 부여하고 있다(동법 제78조). 소비자단체 및 한국소비자원에서의 유사한 상품들간에 우수성을 비교·시험하여 일반에게 공표하는 것(동법 제28조 제2항, 제35조 제3항)도 소비자의 알권리를 도모하기 위한 것이며, 표시·광고법에서도 중요정보공개제(동법 제4조)를 운영하고 있다.

(3) 선택할 권리

소비자는 물품 등을 선택함에 있어서 거래의 상대방·구입장소·가격 및 거래조건 등을 자유로이 선택할 권리를 갖는다(동법 제4조 3호). 소비자는 다수의 사업자가 제공하는 다양한 재화들 가운데 자신에게 적합한 재화를 선택할 수 있어야 한다. 선택할 권리는 자유롭고 공정한 경쟁이 이루어지는 시장구조가 전제되어야 하며, 만약 거래의 상대방인 사업자가 시장에서 독·과점적인 지위를 가지는 경우에 소비자는 재화 등을 비롯한 거래조건을 선택하지 못하고 사업자가 일방적으로 결정한 사항을 따를 수밖에 없다. 따라서 소비자가 자유로이 선택할 권리를 보장하기 위하여 국가는 표시기준제정의무(동법 제10조), 거래의 적정화에 대한 의무(동법 제12조), 국가 및 지방자치단체는 소비자에 대한 정보제공의무(동법 제13조), 사업자는 거래의 적정화의무(동법 제19조 제2항)와 부당행위금지의무(동법 제20조)를 부담한다. 또한 소비자가 올바른 선택을 할 수 있도록 공정거래법 등 경쟁법을 제정하여 기업간의 부당행위를 방지하고 있다.

(4) 의견을 반영시킬 권리

소비자는 소비생활에 영향을 주는 국가 및 지방자치단체의 정책과 사업자의 사업활동 등에 대하여 의견을 반영시킬 권리를 가진다(동법 제4조 4호). 소비자주권의 실현을 위하여 소비자의 의견을 반영시킬 권리는 중요한 의미를 갖는다. 소비자는 국가 및 사업자 등과 더불어 경제의 일 주체임에도 불구하고 종전에는 소비생활과 관련된 정책결정 등에서 참여하지 못하였다. 그 결과 소비자에 관한 사항을 결정할 때 가장 직접적인 이해관계인인 소비자가 참가하지 못하여 정작 소비자의 입장을 충분히 반영되지 못하였다. 따라서 국가 등은 소비생활과 관련된 정책을 결정함에 있어서 소비자에 대한 정보제공의무를 부담하며(동법 제13조), 소비자정책위원회에 소비자대표가 참여하도록 하고 있으며(동법 제24조 제3항), 소비자단체는 국가 및 지방자치단체에 대해 소비자권익시책에 대한 건의를 할 수 있도록 하고 있다(동법 제28조 제1항 1호).

(5) 피해를 보상받을 권리

소비자는 물품 등의 사용으로 인하여 입은 피해에 대하여 신속공정한 절차에 따라 적절한 보상을 받을 권리를 갖는다(동법 제4조 5호). 소비자가 재화 등을 구입하여 사용함으로써 발생할 수 있는 피해를 사전에 예방하는 것이 최선책이지만, 피해가 현실적으로 발생한 경우에 신속하고 효율적으로 보상을 받을 수 있도록 해야 한다. 이를 위하여 사업자는 소비자의 피해가 발생한 경우에 피해구제를 위하여 충분한 조치를 취하여야 한다. 국가나 지방자치단체도 소비자피해에 대해 사업자의 구제가 이루어지지 않거나 충분하지 못하여 소비자가 피해구제를 요청한 경우에 적절한 보상 또는 배상을 받을 수 있도록 노력해야 한다.

소비자기본법의 규정을 보면, 피해를 보상받을 권리를 보장하기 위하여 국가 및 지방자치단체는 소비자에 대한 정보제공의무(동법 제13조)와 소비자피해구제기구의 설치의무(동법 제16조 제1항)를, 국가는 소비자분쟁해결기준제정의무(동법제16조 제2항)를 부담하며, 사업자는 피해보상・손해배상의무(동법 제19조 제5항)와 소비자상담기구 설치・운영노력의무(동법 제53조 제1항)를 부담한다. 소비자단체는 소비자불만 및 피해처리를 위한 상담・정보제공 및 당사자간의 합의권고 등을 할 수 있도록 하고 있다(동법 제28조 제1항 5호). 또한 소비자분쟁조정위원회의 설치(동법 제65조), 집단분쟁조정(동법 제68조) 및 소비자단체소송제도(동법 제70조) 등의 도입은 소비자의 피해를 보상받을 권리를 보장하기 위한 제도의 일환이다.

(6) 교육을 받을 권리

소비자는 합리적인 소비생활을 위하여 필요한 교육을 받을 권리를 갖는다(동법 제4조 6호). 소비자가 사업자와의 관계에서 합리적인 소비생활을 하도록 하려면 사업자와 소비자간의 여러 가지 정보의 불균형 격차를 해소해 주어야 한다. 오늘날 소비자가 구매하는 제품과 용역은 첨단과학기술을 응용함으로 말미암아 그 내용이 복잡다기해지고, 기업들의 판매방식도 전통적인 거래방식에서 다양한 현대형 거래방식을 사용할 뿐만 아니라 광고와 홍보수단도 새로운 매체를 통하여 소비자에게 접근하기 때문에 오히려 소비자로서는 과다한 정보 속에서 재화 등의 선택에 곤란을 느낄 뿐만 아니라 또한 피해발생시 어떠한 구제수단이 있는지 궁금해 한다. 따라서 소비자에게 꾸준한 교육이 이루어져야 한다. 소비자가 충분한 교육을 받음으로써 소비자보의 모든 것을 국가가 관여하기 때문에 발생할 수 있는 시장의 왜곡과 비용증가를 줄일 수 있다.

이처럼 교육을 받을 권리는 소비자의 자주적, 주체적 소비생활을 통해 소비자 권익이 옹호되도록 하기 위함이며, 이를 보장하기 위해 소비자단체를 통한 꾸준한 소비자교육(동법 제28조 제1항 4호)과 한국소비자원으로 하여금 소비자의 권익증진·안전 및 능력개발과 관련된 교육·홍보 및 방송사업(제35조 4호)을 하도록 하고 있으며, 국가 및 지방자치단체에게 소비자에 대한 정보제공의무(동법 제13조)와 소비자의 능력향상의무(동법 제14조)를 지우고 있다.

소비자교육의 방법으로서 국가나 지방자치단체는 정보통신매체를 이용하거나, 현장실습 등 체험위주의 방법, 평생교육시설을 활용하는 방법, 비상업적 공익광고 등 다양한 매체를 활용하는 방법을 사용하도록 하고 있다(동법 시행령 제6조).

(7) 단결권 및 단체활동권

소비자는 소비자 스스로의 권익을 증진하기 위하여 단체를 조직하고 이를 통하여 활동할 수 있는 권리를 갖는다(동법 제4조 7호).[20] 우리 헌법상 결사의 자유가 인정되기 때문에(헌법 제21조 제1항), 특별히 소비자기본법에 소비자단체의 단결권 및 단체활동권을 규정하지 않더라도 소비자단체 결성의 자유는 인정된다. 다만 사

20) 단결권과 단체활동권만 인정되고 단체교섭권은 인정되지 않는다.

업자나 노동자 등 다른 이익집단과 달리 소비자의 집단화는 그 특성상 뚜렷한 구심점이 없기 때문에 연혁적으로도 최근에야 이루어지고 있다. 다양한 소셜미디어의 발달은 가상공간에서 소비자들의 연대 및 집단화를 종전보다 용이하게 하고 있다.

사업자가 소비자에 비해 경제력, 정보력, 조직력 등의 면에서 우월한 지위를 가지고 있고, 특히 사업자가 기업 또는 기업집단인 경우에 이러한 격차는 더욱 커지게 된다. 이러한 점에서 개별적인 소비자가 사업자를 상대로 하여 자신의 권익을 주장하여 보호를 받는다는 것은 어렵게 되고, 소비자의 단결권 및 단체활동권은 사업자와의 대등성 확보라는 차원에서 의미가 있고 소비자단체의 역할이 중요해지고 있다.

소비자단체는 대통령령이 정하는 업무처리를 위한 전산장비와 사무실, 5인 이상의 상근 인력을 갖추고 비영리민간단체지원법 제2조 각호의 요건을 모두 갖추어서 공정거래위원회 또는 지방자치단체에 등록하도록 하고 있고 이러한 요건을 갖추지 못한 경우에는 등록을 취소할 수 있다(동법 제30조 제2항). 소비자단체도 주무관청의 허가를 받아 법인으로 하거나 비법인으로 등록하여 활동할 수는 있지만, 실질적인 소비자단체의 단결권을 인정하기 위해서는 현재 비영리사단이 법인격을 취득하려면 주무관청의 허가를 얻도록 하고 있는 민법의 개정이 이루어져야 할 것이다.

소비자의 단결권 및 단체활동권을 보장하기 위하여 국가 및 지방자치단체는 소비자의 건전하고 자주적인 조직활동의 지원·육성의무(동법 제6조 4호)[21]와 소비자에 대한 정보제공의무(동법 제13조)를 부담하며, 소비자단체의 시험·검사시설에 대한 지원(동법 제17조 제4항), 등록된 소비자단체에 보조금지급(동법 제32조) 등을 할 수 있고, 소비자단체의 임원을 소비자분쟁조정위원회에 위원으로 임명·위촉할 수 있다(동법 제61조 제2항). 또한 사업자는 소비자단체의 정보제공요청에 협력할 의무(동법 제18조 제2항)를 부담한다.

(8) 환경친화의 소비권

소비자는 안전하고 쾌적한 소비생활 환경에서 소비할 권리를 갖는다(동법 제4조 8호). 2001년 개정시 소비자의 기본적인 권리로 추가된 권리인데, 안전하고 쾌

---

21) 소비자단체는 비영리공익단체라고 할 수 있다. 소비자기본법 제32조에 보조금지급규정이 존재하지만 비영리공익단체를 지원하는 법으로 비영리민간단체지원법이 있다.

적한 소비생활 환경에서 소비할 권리란 소비자의 생활의 질을 향상시키기 위한 물리적 환경에 대한 권리로서 환경이 소비자의 생명이나 건강을 해치지 않고 쾌적하게 유지하도록 요구할 권리를 의미한다. 기본법상의 환경권처럼 이 권리는 권리로서의 성격뿐만 아니라 의무적 성격도 겸유한다. 즉 소비자는 자원절약적이고 환경친화적인 소비생활을 하여야 하며(동법 제5조 제3항), 사업자는 안전하고 쾌적한 소비생활 환경을 조성하기 위하여 물품 및 용역을 제공함에 있어서 환경친화적인 기술의 개발과 자원의 재활용을 위하여 노력할 의무(동법 제18조 제3항)와 개인정보보호의무(동법 제19조 제4항)를 부담한다.

3. 소비자의 기본적 권리의 법적 성격

위에서 열거한 소비자의 8가지 기본적 권리는 소비자기본법에 규정되어 있다. 소비자기본법은 소비자정책의 기본법이며, 소비자행정의 기본방향을 제시한 법이라고 할 수 있다. 동법은 국가, 지방자치단체, 사업자, 소비자 모두에게 소비자를 보호하기 위한 의무와 역할을 부여한 법으로서 소비자보호에 관한 일반법으로서의 성격을 가지기 때문에, 다른 법률에서 소비자보호에 관해 특별히 언급하지 않았다면 「소비자기본법」이 적용된다(동법 3조). 동법은 기본법으로서의 성격을 갖기 때문에 소비자는 동법에 열거된 소비자의 권리임을 들어서 사업자나 국가에게 구체적 권리로서 주장하기는 어렵다고 보아야 할 것이다.

4. 소비자의 책무

계약당사자는 계약의 내용에 따라 권리를 갖고 의무를 부담하게 되지만, 사업자와 소비자간의 거래에서는 일반적인 계약당사자로서의 의무 이외에 어떠한 책무를 갖는가가 문제된다.

소비자기본법에서는 소비자가 사업자 등과 더불어 자유시장경제를 구성하는 주체임을 인식하여 물품 등을 올바르게 선택하고, 소비자기본법상의 기본적 권리를 정당하게 행사하여야 하며(동법 제5조 제1항), 소비자는 스스로의 권익을 증진하기 위하여 필요한 지식과 정보를 습득하도록 노력하여야 한다(동법 제5조 제2항)고 규정하며, 또한 소비자는 자주적이고 합리적인 행동과 자원절약적이고 환경친화적인 소비생활을 함으로써 소비생활의 향상과 국민경제의 발전에 적극적인 역할을 다하여야 한다(동법 제5조 제3항). 이 규정은 종전 '소비자의 역할'이란 제호에서 소비자의 책무로 변경되었지만 여전히 선언적 성격의 규정으로 보아야 한다.

Ⅱ. 기본원리의 구성요소

1. 소비사회

소비사회는 현대사회의 한 특징이다. 인류는 농업혁명을 거쳐 19세기 산업혁명에 이르는 동안 생산과 소비를 분리되지 않은 개념으로 이해하였다. 대개 일반인들은 생산자와 소비자 지위를 겸유하였으므로 양자는 언제든지 호환될 수 있었고 근대민법의 기초자들은 이를 전제로 하여 양자를 차별화하여 규율할 필요성을 느끼지 않고 양자를 대등한 자로 취급하여 민법을 제정하였다.

이렇듯 생산과 결부되어서만 의미를 가질 수 있었던 소비라는 개념이 갑자기 생산의 개념으로부터 분리되고 그 자체로서 중요성을 인정받기 시작한 것은 산업혁명 이후부터의 일이었다. 증기기관, 방적기, 컨베이어벨트시스템 등과 함께 인간의 삶 모든 부분을 기계화, 합리화하기 시작하였던 산업혁명은 노동방식을 분업화하고 생산방식을 표준화, 집중화, 대량화하였으며, 교통수단 및 정보통신의 발달로 인해 폭발적으로 팽창하는 시장의 규모는 생산의 확대를 부추겼고 이는 자연스럽게 소비재가격의 하락과 소비의 확대로 이어졌다.[22]

특히 기업의 등장과 대량생산・대량유통・대량소비를 통하여 소비에 대한 인식은 획기적으로 바뀌었고, 생산자와 소비자 사이의 관계는 추상화, 익명화되었고, 인간의 삶에서 소비는 재생산을 위한 것이 아니라 그 자체로서의 의미를 획득하기 시작하였다. 식량과 제품의 대부분은 자급자족이 아닌 시장에서의 판매를 위하여 경작・제조되기 시작했으며, 이 때부터 사람들은 타인이 제공하는 식량과 상품, 서비스에 거의 전적으로 의존하게 되었다.

이렇게 소비사회인구의 대부분이 소비의 형식으로 기본생활을 영위하며, 시장에서의 소비 없이는 정상적인 삶이 가능할 수 없는 소비사회가 대두하였으며 서구에서는 대략 1920년대,[23] 한국에서는 1970년대에 자리를 잡게 되었다.

22) 백경일, 소비자보호법의 존재의의 및 효용성에 대한 비판적 고찰-소비자법의 규범적 정당성과 경제적 실효성에 대한 분석-, 법학연구 49권 2호, 부산대학교 법학연구소, 2009.2, 248면.

2. 소비자[24)]

(1) 소비자의 특성

1) 거래주체로서의 인(人) 민법은 일반 사인을 거래주체로서 상정하고 상법은 상인, 소비자법은 사업자와 소비자를 그 대상으로 한다. 민법을 포함하여 근대법에서는 확고한 의사와 판단력을 가진 합리적인 인간상을 전제로 하여 형성된 것이다. 법률의 세계에서도 고전주의경제학파가 전제로 한 「합리적 인간상」과 같은 형태의 「인」의 개념을 전제로 하고 있다. 여전히 소비자에 대하여 현명하고 자주적인 소비자상을 견지하는 경우에는 시장의 신뢰를 중시하면서 소비자의 자립과 자기책임을 강조하게 된다. 따라서 개인이 자기결정에 바탕을 두고 거래를 맺은 이상 거기서 생긴 손해는 원칙적으로 자기가 부담해야 한다. 즉, 시장거래에서 사적 자치의 원칙은 계약자유의 원칙과 과실책임의 원칙으로 나타나게 되며, 이때 거래주체의 지위의 대등성과 입장의 호환가능성을 그 전제로 한다. 그러므로 사적자치의 원칙하에 거래당사자들의 자기결정에 맡기고 국가는 여기에 직접 개입하지 않는 것을 원칙으로 하며, 다만 이러한 전제가 지켜지지 않을 때 바로 정부가 개입하게 된다.

그러나 고도소비사회에 속해 있는 현대인들을 일상생활의 모든 면에서 이와 같은 합리적인 인간이라고 상정하기에는 도저히 불가능한 상황에 이르렀다. 현실사회에서 「인」과 법이 예정하고 있는 「인」사이의 차이로 말미암아 근대민법에 의해서는 소비자문제의 대응에 한계를 보이고 있다. 따라서 소비자법에서는 민법에서의 인간관과는 다른 사업자와의 관계성에서 좀 더 취약한 인간, 사업자의 거래권유에 합리적 판단보다는 성급한 판단을 내릴 수도 있는 인간으로 취급하기도한다. 따라서 근대민법의 대원칙인 사적자치와 계약자유의 원칙을 수정하여 국가의 개입이 필요하다고 하게 된다. 오늘날 소비자법은 이러한 인간상의 전제하에 국가와 지방자치단체에게 많은 책무를 부과하고 상당부분 개입할 여지를 남겨놓고 있다.

---

23) Vgl. König, Geschichte der Konsumgesellschaft, Stuttgart 2000, S. 8.

24) 소비와 소비자 중 무엇을 문제로 하는가는 동일한 차원이다. 소비자법은 영미에서는 Consumer Law(소비자법)라고 부르지만, 프랑스에서는 droit de la consonnation(소비법)이라고 불리운다. 이처럼 「소비자」에 주목하는지 혹은 「소비(행위)」에 주목하는지는 국가마다 다르다. 그러나 실제 그 차이는 별로 크지 않다. 프랑스에서도 소비법은 소비자 개념을 중핵으로 하고 있기 때문이다.

하지만 오늘날 소비자를 항상 사업자에 비하여 취약하며 비합리적이며 충동적인 소비를 하는 자연인으로만 여길 수 없는 부분이 있다. 소비자들도 소셜미디어를 통해 손쉽게 정보를 검색하며 상호간 의견을 나눌 수 있으며, 상품비교나 가격비교 등을 통하여 더 유리한 거래를 하는 것이 가능하기 때문이다. 또한 순식간에 소셜네트워크를 통하여 연대하여 집단화하는 것도 가능하다. 유투브처럼 가상공간에서는 일순간 소비자가 생산자가 되기 때문에 소비자가 소비자성에 항상 고정되지 않는 경우도 생겨나고 있다.

2) 제품의 안전성에 취약 소비자의 생명이나 신체는 사업자가 제공하는 제품이 갖는 안전성의 결함에 대하여 취약할 뿐만 아니라, 정신적 경제적 측면에서도 취약하다. 오늘날 사업자가 제공하는 제품에 결함이 존재하는 경우에 이로 인하여 생명이나 신체에 대한 직접적 침해 뿐만 아니라 질병에 노출되기도 한다. 특히 고속교통기관의 발달과 매일 쏟아지는 다양한 가공식품과 새로 개발된 약품뿐만 아니라 첨단기술이 도입된 수많은 공산품들은 효용성 못지 않게 결함을 가질 가능성도 배제할 수 없다.

또한 제품생산의 주기가 단축되면서 소비자들은 새로운 제품에 대한 사용습득의 기회를 충분히 갖지 못하기 때문에 그러한 측면에서도 안전성이 문제될 수 있다. 한편으론 오늘날 소비자들의 욕구수준이 높아지면서 제품의 안전성이 소비자의 상품선택에 있어서 아주 중요한 고려요소가 되고 있다. 소비자의 입장에서는 '상품성의 결여'인 하자 못지 않게 제품의 안전성에도 관심을 쏟기 시작하였다.

3) 정보력의 열위 소비자는 상품이나 용역에 관한 정보를 취득함에 있어서 사업자에게 의존하고 있다. 특히 빠른 기술진보로 인하여 새로 개발된 상품이나 복잡한 생산공정을 거쳐서 생산된 상품에 대해서는 스스로 그 품질이나 가격을 제대로 분별하지 못하는 것이 보통이다. 이러한 경우에 소비자로서는 사업자가 상품 등에 대한 표시, 설명, 광고 등을 통하여 제공하는 정보를 기초로 하여 상품의 품질이나 가격을 판단하여 결정할 수밖에 없다.

4) 거래조건 및 가격결정에의 종속적 지위 자본의 집중이 심화되고 독과점기업의 등장으로 시장지배력을 획득한 기업들은 이러한 시장지배력을 이용하여 상품이나 용역의 거래조건이나 가격을 일방적으로 결정하거나 유지하는 경우가 많다. 소비자들은 기업이 산정하는 가격의 적정성 등에 대하여 정보를 가지고 있지

않기 때문에 기업이 정하는 가격대로 제품을 구매할 수밖에 없다.

(2) 소비자의 의의

오늘날 소비자 개념의 모호성과 소비자 문제의 어려움 그리고 이러한 상황에서 이루어질 수 있는 법정책의 혼선에 대한 우려를 나타내고 있다. 그럼에도 소비자문제는 최근 법개혁이 뚜렷한 동인이 되어 왔으며, 되돌릴 수 없는 시대적 사고가 되고 있다.

소비자란 개념은 원래 법적 개념이 아니라, 경제적 혹은 사회적 개념에서 출발하였다. 그러나 현대에 들어와 소비자운동과 함께 소비자보호가 단순한 사회적인 관심사로부터 법적인 문제로 등장하면서, 소비자란 개념도 '새로운 권리의 주체'로서 법적으로 자리잡게 되었다.[25)]

소비자개념의 정의와 관련된 문제로서는 개념요소로서 ① 소비자가 자연인만을 의미하는지 혹은 자연인과 유사한 상황에 놓인 법인도 포함하는지의 여부 ② 거래나 활동이 개인적 용도를 위한 적극적 형태로 정의되어야 하는가, 아니면 개인의 거래, 영업 또는 직업적 영역의 밖이라는 소극적 형태로 정의되어야 하는가,③ 복합목적을 가진 거래도 소비자 보호규정의 적용을 받을지 여부, ④ 거래의 목적을 상대방이 알았거나 또는 상대방이 알 수 있었는지의 여부 등이 고려되어야 한다.[26)]

기본적으로 자연인의 활동에 대한 목적을 기술하는 방식은 두 가지가 있다. 하나는 개인이 개인적 또는 가정, 가사를 위한 용도로 활동한다는 식의 적극적 규정방식이 있으며, 다른 하나는 개인이 자신의 거래나 영업 또는 직업적 영역 밖에 있는 목적을 위하여 활동한다는 식의 소극적 규정방식이 있다. 두 가지 방식은 국내법이든 국제협약에서든 모두 활용되고 있으며 대부분의 경우에는 어느 방식을 취하든 동일한 결론에 이르게 될 것이나 다른 결과에 이르는 경우도 있다. 예컨대 어떤 사람이 자신의 명의로 물품계약을 체결하면서, 그 거래 목적은 자신이 회원으로 가입되어 있는 비영리단체[27)]에서의 사용을 위한 것인 경우를 가정해 볼 수 있다. 이 때 그 사람의 거래목적은 자신의 거래나 영업 또는 직업적 영역의 밖에 있는 것이긴 하지만, 개인적 또는 가정, 가사를 위한 용도를 위한 것은 아니다. 따

25) 권대우, 민법과 소비자보호법, 한국민사법학회 창립 50주년 기념 발표논문, 2006. 6, 2면.

26) 이병준, 유럽계약법에서의 소비자와 사업자, 외법논집, 2006.8, 17면 이하.

27) 실제 비영리단체의 경우에도 세분하여 공익비영리단체와 비공익비영리단체로 구분하여 소비자개념에 포섭할 수 있을지 따져볼 수도 있다.

라서 소극적 방식을 이용한다면 이 경우에 그 는 소비자로 보호할 수 있지만, 적극적 방식에 의한다면 소비자로 보호할 수 없게 되는 것이다.

유럽에서 소비자개념을 정의하려고 처음 시도한 것은 유럽의회의 소비자보호헌장이다.[28] A장에서 "소비자는 자연인 또는 법인으로서 사적 이용을 위하여 상품이 공급되거나 서비스가 제공되는 자를 말한다"라고 정의하고 있다. 법인을 소비자개념에 포섭했다는 점이 특징이다. 1980년의 UN통일매매법은 소비자매매를 제외하려고 하는 목적으로 간접적인 방법을 택하여, 소비자개념을 사용하는 것을 피하고자 적용범위에서 소비자매매를 제외하였다. 즉 "물품이 개인적 또는 가정, 가사에서의 용도로 사용될 목적으로 구매되는 것을 계약체결 당시에 또는 그 이전에 매도인이 몰랐고 알 수도 없었던 것이 아니라면, 본 협약은 이와 같은 물품거래에 적용되지 않는다"라고 규정하였다(제2조 (a)항). 여기서는 계약상대방인 매도인의 시각을 중시함으로써 새로운 측면에서 소비자개념을 도입하고 있다고 말할 수 있다.

소비자와의 거래에서 관계되는 많은 지침을 가지고 있는데, 예컨대 방문판매입법지침, 부동산 일시사용권취득에 관한 입법지침, 소비자신용입법지침, 약관규제법 입법지침, 소비재매매입법지침, 방문판매입법지침 등이다. 유럽계약법의 모든 영역에서 소비자가 보호를 받는 것은 아니며, 많은 규정들은 소비자만이 아니라 특정계약유형에서 사업자의 모든 계약상대방을 모호하는 것을 목적으로 한다.

소비자의 개념에서 고려하여야 할 요소는 첫째, 개인인 소비자는 생산하는 자 또는 판매하는 자로부터 필요한 재화 등을 매수하여 소비함으로써 삶을 유지한다. 따라서 재화 등을 생산하는 것과 이를 판매하는 것으로부터 삶을 유지하기 위하여 이용하는 '소비'라는 개념이 발생하게 되었다. 둘째, 사업자가 제공하는 물품 및 용역을 사용하거나 이용하는 자라고 하더라도, 그것을 소비생활을 위하여 사용하거나 이용하는 최종소비자이어야지, 이를 다시 팔거나 이를 소재로 하여 생산활동을 영위하는 자는 원칙적으로 소비자의 개념에 포함되지 않는다. 셋째, 소비자는 사업자의 대응개념인데, 소비생활을 목적으로 재화를 구입하는 자는 상행위로서 판매하는 자로부터 구입할 수 있으며, 일반 개인으로부터 재화를 구입할 수 있다. 하지만 소비자로서의 지위를 가지기 위하서는 일반 개인이 아닌 제조업자 또는 판매업자 등의 상인으로부터 재화를 구입하여야 한다. 소비는 생산 또는 판매와 대립하는 개념이기 때문에 재화의 구입 역시 이러한 행위를 업으로 하는

28) Council of Europe, Consultative Assembly, Resolution 543 [1973] v 17.5.

자, 즉 제조·가공·포장·수입·판매하거나 용역을 제공하는 사업자로부터 소비생활을 목적으로 구입하여야 한다. 따라서 개인이 사업자가 아닌 자로부터 소비생활을 위하여 재화를 구입한 경우에는 소비자의 지위를 갖는 것이 아니라 매수인의 지위를 갖게 된다.

1) 소비자기본법상의 소비자 개념 기본적으로 소비자는 사업자에 대립되는 개념이다. 우리 소비자기본법(2006. 9, 법명변경) 상 소비자란 '사업자가 제공하는 물품 및 용역을 소비생활을 위하여 사용하거나 이용하는 자 또는 생산활동을 위하여 사용하는 자로서 대통령령이 정하는 자를 말한다(동법 제2조 및 동법시행령 2조).[29][30]

소비자의 개념요소로서는 ① 생산 또는 판매에 대응하는 소비[31], ② 최종소비를 목적으로 하는 재화의 구입, ③ 사업자로부터의 구입 ④ 개인 내지 자연인 등을 들 수 있다.

첫째, 개인은 생산하는 자 또는 판매하는 자로부터 필요한 재화 등을 매수하여 소비함으로써 삶을 유지한다. 따라서 재화 등을 생산하는 것과 이를 판매하는 것으로부터 삶을 유지하기 위하여 이용하는 '소비'라는 개념이 발생하게 되었다.

둘째, 사업자가 제공하는 물품 및 용역을 사용하거나 이용하는 자라고 하더라도, 그것을 소비생활을 위하여 사용하거나 이용하는 최종소비자이어야지, 이를 다시 팔거나 이를 소재로 하여 생산활동을 영위하는 자는 원칙적으로 소비자의 개념에 포함되지 않는다.

셋째, 소비자는 사업자의 대응개념인데, 소비생활을 목적으로 재화를 구입하는 자는 상행위로서 판매하는 자로부터 구입할 수 있으며, 일반 개인으로부터 재화를 구입할 수 있다. 하지만 소비자로서의 지위를 가지기 위하서는 일반 개인이 아닌 제조업자 또는 판매업자 등의 상인으로부터 재화를 구입하여야 한다. 소비는 생산 또는 판매와 대립하는 개념이기 때문에 재화의 구입 역시 이러한 행위를

29) 독일민법은 제13조에서 소비자의 개념을 정의하고 있는데, 이에 의하면 소비자란 자신의 영업활동이나 독립적 직업활동에 속하지 아니하는 목적으로 법률행위를 하는 자연인을 말한다고 한다.

30) 방문판매법 제2조 12호도 소비자를 정의하고 있는데 소비자기본법과 동일한 내용이다. 소비자기본법이 소비자관련 특별법의 기본법인 만큼 방문판매법에서 소비자기본법의 소비자의 정의와 동일한 개념을 규정할 필요는 없을 것 같다.

31) 소비의 사전적 의미는 돈이나 물자, 시간, 노력 따위를 들이거나 써서 없애는 것을 말하고, 경제적으로는 욕망을 충족시키기 이하여 재화를 소모하는 일을 의미한다. 소비에도 본래적 소비와 생산적 소비가 있는데 여기서는 본래적 소비를 말한다.

업으로 하는 자, 즉 제조·가공·포장·수입·판매하거나 용역을 제공하는 사업자로부터 소비생활을 목적으로 구입하여야 한다. 따라서 개인이 사업자가 아닌 자로부터 소비생활을 위하여 재화를 구입한 경우에는 소비자의 지위를 갖는 것이 아니라 매수인의 지위를 갖게 된다.

우리 소비자기본법은 소비자 속에 소규모 농민, 어민, 축산업자 등과 같은 생산자도 포함시켜 보호하고자 한다(동법 제2조 및 동법 시행령 제2조 2호).[32] 엄밀한 의미에서는 이러한 자들은 소비자라기보다는 생산자에 속하나 영세성 내지 경제적 약자라는 점을 고려하여 소비자의 범위에 포함시키고 있다. 외국에서도 소비자란 개념에서 협의로는 자신의 소비생활을 위하여 시장에서 재화나 용역을 구입하는 자를 포섭하고 있지만, 광의의 소비자개념에는 보호가 필요한 약자의 개념으로 노동자, 노인, 유아, 장애인 이외에도 임차인 등을 포함하여 논하기도 하고, 또한 영세 상공인의 경우에 소비자의 범주에 포함시키기도 한다.[33]

넷째, 소비자는 원칙적으로 자연인에 한정된다고 보아야 한다. 동법에서는 소비자 개념 규정에 자연인에 한정한다는 규정은 하지 않고 있다. 따라서 동법을 적용 받는 소비자에 자연인만이 해당하는가 법인도 포함되는가는 분명하지 않다. 외국의 입법례를 참조하여 소비자는 자연인만을 의미하며 법인은 포함하지 않는다는 견해[34]가 있으나 오늘날 문제는 공익비영리단체의 경우이다. 비공익비영리단체의 경우에는 보호의 필요성이 그리 크지 않다 하더라도 이러한 단체의 경우에는 일정한 거래에서 거래의 특성상 보호의 필요성이 있기 때문이다.

2) 약관규제법과 할부거래법상의 개념 소비자기본법과 달리 약관규제법에서

---

32) 농어민, 축산업자의 소비자개념에의 포섭에 대하여 구분의 명확성이란 측면과 보호대상의 의미와 방법이란 관점에서 소비자보호법에 의하여 보호하기보다는 농업이나 축산, 수산업의 영역에 고유한 상황에 맞추어 배려되는 방식이 더 바람직하다는 견해(권대우, 상게논문, 3면)와 이들이 거래과정에서 피해를 본다고 하더라도 그것을 제3자에게 전가할 수 있기 때문에 소비자의 개념에서 제외하여야 한다는 견해(권오승, 전게서, 5면)가 있으나 전자에 대해서는 관계 법령에서 규모를 적시함으로서 이러한 문제는 해결될 수 있다고 본다.

33) 독일민법 제507조는 소비자소비대차계약, 금융리스계약, 할부거래 등의 경우에 영업이나 독립적 직업활동을 개시하기 위하여 5만 유로 이하의 대차금이나 자금융통지원을 받는 자연인을 소비자로서 보호하고 있다.

34) 김성천, 소비자개념에 관한 법제 개선방향, 한국소비자보호원, 2004, 23면; 권오승, 전게서, 5면. 그 이유로서는 통상 법인은 다른 사업자가 제공하는 물품이나 용역을 최종적으로 소비하는 경우에도 그들이 받는 피해는 경제적인 피해에 그치고 생명이나 신체의 안전이 침해되는 경우는 없기 때문이라고 한다.

는 소비자라는 개념을 사용하지 않고 '고객'이란 용어를 사용하고 있는데, 이는 약관의 구속을 받는 당사자란 의미를 강조하는 것으로 볼 수 있고, 여기에서는 개인으로서의 소비자뿐만 아니라 소비자 이외의 사업자도 사전에 일방적으로 마련한 약관을 사용할 경우에 약관규제법상의 보호의 대상이 될 수 있다.[35] 계약의 내용결정의 자유에 대한 보장을 위한 규범이므로, 상인이라 할지라도 일방적으로 마련된 계약조항을 강요당하게 될 경우에는 동법의 적용을 통하여 계약자유의 실질적 보장을 받을 수 있게 되어 있다.

그러나 약관규제법 제1조 목적에서 밝힌 것처럼 동법도 궁극적으로는 소비자를 보호하기 위한 법률로서 대개는 고객의 범주에 소비자가 포섭될 가능성이 높다.

그 외에도 할부거래법에서는 할부계약 또는 선불식 할부계약에 의하여 제공되는 재화 등을 소비생활을 위하여 사용하거나 이용하는 자와 사실상 위의 자와 동일한 지위 및 거래조건으로 거래하는 자 등 대통령령으로 정하는 자(동법 제2조 5호)를 말하는데, 거래대상물에 따라 시행령(동법 시행령 제2조 및 제4조 참조)에 의하여 철회권의 행사를 제한하는 등 할부거래법의 적용을 배제하고 있어서 소비자보호법규로서 할부거래법에 의한 보호를 받을 수 없게 된다.

3) 콘텐츠산업진흥법 콘텐츠산업진흥법 이전의 온라인디지털콘텐츠산업발전법에서는 이용자와 소비자라는 용어를 같이 사용하였으나 2013년 3월부터 시행되고 있는 동법에서는 이용자라는 용어로 통일하여 제2조 정의규정에 두고 있다. 이용자라는 개념에는 소비자를 포함하여 콘텐츠를 이용하는 자를 의미하기 때문에 일정한 경우에는 사업자를 포함하게 된다. 동법에서 청약철회에 관해서는 전자상거래소비자보호법을 준용하고 있기 때문에 이용자가 소비자인 경우에는 청약철회행사가 가능하게 된다.

4) 가상공간에서의 소비자성의 유동성 현대에 들어와 일반 개인인 소비자는 사업자가 제공하는 상품이나 용역에 대하여 일방적으로 소비하는 자로서의 지위에 머물렀으나 가상공간에서는 개인인 소비자는 언제든지 생산자로 전화(轉化)할 수 있다. 컴퓨터기술의 발달과 멀티미디어저작기술의 발달에 따른 온라인 컨텐츠의 제작의 용이함은 과거 정보의 소비자로부터 정보의 생산자로 변화시키

35) 예컨대 건물임대업을 하는 사업자가 정형적·반복적으로 이루어지는 건물임대차에 관한 약관을 가지고 있는 경우에 건물을 필요로 하는 수요자가 기업인 경우에도 동법의 보호의 대상이 될 수 있게 된다.

고 있다.[36)]

이처럼 가변적인 소비자성에 비추어 볼 때 소비자개념을 어떻게 정의할 것이냐는 입법정책의 문제이다. 다만, 앞으로도 누구를 소비자로 할 것이냐에 있어서 결정기준으로서 자연인(개인), 최종적인 소비, 정보력 및 교섭력의 열위 등은 여전히 주요 지표가 될 것이다.

오늘날 소비자의 개념을 입법에서 어떻게 정의할 것이냐의 문제는 일의적으로 결정하기가 곤란한 문제이다. 소비자의 개념을 민법에 두고(독일민법 제13조), 소비자계약법의 민법전에의 편입을 시행한 독일의 예에서 보듯이 이제 소비자보호의 문제는 한 국가 내의 범위를 벗어난 것으로 보인다.

교통기관의 발달과 컴퓨터통신의 발달에 의한 전자거래의 활성화는 소비자보호를 범국가적인 이슈로 만들었다. 상이한 국가간의 소비자보호 정도나 범위에 대한 입법의 차이는 결국 준거법과 재판관할 및 외국법원의 판결의 효력의 문제까지 범위를 넓히게 된다. 다른 법영역보다도 소비자보호법의 비교법적 검토가 절실한 이유가 여기에 있는 것이다.

3. 소비자단체

(1) 소비자단체의 존재이유

소비자는 사업자와의 관계에서 각자 개별적인 존재로서 고립되어 있는 것이 보통이다. 사업자보다 여러 면에서 약자인 소비자의 고립은 소비자의 사업자에의 종속을 초래하고 분쟁발생시 사업자와 대등한 지위에서 교섭할 수 없게 한다. 즉 소비자가 개별적으로 자신의 권리를 실현하는 데에는 일정한 한계가 있다. 따라서 개개의 소비자는 그의 정당한 이익이 침해당하는 것을 막기 위하여 자신의 법률상의 지위를 강화하기 위하여 소비자를 조직화할 필요가 있으며, 이를 위하여 이러한 목적을 가진 단체를 요구하게 되는 것이다. 이와 같은 취지에서 소비자기본법에서도 소비자의 단결권 및 단체활동권을 소비자의 권리의 하나로서 규정(동법 제4조 7호)하여 보장하고 있으며, 소비자단체의 업무를 법정하여 소비자단체의 역할과 활동을 적극적으로 보장하고 있다(동법 제28조 이하).

---

36) 온라인상에서의 개인들의 다양한 활동의 장인 UCC(User Created Contents)나 블로그를 보면 지적재산권이나 정보에서 개인이 소비자이면서 생산자가 될 수 있음을 알 수 있다.

(2) 소비자단체의 의의 및 종류

소비자단체를 협의와 광의로 구분하기도 하는데, 전자는 소비자를 구성원으로 하지만 단체구성원이냐 아니냐를 묻지 않고 소비자의 정당한 이익을 옹호하기 위해 사업자와 대등한 지위에서 교섭하고, 사업자와의 관계에서 소비자의 입장을 개선하는 것과 그 밖의 다른 소비생활상의 지위향상을 도모하는 것을 주된 목적으로 설립된 단체 또는 그 연합단체로, 후자에는 단체의 구성원인 소비자가 상호 그 생활의 안정과 생활문화의 향상을 꾀하는 것을 목적으로 조직한 단체 또는 그 연합단체와 지방공공단체 등이 상담·고충처리부분에서 소비자가 제시한 문제에 대하여 사업자와 교섭하여 분쟁 등을 대화로 해결하는 것을 주된 업무로 하는, 전문가에 의하여 구성된 단체 또는 그의 연합단체가 있다. 광의의 소비자단체에는 위의 양자가 포함된다고 한다.[37)]

소비자단체는 소비자의 건전하고 자주적인 조직 활동을 촉진하고 권익을 보호하기 위하여 소비자단체협의체를 구성할 수 있는데, 소비자보호운동을 효과적으로 전개하기 위하여 현재 한국소비자단체협의회가 구성되어 있다.[38)] 한국소비자단체협의회는 1976년 4개의 발기단체로 시작하였고 현재 10개의 회원단체와 전국 255개의 지역단체들로 구성되어 있다.[39)]

(3) 소비자단체와 법인격

소비자가 소비자단체를 설립함에 있어서는 제한이 없으며, 소비자단체가 법인격을 취득하여야 하는 것은 아니다.[40)] 또한 소비자단체의 등록 역시 필수요건은 아니지만, 일정한 요건을 갖춘 경우에 공정거래위원회 등에 등록을 할 수 있다(소비자기본법 제29조). 그러나 법인격을 취득하면 사회활동의 단위로서 안정된 지위를 가지고 영속적인 활동을 할 수 있게 되고, 업무 및 재산에서도 법률에서 정한 감독을 받게 됨으로써 사회적으로 신용을 얻을 수 있다. 이런 의미에서 소비자단체는 법인격을 취득할 필요성이 있다.

소비자단체소송을 하기 위해서는 단체의 정회원수가 1천명을 넘어야 하고 등

---

37) 長尾治助 등, レクチヤ-消費者法, 法律文化史, 14面.

38) http://www.consumer.or.kr/about/org.html

39) http://www.consumer.or.kr/partner/p_main.html

40) 법인격을 취득하기 위하여는 설립행위와 주무관청의 허가 및 설립등기를 갖추어야 한다(민법 第32조·第33조).

록 후 3년이 경과할 것(동법 제70조 1호) 등을 요건으로 하기 때문에 소비자단체소송을 하기 위한 단체는 제한되어 있다. 또한 현재 등록된 소비자단체에 한하여 국가 또는 지방자치단체가 소액의 보조금을 지급하고 있는데(소비자기본법 제32조), 이러한 방식으로는 소비자단체의 자발적인 활동을 활성화하기에 충분하지 않다.

(4) 소비자단체의 업무와 권한

소비자단체의 업무와 권한에 대해서는 소비자기본법 제28조에서 규정하고 있다. 업무로서는 국가 및 지방자치단체의 소비자의 권익과 관련된 시책에 대한 건의(동법 제1항 제1호), 물품 등의 규격・품질・안전성・환경성에 관한 시험・검사 및 가격 등을 포함한 거래조건이나 거래방법에 관한 조사・분석(제2호), 소비자문제에 관한 조사・연구(제3호), 소비자의 교육(제4호), 소비자의 불만 및 피해를 처리하기 위한 상담・정보제공 및 당사자 사이의 합의의 권고(제5호) 등을 들 수 있다.

소비자단체의 권한으로서는 조사 등의 결과 공표권(제28조 제2항)을 가지고 있는데, 시설이 미비한 소비자단체의 부정확한 결과 공표로 인하여 사업자가 입을 피해를 사전에 방지하고 결과에 대한 신뢰성을 확보하기 위하여 전문시험・검사의 경우에는 일정한 제한을 가하고 있다. 다음으로 자료 및 정보제공 거부사실 등의 공표권(동조 제3항), 소비자와 사업자 사이에 발생한 분쟁에 관하여 국가나 지방자치단체에 의하여 설치된 관련기구에서 소비자분쟁이 해결되지 아니하거나 합의권고에 따른 합의가 이루어지지 아니한 경우 조정위원회에 분쟁조정을 신청할 수 있다(제65조 제1항).

소비자단체는 사업자가 소비자의 권익증진 관련 기준준수의 규정을 위반하여 소비자의 생명・신체 또는 재산에 대한 권익을 직접적으로 침해하고 그 침해가 계속되는 경우 법원에 소비자권익침해행위의 금지・중지를 구하는 소송(단체소송)을 제기할 수 있다(제70조).

4. 사업자

(1) 사업자의 개념

사업자는 소비자에 대응하는 개념으로서 소비자법에서 사업자개념은 규제의 대상이라는 점에 특징이 있다. 만약 거래에서 상대방이 일반 개인이라면 소비자법의 적용영역이 아니고 민법 혹은 상법이 적용된다. 다만 소비자법상 사업자는 상법에서 의미하는 상인에 한정되는가에 대하여는 문제가 제기된다. 소비자기본법에서는 물품을 제조(가공 또는 포장을 포함한다)·수입·판매하거나 용역을 제공하는 자라고 정의하고 있으며(동법 제2조 2호), 사업자 사이에서 공정하고 자유로운 경쟁의 촉진을 꾀함과 동시에 소비자의 이익을 확보하기 위한 시장규제법인 「독점규제 및 공정거래에 관한 법률」에서는 제조업, 서비스업 기타 사업을 행하는 자로 정의되어 있다(동법 제2조 1호).

소비자기본법 제2조 2호는 사업자가 되기 위하여는 단순히 판매만이 아닌 이를 '업'으로써 하는 자이어야 한다. 즉, 단순한 판매 또는 제공하는 자에는 사업자뿐만 아니라 사인으로서 매도인도 있을 수 있다. 사업자가 사인으로서 매도인과 구분되는 점은 이를 업(계속 반복적인 의사를 가지고)으로서 한다는 점이다. 따라서 소비자기본법상 사업자는 '업'으로써 물품을 제조·수입·판매하거나 용역을 제공하는 자를 의미한다고 할 수 있다.

소비자기본법상 사업자와 상법상의 상인이 동일한지의 여부를 판단할 때 다음의 점이 고려되어야 한다. 즉 상인은 기본적으로 영업을 하는 자를 말하며, 영업이라 함은 영리를 목적으로 계속 반복적으로 상행위를 하는 자를 말한다. 하지만, 사업자는 업으로서 물품을 제조·수입·판매하거나 용역을 제공하는 자를 말한다. 양자의 차이점은 영리의 목적의 유무에 있으며, 단순히 용역의 제공은 상행위에 포함되지 않는다. 따라서 소비자기본법상 사업자는 상법상 상인보다 더 광범위하며, 구체적으로 변호사[41] 또는 의사 등은 상법상 상인에 해당하지 않지만, 소비자기본법상 사업자에는 해당하게 된다.[42]

---

41) 서울지법 2003.12.17.자 2003비단19결정에서 「…변호사법 제38조에서 겸직제한 규정을 두어 변호사가 소속 지방변호사회의 허가 없이 상업 기타 영리를 목적으로 하는 업무를 경영하거나 이를 경영하는 자의 사용인이 되거나 영리를 목적으로 하는 법인이 업무집행사원, 이사 또는 사용인이 될 수 없는 것으로 규정하고 있어, 변호사가 변호사의 직무를 수행하는 것은 상업이나 영리를 목적으로 하는 업무가 아닌 것으로, 즉 변호사가 변호사의 직무를 수행하는 것이 상업이나 영리를 목적으로 하는 업무가 아닌 것으로, 즉 상행위라 아닌 것으로 천명하고 있다고 보아야 할 것이고, 더 나아가서는 변호사가 변호사의 직무를 수행하는 것이 상행위가 되어서는 안 된다는 것을 천명하고 있다고 보아야 할 것이므로 변호사의 자격을 가진 자가 변호사로서 등록하여 변호사로서의 직무를 수행하는 범위 내에서는 그 직무 수행은 상행위가 아니며 변호사는 상인이 될 수 없다고 보아야 할 것이고, 변호사가 변호사의 직무 이외의 다른 상업이나 영리활동을 상인으로서 영위하고자 한다면 소속 지방변호사회의 허가를 받거나 변호사의 직무에 대해서는 휴업하여야 한다」고 하고 있다. 같은 취지의 대법원 결정으로는 대법원 2007.7.26, 2006마334 결정.

42) 고형석, 소비자보호법 제2판, 세창출판사, 2008, 7면.

사업자는 행정적 규제의 대상으로 되는 행위주체, 책임주체로서, '업법(예컨대 방문판매법 등과 같은 특수거래 규율법)'에서 정하고 있는 종류의 산업에 속하는 행위를 업으로서 행사는 자가 중심개념이다. 소비자보호에서 행정관청이 직접 소비자의 권리·이익의 옹호자로서 행동하는 것은 아니고 이해관계인 사이에 중립적인 지위에 있는 자로서 공권력을 행사하기 때문에 규제가 미치는 사업자의 범위는 비교적 고정되고 명확할 필요가 있다.

(2) 사업자단체

1) 사업자단체의 존재이유　개별사업자를 구성원으로 하여 통상 산업별로 구성되는 사업자단체는 상품등의 개발, 생산, 판매 등에 관하여 필요한 정보를 구성원인 각 사업자에게 제공하는 것을 통해서 당해 산업계의 발전 및 시장질서의 유지등의 확보를 목적으로 하고 있다. 산업 자체가 육성중에 있거나 시장에 일반적으로 알려지지 않은 새로운 업종의 경우, 혹은 개별사업자의 대다수가 영세규모인 경우, 사업자단체는 당해 산업과 관계있는 행정관청의 규제 등에 관한 행정청의 제방침을 개별사업자에게 통지하는 역할을 담당하기도 한다.

2) 사업자단체의 정의규정　소비자기본법에서는 2 이상의 사업자가 공동의 이익을 증진할 목적으로 조직한 단체로(동법 제2조 4호), 독점규제 및 공정거래에 관한 법률에서는 그 형태 여하를 불문하고 2 이상의 사업자가 공동의 이익을 증진할 목적으로 조직한 결합체 또는 그 연합체를 말한다(동법 제2조 4호)로 정의하고 있다. 사업자단체는 사업자로 구성된 단체로서 소속 사업자는 내부적 규율에 따라 강한 통제를 받게 된다.

동종업종의 사업자일 필요는 없으며 형태에 상관없이 경제적 이익을 목적으로 하는 단체이며, 단순한 친목, 종교, 학술, 연구, 사회활동 등을 목적으로 하는 단체는 사업자단체에 해당하지 않는다. 사업자단체의 대표적인 예로서는 전국경제인연합회, 대한변호사협회, 대한의사협회 등이 있다.

3) 사업자단체의 등록　할부거래에 관한 법률에서는 거래 및 선불식 할부거래의 건전한 발전과 소비자의 신뢰도 제고, 그 밖에 공동이익의 증진을 목적으로 설립된 사업자단체는 대통령령으로 정하는 바에 따라 공정거래위원회에 등록할 수 있도록 하고 있고(동법 제45조), 등록의 요건, 방법 및 절차 등에 관하여는 대통

령으로 정하고 있다(동법 시행령 제32조). 신청서에는 목적, 명칭, 주된 사무소 · 지부의 주소 및 인터넷 홈페이지 주소, 대표자의 성명 · 주민등록번호 · 주소 · 전화번호 · 전자우편주소, 설립연월일, 회원의 수(지부를 포함한다), 사업내용 등을 기재하여야 한다(동법 시행령 제32조 1항).

제3절 소비자법의 기본체계

소비자법이 정비되어 있지 않은 우리 실정에서 소비자법의 체계를 논한다는 것은 용이한 작업이 아니다. 소비자기본법 제1조에서 규정하고 있는 법의 목적이 「소비자의 기본권익보호」에서 「소비자의 권익증진」으로 변경된 것은 소비자기본법이 전제로 하는 소비자의 상(像)이 보호의 객체에서 자립의 주체로 바뀐 것을 의미함과 동시에, 소비자주권론을 소비자정책의 기반으로 삼았음을 의미한다. 이러한 측면에서 소비자주권의 실현을 위한 소비자정책의 과제 및 목적과 관련하여 「소비자의 사법적 권리」의 보장에 의하여 실현될 수 있다는 주장도 있다.[43)]

소비자법의 기본체계에 대한 국내의 논의는 거의 존재하지 않는다. 그러나 다음과 같이 소비자법 체계를 구성해 볼 수 있다.

Ⅰ. 헌법

헌법에서 최초로 소비자에 관한 표현이 등장한 것은 1980년의 제5공화국헌법이다. 제125조에서 「국가는 건전한 소비행위를 계도하고 생산품의 품질향상을 촉구하기 위한 소비자보호운동을 법률이 정하는 바에 의하여 보장한다」고 하여 소비자보호운동에 관하여 규정하였고, 현재는 동일한 내용으로 제124조에 규정하고 있다.

1. 소비자보호의 헌법적 기초

소비자의 권리를 주관적 공권으로 파악하고자 하는 논의는 소비자의 권리를

43) 서희석, 소비자법의 30년과 소비자법의 구조전환-소비자법의 제3의 물결을 위하여- 법조, 통권 654호, 법조협회, 2011.3, 99면.

다양한 측면에서 포착될 수 있는 새로운 유형의 현대적 기본권으로 이해하는 것에서 출발하고 있다.[44)]

우리 헌법은 소비자의 권리를 직접적으로 뒷받침할 수 있는 명문의 규정을 두고 있지 않고 있으며, 비교법적으로도 그 예는 드물다. 그럼에도 불구하고 소비자의 권리를 기본권적 관념으로 구성하고 체계화하려는 논의는 지속적으로 전개되어 왔다.

헌법에 명문의 규정이 없는 상황에서 소비자의 권리를 기본권으로 고양하기 위해서는, 소비자의 권리가 헌법이 보장하고 보호하고자 하는 특정한 삶의 영역과의 관련성이 밝혀져야 하고 이 점에서 경제학에서 연원하는 소비자주권(Consumer Sovereignty)에 대한 검토가 행해져야 한다.[45)]

소비자주권의 개념을 "시장경제에서는 주어진 생산자원을 가지고서 누가 무엇을 얼마만큼 생산하여 누구에게 공급할 것인가 하는 문제, 즉 사회전체의 자원배분이 소비자들의 자유로운 선택에 의하여 결정되는 것"을 의미한다면, 소비자주권의 실현은 헌법적으로 그 기초가 주어지는 정당한 경제질서의 형성과 필연적으로 결합한다.[46)] 이런 측면에서 이를 매개로 하여 개인의 주관적 공권으로서의 관념도 가능하다고 본다.[47)]

그러나 소비자주권은 기본적으로 자원의 효율적 배분에 관련되는 것이며, 이러한 배분구조에 헌법상의 경제질서, 즉 객관적 법질서로서의 의미가 부여되고 있다고 하더라도, 이로부터 바로 기본권적 성격이 도출된다고 보는 것은 성급하다 할 것이다.[48)]

---

44) 권영성, 헌법학원론, 법문사, 1998, 505면.

45) 소비자주권론을 통하여 소비자의 권리를 헌법상의 권리로 받아들이는 것에 관한 논의로는 성낙인, 헌법학, 법문사, 2001, 207면; 반면 허전, 소비자보호법의 재검토, 법제 제207호, 1987.9, 21-22면에서는 소비자주권론이 독점규제법 등의 헌법적 기초로서의 매개역할을 하고 있다고 보고 있다.

46) 우리 헌법재판소는 소비자주권의 사고가 자유시장경제의 바탕을 이룬다고 보고 있다. 헌법재판소 1996.12.26. 96헌가18(주세법 제38조의 7 등에 대한 위헌제청).

47) 소비자주권을 통한 보장은 규범구조상 객관적 법질서로서의 보장으로 보는 것이 적절하다는 견해로는 성낙인, 상게서, 207면.

48) 권오승/홍명수, 소비자보호의 계약법적 구성과 한계, 서울대학교 법학 제43권 제3호, 2002.9, 128면.

2. 소비자권리의 헌법적 체계화

따라서 기본권으로서의 소비자 권리의 이해는 기존의 다양한 기본권의 의의와 구체적 내용의 검토로부터 소비자 문제가 포섭될 수 있는 가능성을 확인하는 것에서 출발할 필요가 있다.

유력한 견해로는 인간의 존엄성과 행복추구권을 규정한 헌법 제10조를 이념적인 근거로,[49] 소비자보호운동을 보장하고 있는 헌법 제124조를 부분적인 직접적 근거로,[50] 헌법에 열거되지 아니한 기본권을 승인하고 있는 헌법 제27조 제1항을 보완적인 근거로 그리고 재산권보장에 관한 헌법 제23조 제1항, 인간다운 생활의 보장에 관한 헌법 제34조 제1항, 보건에 관한 보호를 규정하고 있는 헌법 제36조 제3항 등을 간접적인 근거로 하여 소비자의 권리를 헌법상의 권리로 인정하고 있다.[51]

이러한 규정들의 종합적이고 체계적인 제시는 소비자의 권리가 갖고 있는 다양한 성격을 충분히 포괄할 수 있다는 점에서 긍정적이다.[52] 위의 체계화에서 보완적인 근거로 언급되고 있는 인간다운 생활을 할 권리의 경우에, 인간의 존엄성에 상응하는 건강하고 문화적인 최저한의 생활을 인간다운 생활의 함의로 갖고 있다는 점과 인간다운 생활이 우리 경제질서의 가치지표로서 인식되고 있다는 점 등을 고려하고 또한 소비생활이 현대사회에서의 인간의 삶의 영위에 있어서 기본적인 수단임에 비추어 볼 때, '인간다운 생활을 할 권리'를 소비자의 권리의 보다 직접적인 근거로서 원용하는 것도 가능하다고 한다.[53]

헌법재판소 1995.7.21. 94헌마136는 소비자기본법에서 규정하는 소비자의 기본권리를 헌법상 인정되고 있는 소비자 기본권의 구체화로 이해하고 있다.

---

49) 헌법재판소는 '소비자의 행복추구권'이라는 용어를 사용하면서, '소비자의 선택의 자유'를 헌법 제10조에서 보장하는 행복추구권에서 발현하는 '자기결정권'에 등치시키고 있다. 헌법재판소 1996.12.26. 96헌가18(주세법 제38조의 7 등에 대한 위헌제청) 및 헌법재판소 2000.3.30. 97헌마108(식품위생법 제11조 위헌 확인).

50) 헌법재판소 1995.7.21. 94헌마136(고발권 불행사 위헌확인)에서 조승형재판관의 별도의견 참조.

51) 권영성, 전게서, 503면.

52) 권오승/홍명수, 전게논문, 129면.

53) 권오승/홍명수, 전게논문, 129면.

Ⅱ. 소비자기본법

현재의 소비자기본법은 소비자보호법의 명칭을 사용하다가 소비자주권시대에 걸맞게 2006년에 소비자기본법으로 명칭을 변경하였다. 동법은 종래 소비자보호 위주의 소비자정책에서 탈피하여 중장기 소비자정책의 수립, 소비자안전·교육의 강화 등으로 소비자권익을 증진함으로써 소비자의 주권을 강화하고, 시장환경 변화에 맞게 한국소비자원의 관할 및 소비자정책에 대한 집행기능을 공정거래위원회에 이관하도록 하며, 소비자피해를 신속하고 효율적으로 구제하기 위하여 일괄적 집단분쟁조정 및 소비자단체소송을 도입하여 소비자피해구제제도를 강화하고 있다.

동법은 체계상 기본법 및 일반법[54]적 성격을 가지고 있다. 소비자기본법은 소비자보호를 위한 각 경제주체의 기본적인 권리와 의무를 규정하고 있지만, 구체적인 내용에 대하여는 언급하지 않고 있다. 따라서 구체적인 거래분야에서의 소비자보호에 관한 사항은 다시 개별 법령에서 규정하고 있다.

소비자기본법에서는 소비자의 권리와 책무, 국가·지방자치단체 및 사업자의 책무, 소비자정책의 추진, 소비자단체, 한국소비자원, 소비자안전, 소비자분쟁의 해결, 조사 등의 절차와 벌칙에 관한

소비자법에 관한 통일적인 혹은 종합적인 법전을 제정하자는 논의도 가능하다. 이 경우 소비자법을 독자적인 법영역으로 구성한다면 그 영역에 속하는 법원칙은 무엇인가하는 문제가 구명되어야 할 것이다.[55]

Ⅲ. 소비자공법과 소비자사법

개략적으로 소비생활을 위한 법을 소비자법이라고 칭할 수 있는데, 소비자기본법이 존재하지만 말 그대로 기본법에 불과할 뿐 소비자법이라는 일반법은 존재하지 않는다.[56] 공법과 사법을 준별하고 있는 대륙법체계를 가지고 있는 특성상

54) 동 법률 제3조는 소비자의 권익에 관하여 다른 법률에서 특별한 규정을 두고 있는 경우를 제외하고는 동법을 적용한다고 규정하고 있다.

55) 이은영 편, 소비자법과 민법, 소비자계약법의 과제, 세창출판사, 2010, 32면.

56) 소비자법은 본래적 소비자보호법과 기능적 소비자보호법으로 분류하는 것도 가능한데 법률의

소비자법도 소비자공법과 소비자사법으로 구분이 가능하다. 소비자법은 주로 공법적 규제 차원에서 공법으로 출발했지만 오늘날에는 소비자법의 민법에의 편입문제가 활발하게 논의되고 있다.

소비자법이라고 부를만한 법률들은 통상 「복합법」으로서의 성격을 가지고 있다. 소비자보호를 목적으로 하는 소비자문제의 해결을 위해서는 민법, 상법, 경제법, 행정법, 형법, 소송법의 적용이 요구되며, 그 밖의 특별법으로서 할부거래법, 방문판매법, 식품위생법, 약관규제법과 같은 특별법뿐만 아니라 이와 연관된 판례 등을 포함한 복합법영역의 도움이 필요하다.

과연 소비자공법과 소비자사법이 존재하는가에 대해 의구심을 가질 수 있으나, 우리나라의 법체계가 공사법 이분법체계로 준별되어 있고, 소송도 각각 다른 소송체계를 취하고 있는 한, 일응 소비자공법과 소비자사법으로 구분할 수 있다. 다만 우리나라의 소비자보호 관련 법규는 앞에서 살펴 본 것처럼 양자가 혼재되어 있는 것이 특징이다. 순수한 소비자사법으로는 제조물책임법을 들 수 있는데, 대개 일찍 제정된 소비자보호법들은 소비자행정법과 소비자형법과 소비자계약법 등이 혼재된 법으로서 특징을 가지고 있다.

1. 소비자공법

대개의 소비자관련법규는 소비자공법적 색채를 띠고 있다. 할부거래법이나 방문판매법 등처럼 대개 소비자특별법은 시정조치나 처벌규정을 두고 있어서 실제 공법적 색채를 띠고 있는 법규들이며 「식품위생법」, 「의료법」, 「약사법」과 「환경정책기본법」을 비롯한 환경오염 관련 규제법률 등은 직접적인 소비자법은 아니지만 간접적으로 소비자보호의 역할을 하고 있다. 「표시광고의 공정화에 관한 법률」은 대표적인 소비자공법이라 할 수 있지만 사법적 요소인 손해배상책임 규정(제10조)[57]도 두고 있는 것이 특징이다.

소비자공법영역은 특히 소비자의 생명, 신체의 안전의 문제와 관련하여 국가

제1조 목적조항에서 소비자보호를 위한 법임을 천명하는 법률, 예컨대 할부거래법, 방문판매법, 약관규제법, 제조물책임법 등을 본래적 소비자보호법이라고 한다면, 법률에서 소비자보호를 위한 것임을 나타내고 있지 않다 하더라도 소비자보호기능을 하는 식품위생법, 의료법, 약사법 등을 기능적 소비자보호법이라 할 수 있다.

57) 고의, 과실을 요하지 않는 무과실책임규정이다.

가 직접 개입하여, 즉 강제적 내지 비강제적인 행정적 개입이 필요하거나 처벌을 통하여 예방적 보호를 노리고자 하는 경우에 중요한 의미를 갖는다. 또한 계약관계의 공정화나 사후 배상의 엄정화를 통한 해결이 불충분하거나 적절하지 않을 수 있는 경우에 효과적인 규율수단이다.

안전성 확보를 위한 행정적 개입의 구체적 내용은 주로 예방적 차원에서 이루어진다. 즉 해당하는 상품이나 사업의 사전적인 심사를 통하여 또는 제품의 안전성에 문제가 발생한 경우 수거·파기나 리콜 등을 통하여 시장에의 공급 자체를 제한하는 방식이 주조를 이룬다.

소비자의 안전을 보호하기 위한 행정적 규제는 불가피한 것으로 볼 수 있으며, 다만 그 범위와 방식은 법제도의 현실적 의의, 경제사회적 상황 그리고 소비자와 사업자의 인식과 형태 등에 대한 종합적인 고찰을 통하여 결정되어야 한다.

2. 소비자사법

현재 우리나라에는 소비자사법은 존재하지 않는다. 다만 사업자와 소비자간의 거래를 규율하는 특별법들이 존재할 뿐이다. 소비자사법도 다시 사업자와 소비자간의 계약 내지 거래관계를 규율하는 법과 계약관계 내지 거래관계가 존재하지 않는 경우 규율하는 법으로 구분할 수 있고, 전자를 소비자계약법 후자를 소비자불법행위법이라고 부를 수 있다.

(1) 소비자계약법

소비자계약이란 사업자와 소비자간에 행하여지는 계약이다.[58] 민법전의 기초자는 제정 당시 계약당사자들의 법적 지위가 언제든지 상호 호환이 가능하다는 전제하에 동등하게 다루었다. 비록 사업자와 소비자가 우열관계, 비대칭성관계라고 평가될지라도 소비자의 지위와 그에 따른 문제는 사업자와의 구체적인 거래를 통해서 현실화된다. 그러나 한편으로 소비자와 사업자 사이의 거래는 근대 사법이 개인의 자기실현, 즉 사적자치의 주된 방식으로 설정한 계약의 형태로 이루어지며, 근본적으로 계약자유 이념의 엄정한 요구 안에 위치한다. 오늘날 각국의 입

58) 우리나라에서는 소비자계약이라는 용어의 사용을 극히 꺼려왔다. 일본에서는 일반적인 소비자계약법이 제정되었음에도 우리나라에서의 논의가 여전히 그렇게 진전되지 못하고 있는 것은 소비자보호를 계약법적 논의로 이끌어 내기보다는 국가에 의해서 보호되는 영역으로 사고하는 경향이 컸기 때문이다.

법을 보면 소비자보호를 사법의 영역으로 끌어들이고 있고, 계약당사자간의 구조적인 차이에 착안하여 국가의 관여의 정도를 조절하고자 한다.

사업자와 소비자간에 소비자계약이 행해지는 거래는 실로 다양하다. 우리 민법의 전형계약 중 가장 빈번하게 행해지는 것으로는 매매계약이며 매매의 형태도 할부매매, 통신판매, 방문판매 등 다양한 형태로 나타난다. 그 외에 소비대차계약, 임대차계약, 도급계약, 위임계약 등에서도 소비자계약이 이루어진다. 우리 법제에서는 이러한 소비자계약에 대하여 주로 특별법을 제정하여 소비자를 보호하고자 하였다.

소비자계약에서는 소비자보호를 위하여 사업자의 정보제공의무(소비자기본법 제13조 · 할부거래법 제5조), 소비자에 대한 일정기간 내 청약철회권의 인정(할부거래법 제8조 1항 · 제9조, 방문판매법 제8조 1항 · 제17조 1항, 전자상거래소비자법 제17조 1항) 등이 주요한 내용이다.

소비자계약도 다시 그 내용에 따라 소비자매매형, 소비자신용형, 소비자시설제공형, 소비자역무제공형, 혼합형으로 구분할 수 있고, 거래방법에 따라 가상공간형과 실거래형, 민법전의 계약유형인지 여부에 따라 전형계약형과 비전형계약형(무명계약형 · 혼합계약형)으로 구분할 수 있다. 소비자계약을 규율하는 법으로서 소비자매매형에 관한 것으로는 「할부거래에 관한 법률」, 「방문판매에 관한 법률」, 「전자상거래등 소비자보호에 관한 법률」을 들 수 있으며, 소비자신용형에 관한 것으로는 「이자제한법」, 「대부업의 등록 및 금융이용자보호에 관한 법률」,「여신전문금융업법」, 「종합금융회사에 관한 법률」을 들 수 있으며, 모든 소비자계약에 적용되는 약관규제에 관한 법률도 소비자계약법에 속한다.

(2) 소비자불법행위법

사업자와 소비자간에 계약관계가 없다 하더라도 기업활동 영역이 넓어지고 정보통신의 발달에 따라 소비자들은 은연중 사업자와의 관련성을 갖지 않을 수 없다. 소비자들은 기업에 생산한 제품을 구매하여 사용하며, 기업이 제공한 용역과 정보에 의거하여 소비활동을 하기도 한다. 기업들은 자신들의 이익을 극대화하기 위하여 최소한의 비용으로 최대의 이윤을 추구하는 활동을 하기 때문에 종종 소비자의 이익과 충돌되기도 한다.

기업과 소비자간에 계약관계가 없는 경우에 소비자로서는 기업의 위법한 행위로 인하여 발생한 손해에 대하여 손해배상책임을 물을 수 있는데 이 영역이 소비자불법행위이다. 소비자불법행위법으로 들 수 있는 것은 「제조물책임법」, 「개인정보보호법」, 「정보통신망이용촉진 및 정보보호등에 관한 법률」 등이다. 가장 중요한 법률이 제조물책임법인데 제조물책임법 시행 이전에도 판례에 의하여 제조물책임의 경우에 불법행위법의 성립요건을 완화하거나 입증책임을 경감함으로써 소비자보호를 꾀해 왔으나 그 한계성 때문에 제조물책임법을 제정하여 입법적으로 성립요건을 '과실책임'에서 '결함책임'으로 전환함으서 소비자보호에 획기적인 변화를 가져왔다.

개인정보보호법에서도 소비자의 입증곤란을 배제하기 위하여 개인정보처리자에게 고의 또는 과실에 대한 입증을 전환하고 있으며(동법 제39조 제1항), 표시·광고법에서도 사업자의 부당한 표시·광고행위로 인한 소비자의 손해에 대하여 무과실책임을 인정하고 있다(동법 제10조 제2항).

또한 인터넷 등 통신수단의 발달, 특히 소셜네트워크의 등장으로 개인정보보호의 문제가 국가나 공공기관에 대한 방어 차원에서 민간 기업부분에 대한 보호문제로 옮겨지게 되었다. 종전에는 민간부분과 공공부분을 구분하여 규율하였고 민간부분에 대해서는 「정보통신망이용촉진 및 정보보호등에 관한 법률」에 의하여 규율하다가 2011년에 3월 29일에 민간부분과 공공부분을 아우르는 개인정보보호법이 제정되어 시행되고 있다.

Ⅳ. 소비자법의 미래

소비자법이 과연 독자적인 법영역으로서 인정될 수 있으며 인정되는 경우 독자적인 법원리가 무엇인가 하는 문제는 앞으로 더 연구되어야 할 과제이다. 소비자법은 여러 법 영역에 걸쳐 있으며 아직까지 확고하게 독자적인 법영역을 구축했다고 말하기에는 이르기 때문이다. 현재 소비자계약법의 민법전에의 편입문제가 활발하게 논의되고 있는데, 민법개정의 논의와 함께 소비자 종합법전에 관한 논의도 검토할 필요가 있다.[59)]

프랑스는 1993년 민법전 외의 사수의 개별법에 산재하는 형식으로 존재하고

59) 이은영, 소비자계약법의 과제, 소비자법과 민법(이은영편), 세창출판사, 2010, 32면.

있는 여러 소비자법 법률을 소비자법(Code de la consommation)으로 통합하는 방법을 채용하였다.[60] 유럽연합(EC)의 소비자법지침을 따르기 위해 소비자물품매매와 관련하여 민법의 개정과 '소비자법전'의 제정 두 가지 중 입법형식에 대한 논란 끝에 「소비법전」의 제정으로 귀결이 되었다. 이러한 소비법전의 제정에 대하여 빈번한 개정의 필요성에 신속하고 유연한 대응을 가능하게 한다는 점을 들어 민법으로의 편입방식보다 우월하다는 찬성론적 주장과 소비법전은 사법·공법·형사법적 법률의 혼성이므로 일관된 원칙을 찾기 어려운 점, 기존의 특별법을 모았을 뿐 체계화되지 않았다는 점을 들어 비판적 의견이 제기되었다. 그러나 프랑스에서는 소비법전의 제정으로 소비자법이라는 분야에 대한 국민들의인지도가 높아지게 되었으며, 그 존재만으로 성공적이라고 평가되고 있다.[61]

우리나라에서도 특별법에 있는 소비자규정을 종합하여 소비자법의 종합법을 제정하자는 입법의견이 제시되기도 하였다.[62]

오늘날 소비자관련 법률의 양산은 한편으로는 소비자문제의 다양성을 반영한 여러 소비자보호관련 법률 간의 조화의 문제뿐만 아니라 다른 한편으로는 소비자가 원용해야 할 법률에의 접근성에 큰 장애를 일으키고 있다는 점에서, 이에 대한 체계적인 정비가 시급한 것은 사실이다. 소비자법의 수범자를 소비자(국민)와 법관으로 보았을 때 공법과 사법에 걸쳐서 산발적으로 존재하는 것은 법원(法源)으로서의 기능을 떨어뜨릴 뿐만 아니라[63] 특별법으로 존재하는 경우 그 소관부처가 상이함으로 인한 소비자보호의 문제점도 노정될 수 있다.

향후 소비자관련 법규를 상호 조화를 통한 체계적이고 종합적으로 정리하여 하나의 법전에 통합하여 규정함으로써 소비자의 법률 탐색의 혼란을 물론 소비자보호의 실효성을 기해야 할 것이다.

---

60) 프랑스의 소비법전의 제정에 대하여는, 남궁술, 여러 특별법으로 산재된 소비자법의 단일화 방안 : 민법과의 통합인가, 아니면 별도의 소비자법전의 제정인가-프랑스의 경우를 중심으로, 전게서, 100면 이하.

61) 이은영, 전게서, 33면.

62) 남궁술, 여러 특별법으로 산재된 소비자법의 단일화 방안 : 민법과의 통합인가, 아니면 별도의 소비자법전의 제정인가-프랑스의 경우를 중심으로, 상게서, 126면,

63) 실제 소비자의 입장에서는 자신이 소비자로서 가지는 권리가 어느 법률에서 규정되어 있는지 찾기가 어려울 뿐만 아니라 만약 민법전에 소비자법을 편입한다 하더라도 일반 소비자들은 2,000조 이상이 되는 민법 규정에서 해당 분야에 따라 흩어진 소비자관련 규정을 일일이 찾아야 하는 불편을 감수해야 한다.

제 2 장

소비자계약법

제2장 소비자계약법

제1절 소비자계약의 의의

Ⅰ. 소비자계약의 개념

소비자계약이란 광의로는 소비자와 사업자 사이에 체결된 모든 계약을 의미하고, 통상은 좁은 의미로, '상품'과 '상품처럼 거래되는 용역'을 그 대상으로 하는 소비자와 사업자의 계약이라고 볼 수 있다. 넓은 의미로 소비자계약을 사용하는 입법례로서는 일본[1]을 들 수 있으며, 독일 민법은 주로 소비자와 사업자 사이의 특수거래행위(예컨대, 방문판매계약, 할부계약, 통신판매계약 등)를 중심으로 소비자계약[2]이라는 용어를 사용하고 있지만 오늘날에는 그 적용범위가 일반적인 거래에까지 넓혀지고 있다.[3] 미국에서는 소비자계약법이라는 명칭의 소비자계약 일반에 적용되는 입법은 존재하지 아니한다. 그렇지만 소비자계약에 대하여 일반법에서 실질적으로 배려하고 있다. 미국 통일상법전에서는 소비자계약을 상인인 매도인과 소비자인 매수인 사이의 판매계약의 경우로 한정하기도 하지만, 오늘날에는 그 적용범위가 일반적인 거래에까지 넓혀지고 있다.[4] 전자의 경우에는 특수거래행위에 한정하지 않고 모든 형태의 소비자와 사업자 사이의 계약을 소비자계약으로 보기 때문에 결국 소비자계약의 의의는 계약당사자인 소비자와 사업자의 법적 개념을 어떻게 정의하느냐에 따라 소비자계약의 의의가 정해진다.

소비자계약이란 용어는 아직 우리나라에서는 법률에서도 사용되고 있지 않으

---

1) 일본의 소비자계약법 제2조 제3호에서 '소비자계약이란 소비자와 사업자 사이에서 체결된 계약을 말한다'라고 규정하고 있다.

2) 독일민법 제310조에서는 사업자와 소비자간의 계약을 소비자계약(Verbrauchervertrag)으로 칭하며, 제355조에서도 「소비자계약에서의 철회권」이라는 표제어로 소비자계약이라는 용어를 사용하고 있다.

3) 현대호, 소비자계약관련입법의 체계화방안연구, 한국법제연구원, 2003.11, 25면.

4) 현대호, 상게서, 25면.

며 실무에서도 친한 개념이 아니다. 그러나 현대생활에서 일반인은 일상생활에서 수많은 소비자계약을 체결하면서 생활하고 있다. 결국 소비자계약의 의의는 사업자와 소비자의 개념정의에 따라, 그리고 입법자의 소비자보호 범위에 따라 정의되어야 할 문제이다.

Ⅱ. 소비자계약에 대한 비교법적 고찰

1. 미국

미국에서는 소비자계약 일반에 적용되는 소비자계약법 관련 입법은 존재하지 아니한다. 다만, 커먼로와 주법에서 규율되는 거래문제에 대한 통일된 규범을 마련하고자 하는 노력이 행하여지고 있는데, 그 대표적인 것이 통일상법전(Uniform Commercial Code: UCC)·계약에 관한 리스테이트먼트 및 통일컴퓨터정보거래법 등의 통일법이나 모델법이다. 통일상법전과 계약에 관한 제2차 리스테이트먼트에서 소비자계약에 해당하는 것을 찾아볼 수 있고, 특히 1999년에 제정된 통일컴퓨터정보거래법(UCITA)에서 명시적인 조항으로 도입하고 있다.

즉, 2002년 개정된 미국 통일상법전 2-103(1)(e)조는 소비자계약을 '상인(merchant)인 매도인과 소비자간의 계약'으로 정의하고 공식적인 Comment는 '상인인 매도인과 소비자인 매수인 사이의 판매계약의 경우로 한정된다. 따라서 소비자에 의한 소비자로의 판매나, 상인이 가정에서 영위하는 사업(home business)에 쓸 목적으로 구입하는 개인에게 판매하는 경우는 소비자계약이 아니다'고 부연하고 있다.

2-103(d)조는 소비자의 정의를 '동산매매계약체결의 시점에서 개인, 가족, 혹은 가정용으로 주로 쓰일 물품을 구입하거나 구매코자 계약하는 개인'이라고 하면서 동조에 대한 주석에서 이 정의는 어떤 계약이 '소비자계약'으로 분류될 수 있는가의 여부를 판단하는데 중요한 역할을 한다고 설명하고, 여기에서 개인은 자연인(natural person)이라고 부연설명하고 있다.[5)]

미국 통일컴퓨터정보거래법에서는 '소비자계약이란 상인인라이센스허락자와 소비자 사이의 계약을 의미한다'[6)]고 하고, 동법에서는 '소비자'란 계약 당시 주로

5) Proposed Final UCC §2-103(1)(d) & cmt.

사적, 가족적, 또는 가사적 목적으로 이용할 의도를 가진 정보나 정보권의 라이센스이용자인 개인을 의미하고, 이 용어는 사적 또는 가족적인 투자관리 이외에 농업, 경영관리 및 투자관리를 포함하여 주로 직업적, 상업적 목적을 위한 라이센스 이용자인 개인은 포함하지 아니한다.7)

2. 일본

일본에서는 소비자계약과 관련하여 2000년 4월에 제정하여 2001년 4월부터 시행하고 있는 소비자계약법과 금융상품판매 등에 관한 법률이 있다. 일본의 소비자계약법은 민법, 상법이라는 일반법에 대하여 특별히 소비자계약에 대해 적용되는 민사특별법으로 보고 있으며, 다른 소비자계약을 규율하는 할부판매법 등이 개별사업법 중의 민사실체법규정과의 관계에서는 소비자계약에 대한 일반법의 지위에 있는 것으로 본다.8) 이전의 소비자거래를 규율했던 개별입법과 비교하여 볼 때, 소비자계약법의 특징은 종전의 행정에 의한 소비자구제에서 민사원칙의 확립에 의한 사법을 중심으로 한 구제를 도모했다는 점이다.9)

특히 일본 소비자계약법 제4조는 민법의 의사표시에 관한 규정의 특칙으로서 당사자의 일정한 행위로 말미암아 소비자가 '오인'하거나 또는 '곤혹'하여 의사표시를 한 경우에 취소권을 인정하고 있는데, 이는 민법의 사기, 강박에 의한 의사표시의 요건을 완화하여 사업자의 부당한 권유에 의해 체결한 계약에 대해 소비자를 보호하려는 의도에서 입법된 것이다. 구체적으로 살펴보면, 부실고지 또는 단정적 판단의 제공에 의한 오인 유형(동법 제4조 1항), 불이익사실의 불고지에 의

6) UCITA §102(a)(16) "Consumer contract" means a contract between a merchant licensor and a consumer.

7) UCITA §102(a)(15) "Consumer" means an individual who is a licensee of information or informational rights that the individual at the time of contracting intended to be used primarily for personal, family, or household purposes. The term does not include an individual who is a licensee primarily for professional or commercial purposes, including agriculture, business management, and investment management other than management of the individual's personal or family investments.

8) 安永正昭/임상혁 역, 일본에 있어서 소비자계약에 대한 법적 규율의 전개, 서울대학교 법학 제42권 제2호(2001), 56면.

9) 배성호, 일본의 소비자계약법, 비교사법 8권 1호, 2001, 581-582면. 일본에서의 소비자계약법의 의의에 대해서는 北川善太郎,, 消費者契約法と近未來の法 モデル, 民商法雜誌 123卷4-5號, 2001, 468面;落合誠一, 消費者契約法, 有斐閣, 2001, 171面 이하.

한 오인 유형(동법 제4조 2항), 불퇴거 · 감금에 의한 곤혹유형(동법 4조 3항)[10] 등이다. 계약내용에 관해서는 사업자의 면책조항의 무효(동법 제8조), 소비자가 지불할 손해배상액을 예정하는 조항 등의 무효(동법 9조), 신의칙에 반하여 소비자이익을 해하는 조항의 무효(동법 제10조) 등이다.

3. 독일

독일에서는 1970년대와 1980년대를 거치면서 소비자계약법을 민법전에 편입하여 규율할 것인지 그렇지 않으면 특별법으로 규율할 것인지에 관하여 논의를 하였고, 특히 소비자계약법이 일반계약법에 해당하는지 그렇지 않으면 민법(계약법)과 구별되어야 할 특별법인지에 대한 논란이 있었다. 이러한 논의는 1990년대까지 계속 이어지다가 드디어 2002년 1월 1일 발효한 독일채권법개정법률에서 민사특별법들인 소비자보호법규를 민법으로 수용하는 입법적 결단을 단행하였다.[11]

이러한 결단은 계약법 영역과 불법행위법 영역에 민사특별법들의 제정으로 '민법의 공동화현상'을 가져오는데 대한 회의, 즉 기본법으로서 민법이 계속적으로 특별법에 의하여 보완되는 한계를 극복하려는 의도에서 비롯된 것으로 보인다. 독일의 입법자는 민법전의 조망성 · 명료성 · 통일성을 제고하고, 법규범을 개선하며, 민법전의 위상을 강화하고, 거래상의 부담을 완하하는 것을 주된 목적으로 하여 소비자계약법을 민법전으로 통합하였다.[12]

---

10) 불퇴거란 당해 사업자에 대하여 당해 소비자가 그 주거 또는 그 업무를 하고 있는 장소로부터 퇴거해야 한다는 취지의 의사를 표시했음에도 불구하고 그 장소에서 퇴고하지 않는 것을 말하며, 감금이란 당해 사업자가 당해 소비자계약의 체결에 대하여 권유를 하고 있는 장소로부터 그 소비자가 퇴거할 취지의 의사를 표시했음에도 불구하고 그 장소로부터 그 소비자를 퇴거시키지 않은 것을 말한다. 安永 正昭/임상혁 역, 전게논문, 59면.

11) 2001년 민법전에 편입된 특별법으로는 Gesetz zum Schutz der Teilmehmer am Fernunterrricht (통신교육상 수강자보호법), Gestetz über den Widerrruf von Haustürgeschäften un ähnlichen Geschäften(방문판매법), Verbräucherkreditgesetz(소비자신용법), Gesetz über die Veräußerung von Teilzeitungrechten an Wohngebäuden(주택의 정기이용권의 양도에 관한 법률) 등이 있다. 독일 소비자법의 민법전에의 편입에 대해서는 하경효, 소비자보호법의 통합수용, 독일채권법의 현대화(김형배 외 5인 공저), 법문사, 2003, 135면 이하; 김진우, 독일 소비자계약법의 발전과 동향, 외법논집 제30호, 한국외국어대학교 법학연구소, 2008, 19면 이하.

12) 소비자계약법의 독일민법전으로의 통합은, 유럽연합의 지침(Richtlinie)을 따른 것이라는 것에 대하여, 독일민법전상의 소비자계약법의 내용은 유럽연합의 지침을 따른 것이긴 하지만, 소비자계약법을 특별법으로 규정할 것인가 아니면 민법전으로 통합할 것인가는 각국의 자유로운 판단사항인데 이 점에서 순수한 독일의 내부적 사정에 기한 것이라고 한다. Arzt, Schuldrechtsmodernisierung

따라서 독일민법은 기존에 제반 소비자사법에 흩어져 있던 소비자(독일민법 제13조)와 사업자개념(동법 제14조)을 민법에 편입하였고, 철회권과 반환권의 행사기간에 관한 내용이 민법 내에서 통일되었다.[13] 즉 소비자는 제355조에서 정한 철회권을 가지며 이 철회권에 관하여는 소비자에게 불리하게 달리 약정할 수 없다(제312조의 f 제1문 참조). 만약 소비자와 사업자간의 거래관계가 지속적으로 유지되어야 할 경우에는 소비자는 철회권 대신에 반환권을 가진다(제356조).

특수한 판매방식으로서 방문판매, 통신판매 그리고 전자거래에서의 소비자보호에 관하여 규율하고 있다. 종래 방문판매법이나 통신판매법을 민법전에서 수용하고 있으며, 전자거래에 관한 유럽입법지침에 따라 규율하고 있다. 전자거래에서는 소비자가 아닌 고객의 보호에 관하여 규율하고 있으며, 고객이 사업자인 경우에도 적용된다는 점에서 다른 소비자보호규정과 구별된다. 또한 사업자와 소비자간의 금전소비대차계약, 금융지원, 할부거래에 대하여 각각 규율하고 있다. 소비자보호의 내용으로서 사업자의 정보제공의무와 소비자의 철회권과 반환권이 핵심을 이루고 있다.

독일에서는 소비자계약법이 민법전에 통합됨으로써 소비자계약법을 이제 일반사법으로 인식하고 있다. 개정된 민법의 시행으로 당초 우려했던 것만큼의 혼란은 발생하지 않았고, 오히려 원칙적으로 성공한 개혁이라는 평가를 조심스럽게 행하고 있다.[14]

즉 통일상법전과 계약에 관한 제2차 리스테이트먼트에서 소비자계약에 해당하는 것을 살펴볼 수 있고, 특히 통일컴퓨터정보거래법에서는 명시적인 규정을 두고 있다. 즉, 미국 통일컴퓨터정보거래법에서 소비자계약이란 상인인 라이센스 허락자와 소비자 사이의 계약을 의미한다.[15] 동법에서는 '소비자'란 계약 당시 주로 사적, 가족적, 또는 가사적 목적으로 이용할 의도를 가진 정보나 정보권의 라이센스이용자인 개인을 의미하고, 이 용어는 사적 또는 가족적인 투자관리 이외에 통업, 경영관리 및 투자관리를 포함하여 주로 직업적, 상업적 목적을 위한 라이센스이용자인 개인을 포함하지 아니한다.[16]

2001/2002-Integration der Nebengesetze in das BGB, Jus 2002, 528.

13) 이에 대한 자세한 것은 이병준, 독일민법상 소비자계약에서의 철회권과 반환권, 외법논집 18집(2005.02), 217면 이하.

14) 김진우, 소비자계약법의 민법전으로의 통합을 위한 변론, 소비자법과 민법(이은영편), 50면.

15) UCITA §102(a)(16)

4. 우리나라

우리나라에서는 소비자계약에 관한 통일적인 법률은 없고 소비자계약에 관한 행정법적 색체가 강한 특별법들을 가지고 있다. 그러한 법률로는 약관규제법, 할부거래에 관한 법률, 방문판매법, 전자문서 및 전자거래에 관한 법률, 전자상거래 등소비자보호에 관한 법률, 대부업의 등록 및 금융이용자보호에 관한 법률, 이자제한법, 여신전문금융업법 등이 있다. 소비자계약에 관한 통일적 입법이 되어 있지 않은 관계로 각각의 법률들은 동일한 사항에 대하여 각 상이하게 규정하는 경우도 있고 특히 소비자의 입장에서는 접근성이 떨어진다는 문제점을 안고 있다.

최근에 일본의 소비자계약법의 제정과 독일의 소비자계약법의 민법전에의 편 소비자계약법의 민법전에의 편입으로 우리나라에서도 소비자계약의 민법전에의 편입 등에 대한 논의가 이루어지고 있으나 크게 진전을 보지 못한 상태이다.

생각건대, 우리나라에서도 일본처럼 소비자계약의 특수성을 인정하여 소비자계약 일반을 규율하는 소비자계약법을 제정하든가 아니면 독일과 같이 민법에 편입하는 것을 고려할 필요가 있다.[17] 민법상 14개의 전형계약 외에 민법 개정안에 따르면, 여행계약과 중개계약을 민법전에 넣고자 하지만 양계약은 소비자계약적 성질이 강한 계약이다. 차제에 특수매매형태의 소비자계약 뿐만 아니라 용역공급형 소비자계약의 민법전에의 편입도 고려해야 할 것으로 보인다.

Ⅲ. 소비자계약의 특성

소비자계약의 법적 성질은 사법상 계약이며 법률행위의 일종으로서 일반계약과 별 차이가 없으나 계약당사자 일방인 소비자의 특수성 때문에 법적 취급을 달리 할 필요가 있다.[18]

대량생산·대량판매·대량소비로 특징 지워지는 현대 경제 시스템에서는 소비자는 정보력, 기술조작력, 조직력, 시장지배력에서 열위인 만큼 소비자계약은 부합성, 종속성, 집단성을 띠게 되며 당사자간의 협의에 의한 이익형량의 가능성

16) UCITA §102(a)(15)

17) 소비자계약법 제정을 찬성하는 견해로는 소재선, 소비자계약법의 과제와 전망, 비교사법 5권 2호(9호), 204면.

18) 中馬義直, 消費者契約, ジュリスト總合特輯 No.13, 1979, 有斐閣, 174面.

은 배제되기 마련이다. 또한 상품의 생산·유통에 다수의 사업자가 관여하고 상품의 내용이 고도화하여 소비자로서는 법적 쟁점에 대하여 입증곤란 및 상품이 소액인 경우 소송경제측면에서 구제의 어려움이 있다. 이하에서는 나누어서 소비자계약의 특성을 살펴보기로 한다.

(1) 사업자와 소비자 사이의 계약

소비자계약은 기본적으로 사업자와 소비자 사이의 계약이다. 소비자에 대해서는 앞에서 살펴보았으므로 생략하고, 사업자에 대하여 살펴보기로 한다. 소비자보호법 제2조 1호에 의하면 사업자란 물품을 제조(가공 및 포장을 포함한다)·수입·판매하거나 용역을 제공하는 자를 말한다. 우리나라의 많은 법률에서 사업자라는 용어를 사용하고 있는데, 소비자보호법에서 사용하는 사업자 정의는 소비자보호와 관련한 법규에서 적용되는 것으로 보아야 할 것이다.[19]

독일민법 제14조 제1항에서는 사업자란 '거래관계의 체결시, 자신의 영업활동 또는 독립적 직업활동의 일환으로 행위하는 자연인 또는 법인 또는 권리능력 있는 인적 회사'라고 하고 다시 제2항에서는 권리능력 있는 인적 회사라 함은 '권리를 취득하고 의무를 부담하는 능력을 갖춘 인적 회사'라고 규정[20]하고 있다.

일본의 소비자계약법 제2조 제2항에서는 사업자란 '법인 그 외의 단체 및 사업으로서 또는 사업을 위한 계약의 당사자가 되는 경우에 있어서의 개인'이라고 정의하여 '사업관련성'을 가지는 법인과 개인 양자를 사업자로 보고 있다.

우리나라 소비자보호법에서 사업자와 소비자의 개념에 대해서 규정하고 있지만, 사업자라는 용어는 다의적으로 사용되고 있다. 우리 소비자보호법의 해석에 있어서도 사업자에는 자연인과 법인 양자를 포함하는 것으로 해석해야 할 것이고, 물품의 제조자와 수입업자 판매업자 및 용역제공자가 사업자에 해당한다. 「제조」라 함은 일반적으로 부품이나 원재료에 인공을 가하여 새로운 제품을 만드는 것으로, 생산보다는 좁은 개념이고 용역은 포함되지 않는 것으로 해석한다. 즉 제2차 산업에 관계있는 생산행위를 가리키며 제1차 산업에 사용되는 생산행위는 포

---

19) 전자상거래소비자보호법 제2조 6호에서도 사업자의 정의를 소비자보호법에서와 동일하게 규정하고 있다.

20) Unternehmer ist eine natürliche oder juristische Person oder eine rechtsfähige Personengesellschaft, die bei Abschluss eines Rechtsgeschäfts in Ausübung ihrer gewerblichen oder selbständigen beruflichen Tätigkeit handelt.

함되지 않는다. 또 「가공」이라 함은 타인의 재료를 사용하여 또는 타인의 물건에 변경을 가하여 물품의 본질을 변하지 않고서 부품이나 원재료의 가치를 증대시키면서 새로운 물건을 만드는 것을 말한다.[21] 사업자는 법인이나 자연인 양자가 가능하고 대부분의 경우에는 기업이 사업자가 되나 소비자는 자연인으로서 개인이다.

앞으로 우리나라에서도 소비자계약의 당사자로서 사업자의 개념정의에 대해서는 독일민법이나 일본의 소비자계약법의 비교법적 검토가 필요하다고 하겠다.

(2) 사업자와 소비자의 비대칭성

소비자계약의 당사자인 사업자와 소비자는 비대칭성을 갖는다. 즉 정보와 기술조작, 조직력과 시장지배력 등에 있어서 사업자는 우월한 지위에 있고 소비자는 열등한 지위에 놓여 있다.[22] 소비자가 계약을 체결하고 그 결과를 자기책임하에 부담하기 위해서는 충분한 정보가 주어지고 자발적인 의사결정이 전제조건일 것이다. 그러나 현대의 소비자거래에 관한 정보가 고도화 전문화되어 있는 상태에서, 소비자는 사업자에 비하여 정보력에 있어서 열위에 있을 수밖에 없다.

일본의 소비자계약법은 제1조 동법의 목적에서 '소비자와 사업자간의 정보의 질, 양, 및 교섭력의 격차를 감안하여'라고 하여 소비자계약의 비대칭적인 특성을 동법에 담고 있다.

(3) 사업자와 다수당사자인 개인으로서 소비자와의 계약

소비자계약의 당사자인 소비자는 상품이나 용역을 개인의 소비생활을 위하여 사용하거나 이용하는 자이다. 이미 언급되었듯이 소비자성의 첫 번째 요건은 '개인'일 것을 요하고, 여기에서의 개인은 개개의 자연인을 의미한다. 자연인이 특정목적을 위해 결합한 경우에는 '단체'로서 사업자로 평가되는 것이고, 단체로서 평가되지 않는 자연인이라는 의미에서의 개인이다.

복수의 자연인이 당사자가 되어서, 하나의 계약을 사업자와 체결하는 경우에는, 일반적으로 그 복수의 자연인사이에 어느 정도의 공동행위성이 인정되지만,

---

21) 민법주해(Ⅴ), 권오곤 집필, 1997, 박영사, 506면.

22) 竹內昭夫, 消費者保護法, 現代經濟構造と法(現代法學全集 52), 16면 이하; 大村敦志, 消費者・消費者契約の特性-中間報告(2), NBL 476號(1991), 44면. 이러한 소비자의 '약자론'에 대하여, 앞으로의 소비자보호는 공평・정의에 의한 약자론이 후퇴하고 자기책임주의로의 전환을 예견하는 견해(소재선, 전게논문, 201면)도 있으나, 본질적으로 양자간에 격차가 존재하기 때문에, 자기책임주의로의 전환은 한계가 있기 마련이다.

이러한 경우 모두를 '단체'로 보고 '개인'성을 부정하는 것은 곤란하다. 예컨대 같은 동에 사는 주부들이 모여서 어느 상점에서 특정의 상품을 공동으로 구입하는 계약을 체결하는 경우에는 개인으로 보아야 할 것이다. 공동으로 계약을 체결할지라도 정보·교섭력의 격차는 일반적으로 해소되지 않고, 소비자계약으로 보아 보호할 필요가 있다 할 것이다.[23)]

(4) 약관에 의한 계약

약관이란 계약의 일방 당사자가 다수의 상대방과 계약을 체결하기 위하여 일정한 형식에 의하여 미리 마련해 놓은 계약의 내용이나 조건, 즉 계약의 초안을 가리키는데,[24)] 이러한 요건이 충족되면 구체적인 형태, 명칭, 범위 등에 상관없이 약관으로 인정된다. 사업자는 다수의 소비자와 계약체결시 이러한 약관을 이용하여 간편하게 계약을 체결하게 된다. 이러한 약관은 은행거래(예금·대차계약), 보험계약(화재·손해·생명보험 등), 공급계약(전기·가스·수도공급 등), 운송계약(철도·버스·선박·항공운송 등), 이용계약(우편, 전신, 전화, 인터넷 등), 할부판매, 통신판매, 여행계약, 전자거래 등에서는 물론이고, 의료계약에서도 사용된다. 이러한 약관은 대체로 계약서의 이면이나 별도의 용지에 인쇄되어 있거나, 전자거래에서는 컴퓨터 화면상에서 스크롤하면서 보아야 하기 때문에, 소비자는 약관의 존재를 알지 못하거나 혹은 안다고 하더라도 그 약관에 대한 숙지를 하지 못한 상태에서 정형적인 계약서에 서명을 하거나 클릭을 하여 사업자과 거래관계를 체결함으로서 약관의 내용을 계약의 내용으로 받아들이게 된다. 오늘날 많은 소비자계약이 약관에 의하여 체결되고 있다. 약관을 규제하는 방식에는 약관이 사용되는 거래의 분야에 따라 별도로 규제하는 개별적 규제방식과 모든 분야의 약관을 일률적으로 규제하는 일반적 규제방식이 있다. 전자의 예로서는 보험업법, 은행법, 여객자동차운수사업법, 화물유통촉진법, 항공법에서의 약관을 규제하는 규정들을 들 수 있고, 후자의 예로서는 1986년에 제정되어 1987년 7월 1일부터 시행되고 있는 약관의 규제에 관한 법률을 들 수 있다.

(5) 변형계약 내지 비전형계약성

민법에서 규정하고 있는 14개의 전형계약은 계약당사자의 대등성과 호환성을

---

23) 落合誠一, 전게서, 54면.

24) 약관규제법 제2조 제1항 참조.

전제로 한 계약이다. 일반적으로 소비자가 당사자가 될 수 있는 전형계약유형으로는 매매, 교환, 임대차, 소비대차, 도급, 위임계약, 임치계약 등을 들 수 있다. 근대 민법전 제정 후 사업자와 소비자 사이에 상품이나 상품처럼 거래되는 용역을 대량적이고 규격화하여 판매하는 행위가 증가하였다. 매매계약에서도 근대 민법의 입법자가 예상하지 못하였던 새로운 형태의 매매계약들이 등장하였다. 할부매매, 방문판매, 다단계판매, 통신판매, 전화권유판매 등이 있고, 그 외에도 금융리스계약, 팩토링계약, 의료계약, 여행계약 등을 들 수 있다. 상법상의 운송계약, 보험계약, 중개계약, 전기, 전파, 가스 또는 물 공급계약, 객의 집래를 위한 시설에 의한 거래 등도 대표적인 소비자계약이다. 또한 전자거래 중 B2C 도 대표적인 사업자와 소비자간의 거래이다. 이러한 특수한 거래에 대해서는 종전의 민법전의 계약법을 적용하는 것이 부당하게 되자 특별법의 제정을 통하여 규율하고 있다.

(6) 부합계약성

소비자계약에서는 계약당사자의 일방인 사업자가 대량거래를 신속하고 획일적으로 처리하면서 안정된 계약을 확보하고, 일정한 경우에 자기 책임을 면제 혹은 경감시키기 위하여, 상대방인 소비자의 권리를 제한한다든지 상대방인 소비자에게 일정한 의무를 부과하는 경우가 많다. 예를 들면, 전기·가스의 공급, 운송서비스의 제공, 전화통신계약, 보험계약, 운송계약과 같은 대량거래이면서 획일적이고 신속한 거래가 요구되는 거래에서는 부합계약의 계약형태를 취하는 경우가 많다. 일반인은 계약내용은 물론 계약체결 여부의 자유도 충분히 가지지 못하게 되고, 이 점에서 계약자유의 원칙은 실질적으로 해당범위가 좁아진다는 점에 특색이 있다.

(7) 사업자의 정보제공의무

소비자계약에서는 정보의 불균형성이 심하다. 정보력에 있어서 우위에 있는 사업자측에서는 과도하게 왜곡된 정보를 제공할 수도 있고 소비자에게 필요한 정보를 제공하지 않을 수도 있다. 민법에서도 정보제공의무에 관한 명시적 규정은 존재하지 않고, 또한 직접적으로 정보량의 격차가 있는 계약 당사자들 간에 열위에 있는 일방당사자를 배려하는 규정도 두고 있지 않다.

다만 계약체결과정에서의 정보제공의무에 관한 규율은 소비자 등 사회적·경제적 약자보호 또는 시장질서의 공정성과 투명성 회복 등을 위한 각종의 특별법의 영역으로 규율되어 왔다. 약관규제법에서 약관에 대한 명시 설명의무 또한 이의 일환으로 볼 수 있다. 이러한 특별법의 영역으로는 할부거래에 관한 법률(제5조·제23조), 약관규제에 관한 법률(제3조), 보험업법(제95조의 2), 방문판매법(제7조), 가맹사업거래의 공정화에 관한 법률, 여신전문금융업법, 공인중개사의 업무 및 부동산 거래신고에 관한 법률, 자본시장과 금융투자업에 관한 법률이 있다.

Ⅳ. 소비자계약에서 소비자와 사업자

1. 소비자와 사업자의 개념

소비자계약이란 사업자와 소비자간의 계약이고 따라서 소비자의 개념이 소비자계약의 개념 정의에서 필수적이다. 소비자란 개념은 원래 법적 개념이 아니라, 경제적 혹은 사회적 개념에서 출발하였다. 그러나 현대에 들어와 소비자운동과 함께 소비자보호가 단순한 사회적인 관심사로부터 법적인 문제로 등장하면서, 소비자란 개념도 '새로운 권리의 주체'로서 법적으로 자리잡게 되었다.[25)]

(1) 소비자의 개념

소비자계약에서 소비자의 개념은 미국 UCC 제2편의 공식 Comment가 적절히 지적하고 있는 것처럼 본질적 요소이다. 일본의 소비자계약법 제2조 제1호에서는 '소비자란 개인(사업으로서 또는 사업을 위해 계약의 당사자인 경우를 제외한다)'이라고 정의하고, 독일민법 제13조에서는 '소비자란 자신의 영업활동이나 독립적 직업활동에 속하지 아니하는 목적으로 법률행위를 하는 자연인을 말한다'고 정의하고 있다. 미국 통일상법전 2-103(d)조는 '소비자란 동산매매계약체결의 시점에서 개인, 가족, 혹은 가정용으로 주로 쓰일 물품을 구입하거나 구매코자 계약하는 개인'이라고 정의한다.

독일이나 일본이나 미국의 입법례에서 알 수 있는 것처럼 각국이 소비자보호의 문제를 국가의 공권력의 개입에 의한 행정규제의 대상에서 당사자의 합의와 자치에 기반을 둔 민사의 법률행위 내지 계약의 문제로 끌어들였다는 점이다. 어전히 소비자계약의 문제를 소비자기본법 내지 각각의 공법적 색체를 띤 개별 단

25) 권대우, 민법과 소비자보호법, 한국민사법학회 창립 50주년 기념 발표논문, 2006.6, 2면.

행법 체제를 유지하고 있는 우리나라에 시사하는 바가 크고 우리나라도 향후 소비자계약의 관점에서 규율해야 할 것으로 보인다.

우리나라에서 소비자개념을 정의하고 있는 법률로는 소비자기본법 이외에 소비자계약법으로서 할부거래법, 방문판매법, 전자상거래소비자보호법 등이 있다.

소비자기본법에서는 '사업자가 제공하는 물품 및 용역을 소비생활을 위하여 사용하거나 이용하는 자 또는 생산활동을 위하여 사용하는 자로서 대통령령이 정하는 자를 말한다(동법 제2조 및 동법시행령 2조).[26]

할부거래법상 소비자란 할부계약 또는 선불식 할부계약에 의하여 제공되는 재화 등을 소비생활을 위하여 사용하거나 이용하는 자(동법 제2조 5호 가목), 가목 이외의 자로서 사실상 가목과 동일한 지위 및 거래조건으로 거래하는 자 등 대통령령으로 정하는 자 등의 어느 하나에 해당하는 자(제2조 5호 나목)를 말한다. 여기서 사실상 제2조 5호 가목과 동일한 지위 및 거래조건으로 거래하는 자 등 대통령령으로 정하는 자란 ① 재화 또는 용역을 최종적으로 사용하거나 이용하는 자(다만, 재화 등을 원재료(중간재를 포함한다) 및 자본재로 사용하는 자는 제외한다), ② 동법 제3조 제1호 단서에 해당하는 사업자로서 재화 등을 구매하는 자(해당 재화 등에 대한 거래관계에 한정한다), ③ 재화 등을 농업(축산업을 포함한다) 및 어업활동을 위하여 구입한 자로서 원양산업발전법 제6조 제1항에 따라 농림수산식품부장관의 허가를 받은 원양업자 외의 자 등의 어느 하나에 해당하는 자(동법 시행령 제2조)를 말한다.

방문판매법상 소비자의 개념은 소비자기본법상의 개념과 동일하다(동법 제2조 제12호). 다만 여기서 '대통령령이 정하는 자'라 함은 사업자가 제공하는 재화 또는 용역을 소비생활 외의 목적에 사용하거나 이용하는 자로서 ① 재화 등을 최종적으로 사용하거나 이용하는자(다만, 재화 등을 원래료(중간재를 포함한다) 및 자본재로 사용하는 자를 제외한다), ② 동법 제3조 제1항 단서의 규정에 해당하는 사업자로서 재화 등을 구매하는 자(당해 재화 등을 판매한 자에 대한 관계에 한한다), ③ 다단계판매원이 되고자 다단계판매업자로부터 재화 등을 최초로 구매하는 자, ④ 방문판매업자 또는 전화권유판매업자와 거래하는 경우의 방문판매원 또는 전화권유판매원,

26) 독일민법은 제13조에서 소비자의 개념을 정의하고 있는데, 이에 의하면 소비자란 자신의 영업활동이나 독립적 직업활동에 속하지 아니하는 목적으로 법률행위를 하는 자연인을 말한다고 한다.

⑤ 재화 등을 농업(축산업을 포함한다) 및 어업활동을 위하여 구입한 자로서 축산법 제21조 제1항의 규정에 의하여 농림수산식품부령이 정하는 사육규모 잌상의 축산업을 영위하는 자 외의 자 및 원양산업발전법 제6조 제1항에 따라 농림수산식품부장관의 허가를 받은 원양어업자 외의 자 등의 어느 하나에 해당하는 자를 말한다(동법 시행령 제4조). 방문판매법에서는 일정한 경우 생산자도 소비자의 범위에 포함시키고 있다. 그렇다면 소비자의 범위에 법인도 포함되는가.

전자상거래소비자보호법에서는 소비자의 정의를 할부거래법과 같이 규정하고 있다. 다만 소비자의 지위가 아닌 사업자의 지위에서 상행위를 목적으로 이루어진 거래에 대해서는 기본적으로 동법이 적용되지 않지만, 사업자라고 하더라도 사실상 소비자와 같은 지위에서 다른 소비자와 같은 거래조건으로 거래하는 경우에는 소비자의 범위에 포함되어 전자상거래소비자보호법이 적용된다(동법 제3조 제1항 단서 참조).

약관규제법에서는 소비자를 보호함을 목적(동법 제1조)으로 하는 소비자계약법의 특별법이지만 소비자라는 개념 대신에 '고객'이라는 개념을 사용하고 있으며 '고객'이란 계약의 한쪽 당사자로서 사업자로부터 약관을 계약의 내용으로 할 것을 제안받는 자를 말한다라고 하여 사업자나 법인도 계약의 한쪽 당사자로서 고객이 될 수 있음을 밝히고 있다.

(2) 사업자의 개념

소비자의 의의에 대해서는 이미 전술하였고, 소비자계약을 어떻게 정의하느냐의 문제에서 사업자의 개념도 중요하다.

소비자기본법 제2조 제2호에 의하면 '사업자란 물품을 제조(가공 및 포장을 포함한다)·수입·판매하거나 용역을 제공하는 자를 말한다. 우리나라의 많은 법률에서 사업자라는 용어를 사용하고 있는데, 소비자기본법에서 사용하는 사업자 정의는 소비자보호와 관련한 법규에서 적용되는 것으로 보아야 할 것이다.

독일민법 제14조 제1항에서는 사업자란 '거래관계의 체결시, 자신의 영업활동 또는 독립적 직업활동의 일환으로 행위하는 자연인 또는 법인 또는 권리능력 있는 인적 회사'라고 하고 다시 제2항에서는 권리능력 있는 인적회사라 함은 '권리를 취득하고 의무를 부담하는 능력을 갖춘 인적 회사'라고 규정[27]하고 있다.

---

27) Unternehmer ist eine natürliche oder juristische Person oder eine rechtsfähige Personengesellschaft,

일본의 소비자계약법 제2조 제2항에서는 사업자란 '법인 그 외의 단체 및 사업으로서 또는 사업을 위한 계약의 당사자가 되는 경우에 있어서의 개인'이라고 정의하여 '사업관련성'을 가지는 법인과 개인 양자를 사업자로 보고 있다. 이러한 사업자와 소비자 간에 체결된 계약을 소비자계약이라고 한다.

우리나라 소비자기본법에서도 앞에서 본 것처럼 사업자의 개념에 대해서 규정하고 있지만, 사업자라는 용어는 다의적으로 사용되고 있다. 우리 소비자기본법의 해석에 있어서도 사업자에는 자연인과 법인 양자를 포함하는 것으로 해석해야 할 것이고, 물품의 제조자와 수입업자, 판매업자 및 용역제공자가 사업자에 해당한다. 사업자는 대부분의 경우 기업이 될 것이나 자연인도 사업자가 될 수 있고, 그 경우에는 정보의 질과 양, 교섭력에서 개별 소비자에 비해 우월적 지위를 점하는 자로 자기의 위험과 계산으로 일정 목적으로 동종행위를 반복적·계속적으로 행하는 것과 함께 영리성과 전문성이라는 부가적 요인이 고려될 것이다.[28]

생각건대, 오늘날 소비자와 사업자의 개념을 입법에서 어떻게 정의할 것이냐의 문제는 일의적으로 결정하기가 곤란한 문제이다. 또한 EU 지침에 의거하여 소비자계약법을 민법전에 편입한 독일의 예[29]에서 보듯이, 이제 소비자보호의 문제는 한 국가 내의 범위를 벗어난 것으로 보인다. 교통기관의 발달과 컴퓨터통신의 발달에 의한 전자거래의 활성화는 소비자보호의 문제를 초국가적인 이슈로 만들었다. 상이한 국가간의 소비자보호의 정도나 범위에 대한 입법의 차이는 결국 준거법과 재판관할 및 외국법원의 판결의 효력의 문제까지 범위를 넓히게 된다. 다른 법영역보다도 소비자보호법의 비교법적 검토가 절실한 이유가 여기에 있는 것이다.[30]

---

die bei Abschluss eines Rechtsgeschäfts in Ausübung ihrer gewerblichen oder selbständigen beruflichen Tätigkeit handelt.

28) 정종휴, 일본의 소비자계약법에 관한 연구, 소비자문제연구 제24호, 한국소비자보호원, 2001, 155-156면.

29) 독일민법에의 소비자계약의 편입에 대한 소개는, 하경효 소비자보호법의 통합수용, 독일채권법의 현대화(김형배 외 5인), 법문사, 2003, 135면 이하; 박종희, 보통거래약관법의 민법에의 통합, 독일채권법의 현대화, 159면 이하; 이병준, 독일민법상 소비자계약에서의 철회권과 반환권, 외법논집 18집(2005.2), 217면 이하; 권오승·홍명수, 소비자보호의 계약법적 구성과 한계 -독일민법개정과 일본 소비자계약법 제정을 중심으로-, 법학 제43권 제3호, 서울대학교, 101면 이하.

30) 이에 대한 소개로는 김성천, 소비자개념에 관한 법제 개선방안, 한국소비자보호원, 2004; 이병준, 유럽계약법에서의 소비자와 사업자, 외법논집 제23집, 2006.8., 1면 이하.

2. 소비자개념의 변화 가능성

정보화 시대 이전에는 생산자로서의 사업자와 소비자의 지위는 고정되어 있어서 기업으로서 사업자에 대한 소비자보호 차원에서 소비자법의 원리를 찾고자 하였다. 그러나 이제 정보화시대에는 소비자들도 가상공간에서 얼마든지 기업정보와 함께 기업이 제공하는 상품과 용역에 대하여 기업이 제공하는 정보뿐만 아니라 파워블로거들이 제공하는 정보나 제품비교사이트 등을 통하여 정보를 획득할 수 있을 뿐만 아니라 전자상거래나 통신판매중개업자로서 또는 다양한 영업방법으로 사업자로 변신이 가능하다.

가상공간에서는 개인으로서 소비자는 언제든지 생산자로 轉化할 수 있다. 컴퓨터기술의 발달과 멀티미디어저작기술의 발달에 따른 온라인컨텐츠의 제작의 용이함은 과거 정보의 소비자로부터 정보의 생산자로 변화시키고 있다. 이처럼 가변적인 소비자성에 비추어 볼 때 소비자개념을 어떻게 정의할 것이냐는 입법정책의 문제이다. 다만, 앞으로도 누구를 소비자로 할 것이냐에 있어서 결정기준으로서 자연인(개인), 최종적인 소비, 정보력 및 교섭력의 열위 등은 여전히 주요 지표가 될 것이다.

이제 소비자계약은 매매나 소비대차, 임대차, 위임과 같은 민법상의 전형계약뿐만 아니라 상법상의 운송, 보험, 금융거래와 같은 상행위와 민법이나 상법에 규정되어 있지 않은 무명계약에서도 가능하고,[31] 특히 용역의 형태에서 다양한 서비스의 등장으로 그 범위가 확대될 것으로 보이며, 소비자와 사업자 모두 시공간을 초월하여 전자적 방식으로 소비자계약을 체결함으로서 종전의 소비자계약과는 다른 특성과 보호내용도 달라질 것으로 보인다.

---

31) 오늘날 노무공급계약으로서 의사의 진료계약을 의료공급자로서의 의사측과 의료소비자로서의 환자측간의 소비자계약으로 보는 시각이 존재하며, Reeder가 1972년에 처음으로 의료서비스의 소비자(Health Care Consumer)라는 용어를 사용한 이래, 많은 의료전문가들도 '환자와 의사의 관계'를 의료서비스의 '공급자-소비자'라는 용어로 사용하고 있다. Reeder, L.G., The Patient- client as a consumer, Journal of Health and Social Behavior, 13(4), 1972, pp. 406-412.

제2절 소비자계약의 기본원리

Ⅰ. 계약자유의 원칙에서 계약공정의 원칙으로

1. 서

고전경제학에서는 계약자유를 경제이론상의 과학적 진리라고 생각하였으나 실은 존재하는 부의 분배가 정당한 경우에 한해서만 계약자유에 의해 만족스러운 분배가 이루어진다. 즉 사적 자치 내지 계약자유는 일반적으로 거래시 동등한 힘을 가진 양당사자가 서로 대립될 때에만 적절한 결과를 가져온다. 근대 계약자유의 원칙은 '형식적 합리성'을 지나치게 강조한 나머지 개개인의 구체적인 능력의 차이로 인한 '실질적인 불평등'을 초래하게 되었다.

즉 일방당사자가 정보력이나 경제력면에서 우월하고 독과점적 지위를 가지고 있는 경우에는 계약이 당사자의 의사에 기해 자유스럽게 체결되었다 하더라도 당사자가 의욕한대로 법률효과를 부여하기에는 곤란한 점이 있다. 특히 거래당사자의 일방이 사업자이고 타방이 소비자인 경우에는 더욱 그러하다. 따라서 이러한 소비자계약의 영역에서는 '계약자유의 원칙'은 수정되거나 제한되어서 '계약공정의 원칙'으로 전화(轉化)하게 된다. 계약공정의 원칙을 실현하기 위하여 소비자법에서는 계약체결을 강제하거나 상대방선택의 자유를 제한하기도 하고, 약관규제법이나 소비자계약법을 통하여 계약내용의 자유를 제한하기도 하고, 일정한 소비자거래(예컨대 할부거래 등)에서는 일정한 방식을 요구하기도 한다.

2. 신의성실의 원칙

신의성실의 원칙은 오늘날 사법상의 원리로서 작용할뿐만 아니라 공법상의 원리로서도 작용한다. 행정법에서도 신뢰보호의 원칙은 중요한 원칙으로서 받아들여지고 있고, 공법인 국세기본법 제15조, 지방세기본법 제18조, 관세법 제6조, 행정절차법 제4조, 국가를 당사자로 하는 계약에 관한 법률 제5조, 근로자참여 및 협력증진에 관한 법률 제2조에서도 인정하고 있다. 또한 민사소송법 제1조 제2항에서도 당사자와 소송관계인은 신의에 따라 성실하게 소송을 수행하여야 한다고 하여 명문으로 규정을 두고 있다. 그 외에도 의료사고피해구제 및 의료분쟁조정 등에 관한 법률 제4조, 환경분쟁조정법 제3조, 소비자의 복지 증진을 목적으로 하는 가맹사업거래의 공정화에 관한 법률 제4조에서도 「가맹사업당사자는 가맹사업을 영위함에 있어서 각자의 업무를 신의에 따라 성실하게 수행하여야 한다」고 규정하고 있고, 대규모유통업에서의 거래공정화에 관한 법률 제5조에서는 대규모유통업자와 납품업자에게 상호 신의성실을 요구하고 있다.

신의성실의 원칙은 민법의 제왕규정으로서 모든 사람은 권리 행사와 의무의 이행에 있어서 신의에 좇아 성실히 행해야 할 것을 요구하고 있으며, 사업자와 소비자간의 소비자계약이라고 하여 예외는 아니다. 사회적으로 접촉관계에 있는 자 사이에서는 모두 요구되는 원칙이라고 할 수 있으며, 소비자계약의 경우 계속거래를 포함하여 특수거래의 형태로 행해지기 때문에 더욱이 신의성실의 원칙이 더 요구된다. 소비자계약에서 요구되는 정보제공의무도 소비자계약상 파생원칙이라고 할 수 있다.

소비자계약법 곳곳에서 신의성실의 원칙 규정을 찾을 수 있다. 약관규제법에서 약관은 신의성실의 원칙에 따라 공정하게 해석되어야 하며(동법 제5조), 신의성실의 원칙을 위반하여 공정성을 잃은 약관 조항은 무효이다(동법 제6조 제1항). 방문판매법에서도 방문판매업자 등은 계약체결 전의 정보제공 및 계약체결에 따른 계약서교부의무규정(동법 제7조 제1항)에 의하여 소비자에게 표시 또는 고지한 거래조건을 신의에 좇아 성실하게 이행하여야 한다(동법 제7조 제5항)고 규정하고 있다.

소비자계약관계에서 사업자는 소비자보다 여러 면에서 우위에 있는 관계상 광고단계 및 소비자계약교섭단계에서부터 이행단계 및 이행 후까지 전과정에 걸쳐 신의칙에 따라야 할 것이며, 소비자의 경우에도 소비자계약법에서 소비자에게 인정하고 있는 청약철회권 등의 행사에 있어서 법률에 의하여 보장되어 있다 하더라도 신의칙에 의거하여 행사하여야 하며 소비자의 의무는 여전히 성실하게 이행하여야 할 것이다.

3. 계약공정의 원칙

(1) 체약(계약체결)의 자유에 대한 제한

일반 소비자의 일상생활과 밀접한 관련을 가지는 서비스의 경우에는 계약체결이 강제된다. 또한 공익적 독점기업, 예컨대 우편 등의 통신기관(통신법 제50조)·철도·버스·전철 등의 운송기관(철도법 제10조·제20조, 자동차운수사업법 제12조, 궤도사업법 제18조), 수도·전기·가스 등의 특정기업(수도법 제18조·전기사업법 제17조, 도시가스사업법) 등의 경우와 공공적 직무·공익적 용역을 제공하는 경우에도 계약체결이 강제된다. 예컨대 공증인, 집행관, 의료인의 진료거부금지(의료법 제15조), 약사의 조제거부 금지(약사법 제24조) 등이 있다.

독점 기업 등이 체약의무를 위반하면 어떻게 되는가? 체약을 강제하는 법령에 의하여 행정상의 제재를 받게 되거나 형사처벌을 받게 된다(우편법 제50조, 전기사업법 제80조, 수도법 제35조, 도시가스사업법 제54조, 공증인법 제82조·제83조, 집행관법 제14조, 의료법 제68조). 또한 그 밖에 사법상의 책임을 부담하여야 할 경우도 있을 것이다. 사법상의 책임의 법적 근거로서는 민법 제103조와 제750조에서 찾아야 한다. 체약의무위반이 위법한 부작위불법행위로 평가된 경우 민법 제750조에 위법한 가해행위로서 불법행위를 구성하게 된다.

(2) 상대방선택의 자유에 대한 제한

계약을 체결하고자 하는 경우에 누구를 계약상대방으로 선택할 것인가에 대하여 당사자는 자유롭게 결정할 수 있다. 사업자의 경우에도 일정한 거래에서는 상대방선택의 자유를 가지고 거래의 상대방을 결정할 수 있다. 대개의 거래에서 사업자는 이윤을 추구하기 때문에 모든 소비자를 거래의 상대방으로 상정하지만 독과점기업의 경우에는 계약체결의 자유에서와 마찬가지로 소비자의 생활에 필수적인 경우에는 제한될 수 있다. 즉 상대방선택의 자유는 계약 체결의 자유의 한 내용으로 볼 수 있고 따라서 위에서 언급한 상대방선택의 자유에 대한 제한은 상대방선택의 자유에 대한 제한에도 동일하게 적용된다.

(3) 계약내용의 자유에 대한 제한으로서 약관규제

계약을 체결하는 경우에 계약의 내용을 어떻게 결정할 것인가는 당사자 자신이 결정한다. 계약자유의 가장 중요한 부분이며, 또한 계약자유의 침해가 주로 문제되는 분야이다. 오늘날 대량생산·대량소비 사회에서 기업은 소비자와 계약을 체결할 때에 정형적·반복적으로 이루어지는 계약에 대하여 사전에 사업자가 일방적으로 서면으로 약관을 제공하여 소비자계약을 체결하게 된다. 오늘날의 소비자계약의 태반이 약관에 의해 행해지게 되는데 사업자에 의하여 일방적으로 정해진 약관은 소비자의 입장에서는 불공정하게 될 가능성이 높기 때문에 약관의 규제가 필요하다. 일찍부터 이러한 인식이 있었고 「약관규제에 관한 법률」에서는 사업자와 소비자간 계약의 공정성을 확보하기 위하여 편입통제, 해석통제, 불공정성 통제를 하고 있다.

(4) 방식의 자유제한

원칙적으로 우리 민법은 계약 방식에 관하여 아무런 제한을 가하고 있지 않기 때문에 서면에 의하지 않고 구두로 계약을 체결하더라도 계약 성립에는 영향이 없고 단지 서면에 의하는 경우에는 계약의 성립에 대한 증거로서의 가치를 가지게 된다.

1) 우리 민법에서는 제555조에서 증여의 의사가 서면으로 표시되지 않는 경우에는 각 당사자는 이를 해제할 수 있다고 규정하고 있는데, 이는 계약방식결정의 자유에 대한 간접적 제한이라고 말할 수 있다. 그러나 증여계약은 소비자계약이 아니기 때문에 소비자계약의 방식의 자유에 대한 제한은 아니다.

2) 「할부거래에 관한 법률」에 의하면, 할부계약은 일정사항을 기재한 서면으로 체결하도록 되어 있다. 그러나 서면으로 작성되지 않았다 하여 할부계약이 무효로 되는 것은 아니다(동법 제6조).

3) 「대부업의 등록 및 이용자보호에 관한 법률」에 의하면, 대부업자가 대부계약을 맺을 때에는 일정사항이 기재된 계약서를 작성해서 상대방에게 교부하여야 한다(동법 제6조 및 시행령 제4조 참조).

4. 소비자의 청약철회권

계약에서 청약은 그것이 효력을 발생한 때에는 원칙적으로 청약자가 이를 임의로 철회하지 못한다. 이를 「청약의 구속력」이라고 하는데, 이를 인정하는 이유는 청약이 있게 되면 이를 수령한 상대방은 승낙 여부를 결정하기 위한 준비를 하게 되는 것이 보통이므로 청약자가 임의로 청약을 철회할 수 있게 하면 상대방에게 뜻하지 않는 손해를 줄 염려가 있기 때문이다.

그러나 소비자계약에서는 소비자계약의 특성상, 즉 계약 당사자인 사업자와 소비자의 지위의 불균형으로 인한 정보력의 차이가 일반적이고, 사업자는 소비자의 진정한 의사표시를 유도하기보다 민법상의 착오와 사기에 해당하지는 않지만 비합리적인 청약 또는 승낙의 의사표시를 유도하여 형식적으로 완전한 계약을 체결하는 거래행위가 보편화 되었고, 소비유도를 위한 사업자의 적극적인 매매방식 예컨대 소비자에게 신용을 제공하는 할부매매라든가, 방문판매, 전화권유판매, 전자상거래 등으로 일반 계약보다 쉽게 청약을 할 가능성이 높기 때문에 소비자보호를 위하여 청약철회권을 인정하는 것이 필요하다. 우리 소비자계약법에서도 청약철회권을 인정하고 있다.

5. 사업자의 정보제공의무(소비자의 알권리)

계약법에서 사적자치의 원칙은 특히 계약당사자의 주체성·자율성의 강조로 나타나게 되고, 이는 계약교섭단계에서 계약내용을 포함한 계약 전반에 걸쳐 자기책임하에 스스로 계약에 관한 여러 사실들을 조사하여 충분한 정보를 가진 뒤에 계약을 체결하도록 하고, 상대방이 그 내용을 알리지 않았다고 하더라고 정보위험에 대해서는 자기책임의 문제로서 법률상 문제가 되지 않지만,[32] 계약체결과정 중에 계약체결과 계약이행을 위해서 중요한 사정들을 상대방에게 알려야 할 의무가 존재하기도 한다.[33]

그러나 소비자계약이거나 일방당사자가 전문가인 경우에는 양당사자의 정보량의 격차로 인하여 대등한 지위에 있는 것이 아니라 계약체결의 상당부분을 사업자나 전문가에게 의존하고 있다고 할 수 있다. 특히 소비자계약에서는 소비자는 사업자가 상품이나 용역에 대한 표시, 설명, 광고 등을 통하여 제공하는 정보를 기초로 하여 상품의 품질이나 가격을 판단할 수밖에 없다.[34] 특히 기술혁신의 속도가 대단히 빠른 현대에 사는 소비자들에게 새로 개발된 상품이나 복잡한 생산공정을 거쳐서 생산된 상품이나 용역 등에 대하여 스스로 그 품질이나 가격을

32) 최상호, 계약상의 정보제공의무에 관한 연구 - 사기와 착오법리의 적용관계를 중심으로 -, 경북대학교 법학연구소, Vol. 9., 1993, 63면.

33) 계약당사자는 고지·설명의무의 일환으로서 계약의 성립과 실현에 관하여 중요한 의미를 가지는 사정을 상대방에게 알려야 할 의무를 부담하지만, 고지·설명의무는 계약체결과 연결될 수 있는 모든 위험(Risiko)이나 결과를 알려 주어야 한다는 넓은 의미는 아니라고 한다. 김형배, 채권각론(계약법) 신정판, 2001. 박영사, 128면.

34) 권오승, 전게서, 9면. 소비자정보의 유형은 가격, 품질, 시장, 상품, 상품대안정보 등 매우 다양하여 표시, 광고, 약관, 설명서, 기업 홈페이지 등을 통해 제공되고 있다. 최근 기업에서 가장 많이 활용하는 방법인 웹사이트의 경우 정보생산과 유통에 낮은 비용이 소요된다는 점과 정보흐름의 쌍방향성이라는 인터넷매체의 특성으로 기업과 소비자사이의 정보 격차를 해소하고 시장지위의 동등성 회복의 새로운 정보교류 방법이 되고 있다.

결정하는 능력을 기대하기는 더더욱 어려운 일이다.

따라서 전문가와 비전문가간의 계약과 소비자계약의 경우, 전문가와 사업자에게 정보제공의무를 인정하자는 것이 오늘날의 추세이며, 특히 소비자계약에서 정보량에서 열위에 있는 소비자의 합리적 선택에 도움을 줄 수 있는 실질적 정보를 제공해야 할 필요성이 있는 것이다. 정보에서 대등하지 않은 당사자간에 전문가에게 가중된 설명의무와 정보제공의무를 인정하는 것이 일반적 견해이며,[35] 입법적 태도이다.

소비자계약에서 사업자의 정보제공의무는 소비자의 알권리에서 출발한다. 헌법상의 기본권인 알권리는 국가기관에 대한 정보공개청구권의 문제[36]로 나타나게 되지만, '소비자의 권리로서 알권리'는 소비자기본법 제4조 2호에 그 근거를 두고 있다. 동조 2호는 소비자의 권리 중의 하나로서 소비자에게 「물품 등을 선택함에 있어서 필요한 지식 및 정보를 제공받을 권리」를 인정하고 있으며, 소비자에게 스스로의 권익을 증진하기 위하여 필요한 지식과 정보를 습득하도록 노력하도록 하는(동법 제5조 2항) 책무를 부과하면서도, 사업자가 소비자에게 물품 등에 대한 정보를 성실하고 정확하게 제공(동법 제19조 3항)하도록 함으로써 사업자의 일반적인 의무로서 정보제공의무를 규정하고 있다. 또한 다른 소비자특별법에서도 정보제공의무를 사업자에게 부과하고 있다(할부거래법 제5조).

6. 소비자에게 불리한 계약의 금지(편면적 강행규정)

계약의 양당사자가 대등한 지위에 있지 않은 경우 계약의 공정성을 확보하는 것은 매우 중요한 문제이다. 특히 계약유형에 따라서 약자의 지위에 있는 자에게 공정성을 잃은 계약내용에 따라 이행하게 하는 것은 약자에게 너무 불공평하기 때문에 계약공정성을 담보하기 위하여 일정한 경우에 그러한 계약내용에 대해서 약자의 지위에 있는 자에 대한 효력을 부정하는 것이 필요하다. 일반적으로 강행규정에 위반하여 무효인 경우에는 양 당사자가 효력없음을 주장할 수 있는데 반하여, 일방에게 불리한 것으로서 그 일방에게만 효력이 없고 그 일방만 효력 없음

---

35) 이병준, 전자상거래소비자보호법상의 정보제공의무와 명확성의 원칙, 정보화정책 제11권 3호, 2004년 가을, 30면.

36) 물론 기본권의 제3자적(대사인적) 효력으로서 '기본권으로서 알권리'를 국가기관뿐만 아니라 정보면에서 우위적 지위에 있는 사업자와 열위적 지위에 있는 소비자간의 거래인 소비자계약에서 사업자에 대한 소비자의 권리로서 소비자에게 인정할 수도 있다.

을 다툴 수 있는 것으로 하여 이것을 법률로서 선언하는 경우 「편면적 강행규정」이라고 한다.

민법에서도 소비대차에서 대물반환의 예약에 관하여 소비차주에게 불리한 것은 환매 기타 여하한 명목이라도 그 효력이 없다(민법 제608조)고 규정하고 있고, 주택임대차보호법에서도 동법의 규정에 위반한 약정으로서 임차인에게 불리한 것은 그 효력이 없다(동법 제10조)고 규정하고 있다.

소비자계약법에서도 사업자에 비하여 열위에 있는 소비자를 보호하기 위하여 일정한 경우 소비자에게 불리한 계약을 금지하는 규정을 두고 있다. 할부거래에 관한 법률에서도 동법률의 일정한 규정을 위반한 약정으로서 소비자에게 불리한 것은 효력이 없다(동법 제43조)고 규정하고 있으며, 판례도 매수인에게 불리한 것은 매도인뿐만 아니라 신용제공자에 대한 관계에서도 효력을 인정할 수 없다고 하여 간접할부계약에도 동 규정을 유추적용하고 있다.[37] 그 밖에 방문판매법 제52조, 전자상거래등에서의 소비자보호에 관한 법률 제35조에서도 동일한 취지의 규정을 두고 있다.

Ⅱ. 계약의 공정과 약관의 규제

1. 서 설

오늘날은 대량생산·대량소비 즉 대량거래의 시대이다. 이러한 대량거래의 계약은 약관에 의하여 체결되는 것이 일반적일 정도로 약관은 대중화되었다. 그러나 약관은 대개 사업자에 의하여 일방적으로 작성되어 고객으로서는 약관을 받아들일 수밖에 없으므로 계약자유에 대한 제한이 된다. 따라서 약관은 현대계약법상 중요문제의 하나가 되고 있으며, 각국은 약관을 규제하는 법률을 제정하고 있는데, 그 중에서 특히 유명한 것은 1976년의 독일의 입법이다(Gesetz zur Regelung des Rechts der Allgemeinen Geschäftungsbedingungen, 이를 줄여서 AGB-Gesetz 또는 AGBG라고 함). 그 후 독일은 2002년 민법전 개정시 약관에 관한 규정들을 민법전에 편입하여 규정하고 있다. 우리나라도 「약관의 규제에 관한 법률」(1986.12.31. 법3922호)을 가지고 있다.

---

37) 대판 2006.7.28, 2004다54633.

2. 약관의 의의와 기능

(1) 약관의 의의

약관이라 함은 계약의 일방당사자가 다수의 상대방과 계약을 체결하기 위하여 일정한 형식에 따라 미리 마련해 놓은 계약의 내용이 되는 것[38]을 말하며, 그 명칭(실무에서는 규정, 거래조건, 계약서, 약정서)이나 형태 또는 범위는 이를 묻지 않는다(약관규제법 제2조 제1항). 이는 당사자가 일정한 종류의 거래에 획일적으로 적용하기 위하여 사전에 마련한 계약의 내용이나 조건으로서, 구체적인 거래에 있어서 쌍방 당사자가 합의한 개별약정과 구별된다.

이와 같은 약관은 은행거래(예금, 대부), 보험계약(화재, 손해, 생명보험), 공급계약(전기, 가스, 수도, 주택 등), 운송계약(철도, 버스, 선박, 항공 등), 이용계약(우편, 전신, 전화, 인터넷 등), 영화관・극장 등의 입장계약, 창고임치계약, 병원의 진료계약, 증권투자신탁, 할부매매, 신용카드거래, 리스계약, 고용계약, 여행계약 및 국제간의 상품거래 등과 같은 오늘날의 대량적・집단적 거래에 있어서 필수적인 존재로 인식되고 있다.

약관에 의한 계약의 체결에 있어서, 경제적으로 약한 당사자가 강자인 기업이 제시하는 약관을 전면적으로 그대로 수용하지 않을 수 없는 계약을 프랑스 학자들은 부합계약 또는 부종계약(contrat d'adhésion)이라고, 부르고 독일에서는 보통계약약관, 영미에서는 표준형식계약(standard form contract) 이라고 일컫는다.

1) 계약체결에서 약관을 이용하는 것은 주로 기업이나, 기업만이 약관에 의한 계약체결을 하는 것은 아니며, 개인(예컨대, 사무실 임대차를 업으로 하는 빌딩소유자)이 이용하는 경우도 있다.

2) 약관은 그것을 사용해서 계약을 체결하려는 한쪽 당사자가 스스로 작성하는 경우가 많으나 때로는 제3자가 마련하기도 한다. 이익단체(건설협회, 의사회)에서 그 구성원(건설회사)에게 그 사용을 강제(진료계약이나 도급계약시)하기 위하여 작성하기도 한다. 즉, 누가 작성했느냐는 문제가 되지 않는다.

3) 약관은, 계약서 가운데 포함되어 있든 별지로 되어 있든 이를 묻지 않는다. 보통은 인쇄된 것이나 손으로 직접 쓴 것이더라도 상관없으며, 또한 약관의 내용

38) 학자에 따라서는 정형적 계약 내용 내지 계약조건이라고 하거나 계약의 초안, 계약조항이라고 하기도 한다.

을 이루는 조항 내지 규정의 수도 문제가 되지 않는다.

4) 약관은 「서식」과는 구별된다. 서식은 거래의 형식에 지나지 않으며 거래의 내용은 아니다. 그러나 계약조건이 인쇄되어 있는 계약서식은, 기업이 개별적 계약을 체결하거나 또는 약관을 작성하는 데 있어서 하나의 표준 내지 모범이 될 것을 고려해서 작성되는 것이다(표준계약방식 내지 표준계약서식). 이러한 계약서식이 그대로 개별적 계약의 체결에 이용되는 때에는, 약관과의 구별이 매우 어렵게 된다. 그러나 서식의 본래의 이용 목적은 어디까지나 모범으로 하려는 데에 있을 뿐이며, 또한 그 조건으로 계약을 체결할 것을 요구하지는 않는다. 이런 면에서 집단 거래의 획일적 처리 자체를 목적으로 하는 약관과는 본질적으로 다르다.

(2) 약관의 기능

사업자는 영업의 합리화, 법률의 상세화, 거래상의 위험의 轉嫁 내지 분산 등을 목적으로 하여 약관을 사용하고 있다.

1) 영업의 합리화 대량생산, 대량판매, 대량소비로 대표되는 오늘날의 기업거래에 있어서 기업들이 고객들과 체결하는 계약의 구체적인 내용이나 조건을 매 거래마다 상담을 통하여 개별적으로 결정하려고 한다면 그들의 업무는 대단히 복잡하게 될 것이며 대량거래의 신속한 처리는 기대할 수 없게 될 것이다. 따라서 오늘날의 기업들은 대량거래의 신속한 처리를 위하여 그들이 체결하고자 하는 계약의 내용이나 조건을 사전에 정해 놓고 이를 그들의 거래에 일률적으로 적용하고 있다.

2) 법률의 상세화 근대사회의 법질서는 사적자치를 기본으로 하고 있기 때문에 개인 상호간에 체결되는 계약의 구체적인 조건이나 내용에 관하여는 당사자들의 자유로운 결정에 맡기고 있다. 따라서 개인 상호간의 법률관계를 규율하는 민법이나 상법의 규정들은 대개가 임의규정일 뿐만 아니라 그 내용이 아주 추상적이거나 불명확한 경우가 많다. 그리고 리스계약이나 여행계약과 같이 거래계의 요청에 따라 새롭게 등장한 계약유형에 대하여는 이를 규율하는 규정이 전혀 없는 경우도 있다.

이와 같이 법률에 전혀 규정되어 있지 않거나 아주 불충분하게 규정되어 있는 계약유형에 대하여 기업들은 보통거래약관을 이용하여 당해 거래에 필요한 사항을 그 세목에 이르기까지 상세하게 규정해 둠으로써 당해 거래에 따르는 법률관계를 명확하게 규율하고, 나아가 당사자간에 있을 수 있는 법률적 분쟁을 사전에 예방할 수 있다.

3) 거래상의 위험의 전가 및 분산 기업은 약관을 작성함에 있어서 거래상의 위험을 합리적으로 분산시키려 하는데, 이때에 그들의 우월한 경제적인 지위를 이용하여 자기가 부담해야 할 거래상의 위험을 거래의 상대방에게 전가시키는 경우가 많다. 이른바 면책조항이나 책임제한조항이 그 대표적인 예이다. 그런데 거래계에 실제로 통용되고 있는 대부분의 약관에는 이러한 면책 내지 책임제한조항이 포함되어 있다.

기업이 그에게 일방적으로 유리하게 작성한 약관에 대하여 그 기업과 대등하거나 그 기업보다 강한 계약상대방은 그 약관의 내용을 수정하거나 변경할 것을 요구할 수 있지만, 경제력이 약한 고객이나 일반소비자들은 그 약관을 그대로 계약의 내용으로 받아들일 수밖에 없다. 그런데 이 경우에 그 기업이 독점기업이거나 혹은 그 기업이 제공하는 상품이나 서비스가 생활필수물자인 경우에는, 계약상대방은 그들의 기업활동이나 생활을 유지하기 위해서는 어쩔 수 없이 그 約款에 따라 去來를 하지 않을 수 없게 된다.

(3) 약관의 문제점

약관의 긍정적인 면은 대량거래를 신속하고 원활하게 처리할 수 있게 하지만, 부정적인 측면에서는 기업이 그들의 우월한 경제적 지위를 이용하여 자기들의 권리나 이익을 되도록 확대하고 거래상의 위험을 상대방에게 전가함으로써 부당한 이익을 취하는 동시에 상대방에게 부당한 불이익을 강요하게 될 우려가 있다.

따라서 약관에 관한 법률문제는 주로 이와 같은 기업의 경제력남용을 막음으로써 고객 내지 소비자를 보호하고 약관의 공정성을 확보하기 위하여 약관에 대한 법적 규제에 집중되고 있다.

3. 약관에 대한 규제

(1) 약관규제법의 제정

약관을 규제하는 방식에는 약관이 사용되는 거래의 분야에 따라 별도로 규제하는 개별적 규제방식과 모든 분야의 약관을 일률적으로 규제하는 일반적 규제방식이 있다. 전자의 예로서는 보험업법, 은행법, 자동차운수사업법, 자동차정류장법, 항공법, 창고업법 등에서 약관을 규제하는 규정들을 들 수 있고, 후자의 예로서는 1986년 12월에 제정되어 1987년 7월 1일부터 시행되고 있는 약관규제에 관한 법률을 들 수 있다.[39)]

약관규제법은 사업자가 그 거래상의 지위를 남용하여 불공정한 내용의 약관(약관)을 작성하여 거래에 사용하는 것을 방지하고 불공정한 내용의 약관을 규제함으로써 건전한 거래질서를 확립하고, 이를 통하여 소비자를 보호하고 국민생활을 균형 있게 향상시키는 것을 목적으로 한다(제1조).

약관규제법은 제1장에서 목적, 정의, 약관의 명시·설명의무, 개별약정의 우선, 약관의 해석 등에 관하여 규정하고 있으며, 제2장에서는 불공정한 약관을 판단하는 기준과 그 효과에 관하여, 제3장에서는 불공정한 약관의 사용금지와 시정조치에 대하여 규정하고 있으며, 제4장에서 분쟁의 조정 등에 대하여 2012년에 새로이 신설하였고, 제5장에서는 보칙, 그리고 제6장에서는 벌칙을 규정하고 있다.

(2) 약관규제법의 적용범위

주의할 것은, 우리의 약관법은 모든 약관에 적용되는 것은 아니다. 즉, (ⅰ) 상법 제3편(회사법)과 근로기준법, 그리고 대통령령으로 정하는 비영리사업의 분야에 속하는 계약에 관한 것일 때에는 약관규제법을 적용하지 않고(제30조 제1항), (ⅱ) 국제적으로 통용되는 약관이나 그 밖에 특별한 사정이 있는 약관으로서 대통령령으로 정하는 경우에는 제7조부터 제14조까지의 규정을 적용하는 것을 조항별·업종별로 제한할 수 있다.

(3) 약관의 통제

기업에 의하여 일방적으로 작성된 약관에 의한 부당한 거래를 규율하기 위하여 이론과 판례는 노력하여 왔다. 대법원은 일찍이 부당한 약관조항의 효력을 부인하기 위하여 일본의 초기판례가 발전시킨 예문해석의 이론, 즉 일정한 계약서식에 포함되어 있는 불공정 또는 부당한 조항이나 상투적인 문구는 단순한 예문

39) 우리나라의 「약관의 규제에 관한 법률」은 독일의 「보통거래약관의 규제에 관한 법률」을 모델로 하여 1986년에 제정되었지만 그 내용과 통제방법에 관하여는 상당한 차이를 보이고 있다. 독일의 약관규제법은 2002년 민법전에 편입되었다.

(例文)에 불과하여 당사자를 구속하는 힘이 없다고 판시하여 왔다.[40)]

즉, 부동산의 매매, 임대차 또는 전세, 금전소비대차 등 각종 계약에서 관행적으로 계약서식이 사용되고 있는 영역에서 한 당사자에게 일방적으로 유리한 조항이 인쇄 내지 삽입되어 있는 경우, 대법원은 이러한 조항은 단순히 예문에 지나지 않는다고 하여 당사자가 이에 구속당할 의사가 없는 것으로 보아 문언의 효력을 부정하였다. 그 이유로서는 주로 타방 당사자가 소비자로서의 지위를 갖는 경우가 많았고 이 당사자가 계약서식을 읽지 않거나 그 내용을 이해하지 못하는 경우가 많았기 때문이다. 이처럼 판례는 부동문자로 인쇄된 조항이 당사자에게 일방적으로 불리하면 당사자 사이의 이해관계를 공평하게 조정하는 수단으로 '예문해석'이라는 이름으로 규제하여 왔다.

하지만 예문의 개념과 인정기준이 불명확할 뿐만 아니라, 부당한 약관조항의 통제를 위하여 약관의 규제에 관한 법률이 시행된 이후(1978.7.1.)에 예문해석이 필요없다는 쪽으로 학설의 비판을 받고 있으나, 판례는 예문해석을 계속 활용하고 있는 실정이다.[41)]

약관법에 의한 약관에 대한 규제는, 편입통제와 해석통제 및 불공정성 통제의 단계로 이루어진다.[42)] 첫째, 편입통제는 사업자는 약관을 명시하고 고객요구 시 사본을 교부하여야 하며, 중요한 내용은 고객에게 설명하여야 하는데, 사업자가 이를 위반하면 당해 약관을 계약의 내용으로 주장하지 못하고(명시설명의무, 동법 제3조), 당사자 사이에 약관 내용과 다르게 합의한 사항이 있을 때 그 합의사항은 약관에 우선한다(개별약정 우선의 원칙, 동법 제4조).

둘째, 해석통제라는 것은 약관은 신의성실의 원칙에 따라 공정하게 해석되어야 하고(신의성실의 원칙, 동법 제5조 제1항 전단), 고객에 따라 다르게 해석되어서는 안되며(객관적 해석의 원칙, 동법 제5조 제1항 후단), 약관의 뜻이 명백하지 않은 경우에는 고객에게 유리하게 해석하여야 한다(불명료의 원칙, 동법 제5조 제2항)는 것을 의미한다.

셋째 불공정성 통제라는 것은 약관의 조항 중 공정성을 잃은 약관을 무효로

---

40) 대판 1979.11.27. 79다1141; 대판 1984.6.12. 83다카2159; 대판 1986.11.11 86다카1152.

41) 이병준, 약관규제법의 민법편입, 소비자법과 민법(이은영 편), 세창출판사, 2010, 189면.

42) 대법원 2008.12.16. 2007마1328 결정; 김영갑, 약관규제의 법리와 수정해석의 문제, 법조 1997.1.(통권484호), 89면.

하는 것인데, 약관규제법은 제6조에 일반조항을 두고 제7조 이하에서 개별규정을 두어 규율하고 있다. 즉 신의성실의 원칙에 반하여 공정을 잃은 약관조항은 무효이고(일반원칙, 동법 제6조 제1항), 고객에게 부당하게 불리한 조항, 고객이 계약의 거래형태 등 제반사정에 비추어 예상하기 어려운 조항, 계약에 따른 본질적인 권리를 제한하는 조항은 일단 공정성을 잃은 것으로 추정된다(제6조 제2항). 따라서 고객보호를 위하여 사업자가 그 유효성을 입증하도록 입증 책임을 전환하였다. 그리고 동법 제7조 내지 제14조에서 개별적인 금지규정을 두고 있다.

4. 약관의 구속력

(1) 구속력의 근거

약관이 갖는 구속력의 근거에 대하여 종래에는 규범설과 계약설이 서로 대립하고 있었다. 규범설은 당사자의 의사와 상관없이 그 자체로서 당사자를 구속하는 힘을 갖는다고 하는데, 이 규범설은 다시 약관은 기업이 자치적으로 제정한 법규라고 하는 자치법설[43]과 특정한 거래에 있어서는 거래의 조건은 '약관에 따른다'는 상관습법이나 상관습이 있다고 하는 상관습설[44]로 나누어진다. 계약설은 약관은 법규범이 아니기 때문에, 약관이 당사자를 구속하는 힘을 갖기 위해서는 당사자들이 구체적인 거래에 있어서 그 약관을 계약에 편입시키기로 합의해야 한다고 한다.

다만 약관규제법이 제정된 이후에 계약설은 약관규제법의 해석에 따라 당사자 사이에 일치된 합의로서 구속력을 갖는다는 순수한 계약설[45]과 계약설을 기본으로 하되 일정한 경우에는 예외적으로 다른 근거에서 구속력이 인정된다는 제한적 계약설,[46] 약관의 법적 성질은 계약에 해당하지만 그것이 거래계에서 수행하는 규범과 유사한 기능으로 인해 규범적 요소가 가미된 계약으로 변형되었다고 보는 절충설[47]로 세분화되었다.

---

43) 양승규・박길준, 상법요론, 삼영사, 1991, 404면. 양승규 교수는 일반약관에 대해서는 계약설이 타당하다고 하면서, 보통보험약관에 대해서는 보험계약의 단체성을 이유로 규범설이 타당하다고 한다.

44) 손주찬, 보통거래약관의 현실적 문제, 「법과 약관」, 삼영사, 1984, 61-63면.

45) 김진환, 약관규제법과 전자약관의 계약편입, 법학연구(경상대학교) 제10집, 2001, 42면; 장경환, 약관의 구속력의 근거, 고시계 제40권 7호, 1995, 142면.

46) 곽윤직, 채권각론, 박영사, 1990, 34-37면.

종래에는 규범설이 지배적인 지위를 차지하고 있었으나, 이 규범설에 따르게 되면 기업이 일방적으로 자기에게 유리하게 작성한 약관, 즉 불공정한 약관도 구속력을 가지게 될 우려가 있기 때문에, 최근의 판례는 약관은 단순히 계약의 초안에 불과하며 따라서 그것이 구속력을 갖기 위해서는 당사자들이 이를 계약에 편입시켜야 한다는 계약설을 취하고 있고(대판 1985.11.26. 84다카2543; 대판 1986.10.14. 84다카122), 약관규제법도 계약설의 입장에서 약관을 규율화고 있다.[48]

약관의 본질에 관한 학설의 대립은 약관이 계약의 내용으로 편입되기 위한 요건으로 고객의 동의가 필요한지 여부를 검토하는 데 실익이 있다. 약관규제법은 약관이 계약의 내용으로 편입되기 위한 요건으로 약관의 명시 · 설명의무를 규정(동법 제3조)하고 있고, 고객의 동의에 대하여는 명문의 규정이 없어 학설과 판례의 입장이 대립하고 있다.

순수한 계약설은 약관규제법 제3조를 해석함에 있어서 계약설의 근본취지를 충분히 살리고 약관규제법 제2조의 사업자와 고객에 대한 정의규정에서 설정된 '제안하고 제안받는 관계'가 다름 아닌 고객의 승낙 내지 양해를 의미한다고 하면서 고객의 동의를 편입요건의 하나로 인정하고 있다.[49] 제한적 계약설도 계약당사자의 경제적 지위의 차이에 따라 약관의 증명 요부가 달리 판단될 뿐, 약관에 따라서 계약을 체결하는 데에 상대방의 동의는 필요하다고 보고 있다.[50] 그에 반하여 절충설에 따르면 약관규제법은 사업자의 명시 및 고객의 동의를 계약편입의 적극적인 요건으로 규정하고 있지 않음을 들어 사업자의 약관의 제안만 있으면 별도의 합의가 없더라도 약관은 계약에 편입되는 것이라고 해석한다.[51] 이 설에서는 편입규제보다는 내용규제 측면에서 고객을 보호해야 하기 때문에 합의는 필

47) 이은영 교수는 약관이 기본적으로는 계약의 성질을 가지나 우리 약관규제법은 사업자의 명시 및 고객의 채용동의를 계약편입의 적극적인 요건으로 요구하지는 않기 때문에(제3조 제3항), 계약설에 접근한 절충설을 취하고 있다. 이은영, 약관규제법, 박영사, 1994, 104면 참조.

48) 전기공급규정은 전기사업법 제15조에 의하여 전기사업자인 피고가 동력자원부장관의 인가를 받아 전기요금 기타 공급조건에 관한 사항을 정한 규정임이 명백한 바, 이러한 공급규정은 국민에 대하여 일반적 구속력을 갖는 법규로서의 효력은 없고 단지 피고와 전기공급계약을 체결하거나 그 규정의 적용에 동의한 수용가에 대하여만 그 효력이 미친다(대판 1983.12.27. 83다카893).

49) 김진환, 전게논문, 43면.

50) 곽윤직, 채권각론 제6판, 박영사, 2003. 22면.

51) 이은영, 전게서, 104면.

요하지 않다고 본다. 판례는 약관을 계약내용으로 편입시키고자 하는 합의가 필요한 것으로 보고 있다.

그러나 고객의 동의를 요한다는 견해들도 반드시 명시적일 필요는 없다고 하는데 이는 약관의 개별조항에 대해 체결단계에서 고전적 계약법에서 상정하는 구체적・개별적 합의의 존재는 기대하기 어렵기 때문에 기능적 관점에서 객관적 합의의 존재형태를 다양하게 바라보고 있다.[52] 따라서 약관을 계약에 편입하기 위한 전제로서 묵시적 승낙을 인정하여 이를 기초로 약관 전체를 계약내용에 편입시킨다는 내용의 포괄적 합의를 해석상 인정할 수 있다고 한다.[53]

(2) 약관의 계약에의 편입

1) 명시・설명의무 약관규제법 제3조는 약관은 사업자가 다수의 계약을 위하여 사전에 작성한 계약의 초안에 불과하기 때문에, 그것이 당사자를 구속하는 힘을 가지기 위해서는 당사자들이 그 약관을 계약에 편입시켜야 한다는 입장에서 약관을 사용하여 계약을 체결하려고 하는 사업자는 고객에게 그 약관의 내용을 명시하고, 약관의 중요한 내용을 고객에게 설명해 주어야 한다고 규정하고 있다. 즉 약관의 명시・설명의무가 있다. 그러나 다른 법률의 규정에 의하여 행정관청의 인가를 받은 약관으로서 거래의 신속을 위하여 필요하다고 인정된 약관, 즉 여객운송업, 통신업, 전기・가스 및 수도사업의 약관에 대하여는 사업자의 명시・교부의무가 면제된다(우편법 제3조 제2항, 시행령 제2조).

사업자는 약관에 정하여져 있는 중요한 내용을 고객이 이해할 수 있도록 설명해 주어야 한다(동법 제3조 제3항). 여기서 중요한 내용이라 함을 사회통념에 비추어 고객이 계약체결의 여부나 대가를 결정하는 데에 직접적인 영향을 미칠 수 있는 사항을 의미한다.

2) 명시・설명의무 위반의 효과 사업자가 약관규제법에 위반하여 약관을 고객에게 명시, 설명하지 않고 계약을 체결한 때에는 그 약관을 계약의 내용으로 주장할 수 없다(제3조 제4항). 따라서 약관의 내용이 계약으로 편입되지 않은 법률효과가 발생하는 것이 아니라, 사업자가 해당 약관을 계약의 내용으로 주장할 수 없는 것이므로 고객이 이를 계약의 내용으로 받아들일 경우에는 계약의

---

52) 김대규, 약관편입통제 조항의 기능성연구, 비교사법 제11권 1호, 2003, 258면.
53) 민법주해 Ⅷ, 손지열 집필편, 318면.

내용이 될 수 있다는 것을 의미한다.

(3) 개별약정의 우선

고객이 약관을 계약에 편입시키는 것을 거부할 때에는 그 전부를 거부할 수도 있지만 대개의 경우 일부의 조항만을 거부하게 된다. 그리고 이 때에 당사자들은 약관의 해당조항을 삭제하거나 수정할 수도 있지만, 약관의 조항과 다른 내용의 개별약정을 체결할 수도 있다. 이 때 약관과 개별약정이 충돌할 우려가 있는데 대법원은 초기에는 계약서가 처분문서임을 내세워 그 약관의 문언과 다른 당사자의 의사를 인정하기를 거부하였으나(대판 1982.7.27. 81다카1117), 나중에는 이른바 예문해석이라는 방법을 통하여 약관의 문언과 다른 개별약정의 존재를 간접적으로 인정해 오다가,[54] 최근에 와서는 개별약정은 약관에 우선한다는 개별약정우선의 원칙을 명시적으로 선언하고 있으며(대판 1985.11.26. 84다카2543), 약관규제법은 이 원칙을 명시적으로 선언하고 있다(동법 제4조).

5. 약관의 해석을 통한 해석통제

약관은 계약의 초안에 불과하지만 당사자의 합의에 의하여 그것이 계약의 내용에 편입되면 계약의 내용을 구성하게 된다. 즉 사업자가 명시·설명의무의 요건을 충족하게 되면 약관을 계약의 내용으로 주장할 수 있게 된다. 따라서 계약의 내용에 편입된 약관은 법률의 해석문제가 아니라 법률행위의 해석원칙에 따라 해석된다. 그러나 약관은 당사자들이 합의한 것이 아니라 사업자가 일방적으로 작성한 것이기 때문에 약관의 해석에 관하여는 일반 법률행위의 해석과는 다른 몇 가지의 특수성이 인정된다. 약관규제법은 고객의 보호를 위하여 약관의 해석에 관한 규정들을 두고 있다.

(1) 공정한 해석의 원칙

약관은 신의성실의 원칙에 따라 공정하게 해석되어야 한다(제5조 제1항 전문). 따라서 신용카드의 분실, 도난에 관하여, 거래약관상 비록 카드의 분실, 도난으로 인한 모든 책임이 카드회원에게 귀속된다고 약정되어 있다고 하더라도 회원이 분실, 도난 등의 사실을 은행에 통지하고 소정 양식에 따라 지체 없이 그 내용을 서

54) 대판 1984.6.12. 83다카2159

면신고 하였음에도 불구하고 은행이 가맹점에 대한 통지를 게을리 하였거나 가맹점이 분실, 도난카드의 확인과 서명의 대조 등을 게을리하여 거래 성립되었을 경우에까지 그 책임을 회원에게 물을 수는 없으며(대판 1986.3.11. 85다카1490), 카드의 도난, 분실 등으로 인한 모든 책임이 회원에게 귀속되고, 회원의 고의 또는 중대한 과실이 없는 때에 한하여 발행회사의 통지서가 가맹점에 도착된 날의 다음날로부터 회원에게 그 책임이 귀속시키지 않기로 규정되어 있다 하더라도 그와 같이 정형화된 약관은 신의성실의 원칙에 따라서 합리적으로 해석되어야 할 것인바(회원의 카드의 도난, 분실을 서면으로 신고하였으나 카드발행회사가 통지서를 가맹점에 보내지 아니하는 한 언제까지든지 회원이 그 책임을 져야 하는 규정이라고 해석되지 아니한다), 위 규정중 발행회사의 통지서가 가맹점에 도착된 날이라고 함은 발행회사가 회원으로부터 도난, 분실 등의 신고를 받고 지체 없이 가맹점에 대한 통지절차를 밟아 그 통지서가 가맹점에 도착된 날 또는 도착되어야 할 날을 의미한다고 보는 것이 信義誠實의 原則에 비추어 정당한 해석이라고 할 것이다(대판 1987.4.14. 85다카2273)(필자주: 그러나 이 문제는 신용카드업법 제12조가 신용카드회원이 신용카드업자에게 신용카드의 도난, 분실의 통지를 한 때에는 통지 후 그 신용카드의 사용액에 대하여는 신용카드업자가 책임을 지도록 함으로써 입법적으로 해결되었다).

(2) 객관적 해석의 원칙(통일적 해석의 원칙)

약관은 고객에 따라 다르게 해석되어서는 안 되고 통일적으로 해석되어야 한다(제5조 제1항 후문). 이러한 해석을 하기 위해서는 계약당사자가 개개인의 구체적 사정보다는 그 거래에 전형적으로 관여하는 집단의 총체적인 이해관계를 고려하여야 한다[55].

(3) 불명확성의 원칙(작성자불이익의 원칙)

약관이란 사업자에 의해 일방적으로 사전에 작성된 계약조건이기 때문에 사업자에게 유리하게 작성되는 것이 보통이므로 약관의 뜻이 명백하지 아니한 경우에는 고객에게 유리하게 해석되어야 한다(제5조 제2항).

따라서 '약관의 해석에 관하여 사업자의 해석에 따르기로 한다'라고 정한 조항은 해석에 관한 다툼에 있어서 신의성실의 원칙과 객관적 해석의 원칙을 배제하고 사업자의 자의에 의한 해석을 우선하게 함으로써 사업자의 이익만을 관철시

---

55) 손지열, 약관에 관한 판례의 동향, [민사판례연구] 제10권, 1988, 422면.

킬 우려가 있으므로 부당하다. 이러한 해석방법은 약관규제법 제5조 제2항의 해석원칙에 반하므로, 이 약관조항은 약관규제법 제6조 제1항에 규정하고 있는 신의성실의 원칙에 반하여 공정을 잃은 약관에 해당되어 무효이다(의결 제88-7호 1988.11.7.).

(4) 축소해석의 원칙(제한해석의 원칙)

법에 의하여 권리・의무를 제한하는 조항은 엄격하게 해석하여야 한다. 한편 면책약관에 있어서 그 내용이 불명확한 때에는 작성자불이익의 원칙에 따라 고객에게 유리하게 해석하게 되며, 그밖에 면책약관은 불공정한 약관의 내용통제에 의하여 직접적인 규제를 받게 되므로 약관규제법상의 별개의 해석원칙이 되지는 않는다.

약관의 해석에 관하여 판례는 '효력유지적 축소해석'이라는 독특한 법리를 발전시켜왔다. 즉 「자동차보험약관 제10조 제1항 6호는 책임보험조항에서 피고가 보상하지 않는 손해의 하나로 '자동차의 운전자가 무면허운전을 하였을 때에 생긴 사고로 인한 손해'를 들고 있는 바, 위 무면허운전면책조항을 문언 그대로 해석한다면 무면허자인 소외인이 무단운전 중에 일으킨 사고로 인하여 원고가 그 배상책임을 부담함으로써 입은 손해는 위 무면허운전면책조항에 해당되어 피고의 보상책임이 면제된다고 볼 수밖에 없을 것」이라고 하면서 이 무면허조항은 무면허운전의 주체가 누구이든 묻지 않으나 다만 무면허운전이 보험계약자나 피보험자 등의 명시적 또는 묵시적 승인하에 이루어진 경우에 한하여 면책을 정한 규정이라고 해석하여야 하며, 이와 같이 해석하는 한도 내에서 그 효력을 유지할 수 있다고 보아야 한다고 한다.[56]

이는 약관규제법 제6조 제1항의 적용으로 인한 약관조항 전체가 무효로 되는 것을 피하고 계약의 해석문제로 바라 본 것이다. 이와 같이 하나의 약관조항을 수정된 범위 내에서 유효한 조항으로 유지시키는 수정해석은 약관의 무효를 비껴나가는 변칙적 방법인데, 그 후에도 판례는 여러 사건에서 불공정한 약관을 무효로 선언하는 약관의 내용통제를 적극적으로 시도하였다.[57] 약관의 무효를 선언하는 판결들은 거래계에 큰 충격을 던졌고 잘못된 거래관행을 바꾸는 데에 직접적인

56) 대판(전) 1991.12.24, 90다카23899.

57) 대판 1994.5.10, 93다30082; 대판 1994.10.25, 94다18140; 대판 1996.2.27, 95다42393; 대판 1998.4.24, 97다56969.

영향력을 미쳤다.[58]

약관의 무효가 되는 경우 계약내용에 대하여 대법원은 불공정한 약관조항의 무효로 인한 공백의 보충에 있어서 계약법의 원칙을 존중함으로써 문제를 해결하였다.

6. 약관의 공정성(약관의 유효성)

(1) 서 설

약관규제법 제2장의 제목은 불공정약관조항으로 되어 있고 일정한 경우에 약관의 효력을 부인하고 있다. 그 규정방식을 보면 제6조에서는 약관조항의 무효에 관한 일반원칙을 규정하고, 제7조 내지 제14조에서는 무효가 되는 약관조항을 개별적으로 열거하고 있다. 이와 같이 약관규제법은 일반조항을 통한 규제방법과 무효조항을 구체적으로 열거하는 규제방법을 병용하고 있다. 그러나 독일민법 제2편 제2장에 편입된 약관에 관한 규정인 제308조에서 평가가능성이 있는 금지조항인 상대적 무효조항을 8개항으로 나누어 열거하고, 제309조에서 평가가능성이 없는 금지조항인 절대적 무효조항을 13개항으로 나누어 매우 구체적으로 규정하고 있다.

(2) 일반원칙(동법 제6조)

1) 신의성실의 원칙 약관규제법은 약관의 공정성을 심사하는 기준으로 신의성실의 원칙을 제시하고 있기 때문에, 신의성실의 원칙에 반하여 공정을 잃은 약관조항은 무효이다(제6조 제1항). 다만 이 원칙을 구체적인 사례에 적용함에 있어서는 고객(소비자)의 정당한 이익은 물론이고 사업자의 정당한 이익도 고려해야 할 것이므로 양자 사이의 정당한 이익을 균형있게 판단해야 한다. 판례도 「경쟁입찰에서 단순 최저가 낙찰제에 의한 낙찰자격방식에 따른 시설공사 도급계약에 있어서는 현저한 저가입찰을 억제하여 덤핑에 의한 부실공사를 방지하고 계약의 이행을 담보할 필요성이 매우 강한 점에 비추어, 예정가격의 100분의 85 미만에 낙찰받은 자는 예정가격과 낙찰금액의 차액을 차액보증금으로서 현금으로 납부하게 하고 채무불이행의 경우 차액보증금을 발주자에게 귀속시키기로

58) 이은영, 전게서, 11면.

하는 약관조항은 허용될 수 있으며 이러한 약관조항이 약관의 규제에 관한 법률 제6조, 제8조에 저촉된다고 보기는 어렵다.」(대판 2002.4.23. 2000다56976)고 한다.

그런데 이와 같은 일반조항을 둘 경우에는, 그것을 심사하는 기관의 재량의 폭이 넓어져서 거래당사자의 예견가능성이 침해될 우려가 있으며, 또 구체적인 약관조항을 심사함에 있어서는 약관규제법의 개별규정들을 자세히 살펴보지도 않고 바로 일반조항을 근거로 하여 약관을 통제하려고 하는 이른바 '일반조항으로의 도피현상'이 생길 우려도 있다.[59] 그러나 현실적으로 우리나라와 같이 아직 약관규제의 역사가 짧아서 약관의 규제기준이 구체화되어 있지 않은 나라에서는 거래관계의 변화에 따라 새롭게 나타나고 있는 불공정한 약관을 적절히 규제하기 위해서 이러한 일반조항을 두는 것은 불가피한 현상이라고 할 수 있다.

여기에서 문제가 되는 것은 약관규제법 제6조 내지 제16조의 무효조항에 해당하는 약관의 내용을 사업자가 고객에게 설명하고 고객이 이를 이해하여 그것을 개별적으로 약정한 경우에 개별약정의 유효성 문제이다. 개별약정이 강행규정이나 선량한 풍속 기타 社會秩序違反인 경우에 무효가 되지만, 약관은 강행규정이나 선량한 풍속 기타 사회질서에 반하지 않더라도 신의성실의 원칙에 반하여 공정을 잃은 경우에도 무효이다.

그렇다면 개별약정이 신의성실의 원칙에 반하여 공정을 잃은 경우에도 선량한 풍속 기타 사회질서에 반하지 않는 경우에는 유효인가? 이는 유효로 보아야 할 것이다. 그러나 사업자가 어떠한 약관이 불공정한 약관에 해당되어 무효로 되는 것을 회피하기 위하여 실제로는 약관임에도 불구하고 고객과 개별적으로 약정한 것과 같은 외관을 갖춘 때에는, 그 개별약정이 있다고 하여 무효인 약관조항이 유효로 되는 것은 아니다.[60]

대법원 판례는 원래 고객이 부담할 성질이 아닌 것을 채무부담의 개별약정 및 그 무효인 약관을 준수하겠다는 개별약정 등을 통하여 고객에게 부담하게 하는 것은 현저히 불공정한 법률행위로서 무효라고 판시[61]하고 있다.

2) 불공정성의 추정　약관규제법은 약관의 조항 중에서 ① 고객에 대하여 부당하게 불리한 조항, ② 고객이 계약의 거래형태 등 제반사정에 비추어 예상

59) 공정거래위원회의 심결의 상당부분은 제6조를 근거로 하여 유·무효를 판단하고 있다.
60) 양명조, 약관의 규제에 관한 법률: 현상과 문제, 민사판례연구 12권(90. 4), 450-451.
61) 대판 1988.4.12. 88다2.

하기 어려운 조항, ③ 계약의 목적을 달성할 수 없을 정도로 계약에 따르는 본질적 권리를 제한하는 조항은 공정을 잃은 것으로 추정된다고 규정하고 있다(제6조 제2항).[62)]

여기에서 고객에게 부당하게 불공정한지의 여부는 구체적인 계약당사자를 기준으로 판단할 것이 아니라 특정한 거래에 임하는 평균적인 고객집단의 전형적인 이익을 기준으로 판단해야 한다. 단순히 그러한 조항이 거래계에서 널리 통용되고 있다는 사실만으로 그 조항이 신의성실의 원칙에 반하지 않는다고 단정할 수는 없으며, 제반사정을 참작하여 종합적으로 판단하지 않으면 안 된다.

(3) 면책조항의 금지(동법 제9조)

약관규제법은 ① 사업자, 이행보조자 또는 피용자의 고의 또는 중대한 과실로 인한 법률상의 책임을 배제하는 조항, ② 상당한 이유 없이 사업자의 손해배상범위를 제한하거나 사업자가 부담하여야 할 위험을 고객에게 이전시키는 조항, ③ 상당한 이유 없이 사업자의 담보책임을 배제 또는 제한하거나 그 담보책임에 따르는 고객의 권리행사요건을 가중하는 조항 또는 ④ 상당한 이유 없이 계약목적물에 관하여 견본이 제시되거나 품질·성능 등에 관한 표시가 있는 경우 그 보장된 내용에 대한 책임을 배제 또는 제한하는 조항에 해당하는 내용을 정하고 있는 조항은 이를 무효로 한다고 규정하고 있다(제7조). 예컨대 승객의 사상에 대한 운송인의 손해배상액을 1인당 일정액으로 제한하는 조항의 경우라든가, 도로연수시 손해배상책임을 고객에게 전가시키는 조항은, 교통법규 위반의 경우에 교습자의 부주의 및 과실유무를 고려함이 없이 그 책임을 무조건 수강자에게 전가시키고 있으므로 면책조항의 금지에 해당되어 무효라고 보아야 한다. 또한 프로야구경기장 약관에 '운동장에서 연습 혹은 경기장 파울볼, 기타에 의해 부상을 당할 때에도 주최측은 현장의 진료치료만 책임을 지고 그 뒤의 책임은 지지 않는다'고 하여 사업자의 고의·과실 여부 및 운동장 시설의 하자 여부를 불문하고 손해배상을 현장의 긴급치료에만 한정하고 있는 조항은 고객에게 부당하게 불리할 우려가 있는 조항으로 약관규제법 제7조 2호에 해당되어 무효이다(의결 제89-9호 1988.10.11.).

---

62) 사업자의 귀책사유로 교습을 받지 못한 경우에도 수강료를 반환하지 아니하도록 정한 자동차운전학원 이용약관조항은 약관규제법 제6조 2항 1호에 해당되어 무효이다(의결 제93-2호 1993.2.17).

판례는 고객에 대하여 부당하게 불리한 약관이거나 주차장 관리자가 고의 또는 중대한 과실로 선량한 관리자의 주의의무를 다하지 않음으로써 발생한 손해에 대한 배상까지도 정당한 이유 없이 배제하는 약관(대판 2006.4.14. 2003다41746)은 무효가 되고, 대판 2002.4.12. 98다57099 판결에서 한국전력공사의 전기공급규정 제51조 제3호, 제49조 제1항 3호는 한국전력공사의 전기설비에 고장이 발생하거나 발생할 우려가 있는 때 한국전력공사는 전기의 공급을 중지하거나 그 사용을 제한할 수 있고, 이 경우 한국전력공사는 수용가가 받는 손해에 대하여 배상책임을 지지 않는다고 규정하고 있는 바, 이는 면책약관의 성질을 가지는 것으로서 한국전력공사의 고의 또는 중대한 과실로 인한 경우까지 적용된다고 보는 경우에는 무효이나, 그 외의 경우에 한하여 한국전력공사의 면책을 정한 규정이라고 해석하는 한도에서는 유효하다고 보았다.

(4) 손해배상액의 예정(동법 제8조)

약관규제법은 고객에 대하여 과중한 지연손해금 등의 손해배상의무를 부담시키는 약관조항은 이를 무효로 한다고 규정하고 있다(제8조). 이 때에 무효로 되는 부분은 적정한 금액을 초과하는 부분에 한하지 않고, 그러한 약관조항 자체이기 때문에 마치 그러한 예정이 없었던 것과 같이 되고 그 결과 일반적인 손해배상의 원칙에 따라서 배상액이 결정되게 된다. 손해배상액의 예정에는 채무불이행에 따른 지연손해의 배상, 전보배상, 위약금 및 불법행위에 기한 손해배상금, 기타 어떠한 명목의 손해배상금이라도 고객이 부담하는 것은 모두 포함된다. 특히 계약금과 보증금에 관한 사례가 많이 나타나고 있다.

예컨대 단순 최저가 낙찰방식에 의한 건설공사도급계약에서 예정가격의 100분의 85 미만에 낙찰 받은 자는 예정가격과 낙찰금액의 차액을 차액보증금으로서 현금으로 납부하게 하고, 만약 차액보증금을 현금에 갈음하여 건설공제조합 등이 발행하는 보증서로 납부하고자 하는 경우에는 그 차액의 2배를 납부하게 하고 수급인의 채무불이행의 경우 계약보증금과 차액보증금을 발주자에게 귀속시키기로 하는 약관조항은 무효이고(대판 2000.12.8. 99다53483), 부동산임대업자가 미리 부동문자로 인쇄한 임대차계약서를 제시하여 계약을 체결한 경우, 그 계약서에 기재된 임대차계약 종료일로부터 인도 또는 복구된 날까지의 통상 차임 및 관리비와 임대차보증금에 대한 월 1%의 비율에 의한 이자의 합산액의 2배를 배상액으로 정하고 있는 '임대차목적물의 명도 또는 원상복구 지연에 따른 배상금' 조항은 개별적인 교섭을 거침으로써 상대방이 자신의 이익을 조정할 기회를 가졌다고 할 수 없어 약관에 해당하고, 또한 고객인 임차인에 대하여 부당하게 과중한 손해배상의무를 부담시키는 조항으로서 동법 제8조에 의하여 무효(대판 2008.7.10. 2008다16950)라고 한다.

또한 약관규제법에 의해 약관조항이 무효인 경우에 그것이 유효함을 전제로 민법 제398조 제2항을 적용하여 적당한 한도로 손해배상예정액을 감액하거나, 과중한 손해배상의무를 부담시키는 부분을 감액한 나머지 부분만으로는 그 효력을 유지시킬 수 없다고 한다(대판 2009.8.20. 2009다20475 · 20482).

다만 지체상금 산정대상에서 계약금을 제외하기로 하는 계약조항은 고객에 대하여 '불리한' 조항이라고는 할 수 있을지언정 '부당하게 불리한' 조항이라고는 할 수 없다고 하여 무효로 인정하지 않았다(대판 1999.9.22. 97다37852).

(5) 계약의 해제 · 해지에 관한 약관조항(동법 제9조)

법률에 따른 고객의 해제권 또는 해지권을 배제하거나 그 행사를 제한하는 조항(동조 1호), 사업자에게 법률에서 규정하고 있지 않은 해제권 · 해지권을 부여하거나 법률의 규정에 의한 해제권 · 해지권의 행사요건을 완화하여 고객에게 부당하게 불이익을 줄 우려가 있는 조항(동조 2호 · 3호), 계약의 해제 또는 해지로 인한 원상회복의무를 상당한 이유 없이 고객에게 과중하게 부담시키거나 고객의 원상회복 청구권을 부당하게 포기하도록 하는 조항(동조 4호), 계약의 해제 또는 해지로 인한 사업자의 원상회복의무나 손해배상의무를 부당하게 경감하는 조항(동조 5호), 계속적인 채권관계의 발생을 목적으로 하는 계약에서 그 존속기간을 부당하게 단기 또는 장기로 하거나 묵시적인 기간의 연장 또는 갱신이 가능하도록 정하여 고객에게 부당하게 불이익을 줄 우려가 있는 조항(동조 6호) 중 어느 하나에 해당되는 내용을 정하고 있는 조항은 무효로 한다[63].

(6) 채무의 이행과 관련한 약관조항(동법 제10조)

① 상당한 이유 없이 급부의 내용을 사업자가 일방적으로 결정하거나 변경할 수 있도록 권한을 부여하는 조항(동조 1호), ② 상당한 이유 없이 사업자가 이행하여야 할 급부를 일방적으로 중지할 수 있게 하거나 제3자로 하여금 대행할 수 있

63) 대판 2008.12.24. 2008다75393.

게 하는 조항(동조 2호)은 무효이다.

(7) 고객의 권익보호(동법 제11조)

약관규제법 제11조는 고객의 권익에 관한 사항 중 일정한 내용과 관련된 경우에는 무효로 한다. 즉 ① 법률에 따른 고객의 항변권, 상계권 등의 권리를 상당한 이유 없이 배제 또는 제한하는 조항(동조 1호), ② 고객에게 주어진 기한의 이익을 상당한 이유 없이 박탈하는 조항(동조 2호), ③ 고객이 제3자와 계약을 체결하는 것을 부당하게 제한하는 조항(동조 3호), ④ 사업자가 업무상 알게 된 고객의 비밀을 정당한 이유 없이 누설하는 것을 허용하는 조항(동조 4호)은 무효이다.

(8) 의사표시의 의제(동법 제12조)

의사표시에 관하여, 그의 존부나 도달의 부당한 의제·방식과 요건의 부당한 제한·사용자에게 부당히 유리한 기한의 설정 등의 내용의 약관조항은 무효이다.

(9) 고객의 대리인에게 책임 가중하는 내용의 약관조항(동법 제13조)

고객의 대리인에 의하여 계약이 체결된 경우에, 고객이 그 의무를 이행하지 않으면 대리인에게 그 의무의 전부 또는 일부를 이행할 책임을 지우는 내용의 약관조항은 무효이다.

(10) 제소와 관련된 통제(동법 제14조)

불리한 소제기의 금지조항 또는 재판관할의 합의조항이나 상당한 이유 없이 고객에게 입증책임을 부담시키는 약관은 무효로 한다. 예컨대, 고객에게 대하여 부당하게 불리한 재판관할의 합의조항(대결 1998.6.29. 98마863), 일체의 소송절차에 있어서의 신청을 배제시키는 의미의 부제소특약의 약관조항(대판 1994.12.9. 93다43873), 손해배상액의 예정과 관련하여 '이에 대하여 을은 하등의 이의를 제기하지 못한다'고 규정하고 있는 약관(의결 제88-7호, 1988.11.7.) 등은 동법 제14조에 해당되어 무효이다.

(11) 일부무효의 특칙(동법 제16조)

약관에 의한 계약체결 시 약관의 전부나 일부가 무효인 경우에는, 그 계약의 효력은 이른바 일부무효의 법리에 따라 처리되어야 한다(민법 제137조). 그러나 약관법은 이에 대한 특칙을 두어 약관의 전부 또는 일부의 조항이 사업자의 명시·

설명의무의 불이행으로 계약의 내용이 되지 못하거나(제3조) 불공정한 약관으로서 무효로 되는 경우(제6조 내지 제14조)에는 계약은 나머지 부분만으로 유효하게 존속하게 된다. 그러나 유효한 부분만으로는 계약의 목적달성이 불가능하거나 일방당사자에게 부당하게 불리한 때에는 당해 계약은 무효로 한다(제16조).

따라서 무효인 약관조항에 의거하여 계약이 체결되었다면 그 후 상대방이 계약의 이행을 지체하는 과정에서 약관작성자로부터 채무의 이행을 독촉받고 종전 약관에 따른 계약내용의 이행 및 약정내용을 재차 확인하는 취지의 각서를 작성하여 교부하였다고 하더라도, 무효인 약관의 조항이 유효한 것으로 되거나 각서의 내용을 새로운 개별약정으로 보아 약관의 유·무효와 상관없이 각서에 따라 채무의 이행 및 원상회복의 범위 등이 정하여진다고 할 수 없다(대판 2000.1.18. 98다18506).

7. 불공정한 약관의 규제

(1) 불공정약관조항의 사용금지

사업자는 약관규제법의 규정에 위반하는 불공정한 약관조항을 계약의 내용으로 해서는 안된다. 만약 사업자가 동법에 위반하는 불공정한 약관을 계약의 내용으로 하는 경우에는 약관규제법 제17조의 각 호에 해당하는 경우에는 공정거래위원회가 그 사업자에게 당해 약관조항의 삭제, 수정 등 시정에 필요한 조치를 명할 수 있고(제17조의2 제2항), 사업자가 전술한 요건을 갖추지 않은 일반 사업자인 경우에는 공정거래위원회가 건전한 거래질서의 확립을 위하여 사업자에게 당해 약관조항의 삭제, 수정 등 시정에 필요한 조치를 권고할 수 있다(제17조의2 제2항). 그리고 공정거래위원회가 시정에 필요한 조치를 명하거나 권고함에 있어서 필요한 때에는 당해 사업자와 동종사업을 영위하는 다른 사업자에게 같은 내용의 불공정약관조항을 사용하지 말 것을 권고할 수 있다(제17조의2 제3항).

약관조항과 관련하여 법률상의 이익이 있는 자, 소비자기본법에 의하여 등록된 소비자단체, 한국소비자원 및 사업자단체는 이 법의 위반여부에 관한 심사를 공정거래위원회에 청구할 수 있다(제19조).

(2) 공정거래위원회의 심사

공정거래위원회의 심사는 서면심리를 원칙으로 하지만, 필요한 경우에는 청구인과 피청구인을 소환하여 구두심리를 병행할 수 있다. 약관이 관청의 인가를 받았거나 받아야 할 것인 때에는 심의에 앞서 그 관청에게 의견의 제출을 요구할 수 있다(제22조 제3항).

(3) 불공정약관조항의 공개

공정거래위원회는 약관규제법에 위반된다고 심의, 의결한 약관조항의 목록을 인터넷 홈페이지에 공개하여야 한다(제23조).

Ⅲ. 소비자의 청약철회권

1. 의의 및 구별개념

(1) 의 의

현행 민법 제527조에는「계약의 청약은 이를 철회하지 못한다」라고 규정함으로써 청약자가 청약을 철회함으로써 상대방이 받는 불이익을 받지 않도록 청약의 구속력에 대하여 규정하고 있고, 이는 전통적인 계약법의 대원칙인 '계약존수의 원칙'을 확인하고 있다. 한편 근대민법은 계약자유의 원칙과 형식적 평등만을 강조함으로써 실질적으로 불평등한 관계에 있는 당사자 간 계약에 대하여 효과적으로 규율하지 못하였다. 특히 소비자와 기업 간의 체결된 이른바 '소비자계약'의 경우에 그 불평등은 심화되었다.

즉, 현대소비사회에 있어서 계약 당사자인 사업자와 소비자의 지위의 불균형으로 인한 정보력의 차이가 일반적이고, 사업자는 소비자의 진정한 의시표시를 유도하기보다 민법상의 착오와 사기에 해당하지는 않지만 비합리적인 청약 또는 승낙의 의사표시를 유도하여 형식적으로 완전한 계약을 체결하는 거래행위가 보편화 되었다.[64]

이러한 불평등한 당사자 간에 계약에 대하여 실질적 평등을 구현하기 위하여 세계 각국에서는 소비자를 보호하기 위하여 청약철회제도를 도입하였고, 우리나라의 경우도 소비자와 관련된 여러 법에서 청약철회권을 도입하게 규정하게 되었다.

청약철회권은 청약 또는 계약체결 후 의사표시에 하자가 없어도 일정기간 이내에 청약자 쪽에서 무조건 청약을 철회하거나 계약을 해지할 수 있는 권리를 말

64) 김도년, 청약철회권의 입법형태의 일고찰, 2010. 4., 소비자문제연구 제39호, 57면.

한다. 독일민법의 경우에는 소비자특별법에서 개별적으로 규율하던 청약철회권을 민법전에 편입시켜서 규율하고 있고, 일본과 우리나라는 개별 특별법에서 규율하고 있어서 민법전으로 편입시킬지 여부에 대한 논의가 이루어지고 있다.

오늘날 청약철회권은 소비자계약에서 소비자에게 일반적으로 인정되는 중요한 권리로 인식되고 있으며, 사업자의 부당한 권유에 대한 시정 내지 소비자의 성급한 판단에 대한 치유의 역할을 하고 있다.

(2) 구별개념

1) 민법상 철회권 민법상 철회권이라 함은 아직 법률효과를 발생하고 있지 않은 법률행위나 의사표시의 효력을 장차 발생하지 않도록 막는 권리이며, 대표적으로 행위무능력자의 상대방의 철회권(민법 제16조)과 무권대리인의 상대방의 철회권이 있다(민법 제134조). 이러한 민법상의 철회권과 소비자법상의 청약철회권과의 관계는 청약철회권의 성질을 어떻게 보느냐에 따라 구별된다. 즉, 청약철회권을 법정해제권의 일종으로 보는 견해[65]에 의하면 양자는 다르나, 이를 부정하는 견해에 의하면 청약철회권은 민법상 철회권의 일종이 된다. 소비자법에서의 청약철회권은 민법상의 철회권과 같이 아직 효력이 발생하지 않은 법률행위의 효력을 장래에 향하여 소멸시킨다는 점에서 양자는 동일하다고 할 수 있다. 다만, 민법상 철회권은 모든 법률행위에 적용되지만, 청약철회권은 계약에 한정된다는 점에서 차이가 있다. 따라서 청약철회권은 철회권의 일종이라 할 수 있다.[66]

2) 취소권 법률행위의 취소란 유효하게 성립한 법률행위의 효력을 후에 특정인(취소권자)의 의사표시에 의해 행위시로 소급하여 무효로 하는 것을 말한다(민법 제141조 본문). 취소권은 권리자의 일방적 의사표시만으로 법률관계를 해소하고, 그 대상이 법률행위의 효력이 유동적 유효라는 점에서 동일하고, 취소권은 법률의 규정이 있는 경우에만 인정되지만(민법 제5조 2항, 제10조 1항, 제13조 4항, 제109조 1항, 제110조1항), 청약철회권은 법률의 규정뿐만 아니라 당사자간 약정에 의하여 발생할 수 있다는 점, 취소권은 모든 법률행위에 적용되지만, 청약철회권은 계약에 한정된다는 점, 취소권을 행사한 경우에 소급효가 인정되지만, 청

65) 오병철, 전자거래의 민사법적 규율방안, 정보사회에 대비한 일반법연구(Ⅱ), 정보통신정책연구원, 1998, 2, 74면.

66) 고형석, 소비자보호법, 세창출판사, 2008, 220면.

약철회권을 행사한 경우에는 소급효가 인정되지 않는다는 점, 반환범위에서 취소의 경우에는 부당이득의 반환법리(제741조 이하)가 적용되지만 청약철회권의 경우에는 원상회복의무를 부담한다는 점, 청약철회권을 행사한 경우에 소비자는 손해배상책임을 부담하지 않지만 착오를 이유로 취소권을 행사한 경우에는 신뢰이익의 범주 내에서 손해배상책임을 부담한다는 점, 권리행사기간에서 취소권은 법률행위를 한 날로부터 10년 또는 추인할 수 있는 날로부터 3년 내에 행사하여야 하지만(민법 제146조), 청약철회권의 경우에는 당사자간 약정기간 또는 7일·14일·30일 또는 3개월 내에 행사하여야 한다는 점에서 차이가 난다.[67]

3) 해제권 해제권이라 함은 유효하게 성립한 계약을 당사자간에 해제권을 유보하였거나 채무자에게 채무불이행이 있을 경우 해제권자(법정해제의 경우 채권자)가 일방적으로 계약의 효력을 소급적으로 소멸시킬 수 있는 권리를 말한다. 해제권은 권리자의 일방적 의사표시로 계약관계를 소멸시키는 형성권이라는 점, 모든 법률행위가 아닌 계약관계에서만 인정된다는 점, 발생근거에서 약정 또는 법정사유가 인정된다는 점에서 청약철회권과 동일하다.

그러나 양자의 차이점을 보면, 첫째, 청약철회권의 발생원인은 법률의 규정이나 약정에 의한 것이나, 해제권은 법률의 규정(민법 제544조·제546조)이나 약정 또는 신의칙상에서 발생한다.[68] 둘째, 철회권은 취소권과 동일하게 확적정인 효력이 발생하지 않은 법률행위를 소멸케 하지만, 해제권은 일단 유효하게 성립하여 효력을 발생한 계약을 소멸케 한다는 점에서 차이가 있다. 셋째, 청약철회권을 행사한 경우에 소비자는 원상회복의무만을 부담하며, 손해배상책임을 지지 않는다. 반면에 해제권을 행사한 경우에 당사자는 원상회복의무를 부담하며, 약정해제의 경우에는 인정되지 않지만 법정해제의 경우 별도로 손해배상의무도 부담하게 된다(민법 제551조). 넷째, 발생요건에 있어서도 청약철회권의 경우에는 제한이 없지

67) 고형석, 전게서, 221면.

68) 신의칙상의 계약해제권에 대해서 민법에 개별적으로 인정하는 규정은 존재하지만 일반적으로 인정하는 규정은 없다. 판례는 계약해제권을 인정하는 경우의 요건으로, ① 계약 당시와는 다른 현저한 사정의 변경이 생길 것 ② 현저한 사정이 당사자가 예상하지 않았고 또한 예상할 수 없을 것 ③ 사정의 변경이 당사자에게 책임이 없는 사유로 생겼을 것 ④ 구속의 부당성, 즉 원래의 계약내용대로 계약의 일방에게 강요하는 경우 너무 가혹할 것 등의 요건을 적시하고 있지만 실제 해제권은 인정하지 않고 있다(대판 2007.3.29, 2004다31302). 다만 계속적 보증의 경우에는 신의칙에 의한 해지를 인정하였다(대판 2000.3.10, 99다61750; 대판 2002.5.31, 2002다1673).

만, 해제권의 경우에는 당사자간에 해제권의 유보가 있거나 채무불이행 요건을 충족하여야 한다. 다섯째, 권리행사기간에 있어서 해제권은 민법에서 하자담보책임을 제외하고 구체적인 규정을 두고 있지 않으나, 청약철회권은 비교적 단기인 7일(할부거래법 제8조 1항, 전자상거래소비자보호법 제17조 1항), 14일(방문판매법 제8조 1항 1호), 30일 또는 3개월(방문판매법 제8조 3항, 전자상거래소비자보호법 제17조 3항)로 규정을 두고 있다.

2. 청약철회권 유보시 계약의 효력

청약철회권의 행사기간내 계약의 효력에 대하여 학설은 크게 유동적 무효설과 유동적 유효설로 나누어지고 있다. 유동적 무효설의 입장에서는 청약철회권이 인정되는 계약은 소비자에게 부여된 숙려기간이 경과하여야 비로소 계약의 효력이 발생하기 때문에 행사기간 전까지는 유동적 무효상태에 있다고 한다. 유동적 무효는 유효사유(청약철회권 행사기간 내 청약철회권의 미행사)가 발생하기 전까지 무효이며, 이 기간이 경과한 후에 비로소 계약성립 당시로 소급하여 유효가 된다고 주장한다.[69]

반면에 유동적 유효설[70]에 따르면 청약철회권은 일반적인 해제권의 내용이 수정된 일종의 특수한 법정해제권이므로 철회기간 동안에도 계약은 유효하다고 한다. 유동적 무효설에 의하면, 사업자가 청약철회권의 행사기간 내에 소비자에게 대금을 청구하거나 수령하는 것 또는 소비자가 사업자에게 재화 등의 인도를 청구하거나 인도를 받은 것은 모두 법률상 원인 없이 청구 또는 수령한 것이다. 따라서 상대방의 청구에 대하여 타방은 이를 거절할 수 있으며, 수령한 경우에는 이를 부당이득으로서 반환하여야 한다.

하지만 전자상거래소비자보호법·방문판매법·할부거래법 등에서는 청약철회권의 기산점을 계약서를 송부받은 날로부터 정하고 있으며, 청약을 한 날로부터 7일 이내 또는 선불식매매의 경우 대금수령일로부터 3영업일 이내에 재화 등의 인도에 필요한 조치를 취하도록 규정하고 있다. 따라서 사업자가 대금을 수령

69) 윤주희, 전자거래의 적정화에 관한 법제연구, 한국법제연구원, 2001, 102-103면; 전삼현, 소비자보호법상 철회권, 사회과학연구 제14집, 숭실대학교, 1996, 57면.

70) 이승우, 전자거래 관련법상 철회의 법적 지위에 대한 고찰, 전자거래의 사법상의 문제점, 한국법제연구원, 2001.9, 67면; 하경효, 소비자보호법의 통합수용, 독일채권법의 현대화, 법문사, 2003, 144면.

하거나 소비자가 재화 등을 수령한 것은 채무의 급부를 수령한 것이므로 모두 적법한 것이다. 그러므로 청약철회권행사기간 내의 소비자계약은 유효이며, 청약철회권의 행사로 인하여 비로소 소멸하기 때문에 '유동적 무효'가 아니라 '유동적 유효'라 할 수 있다. 다만 위에서 설명한 바와 같이 청약철회권은 법정해제권의 일종이 아니기 때문에 이러한 점에서 위의 유동적 유효설과는 다르다.[71]

3. 외국의 청약철회권의 입법형태

(1) 일 본[72]

1) 서 설

일본에서는 청약철회권에 대하여 소비자계약법, 특정 상거래에관한법률(이하 '특상법'이라 한다), 할부판매법 등 민사특별법에서 규정하고 있다. 그 중에서 특상법에서 이를 상세하고 있는데 특상법은 1976년 제정된 '방문판매등에관한법률'을 토대로 제정되었다. 특상법은 방문판매, 통신판매, 연쇄판매거래(다단계판매), 전화권유판매, 특정계속적역무(서비스)제공, 업무제공판매 등을 규율하고 있다.

2) 특상법상의 청약철회권

가) 특상법상 청약철회권의 규율 배경 방문판매 및 전화권유판매 등의 특수한 거래에서는 판매업자의 공격적인 권유방법에 의하여 소비자가 불리한 상황에서 계약을 체결하기 때문에, 계약의사가 불확정적인 상황에서 계약을 체결할 수밖에 없게 되고, 연쇄판매거래와 업무제공유인판매거래 및 특정계속적역무제공은 계약내용이 복잡하고 유혹적이기 때문에 소비자가 정확한 내용을 파악하지 못하고 계약을 체결하기 쉽다.[73] 따라서 위와 같은 상황에서 소비자를 민법보다 좀 더 쉽게 구제하기 위해서 청약철회권을 규정하게 된 것이다.

3) 특상법상 청약철회권의 행사요건과 방식[74]

철회권의 대상이 되는 거래형태는 방문판매, 전화권유판매, 통신판매, 연쇄판

---

71) 권오승, 전게서, 187면; 고형석, 전게서, 224면.
72) 김도년, 전게논문, 58면 이하 참조.`
73) 김도년, 상게 논문, 59면.
74) 김도년, 상게 논문, 60면 이하 참조.

매거래, 특정계속적역무제공, 역무제공유인거래 등의 6가지이다. 한편 특상법상 청약철회권이 적용되기 위해서는 특상법상의 거래유형일뿐만 아니라, 특상법상 규정하고 있는 상품과 서비스이어야 한다. 이에 대하여 특상법상 정령(우리나라의 시행령)에서는 상품과 서비스 그리고 지정권리라고 규정하고 있고, 지정권리란 시설을 이용하거나 서비스의 제공을 받을 수 있는 권리 중에서, 국민의 일상생활에 관계있는 거래에 있어서 판매되는 것으로 정령에서 정하고 있는 것을 말한다. 한편 개별적인 상품이나 서비스에 특상법을 적용하는 것이 타당하지 않은 경우, 예를 들어 다른 법률에 의해서 소비자피해를 일으키는 부당한 권유와 판매행위에 대처가 가능한 경우나 상품의 성질상 청약철회권의 행사가 적합하지 않은 경우 위 법의 적용이 배제된다.

철회기간은 방문판매, 전화권유판매, 특정계속적서비스제공은 법정의 계약서면교부일로부터 8일간이다. 통신판매의 경우 상품의 인도 또는 지정권리의 이전 시점부터 8일간이다. 연쇄판매거래와 업무제공유인판매거래는 20일간이다. 만약 계약서면의 교부가 없는 경우나, 서면의 기재가 불비한 경우 및 허위의 기재가 있는 경우는 법정서면을 교부한 경우가 아닌 것이기 때문에 청약철회권기간이 진행하지 않고, 언제까지나 청약철회권을 행사할 수 있다.

한편 사업자가 부실한 고지 및 강박행위에 의한 청약철회권의 행사를 방해한 경우에는, 계약해제가 가능하다고 기재한 서면을 새로 교부하거나 또는 청약철회권이 가능하다고 소비자에게 설명할 의무를 부과한 날로부터 8일간 또는 20일 이내에 청약철회권의 행사가 가능하다. 그 외 방문판매에 한하여 소비자가 통상필요의 양을 현저하게 넘는 상품(또는 지정권리)를 구입하는 계약을 체결한 경우 계약체결 후 1년간은 청약철회권 또는 계약해지를 할 수 있다(특상법 제9조의 2).

청약철회권은 철회이유를 요건으로 하지 않지만, 서면에 의해서 통지할 것을 정하고 있다. 그 효력은 청약철회권에 관한 서면을 발송한 시점에 발생한다.

4) 특상법상 청약철회권의 행사 효과[75]

청약철회의 효과로는 계약은 소급적으로 무효가 되어 원칙적으로 부당이득반환의 법리가 적용된다. 따라서 사업자는 소비자로부터 받은 반대급부를 반환하고, 소비자는 사업자에 대하여 받은 물건을 현상 그대로 인도할 의무가 있다. 만일 사

75) 김도년, 전게 논문, 61면 이하 참조.

업자가 서비스를 제공하고 금전을 수령한 때에는 청약철회한 소비자에 대하여 이를 신속히 반환해야 한다(특상법 제9조 6항). 그렇지만 소비자가 서비스제공사업자 또는 지정권리의 판매업자와 맺은 서비스제공계약 또는 지정권리의 매매계약에 따라서 제공받은 서비스 또는 당해 권리행사에 의해 시설의 이용 및 서비스 등이 제공된 경우에, 사업자는 관계된 서비TM의 대가 그 밖의 금전 또는 당해 권리행사에 의해 얻어진 이익에 상당하는 금전의 지불을 소비자에게 청구할 수 없다(특상법 제9조 5항).

소비자가 청약철회권을 행사한 경우에는 상품의 인도 및 권리의 이전이 이미 이루어진 경우, 그 반환에 필요한 비용은 모두 판매업자가 부담한다(특상법 제9조 4항). 다만 통신판매의 경우에는 소비자가 부담하는데, 광고 등에서 특약이 있는 경우에는 특약에 의한다(특상법 제15조2 2항). 그리고 서비스제공계약 또는 당해 지정권리에 관계된 서비스의 제공에 동반하여 소비자의 토지 또는 건물 그 밖의 공작물의 현재의 상태가 변경된 때에는, 소비자는 청약철회권 행사로써 당해 서비스제공사업자 또는 당해 지정권리의 판매업자에게 그 원상회복에 필요한 조치를 무상으로 강구하도록 청구할 수 있다(특정상거래법 제9조 7항).

5) 소 결

일본은 특상법에서 6가지 거래유형을 모두 포괄하여 규정하고 있고, 청약철회권을 행사한 경우 반환비용을 사업자에게 부담시킴으로써 반환을 용이하게 할 뿐만 아니라 소비자의 사용이익에 대하여도 사업자가 소비자에게 청구하지 못하도록 규정함으로써 소비자의 권리를 강화하였다.

(2) 독 일

1) 서 설

독일사법에서 소비자의 철회권은 상대적으로 최근에 나타난 법적 권리이다. 연혁적으로는 1976년 유럽연합지침을 독일 국내법상의 관련 소비자보호법률에 반영하기 시작하면서부터라 볼 수 있다[76]. 그 후 2000년 제정된 독일 「통신판매법」에는 「유럽연합통신판매지침97/7EG」제6조에 따른 소비자철회권을 규정함과 동시에, 새로운 소비자철회권과 난맥상을 보이던 소비자사법상의 기존 철회권을

76) 김대규, 유럽사법재판소의 '하이닝어'판정과 소비자철회권에 관한 독일민법의 개정, 비교사법 10권 2호, 256면 참조.

아우르는 일반조항이 민법 제361a조와 제361b조(현행 제355조)에 신설되었다. 2002년 「채권법현대화법률」에 의한 채권법이 개정될 때에도 새로운 민법 체계에 맞추어 소비자철회권 관련조항들이 다듬어진 바 있다.[77] 이처럼 독일의 소비자계약은 특수한 거래행위를 규율하는 민사특별법 형태로 존재하다가 민법의 개정을 통해서 민법전으로 편입되었다.

독일민법은 개별적인 특수거래행위에서 공통적으로 문제되는 철회권(독일민법 제355조)[78], 반환권(독일민법 제356조)[79], 철회와 반환의 효과(독일민법 제357조) 등에서 통일된 조항을 마련하여 규율하였다.[80] 또한 기존의 민사특별법에서 있던 독자적인 조항, 즉 방문판매의 철회(독일민법 제312조), 통신판매계약(독일민법 제312조 b), 통신판매에서 설명의무(독일민법 제312조 c), 통신판매의 철회권과 반환권(독일민법 제312조의 d)[81], 전자거래의 사업자의 의무(독일민법 제312조 e), 할부거래의 필요적 기재사항(독일민법 제502조), 할부거래의 반환권과 해제(독일민법 제503조) 등이 있다.[82]

2) 청약철회권 및 반환권의 민법상 규정

가) 철회권과 반환권의 의미[83] 독일에서는 철회권과 유사한 반환권이 있다. 반환권이 인정되는 거래영역은 계약이 상품팜플렛을 통하여 체결되는 경우이다. 원래 소비자가 철회권을 행사하여야 하지만, 방문판매(제312조 제1항 제2문, 계속적인 관계를 유지하려고 하는 경우만 인정된다), 통신판매, 할부거래의 경우에는

77) 김대규, 전게논문, 256면.

78) 제355조[소비자계약에서의 철회권] ① 법률에 의하여 소비자가 본조의 규정에 따르는 철회권을 가지는 경우에, 그가 계약체결을 위하여 행한 의사표시를 적기에 철회한 때에는, 그는 그 의사표시에 구속되지 아니한다. 철회에는 이유를 붙일 것을 요하지 아니하며, 철회는 2주 내에 사업자에 대하여 문면방식으로 또는 물건을 반송함으로써 표시되어야 한다; 기간을 준수함에는 적시의 발송으로 족하다. 양창수, 전게서, 191면.

79) 제356조[소비자계약에서의 반환권] ① 제355조의 철회권은, 그것이 법률에 의하여 명시적으로 인정도어 있는 경우에, 계약이 판매물안내책자에 기하여 체결되는 때에는, 계약에서 무제한의 반환권에 의하여 대체할 수 있다. ② 반환권은 철회기간 내에서만 행사될 수 있으나 그 기간은 물건의 수령 전에는 진행하지 아니하며, 또 물건의 반송에 의하여서만 또는 그 물건이 소포로서 송부될 수 없는 경우에는 환취요구에 의하여서만 행사될 수 있다. 양창수, 상게서, 191면.

80) 이병준, 독일민법상 소비자계약에서의 철회권과 반환권, 2004. 외법논집 제18집, 217면.

81) 제312조의d [통신판매계약에서의 철회권 및 반환권] ① 통신판매에서 소비자는 제355조에 의한 철회권을 가진다. 물품의 인도에 관한 계약에서는 소비자는 철회권에 갈음하여 제356조에 의한 반환권을 가질 수 있다.

82) 김도년, 전게논문, 63면.

83) 김도년, 상게논문, 64면 이하 참조.

사업자는 철회권을 대신하여 반환권만을 인정할 수 있다고 규정하고 있다.

반환권은 반환해야 할 물건을 직접 반환해야 철회가 가능하도록 하는 제도로써, 사업자의 이해관계에 부합하기 위해 소비자의 철회권을 대신하는 권리이다. 반환권을 철회권과 비교해 볼 때 소비자의 일방적인 의사표시로 계약해제의 효과를 가져온다는 점에서 철회권과 다르지 않고, 다만 반환해야할 의무를 부담한다는 점에서 차이가 있을 뿐이다.

나) 청약철회권 및 반환권의 요건과 행사기간[84] 독일 민법 제355조와 제366조에서 철회권과 반환권을 규정하고 있다. 그런데 이와 같은 철회권과 반환권에 관한 규정은 독자적인 발생요건을 규정하고 있는 것이 아니라, 소비자 계약유형(방문판매-제312조 제1항 1문, 통신판매-제312조d, 임시주거권-제485조, 소비자신용법과 할부거래- 제495조 제1항과 제503조, 분할공급계약-제505조 제1항)에서 그 성립이 인정되는 경우에만 적용된다.

철회권 및 반환권을 소비자가 계약의 효력에 대하여 진지하게 고려할 수 있는 가능성이 존재한다는 인식이 있을 때 그 목적이 달성되는 것으로, 사업자는 소비자에 대하여 철회권 행사와 관련한 일정한 정보를 제공할 의무를 부담한다. 철회기간이 기산되기 위해서는 서면으로 철회권에 관한 존재에 대하여 명확하게 통지되어야 하고 이 통지는 사용하고 있는 통신수단에 의해서 적법하게 이루어져야 한다.

통지의 내용에는 다른 요건이 없어도 철회권이 존재한다는 사실, 철회권의 행사대상인 자의 이름과 주소, 2주의 행사기간과 기간개시 시점, 철회의 의사표시가 문서로 이루어지거나 물건의 반송을 통하여 이루어질 수 있다는 사실, 발송만으로 철회기간을 지킬 수 있다는 사실 등을 기재하여야 한다.

그런데 이와 같은 철회권에 관한 존재의 통지는 계약체결이전에 이루어져야 소비자에게 2주의 철회기간이 적용되고, 통지가 계약체결이후에 이루어진 경우는 1개월간의 철회기간이 주어진다(독일민법 제355조 제2항). 정상적으로 고지한 경우보다 2주 더 행사기간을 보장한 것은 사후고지를 한 사업자의 부주의에 대한 상징적인 제재를 하려는 것으로 보인다.[85]

독일 민법 제355조의 철회권을 부여하고 있는 모든 소비자계약에 대하여 우

84) 김도년, 전게논문, 65면 이하 참조.

85) 김대규, 전게논문, 248면.

리나라와 달리 철회기간은 2주로 통일되어 있다. 철회의 의사표시는 철회기간 내에 발송만 하면 되므로 도달지연위험은 사업자가 부담하는 반면, 철회의 의사표시는 상대방 있는 의사표시로서 상대방에게 도달해야 효력이 발생하므로 도달위험은 소비자가 부담한다.[86)]

소비자가 철회권을 행사하는 경우, 그 철회사유를 제시할 필요가 없으며 철회기간인 2주 내 문서방식으로 하면 된다. 철회의 의사표시로 인정되는 문서방식은 서면을 비롯하여 전자우편, 팩스 등의 전자문서방식(제126조의 b)도 포함한다. 그러나 전화를 하거나 음성사서함의 녹음 등과 같은 구두의 표시는 철회로 인정되지 않는다.[87)]

다) 청약철회권 및 반환권의 효과[88)] 독일 민법상 철회권 및 반환권의 효력은 법정해제권에 관한 규정을 준용하도록 하고 그에 대한 일부예외 규정을 통하여 규율하고 있다(독일민법 제357조 제1항)[89)]. 따라서 원칙적으로 철회권 및 반환권이 해제권과 그 효과가 동일하므로 쌍방이 이미 급부한 경우에는 동시에 급부물을 반환하여야 하며, 사용함으로써 얻은 이익도 반환하여야 한다. 또한 사업자는 소비자로부터 받은 금전을 반환하고(독일민법 제346조 제1항), 소비자는 해제권의 규정에 따라 물건의 반환 내지 반송을 하여야 한다(독일민법 제356조 제2항 및 제3항).

소비자가 원물의 반환이 불가능한 경우에는 원칙적으로 가액반환을 해야 하지만, 수령한 목적물을 용도에 좇은 사용에 의하여 훼손된 경우에는 가액반환의무가 없는 것이 원칙이다(독일민법 제346조 제2항 1문 제3호). 그러나 사업자가 늦어도 계약체결 시까지 소비자에게 문면방식으로(in Textform) 이 법률효과와 이를 피할 수 있는 가능성에 대하여 지적받은 때에는, 소비자가 목적물을 용도에 좇은 사용을 하더라도 가액상환을 해야 한다(독일민법 제357조 제3항 전단). 훼손이 전적으로 물건의 검사로 인한 경우에만 면책된다(독일민법 제357조 제3항 후단).

소비자가 청약철회권을 행사한 경우, 사업자와 소비자는 각각 사용이익을 반

---

86) 하경효, 소비자보호법의 통합수용, 독일 채권법의 현대화, 2003, 145쪽.

87) 김도년, 전게논문, 65면.

88) 김도년, 상게논문 66면 이하 참조.

89) 제357조[철회 및 반환의 법률효과] ①철회권 및 반환권에 대하여는 다른 정함이 없는 한 법정해제에 관한 규정이 준용된다. 양창수, 상게서, 193면.

환해야 한다(독일민법 제346조 제1항). 소비자는 원물반환의무가 있으나 반환비용은 사업자가 부담하는 것으로 규정하고 있다(제356조 제2항 및 제3항).

라) 철회권의 소멸 철회권은 늦어도 계약체결 후 6개월로 소멸한다. 물품의 인도의 경우에는 그 기간은 물건이 수령자에게 도달하기 전에는 개시되지 아니한다. 소비자가 그의 철회권에 대하여 적법하게 교시를 받지 못한 경우에는, 또한 금융서비스에 대한 통신판매계약에 있어서는 사업자가 제312조의c[통신판매계약에서의 소비자에의 정보제공] 제2항 제1호에 의한 통지의무를 제대로 이행하지 못한 경우에도, 제1문과는 달리 철회권은 소멸하지 아니한다(독일민법 제355조 제3항).[90] 결과적으로 독일민법 제355조 제3항 1문의 규정은 물품의 인도 및 금융서비스 이외의 급부의 이행에 관한 계약에만 적용된다.[91]

(3) 한 국

1) 청약철회권 규정

우리나라에서는 청약철회권에 대하여 소비자보호가 요구되는 각각 소비자거래 특별법에서 규정하고 있다. 인정되는 거래로는 할부거래(할부거래법), 방문판매, 전화권유판매, 다단계판매 및 후원방문판매(방문판매법), 전자상거래, 통신판매(전자상거래등 소비자보호에 관한 법률) 등이다.

2) 할부거래법상 청약의 철회

할부계약은 후불식할부계약와 선불식할부계약으로 나눌 수 있고, 또한 직접할부계약과 간접할부계약을 나뉘어진다(할부계약의 상세는 후술). 한편 할부거래법은 후불식할부계약의 경우 직접할부계약 및 간접할부계약에 대하여 모두 규율하고 있으나 선불식할부계약의 경우 직접할부계약만을 규율대상으로 삼고 있다.

청약의 철회에 대하여 할부거래법은 후불식할부거래와 선불식할부거래에 대하여 행사기간에 대하여 달리 규제하고 있다.

가) 청약철회기간

① 후불식 할부계약 후불식할부계약은 계약서를 받은 날로부터 7일내에 행사하여야 한다. 다만 계약서를 받은 날보다 재화 등의 공급이 늦게 이루어진 경

---

90) 양창수, 전게서, 191면.

91) 김도년, 전게논문, 66면.

우에는 재화등을 공급받은 날로부터 7일이다(제8조 제1항 1호). 또한 계약서를 받지 아니하거나 할부거래업자의 주소가 계약서에 적혀 있지 않은 경우 또는 주소가 변경된 경우에는 그 주소를 안 날 또는 알 수 있었던 날 등 청약을 철회할 수 있는 날로부터 7일 이내에 행사하여야 한다(2호). 계약서에 청약의 철회에 관한 사항이 적혀 있지 아니한 경우 청약을 철회할 수 있음을 안 날 또는 알 수 있었던 날로부터 7일(3호), 할부거래업자가 청약의 철회를 방해한 경우에는 방해행위가 종료된 날로부터 7일 이내에 행사하여야 한다(4호). 다만 거래당사자가 그 보다 긴 기간을 약정한 경우에는 그 기간 내에 청약을 철회할 수 있다.

② 선불식 할부계약　선불식할부거래의 경우 계약서를 받은 날로부터 14일 이내에 청약을 철회할 수 있다. 주소를 알 수 없는 경우, 청약철회에 관한 사항이 계약서에 적히지 않은 경우, 청약철회를 방해받은 경우 등은 위에서 살핀 후불식할부거래와 마찬가지로 주소를 알거나 알 수 있었던 날로부터, 청약철회 할 수 있음을 알거나 알 수 있었던 날로부터, 청약철회의 방해행위가 종료된 날로부터 각각 14일 이내에 청약을 철회할 수 있다(제24조 제1항 1호-4호).

다만 선불식 할부거래의 경우 계약서를 받지 아니한 경우에는 계약일로부터 3개월 내에 청약을 철회할 수 있다(5호).

나) 청약철회권 행사방법으로서 서면주의

청약철회권의 행사방법은 구두에 의한 행사를 인정하지 않고 서면에 의한 행사만 인정하고 있다. 즉, 소비자는 청약을 철회할 경우 위 기간 내에 할부거래업자에게 청약을 철회하는 의사표시가 적힌 서면을 발송하여야 한다(제8조 제3항 · 제24조 제2항). 자유로운 방식에 의하여 당해 할부거래에 대한 청약을 철회한다는 의사표시를 기재한 서면으로 청약철회권을 행사할 수 있다.

또한 간접할부계약에서처럼 대금지급에 있어 신용제공자가 있는 경우에 소비자는 위의 청약철회권 행사 기간 내에 신용제공자에게 서면으로 청약철회권의 행사사실을 발송하여야 한다(제9조 제1항). 이 경우 청약철회는 서면을 발송한 날에 효력이 발생한다(제8조 제4항 · 제24조 제3항)고 하여 서면주의와 발신주의를 취하고 있다. 이처럼 할부거래법에서는 청약철회권의 행사를 서면으로 하도록 규정하고 있으나, 이의 규정이 강행규정인가가 문제이다. 동 규정이 강행규정일 경우 소비자가 구두로 청약철회권을 행사한 경우에는 청약철회권의 행사로 인정되지 않게 된다. 청약철회권의 행사를 서면으로 하지 않고 구두로 하더라도 일단 청약철회권의 행사는 한 것으로 보아야 한다. 청약철회권의 행사를 서서면으로 하게 한 것은 단지 입증의 용이를 위한 것이므로 만약 청약철회권 행사를 하였는지가 다투어지는 경우에는 소비자측에서 청약철회의 사실을 입증하여야 할 것이다.

다) 입증책임

할부거래업자는 계약서의 발급사실과 그 시기, 재화등의 공급사실과 그 시기 및 청약철회의 제한사유에 관하여 다툼이 있는 경우 입증책임을 부담한다(제8조 제5항).

라) 간접할부계약에서의 청약의 철회 통보(제9조)

소비자가 할부거래업자에게 간접할부계약에 관한 청약을 철회한 경우 청약철회행사기간 내에 신용제공자에게 청약을 철회하는 의사표시가 적힌 서면을 발송하여야 한다. 소비자가 기간 내에 서면을 발송하지 않은 경우 신용제공자의 지급청구를 거절할 수 없다. 다만 신용제공자가 청약철회행사 가능기간 내에 미리 할부거래업자에게 대금을 지급하거나 할부거래업자로부터 할부금 청구의 정지 또는 취소를 요청받은 경우 소비자는 대금지급을 거절할 수 있다.

마) 청약철회권이 부정되는 경우

① 할부거래법의 적용배제 할부거래법의 적용대상이 되지 않는 거래로는 대금지급방식에 따른 제한으로 일시불 거래 또는 대금지급을 할부로 하였지만, 할부거래법에서 규정하는 할부거래가 아닌 경우이다. 목적물에 따른 제한으로 부동산은 제한되며, 성질상 동법의 적용을 부정하는 목적물에 대하여는 배제된다. 또한 당사자의 제한으로서 상행위를 목적으로 할부계약을 체결한 경우에는 적용되지 않는다(동법 제3조).

② 청약철회권의 배제 할부거래법의 적용대상인 할부거래일지라도 목적물의 성질 또는 계약체결의 형태에 비추어 철회를 인정하는 것이 부적당한 경우와 소비자의 귀책사유에 의한 경우로 구분된다. 즉 소비자의 책임있는 사유로 인하여 재화 등이 멸실 또는 훼손된 경우에 청약철회권을 행사할 수 없다(동법 제8조 2항 1호). 또한 사용에 의하여 그 가치가 현저히 감소될 우려가 있는 재화 등을 사용한 경우(제8조 2항 2호),[92] 시간이 지남으로써 다시 판매하기 어려울 정

도로 재화등의 가치가 현저히 낮아진 경우(제8조 2항 3호), 복제할 수 있는 재화등의 포장을 훼손한 경우(제8조 2항 4호), 그 밖에 거래안전을 위하여 대통령령으로 정하는 경우(제8조 2항 5호), 설치에 전문인력 및 부속자재 등이 요구되는 재화를 설치하는 경우(동법 시행령 제6조 1항 6호), 할부가격이 10만원 이하인 할부계약과 여신전문금융업법에 의한 신용카드를 사용하여 할부거래를 하는 경우에 할부가격이 20만원 이하인 할부계약에 대하여도 청약철회권을 행사할 수 없다(동법 시행령 제6조 2항).

할부거래업자는 청약을 철회할 수 없는 재화 등에 대하여는 그 사실을 재화 등의 포장이나 그 밖에 소비자가 쉽게 알 수 있는 곳에 분명하게 표시하거나 시용(試用) 상품을 제공하는 등의 방법으로 소비자가 청약을 철회하는 것이 방해받지 아니하도록 조치하여야 한다(동법 제8조 제6항).

위의 재화등에 대한 할부거래를 체결하고 사용하거나 설치한 경우에는 청약철회권을 행사할 수 없지만, 아직 사용하지 않거나 설치하지 않은 경우에는 청약철회권을 행사할 수 있다. 이러한 청약철회권의 배제규정 중 동산 등의 가격을 기준으로 한 청약철회권배제규정은 현금을 사용하는 소비자와 신용카드를 사용하는 소비자를 차별하는 규정으로서 동산 등의 대금을 신용카드로 지급하는 소비자를 보호하기 위하여 양자의 차별은 폐지되어야 하며, 소액의 신용카드 사용자를 보호하기 위하여 청약철회권이 배제되는 거래를 양자 모두 동일한 액수로 해야 한다는 주장[93]도 있지만, 현금거래에 비하여 신용카드거래에서는 신용카드 가맹점의 수수료 등의 비용이 발생하기 때문에 차별을 한 것으로 합리적 차별이라고 할 수 있다.

바) 청약철회권의 성립요건

청약철회권이 적용되는 경우 할부거래에 대하여 소비자는 아무런 제한 없이 청약철회권을 행사할 수 있다. 즉, 소비자의 개인적인 구매의사 변경뿐만 아니라 사업자의 의무위반에 대하여도 청약철회권을 행사할 수 있다. 또한 청약철회권이 부정되는 경우에는 사용한 경우이거나 소비한 경우이기 때문에 아직 사용하기 전이나 소비하지 전이라면 당해 거래에 대하여도 청약철회권을 행사할 수 있다(동법

92) 선박법에 따른 선막, 항공법에 따른 항공기, 철도법 및 도시철도법에 따른 궤도를 운행하는 차량, 건설기계관리법에 따른 건설기계, 자동차관리법에 따른 자동차가 이에 속한다(동법 시행령 제6조 1항).

93) 고형석, 전게서, 225면.

제8조 2항 2호의 반대해석).

이와 같이 소비자가 합리적으로 구매의사를 결정하지 않고 행한 충동적인 청약에 대하여도 청약철회권을 인정하고자 요건에 어떠한 제한을 가하지 않았다. 할부거래법에서는 전자상거래소비자보호법과 달리 소비자의 구매의사변경과 사업자의 책임있는 사유에 의한 청약철회권에 대하여 별도로 요건과 효과를 구분하지 않고 동일하게 규율하고 있다.[94]

사) 청약철회의 효과

① 원상회복의무 청약철회권을 행사하는 경우 그 효력은 서면을 발송한 날에 발생하는데, 원상회복의무가 발생한다. 소비자는 청약을 철회한 경우 이미 공급받은 재화등을 반환하여야 하고, 할부거래업자는 이미 지급받은 계약금 및 할부금을 재화를 반환받은 날 또는 용역을 제공한 경우에는 청약을 철회하는 서면을 수령한 날로부터 3영업일내에 환급하여야 한다. 만약 이 기간내에 환급하지 아니한 경우 지연이자와 함께 환급하여야 한다(제10조 제2항). 한편 할부거래업자가 이미 용역을 제공한 경우 이미 제공된 용역과 동일한 용역의 반환을 청구할 수 없다(제10조 제3항). 반환에 따른 비용은 사업자가 부담한다. 만약 재화 등의 반환비용을 소비자에게 전가하는 특약이 존재하여도 이는 소비자에게 불리한 내용이므로 무효이다(동법 제6조 제4항, 제43조).

간접할부거래의 경우 할부거래업자는 신용제공자에게 재화등에 대한 할부금의 청구를 중지 또는 취소하도록 요청하여야 하며, 할부거래업자가 이미 대금을 지급받은 경우 지체 없이 신용제공자에게 환급하여야 한다(제10조 제4항). 신용제공자는 할부거래업자로부터 할부금 청구를 중지 또는 취소하도록 요청받은 경우 지체없이 필요한 조치를 취하여야 하며, 소비자가 이미 지불한 할부금은 지체없이 이를 환급하여야 한다. 신용제공자도 환급을 지연한 경우 지연이자를 부담하여야 한다(제10조 제5항).

신용제공자는 청약철회에 대한 분쟁이 발생한 경우 소비자를 약정기한내에 채무를 변제하지 아니한 자로 처리하는 등 소비자에게 불이익을 주는 행위를 해서는 아니된다(제10조 제8항).

할부거래업자는 소비자가 청약을 철회한 경우 이미 재화 등이 사용되었거나

---

94) 양자에 대하여 요건과 효과를 구분하여야 한다는 견해로는 고형석, 전게서, 226면.

일부 소비된 경우 그 재화등을 사용하거나 일부 소비하여 소비자가 얻은 이익 또는 그 재화등의 공급에 든 비용에 상당하는 금액으로서 대통령령이 정하는 범위의 금액을 초과하여 소비자에게 청구할 수 없다(제10조 제9항). 또한 할부거래업자는 청약철회한 경우 공급받은 재화 등의 반환에 필요한 비용을 부담한다.

② 손해배상청구금지 청약철회권은 소비자보호를 위한 민법상의 원칙에 대한 예외를 인정한 것이다. 따라서 사업자는 소비자의 청약철회권 행사를 부정하거나 청약철회권의 행사를 이유로 소비자에게 위약금 또는 손해배상을 청구할 수 없으며(제10조 제10항), 이를 특약으로 정하였다고 하여도 소비자에게 불리한 내용이므로 효력이 없다(동법 제43조).

3) 방문판매법 등에 관한 법률

가) 방문판매법 등의 청약철회권의 유형 방문판매 등의 방식에 의하여 소비자가 재화를 구매한 경우 청약철회권 발생요건은 두 가지로 구분된다. 즉, 소비자의 단순구매의사변경 등 무제한적으로 행사할 수 있는 청약철회권과 사업자의 의무위반, 즉 재화 등의 내용이 표시 광고의 내용과 다르거나 계약내용과 다르게 이행된 경우의 청약철회권으로 구분된다.

나) 청약철회권의 행사기간 방문판매, 전화권유판매 또는 다단계판매를 통하여 재화를 구입한 소비자의 청약철회권의 행사기간은 발생요건에 따라 차이가 있다. 먼저 소비자의 단순구매의사변경 등에 따른 청약철회권은 계약서를 교부받은 날로부터 14일 이내에 행사할 수 있다. 다만, 계약서를 교부 받은 때보다 재화등의 공급이 늦게 이루어진 경우에는 재화등을 공급받거나 공급이 개시된날부터 14일 이내에 행사할 수 있으며, 계약서를 교부받지 않은 경우, 방문판매자등의 주소등이 기재되니 아니한 계약서를 교부받은 경우 또는 방문판매자등의 주소 변경 등의 사유로 상기의 기간 이내에 청약철회를 할 수 없는 경우에는 그 주소를 안 날 또는 알 수 있었던 날부터 14일 이내에 행사할 수 있다(법 제8조 제1항, 제17조 제1항).

사업자의 의무위반에 따른 청약철회권은 당해 재화 등을 공급 받은 날부터 3월 이내, 그 사실을 안 날 또는 알 수 있었던 날부터 30일 이내에 행사할 수 있다(법 제8조 제3항).

다) 발송주의 소비자는 청약철회등을 서면으로 하는 경우 청약철회 등의 의사표시한 서면을 발송한 날 그 효력이 발생한다(제8조 제4항). 발신주의를 택하고 있으나 서면주의는 아니므로 청약의 철회는 구두 또는 전화로도 가능하다.

라) 청약철회의 효과 방문판매법 및 전자상거래소비자보호법상 청약철회의 효과는 기본적으로 할부거래법과 동일하다. 즉, 효과발생시점 및 재화의 반환에 따른 비용부담자는 동일하다.

① 원상회복의무 소비자는 청약철회등을 한 경우에는 이미 공급받은 재화등을 반환하여야 하고, 방문판매자등은 재화등을 반환받은 날부터 3영업일 이내에 이미 지급받은 재화등의 대금을 환급하여야 한다(방문판매법 제9조 제2항). 소비자의 재화 등의 반환이 선이행의무이다. 이 경우 방문판매자등이 소비자에게 재화등의 대금의 환급을 지연하면 그 지연기간에 따라 연 100분의 40 이내의 범위에서 「은행법」에 따른 은행이 적용하는 연체금리 등 경제 사정을 고려하여 대통령령으로 정하는 이율을 곱하여 산정한 지연이자(이하 "지연배상금"이라 한다)를 지급하여야 한다(제9조 제1항 · 제2항).

방문판매자등은 재화등의 대금을 환급할 때 소비자가 신용카드등으로 재화등의 대금을 지급한 경우에는 지체 없이 그 신용카드등의 대금 결제수단을 제공한 사업자로 하여금 재화등의 대금 청구를 정지하거나 취소하도록 요청하여야 한다. 다만, 방문판매자등이 결제업자로부터 그 재화등의 대금을 이미 지급받은 경우에는 지체 없이 이를 결제업자에게 환급하고 그 사실을 소비자에게 알려야 하고(제9조 제3항), 방문판매자등으로부터 재화등의 대금을 환급받은 결제업자는 지체 없이 소비자에게 이를 환급하거나 환급에 필요한 조치를 하여야 한다(제9조 제4항).

소비자는 방문판매자등이 정당한 사유 없이 결제업자에게 대금을 환급하지 아니하는 경우에는 환급받을 금액에 대하여 결제업자에게 그 방문판매자등에 대한 다른 채무와 상계(相計)할 것을 요청할 수 있다. 이 경우 결제업자는 대통령령으로 정하는 바에 따라 그 방문판매자등에 대한 다른 채무와 상계할 수 있다(제9조 제6항). 소비자는 결제업자가 소비자의 상계 상계를 정당한 사유 없이 게을리한 경우 결제업자에 대하여 대금 결제를 거부할 수 있다. 이 경우 방문판매자등과 결제업자는 그 결제의 거부를 이유로 해당 소비자를 약정한 날짜 이내에 채무를 변제하지 아니한 자로 처리하는 등 소비자에게 불이익을 주는 행위를 하여서는 아니 된다(제9조 제7항).

방문판매자등은 이미 재화등이 사용되거나 일부 소비된 경우에는 그 재화등을 사용하거나 일부 소비하여 소비자가 얻은 이익 또는 그 재화등의 공급에 든 비용에 상당하는 금액으로서 대통령령으로 정하는 범위의 금액을 지급할 것을 소비자에게 청구할 수 있다(제9조 제8항).

② 비용부담 및 손해배상청구 제한 청약철회등의 경우 공급받은 재화등의 반환에 필요한 비용은 방문판매자등이 부담하며, 방문판매자등은 소비자에게 청약철회등을 이유로 위약금 또는 손해배상을 청구할 수 없다(제9조 제9항).

방문판매자등, 재화등의 대금을 지급받은 자 또는 소비자와 방문판매등에 관한 계약을 체결한 자가 동일인이 아닌 경우 각자는 청약철회등에 따른 재화등의 대금 환급과 관련한 의무의 이행에 있어 연대하여 책임을 진다(제9조 제10항).

마) 다단계판매 및 후원방문판매의 경우 다단계판매의 경우 방문판매에 관한 규정을 준용한다. 다만 소비자가 다단계판매원과 재화등의 구매에 관한 계약을 체결한 경우 그 소비자는 다단계판매원에 대하여 우선적으로 청약철회 등을 하고, 다단계판매원의 소재 불명 등으로 다단계판매원에 대하여 청약철회 등을 하는 것이 어려운 경우에만 그 재화 등을 공급한 다단계판매업자에 대하여 청약철회 등을 할 수 있다(제17조 제1항).

다단계판매원은 계약을 체결한 날부터 3개월 이내에 서면으로 그 계약에 관한 청약철회등을 할 수 있다. 다단계판매의 상대방은 제17조에 따라 청약철회등을 한 경우에는 이미 공급받은 재화 등을 반환하여야 한다(제18조 제1항).

다단계판매자는 재화 등을 반환받은 날부터 3영업일 이내에 이미 지급받은 재화등의 대금을 환급하여야 한다. 다만, 다단계판매업자가 다단계판매원에게 재화 등의 대금을 환급할 때에는 대통령령으로 정하는 범위의 비용을 공제할 수 있으며, 다단계판매자가 상대방에게 재화 등의 대금 환급을 지연하였을 때에는 그 지연기간에 대한 지연배상금을 지급하여야 한다(제18조 제2항).

결제업자에 대한 통보, 다른 채무와 상계 등은 위에서 살펴본 방문판매의 경우와 같다.

4) 전자상거래소비자보호법상 청약철회권

가) 청약철회기간 전자상거래소비자보호법에서는 일정 기간 내의 조건 없

는 청약의 철회를 인정하고 있다. 통신판매업자와 재화 등의 구매에 관한 계약을 체결한 소비자는 계약내용에 관한 서면을 교부 받은 날부터 7일 이내에, 그 서면을 교부받은 때보다 재화 등의 공급이 늦게 이루어진 경우에는 재화 등의 공급을 받거나 공급이 개시된 날부터 7일 이내에, 계약내용에 관한 서면을 교부받지 아니한 경우, 통신판매업자의 주소 등이 기재되지 아니한 서면을 교부 받은 경우 또는 통신판매업자의 주소 변경 등의 사유로 기간이내에 청약철회 등을 할 수 없는 경우에는 그 주소를 안 날 또는 알 수 있었던 날부터 7일 이내에 당해 계약에 관한 철회 내지 해제를 할 수 있다. 그러나 재화 등의 내용이 표시, 광고내용과 다르거나 계약내용과 다르게 이행된 경우에는 당해 재화 등을 공급받은 날부터 3월 이내, 그 사실을 안 날 또는 알 수 있었던 날부터 30일 이내에 청약철회를 할 수 있다(제17조 제1항).

나) 발신주의 청약철회를 서면으로 하는 경우에는 그 의사표시가 기재된 서면을 발송한 날에 그 효력이 발생한다(제17조 제4항).

다) 입증책임 청약철회를 적용함에 있어서 재화 등의 훼손에 대하여 소비자의 책임이 있는지의 여부, 재화 등의 구매에 관한 계약이 체결된 사실 및 그 시기, 재화 등의 공급사실 및 그 시기, 공급서의 송부 사실 및 그 시기 등에 관하여 다툼이 있는 경우에는 통신판매업자가 이를 입증하여야 한다(제17조 제5항).

라) 청약철회의 효과 소비자는 이미 공급받은 재화 등을 반환하여야 하고, 통신판매업자는 재화 등을 반환 받은 날부터 3영업일 이내에 이미 지급 받은 재화 등의 대금을 환급하여야 한다. 대금의 환급을 지연한 때에는 그 지연기간에 대하여 연 20%로의 지연이자를 지급하여야 한다(제18조 제1항, 제2항, 동법시행령 제21조의 2).

신용카드로 대금을 결제한 경우 사업자는 신용제공자에 대하여 재화 등의 대금의 청구를 정지 또는 취소하도록 요청하여야한다. 다만 사업자가 이미 대금을 지급받은 때에는 지체 없이 이를 결제업자에게 환급하고 그 사실을 소비자에게 통지하여야한다. 만일 사업자가 대금을 환급하지 아니한 경우 소비자는 신용제공자가 환급받을 금액에 대하여 사업자에 대한 다른 채무와 상계할 것을 요청할 수 있으며, 신용제공자는 사업자의 다른 채무와 상계할 수 있다(제18조 제3항, 제6항).

한편 이미 재화 등이 일부 사용 또는 소비된 경우에는 통신판매업자는 그 재화 등의 사용 또는 일부 소비에 의하여 소비자가 얻은 이익 또는 그 재화 등의 공급에 소요된 비용에 상당하는 금액으로서 대통령령이 정하는 범위의 금액의 지급을 소비자에게 청구할 수 있다(제18조 제8항).

조건 없는 청약철회의 경우에는 공급받은 재화 등의 반환에 필요한 비용은 소비자가 이를 부담하며 통신판매업자는 소비자에게 청약철회를 이유로 위약금 또는 손해배상을 청구할 수 없고, 계약위반에 따른 청약철회의 경우에는 통신판매업자가 그 비용을 부담한다(제18조 제9항, 제10항).

5) 콘텐츠산업진흥법상 청약철회권

가) 전자상거래소비자보호법의 준용 콘텐츠산업진흥법에서도 제27조에서 이용자에게 청약철회권을 인정하고 있는데, 전자상거래소비자보호법의 청약철회에 관한 규정을 준용하도록 하고 있다(제27조 제2항).

나) 청약철회권 행사의 주체 동법에서는 소비자 또는 이용자라는 용어 대신에 이용자라는 용어를 사용하고 있다.[95] 따라서 소비자 이외의 자인 이용자에게도 청약철회권 행사를 확장하고 있다. 이 점에서 다른 거래와 차이점을 보이고 있다.

다) 청약철회적용제한 사실의 표시 등 전자상거래소비자보호법 제17조 제2항(같은 항 각 호 외의 부분 단서 제외)에 따라 청약철회 및 계약의 해제가 불가능한 콘텐츠의 경우에는 콘텐츠제작자는 그 사실을 콘텐츠 또는 그 포장에 표시하거나 시용(試用)상품을 제공하거나 콘텐츠의 한시적 또는 일부 이용이 가능하도록 하는 방법으로 청약철회 및 계약의 해제의 권리행사가 발해받지 아니하도록 조치하여야 한다. 다만, 그 조치를 하지 아니한 경우에는 이용자의 청약철회 및 계약의 해제는 제한되지 아니한다(제27조 제1항).

6) 개별 소비자보호법상의 청약철회권의 행사기간 및 행사효과 검토

가) 행사기간에 대한 검토 첫째, 행사기간이 독일과 달리 통일적으로 규율되지 않고 각각 개별법에 따라 다른 행사기간을 가지고 있다. 즉 후불식할부거래와 전자상거래소비자보호법상 통신판매 등은 7일로 규정되어 있고, 할부거래

95) 종전 온라인디지털콘텐츠산업발전법에서는 소비자와 이용자라는 용어를 혼용하였으나 청약철회권의 행사의 주체에 대한 혼란을 제거하고자 이용자로 통일하였다. 소관부서도 공정거래위원회가 아니고 문화체육관광부이다. 이에 대한 종전의 비판적 견해로는, 고형석, 디지털콘텐츠거래에 있어서 소비자의 청약철회권에 관한 연구, 서강법학 제12권 1호, 333면 이하.

법상 선불식할부거래와 방문판매, 전화권유판매, 다단계판매는 14일로 규정되어 있다. 일응 거래형태가 서로 달라서 규율한 것으로 볼 수 있으나, 사업자와 소비자에게 혼란을 주지 않기 위해서라도 단일하게 14일로 규율할 필요가 있을 것이다.

둘째, 다단계판매원의 경우 계약을 체결한 날로부터 3개월로 규정되어 있는데, 소비자보호법의 최근 추세는 물품이나 물건을 받은 때로부터 기산하고 있고, 다단계판매원의 경우 다단계판매자와의 관계를 고려해보면 소비자로 취급할 수 있기 때문에 다단계판매원의 경우에도 물건을 받은 날로부터 기산할 필요가 있다 할 것이다.[96)]

셋째, 사업자가 계약서를 교부하지 않은 경우 등에서는 소비자의 청약철회권을 연장하고자 이에 대한 특칙을 두고 있다. 할부거래의 경우 사업자의 영업장소에서 계약이 체결되기 때문에 소비자가 계약서를 교부받지 않거나, 주소 등이 기재되지 않은 경우에 소비자는 계약체결당시 이미 사업자의 주소를 알고 있거나 알 수 있으므로 계약체결시점이 청약철회권의 기산점이 된다. 또한 방문판매, 다단계판매 및 전자상거래에서도 방문판매원 등이 명함을 교부한 경우, 인터넷 쇼핑몰의 화면에 주소 또는 전자우편주소가 기재된 경우 소비자는 주소를 알 수 있었기 때문에 계약체결시점이 청약철회권의 기산점으로 인정될 수 있다. 따라서 위 특칙이 오히려 철회권 행사기간을 단축하는 효과를 발생할 수 있으므로 개별 소비자보호법상 필수기재사항이 모두 기재된 계약서가 교부된 시점을 기산점으로 정하여야 할 것이다.[97)]

나) 행사효과에 대한 검토 첫째, 간접할부계약에서 소비자가 청약을 철회하는 경우에는 할부거래업자 뿐만아니라 신용제공자에게도 직접할부계약과 동일한 기간 내에 신용제공자에게 청약철회의 의사표시가 적힌 서면을 발송하여야 하는데, 그렇지 않은 경우에는 소비자로서는 신용제공자에 대해서는 대금결제를 거절할 수 없고, 대금결제가 이루어진 경우 할부거래업자에게 대금반환을 청구하여야 한다. 이러한 경우 소비자로서는 할부거래업자 또는 신용제공자 한 쪽에만 청약철회의 의사표시를 하면 족하고, 그에 따른 문제는 할부거래업자와

96) 고형석, 소비자계약에 있어서 청약철회권의 적정화에 관한 연구, 소비자문제연구, 제38호, 2010. 10, 84면 참조.

97) 고형석, 소비자보호법상 청약철회권에 관한 연구, 선진상사법률연구 제48호, 2009, 146면.

신용제공자 사이에서 처리하도록 하는 것이 소비자측에서는 간명하고 소비자보호에 적합하다 할 것이다.

둘째, 방문판매법 등에서 소비자가 청약철회권을 행사한 경우 신용제공자에 대한 통지의무는 사업자에게 부과하고 있다. 만일 사업자가 신용제공자에게 이의 사실을 통지하지 않거나 통지후 대금을 환급하지 않을 경우 소비자는 신용제공자의 대금결제요청에 대하여 먼저 사업자에 대한 다른 채무와 상계를 요청할 수 있으며, 정당한 사유없이 상계하지 않은 경우에 한하여 대금결제요청을 거부할 수 있다. 그러나 신용제공자가 정당한 이유로 인하여 상계를 하지 않은 경우 소비자는 신용제공자에게 대금을 지급하여야 하고, 사업자에게 반환청구를 하여야 한다. 이러한 경우 사업자의 사기 등에 의한 위험을 소비자에게 전가시키는 효과가 발생하므로 할부거래법과 마찬가지로 소비자가 신용제공자에게 통지할 수 있도록 하여야 한다.[98]

셋째, 할부거래법의 경우 사업자 또는 신용제공자가 소비자에게 환급을 지연하는 경우 소비자에게 지급하여야 할 금액은 소비자로부터 받은 금액과 지연배상금을 합산한 금액이다. 그러나 방문판매법과 전자상거래소비자보호법에는 사업자에게만 지연배상금지급의무를 규정하고 있으므로 신용제공자에 대한 지연배상의무를 추가하여야 한다.[99]

4. 청약철회권의 배제 및 제한사유 검토

(1) 개별 소비자특별법의 적용배제 사유

1) 할부거래법의 적용배제

할부거래법상 적용이 배제되는 경우에는 청약철회권 역시 인정되지 않는다. 이에 해당하는 것으로는 농산물, 수산물, 축산물, 임산물, 광산물, 전문의약품, 보험, 증권과 어음 및 부동산에 관한 할부거래이다(할부거래법 시행령 제4조).

2) 방문판매법의 적용배제

방문판매법상 적용이 배제되는 것으로 보험사업자와의 보험계약 체결을 위한

98) 고형석, 소비자계약에 있어서 청약철회권의 적정화에 관한 연구, 89-90면 참조.
99) 고형석, 상게논문, 90면 참조.

거래 및 방문판매원을 두지 아니하는 방문판매업자가 가공되지 아니한 농·수·축·임 또는 방문판매자가 직접 생산한 재화 등을 방문판매하는 경우이다(동법 제3조, 동법 시행령 제5조).

3) 전자상거래소비자보호법의 적용배제

전자상거래소비자보호법상 적용이 배제되는 것으로 투자매매업자·투자중개업자에 의한 증권의 거래, 금융기관에 의한 금융상품의 거래 및 일상 생활용품, 음식료 등의 인정지역에의 판매를 위한 거래가 있다(동법 제3조 제4항).

4) 적용배제사유의 타당성 검토

가) 적용배제사유의 비통일성 개별 소비자 특별법에서는 보험을 제외하고는 법의 적용배제사유에 대하여 각기 다르게 규정하고 있다. 이는 거래형태가 상이하기 때문에 일률적으로 법의 적용배제대상을 정한다는 것이 비합리적일 수 있기 때문으로 보인다. 그러나 이는 거래당사자인 소비자와 사업자 모두에게 당해 거래가 개별 소비자특별법의 적용대상이 되는지 여부를 판단함에 있어 혼란을 야기한다. 따라서 현행 소비자특별법에서 적용을 배제하고 있는 사유에 대하여 통일화할 필요가 있다.[100)]

나) 할부거래법의 포괄적 위임문제 할부거래법에서는 다른 법과 달리 적용배제사유를 시행령에 위임하고 있다. 규율의 다양성 때문에 위임의 필요성은 있다고 보여지나 그 기준과 범위가 불명확하여 포괄위임금지라는 위헌적 요소를 가지고 있다.[101)]

다) 보험계약의 적용배제의 타당성 개별 소비자보호법에서는 보험계약을 적용대상에서 배제하고 있다. 그러나 다른 투기성 있는 금융상품들과 비교하였을 때 적용배제가 타당한지 의문이다. 일반적으로 보험계약의 복잡성과 계약체결이 단시간에 이루어진다는 점을 고려하였을 때 보험계약의 경우에도 청약철회권을 인정하는 것이 개별 소비자보호법의 입법취지에 부합할 것이다.[102)]

한편 현행 보험법상 청약철회에 관한 직접적인 규정은 두고 있지 않다. 다만 보험업감독업무시행세칙은 청약철회에 대한 규정을 두고 있다. 즉 제5-11조 제1항

100) 고형석, 소비자계약에 있어서 청약철회권의 적정화에 관한 연구, 74면.
101) 고형석, 상게논문, 75면.
102) 고형석, 전게논문, 76면.

의 규정에서 상품설명서에 보험가입자의 권리·의무에 관한 사항으로 청약철회 제도와 함께 계약취소에 관한 사항 등을 포함시키고 있다.[103] 또한 표준사업방법서는 보험계약청약서에 청약철회 청구안내 및 청약철회신청서에 관한 사항을 필수기재사항으로 하도록 하고 있고, 보험회사는 계약자의 청약철회 신청을 접수한 때에는 지체없이 이미 납입 받은 보험료를 반환하도록 하고 있다.

라) 적용배제규정의 추상성·불명확성 　전자상거래소비자보호법에서는 일상생활용품 및 음식료 등의 인접지역에의 판매를 위한 거래의 경우 법 적용을 배제하고 있다. 일상생활용품, 음식료, 인접지역이라는 매우 추상적인 용어를 사용하여 어떠한 재화가 이에 포함되는지 아니면 이에 포함되지 않은가를 쉽게 인식하기 어렵다. 결국 해석에 의하여 적용배제 유무를 판단할 수밖에 없다.

(2) 소비자의 단순구매의사변경에 따른 청약철회권의 제한

1) 개별 소비자특별법상 청약철회권의 제한

가) 후불식할부거래의 청약철회의 제한 　소비자에게 책임있는 사유로 재화등이 멸실되거나 훼손한 경우, 사용 또는 소비에 의하여 그 가치가 현저히 낮아질 우려가 있는 것으로 대통령령으로 정하는 재화 등을 사용 또는 소비한 경우, 시간이 지남으로써 다시 판매하기 어려울 정도로 재화 등의 가치가 현저히 낮아진 경우, 복제할 수 있는 재화등의 포장을 훼손한 경우 등의 경우에는 청약철회가 제한된다(할부거래법 제8조 2항 본문).

다만 위의 경우에도 재화등이 멸실되거나 훼손한 경우를 제외하고 할부거래업자가 청약철회를 승낙하거나 청약철회가 제한된다는 사실을 소비자가 쉽게 알 수 있는 곳에 분명히 표시하거나 시용 상품을 제공하는 등의 방법으로 소비자가 청약을 철회하는 것이 방해받지 않도록 조치하지 않은 경우에는 청약을 철회할 수 있다(할부거래법 제8조 2항 단서).

나) 방문판매법상 청약철회의 제한 　소비자에게 책임있는 사유로 재화등이 멸실되거나 훼손한 경우, 사용 또는 소비에 의하여 그 가치가 현저히 낮아진 경우, 시간이 지남으로써 다시 판매하기 어려울 정도로 재화등의 가치가 현저히 낮아진 경우, 복제할 수 있는 재화등의 포장을 훼손한 경우 등의 경우에는 청약

103) http://www.law.go.kr/admRulInfoPWah.do?admRulSeq=2000000082328.

철회가 제한된다(방문판매법 제8조 제2항). 소비자의 주문에 의하여 개별적으로 생산되는 재화 등에 대하여 청약의 철회 및 계약의 해제를 인정하는 경우 방문판매자 등에게 회복할 수 없는 중대한 피해가 예상되는 경우로서 사전에 당해 거래에 대하여 별도로 그 사실을 고지하고 소비자의 서면에 의한 동의를 얻은 경우에도 철회권의 행사가 제한된다(동법 제8조 제2항 제5호, 시행령 제11조).

다만 위의 경우에도 재화등이 멸실되거나 훼손한 경우를 제외하고 방문판매자등이 청약철회를 승낙하거나 청약철회가 제한된다는 사실을 소비자가 쉽게 알 수 있는 곳에 분명히 표시하거나 시용 상품을 제공하는 등의 방법으로 소비자가 청약을 철회하는 것이 방해받지 않도록 조치하지 않은 경우에는 청약을 철회할 수 있다(동법 제8조 제2항, 제5항).

2) 소비자의 단순구매의사변경에 따른 청약철회의 제한사유

앞서 살펴본 법외에도 다른 법률에서 소비자의 단순구매의사변경에 따른 청약철회권의 부정되는 경우로 첫째, 재화 등의 내용을 확인하기 위하여 포장 등을 훼손한 경우를 제외하고 소비자에게 책임 있는 사유로 재화 등이 멸실되거나 훼손된 경우, 둘째, 사용 또는 소비에 의하여 그 가치가 현저히 낮아질 우려가 있는 재화 등을 사용 또는 소비한 경우, 셋째, 시간이 지남으로써 다시 판매하기 어려울 정도로 재화등의 가치가 현저히 낮아진 경우, 넷째, 복제할 수 있는 재화 등의 포장을 훼손한 경우, 다섯째, 그 밖에 거래의 안전을 위하여 대통령령으로 정하는 경우가 있다.

소비자의 단순구매의사변경에 따른 청약철회권을 부정하고 있는 개별 사유는 할부거래법상 가격제한을 제외하고 청약철회권의 행사에 따라 반환된 재화의 가치 및 구매목적의 달성 여부를 전제로 정하고 있다. 즉, 재화의 멸실 또는 훼손, 재화의 가치감소는 사업자가 추후 반환된 재화를 재판매할 수 없기 때문에 청약철회를 부정하고 있다. 또한 복제가 가능한 재화의 포장을 훼손한 경우는 소비자가 구입 후 재화의 내용을 복제한 후 이를 반환할 수 있다면 소비자는 구매목적을 달성하였음에도 불구하고 대금을 환불받는 결과가 발생하기 때문이다[104].

생각건대, 청약철회권은 사업자와 소비자사이에 발생하는 비대등성을 극복하기 위한 것으로서 현대 민법의 약자보호와 그 궤를 같이 한다. 청약철회는 소비자

104) 고형석, 전게논문, 78면.

로 하여금 물품구매나 용역의 이용에 있어서 소비자로 하여금 심사숙고를 하게 함으로써 합리적인 소비를 조장하고, 사업자의 기망이나 비대면적 거래에서 발생할 수 있는 착오 구매에 대하여 소비자를 효과적으로 구제할 수 있는 제도라는 점에 이견이 없다.

한편 독일의 경우에는 민법의 대대적인 개편을 통하여 소비자와 사업자의 개념 및 개별 소비자보호법상의 여러 거래형태를 새로 편입시켜서 효율적인 규율을 시도하고 있고, 일본의 경우에는 특상법에 6가지 거래형태를 규율하면서 통일적인 규제를 하고자 하였다.

반면 우리 민법의 경우에는 가족법상의 개정 외에 변화하는 사회현상에 따른 다양한 거래관계에 대하여 개별 특별법을 제정하여 대처하고 있다. 그러나 위와 같은 입법태도는 유사한 거래형태에 대하여 통일적으로 규율하지 못한 난점이 있고, 이로 인해 소비자와 사업자의 혼란을 초래할 수 있다. 따라서 할부거래가 활성화 된 지도 수 십년이 지났고, 전자상거래의 경우도 일반거래에서 차지하는 비중이 상당하다. 또한 다단계판매나 방문판매 등도 일반 거래현실에 지속적으로 이루어지는 것을 볼 때 청약철회에 대한 통일적인 규정이 시급히 요청된다 할 것이다.

Ⅳ. 소비자의 항변권

1. 의 의

항변권이라 함은 청구권의 행사에 대하여 자신의 급부를 거절할 수 있는 권리를 말한다. 이는 타인의 청구권 자체를 소멸시키는 권리가 아니라 그 작용을 일시적 또는 영구적으로 저지할 수 있는 권리이다. 소비자는 사업자의 대금지급청구에 대하여 일정한 사유가 있는 경우에 항변권의 행사를 통하여 이를 거절할 수 있으며, 항변권의 행사로 인하여 대금을 지급하지 않았다고 하더라도 이행지체가 되지 않는다(이른바 당연효). 항변권의 행사 여부는 전적으로 권리자에게 맡겨져 있으며, 따라서 원칙적으로 권리자에 의하여 행사되어야 하며, 소송에서 권리자의 원용이 없으면 법관이 직권으로 고려할 수 없다.

이러한 소비자의 항변권에는 실체법상 항변권과 소송법상 항변권으로 분류할 수 있고, 전자에는 다시 민법상의 항변권과 소비자계약법상의 항변권으로 구분된다. 민법상 항변권으로는 일시적 항변권으로서 동시이행의 항변권(제536조 제1항), 불안의 항변권(제536조 제2항), 보증인의 최고・검색의 항변권(제427조)이 있고, 영구적 항변권으로는 상속인의 한정승인(제1028조)이 있다. 소송법상 항변으로서는 무효나 취소, 해제항변 등이다.

소비자계약법에서도 항변권은 소비자의 권리보호를 위하여 중요한 작용을 한다. 특히 소비자거래는 오프라인에서 뿐만 아니라 사업자와 온라인 등 가상공간에서 이루어지기 때문에 일정한 사유가 있는 경우 소비자 자신의 급부인 대금지급거절권을 인정하여야 할 필요성이 더 크다고 할 수 있다. 또한 계속적으로 자신의 대금지급의무를 분할하여 지급하는 할부거래에서 그 의의가 있다. 따라서 할부거래법에서 항변권 규정을 두고 있으며, 항변권은 사업자의 대금지급청구권의 효력을 저지시킬 수 있는 것을 내용으로 한다. 따라서 민법상 항변권 중 동시이행의 항변권과 유사한 점이 있다.

약관규제법에서는 법률에 따른 고객의 항변권, 상계권 등의 권리를 상당한 이유 없이 배제하거나 제한하는 조항에 대해서는 무효라고 하여 소비자의 항변권을 보장하고 있다(동법 제11조 1호). 다만 판례는, 「사업주체가 당초 주택을 공급받고자 하는 자들과 주택공급계약을 체결함에 있어서 약관에 해당하는 주택공급계약서에서 예상 건축공정에 따라 계약금 납부일 이후 입주예정일까지 사이의 기간에 대하여 3개월 또는 4개월 단위로 6회에 나누어 정기의 중도금 지급기일을 지정하고 이를 계약의 내용으로 삼은 것은 거래통념상 합당하다고 여겨지고, 이러한 약관조항이 사업주체측의 신용불안이나 재산상태의 악화, 건축공정의 부당한 지연 등 사정으로 인하여 사업주체의 주택공급계약상의 의무이행이 곤란할 현저한 사유가 발생하였음에도 불구하고 주택을 공급받고자 하는 자들에 대하여 당초 약정된 중도금의 이행의무가 선이행의무라는 이유만으로 민법 제536조 제2항 등 계약법의 일반원칙에 따른 주택을 공급받고자 하는 자들의 이행거절이나 지체책임면책 등에 관한 일체의 항변권 등을 모두 배제시킨 채 그 이행을 일방적으로 강요하는 것이라고 해석되지 아니하는 한 그 자체로 신의성실의 원칙에 비추어 공정을 잃은 것이라거나 고객에 대하여 부당하게 불리한 것이라거나 또는 법률의 규정에 의한 고객의 항변권, 상계권 등의 권리를 상당한 이유 없이 배제 또는 제한하거나 고객에게 부여된 기한의 이익을 상당한 이유 없이 박탈하는 것이라고 판단되지 아니하므로, 이러한 주택공급계약서의 중도금 납부기일에 관한 조항이 약관의규제에관한법률 제11조 제2호, 제6조 제1항, 제2항 제1호, 제2호 등에 해당하여 무효라고 볼 수 없다」[105]고 한다.

2. 발생요건

할부거래법상 항변권이 인정되는 경우로는 할부계약이 불성립·무효인 경우(동법 제16조 제1항 1호), 취소·해제 또는 해지된 경우(2호), 재화 등의 전부 또는 일부가 재화 등의 공급시기까지 소비자에게 공급되지 아니한 경우(3호), 할부거래업자가 하자담보책임을 이행하지 아니한 경우(4호), 그 밖에 할부거래업자의 채무불이행으로 인하여 할부계약의 목적을 달성할 수 없는 경우(5호), 다른 법률에 따라 정당하게 청약을 철회한 경우(6호)에 소비자에게 할부금의 지급을 거절할 수 있게 하였다. 개정된 할부거래법에서는 요건 중 불성립과 해지 등이 추가되어 종전보다 항변권이 인정되는 범위를 확장하였다. 할부거래법에서의 항변권은 광의의 항변권이라 할 수 있다.

또한 신용제공자를 통하여 할부금을 제공하는 간접할부계약인 경우 위의 어느 하나의 사항에 해당하는 사유가 있으면 할부가격이 대통령령으로 정한 금액(20만원) 이상인 경우에만 신용제공자에게 할부금의 지급을 거절하는 의사를 통지한 후 할부금의 지급을 거절할 수 있다(제16조 제2항). 소비자가 신용제공자에게 할부금의 지급을 거절할 수 있는 금액은 할부금의 지급을 거절한 당시에 소비자가 신용제공자에게 지급하지 아니한 나머지 할부금으로 한다(제16조 제3항).

판례는 할부거래에 관한 법률 제12조 제2항에서 매수인의 신용제공자에 대한 할부금의 지급거절권을 인정한 취지에 대하여, 「할부거래에서 할부금융약정이 물품매매계약의 자금조달에 기여하고 두 계약이 경제적으로 일체를 이루는 경우에 그 물품매매계약이 해제되어 더 이상 매매대금채무가 존재하지 아니하는데도 할부거래의 일방 당사자인 매수인에게 그 할부금의 지급을 강제하는 것이 형평의 이념에 반하므로, 매수인으로 하여금 매도인에 대한 항변사유를 들어 신용제공자에 대하여 할부금의 지급을 거절할 수 있는 권능을 부여한 것이라고 볼 것이다」[106]고 한다.

---

105) 대판 2002.11.26, 2000다52042.

106) 대판 2006.7.28, 2004다54633.

3. 서면에 의한 행사와 효력발생시기

소비자는 항변권의 행사를 구두나 서면으로 할 수 있으나, 서면으로 하는 경우 그 효력은 서면을 발송한 날에 발생한다(동법 제16조 제4항).

소비자가 서면으로 위와 같은 항변권을 행사한 경우에 할부거래업자 또는 신용제공자는 이를 수령한 경우 지체 없이 그 항변권의 행사가 위에서 열거한 사유에 해당하는지를 확인하고, 이에 해당하지 아니하는 경우 소비자의 항변을 수령한 날부터 할부거래업자는 5영업일, 신용제공자는 7영업일 이내에 서면으로 소비자의 항변을 수용할 수 없다는 의사와 항변권의 행사가 동법상 항변권이 인정되는 사유에 해당하지 아니한다는 사실을 소비자에게 서면으로 통지하여야 한다(동법 제16조 제5항). 만일 할부거래업자 또는 신용제공자가 이러한 통지를 하지 아니한 경우에는 소비자의 할부금 지급 거절의사를 수용한 것으로 본다(동법 제16조 제6항).

Ⅴ. 사업자의 정보제공의무

1. 계약환경의 변화와 정보제공의무 인정의 필요성

근대민법에서 계약법은 계약의 양 당사자가 합리적 이성인으로서 대등하다는 전제하에 기초되었기 때문에, 계약에 의한 법률관계의 형성은, 법의 제한이 없는 한 평등한 권리를 갖는 당사자에 의하여 완전히 각자의 자유에 맡겨지며, 법도 그러한 자유의 결과를 될 수 있는 대로 승인한다는 계약자유의 원칙을 근간으로 하고 있다. 따라서 근대민법은 대등한 당사자간인 개인 대 개인의 관계를 규율하는 법이라고 할 수 있다.

근대에서 현대로 오면서 산업화의 진전과 자본의 축적은 대량생산, 대량유통, 대량소비시대를 야기하였고, 종전에 생산자이면서 소비자였던 개인은 이제 생산자의 위치를 빼앗기고 대개의 경우 소비자의 위치만 차지하게 되었다.[107] 이처럼 사인간의 대등한 거래보다는 사업자와 소비자 사이에 상품과 용역을 대량적이고

107) 오늘날 가상공간에서는 개인들도 UCG(User Created Contents 혹은 UGC(User Generated Contents)라 불리는 개인이 제작한 콘텐츠를 U-튜브에 올리거나 개인의 블로그나 홈페이지에 정보나 동영상, 사진화일 등을 게재함으로써 정보나 콘텐츠의 생산자로서 역할을 하기도 한다.

규격화하여 판매하는 행위가 증가하고, 사업자와 소비자 사이의 특수한 판매행위(예컨대 방문판매, 할부판매, 다단계판매, 통신판매) 내지 전자거래와 같은 거래수단의 변화는 종전의 계약법을 적용하는 것이 소비자에게 불리하게 작용하게 되었다. 이러한 특수거래행위는 이제 프랜차이징·리스·컨설팅·전화권유판매·사업권유거래 및 M-Commerce까지 그 영역이 확대되어 가고 있다.[108)]

한편으로는, 지식의 축적과 정보화의 진전은 전문가의 시대를 열었고 여러 영역에서 전문가와 비전문가 사이에 정보의 양과 질에서 점점 더 많은 격차가 발생하고 있으며, 이로 인하여 전문가는 정보의 제공을 상품화하여 고도의 전문적 서비스를 제공하고 의뢰인은 전적으로 이에 의존하는 관계가 증가하고 있다. 이러한 당사자간에 정보량의 격차가 나타나는 소비자계약[109)]과 전문가와의 비전문가간의 거래에서 사업자측이나 전문가측에게 정보제공의무를 부과하여야 하는가가 쟁점으로 등장하게 된다.

그런데 계약법에서 사적자치의 원칙은 특히 계약당사자의 주체성·자율성의 강조로 나타나게 되고, 이는 계약교섭단계에서 계약내용을 포함한 계약 전반에 걸쳐 자기책임하에 스스로 계약에 관한 여러 사실들을 조사하여 충분한 정보를 가진 뒤에 계약을 체결하도록 하고, 상대방이 그 내용을 알리지 않았다고 하더라고 정보위험에 대해서는 자기책임의 문제로서 법률상 문제가 되지 않지만,[110)] 계약체결 과정 중에 계약체결과 계약이행을 위해서 중요한 사정들을 상대방에게 알려야 할 의무가 존재하기도 한다.[111)]

---

108) 졸고, 소비자계약의 유형과 법적 규제, 법학논총 제27집 제1호, 전남대학교 법률행정연구소, 2007.6., 2면.

109) 소비자계약의 특징 중의 하나가 사업자와 소비자의 비대등성 또는 비대칭성이라고 할 수 있다. 이는 양자가 정보와 기술조작, 조직력과 시장지배력 등에 있어서 사업자는 우월한 지위에 있고 소비자는 열등한 지위에 놓여 있는 것을 말한다. 권오승, 소비자보호법 제5판, 법문사, 2005, 9면; 竹内昭夫, 消費者保護法, 現代經濟構造と法(現代法學全集 52), 16면 이하; 大村敦志, 消費者·消費者契約の特性-中間報告(2), NBL 476號, 1991, 44면. 이러한 소비자의 '약자론'에 대하여, 앞으로의 소비자보호는 공평·정의에 의한 약자론이 후퇴하고 자기책임주의로의 전환을 예견하는 견해(소재선, 소비자계약법의 과제와 전망, 비교사법 5권 2호, 1998, 201면)도 있으나, 본질적으로 양자간에 격차가 존재하기 때문에, 자기책임주의로의 전환은 한계가 있기 마련이다.

110) 최상호, 계약상의 정보제공의무에 관한 연구 - 사기와 착오법리의 적용관계를 중심으로 -, 경북대학교 법학연구소, Vol. 9., 1993, 63면.

111) 계약당사자는 고지·설명의무의 일환으로서 계약의 성립과 실현에 관하여 중요한 의미를 가지는 사정을 상대방에게 알려야 할 의무를 부담하지만, 고지·설명의무는 계약체결과 연

그러나 위의 소비자계약이거나 일방당사자가 전문가인 경우에는 양당사자의 정보량의 격차로 인하여 대등한 지위에 있는 것이 아니라 계약체결의 상당부분을 사업자나 전문가에게 의존하고 있다고 할 수 있다. 특히 소비자계약에서는 소비자는 사업자가 상품이나 용역에 대한 표시, 설명, 광고 등을 통하여 제공하는 정보를 기초로 하여 상품의 품질이나 가격을 판단할 수밖에 없다.112) 특히 기술혁신의 속도가 대단히 빠른 현대에 사는 소비자들에게 새로 개발된 상품이나 복잡한 생산공정을 거쳐서 생산된 상품이나 용역 등에 대하여 스스로 그 품질이나 가격을 결정하는 능력을 기대하기는 더더욱 어려운 일이다.

따라서 전문가와 비전문가간의 계약과 소비자계약의 경우, 전문가와 사업자에게 정보제공의무를 인정하자는 것이 오늘날의 추세이며, 특히 소비자계약에서 정보량에서 열위에 있는 소비자의 합리적 선택에 도움을 줄 수 있는 실질적 정보를 제공해야 할 필요성이 있는 것이다. 정보에서 대등하지 않은 당사자간에 전문가에게 가중된 설명의무와 정보제공의무를 인정하는 것이 일반적 견해이며,113) 입법적 태도이다. 따라서 향후에는 정보량이 풍부한 대기업 등 사업자 내지 전문가와 정보량에서 현저하게 열위인 비전문가 내지 소비자 사이의 거래에서는 후자의 이익을 보호하기 위한 방향으로 법해석이 이루어져야 한다.114)

2. 정보제공의무의 의의와 법적 성격

(1) 의 의

계약교섭의 단계에 들어선 당사자는 서로 상대방의 신뢰에 반하지 않도록 하여야 하고, 만약 일방 당사자의 과실로 말미암아 계약교섭이 부당하게 파기되었거나, 계약체결 도중에 목적이 불능한 계약을 체결할 때에 그 불능을 알았거나 알

결될 수 있는 모든 위험(Risiko)이나 결과를 알려 주어야 한다는 넓은 의미는 아니라고 한다. 김형배, 채권각론(계약법) 신정판, 2001. 박영사, 128면.

112) 권오승, 전게서, 9면. 소비자정보의 유형은 가격, 품질, 시장, 상품, 상품대안정보 등 매우 다양하여 표시, 광고, 약관, 설명서, 기업 홈페이지 등을 통해 제공되고 있다. 최근 기업에서 가장 많이 활용하는 방법인 웹사이트의 경우 정보생산과 유통에 낮은 비용이 소요된다는 점과 정보흐름의 쌍방향성이라는 인터넷매체의 특성으로 기업과 소비자사이의 정보 격차를 해소하고 시장지위의 동등성 회복의 새로운 정보교류 방법이 되고 있다.

113) 이병준, 전자상거래소비자보호법상의 정보제공의무와 명확성의 원칙, 정보화정책 제11권 3호, 2004년 가을, 30면.

114) 최상호, 전게서, 64면.

수 있었을 자는 계약이 성립하거나 계약이 불성립으로 확정되었더라도 채권관계를 폭넓게 인정하여 불법행위책임뿐만 아니라 계약책임을 지우는 것이 오늘날의 입법[115]과 학설[116]의 태도이고, 판례[117]는 불법행위책임을 인정하는 경향에 있다.

독일에서는 계약당사자들간의 정보의 불균형을 조정하고 고객을 돕기 위하여 계약준비단계에서의 다양한 의무[118]에 의해 기업이 고객에게 정보를 제공하도록 하며, 계약준비단계에서 고객이 전적으로 경험이 없거나 정보에 어두운 것을 이용한다든지 무지 및 고객의 단순성을 이용하여 거래의 중요한 부분을 밝히지 않은 채 방치하거나 진실에 반하여 또는 불완전하게 정보를 전달한 경우에 고객을 보호하려고 한다.[119]

계약 전의 정보제공의무(Obligation précontractuelle de renseignements)는 근대 초기의 개인주의 법사상으로서 채권자와 채무자를 상호 대립하는 관계로 보는 전통적인 계약관으로부터 전환되어서, 계약관계를 채권자와 채무자가 공동의 이익을 추구하는 협력관계로 이해하는 근대계약법의 특징인 계약당사자 사이의 협력의무로부터 파생된 것[120]으로 보기도 하는데, 비교법적으로 프랑스에서 일찍부터 논의된 것으로 보인다.

---

115) 독일 민법 제241조 2항은 당사자에 대하여 채권관계로부터 상대방의 권리와 법익, 이익에 관한 배려의무가 발생할 수 있음을 규정하고 있고, 제311조는 약정채권관계 및 약정유사채권관계라는 제목 하에 제2항에서 제241조 2항에 따른 배려의무가 계약교섭(Vertragsanbahnung, 1호)이나 당사자의 일방이 발생가능한 법률행위적 관계를 고려하여 상대방에게 자신의 권리, 법익과 이익에 영향을 미칠 수 있는 가능성을 부여하거나 또는 이를 위탁하는 계약교섭의 준비(2호) 및 이와 유사한 거래적 접촉에서도 성립한다고 규정하고 있다. 우리 민법은 제535조에서 원시적 불능을 목적으로 한 계약을 체결한 경우에 과실 있는 자에게 손해배상책임을 지우고 있을 뿐, 계약체결상의 과실책임에 관한 일반규정은 두고 있지 않다.

116) 곽윤직, 채권각론, 박영사, 2003, 55면 이하; 김형배, 채권각론(계약법), 박영사, 125면. 우리 민법에서 불법행위법에 의하여 포섭되기 때문에 계약책임에의 포섭에 부정하는 견해로는 이은영, 채권각론, 박영사, 1995; 양창수, 계약체결상의 과실, 고시계, 1986.1, 52면 이하.

117) 대판 2003.4.11, 2001다53059와 대판 2004.5.28, 2002다32301은 계약교섭의 부당한 파기에 대하여 불법행위책임을 인정하고 있다.

118) 설명의무(Hinweispflicht), 자문의무(Beratungspflicht), 교시의무(Belehrungspflicht), 안내의무(Auskunfuspflicht), 고지의무(Anzeigepflicht), 공개의무(Offenbarungspflicht), 조회의무(Erkundigungspflicht), 통지의무(Mitteleilungspflicht), 해명의무(Aufklärungspflicht) 등이 이에 속한다. 최상호, 전게서 각주 6) 참조.

119) 이종복, 계약준비단계와 민법-계약전 행태에 관한 민법상의 규범화의 추세, 사법관계와 자율, 이종복교수논문집, 1993, 193면.

120) Y. Picod, Le devoir de loyauté dans l'exécution du contract, LGDL, 1989, n°85; BGHZ 11, 80; MünchenKomm-Emmerich, vor § 275 RdNr. 250ff.

정보란 영어의 'information'을 번역한 것인데 서양에서도 1940년대 이전의 문헌에서는 거의 나타나지 않는 용어였으며, 우리나라에서는 1960년대에야 본격적으로 사용되기 시작하였다. 정보는 'information, renseignement'와 'conseil'로 분류할 수 있다. information, renseignement[121]은 평가를 가하지 않은 사실에 관한 정보를 의미하며, conseil은 사실에 평가를 가하여 행동이나 의사결정의 방향을 좌우할 수 있는 요소를 포함하는 정보이다.[122] 이를 실제 계약을 체결하기까지의 심리상태에 비추어 과정을 본다면, ① 먼저 어떤 물건이나 용역을 구입하고 싶다는 욕구가 발생하고, ② 그 욕구를 충족시키기 위한 하나 또는 복수의 계약을 계획하고, ③ 그 가운데 어느 계약이 자신의 욕구를 가장 만족시킬 수 있는가를 평가하여 계약을 체결하게 된다고 할 수 있다.

이와 같은 3단계를 거치면서 필요한 정보란 ②단계에서 필요한 정보는 information, renseignement이고, ③단계에서 필요한 정보는 conseil인 것이다. 즉 의무의 대상에 따라 구별되는 것으로서 정보제공의무의 대상인 정보란 평가를 포함하지 않는 사실에 관한 정보이다. 정보제공의무는 가장 일반적으로 가장 낮은 단계에 있는 의무라고 한다.[123]

따라서 정보제공의무란 계약을 체결하는 당사자간에 정보량의 격차가 있는 거래관계에서 보다 많은 정보를 가지고 있는 일방당사자가 상대방에게 모든 정보를 충분히 알고 나서 계약체결을 위한 의사결정을 할 수 있도록 계약체결의 의사결정을 좌우할 수 있는 중요한 사항에 대하여 일정한 정보를 제공하는 의무를 말한다.[124] 또한 정보제공의무는 계약체결단계에 있는 당사자에게 단순한 사실을 객관적으로 지적하거나 또는 설명하는 의무이고, 그 사실을 아는 것이 용이하였다거나 또는 목적물의 성질로부터 당연히 알 수 있는 것과 같은 사실에 대하여는 정보제공의무는 존재하지 않는다.

계약체결 전에 존재하는 일반적인 의무로서 정보제공의무는 계약을 체결하려

121) information, renseignement을 혼용하고 있으나, information은 입법상의 용어로서 l'obligation d'information은 법률에 의하여 부과되는 의무(un devoir imposé la loi)이고, renseignement는 판례상의 용어로서 l'obligation de renseignement은 판례를 통하여 명시된 의무(un devoir découvert par la jurisprudence)라는 지적도 있다. Muriel Fabre-Magana, De l'obligaion d'information dans les contrats, L.G.D.J., 1992, n°9. 이상욱, 전게논문, 각주 13) 재인용.

122) 이에 대해서는 이상욱, 상게논문, 100면 이하 참조.

123) 이상욱, 상게논문, 100면.

124) 이상욱, 상게논문, 98면 이하; 최상호, 전게논문, 66면.

고 하는 자가 계약체결에 필요한 제반사정을 잘 알고 난 후에 계약체결 여부의 의사결정을 할 수 있도록 하는 것과 같이 이 자에 대하여 필요한 정보를 제공하는 의무 즉 계약체결단계에 있는 당사자에게 일정한 사항을 명시할 의무이며, 정보제공을 통하여 적절한 계약교섭관계를 보장하려는 관념이다.

정보제공의무의 개념지표는 첫째, 계약당사자간에 정보량의 격차가 있을 것, 둘째, 계약당사자의 일방이 계약에 필요한 정보를 알고 있거나 알 수 있을 것, 셋째, 정보량에서 우위에 있는 일방당사자가 상대방의 계약체결의 의사결정에 필요하고 중요한 사정에 대하여 정보를 알려야 할 것[125], 넷째, 위의 의무는 신의칙상 인정되는 법적 의무라는 점이다.

이러한 정보제공의무는 처음에는 소비자거래에서 사업자와 같은 전문가에게만 적용되었지만, 현재에는 비전문가에 대하여도 적용되고 있으며, 당사자의 판단능력이 낮다든가 혹은 고령 등으로 인하여 정보량의 격차가 생겨 있는 경우에도 그 적용이 인정되고 있다.

(2) 고지의무 · 설명의무와의 관계

고지의무란 계약당사자의 일방이 타방에 대하여 계약과 관련한 사항에 대하여 알릴 의무를 말한다. 민법상에서는 증여자가 그 물건이나 권리에 하자나 흠결을 알고도 수증자에게 고지 않는 경우에, 담보책임을 지도록 하고 있으며(제559조 제1항 단서), 진료계약에서 환자는 자기의 질병 · 증세 · 병력 · 알레르기 체질 · 거부반응 등 당해 진료에 필요한 사항을 숨김없이 사실대로 의사에게 알려야 한다.[126] 고지의무가 가장 문제되는 것은 보험계약에서일 것이다. 대표적 소비자계약인 보험계약의 체결시 소비자측인 보험계약자 또는 피보험자가 사업자인 보험자에 대하여 계약 전 중요한 사실을 고지하지 않거나 중요한 사항에 대하여 부실(不實)한 고지를 하여서는 안 될 의무를 부담하는데(상법 제651조), 통지의무라고도 한다.[127]

---

125) 프랑스판례는 이러한 경우에 전문가에게 결과채무로서의 확인의무를 부과시키면서 이 확인의무를 이행했다는 반증을 용이하게 인정하지 않고 있다고 한다(Y. Boyer, L'obligation de renseignements dans la formation du contrat, th. Aix, 1977, n° 257) 최상호, 상게논문 각주 20) 참조.

126) 이은영, 채권각론, 박영사, 1995, 708면.

127) 이와 같은 의무는 권리에 대립하는 의무는 아니나, 만약에 위반하였을 때에는 보험자는 일정한 요건하에서 그것에 따라서 보험금을 취득할 수 없는 불이익을 입게 된다. 보험계약자의 통지의무나 보험료지급의무와 같이 계약체결로 인하여 생긴 의무가 아니고 이른바 간접의무에 속하는 것으로서 보험자는 이를 강요할 수 없으며, 이에 위반하였다 하더라도 손해배상을

법률이 이와 같이 독자의 고지의무를 두게 된 것은 보험제도의 특수한 기술적 구조에 근거하는 것이라고 할 수 있다.

매매계약에서 매수인이 매도인에게 매매목적물이 계약적합성을 갖추지 못한 경우 고지할 의무가 있는 것인가에 대하여 생각할 수 있는데, CISG 제39조 제1항은 '매수인이 발견했거나 발견해야 하는 계약의 비적합성에 대하여 상당한 시간 내에 특정하면서 고지하지 않은 경우에는 상품의 하자에 대한 권리를 상실한다'고 하며, 네덜란드 민법의 매매규정 또한 매수인에게 동일한 고지의무를 부과하고 있다.[128] 유럽소비자매매지침에서는 각 회원국들에게 선택가능성을 주면서, 소비자의 이익을 위하여 소비자가 계약비적합성을 발견한 후 2월 이내에 매도인에게 고지할 의무를 부과하도록 하고 있다.[129]

이처럼 정보제공의무가 정보우위자인 전문가나 사업자에게 부과되는 의무라면, 고지의무는 소비자측에서 자기의 권리를 보장받기 위해서는 사전에 혹은 계약성립 후 일정기간 안에 전문가가 사업자에게 일정한 사항을 알려야 할 의무로서, 이 또한 계약관계에서 발생하는 것이 아니라 법정의무라고 보아야 할 것이다.

설명의무란 전문가인 의사에게 주어진 의무로서 가장 많이 다루어지는데, 계약체결과정이나 계약성립 후 전문가나 사업자가 계약체결 전 혹은 계약성립 후 비전문가나 소비자에게 계약의 중요한 내용이나 사항 등에 대하여 설명해 주어야 하는 소비자의 자기결정권을 위하여 인정되는 의무이다. 약관의 규제에 관한 법률 제3조 제3항에서는 사업자는 고객에게 계약체결에 있어서 약관에 정하여져 있는 중요한 내용을 고객이 이해할 수 있도록 설명해주도록 하고 있으며, 자본시장과 금융투자업에 관한 법률 제47조가 금융투자업자가 일반투자자에게 금융투자상품의 내용, 투자에 따르는 위험, 그 밖에 대통령령으로 정하는 사항을 일반 투자자가 이해할 수 있도록 설명할 의무를 부과하고 있다.

정보제공의무가 계약 성립 전에 계약의 의사를 결정할 수 있는 중요한 사항을 제공할 의무라면, 설명의무는 계약성립시 계약의 내용에 대하여 중요한 사항을 설명해야 할 의무 혹은 계약성립 후 자기결정권을 위한 중요한 사항의 설명의무라는 점에서 양자가 차이가 있다. 그러나 양자가 항상 이와 같이 명백하게 구분

청구하지 못한다.

128) Dutch sales law, Article 7:23 BW.

129) Article 5 paragraph 2 CSD.

될 수 없고 중복되는 경우가 많다.[130] 의사의 설명의무의 법적 근거에 대하여는 자기결정권에서 구하기도 하고, 계약상의 의무, 직무상의 의무에서 찾기도 하는데 계약상의 부수의무로 보아야 할 것이다. 실무에서 간혹 위의 고지의무위반과 약관설명의무위반이 공존할 때 그 효력과 관련하여 다투어지기도 하는데, 이는 그 대상이 중첩이 되는 부분이 존재할 때 발생하게 된다.[131]

(3) 경고의무 · 조언의무와의 관계

1) 경고의무 경고의무는 이행의 목적물이 위험성을 내포하고 있는 경우에 그 위험에 대하여 경고하여야 할 의무를 말한다. 경고의무는 계약당사자에게 인정되는 것이라기보다는 위험성을 내포하는 물건의 제작과 유통에 관여한 자에게 인정되는 의무로서 제조물책임법 제2조 2호 다목에서 '표시상의 결함'에서 규정하고 있다. 예를 들면 위험한 물건을 생산한 자는 그 사용방법에 관한 정보를 제공하는 것만으로는 부족하고, 발생할 수 있는 위험에 관하여 경고할 의무가 있는 것이다.

2) 조언의무 조언의무는 전문가로서의 의견을 개진하여 표의자의 의사결정 방향에 영향을 줄 목적으로 이행되는 의무이다. 조언의무가 계약의 급부내용일 경우도 있으나 일정한 거래의 전문적 우월성에 기하여 조언계약과 상관없이 조언의무가 발생하게 된다.[132]

(4) 정보제공의무의 법적 성격

계약교섭이 시작되면 당사자는 상호간에 상대방의 신뢰에 반하지 않도록 하여야 하며, 상대방의 권리나 법익 혹은 이익에 대하여 침해하지 않을 의무를 부담하게 된다. 소비자계약에서 사업자와 같이 소비자에 비하여 어떤 거래에 관하여

130) 정보제공의무를 설명의무, 고지의무, 통지의무, 조언의무와 동의어로 이해하는 견해도 있다. 위계찬, 계약체결과정에서의 설명의무의 근거, 원광법학 제23권 2호, 각주 5) 참조.

131) 대판 1995.8.11, 94다52492.

132) 프랑스법원에서도 공증인, 변호사, 의사 등 일정한 전문인들에게는 조언계약과 관계없이 조언의무의 존재를 인정해왔는데 변호사와 공증인에게 가장 엄격히 적용하고 있으며, 그 밖에 상인도 필요한 경우에는, 고객이 선택한 제품 대신 적합한 대체물건을 추천해야 하며 때에 따라서는 고객이 부적합한 물건을 구매하는 것을 만류해야 하는 의무도 있다고 한다. 이는 상인은 고객에게 조언할 수 있기 위해, 고객이 정확하게 필요로 하는 것을 알아야 하기 때문이라는 점을 든다. Civ.1re, 5 déc. 1995, Bull. civ., I.453; Civ.1re, 7 avril 1998, Bull. civ., I.150; 남궁술, 전게논문 327면 각주 83) 참조.

지식 정보수집능력을 가지는 당사자에 대하여 정보제공의무가 인정된다고 할 때 이러한 의무를 어떻게 이론구성할 것인가가 문제된다. 정보제공의무는 계약체결 단계에서 주관적으로는 상대방의 의사결정에 중요한 사실과 객관적으로는 목적인 행위와 내부적 관련이 있는 중요한 사실의 제공을 내용으로 하는 의무이다.

사업자의 정보제공의무의 법적 성격을 논하기 전에 간단하게 채무구조론과 관련된 지금까지의 논의를 개관해보면, 계약이 성립하면 당사자는 채권·채무관계 속에 편입되며 채무자는 채권자에게 일정한 행위를 하여야 할 의무, 즉 계약의 유형을 결정짓는 급부의무를 부담하게 된다. 뿐만 아니라 채무자는 신의칙상 인정되는 급부의무에 수반하는 다양한 부수의무를 부담하며, 일부 학자들은 계약교섭시부터 계약종료 후까지 계약의 일방은 타방에 대하여 생명, 신체, 재산상의 법익이 침해당하지 않도록 배려해야 하는 계약법상의 보호의무를 인정하기도 한다.[133]

먼저 어떠한 이익을 보호하는 의무인가라는 기능의 관점에서, 급부이익보호와 급부이익 이외의 계약체결 전에 이미 가지고 있었던 현상이익 내지 완전성이익 보호로 크게 분류할 수 있다. 부수의무는 급부의무의 발생·이행·소멸과정에서 급부이익 및 가치의 실현·보호를 위한 의무로서 인정된다. 이른바 보호의무란 계약 당사자 사이에서 간접적으로 급부이익을 유지하는 기능을 가지는, 채권자와 채무자 사이에서 상호 상대방의 생명·신체·소유권 기타 재산적 이익(현상이익 내지 완전성이익)을 침해하지 않도록 배려해야 할 신의칙상의 부수적 의무이다.

오늘날에는 부수의무의 시간적 범위를 확대하여 채권·채무가 성립하기 이전 단계에서부터 신의칙상 당사자가 부담하는 것으로 보며, 이에는 보호의무·배려의무·경계의무·충실의무·설명의무·통지의무·정보제공의무 등과 같은 여러 가지 행위의무가 발생한다고 한다. 특히 보호의무를 부수의무와 구분하여 인정하는 견해에서는 상대방의 생명, 신체, 재산 등에 손해를 주어서는 안된다고 하는 일반적인 주의의무가 계약교섭에 들어감으로써 부담하게 된다고 한다.[134] 이는

---

133) 기본적 채무(급부의무)와 기본채무 이외의 용태의무로 분류하는 견해(곽윤직, 채권총론(신정수정판), 1999, 86면)와 급부의무와 부수의무로 나누어지며, 급부의무는 다시 주된 급부의무와 종된 급부의무로 나누고 주된 급부의무는 다시 1차적 급부의무와 2차적 급부의무로 나눠어진다는 견해(김상용, 채권총론, 1996, 27면 이하), 급부의무, 부수적 주의의무, 보호의무로 분류한 다음, 급부의무를 주된 급부의무와 종된 급부의무로 나누는 견해(김형배, 채권총론(제2판), 1998, 32면 이하)가 있다.

134) 판례도 보호의무를 인정하고 있다. 고용계약이나 노무도급계약상의 사용자(대판 1999.2.23, 97다12082. 대판 2002.11.26, 2000다7301), 기획여행계약에서의 여행업자(대판 1998.11.

구체적인 급부의무와 견련관계를 가지는 부수의무를 인정하는 시간적 범위가 확대되어가는 추세라는 것을 말해주고 있다.[135)]

그렇다면 소비자계약에서 정보제공의무의 법적 성격을 어떻게 규명하여야 할 것인가. 여기에서의 정보제공의무는 양방당사자에게 요구되는 의무가 아니라 사업자에게 요구되는 의무라는데 특징이 있다. 일반적으로 정보제공의무는 계약당사자간에서 정보량의 격차를 시정하기 위하여 신의성실의 원칙, 계약정의의 실현이라는 이상으로부터 합의의 형성단계에 있어서 양당사자에게 인정되는 의무로서, 이 개념의 등장은 계약당사자의 의무를 확장하는 경향과 관련하여 계약자유의 원칙을 수정하는 기능을 가지고 있다. 계약자유의 원칙이라는 미명하에 경제적 강자에 의한 경제적 약자의 착취, 정보적 강자에 의한 정보적 약자의 지배를 계약의 유용성과 정의적합성에 의하여 제한하려는 것이다.

원래 정보제공의무의 법적 성격에 대해서는 일률적으로 말할 수 없다. 왜냐하면 이는 보호이익을 기준으로 한 의무의 분류·체계의 문제가 아니라, 채무자가 하여야 할 행위에 착안한 의무의 분류이어서 어떠한 이익이 침해되었는가 하는 것은 문제되지 않기 때문이다. 따라서 정보제공의무위반에 의하여 급부이익이 침해되는 경우도 있고, 또한 현상이익 내지 완전성이익이 침해되는 경우도 있을 수 있다. 하지만 정보제공이 계약상 급부의무로 되지 않는 계약에서는 정보제공의무는 신의칙상의 부수의무 내지 거래상의 주의의무로 보아야 할 것이고, 계약성립이전의 단계에서부터 인정되어야 할 것이다. 보호의무와 마찬가지로 정보제공의무도 계약상의 채무로 이론구성이 가능하지만, 정보제공의무가 급부의무이거나 계약성립단계에서의 의무가 아닌 계약 성립 이전 단계에서는 계약책임이 아니라 불법행위책임으로 이론구성하여야 할 것이고, 민법의 계약체결상의 과실책임이론이나 착오나 사기이론에 의하여 책임을 물을 수 있다고 할 것이다. 정보제공의무의 법적 성격문제는 필연적으로 입증책임문제와 연계되는 중요한 문제이다.

3. 비교법적 고찰

2002년의 독일민법전 개정을 통하여 계약교섭단계에 대한 규정을 두고 있는 독일과는 달리, 우리 민법은 근대민법의 입법자들의 의사에 따라 평등한 관계에

24, 98다25061), 숙박업자(대판 1997.10.10, 96다47302) 등에서 인정하고 있다.

135) 우리 민법 제2조의 신의성실의 개념은 원래 계약의 이행에 관하여 요구되는 개념이다.

서 자율적으로 이해가 조정되는 계약당사자들간의 합의계약모델에서 출발하고 있다. 무엇보다도 계약체결에서 자유·평등한 계약당사자들의 청약과 승낙의 합치과정에만 관심을 쏟고 있고, 정보량에서 불리한 위치에 놓여있는 소비자의 보호에는 무관심한 바, 이것은 소비자보호에 관한 특별법의 영역에서 규정하고 있다. 이하에서는 간략하게 정보제공의무에 대한 비교법적 고찰을 하고자 한다.

(1) 프랑스

계약전의 정보제공의무(l'obligation de d'information)에 대하여는 프랑스가 판례에 의하여 비교적 선도적으로 도입하고 학계에서 이론적으로 발전시켜 입법까지 연결되었다고 한다.[136] 프랑스에서는 1945년 미셸드쥐글라(Michel de Juglat)에 의해 처음으로 이론적으로 제기되었고, 전문직업인과 소비자간의 계약상 불평등관계가 고조되면서 프랑스 법원이 1960년대부터 주로 '합의의 하자'에 관한 법리해석을 통해 「계약 전 정보제공의무」를 인정하기 시작하였으며, 이 과정에서 소비자보호를 위한 여러 특별법이 제정되었고, 「계약 전 정보제공의무」는 하나의 실정법규범으로서 자리잡게 된다.[137]

프랑스의 정보제공의무는 계약체결단계에서 당사자에게 일정한 사항에 대한 명시의무를 부과한다는 점에서 영미법상의 「최고 신의의 계약(contract uberrimae fidei)」개념과 유사하다고 할 수 있다. 예컨대 보험계약이나 토지매매계약, 주식인수계약이나 특별한 신뢰관계가 요구되는 계약(변호사와 의뢰인, 본인과 대리인, 수탁자와 수익자) 및 가족협정 등과 같은 일정한 유형의 계약에서는 최고의 신뢰(the utmost good faith)로서 계약체결 여부를 결정하는데 영향을 미치는 모든 사정을 고지하여야 할 의무(duty of disclose)를 부담하는 것을 말한다.

「계약 전 정보제공의무」의 인정근거로서 판례는 프랑스민법 제1116조[138]의 사기(le dol)조항을 근거로 하여 침묵으로 감춰진 사실을 상대방이 알았더라면, 계

136) 프랑스의 정보제공의무에 대한 국내 소개문헌으로는 이상욱, 프랑스에서의 계약상 정보제공의무, 영남법학 제1권 제1호, 1994.1., 95면 이하;최상호, 계약상의 정보제공의무에 관한 연구-사기와 착오법리의 적용관계를 중심으로-, 법학논고, 제9집, 1993, 63면; 남궁술, 법규범의 발전과 판례: 프랑스에 있어서의 '안전배려의무'와 '정보제공의무'의 발전에 있어서의 판례의 역할을 중심으로, 민사법학 제28호, 2005.6, 305면 이하.

137) 남궁술, 상게논문, 323면.

138) 프랑스민법 제1116조는 「사기는 당사자 일방이 행한 기망행위가 없었더라면 다른 일방이 계약을 체결하지는 않았을 것이 분명한 경우에 합의의 무효원인이 된다. 사기는 추정되지 않으면 증명되어야 한다」고 규정되어 있다.

약을 체결하지 않았을 것이 분명한 경우 사기에 해당하게 되는데, 이에 근거하여 「계약 전 정보제공의무」위반을 규제하기 위해서는, 소비자는 사업자의 침묵이 의도적이었으며, 또 이 침묵이 당사자의 합의를 이루는데 결정적 역학을 하였다는 입증책임을 부담하게 된다. 일부의 판례는 착오(l'erreur)에 의하여, 또한 프랑스민법 제1641조 이하의 「숨은 하자의 담보책임」규정에 의하여 상인의 「계약 전 정보제공의무」위반의 채임을 묻기도 하였다. 즉 하자의 존재를 알고 있는 상인이 매매 전에 이를 매수인에게 밝히지 않은 경우, 이를 숨은 하자로 인정하였다. 이 경우 매수인의 악의에 대한 입증책임은 상인이 부담하였기 때문에, 입증책임의 면에서 소비자에게 훨씬 유리하였다. 그러나 이 경우에도 '정보의 결핍'이 '매매목적물의 숨은 하자'와의 견련성이 있어야 하고, 이를 기초로 매매계약을 해제하고자 할 경우에도 단기간의 제소기간의 제약 때문에 매수인의 입장에서는 제한적이었다.

이와 같이 일반 민법규정의 해석에 근거한 계약 전 정보제공의무 위반에 대한 법원의 규제의 한계성 때문에 특별법의 제정을 통하여 해결을 시도하였는데, 현재 이들 특별법들은 모두 1993년의 소비자보호법전에 통합되어 규정되어 있다.

계약상 정보제공의무가 판례에 의해 계약 내용의 일부로서 인정되기 시작한 것은 1970년대 매매계약과 관련해서인데, 즉, 「상인은 판매상품의 사용법과 주의사항을 매수인에게 알려야 한다. 그렇지 않은 경우, 상인은 관련정보의 결핍 또는 불충분으로 인하여 매수인에게 발생한 손해를 배상하여야 한다」라고 하는 판결을 통하여 인정하기 시작하였으며, 서비스제공계약, 진료계약, 변론계약, 수리계약, 건축계약 등 수많은 판결이 '계약상 정보제공의무'를 인정하고 있다. 프랑스민법 제1602조 제2항은 매도인에게 자신의 의무내용을 명백하게 설명하도록 하는 계약상 정보제공의무를 부과하고 있고, 제2항은 '불분명하거나 애매한 모든 약정은 매도인에게 불리하게 해석한다'고 하여, 우리 약관규제법 제5조와 같은 취지의 규정을 두고 있다. 판례는 심지어 매매계약의 당사자가 아닌 물건의 제작자에게까지 「계약상 정보제공의무」를 인정하여 책임을 인정하기도 하였다.[139] 이 경우 정보제공의무의 제공에 대한 입증책임을 프랑스민법 제1315조 2항[140]에 근거하여 정

139) 이러한 판결에 대하여 최종매수인과 계약관계에 있지 않은 제작자의 책임을 계약책임으로 인정하는데 대하여 '계약책임과 불법행위책임의 전통적 구별로부터 벗어나는 사업자책임을 인정해야 하는가'라는 질문과 함께 비판적인 견해를 제시하기도 하였다. J. Calais-Auloy & F. Steinmetz, Droit de la consommation, Dalloz, 2003, n°53.

보제공의무자에게 부담시키고 있다.

프랑스의 판례는 다양한 형식으로 여러 계약에 '계약상 정보제공의무'를 인정하고 있다. 즉 소비자 또는 일반 비전문인이 정보나 기술면에서 불평등관계에 놓일 수밖에 없는 모든 계약에 「계약상 정보제공의무」를 인정하고 있다고 볼 수 있다. 그리고 이렇게 광범위하게 정보제공의무를 인정하는 실익은 바로 입증책임의 문제 때문이라고 볼 수 있다.[141] 정보제공의무의 법적 근거에 대하여는 일반적으로, '신의성실의 원칙(la bonne foi)'과 프랑스민법 제1134조 3항 "합의는 신의에 따라 성실히 이행되어야 한다"라는 규정에서 찾고, 이는 계약전이라 할지라도 당사자에게 인정될 수 있는 것이라고 한다.[142]

(2) 독 일

독일민법(BGB)에서 계약체결과정에서의 설명·정보제공의무와 그 책임에 관한 일반규정은 존재하지 않는다.[143] 계약체결과정에서 일방 당사자가 상대방에게 그의 계약체결의 의사결정에 중요한 사정에 관하여 적극적으로 정보를 제공하거나(설명의무, Aufklärungspflicht) 그릇된 정보를 제공해서는 안 될 의무(진실의무, Wahrheitspflicht)를 계약체결과정에서의 정보제공의무(Informationspflicht)라고 한다. 정보제공의무와 설명의무는 별개의 개념이 아니라 동의어로 이해하고 있는데, 독일에서는 일찍부터 정보제공의무를 '계약체결상의 과실책임'의 한 유형으로서 판례에 의하여 법형성된 점이 특징이다.

독일에서는 정보제공의무위반의 문제를 민법상의 착오·사기·강박·채무불이행·불법행위책임 및 선량한 풍속에 관한 일반조항으로 규제하고 있다. 그 밖의 민법에 각종 계약형태에서 각각 정보제공의무가 규정되어 있다. 입법자가 적극적으로 정보제공의무를 규정하지는 않았지만, 독일민법에는 계약체결과정에서 계약당사자의 그릇된 정보용태에 대한 책임을 포섭할 수 있는 다양한 규정들을

140) 프랑스민법 제1315조 제1항은 채무의 이행을 청구하는 자는 채무의 존재를 증명하여야 한다고 규정하고 다시 제2항은 이에 대응하여 자신의 면책을 주장하는 자는 변제 또는 그의 채무를 소멸시킨 사실을 증명하여야 한다고 규정하고 있는데, 제2항에서 정보제공의무의 입증책임의 근거를 정보제공의무자에게 찾고 있다.

141) 남궁술, 전게논문, 328-329면.

142) 이상욱, 전게논문, 117-119면.

143) 독일에서의 정보제공의무에 대한 자세한 것은 박인환, 계약체결과정에서의 정보제공의무 - 독일에서의 논의를 계기로 하여, 서울대학교 박사학위논문, 2004; 동, 독일법상 정보제공의무위반을 이유로 하는 계약해소청구권, 민사법학 제27호, 2005.3, 133면 이하 참조.

가지고 있다.

또한 독일채권법현대화에 관한 법률(Gesetz zur Modernisierung des Schuldrechts)에 의하여 주로 소비자보호를 목적으로 하는 개별 특별법들의 주요 내용이 독일민법전의 채권편에 흡수통합되었다. 약관규제법(AGBG), 소비자신용법(VerbrKrG), 방문판매법(HausstürWG), 통신판매법(FernAbsG) 등 특별법들은 소비자 보호를 목적으로 주로 계약 내용의 투명성 보장을 내용으로 하는 다양한 형태의 정보제공과 그 책임을 규정하고 있었는데 민법전으로 통합 흡수되었다.

독일민법 제651조 a의 제3항은 여행계약에서 여행주최자(Reiseveranstalter)는 여행안내책자에 법규명령에서 정한 사항을 포함하도록 정보제공의무를 규정하고 있는데, '여행주최자의 정보제공에 관한 법규명령' 제1조와 제2조가 '독일민법에 따른 정보제공의무와 증명의무에 관한 법규명령 제4조와 제5조에 규정되게 되었다. 이들 규정은 여행설명서 등에 계약 내용을 명확히 기술하도록 규정함으로써 계약 내용의 투명성을 보장하기 위한 것이다.

제492조는 특히 급부 비교를 용이하게 함으로써 경쟁을 촉진하고 서면방식과 정보제공을 통해 소비자를 보호하고자 한다. 제1항은 소비자소비대차계약의 서면방식성과 소비자인 차주가 서명할 계약의 의사표시에 계약 내용에 관한 세밀하고 상세한 사항을 기재할 것을 규정하고 있다(제3문 각호). 이는 소비자소비대차계약의 체결을 위하여 수여한 대리권에도 적용된다(제4항). 제494조는 금융기관 등이 이러한 의무를 위반하여 서면방식을 결여한 경우 소비자소비대차계약 및 그 계약을 체결하기 위한 대리권은 무효가 된다. 제492조 제1항 제1문은 구 소비자신용법(VerbrKrG) 제4조로부터 독일민법에 통합된 규정으로서 소비자인 차주가 과대한 청구를 받을 수 있는 재정적인 의무부담을 깊이 생각하지 않고 소비대차채무를 지게 되는 것을 경고하여 경솔로부터 그를 보호하는 것이다.[144] 또한 소비대차중개계약에 관하여 제655조의 b는 서면주의와 함께 정보제공의무를 전제로 하고 있다. 나아가 상세한 기재사항을 요구하는 제3문은 계약 내용의 투명성을 확보하기 위한 것이다.

구 소비자신용법 제5조를 통합한 독일민법제493조는 일정한 당좌대월여신계약에서 제492조의 적용을 배제하면서 제2문에서 차주의 대차금 이용 전에 ① 대

---

144) 박인환, 계약체결과정에서의 정보제공의무 - 독일에서의 논의를 계기로 하여, 서울대학교 박사학위논문, 2004, 18면.

차금의 최고한도, ② 통지시점에 적용되는 연이율, ③ 이율변경의 조건, ④ 계약 종료의 조건 등을 알려주고 대차금 이용 후에는 이율변경의 조건과 계약종료의 조건 등의 정보에 대한 서면에 의한 고지를 규정하고 있다. 제495조는 소비자소비대차계약에서 독일민법 제355조에 따른 차주의 철회권을 규정하고 있다.

독일민법 제312조 c는 통신판매에서 사업자가 소비자에게 정보를 제공하여야 할 사항을 민법시행법(EGBGB) 제240조에 근거한 법규명령에 결부시켜 명시적으로 규정하고 있다. 제1항은 계약 체결 전 정보제공의무로서 원격통신수단에 적절한 방식으로 명확하고 이해하기 쉽게 이행하도록 하고 있으며, 제2항은 계약 이행 단계의 정보제공의무로서 늦어도 계약의 완전 이행 또는 물품의 인도시까지 서면의 방식에 의해 행하도록 하고 있다. 그러나 계약체결에서의 결정의 자유보호라는 관점에서는 계약체결 전 의사결정에 관하여는 제1항의 정보제공의무만이 문제된다. 이러한 정보제공의무는 소비자의 급부 내용에 대한 전형적인 정보결핍을 철회권과 정보제공의무라는 고전적 소비자보호수단을 통해서 규범적으로 보충하기 위한 것으로 평가된다.[145)]

또한 독일민법 제355조 제2항은 법률의 규정에 의해 소비자가 철회권을 갖게 된 경우에 소비자의 철회권의 행사기간은 상대방의 철회권에 관한 명확한 고지가 서면방식으로 행해진 때에 개시되는데, 이는 소비자계약에서 소비자의 철회권에 관하여 서면으로 이행될 것을 요구하는 매우 단순한 형태의 정보제공의무이다.

또한 독일민법에서 정보제공의무에 관한 일반규정은 없지만 적용가능성이 있는 규정으로는 제123조 제1항에 의한 사기에 의한 의사표시와 사전적 오도에 의한 독일민법 제823조 제1항과 제826조의 보호법규위반에 의한 불법행위성립에 의해 규율되기도 한다. 또한 제438조 제3항은 매도인이 '하자를 알면서 밝히지 아니한 경우'에는 각각 서로 다른 단기의 소멸시효를 규정하고 있는 제1항 제1호, 제2호 및 제2항의 적용을 배제하여 일반소멸시효를 적용하며, 매수인의 악의에 관하여 제442조에서는 '매도인이 하자를 알면서 밝히지 아니한 경우' 이를 물건의 성상에 대한 보증을 인수한 때와 마찬가지로 매수인이 악의라 하더라도 그 하자로 인한 권리를 행사할 수 있다고 규정하고 있다. 또한 하자담보책임의 배제약정에 관한 제444조에서는 '매도인이 하자를 알면서 밝히지 아니한 경우'에는 물건의 성상에 대한 보장을 인수한 경우와 마찬가지로 그는 하자로 인한 매수인의 권리를

145) Bamberger-Roth/Schmidt-Räntsch § 312c Rdn. 3.

배제 또는 제한하는 내용의 약정을 원용할 수 없다고 규정하고 있다.

또한 정보제공의무와 관련하여 독일민법에 새로이 추가된 조문은 제434조 제1항 제3문인데 '매도인이나 제조자 또는 그의 보조자가 한 물건의 성상에 관한 공개적 언명, 특히 광고나 상품표시에서 한 언명에 기하여 매수인이 기대할 수 있는 성질도 제2문 제2호의 성상에 포함된다'고 하여 광고나 상품표시에서 한 언명을 물건의 하자판단의 기준이 되는 성상으로 보고 있다.

독일의 특별법상 정보제공의무에 관련된 규정으로는 독일공정거래법(Gesetz gegen den unlauteren Wettbewerb) 제13조 a는 허위의 오인을 야기하는 것으로 광고의 대상이 되는 인적 범위에서 계약체결에 중요한 광고표시에 대하여 구매자의 철회권을 규정하고 있다. 또한 증권거래소법(BörsG) 제30조 제3항 2호는 공중에게 발행자와 유가증권에 관한 올바른 판단을 가능하게 하는 정보제공으로서 투자설명의무를 부과한다. 그 외에도 보험계약상의 고지의무[146] 등이 있다.

독일민법은 계약체결과 관련된 정보용태에 대한 책임을 포섭할 수 있는 다양한 규정들을 가지게 되었고, 정보제공에 관한 특별법 규정들은 특별한 주관적 요건과 이례적인 정보상의 이익 상태 내지 특별히 남용에 대해 취약한 오표시에 대한 책임으로 제한된다. 따라서 독일법상 계약당사자의 과실에 의한 기망에 대해서는 규율이 존재하지 않는다. 이에 대하여 판례는 정보제공의무위반으로 인한 책임을 종종 묵시적으로 체결된 독자적인 조언계약에서 이끌어내기도 한다. 이러한 묵시적으로 체결된 조언계약에 기한 법리구성은 설명의무의 근거제시의 부담을 회피하면서도 계약상 의무위반의 책임을 정보제공의무자에게 귀속시킬 수 있다는 점에서 판례가 선호하는 방법이다.[147]

(3) 미 국

영미에서의 정보제공의무는 「최고신의의 계약(contracts uberrimae fidei)」과 궤를 같이하는데, 보험계약이나 토지매매계약, 주식인수계약이나 특별한 신뢰관계가 요구되는 계약[148] 및 가족협정 등과 같은 유형의 계약에서 최고의 신의로서 계약

146) 보험계약법(VVG) 제16조 제1항 본문은 보험계약 체결시 위험의 인수에 있어서 중요한, 보험계약자가 알고 있는 모든 사정에 관하여 보험자에 대한 보험계약자의 포괄적인 고지의무(설명의무)를 규정하고 있다.

147) 박인환, 전게논문, 139면.

148) 예컨대 변호사와 의뢰인, 본인과 대리인, 수탁자와 수익자 등의 관계에서 특히 요구된다.

체결여부를 결정하는데 영향을 미치는 모든 사정을 고지하여야 할 의무(duty of disclosure)를 부담하는 것을 말한다.

미국에서는 정보제공에 관한 법률로는 금융, 신용, 신용, 품질보증에 관한 연방법에 의하여 규율되며, common law[149] 상의 사기와 과실부실표시, 비양심성,[150] 신인의무이론에 의하고 그 밖에 불공정한 거래방법, 허위광고에 관한 연방법이 있고, 정보제공의무위반의 효과에 대해서는 계약의 해제 및 손해배상청구권 등이 인정되고 있다.

먼저 정보제공에 관하여는 사기의 요건을 완화한 부실표시의 이론, 강박의 요건을 완화한 부당위압의 이론이 있고, 더 나아가 계약체결과정에서 사기 및 착오 등에는 해당되지 않지만, 비양심적인 사정이 있거나, 계약조항이 불공정한 경우에 계약의 효력을 부정하는 「비양심성」이론이 판례상 인정되고 있다. 또한 모든 주에서 불공정하면서 기망적인 행위에 대하여 소비자를 보호하는 법률이 제정되었다.

사기, 부실표시에 대하여 살펴보면, 고전적으로 사기(fraud)는 허위의 사실을 표시한 의도적인 기망행위이다. 따라서 허위의 사실을 표시한다고 하는 적극적인 행위를 요하고, 동시에 허위의 사실을 표시함으로서 상대를 기망할 의도를 요한다. 이에 대해서 요건이 완화된 「부실표시」에 의한 계약의 취소가 인정되고 있다. 그 요건은 사실과 부합하지 않은 표시가 행해질 것, 그 표시행위가 사기적인 것이거나 중요한 것일 것, 당사자가 그 표시를 신뢰하여 계약체결의 의사표시를 할 것, 그의 신뢰가 정당한 것일 것이다. 기망의 의도를 요하지 않는다는 점에서 사기와 차이점이 있다. 이 때문에 부실표시자가 기망할 의도가 없다 할지라도, 그 표시를 진실한 것으로 신뢰하고 중대성의 요건을 충족하는 경우에는 부실표시는 성립한다. 또한 중대하지는 않더라도 사기적인 즉 허위인 것에 대하여 악의나 중대한 과실이 있는 경우에는 부실표시가 성립한다.

---

149) 영국에서는 계약체결과정에서 계약당사자에게 정보를 제공할 의무를 부과하는 것에 대하여 초기에 입법은 주저하였는데, 이러한 태도는 상업적으로 가치 있는 정보의 발견에 대한 동기부여의 필요성에 의하여 정당화되었다. Hugh Collins, The Law of Contract, Butterworths, 1997, p.313.

150) 비양심성(unconscionability)의 개념은 common law,와 equity law 양자에 뿌리를 두고 있지만, 우선적으로 equity law에서 발전되었다. 특히 비양심성이론의 적용은 mortgage, trusts, 손해배상(penalty)에서 많이 적용되었다. John D. Calamari/Joseph M. Perillo, The Law of Contracts, West Group, § 9.38, p.366.

중대성에 대하여는 객관·주관 두 가지의 기준이 있다.[151] 즉, 중대성은 합리적인 계약당사자라면 그러한 부실표시가 없다면 계약을 체결하지 않았으리라고 인정되는 경우를 말한다(객관적 통상인 기준). 그러나 개별적인 당해 계약당사자에 의해서, 그와 같은 부실의 표시가 행해지면 계약을 체결하지 않았으리라고 인정되는 경우에 중대성이 인정된다(주관적 당사자 기준).

부실표시는 사실에 대한 것이고, 의견이나 예측에 관한 것은 아니다.[152] 그러나 이 두 가지 사이의 구분은 실제로 용이하지 않고 이 원칙에는 몇몇 예외가 인정된다. 즉, 신뢰관계가 있는 경우, 당해 계약의 목적물에 대해서 특별한 기능 및 판단력을 일방 당사자가 가지고 있는 경우, 혹은 상대방이 어떠한 이유로 부실표시로서 기망하는 상태인 경우에는 의견에 대한 신뢰도 또한 부실표시로서 보호된다. 따라서 사업자와 소비자 사이의 계약에서는 사업자가 표명한 의견에 대해서도 부실표시가 인정될 가능성이 높다.

일부에 대하여 알리지 않는 경우 및 전혀 표명하지 않는 침묵 및 알리지 않는 경우가 부실의 표시로 되는가가 문제되는 경우가 있다. 침묵이나 '알리지 않음'도 또한 당사자에게 신뢰관계가 형성되어 '알림'이 당연히 기대되는 경우 및 상대방이 오해하는 것이 타방 당사자에게 용이하게 판단되는 경우 혹은 일단 언명을 하고 그것이 후에 허위인 것을 알게 된 경우에는 부실표시행위에 해당하는 것으로 된다.

강박에 대해서는 상대방에게 위협을 가하여 계약을 체결한 경우에는 강박을 이유로 취소할 수 있다. 강박의 요건은 위협이 존재할 것(threat), 부당한 위협이 있을 것(improper threat), 그의 위협의 결과 계약체결의 의사표시가 행해졌을 것(inducement by threat)」, 위협의 정도가 상대방이 계약체결의 의사표시를 하지 않으면 안 될 정도로 충분히 중대할 것(sufficiently grave threat)이다. 원래 강박은 당사자 및 가족의 생명·신체에 대한 협박의 경우에 한정되었지만, 점차 완화되어 재산에 대한 협박을 포함하게 되었고, 경제적 이익에 대한 경제적 위협(economic duress)의 유형을 인정하게 되었다. 부당성도 또한 처음에는 위법한 경우 및 불법행위가

---

151) 설명의무의 상대방으로 되는 소비자는 평균적 소비자와 당해 구체적 소비자로 구분되는 기준과 같다고 할 수 있다.

152) Keeton, Fraud; Misrepresentation of Opinion, 21 Minn. L. Rev. 643, 1937; John D. Calamari/Joseph M. Perillo, supra, §9.17 The representation: Facts Versus Opinion, p.330.

성립하는 경우에 한정되었지만, 현재는 합법적인 행위(예컨대 고소를 하는 행위나 담보권의 실행)인 경우에도 부당성이 인정되고 있다. 예컨대, 계약상 인정되는 해제권을 행사하여도 그것이 별도의 이익을 얻기 위해 행사되는 경우에는 부당한 협박으로 된다.

부당위압의 법리는 체결과정에서 행하는 것이 부당하여도 그것이 '중대한 부당한 위압'을 구성하지 않는 경우에는 강박이 되지 않는다. 부당한 설득의 결과 불공정한 거래가 되는 경우에, 예컨대 강박에 해당하지 않아도 거래의 피해자를 구제하였는데, 이것이 형평법상의 제도로서 전개되었다. 부당외압은 부당한 설득에 대해 약자이면서 능력이 떨어지기 때문에 영향을 받는 자를 그와 같은 설득을 행하는 특별한 지위에 있는 자의 영향으로부터 보호하고자 하는 것을 목적으로 한다. 그 요건은 당사자간의 특별관계와 강자의 약자에 대한 부당한 설득에 의한 계약체결이고, 그 요건을 충족한 경우에는 계약은 취소할 수 있게 된다.

설득 또한 체결과정에서 나타나는데 어떠한 것이 부당한 설득인가가 핵심이다. 결국 불공정한 설득과 공정한 계약체결의 문제로 된다. 그러나 어떠한 것이 공정한 것인가는 사정에 따라 결국 자유롭고 충분한 능력에 기한 의사결정 및 판단에 대한 중대한 침해가 있는가가 중요하다. 고려요소로서는 독립한 제3자의 조언을 받을 기회가 있었는가, 충분히 고려하기 위한 시간이 충분한가, 약자의 상황이 어떠한가를 들 수 있다. 이러한 고려요소의 하나가 존재한다면 거래결과의 불균형이 존재한다고 할 수 있다. 따라서 여기에서도 내용의 공정이 판단요소의 하나가 되고, 부당외압의 판단은 체결과정과 내용의 종합판단의 성격을 띠게 된다.

4. 우리나라에서의 정보제공의무

(1) 법 률

위에서 언급하였듯이, 우리 민법에서는 직접적으로는 정보량의 격차가 있는 계약당사자들간에 열위에 있는 일방당사자를 배려하는 규정은 두고 있지 않다.[153] 입법자는 계약성립의 문제와 계약성립 이후의 법적 효과 문제에 대해서 주

153) 사업자와 소비자간의 계약에 관한 입법례 중의 하나인 일본 소비자계약법에서는 설명의무에 관한 규정으로 제3조에 정보제공노력의무를 규정하고 있고, 제4조 2항에 불이익사실의 불고지에 대한 규정을 두고 있다.

로 초점을 맞추고 있다. 오늘날 계약관계에 있는 당사자에게 급부의무 이외에 신의칙상 인정되는 부수의무 이외에 보호의무 내지 충실의무, 설명의무 등이 학설에 의하여 폭넓게 지지되고 있지만, 대등한 당사자들간의 합의에 의한 계약을 상정하고 있는 민법에서는 계약당사자간에 정보제공의무를 적극적으로 인정하고 있지는 않다.

계약체결상의 고지 · 설명의무와 관련하여 당사자들은 계약의 성립과 실현에 관하여 중요한 의미를 가지는 사실을 상대방에게 알려야 할 의무를 부담하지만, 이와 같은 고지 · 설명의무는 계약체결과 연관될 수 있는 모든 위험(Risiko)이나 결과를 알려주어야 하는 의미는 아니라고 본다.[154] 정보제공의무는 사업자와 소비자간의 소비자계약과 전문가와 비전문가 사이의 계약에서 그 의의를 갖는다고 할 수 있고 소비자계약을 규율하는 특별법에서 사업자에게 정보제공의무를 부과하고 있다.

1) 소비자기본법상 알권리 소비자계약에서 사업자의 정보제공의무는 소비자의 알권리에서 출발한다. 헌법상의 기본권인 알권리는 국가기관에 대한 정보공개청구권의 문제[155]로 나타나게 되지만, '소비자의 권리로서 알권리'는 소비자기본법 제4조 2호에 그 근거를 두고 있다. 동조 2호는 소비자의 권리 중의 하나로서 소비자에게 「물품 등을 선택함에 있어서 필요한 지식 및 정보를 제공받을 권리」를 인정하고 있으며, 소비자기본법 제3장 제2절은 사업자의 책무를 규정하고 있는데, 제19조 제3항에서 「사업자는 소비자에게 물품 등에 대한 정보를 성실하고 정확하게 제공하여야 한다」고 하여 사업자에게 정보제공의무를 부과하고 있다.

2) 소비자계약 특별법상 정보제공의무 소비자계약에 관한 특별법들로서는, 우선 「약관의 규제에 관한 법률」 제3조가 사업자에게 약관의 내용에 대한 명시의무와 약관의 중요한 내용에 대한 설명의무를 부과하고 있으며, 「방문판매등

154) 김형배, 채권각론(계약법) 신정판, 박영사, 2001, 128면. 계약을 체결하려는 자는 계약과 관련된 시장조건, 중요한 법률규정, 기타의 부담 등에 관해서 스스로 정보를 알아야 하기 때문이다.

155) 물론 기본권의 제3자적(대사인적) 효력으로서 '기본권으로서 알권리'를 국가기관뿐만 아니라 정보면에서 우위적 지위에 있는 사업자와 열위적 지위에 있는 소비자간의 거래인 소비자계약에서 사업자에 대한 소비자의 권리로서 소비자에게 인정할 수도 있다.

에 관한 법률」 제7조 및 제16조는 방문판매업자와 다단계판매업자에게 계약체결 전 정보제공의무를 부과하고 있다. 즉, 방문판매자등은 계약을 체결하기 전에 ① 방문판매업자등의 성명(법인인 경우에는 대표자의 성명을 말한다)·상호·주소·전화번호·전자우편주소(1호), ② 방문판매원등의 성명·주소·전화번호·전자우편주소(다만 방문판매업자등이 소비자와 직접 계약을 체결하는 경우는 제외한다)(2호), ③ 재화 등의 명칭·종류 및 내용(3호), ④ 재화등의 가격과 그 지급방법 및 시기(4호), ⑤ 재화 등의 공급 방법 및 시기(5호), ⑥ 청약의 철회 및 계약의 해제의 기한·행사방법·효과에 관한 사항 및 청약철회 등의 권리 행사에 필요한 서식(6호), ⑦ 재화 등의 교환·반품·수리보증 및 그 대금 환불의 조건과 절차(7호), ⑧ 전자매체로 공급이 가능한 재화 등의 설치·전송 등과 관련하여 요구되는 기술적 사항(8호), ⑨ 소비자피해보상·재화 등에 대한 불만 및 소비자와 사업자 사이의 분쟁처리에 관한 사항(9호), ⑩ 거래에 관한 약관(10호)와 그밖에 소비자의 구매 여부 판단에 영향을 주는 거래조건 또는 소비자의 피해구제에 필요한 사항으로서 대통령이 정하는 사항(11호)에 대하여 알리고 설명하도록 하고 있다.

「할부거래에 관한 법률」 제3조는 목적물의 종류 및 내용, 현금가격, 할부가격, 각 할부금의 금액·지불회수 및 시기와 할부수수료율의 실제 연간요율에 대해서 표시하고 매수인에게 고지할 의무를 부과하고 있으며, 제4조에서는 할부거래의 내용과 조건을 기재한 서면에 의하도록 하고 있다.

「전자상거래등 소비자보호에 관한 법률」(이하 전자상거래소비자법이라 칭함)은 전자상거래와 통신판매 양자를 규율하고 있는데, 계약체결을 전후하여 신원 및 거래조건 등에 관한 광범위한 정보를 제공하도록 하고 있다. 즉 동법 제10조는 사이버몰의 운영자는 소비자가 사업자의 신원 등에 대하여 쉽게 알 수 있도록 ① 상호 및 대표자 성명, ② 영업소 소재지 주소, ③ 전화번호·전자우편주소, ④ 사업자등록번호, ⑤ 사이버몰의 이용약관, ⑥ 소비자보호를 위하여 필요한 사항으로 대통령령이 정하는 사항에 대하여 표시하도록 규정하고 있고, 제13조에서도 통신판매업자[156]에게 판매자의 신원 및 거래조건에 대하여 정보를 제공하도록 하고 있다. 이러한 신원에 관한 정보제공의무는 전자상거래 및 통신판매가 갖고 있는

156) 통신판매업자의 정보제공의무를 경제법적인 의무와 사법상의 의무가 결합되어 있는 것으로 보기도 한다. Härting, Fernabsatzgesetz, Rdn. 13 f. zu § 2; Lütcke, Fernabsatzrecht, Rn. 4 zu § 312 c.

비대면 거래의 특성상 소비자가 계약체결 상대방에 관한 충분한 정보를 갖게 함으로서 전자거래의 안전성 및 신뢰성을 확보하고자 하는 것이다. 특히 제2항 9호는 약관에 의한 정보제공을 하도록 규정하고 있다.[157)]

「공인중개사의 업무 및 부동산의 거래신고에 관한 법률」 제25조는 중개대상물에 대한 설명의무를, 「가맹사업거래의 공정화에 관한 법률」 제7조는 프랜차이즈계약체결시 정보공개서의 제공의무를 규정하고 있다. 또한 「여신전문금융업법」 제18조는 거래조건의 주지의무라는 제목하에 신용카드업자는 신용카드회원에게 ① 신용카드업자가 정하는 이자율·할인율·연체율 등 각종 요율 ② 신용카드·직불카드 이용금액의 결제방법 ③ 신용카드회원 등에 대한 책임 등에 대하여 알릴 것을 규정하고 있다.

상법 제638조의 3 제1항은 "보험자는 보험계약을 체결할 때에 보험계약자에게 보험약관을 교부하고 그 약관의 중요한 내용을 알려주어야 한다"고 규정하여 보험자의 정보제공의무를 규정하고 있다.[158)] 이와 약간 성질은 다르지만 제651조는 보험계약당시에 보험계약자 또는 피보험자가 고의 또는 중대한 과실로 인하여 중요한 사항을 고지하지 아니하거나 부실의 고지를 한 때에는 보험자에게 계약해지권을 주고 있는데, 앞에서 언급되어온 소비자보호와는 무관하지만 소비자에게도 일정한 계약의 내용이 사업자의 이익과 밀접한 관련을 맺는 경우에는 고지의무를 부과하고 있다.

보험업법 제95조는 보험모집시 보험안내자료에 ① 소속보험회사의 상호나 명치 또는 보험설계사나 보험대리점 또는 보험중개사의 성명·상호나 명칭, ② 보험가입에 따른 권리·의무에 관한 주요사항, ③ 보험약관에서 정하는 보장에 관한 사항 ④ 해약환급금에 의한 예금자보호와 관련된 사항, ⑤ 그 밖에 보험계약자의 보호를 위하여 대통령령이 정하는 사항 등을 명료하게 기재하여 알리도록 하고 있고, 제97조는 보험계약의 체결 또는 모집에 종사하는 자는 보험계약자 또는 피보험자에 대하여 사실과 다르게 알리거나 보험계약의 계약조항의 일부에 대하여 비교한 사항을 알리거나 보험계약의 계약조항중 중요한 사항을 알리지 아니하

157) 전자상거래소비자보호법상의 정보제공의무에 대하여는 이병준, 전자상거래소비자보호법상의 정보제공의무와 명확성의 원칙, 정보화정책 제11권 제3호, 2004년 가을, 30면 이하.

158) 보험자의 정보제공의무에 대하여는 유주선, 보험자의 정보제공의무 -독일과 한국의 비교법적인 관점에서-, 보험학회보, 제79집, 08-04, 93면 이하.

는 행위를 하지 못한다고 규정하고 있다.

(2) 판 례

우리나라 판례는 어떤 사실을 고지하지 않았다는 것이 기망행위가 되지 않는다고 하는 판례도 있으나,[159] 대체로 부작위에 의한 기망행위를 인정하고 있다. 즉 부동산 거래에서 거래 상대방이 일정한 사정에 관한 고지를 받았더라면 그 거래를 하지 않았을 것이 경험칙상 명백한 경우에는 신의성실의 원칙상 사전에 상대방에게 그와 같은 사정을 고지할 의무가 있으며, 그와 같은 고지의무의 대상이 되는 것은 직접적인 법령의 규정뿐 아니라 널리 계약상, 관습상 또는 조리상의 일반원칙에 의하여도 인정될 수 있고,[160] 상대방에게 과실이 있는 경우에도 고지의무가 면해지는 것은 아니라고 한다.[161]

학설은 사기에 의한 의사표시가 성립하기 위해서는 사기자의 고의, 위법한 기망행위, 기망행위에 의한 표의자의 착오, 착오에 기한 의사표시가 있어야 한다고 한다. 또한 상대방을 착오에 빠트리려는 고의와 착오에 기하여 의사표시를 하게 하려는 고의의 이단의 고의가 필요하다고 한다. 학설은 더 나아가 침묵도 경우에 따라서는 기망행위가 될 수 있다고 한다. 즉 표의자의 부지를 이용하여 침묵에 의하여 착오에 빠지게 한다든가, 또는 표의자가 이미 착오에 빠져 있는 정도를 침묵에 의하여 더욱 심하게 하는 것은 기망행위가 될 수 있다고 하거나, 신의성실의 원칙 또는 거래관념에 비추어 어떠한 상황을 고지할 법률상의 의무가 있음에도 불구하고 이를 고지하지 않음으로써 표의자에게 실제와 다른 관념을 야기하거나 강화하거나 유지하게 하는 침묵도 기망행위에 포함된다고 한다.[162] 이 때 고지의

---

159) 환매권 양도체결당시 국가가 목적부동산을 원소유자에게 환매하기로 결정하여 환매절차 상신중에 있었다는 사실을 양수인이 알고 있었다 하더라도 양수인이 그 사실을 양도인이 환매권자에게 고지하여 주었어야만 할 의무는 없다 할 것이므로 이를 고지하지 않았다 하여 기망행위가 있었다고 볼 수 없다고 한다. 대판 1984.4.10, 81다239.

160) 대판 2006.10.12, 2004다48515; 대판 2007.6.1, 2005다5812・5829・5836.

161) 대판 2007.6.1, 2005다5812・5829・5836에서 일단 고지의무의 대상이 되는 사실이라고 판단되는 경우 이미 알고 있는 자에 대하여는 고지할 의무가 별도로 인정될 여지가 없지만, 상대방에게 스스로 확인할 의무가 인정되거나 거래관행상 상대방이 당연히 알고 있을 것으로 예상되는 예외적인 경우가 아닌 한, 실제 그 대상이 되는 사실을 알지 못하였던 상대방에 대하여는 비록 알 수 있었음에도 알지 못한 과실이 있다 하더라도 그 점을 들어 추후 책임을 일부 제한할 여지가 있음은 별론으로 하고 고지할 의무 자체를 면하게 된다고 할 수는 없다고 하여 아파트분양사업자에게 고지의무위반에 따른 손해배상책임을 인정하고 있다.

162) 김상용, 민법총칙, 1993, 567면; 이영준, 민법총칙, 1987, 408면.

무의 존부는 당해 거래행위의 성질 등을 고려하여 신중하게 결정하여야 하는 바, 조합계약이나 고용계약과 같이 특별한 신뢰관계를 요하는 것은 고지의무가 광범위하지만, 일시적 계약인 매매는 고지의무가 특별한 비난가능성이 있는 때에만 존재한다 할 것이다.[163)]

정보제공의무에 관한 구체적인 판례를 보면, 매매목적인 공장대지 842평 중 234평이 계약 당시 이미 도시계획선에 걸려 도로부지로 편입되어 있는 경우에 매수인이 그 사실을 알면서도 그 공장이 꼭 필요해서 이를 매수하였다는 등 특별한 사유가 있거나 계약조항에 그에 관한 대목이 끼어 있거나 適宜價格調節(적의가격조절)이 되었다는 등 특단의 사정이 없으면 계약당시 매도인이 매수인에게 그 사실을 고지하였다고는 인정하기 어려울 것이라고 하여 매도인의 기망행위를 인정하고 있다.[164)] 또한 토지의 매매계약서에 매수인의 매수목적 즉 건물건축의 목적으로 매수한다는 내용이 표시되지 않았다고 하여도 매수인인 피고인이 그러한 매수인의 매수목적을 알면서 건축이 가능한 것처럼 가장하여 이를 오신한 매수인과 사이에 매매계약이 성립된 것이라면 위와 같은 피고인의 행위는 사기죄의 구성요건인 기망행위에 해당하는 것이고 매매계약상 매수목적이 표시되지 않았다고 하여 기망행위가 아니라고 볼 수는 없다고 하여 기망행위를 인정하였다.[165)]

또한 건설산업기본법에 따라 설립된 공제조합이 그 조합원과의 보증위탁계약에 따라 조합원이 도급받은 공사 등의 계약이행과 관련하여 부담하는 계약보증금의 납부에 관한 의무이행을 보증하기 위하여 계약보증서를 발급하는 방법으로 그 도급인과 보증계약을 체결하는 경우, 공제조합은 그 조합원이 도급계약에 따른 채무를 이행하지 아니함으로 말미암아 도급인에게 부담하게 될 채무를 보증하는 것이므로, 선급금의 액수와 그 지급방법 및 선급금이 정하여진 용도로 실제 사용될 것인지 여부 등은 보증사고에 해당하는 수급인의 채무불이행 여부를 판정하는 기준이 되는 계약상 중요한 사항으로서 조합원 등이 이를 거짓으로 고지할 경우 공제조합에 대하여 기망행위를 인정하였다.[166)]

정보제공의무로서 설명의무에 대한 판례가 최근에 금융거래에서 주로 나타난

---

163) 최상호, 전게논문, 70면.
164) 대판 1971.5.24, 70다2878.
165) 대판 1985.4.9, 85도167.
166) 대판 2002.11.26, 2002다34727.

다. 증권회사나 투자신탁회사의 임직원은 고객에게 금융상품에 대해 권유할 때에는 그 투자에 따르는 위험을 포함하여 당해 금융상품의 특성과 주요내용을 명확히 설명할 의무가 있고, 특히 투자에 따르는 위험과 관련하여 투자권유자는 채권시장의 시가 변동에 의한 위험, 발행주체의 신용 위험, 그리고 만약 외국채권을 신탁재산에 편입하는 때에는 환시세의 변동에 의한 위험이 존재하고 이로 인하여 원본 손실의 가능성이 있다는 사실 등을 설명하여야 할 것이나, 고객에게 어느 정도의 설명을 하여야 하는지는 투자 대상인 상품의 특성 및 위험도의 수준, 고객의 투자 경험 및 능력 등을 종합적으로 고려하여 판단하여야 한다고 한다.[167)]

또한 설명의무는 의사의 설명의무와 관련한 판례가 있고, 약관규제법 제3조의 설명의무에 관한 판례가 있다. 우선 의사와 환자의 법률관계를 판례는 계약관계로 구성하기보다는 의사의 주의의무위반의 경우에 불법행위에 의하여 손해배상청구권을 인정하는 편이다. 의료계약의 법적 성질에 대하여 학설은 위임계약에 준하는 무명계약으로 보는 것이 다수설이지만, 용역제공형[168)]으로서 의료계약은 의료공급자인 의사측과 의료소비자인 환자측 사이의 일종의 소비자계약으로 볼 수 있다. 이 경우 의사측의 사전 설명의무에 대해서는 판례는 인정하고 있는데, 즉, "의사는 반드시 병을 완치시켜야 할 의무를 부담하는 것은 아니라 할지라도 최선의 주의로써 병을 치료하기 위한 충분한 조치를 다할 의무가 있고, 환자에 대한 수술은 물론, 치료를 위한 의약품의 투여도 신체에 대한 침습을 포함하는 것이므로, 의사는 긴급한 경우 기타의 특별한 사정이 없는 한, 그 침습에 대한 승낙을 얻기 위한 전제로서 환자에 대하여 질환의 증상, 치료방법 및 내용, 그 필요성, 예후 및 예상되는 생명, 신체에 대한 위험성과 부작용 등, 환자의 의사결정을 위하여 중요한 사항에 관하여 사전에 설명함으로써 환자로 하여금 수술이나 투약에 응할 것인가의 여부를 스스로 결정할 기회를 가지도록 할 의무가 있고, 이러한 설명을 아니한 채 승낙 없이 침습한 경우에는, 설령 의사에게 치료상의 과실이 없는 경우에도 환자의 승낙권을 침해하는 위법한 행위가 된다"고 하고

---

167) 대판 2003.7.11. 선고 2001다11802에서는 이러한 설명의무위반을 과실로 보아 불법행위책임에 따른 손해배상책임을 인정하고 있다.

168) 용역제공형 소비자계약으로서는 의료계약 이외에도 변호사와의 수임계약, 경비용역계약 등을 들 수 있고, 특히 변호사는 의뢰인이 말한 사실관계에 맞추어 그와 관련된 모든 법률관계를 설명해주어야 할 설명의무가 있으며, 의뢰인이 사건위임의 결정을 하는데 필요한 정보를 제공해주어야 할 의무가 있다.

있다.[169)]

의사의 설명의무의 법적 근거에 대하여 환자의 자기결정권 등 여러 견해가 있지만, 환자의 진료채무라는 급부의무와 병존적으로 존재하는 독립적 부수의무[170)]로 볼 수 있으며, 판례는 의사의 설명의무를 계약상의 요소로 보기보다는 불법행위의 한 구성요건인 과실요건의 범주의 하나로 보면서[171)] 의료기술상의 과실과는 별개의 주의의무로 보는 것[172)]이 주류이다.

매매계약과 관련하여 설명의무를 주의의무로 보는 판례가 있는데, 대추나무 재배농민이 농약을 혼용살포한 결과 약해로 수확이 감소했다는 이유로 농약판매상을 상대로 손해배상을 청구한 사안에서, 현재까지 대추나무용 농약에 관하여는 농약관리법의 규정에 따라 고시된 농약이 전혀 없고, 또 대추나무에 그 농약을 혼용살포할 수 있는지의 여부 및 그에 따른 약해 유무 등에 관하여 뚜렷한 기준이 없다 하더라도, 원고를 비롯한 대추나무 재배농민들이 종래 농약판매업자인 피고와 상의하여 사과나 배 등의 일반과수에 고시된 농약을 선택하여 대추나무에 혼용살포하여 왔다면, 피고로서는 원고에게 농약을 판매할 때에 그 농약의 성능, 사용방법 등에 관하여 정확한 설명을 하여 줄 주의의무가 있고, 그 성능 등에 관하여 알지 못하면서 함부로 그 사용에 관한 지시나 권유를 하여서는 안될 주의의무가 있다고 하여 설명의무를 주의의무의 한 내용으로 파악하고 있다.[173)]

그 밖에 정보제공의무와 관련된 판례는 대부분 법령상 인정되는 설명의무나 고지의무, 정보제공의무 위반과 관련되어 있다. 주로 약관규제법상 제6조의 약관의 명시·설명의무, 상법 제638조의 3 제1항의 보험자의 정보제공의무 등과 관련된 판례이다.

---

169) 대판 1995.2.10, 93다52402도 의사가 환자에게 수술 등 인체에 위험을 가하는 행위를 함에 있어 그에 대한 승낙을 얻기 위한 전제로서 환자 본인 또는 그 가족에게 그 질병의 증상, 치료방법의 내용 및 필요성, 발생이 예상되는 위험 등에 관하여 당시의 의료수준에 비추어 상당하다고 생각되는 사항을 설명하여 그 환자가 필요성이나 위험성을 충분히 비교하여 그 의료행위를 받을 것인가의 여부를 선택할 수 있도록 하여야 할 의무가 있다고 하여 의사의 설명의무를 인정하고 있다.

170) 대판 1987.4.28, 86다카1136.

171) 대판 1994.11.25, 94다35671.

172) 대판 1987.4.28, 86다카1136.

173) 대판 1995.3.28, 93다62645.

5. 정보제공의무의 판단기준과 위반의 효과

(1) 정보제공의무의 판단기준

1) 서 언

앞에서 살펴보았듯이 약관규제법, 방문판매법, 할부거래법, 전자상거래등 소비자보호법 등과 같은 소비자계약법에서 설명의무 내지 정보제공의무의 근거규정을 가지고 있고 더 나아가 구체적인 정보제공의무의 내용에 대하여 규정하고 있는 경우에는 그에 따라 정보제공의무의 내용과 위반책임을 묻게 될 것이다. 그러나 위와 같은 소비자계약법으로 규율되지 않는 새로운 형태의 소비자계약이 등장하고 있고, 또한 전문가시대의 도래와 함께 전문가와 비전문가 사이의 법률관계에서 발생하는 분쟁도 증가일로에 있다. 과연 이러한 법률관계의 경우에 정보제공의무가 존재하는지의 여부와 정보제공의무가 인정된다면 어떠한 기준으로 어떠한 내용으로 될 것인지가 모색되어야 한다.[174)]

먼저 계약체결단계에서의 정보제공의무에 대해 살펴보면, 정보제공과 관련하여서는 두 가지 측면에서 고려할 수 있다. 하나는 계약당사자의 잘못된 정보에 관한 상대방보호의 문제이며, 다른 하나는 계약결정과 관련한 정보제공을 하지 않는 경우이다. 전자는 적극적인 정보제공의무위반의 문제이며 후자는 소극적인 정보의무위반의 문제이다. 적극적으로 잘못된 정보의 제공의 경우 정보제공의무위반으로 평가[175)]하는데 어려움이 없는데 반해, 정보제공의무의 부작위를 위법한 의무위반으로 평가하기 위한 정보제공의무의 확정은 그 예외적 성격과 법률의 명시적 규정이 없으므로 독일민법학에서도 매우 어려운 문제로 인식되고 있다.[176)] 따라서 언제 어떠한 조건하에서 계약체결의 일방 당사자가 상대방에 대하여 정보제공의무를 부담하는가를 해명하는 것은 정보제공의무에서 가장 중요한 문제이다.[177)]

---

174) 정보제공의무의 정당화근거에 대해서 당사자간의 정보량의 격차에서 찾는 견해가 주류를 이루지만, 사회전체의 거래비용이라는 측면에서 정보우위자가 그 비용을 부담하여야 한다는 견해, 정보접근의 평등성에서 구하는 견해, 사업자의 전문성에서 구하는 견해 등이 있다. 이에 대한 상세한 설명에 대해서는 박정기, 계약체결과정에 있어서의 정보제공의무, 토지법학 18호, 2002.12, 71면 이하 참조.

175) Soergel/Wiedermann, Vor § 275 Rdn. 153.

176) 박인환, 계약체결과정에 있어서의 정보제공의무, 서울대학교 박사학위논문, 2004, 57면.

177) 현재 독일의 설명의무의 요건을 구체화를 위한 노력은 사례들 특히 의무발생적 사실들의 성

2) 정보제공의무의 존재를 인정하기 위한 요건

정보제공의무가 존재하기 위해서는 먼저 계약당사자의 일방이 계약에 필요한 정보를 알고 있거나 알 수 있어야 한다. 이 때 당사자의 일방이 그 분야의 전문가인 경우에는 악의로 추정되어 그 정보를 알고 있었던 것으로 인정할 수 있을 것이다. 그러나 정보를 알고 있는 것만이 아니라 그 정보가 상대방의 의사결정에 결정적인 역할을 하는 것을 알고 있거나 또는 알 수 있어야 한다.

정보제공의무가 존재하기 위한 실질적 요건으로서 계약당사자간에 심한 정보량의 격차가 있을 것과 계약의 중요한 요소에 관하여 일방 당사자가 그 사실을 알고 있을 것, 다음으로 상대방은 그 사실을 알지 못하며 그 무지가 정당할 것 등을 기본적 요건으로 한다.[178] 따라서 보험계약에서 거래상 일반적이고 공통적인 것이어서 보험계약자가 설명 없이도 충분히 예상할 수 있는 것은 보험자의 설명의무의 대상이 되지 않는다고 한다.[179]

가) 계약당사자간 정보량 격차의 존재 계약당사자간에 심한 정보량의 격차가 있어야 하는데 이는 정보량의 기본적인 불균형을 의미한다. 전통적인 계약이론에 의하면 계약의 내용이나 효력에 관하여는 표의자 자신이 조사하여야 하며, 그 조사를 태만히 하였기 때문에 불리한 계약을 체결한 경우에는 그 위험은 자신이 감당하는 것이었다. 그러나 현대에 들어와 당사자간에 정보량의 격차가 인정되는 여러 계약들이 등장하게 되는데 대표적인 경우가 소비자계약이고 정보제공의무는 사업자에게 요구되는 의무이다.

이러한 의무를 부과하여야만 양자 사이에 힘의 균형이 회복되며, 이것이 곧 성실한 계약교섭의 전제가 된다. 그러므로 정보제공의무의 유무를 판단하는 데는 당사자의 위치에 부가하여 정보의 격차 정도나 계약 내용의 복잡성 등을 구체적

질을 기준으로 하는 추상적 징표에 의해 체계화하거나 법률관계의 종류에 따라 설명의무 사례를 정리함으로써 행해진다. 전자에 관해서는 Soergel/Wiedermann Vor §275 Rdn. 155ff; Soergle/Teichmann, §242 Rdn. 139ff; MünchKomm/Roth, §242 Rdn. 269ff; MünchKomm-Emmerich, §275 Rdn. 81ff. 후자에 관해서는 Soergel/Wiedermann Vor §275 Rdn. 265ff; Soergle/Teichmann, §242 Rdn. 143ff; MünchKomm/Roth, § 242 Rdn. 316ff; MünchKomm-Emmerich, §275 Rdn.95ff; Staudinger/Löwisch, Vor §275 Rdn. 81ff.

178) 이상욱, 전게논문, 각주 92) 참조. 정보제공의무의 근거와 체계적 위치와 관련하여 실질적 근거로서 정보량의 격차를 들고 법적 근거로서 계약전의 신의성실을 들기도 한다; 최상호, 전게논문, 67-68면.

179) 대판 2008.8.21, 2007다57527.

으로 고려하여야 한다. 정보화가 진전되고 사업자의 전문성이 높아질수록 계약 당사자 사이의 정보량의 격차는 증대하고 있으며, 이에 따라 전문가 내지 생산자·판매자 등에게 정보제공의무를 부과해야 할 범위도 점차 증대하고 있다. 그러나 정보제공의무를 부과하는 것은 아니며, 비전문가인 비당사자가 그 정보를 모르는 것이 정당한 경우에 한하여 인정되어야 한다.

우리 소비자기본법의 해석에서 사업자에는 자연인과 법인 양자를 포함하는 것으로 해석해야 할 것이고, 물품의 제조자와 수입업자·판매업자 및 용역제공자가 사업자에 해당하는데, 대부분의 경우에는 기업이 사업자가 될 것이다. 또한 정보제공의무는 전문가에게 요구되는 의무이다. 넓은 의미에서 진료계약과 변호사 수임계약도 의료공급자와 의료소비자, 법률서비스공급자와 법률서비스소비자로 보면 소비자계약으로 보게 되어서 앞의 경우에 포섭될 수도 있겠지만, 현재 소비자계약법에 의하여 규율되지 않기 때문에 이러한 전문가와 비전문가간의 계약에서 전문가에게 요구되는 의무이다.

나) 계약의 중요한 요소에 대한 당사자 일방의 인식 내지 인식가능성 　계약의 중요한 요소에 관하여 당사자 일방이 그 정보를 알고 있거나 알 수 있을 것을 요한다. 계약의 중요한 요소[180] 내지 사정에 관하여 고려되어야 할 것으로 독일에서 논의되는 것[181]으로는 ① 계약의 유효성에 대한 위험, ② 계약목적에 대한 위험, ③ 계약이행에 대한 위험, ④ 계약위험, ⑤ 신용위험, ⑥ 비용증가위험, ⑦ 등가성에 대한 위험, ⑧ 사용가능성에 대한 위험이다.

계약의 유효성에 대한 위험이란 모든 계약 당사자는 상대방에게 자신이 알고 있는 계약의 유효성에 대한 우려를 알려주어야 한다. 이것은 특히 방식을 필요로 하는 거래에서 중요하다. 서면의 작성, 관청의 허가, 증명의 취득의 필요성에 대하여 정보를 제공하여야 한다. 이러한 의무위반시 관청의 허가 거부 때문에 계약

180) 판례는 약관에서 설명의무의 대상이 되는 '중요한 내용'이라 함은 사회통념에 비추어 고객이 계약체결의 여부나 대가를 결정하는 데 직접적인 영향을 미칠 수 있는 사항을 말하고, 약관 조항 중에서 무엇이 중요한 내용에 해당하는지에 관하여는 일률적으로 말할 수 없으며, 구체적인 사건에서 개별적 사항을 고려하여 판단하여야 한다고 한다. 대법원 2008.12.16, 2007마1328 결정; 대판 2007.8.23, 2005다59475,59482,59499.

181) 독일의 논의에 대한 자세한 것은 박인환, 박사학위논문, 58-65면 참조. 정보제공의무의 판단기준으로서 '중요한 요소' 이외에 정보제공의 기대가능성에 대한 이익형량요소를 꼽고, ① 정보제공의무자의정보와 정보필요에 대한 인식 ② 당사자간 (신뢰)관계의 강도 ③ 당사자의 인적 특성을 들고 있다.

이 무효가 되는 경우 계약체결상의 과실책임의 문제가 된다.

계약목적에 대한 위험이란 모든 당사자는 자신에게 가능하고 기대가능한 한도에서 상대방의 계약목적을 좌절시킬 수 있거나 계약 이행시 상대방에게 특별한 위험을 발생시킬 수 있는 사정들에 대하여 설명할 의무를 진다. 계약체결 교섭시에 계약목적이 좌절될 것이 확실하거나 그러할 개연성이 있고 따라서 상대방의 계약체결에 중요한 사정들에 대하여, 계약상대방에게 설명할 의무가 존재한다.

계약이행에 대한 위험이란 모든 계약의 교섭당사자가 상대방에게 예정되어 있는 계약의 이행 또는 적기의 이행을 방해할 개연성이 있는 장애에 대하여 지적할 의무를 지는 것을 말한다. 특히 근로계약의 당사자들은 매우 엄격한 요구를 받는다. 또한 원칙적으로 계약위험은 계약당사자가 스스로 부담하지만, 계약의 특성과 구조에 결부된 위험이 전형적으로 거래 경험이 적은 교섭당사자에게 파악될 수 없거나 파악이 곤란한 경우, 계약에 결부된 법적 위험에 대하여 설명할 의무가 존재하게 된다. 신용위험과 관련하여 원칙적으로 상대방에게 자신의 재산상태를 설명할 의무는 존재하지 않지만, 예외적으로 계약 상대방에게 보호가치 있는 이익이 있는 경우에는 실제의 재산상태를 알려줄 의무를 부담하게 된다.

비용증가위험이란 교섭 상대방의 반대급부 자체 또는 계약의 이행을 위해 필요한 지출과 비용에 대하여 증가할 우려가 있는 경우 알려주어야 할 의무이다. 따라서 계약당사자의 계산의 기초가 되는 사실들, 예컨대, 지출, 비용, 건축기술적 장애 등에 관한 정확한 진술에 실패한 경우 책임이 인정될 수 있다. 등가성에 대한 위험은 계약 그 자체는 적법하게 이행되었지만 경제적 관점에서 반대급부가 일방 계약당사자에게 자신의 급부에 대한 충분한 등가성을 갖추지 못한 경우로서 매도인이 가격산정시 매수인에게 특별히 유리한 조건으로 행해진 것처럼 사실에 반해서 위장하거나 계약목적물의 거래가치에 불리한 영향을 미치는 사정에 대하여 진술을 하지 않을 때 발생한다.

사용가능성에 대한 위험은 계약목적물 자체에는 하자가 없지만 채권자에게 사용가능성이 없거나 제한되는 경우이다. 이러한 위험도 원칙적으로 채권자 자신이 지지만 계약의 일방당사자가 전문가로서 특별한 지식을 가지고 있고 교섭 상대방이 거기에 의존하지 않을 수 없는 경우에 책임이 발생한다.[182)]

또한 정보제공자로 상정되는 당사자는 그 정보를 알고 있어야 한다. 소비자계

---

182) Soergel/Wiedemann, Vor §275 Rdn. 171.

약에서 사업자와 전문가에게 이 악의는 추정되어 그 정보를 알고 있었던 것으로 인정되는 경우가 많다고 할 것이다. 그러나 정보를 알고 있는 것만이 아니라 그 정보가 상대방의 의사결정에 결정적인 역할을 하는 것을 알고 있거나 또는 알 수 있어야 한다. 따라서 악의에 대한 입증책임은 사업자나 전문가에게 있다고 보아야 한다.[183]

다) 상대방의 의사결정에 결정적 역할을 할 것 계약에 있어서 정보제공의무가 인정되기 위해서는 그 정보가 상대방의 의사결정에 중요한 역할을 하여야 한다. 계약당사자의 일방은 그 정보가 상대방의 의사결정에 결정적인 역할을 하는 것을 알고 있거나 또는 알 수 있어야 한다. 소비자계약관련 법률들에서 이러한 정보들을 명시하여 정보제공의무를 부과하기도 하는데, 법률에 명시적인 규정이 없는 경우에는 상대편(소비자 또는 비전문가)의 입장과 통상인을 기준으로 하여 당해 정보가 의사결정에 결정적인 역할을 하게 되는지의 여부가 판단되어야 한다.

라) 정보에 대한 상대방의 무지와 그 무지의 정당성 계약의 상대방은 그 정보에 대하여 알지 못하며 그 무지가 정당할 것을 요한다. 원칙적으로 계약의 내용이나 효과 등에 대하여는 자신이 스스로 조사하여야 하고 그 불이익 내지 위험에 대하여는 자신이 부담하여야 하지만, 위의 요건들을 충족한 경우, 상대방에게 조사의무가 없을 것, 즉 상대방의 부지가 정당할 것이 정보제공의무의 성립요건이 된다. 대체로 다음과 같은 경우에는 일방 당사자의 무지가 정당한 것으로 인정된다.

① 스스로 조사할 의무를 이행할 수 없는 경우 먼저 객관적인 측면에서 매매, 임대차, 소비대차와 같은 계약에서는 대부분 당사자 중 정보제공의무를 부담하게 될 자가 목적물을 소지하고 있기 때문에 그 목적물의 법적·사실적 상태를 조사할 수 없는 경우를 들 수 있다. 주관적인 측면에서는 정보제공을 받게 될 자의 개인적인 능력 때문에 조사가 불가능한 경우를 들 수 있다. 프랑스의 판례는 사기의 성립 여부를 판단할 때, 상대방의 판단능력이 낮다거나 고령인 점을 고려하고 있으며, 착오에 관하여는 착오자의 'faute'[184] 유무를 판단하는

183) 특히 매도인이 전문적인 전문가인 경우에는 확인의무를 부과하는 프랑스 판결도 있다. Cass. civ. 3e, 3février 1981, D1984, 457, note. J. Ghestin.

데 착오자의 연령이나 직업, 경험 등을 고려하고 있다. 이 경우 정보를 조사하는 것이 불가능한 경우란 절대적으로 불가능할 필요는 없고, 정보를 아는데 중대한 어려움이 있는 정도면 족하다.[185]

② 상대방에 대한 신뢰가 정당할 것 계약의 성질상 신뢰가 정당하다고 인정되는 경우란 위임계약, 고용계약, 조합계약 등 계약당사자간의 특별한 신뢰관계를 전제로 하는 계약 등을 들 수 있다. 특히 전문가가 일반인과 계약하면서 그 계약의 내용이나 목적물에 대한 일정한 내용을 알려 줄 의무를 부담하게 되는 경우이다. 그러한 전문가로서는 의사, 변호사, 공증인, 건축사, 은행가, 증권업자, 보험업자, 공인회계사, 전문적인 기계의 매도인이나 임대인, 부동산중개업자, 운송업자, 자동차수리업자, 수의사 등을 들 수 있다.

이 경우에 전문가에게 정보제공의무가 부과되는 것은 계약의 내용이나 목적물이 전문적이기 때문에 정보제공의무를 부과함으로써 당사자간의 힘의 균형을 회복하는 것이 성실한 계약교섭의 전제가 되기 때문이다. 따라서 정보제공의무의 유무를 판단하는 데는 당사자의 지위에 부가하여 정보의 격차 정도나 계약 내용의 복잡성 등을 구체적으로 고려하여야 한다.

③ 허위 또는 부정확한 정보가 제공된 경우 정보제공의무는 침묵에 의한 사기와 밀접하게 결부되어 논의되고 있으나, 동시에 정확한 정보를 제공할 의무를 포함하는 개념이다. 따라서 정보제공의무를 위반하게 되는 태양으로서는 정보제공의 부작위뿐만 아니라 작위에 의한 허위 또는 부정확한 정보를 제공한 경우도 포함한다. 허위 또는 부정확한 정보가 제공된 경우에는 그 정보제공으로 말미암아 상대방은 내심적으로 정보를 조사하려던 필요성이 소멸하게 된다고 하여 그에 대한 상대방의 신뢰를 정당하다고 보는 것이다. 그 결과 상대방이 스스로 조사할 의무를 다하지 않았다는 항변은 허용되지 않는다. 허위정보가 제공된 경우에는 상대방도 전문가이고 일반적으로 정보에 관해 조사할 의무가 있는 경우라 하더라도 상대방의 조사의무는 요구되지 않는다.

3) 정보제공의무의 범위와 강도

계약단계 내지 계약성립 후의 정보제공의무의 범위와 강도는 계약유형과 계

184) 프랑스 특유의 개념이며 과책 정도로 이해되는 용어이다.
185) 이상욱, 전게논문, 각주 101) 참조.

약내용에 의해 판단되거나, 각 계약의 특수성 - 계약유형, 교섭의 기간과 강도, 교섭 당사자의 인식상태와 기능범위 등- 에 따라 결정된다. 급부 자체가 정보제공인 계약유형에서는 정보제공의무는 급부의무가 되겠지만, 컨설팅계약이나 변호사수임계약, 진료계약, 중개계약, 여행계약과 같은 계약유형에서도 정보제공의무 내지 설명의무는 단순한 부수의무 이상의 채무로 볼 수 있다. 구체적으로는 설명, 정보제공, 조언, 지시, 고지, 경고의무로 나타나게 되고 특히 소비자계약에서는 약관에 의하여 많은 정보가 제공되게 된다. 또한 매매와 같은 일시적 계약에서는 사전정보제공의무가 문제되고,[186] 계속적 계약에서는 사전정보제공의무 뿐만 아니라 계약체결 이후의 정보제공의무가 중요하게 된다. 또한 계약종료 이후에도 급부한 물건이나 용역에 대한 추가적인 정보제공의무가 발생하기도 한다. 특히 소비자계약에서는 계약의 이행 이후라도 공급한 제품이나 용역의 결함에 의한 소비자의 생명, 신체, 재산의 완전성이익이 침해될 가능성이 있는 경우에 사업자는 경고의무, 고지의무, 설명의무를 갖는다고 보아야 한다. 소비자법으로서 의미를 갖는 제조물책임법 제4조 제2항은 제조자에게 제조물을 공급한 후에 당해 제조물에 결함이 존재한다는 사실을 알았거나 알 수 있었음에도 그 결함에 의한 손해의 발생을 방지하기 위한 적절한 조치를 하지 아니한 때에는 책임을 지우고 있다.

(2) 정보제공의무 위반의 효과

1) 개 관

정보제공의무위반의 경우에 의무위반 당사자에게 어떠한 법적 책임을 물을 수 있는가는 일률적으로 논하기에는 어려움이 있다. 그러나 우선 고려할 수 있는 것이 정보제공의무위반으로 인하여 계약의 목적을 달성하기 어렵게 되거나 계약을 유지하는 것이 계약의 일방당사자 특히 소비자계약에서 소비자에게 부당하게 되는 경우에는 계약을 해소할 필요성이 제기된다. 정보의무위반의 문제를 민법상의 법리로서 프랑스나 독일, 영미에서처럼 착오(제109조)・사기・강박(제110조) 및 채무불이행(제390조), 불법행위책임(제750조) 및 계약체결상의 과실(제535조), 선량한 풍속 및 사회질서 위반(제103조)이나 불공정한 법률행위(제104조)에 의하여 규율이

186) 매매에서는 일반적인 정보제공의무의 기준이 적용되게 된다. 따라서 매수인이 계약체결을 결정할 때 중요한 의미를 갖는 사정을 알지 못하는 반면, 매도인이 그것을 알고 있고, 정보제공이 가능하고 기대할 수 있다면 매도인은 그러한 사실을 매수인에게 설명하여야 한다.

가능하다.

어떤 의무위반으로 인한 책임의 법적 성질은 위반된 당해 의무의 성격, 특히 그 보호목적을 고려하여 파악되어야 한다. 따라서 정보제공을 내용으로 하는 계약이 인정되거나 당해 구체적 계약목적의 이행과 실현을 위한 부수적 급부의무로서 정보제공의무가 문제되는 경우에는 계약책임을 물을 수 있다. 그러나 계약체결과정에서의 정보제공의무의 고유의 문제성은 그러한 조언계약이 인정될 수 없거나 계약성립 이전단계의 정보제공이 문제됨으로써 쉽사리 계약책임이 수반되는 계약상의 부수의무로 파악할 수 없다는 데 있다. 이 경우에 계약체결상의 과실책임으로 보거나 불법행위책임으로 이론구성할 수밖에 없다.[187)]

그 이외에 민법상의 각종 전형계약의 정보제공의무관련 규정에 의한 규율이 가능하고, 소비자계약 관련 특별법상의 정보제공의무 관련 규정에 의하여도 그 책임이 발생하게 된다.

앞에서 살펴보았듯이 정보제공의무 및 설명의무의 규정을 가지고 있는 소비자계약에 관한 특별법들인 「전자상거래 등에서의 소비자보호에 관한 법률」, 「방문판매등에 관한 법률」, 「할부거래에 관한 법률」「약관의 규제에 관한 법률」, 「여신전문금융업법」은 소비자계약에서 중요한 역할을 하지만 그 성격상 사법과 경제법적인 색채를 함께 띠고 있고, 위의 법률들은 정보제공의무위반의 경우에 벌칙 내지 과태료를 가하고 있다.[188)]

2) 계약의 해소

계약 성립 후 계약의 일방당사자인 사업자에 의한 정보제공의무위반의 경우에 계약을 유지하는 것이 소비자에게 너무 가혹하거나 계약의 공정성을 해치는 경우, 계약의 목적을 달성할 수 없는 경우에는 소비자로 하여금 계약관계로부터 벗어나게 할 필요가 있다. 이 경우 소비자로서는 사업자에 의한 사기를 주장하여 취소하거나 중요부분의 착오에 의한 취소권을 행사할 수도 있고, 계약의 해제를 할 수도 있다.[189)]

---

187) 박인환, 전게논문, 306면.

188) 전자상거래소비자법 제43조, 약관규제법 제34조, 방문판매법에서는 제16조에서 계약체결전의 정보제공의무를 규정하고 있지만 이의 위반시 벌칙규정이나 과태료 규정을 가지고 있지 않다.

189) 독일에서는 판례와 학설은 정보제공의무위반에 대하여 보다 일반적인 구제수단으로 계약체결상 과실책임을 인정하면서, 그 효과로서 손해배상법상 원상회복으로서 계약해소청구권과

가) 사기법리의 적용 사업자에 의한 적극적인 잘못된 정보가 제공된 경우에는 적극적인 기망행위로서 굳이 정보제공의무위반의 문제로 보지 않더라도 제110조에 의한 사기에 의한 의사표시로 보아야 한다.[190] 다만 현대의 계약은 그 내용의 복잡성·전문성 등으로 인하여 비전문가인 일반소비자들은 계약에 관한 정보의 부족으로 상당히 불리한 입장에 놓이게 되므로 정보제공의무의 존재를 인정하고 이 의무의 불이행은 사기에 의한 의사표시에 해당한다고 보아야 한다. 즉 계약상대방에 대한 적극적인 잘못된 정보의 제공뿐만 아니라 계약상대방이 그 내용을 알았다면 계약을 체결하지 않았을 것이라는 사실을 그 상대방에게 숨기는 침묵에 대하여는 사기를 인정하는 방향으로 사기법리를 확장하여야 할 것이다.[191] 특히 소비자계약에서는 정보력에서 우월한 사업자로서는 신의칙상 정보제공의무를 부담하며 이 의무의 위반은 사기에 해당한다고 보아야 한다. 과실에 의한 정보제공의무위반의 경우에도 사기가 성립한다는 견해[192]에 대하여는 찬성할 수 없다. 오히려 특정상황에서 작위의무 있는 자의 부작위(침묵)에 의한 정보제공의무위반인 경우에 고의에 의한 사기와 동일시할 수 있다면 제110조의 사기에 해당한다고 보아야 한다.

나) 착오법리의 적용 우리나라에서는 표의자의 조사의무를 강조하는 입장에서 표의자에게 중대한 과실이 있는 경우에는 착오로서 취소할 수 없게 되어 있으나(민법 제109조 1항 단서), 정보제공의무를 도입하게 된다면 상대방의 정보제공의무와 표의자의 조사의무간에 형평을 고려한 새로운 해석론이 기대된다고 하겠다.[193] 정보제공의무와 착오와 관계에서 중요한 것은 상대방이 착오자의 착오상태를 이용하는 불성실한 행동을 한 경우에 이것이 착오로 인한 의사표시의 성립에 어떠한 영향을 미치는가 하는 문제이다.

착오로 인한 의사표시를 취소하기 위하여는 법률행위의 내용의 중요부분에 착오가 존재해야 한다. 또한 착오로 취소를 하려면 표의자에게 중대한 과실이 없

금전에 의한 차액보상청구권을 인정한다.

190) 최상호, 계약상의 정보제공의무위반에 관한 연구 -사기와 착오법리의 적용관계를 중심으로-, 경북대 법학연구소, vol. 9, 1993, 73면.

191) Cass. civ. 3°, 2 octobre 1974, Bull. civ. Ⅲ. n°330, p.251.

192) 최상호, 전게논문, 74면.

193) 이상욱, 전게논문, 124면.

어야 한다. 정보제공의무가 존재하고 정보제공의무위반으로 말미암아 착오에 의한 의사표시를 하는 경우에 표의자의 중과실을 필요로 하는가? 소비자계약에서 민법상의 원칙인 청약의 구속력을 배제하여 일정한 기간 내에 아무런 사유 없이 청약의 철회권을 인정하고 있기 때문에 소비자는 착오를 이유로 하여 취소를 하는 경우에는 중대한 과실은 결정적 요건은 아니라고 할 것이다.[194)]

정보량의 격차가 심한 소비자계약이나 전문가와 비전문가 사이의 계약에서는 사업자나 전문가에게 계약의 내용이나 목적물에 대한 일정한 내용을 알려준 신의칙상 정보제공의무를 인정해야 하며, 이 때 그들이 자신에게 부과된 의무를 해태하면 당연히 그에 대한 책임을 추궁해야 하며, 그 결과로 나타나는 것이 상대방의 정보제공의무위반으로 인하여 불이익을 당한 표의자에게 착오로 인한 취소를 인정하는 것이다. 이와 같이 착오가 성립하는가를 판단함에 있어서는 표의자의 상대방의 행위태양을 고려하여 그 상대방에게 불성실한 행위가 있는 경우에는 이것과 관련하여 표의자의 노력을 관찰하는 것이 바람직하며, 이 때에는 착오가 인정되기 쉬울 것이다.[195)]

주의하여야 할 것은, 전자상거래와 같이 온라인상에서 전자문서에 의하여 정형적으로 거래가 이루어지는 경우에는 표시된 대로 법률효과를 인정할 필요성때문에 착오법리를 적용할 가능성이 줄어든다는 점이다.

사기와 착오가 경합하는 경우에는 그 요건과 효과가 다르므로 주장자는 어느 쪽이든 그 요건을 입증하여 취소할 수 있다고 하여야 할 것이다.

다) 계약해제권 정보제공의무위반의 경우에 계약해제권을 인정할 것인가. 일반적으로 계약상의 급부의무위반의 경우에 계약해제권이 발생하며 부수의무나 보호의무위반의 경우에는 계약해제권은 발생하지 않고 손해배상청구권만 발생한다고 한다. 만약 정보제공의무가 급부의무로 평가되거나 급부의무에 영향을

---

194) 동지, 최상호, 상게논문, 78면. 일본에서는 소비자계약을 염두에 두고 소비자의 인식과 객관적 사실의 불일치가 있으면 착오의 범위를 확장하여야 할 것이라는 견해(長尾治助, 消費者私法の原理, 1992, 105面), 표의자의 중과실에 착안하여 사업자에게 정보제공의무가 인정되는 경우에는 중과실을 인정하지 않음으로써 요건을 완화하려는 견해(森田宏樹, 合意の瑕疵の構造とその擴張理論(一), NBL 482號, 1991, 28面)가 주장되고 있다.

195) 효과의사에 이르게 되는 동기에 착오가 있는 경우를 상정할 수 있는데, 예로서 지하철역의 부지로 예정되어 있지 않는 토지를 예정되어 있는 것으로 오신하여 토지를 매매한 것을 들 수 있다. 정보제공의무위반으로 말미암아 동기의 착오를 유발하여 의사표시를 한 경우 동기의 착오의 문제로 볼 수 있다.

주는 것으로 평가되는 경우에는 해제권(민법 제543조 이하)이 발생하게 된다. 이 경우 그 채무는 부수적인 것이 아니라 급부의 요소가 되어 해제권이 인정되는 것이다. 계약체결단계에서의 정보의무위반에 의하여 당사자의 신뢰관계가 파괴되어 계약관계의 계속을 더 이상 당사자에게 기대할 수 없다고 판단되는 경우에는 계약을 해제할 수 있다고 해석해야 할 것이다. 그렇지 않은 경우에는 계약의 해제권은 인정되지 않고 손해배상청구권이 발생할 뿐이다.[196)]

3) 하자담보책임의 법리 적용

계약체결과정에서 정보제공의무가 계약의 목적인 물건의 성질에 관련된 경우, 정보제공의무위반을 이유로 민법 제580조(특정물매매)와 제581조(종류물매매)에 규정되어 있는 물건의 성질에 대한 하자담보책임의 문제가 발생한다. 목적물의 하자에 관한 설명 내지 정보가 문제되는 경우 매도인이 무과실인 경우에도 피해자는 하자담보책임을 물을 수 있다.[197)] 종류매매에서 특정이 있기 전에는 매도인이 하자 없는 물건을 인도할 의무를 부담하므로, 이 단계에서는 담보책임이 문제될 여지가 없고, 특정된 후에 그 물건에 하자가 있는 경우에 담보책임이 문제된다.

매수인이 하자에 대하여 선의이고 무과실인 경우에는 하자로 인하여 계약의 목적을 달성할 수 없을 때에는 담보책임으로서 계약해제권을 갖게 되며 그 밖의 경우에는 손해배상청구권을 행사할 수 있다. 또한 종류매매에서는 완전물급부청구권도 행사할 수 있다. 계약의 수정청구권으로서 대금감액청구권을 인정할 것인가. 하자담보책임에서 대금감액청구권을 인정하고 있지 않지만, 인정할 수 있다고 본다. 다만 하자담보책임에서는 6월의 단기제척기간의 제한이 따르게 된다. 하자담보책임과 착오의 법리 등이 경합하는 경우에는 통설은 하자담보책임에 의한 성립만을 인정하고 있다.

4) 손해배상

소비자계약과 같이 정보량의 격차가 있을 때 인정되는 정보제공의무 위반의

---

196) 박정기, 계약체결과정에 있어서의 정보제공의무, 토지법학 18호, 2002.12, 78면.

197) 독일의 판례의 다수의 학설에 따르면 계약 전 誤導가 독일민법 제434조의 의미에서의 매매 목적물의 성상 내지 성질에 관한 것인 경우, 계약 전 誤導를 이유로 하는 계약체결상의 과실에 기한 청구권은 원칙적으로 배제된다고 하여 하자담보책임 우위를 인정하고 있다. RGZ 161, 193, 195; BGHZ 88, 131, 134; BGHZ 114, 263, 266. 이에 대한 상세한 설명은 박인환, 전게 박사학위논문, 256면 이하.

경우에 사업자에게 손해배상책임을 인정할 수 있다. 그 이론구성을 계약책임으로 하든 불법행위책임으로 하든 민법은 불법행위법으로 인한 손해배상청구권을 채무불이행에 손해배상 규정인 제393조와 제394조 등을 준용(제763조)하고 있기 때문에. 손해배상책임을 인정하는 데에는 異論이 있을 수 없다. 특히 판례는 금융거래와 관련한 계약체결단계에서 사업자는 정보제공의무 또는 설명의무를 부담하게 되고, 이를 위반한 경우에 사업자는 고객에 대하여 불법행위에 의한 손해배상책임을 인정한다.[198]

정보제공위반책임을 계약책임에 문의하는 경우 정보제공의무의 존재와 정보제공의무위반사실에 대한 입증책임은 소비자 내지 고객에게 있으며, 사업자와 전문가측에서 그에 대한 과실없음에 대한 입증책임을 부담하여야 하나, 불법행위책임으로 문의하는 경우에는 소비자 내지 비전문가측에서 과실에 의한 정보제공의무위반, 법익의 침해, 정보제공의무위반과 손해의 발생 사이의 인과관계, 손해의 발생 등을 입증해야 한다. 손해배상범위는 계약체결에서 결정의 자유 보호를 목적으로 하는 정보제공의무를 위반한 위법행위로 인하여 발생하는 손해로서 정보제공의무위반과 상당한 인과관계 있는 손해이다. 그러나 정보제공의무위반으로 인한 상당인과관계 있는 손해가 언제나 계약체결 자체의 불이익을 제거하는 것에 그치는 것은 아니다. 상대방의 의무위반행위가 없었더라면 부담하였을 가정적 반대급부와의 차이가 상당인과관계 있는 손해로 배상되어야 한다.

따라서 우리법상 정보제공의무 위반으로 인한 손해배상은 일차적으로는 실질적 결과에 있어서 원상회복을 목표하는 금전손해배상이 인정되지만, 올바른 정보용태가 있었더라면 보다 유리한 계약을 체결하였으리라는 것이 상당성 있는 사태경과로 입증되거나 의무자에게 예견가능성이 있는 경우에는 그러한 가정적 계약을 기준으로 하는 손해가 각각 통상손해 및 특별손해로 배상될 수 있다.

정보제공의무위반으로 인한 확대손해에 대한 배상책임을 인정할 것인가. 정보제공의무가 물건의 성상 내지 성질과 관련하여 하자담보책임으로 문의하거나, 정보제공의무가 계약의 중요한 요소로서 확대손해와 인과관계가 인정되는 경우에는 확대손해에 따른 배상책임을 인정할 수 있겠다. 다만 이 경우에는 정보제공의무위반과 확대손해에 대한 인과관계의 입증책임은 소비자 내지 고객측에서 부담하여야 할 것이다.

---

198) 대판 2006.5.11, 2003다51057.

생각건대, 계약체결과정에서의 정보제공의무는 법률에 명문규정이 없고, 특히 적극적 작위의무로서 설명의무는 실정법적 근거규정을 필요로 한다. 민법의 신의성실에 관한 규정은 설명의무에 관한 법률의 형식적 근거규정은 될지 몰라도 그것만으로는 고전적 계약법이 기반으로 하는 자기결정의 원리에 반하는 정보제공의무에 대한 충분한 설명 논증으로서는 부족하다. 여전히 전통적인 계약유형에서는 협상과정에서 일방의 당사자의 다른 일방에 대한 보편적인 정보제공의무는 존재하지 않는다고 할 것이다.

정보제공의무가 요구되는 분야에 대해서 정보량의 격차가 있는 소비자계약과 '전문가와 비전문가 사이의 계약'에서 요구된다는 점에 대해서는 국내의 학자들에 의해서도 대개 수용되고 있는 것으로 보인다. 다만 계약 전 정보의무위반의 경우에 책임의 법적 구성에 대하여 '계약체결상의 과실책임', '사기・착오의 법리'에 의한 계약책임과 불법행위책임 중 어느 것으로 구성하느냐의 문제가 쟁점인데, 계약체결과정에서의 정보제공의무의 고유의 문제성은 그러한 조언계약이 인정될 수 없거나 계약성립 이전단계의 정보제공이 문제됨으로써 쉽사리 계약책임이 수반되는 계약상의 부수의무로 파악될 수 없다는 점에 있다.

이 점에서 계약체결과정에서의 정보제공의무는 계약체결의 결정의 자유라는 보다 일반적 법익보호를 목적으로 하는 것으로서, 다른 완전성이익의 보호를 목적으로 하는 계약상의 부수의무와 다르지 않고, 완전성이익보호를 목적으로 하는 계약상의 부수의무 위반에 대한 책임의 성질이 본래 불법행위책임인 것과 마찬가지로 정보제공의무위반에 대한 책임의 성격도 정보제공의무가 급부의무 내지 부수의무로 포섭되지 않는 한 정보제공의무는 계약교섭 당사자들의 일반적 주의의무라고 할 것이고 불법행위책임으로 문의해도 충분하다고 본다.[199)]

계약책임에 문의하는 경우 정보제공의무의 존재와 정보제공의무위반사실에 대한 입증책임은 소비자 내지 고객에게 있으며, 사업자와 전문가측에서 그에 대한 과실없음에 대한 입증책임을 부담하여야 하나, 불법행위책임으로 문의하는 경우에는 소비자 내지 비전문가측에서 과실에 의한 정보제공의무위반, 법익의 침해, 정보제공의무위반과 손해의 발생 사이의 인과관계, 손해의 발생 등을 입증해야 한다.

사업자가 소비자 및 고객에 대하여 정보제공의무・설명의무를 부담하고, 그

199) 동지. 박인환, 전게논문, 307면.

의무를 위반한 경우에 사업자가 소비자 및 고객에게 손해배상책임을 부담한다는, 판례에 의해 형성된 논거를 체계화하는 것이 앞으로의 과제이다.[200] 향후 더욱 체계화하여야 하는 것으로는 첫째, 어떠한 거래에서 즉 어떠한 소비자 · 고객에 대해서 사업자가 정보제공의무 · 설명의무를 부담하는가라는 문제와 그 경우 부담하는 정보제공의무 · 설명의무의 내용과 준거틀이 더 구체적으로 정립되어야 하며, 둘째로 계약체결을 둘러싼 정보의 수집 및 정보의 분석에 실패한 자가 부담하는 법률행위법의 원칙적인 규율을 사업자와 소비자 또는 고객 사이의 계약에서 부분적으로 수정하기 위해 판례가 채용하였던 불법행위에 근거한 손해배상의 방법과 법률행위법 중에 부분적인 수정을 가한 규율을 받아들이는 것이 적절한 것인가를 더욱 더 심도 있게 연구되어야 할 것으로 보인다.

---

200) 山田誠一, 情報提供義務, ジュリスト No. 1126, 1998.1.1-15, 181面.

제 3 장

소비자계약의 현황과 유형

제3장 소비자계약의 현황과 유형

제1절 계약내용에 의한 분류

Ⅰ. 매매계약형

인간의 소비생활에서 매매만큼 중요한 거래는 없다. 현대인들은 자신이 필요로 하는 상품과 용역을 매매를 통하여 획득한다. 소비자로서 매수인은 매매를 통해서 대금을 지급하고 재산권의 이전 받음으로서 자신의 수요를 충족하게 되는데, 오늘날 소비자계약으로 볼 수 있는 다양한 매매형태가 존재한다. 매매계약은 민법의 전형계약 중 대표적인 유상·쌍무계약이며, 민법기초자가 매매계약의 규정을 다른 유상계약에 준용할 만큼(민법 제567조) 대표적인 계약이다.

오늘날 매매계약의 진화는 소비자에게 일정한 신용을 제공하여 수요의 확대를 꾀하는 할부판매, 점포를 차려 놓고 손님이 찾아오기를 기다리던 전통적인 판매방식에서 벗어나 적극적으로 가정이나 직장으로 소비자를 찾아가는 방문판매, 우편이나 전화·TV 등을 이용한 통신판매, 더 나아가 인터넷을 전자적인 방식으로 의사를 교환하여 이루어지는 전자상거래, 여러 단계의 판매조직을 통하여 판매활동을 전개하는 다단계판매 등이 있다.[1)]

1. 할부매매

(1) 의의

매매계약이 체결되면 매수인은 매매대금의 지급의무를 부담하는데, 할부매매

1) 이러한 특수매매에 대한 민법의 과제로서 매매형태의 특수성을 민법의 일반이론에 따라 객관적으로 파악하는 해석론과 소비자보호라는 관점에서 이로부터 제기되는 문제점들을 검토하는 접근방법이 있는데, 할부매매가 지니는 특수한 거래형식 자체에 대한 민법의 일반적 해석의 문제와 할부판매의 운용상의 실제에서 발생하는 소비자보호의 문제는 구별하여야 한다. 김형배, 채권각론(계약법), 박영사, 2001, 370면.

는 매수인이 매매의 목적물을 인도받은 후에 그 대금을 일정한 기간 동안 분할해서 지급하는 특수한 형태의 매매이다(할부지급약관부매매).[2] 할부매매에 대하여 대금분할지급 매매, 분할지급약관부매매, 소유권유보부매매라고도 한다. 할부매매는 상품 내지 용역의 현금거래와는 달리 먼저 상품 내지 용역이 양도되어 일정기간 후부터 분할결제방식에 의해 그 대금이 지급되는 점에서 소비자신용의 역할도 하게 된다. 할부매매의 신용이 다른 일반의 신용과 다른 점은 할부매매의 신용은 일괄적 총액을 요구하는 것이 아니라 일부분씩 또는 계속적으로 이루어지는 분할지급의 방식을 취한다는 점이다.

매매대금을 계약금, 중도금, 잔금으로 나누어 지급하는 매매는 할부매매가 아니라, 매매대금의 분할지급일 뿐이다. 할부매매도 매도인이 그의 유리한 지위를 이용해서 매수인에게 현저하게 불합리한 특약조항(약관)을 적용할 가능성이 큰 소비자계약이다. 기업이 소비자로서가 아닌 생산자로서 제품생산을 위한 생산기계 등을 할부로 구입하는 경우에는 할부매매이지만 소비자계약이 아니다.

1) 할부매매의 특색은 '매수인이 대금을 분할 지급'한다는 데 있다. 우리나라에서는 '월부'가 보통이다.

2) 할부매매가격은 현금판매가격보다 고가인 것이 원칙이다. 그 차액을 수수료라고 하지만 그 실질은 이자라고 할 수 있다. 따라서 할부금이란 현금판매가격과 이자 내지 수수료를 합산한 것을 할부회수로 균등하게 나눈 금액을 말한다.

3) 할부금의 지급방법은 보통 계약에서 정해지나 오늘날은 지로제를 이용함으로써 매수인의 예금계좌로부터 매도인의 예금계좌에 자동적으로 입금시키는 계좌이체라는 방법을 많이 쓰고 있다. 또한 신용카드에 의한 할부판매가 일반화되어 있다.

4) 이러한 할부매매는 매수인으로서는 매도인으로부터 신용을 얻고 있는 것이 된다.

5) 할부매매의 목적물은 동산・부동산을 묻지 않고서 모두 될 수 있다. 문제는 용역(서비스)이 목적이 될 수 있느냐이다. 용역은 타인의 노무 내지 노동력을

---

2) 일본 할부거래법은 할부거래법의 적용범위로서 할부매매의 종류를 통상의 할부매매(제2조 1항 1호), 론제휴판매(제2조 2항), 할부구입알선(제2조 3항 1호・2호), 선불식특정거래(제2조 5항)로 구분하여 규율하고 있다.

제공받는 것이다. 원칙적으로 이러한 것은 노무의 이용을 목적으로 하는 계약 즉, 고용・도급・위임에 의하여 처리되어야 하나 오늘날은 용역에 대해서도(여행의 주선, 크리닝 내지 세탁, 경비용역, 의료서비스) 할부매매의 대상으로 생각하는 경향이 강해졌고, 이것을 대상으로 규율하는 법률이 등장하게 되었다. 바로 「여신전문금융업법」(1997년 법 5374호)과 「할부거래에 관한 법률」이다.

바. 할부매매의 특색은 목적물의 인도에서도 볼 수 있다. 대개의 경우는 매매계약의 성립과 동시에 대금의 완제 전에 목적물이 매수인에게 인도된다는 점이다.

(2) 사회적 작용

할부매매에 의해 고가품을 일반서민이 살 수 있다. 구매력 증대(외상이면 소도 잡아먹는다는 속담을 상기하라)의 효과 및 매수인의 충동구매가 있게 된다. 여기에서 경제적 약자인 매수인 내지 소비자를 보호하고, 합리적인 거래질서를 위해서 1991년에 「할부거래에 관한 법률」을 제정하여 본격적으로 할부판매를 규제하게 되었다. 그런데 이 법은 일정범위의 할부판매를 규제하고 있기 때문에 이 법의 적용을 받지 않는 경우는 광의의 할부판매의 법리가 적용되어야 할 것이다. 즉 동법은 소비자를 보호할 목적으로 제정된 것이며, 할부거래 일반을 규제하지는 않는다. 그리하여 매수인의 상행위를 목적으로 하는 할부계약에는 동법은 적용되지 않는다(동법 제3조 1호).

(3) 매매목적물의 인도와 소유권유보부 매매

목적물이 매수인에게 인도된 경우에, 소유권이 언제 매수인에게 이전하는가? 목적물이 동산인 경우와 부동산인 경우를 나누어 보면, 목적물이 동산인 경우에는, 목적물이 인도되면 대금완제 전이라도 원칙적으로 매수인에게 소유권이 이전하는 것으로 보아야 할 것이나, 다만 당사자간에 대금의 완제가 있을 때까지 소유권을 매도인에게 보류한다는 특약을 하는 경우에는 그러하지 아니하다. 이를 「소유권유보부 매매」라고 한다.

이처럼 할부매매에서 매매목적물의 소유권을 할부기간 중에도 매수인에게 이전해 주는 경우와 매수인이 할부금을 모두 지급하기까지는 목적물의 소유권을 매도인이 보유하고 매수인은 목적물의 점유의 이전을 받아 그 목적물을 사용하는 경우도 있다.

전자의 할부매매에서는 매도인의 소유권이전의무는 선이행의무이며, 매수인의 할부금의 지급은 후이행의무이다. 후자의 할부매매에서는 매수인이 할부금 전부를 지급할 때까지 매도인이 그 매매목적물의 소유권을 유보하므로, 소유권유보부 매매의 법리가 그대로 적용된다. 이 경우에는 매도인의 목적물의 점유의 이전의무가 선이행의무이며, 매수인의 할부금의 지급은 후이행의무이다. 목적물의 소유권은 할부금의 완납을 정지조건으로 하여 매수인에게 이전된다. 그러나 할부매매의 목적물이 부동산인 때에는, 할부금의 완납 외에 소유권이전등기가 경료되어야 소유권이 매수인에게 이전된다.

매수인이 매매대금을 완급할 때까지 매도인에게 매매목적물의 소유권을 유보한다는 특약이 없더라도, 매매대금이 완급될 때까지는 매도인에게 소유권이 유보된다고 추정할 것이냐에 관하여, 일본의 할부판매법은 추정하는 것으로 규정하고 있다(동법 제7조). 그러나 우리 할부거래법에서는 할부계약서에 목적물의 소유권유보의 특약에 관한 사항을 반드시 기재하도록 하고(동법 제4조 제1항 7호), 계약내용이 불확실할 때에는 매수인에게 불이익하게 해석해서는 안되기 때문에(동법 제4조 제4항), 매도인에게 소유권유보의 추정은 인정되지 아니한 것으로 해석해야 한다.[3]

소유권유보부매매에 대해서는 통설과 판례가 인정하고 있으며, 이러한 소유권 유보 특약의 성질에 관해서는 정지조건부소유권이전설과 양도담보설이 있는데, 전자는 소유권유보의 특약을 매수인의 매매대금의 완불을 정지조건으로 하는 소유권양도라고 보고, 매수인이 대금지급의무를 완전히 이행하면 목적물의 소유권은 즉시 매수인에게 이전된다고 한다. 또한 매매대금완불 전까지 매수인은 물권적 기대권을 취득하여 목적물에 대한 점유권과 이용권을 갖는 반면, 매도인은 소유권 중에서 처분권만 가진다고 한다(미등기부동산취득자에 대해서는 물권적 기대권을 부인한다). 따라서 목적물에 대한 처분권은 매도인에게 있으므로 매수인의 목적물에 대한 처분행위는 무효이다. 매도인의 처분행위는 매수인에 대하여는 계약상의 채무불이행이 될 뿐만 아니라 매수인의 조건부권리의 침해가 될 것이다. 또한 매수인의 채권자는 목적물에 대하여 강제집행을 하지 못하며, 매도인은 이의의 소를 제기할 수 있다. 그러나 매도인의 채권자는 목적물에 대하여 강제집행을 할 수 있으며, 매수인은 이 경우에 이의의 소를 제기하지 못한다.

이에 대하여 양도담보설에서는 매도인의 소유권유보는 단지 미지급대금의 확보를 위한 채권담보로서의 목적만을 지닐 뿐이므로, 소유권유보부 특약은 무효라

3) 김상용, 채권각론, 법문사, 2003, 247면.

고 한다. 다만 당사자간에는 비록 명시적인 약정이 없더라도 목적물의 시가와 이자를 내용으로 하는 미지급대금에 대한 준소비대차계약(제605조)이 체결된 것으로 보아야 하며, 목적물 위에 준소비대차의 목적이 된 미지급대금을 피담보채권으로 하는 '양도담보권'이 설정된 것으로 해석해야 한다고 한다. 여기서는 매수인이 목적물의 소유권자이며 처분권을 갖는 반면, 매도인은 목적물에 대한 양도담보권만을 갖는다고 한다. 따라서 매수인이 대금채무불이행을 하게 되면 매도인은 목적물로부터 우선변제를 받을 권리가 있고, 또한 청산(목적물가액에서 미불대금 및 이자를 뺀 금액을 매수인에게 반환하는 것)과 동시이행으로 목적물의 소유권을 이전해 줄 것을 요구할 권리(일종의 예약완결권)를 갖는다고 한다.[4]

판례는 정지조건부 소유권이전설을 취하고 있다. 즉 「동산의 매매계약을 체결하면서, 매도인이 대금을 모두 지급받기 전에 목적물을 매수인에게 인도하지만 대금이 모두 지급될 때까지는 목적물의 소유권은 매도인에게 유보되며 대금이 모두 지급된 때에 그 소유권이 매수인에게 이전된다는 내용의 소위 소유권유보의 특약을 한 경우, 목적물의 소유권을 이전한다는 당사자 사이의 물권적 합의는 매매계약을 체결하고 목적물을 인도한 때 이미 성립하지만 대금이 모두 지급되는 것을 정지조건으로 하므로, 목적물이 매수인에게 인도되었다고 하더라도 특별한 사정이 없는 한 매도인은 대금이 모두 지급될 때까지 매수인뿐만 아니라 제3자에 대하여도 유보된 목적물의 소유권을 주장할 수 있고, 다만 대금이 모두 지급되었을 때에는 그 정지조건이 완성되어 별도의 의사표시 없이 목적물의 소유권이 매수인에게 이전된다」[5]고 한다.

한편 목적물이 부동산이면, 소유권이전에는 반드시 등기를 하여야 한다. 실제 거래계에서 토지나 부동산에 대해서 할부매매의 형식으로 행해지는 일은 드물다. 소유권의 이전에는 이전등기가 필요한 결과, 목적물을 인도하였더라도 대금의 완제 전에는 소유권을 취득하지 못하고 대금을 완제하였더라도 소유권유보부매매의 경우에는 매수인은 이전등기의 등기청구권을 가질 뿐이다. 완제전에 소유권이전등기를 해 주기로 약정하였다면 대금채권을 담보하기 위하여 소유권이전등기와 아울러 저당권을 설정하는 것이 보통이다. 이러한 점에서 매수인은 매우 불리한 지위에 놓이게 된다.

---

4) 이은영, 채권각론, 박영사, 2005, 357면.

5) 대판 1996.6.28, 96다14807.

오늘날 소비자계약에서는 소유권유보부매매는 이루어지지 않는다. 주로 할부매매에서 신용제공자가 중간에 개입하여 금융의 편의를 제공하기 때문에 재화 등은 생산자로부터 소비자에게 소유권과 함께 인도되고 대금의 결제는 소비자와 신용제공자 사이의 문제로 귀결된다. 다만 고가의 기업설비가 직접 생산자로부터 다른 사업자에게 인도되는 경우에는 소유권유보부 매매가 이루어지기도 하며, 이 경우에도 금융리스계약이 체결되는 경향이 있다.

(4) 할부매매의 종류

1) 후불식할부계약과 선불식할부계약　　할부매매의 주요한 기능은 소비자가 판매자로부터 신용을 얻기 때문에 후불식이 원칙이다. 그러나 상조업과 같은 경우에는 선불식 할부계약도 행해진다. 할부거래법에서는 선불식 할부계약이란 계약의 명칭·형식이 어떠하든 소비자가 사업자로부터 재화 등의 대금을 2개월 이상의 기간에 걸쳐 2회 이상 나누어 지급함과 동시에 또는 지급한 후에 재화등의 공급을 받기로 하는 계약이라고 정의(동법 제2조 2호)하고 있으며, 주로 장례 또는 혼례를 위한 용역 및 이에 부수한 재화가 그 대상이다.

2) 직접할부계약과 간접할부계약　　할부계약은 사업자와 소비자간에 직접 계약이 체결되어 재화 등이 공급되는 직접 할부계약(동법 제2조 1호 가목)과 소비자가 신용제공자에게 재화 등의 대금을 2개월 이상의 기간에 걸쳐 3회 이상 나누어 지급하고, 재화 등의 대금을 완납하기 전에 사업자로부터 재화 등의 공급을 받기로 하는 간접할부계약이 있다. 여기서 신용제공자란 소비자·할부거래업자와의 약정에 따라 재화등의 대금에 충당하기 위하여 신용을 제공하는 자를 말한다(동법 제2조 6호). 오늘날에는 주로 신용카드회사가 개입하여 금융의 편의를 제공하기 때문에 간접할부계약이 많이 행해진다.

2. 방문판매

방문판매라 함은 재화 또는 용역의 판매를 업으로 하는 자인 사업자가 방문의 방법으로 그의 영업소·대리점·지점·출장소 등 명칭 여하를 불문하고 소유 또는 임차하거나 점용허가를 받은 장소에서 일정한 시설을 갖추고 3월 이상 계속적으로 영업하는 영업장소[6] 외에서 소비자에게 권유하여 계약의 청약을 받거나 계약을 체결하여 재화 등을 판매하는 것을 말한다(방문판매법 제2조 제1호). 또한 사업장 이외의 장소에서 권유 또는 소비자와 대면하여 재화 등에 관한 정보를 제공하고 소비자의 구매를 유도하는 방법으로 소비자를 유인하여 사업장에서 계약의 청약을 받거나 계약을 체결하는 경우도 방문판매의 일유형이다. 따라서 방문판매는 사업자가 고정된 사업장 이외의 장소에서 소비자의 청약을 유인하거나 계약을 체결하는 판매방식을 의미한다고 할 수 있다.

방문판매는 주로 출판물, 주방기구, 가전제품, 화장품, 보험, 학습지 등을 그 대상으로 한다. 방문판매에서의 문제점은 소비자가 판매업자나 판매원의 인적 사항을 알지 못하는 경우에 사후 서비스나 구제수단이 없다는 점, 방문판매시에 소비자의 충동구매의 가능성, 계약해제 내지 해지의 곤란성을 들 수가 있다.

방문판매도 방문의 방법으로 이루어지는 매매계약으로서 소비자와의 소비자계약이다. 방문판매에 대해서는 방문판매법에서 규율하고 있다.

3. 전화권유판매

상품 등의 판매업자 및 서비스제공사업자가 소비자의 자택이나 근무지에 전화를 걸어서, 상품 등의 구입 빙 서비스제공의 계약체결을 권유하고, 그 권유에 의해서 우편 등으로 청약을 받아 계약을 체결하는 판매형태를 전화권유판매라고 한다. 방문판매법에서는 전화를 이용하여 소비자에게 권유하여 계약의 청약을 받거나 계약을 체결하는 등 총리령이 정하는 방법으로 재화 등을 판매하는 것(동법 제2조 3호)으로 정의하고 있다. 동법 시행규칙 제4조에 의하면 '총리령이 정하는 방법'이라 함은 전화를 사용하여 소비자의 응답을 유도하고 대화를 함으로써 청약을 받거나 계약을 체결하는 방법을 말한다.

전화로 소비자에게 권유하여 계약의 청약을 받거나 계약을 체결하는 방법으로 재화 등을 판매하는 전화권유판매의 경우 전기통신을 이용한다는 점에서 통신판매의 일유형으로 볼 수 있으나, 방문의 방법이 전화로서 이루어진다는 점과 판매원의 적극적 접근성이 방문판매와 유사하므로, 방문판매법에서 방문판매업에 준하여 규율하고 있다.

---

6) 동법시행규칙 제2조에 의하면, 노점, 이동판매시설, 임시판매시설 등 상품의 판매 또는 용역의 제공이 반복적으로 이루어지는 장소를 영업장소라고 한다.

'전화를 이용한다'는 것은 전화에 의한 통화상태로 되는 것을 말하고, 통화에는 녹음음성 및 인공음성에 의한 것도 포함되는 것으로 해석한다. '권유'라는 것은 판매업자 등이 소비자의 계약체결의 의사형성에 영향을 주는 것을 말한다. 방문판매나 전화권유판매는 애초에는 구매의사가 없었으나 판매업자나 전화권유판매자의 권유에 의하여 구매의사가 형성되는 것으로 계약체결과정에서 과장되거나 기만적이거나 혹은 구매를 강요하는 경우도 생각할 수 있다.

4. 다단계판매 및 후원방문판매

다단계판매란 당해 판매업자가 공급하는 재화 등을 소비자들에게 판매하는 행위, 혹은 이러한 소비자들이 전부 또는 일부를 당해 특정인의 하위판매원으로 가입하도록 하여 그 하위판매원이 당해 특정인과 같은 활동을 하도록 하는 행위를 하면 일정한 이익을 얻을 수 있다고 권유하여, 판매원의 가입이 단계적(가입한 판매원의 단계가 3단계 이상인 경우를 말한다)으로 이루어진 다단계판매조직을 통하여 재화 등을 판매하는 것을 말한다. 다만 판매원의 단계가 2단계 이하라고 하더라도 사실상 3단계 이상으로 관리·운영되는 경우로서 대통령령으로 정하는 경우를 포함한다(방문판매법 제2조 제5호).

즉 다단계판매란 통상 제조업자 → 도매업자 → 소매업자 → 소비자와 같은 일반적인 유통경로를 거치지 않고 다단계판매업자가 판매하는 상품을 사용해 본 소비자가 다단계판매조직의 판매원이 되어 다른 소비자에게 판매 또는 권유를 하고, 다시 그 소비자가 판매원이 되어 다른 소비자에게 판매 또는 구매를 권유하는 과정이 순차적·단계적으로 이루어지는 판매형식이다. 다단계판매는 소비자가 판매원이 되고 판매원 가입이 순차적·단계적으로 확산되며 직접적인 대인판매, 연고판매에 의존하게 되는 특징이 있다.

다단계판매는, 첫째로 판매업자와 각각의 하위판매원으로 가입한 자로 구성되는 다단계판매조직으로서, 판매업자 또는 용역업자의 이행보조자의 지위에 있는 하위판매원이 실질적으로는 독립한 상인으로 다루어지며, 또한 여러 계층으로 나누어져 있다. 둘째로 이러한 다단계판매조직에 하위판매원으로 가입하려는 자 또는 이러한 조직 내에서 상위의 계층으로 승진하려는 자는, 가입금의 지급 또는 상품의 대량구입 등의 부담을 지며, 셋째로 하위판매원으로 가입하려는 자는 다단계판매업자로부터 일정한 이익을 받는다. 넷째로 다단계판매의 하위판매원은

무점포판매를 한다.[7)]

다단계판매의 경우에도 그 판매원이 가정이나 사무실을 방문하여 상품이나 용역을 판매하는 경우가 많으며, 이 때에는 다단계판매도 방문판매에 해당된다. 그런데 다단계판매의 경우에는 판매원에게 단순한 소매마진 이외에 조직 내에서 자기의 하위에 있는 판매원에 의하여 발생한 총매출액에 대한 일정한 비율의 마진(이른바 스폰서링 마진)이 주어진다는 점에서 통상의 방문판매와 다르다. 그런데 이러한 마진이 판매실적보다는 주로 판매원의 신규가입에 의존하고 있는 경우에는 이를 피라미드판매라고 하여 방문판매법에서는 금지하고 있다.

다단계판매와 관련하여 법적 분쟁이 많은 것은 철회권과 반품과 관련한 것이다. 먼저 '다단계판매원이 되고자 다단계판매업자로부터 재화 등을 최초로 구매하는 자'를 소비자의 범위에 포함시키고 있는데 이 경우 청약철회기간은 14일이 된다(방문판매법 제8조・제17조). 그런데 실질적으로 판매활동을 하지 않으면서 다단계판매원으로 등록한 판매원의 경우에는 소비자로 취급되어 청약철회기간을 판매원의 3개월[8)]보다 짧은 14일로 제한을 받게 되어 불리하게 된다. 따라서 동조항의 해석과 관련하여 판매원과 소비자를 어떻게 해석하느냐에 따라 철회권의 행사기간이 다르게 된다. 동법 제2조 제10호는 소비자보호법과 같이 소비자를 '사업자가 제공하는 재화 등을 소비생활을 위하여 사용하거나 이용하는 자 또는 대통령령이 정하는 자'라고 규정하고 있는데, 판매과정에서 소비자가 판매자가 되는 다단계판매의 특성을 고려한다면 방문판매법상의 소비자개념의 재정립도 고려할만하다.

후원방문판매란 방문판매, 전화권유판매, 다단계판매의 요건에 해당하되, 대통령령으로 정하는 바에 따라 특정 판매원의 구매・판매 등의 실적이 그 직근 상위판매원 1인의 후원수당에만 영향을 미치는 후원수당 지급방식을 가진 경우를 말한다. 이 경우 방문판매 및 다단계판매에는 해당하지 아니하는 것으로 한다(방문판매법 제2조 7호). 여기서 후원수당이란 판매수당, 알선 수수료, 장려금, 후원금 등 그 명칭 및 지급형태와 상관없이 판매업자가 판매원 자신의 재화등의 거래실적이나 판매원의 수당에 영향을 미치는 다른 판매원들의 재화 등의 거래실적, 판

7) 김상용, 전게서, 254면.

8) 방문판매법 제17조 제2항은 '다단계판매원은 계약을 체결한 날부터 3월 이내에 서면으로 당해 계약에 관한 청약철회 등을 할 수 있다'고 하여 소비자보다 장기간의 철회권 행사기간을 규정하고 있다.

매원의 수당에 영향을 미치는 다른 판매원들의 조직관리 및 교육훈련 실적, 그 밖에 위의 것 이외에 판매원들의 판매활동을 장려하거나 보상하기 위하여 지급되는 일체의 경제적 이익과 관련하여 소속판매원에게 지급하는 경제적 이익을 말한다. 다단계판매에 비해 소비자피해 가능성이 상대적으로 적은 후원수당 Ⅰ단계 영업방식에 대하여, 일반적인 방문판매와 구분하여, 후원방문판매라고 하고 있다.

5. 통신판매

통신판매란 우편 · 전기통신, 그 밖의 총리령으로 정하는 방법에 따라 재화 또는 용역의 판매에 관한 정보를 제공하고 소비자의 청약에 의하여 재화 또는 용역을 판매하는 것을 말한다. 다만, 방문판매법상의 전화권유판매는 제외된다(전자상거래소비자보호법 제2조 2호).

여기서 총리령이 정하는 방법이란 광고물 · 광고시설물 · 전단지 · 방송 · 신문 및 잡지 등을 이용하는 방법, 판매자와 직접 대면하지 아니하고 우편환 · 우편대체 · 지로 및 계좌이체 등을 이용하는 방법 등을 이용하여 소비자에게 재화 또는 용역에 관한 정보를 제공하거나 소비자의 청약에 의하여 재화 등을 판매하는 것을 말한다(동법 시행규칙 제2조).

즉 통신판매란 판매자가 판매에 관한 정보를 우편, 전기통신, 광고물, 광고시설물, 전단지, 방송, 신문, 잡지 등을 통하여 불특정 다수에게 제공하고(비대면 광고), 소비자가 우편환, 우편대체, 지로, 계좌이체 등 직접 판매자를 대면하지 않는 방법으로 청약(비대면 청약)토록 하여 재화 또는 용역을 판매하는 것을 말한다. 따라서 통신판매는 전자상거래와 달리 전자문서의 사용여부와 관계 없이 반드시 비대면거래이어야 한다.

계약의 성립과정과 이행과정을 보면, 사업자에 의한 광고에 의하여 계약을 유도한 다음, 사업자로부터 청약의 유인이나 청약이 있고 이에 대하여 소비자가 청약이나 승낙을 하여 합의를 하여 계약이 성립하고, 당사자는 계약의 내용에 따른 계약을 이행하게 된다.

통신판매도 의사표시를 불가결의 요소로 하는 법률행위, 즉 계약에 해당하고 사업자와 소비자간의 소비자계약이다. 통신판매의 특징은 비대면거래라는 점에서 대면거래인 방문판매와는 다르고, 비대면광고와 비대면청약이라는 점에서 일응 비대면거래인 전자상거래와는 동일하나, 전자상거래는 거래할 때 그 전부 또는 일부가 전자문서에 의하여 처리되는 상거래를 말하기 때문에(전자문서 및 전자거래 기본법 제2조 제5호) 계약체결 전 광고나 청약, 이행의 단계에서 일부가 전자문서에 의하면 전자상거래에 해당되어 시적 범위에서 통신판매가 더 비대면거래의 범위가 넓다. 따라서 양자는 일정 부분 그 개념에서 겹치기도 한다.

따라서 만일 오프라인으로 거래계약(비대면·대면 가능)을 체결하고 온라인으로 이행되는 경우(비대면) - 예를 들면, 광고와 청약은 오프라인으로 이루어지고 디지털 콘텐츠의 전송이나 전자적인 대금결제 등의 이행을 온라인으로 하는 경우- 이는 개념적으로 전자상거래에 해당 될 것이다.

그러나 통신판매는 우편·전기통신 등에 의한 광고를 보고 판매자와 직접 대면하지 아니하고 소비자가 청약하는 이른바, 광고 및 청약의 방법에 기초하여 정의되고 있으므로, 계약의 성립과정이 비대면으로 이루어지고 전자문서에 의한 거래가 개입하지 않는다는 점에서 전자거래와 차이가 있다.

통신판매의 예로서는, 인터넷 쇼핑, TV 홈쇼핑, 카타로그에 의한 매매, 인터넷 어학원, 인터넷 게임 등을 들 수 있는데, 인터넷·전단지를 통한 백화점 광고나 인터넷 사이버몰 광고를 보고 사업자 상점을 방문하여 재화를 구매한다든가 대면계약체결 후 인터넷 강의 수강하는 것 등은 비대면광고와 비대면청약 양자를 충족해야하는 통신판매의 정의개념상 통신판매에 해당하지 않는다.

예컨대, 인터넷이나 모바일에 의한 거래는 전자상거래이면서 통신판매에 해당하나 전자결제나 교통카드 사용 등은 전자거래에는 해당하나 통신판매에는 해당하지 않고, TV 홈쇼핑이나 카다로그 쇼핑은 통신판매에는 해당하나 전자상거래는 아니다. 스마트TV에 의하여 TV 광고를 보고 청약을 전자문서에 의하여 하게 된다면 전자상거래에 해당하게 된다.

전자상거래소비자법의 규정에 따르면 통신판매는 전기통신 방법에 따라 -정확히 표현하면 정보통신망[9])을 이용하여- 재화와 용역에 관한 정보를 제공하고 소비자의 청약에 의하여 이를 판매하는 통상의 전자상거래를 포함하는 개념이라고 할 수 있다. 따라서 전자상거래는 통신판매의 특수한 형태라고 할 수 있다.[10]) 그렇다면 이 법률의 정의부분에서 통신판매는 전자상거래의 상위 개념으로 먼저 정

9) 정보통신망(network)이라 함은 전기통신기본법 제2조 제7호의 규정에 의한 전기통신역무와 이를 이용하여 정보를 제공하거나 정보의 제공을 매개하는 것을 의미한다(정보통신망이용촉진 및 정보보호에 관한 법률 제2조 제1항 제1호).

10) 정완용, 「전자상거래법」(개정판), 법영사, 2005, 25-26면.

의되어야 할 것이다.

매매계약형 소비자계약에서는 공통적인 소비자보호수단으로서 이미 전술하였듯이 매수인의 철회권(cooling off)과 반환권이 문제된다. 일반적으로 계약은 청약과 승낙이라는 두 개의 의사표시의 합치로 성립하게 되며, 계약이 일단 성립된 뒤에는 각 당사자는 자기의 의사표시를 철회할 수 없다. 그러나 할부매매나 방문판매, 다단계판매 등의 특수거래에서는 소비자가 충동적인 구매를 할 우려가 있기 때문에, 각국에서는 이러한 소비자를 보호하기 위하여 매수인에게 이른바 숙려기간 내지 냉각기간을 부여하여, 이 기간 내에 소비자가 소비자계약을 철회할 수 있도록 하고 있다.

이 철회권은 주로 할부매매나 방문판매 등과 같은 신용거래를 중심으로 발달하여 온 제도로서, 일단 성립한 계약에 대하여 계약의 일방 당사자인 매수인에게 사후적으로 그 의사표시를 철회할 수 있는 권리를 부여하고 있다는 점과, 소비자가 일정한 기간 내에는 아무런 제한 없이 이를 철회할 수 있고, 또 매수인이 이를 철회하게 되면 아무런 불이익을 받지 않고 마치 계약을 체결하지 않았던 것과 같은 상태로 돌아갈 수 있다는 점에 그 특색이 있다. 따라서 이 제도는 계약이 성립되기 전에만 인정되는 민법상 청약의 철회와 다를 뿐만 아니라, 의사표시의 하자를 이유로 한 법률행위의 취소, 혹은 채무불이행 또는 사정변경 등을 이유로 한 법률행위의 취소, 혹은 채무불이행 또는 사정변경 등을 이유로 한 계약해제와 구별되는 특수한 제도이다.[11]

통신판매에 대한 규제는 전자상거래와 함께 전자상거래소비자보호법에서 규율하고 있는데, 양자는 거의 동일하게 취급되고 있다.

Ⅱ. 소비자 역무제공형

매매계약은 매도인이 매수인에게 매매의 목적이 된 권리를 이전하고 매수인은 대금을 지급하는 것(민법 제568조)을 내용으로 하는 재산권이전형 계약이다. 따라서 매매의 목적물은 물건과 권리이다. 원칙적으로 용역 자체는 매매계약의 대상이 아니다. 그러나 방문판매법과 할부거래법에서는 할부거래와 방문판매, 다단

11) 권오승, 「소비자보호법」(제5판), 187면.

계판매, 통신판매의 적용대상으로서 재화 내지 상품과 용역 양자를 인정하고 있기 때문에 특별히 용역만 별도의 법적 규율을 받지 않는다. 또한 위의 법들은 용역에 일정한 시설을 이용하거나 용역의 제공을 받을 수 있는 권리를 포함하고 있어서 시설이용계약까지도 함께 규율하고자 하였다.

일반적으로 용역(service)이라 함은 물질적 재화의 생산 이외의 생산이나 소비에 필요한 노무(勞務)를 말한다. 타인을 위하여 하는 봉사활동을 뜻하나, 경제학에서도 토지 · 자본 · 노동이라는 각 생산요소나 정부 등이 재화(財)를 생산하거나 또는 직접 인간의 욕망을 충족시키고자 하는 봉사활동을 가리킨다.

민법의 전형계약 중 노무의 제공을 급부의 내용으로 하는 계약으로서 고용, 도급, 위임, 현상광고, 임치 등을 들 수 있는데, 고용계약은 순수히 노무자가 제공하는 종속적인 노무 그 자체를 목적으로 한다는 점에서 다른 노무공급계약과 구별되며, 따라서 사용자와 피용자와의 고용계약은 소비자계약성을 띠지 않는다. 도급계약은, 당사자의 일방이 어느 일을 완성할 것을 약정하고, 상대방이 그 일의 결과에 대하여 보수를 지급할 것을 약정함으로써 성립하는 계약(민법 제664조)으로서 계약당사자가 사업자와 소비자가 될 수 있는 소비자계약성을 가질 수 있다.

독일민법은 도급 및 이에 유사한 계약으로 여행계약(동법 제651조의 a 이하)을 규정하고 있고, 우리 민법개정안에서도 여행계약의 신설(개정안 제674조의 2 이하)을 고려한 바 있다. 소비자보호를 위한 규정으로는 여행개시전의 해제(개정안 제674조의 3)와 부득이한 사유로 인한 해지(개정안 제674조의 4), 담보책임(개정안 제674조의 6), 담보책임 면책특약의 경우에도 일정한 경우에는 책임(개정안 제674조의 9)을 지게 하는 등의 규정을 두고 있다. 현재로서는 여행업자와 소비자간에 약관에 의하여 계약내용이 정해지고 있고, 따라서 약관규제법의 규율을 받고 있는 소비자계약이다. 현상광고는 일정한 행위를 한 자에게 보수를 지급하겠다는 의사를 광고에 의하여 표시하는 행위로서 법적 성질에 대하여 다수설인 계약설과 소수설인 단독행위설[12]로 나뉘는데, 단독행위설에 의하면 현상광고는 계약이 아니므로 소비자계약성은 더더욱 문제되지 않는다. 계약설에 따른다 할지라도 현상광고계약은 소비자계약으로 보기 어렵다.

위임계약은 당사자의 한쪽(수임인)이 상대방에 대하여 '사무의 처리'를 위탁하

---

12) 단독행위설은 지정행위를 완료한 자에게 보수를 지급한다는 불특정다수인에 대한 일방적 의사표시를 현상광고라고 한다. 곽윤직, 전게서, 267면; 김주수, 채권각론, 삼영사, 1992, 389면.

고, 상대방(수임인)이 이를 승낙함으로써, 성립하는 계약으로서 타인의 노무를 이용하는 계약이다(민법 제680조). 오늘날에는 많은 경우에 수임인은 사무의 처리를 업으로 하는 사업자이고 위임인은 수임인의 노무를 이용하는 여러 유형의 소비자계약이 존재한다. 원칙적으로 민법상의 위임계약은 무상계약이지만, 사업자와 소비자 사이에 체결되는 위임계약은 유상계약이다. 실제 비전형계약으으로서 위임계약에 준하는 여러 형태의 소비자계약이 존재한다. 의료서비스공급계약이라든가 변호사와의 수임계약, 경비용역계약 등도 여기에 해당한다. 민법개정안에 제시되어 있는 중개계약도 역무제공형 소비자계약이다. 그러나 위에서 언급한 계약에 대해서는 아직까지 소비자계약이라고 보기보다는 의료계약에 대해서는 계약법에 의해서보다는 불법행위법에 의하여 규율되고 있고, 변호사와의 수임계약에 대해서도 소비자계약에 의하여 규율하려는 시도는 보이지 않는다. 의료계약에 대해서는 수많은 학자들이 계약법적 구성을 하고 있지만, 소비자계약성에 주목하여 의료서비스라는 용역에 대한 환자의 소비자성에 대한 인식은 부족한 편이다. 위임계약에 준하여 소비자인 환자의 권리・의무와 의료기관 내지 의료인의 권리・의무를 추출해 내고 그 외에 의사의 설명의무를 부가하고 있다.

임치계약은, 당사자의 한 쪽(임치인)이 상대방에 대하여 금전이나 유가증권 기타의 물건의 보관을 위탁하고, 상대방(수치인)이 이를 승낙함으로써 성립하는 계약이다(민법 제693조). 임치는 타인의 물건 등을 보관한다는 한정된 특수한 노무를 목적으로 하는 계약이다.[13] 민법상의 임치계약도 원칙적으로 무상계약이지만 임치를 업으로 하는 사업자와 소비자 사이에 계약이 체결되면 소비자계약이 되고, 유상계약이 된다. 상법에서는 창고업을 규정하고 있는데(상법 제155조), 사업자가 영리를 목적으로 하는 임치계약의 일종이다.

역무제공형 소비자계약으로서 민법개정안에서 중개계약(개정안 제692조의 2 이하)과 여행계약을 전형계약으로 신설하고자 하는데, 이는 대표적인 소비자계약이다. 소비자보호를 위한 규정으로는 보수청구권의 감액 및 중개인의 신의칙 위반의 경우 보수청구권 상실규정(개정안 제692조의 4)을 두고 있다. 독일 민법은 중개계약 이외에도 사업자와 소비자간의 소비대차중개계약(독일민법 제655조의 a)을 규정하고 있다.

---

13) 곽윤직, 전게서, 282면; 김형배, 전게서, 695면.

Ⅲ. 소비자신용형

소비자신용(consumer credit)이란 금융기관, 제조업자, 판매업자가 최종소비자에게 소비생활에 필요한 자금을 대출해 주거나 판매대금의 지급유예를 통해서 신용을 제공해 주고 장래에 수수료나 이자를 덧붙여 이를 회수하는 방법을 의미하는데,[14] 생산자 신용[15]과 대비되는 개념이다. 전통적으로 소비자신용은 금전자체를 신용으로 제공하는 소비자금융(consumer finance) 또는 대부신용과 재화나 용역을 신용으로 제공하는 판매신용(sales on credit)으로 구분된다. 할부거래도 일종의 판매신용으로 볼 수 있다. 그 밖에 신용카드 할부매매와 같은 결합용소비자신용[16]도 존재한다.

판매를 수반하는 판매신용과 소비대차에 따르는 대부신용은 「신용」이라는 측면에서는 공통적 기초를 가지고 있으므로, 외국의 법제에서는 상이점에 유의하면서도 소비자신용법의 통일화를 시도하기도 한다.

독일민법에서는 제2편 제8장 제3절의 제목을 소비대차계약과 함께 사업자와 소비자 사이의 자금융통원조 및 분할공급계약이라는 부제를 달고, 제1관 소비대차계약에서 따로 소비자소비대차계약(제491조)[17]을 규정하고 있다.[18] 그리고 종전의 소비자신용법 제15조 내지 제17조에서 규율되었던 신용중개계약(Kreditvermittelungsvertrag)은 개정법에서 "(금전)소비대차중개계약이라는 표제로 제655조의a 내지 제655조의e에서 중개계약의 일종으로 규율하고 있다. 이러한 소비자소비대차계약은 서명으로 체결할 것을 요청하고 있다(제492조). 제2관에서는 사업자와 소비자 사이의 자금융통원조라는 제목 하에 자금융통원조(제499조), 사업자와 소비자 사이의 금융리스계약(제500조), 할부거래(제501조)에 대하여 규정하고 있다.

---

14) 권오승, 전게서, 227면.

15) 금융기관이 기업에 대해 생산과정에서 투입되는 자금 또는 유통산업의 경영에 이용되는 자금을 대부하거나 그러한 자금의 사용을 목적으로 기업상호간에 어음을 발행하는 것을 말한다. 이를 기업신용이라고 한다. 권오승, 상게서, 각주 14참조.

16) 신용카드 할부판매의 경우에는, 통상적으로 기본계약에 의해 부과되는 수수료는 소비자뿐만 아니라 판매자로부터도 징수되어 소비자신용료와 기업신용료의 성격을 겸비하고 있다.

17) 금전소비대차계약이 소비자금전소비대차계약이 되기 위해서는 ① 유상의 소비대차일 것 ② 대주가 사업자일 것 ③ 차주가 소비자일 것이라는 세 가지 요건이 충족되어야 한다(제491조 1항).

18) 이에 대해서는 하경효, 소비자보호법의 통합수용, 「독일채권법의 현대화」(김형배 외), 법문사, 2003, 150면 이하 참조.

우리나라에서는 1980년대에 들어와 신용경제화 현상이 두드러지게 나타났으며 소비자신용거래의 구조도 복잡화・다양화되었다. 특히 판매신용과 대부신용의 기능을 동시에 가지고 있는 신용카드에 의한 거래가 확산되면서 정착단계에 들어섰다. 오늘날 소비자신용거래는 여러 법분야에 걸쳐 널리 행하여지고 있다. 우리나라에서도 할부거래・신용카드거래・금융리스계약・팩터링금융은 그 대표적인 예라고 할 수 있다. 이와 같은 신용거래의 실태와 관련하여 소비자보호라는 관점에서 공통적 문제로 제기되는 사항들은 신용가격(이자)의 적정성, 계약체결 전의 계약내용의 명시, 충동구매의 규제, 할부대부금의 연체로 인한 해제, 특히 3당사자관계에서의 소비자의 항변권, 연체이자의 적정률보장, 연체금회수와 관련된 위법・부당행위의 방지 등이다.[19]

Ⅳ. 소비자 시설제공형

최근 근로시간의 단축과 스포츠, 레저에 대한 수요가 증가하면서 현대인들은 스포츠와 레저, 여행을 위하여 사업자가 제공하는 다양한 시설에 대한 이용을 늘리고 있는 추세이다. 시설제공형 계약에 대한 민법상의 전형계약으로는 임대차계약과 사용대차계약이 있다. 그러나 소비대차계약은 무상계약인 만큼 소비자계약이 성립할 수 없고, 임대차계약만이 소비자계약이 될 수 있다. 이 경우에도 임대인이 사업자인 경우이어야 한다. 임대차는 당사자의 한쪽(임대인)이 상대방에게 목적물(임대물)을 사용・수익하게 할 것을 약정하고, 상대방(임차인)이 이에 대하여 차임을 지급할 것을 약정함으로써, 성립하는 계약이다(민법 제618조).

현대사회에서 개인들은 수많은 다양한 시설들을 사업자와의 이용계약을 통해서 이용하고 있다. 대표적인 사례가 숙박계약, 스포츠시설이용계약이며, 인터넷 통신서비스이용계약,[20] 인터넷 정보제공계약[21] 등도 그 예이다. 스포츠시설이용

19) 김형배, 「채권각론(계약법)」, 박영사, 2001, 553면.

20) 인터넷 서비스이용계약은 서비스제공자가 이용자에게 정보통신망을 통하여 일반 공중 또는 일정한 인적 영역에 제공되는 온라인정보를 검색할 수 있는 권리를 일정 기간 허락하는 계약을 말한다. Mehrings, Vertragsrechtliche Aspekte der Nutzung von Online und CD ROM Datenbanken, NJW 1993, 3104.

21) 인터넷정보제공계약(Internet Databank Contract)은 정보제공자가 이용자에게 온라인정보를 제공・사용케 할 것을 약정하고, 이용자가 그 대가를 지급할 것을 약정함으로써 효력이 생긴다. 인터넷 정보제공계약은 대부분 공통된 서비스의 구성요소들로 이루어지는데, ① 네트워크에

계약도 단순히 시설만 이용하는 경우에는 임대차계약으로 볼 수 있으나, 노무도 제공되는 경우가 있기 때문에 혼합계약으로 보아야 할 경우도 있다. 인터넷 서비스이용계약도 고용계약적 성질과 임대차계약적 성질 등을 포함한 혼합계약 내지 무명계약으로 볼 수 있다.[22)]

소비자보호와 관련하여 할부거래법 제2조 1항, 방문판매법 제2조 1호, 전자상거래소비자보호법 제2조 2호에서는 할부계약, 방문판매계약, 통신판매계약 등의 매매계약형에서 일정한 시설 이용계약도 포함하여 규율하고 있다. 주택임대차계약의 경우에 주택임대업자와 일반인 사이의 거래는 소비자계약성을 띠게 되나 현재 주택임대차보호법에 의하여 규율되고 있다.

상법에서는 극장, 여관, 음식점, 그 밖의 공중이 이용하는 시설에 의한 거래를 영업으로 하는 자를 공중접객업자라고 하여(상법 제151조), 이들과 소비자 사이에 계약이 체결되는 경우 일종의 소비자시설제공형 계약이라고 할 수 있다.

Ⅴ. 혼합형

오늘날에는 근대의 민법기초자들이 예상하지 못하였던 다양한 거래가 행해지고 있다. 여전히 우리 민법은 14가지의 전형계약에 대해서만 규정하고 있을 뿐이고 상법에서도 대표적인 상행위로서 매매를 위시한 몇 종류의 거래에 대해서만 규정하고 있을 뿐이다. 계약자유의 원칙상 계약당사자들은 계약내용이 사회질서(민법 제103조)나 강행규정(민법 제105조)에 위반하지 않는 한 얼마든지 새로운 계약유형에 대하여 당사자들의 의사의 합치에 의하여 체결하고, 그에 따른 권리와 의무를 부담할 수 있다.

소비자계약의 유형도 다양한 소비자의 욕구에 따라 다양한 계약유형 등이 등장하고 있다. 여행계약의 경우에도 숙박계약과 운송계약과 관광안내의 역무가 혼합된 계약이며, 의료계약의 경우에도 의료시설과 의사의 역무 등이 혼합된 계약이다. 스포츠시설을 이용한 경우에도 단순한 스포츠시설을 이용하는 경우에는 시설이용계약이라고 할 수 있지만, 스포츠시설뿐만 아니라 스포츠지도사로부터 지

의 접속 허용, ② 올려놓기, ③ 내려받기, ④ 경로, ⑤ 컨텐츠제공이다.

22) 이를 임대차와 매매가 혼합된 유형조합계약(Typenkombinationsvertrag)으로 보기도 한다. 정진명, 가상연구법(Ⅰ), 법원사, 2003, 176면.

도를 받는 경우에는 혼합계약적 성격을 띠게 된다. 이러한 소비자계약의 경우에는 대개 사전에 사업자에 의하여 작성된 약관에 따라 규율되기 때문에 약관의 규제가 의미를 갖는다.

제2절 계약방법에 의한 분류

소비자계약을 계약 방법에 따라 온라인거래형과 오프라인 거래형으로 구분할 수 있다. 전자를 전통적인 거래형, 후자를 첨단 거래형으로 부를 수도 있겠다. 전통적인 계약방식은 양당사자가 대면하거나 전화나 우편에 의한 수단으로 계약체결에 이르고, 지급결제도 직접 혹은 우편환이나 계좌입금 방식에 의하여 이루어졌다. 그러나 컴퓨터와 통신의 만남은 커뮤니케이션의 세계를 만들어냈고, 종전의 대면형 내지 서면에 의한 계약에 의하고 지급결제도 전자결제 내지 전자화폐에 의한 결제로 이루어지는 등 비대면·전자적 방법에 의한 거래가 급속히 확산되고 있다.

Ⅰ. 실거래형(오프라인 거래형)

종전의 소비자계약은 주로 오프라인 거래에 의하여 체결되고 이행도 대개는 오프라인에서 이루어졌다. 전통적인 거래의 특징은 기업이 생산한 상품이 도매상과 소매상을 거쳐 소비자에게 이르는 다단계 계약의 형태를 띠고 거래대상지역도 일부지역에 한정될 수밖에 없었다. 마케팅 활동도 구매자인 소비자의 의사와 상관없이 사업자에 의한 일방적인 정보제공과 마케팅이 이루어지고 일정한 판매공간에서 판매가 이루어졌다. 또한 청약과 승낙의 의사표시도 전통적인 의사표시 수단에 의하여 이루어졌다는 점에 특색이 있다. 따라서 종전의 계약법이나 소비자계약을 규율하는 특별법은 전통적인 오프라인 거래를 상정하여 제정된 법률들이다. 예컨대 의사표시의 수단으로서 언어, 문자, 부호, 수타 등에 의하여 외부에 표시된다. 그리고 계약내용이 서면에 의하여 작정되는 경우가 대부분이다. 종래 대개의 소비자계약법은 이러한 오프라인 거래를 상정하고 제정된 법률들이다.

Ⅱ. 가상공간 거래형(온라인 거래형)

이제 전통적인 오프라인 거래뿐만 아니라 온라인거래에 의한 소비자계약이 기하급수적으로 증가하고 있다. 가상공간에서 이루어지는 거래의 방법도 초기에는 온라인을 통한 인터넷(E-Commerce)이 대세였으나 모바일기기의 등장에 따라 M-Commerce로 옮겨갔으나 오늘날에는 SNS의 등장으로 소셜커머스의 시장이 기하급수적으로 성장하고 있다. 이 전자거래의 경우에도 기업과 기업(B2B), 정부와 기업(G2B), 개인과 개인(P2P 또는 C2C), 기업과 소비자(B2C))간의 거래로 나눌 수 있는데, 이 중 B2C가 소비자계약에 해당한다.

온라인거래를 통칭하여 전자거래라고 하는데, 우리 법제에서는 거래의 일부나 전부가 전자문서에 의하여 행하여지는 거래를 전자거래라고 하여(전자문서 및 전자거래기본법 제2조 5호) 시적 범위를 넓혀 전자거래의 개념에 포함하고 있다. 따라서 거래과정에서 광고, 청약이나 승낙, 이행(전자결제나 온라인에 의한 콘텐츠의 제공이나 소프트웨어의 제공)이 전자문서로 이루어지는 경우에는 모두 전자거래에 해당하게 된다.

전자거래의 특징은 사업자와 소비자가 직접 가상공간에서 거래를 한다는 점이고, 그 외에 거래대상지역의 전세계화, 무제한의 영업시간, 소비자수요가 온라인으로 수시로 획득할 수 있다는 점, 마케팅 활동이 쌍방향으로 이루어지는 점 등을 들 수 있다. 온라인거래의 액수면에서는 기업과 기업간의 거래인 B2B가 절대적이지만 오늘날 기업과 소비자간의 거래인 B2C도 상당히 활성화되어 있다. 온라인소비자계약의 특징은 광고와 계약의 체결과 지급결제까지 전과정이 온라인에서 이루어질 수 있다는 점이며, 심지어 급부의 이행도 온라인으로 이루어질 수 있다는 점이다. 따라서 오프라인 거래에서 예상하지 못했던 새로운 문제들이 소비자보호의 문제로 등장하게 되었다.

전자거래에 대하여는 전자상거래 등 소비자보호에 관한 법률에서 통신판매와 함께 규율학 있다. 온라인거래상의 소비자보호와 관련하여 문제되는 것으로는 사기방지를 위한 가상상점 및 상품에 대한 신뢰성의 확보, 개인정보의 보호, 청약의 철회 및 반품, 기존법률에 의한 전자거래에서의 분쟁발생시 적절한 대응방안의 모색, 국제전자거래에 있어서 소비자의 피해 및 분쟁의 효과적 처리 등을 들 수 있다. 온라인거래에서 소비자보호를 위한 법률로는 전자거래기본법, 전자서명법,

전자상거래등소비자보호에관한법률 등을 들 수 있다.

먼저 전자문서 및 전자거래기본법 제3장에서는 '전자거래의 안전성 확보 및 소비자보호'에 관하여 규정하고 있다. 정부에 대하여 전자거래이용자의 개인정보 보호(동법 제12조), 영업비밀보호(제13조), 암호제품의 사용(제14조), 소비자보호를 위한 시책수립·시행의무(제15조)를 규정하고, 전자거래 사업자에 대하여 이용자의 영업비밀 누설금지의무 외에 정확한 정보제공, 청약의 철회절차 마련 등의 일반적인 준수사항(제17조), 전자거래사업자에 대한 인증(제18조) 등을 규정하고 있다.

전자거래에 있어서 소비자보호에 관한 중요한 법률로는 '전자상거래 등에서의 소비자보호에 관한 법률'을 들 수 있다. 동법의 특징은 전자상거래 뿐만 아니라 종전에 방문판매법에 있었던 통신판매를 규율하고 있다는 점이다. 동법에서는 소비자보호를 위하여 전자문서의 활용과 기록보존 문제(동법 제5조, 제6조), 조작실수의 방지(제7조), 개인정보 및 프라이버시 보호(제11조), 표시·광고의 적절한 정보제공(제13조), 청약의 확인, 청약의 철회(제14조·제17조), 손해배상청구금액의 제한(제19조), 선불식 통신판매의 결제대금예치제도(제24조 2항 내지 4항)[23], 구매권유광고시 '광고수신거부의사 등록'확인 의무화(제24조의 2) 규정 등을 두고 있다.

제3절 기타 방법에 의한 분류

Ⅰ. 민법상 전형계약인지의 여부

소비자계약은 법전의 편입 여부에 따라 민법상 전형계약과 비전형계약 등으로 구분할 수도 있다. 오늘날 새로운 거래형태의 등장에 따라 종전의 민법 기초자들이 예상하지 못하였던 수많은 계약유형들이 등장하고 있고, 오히려 그러한 비전형 소비자계약유형이 더 많은 편이다. 매매계약의 경우에도 근대 민법의 기초

23) 2005년도에 신설된 규정으로서 선불식 통신판매의 거래안전을 위한 결제대금을 예치하는 제도(Escrow)이다. 즉 선불식 통신판매업자는 소비자가 원하는 경우에는 소비자가 재화 등을 공급받을 때까지 그 결제대금을 제3자에게 예치하도록 하고, 통신판매업자 본인이 소비자 피해보상보험계약 등을 체결하도록 하는 규정을 두고 있다. 단 신용카드거래, 배송이 필요 없는 거래, 10만원 이하의 범위 안에서 대통령령이 정하는 금액 이하인 소액거래 등에 대하여는 그 적용을 제외하도록 하고 있다.

자는 할부매매나 방문판매, 다단계판매, 통신판매 등에 대하여 알지 못하였다. 이러한 계약들은 대부분 민법전의 전형계약의 내용에 의해서가 아니라 사업자에 의하여 일방적으로 사전에 작성된 약관에 의하여 규율되고 있기 때문에 오늘날 '민법전의 공동화현상'이라고 불려지기도 한다. 소비자계약에 관한 특별법들은 민법전의 전형계약으로 소비자보호를 하는데 한계가 있는 경우 제정되고 있다. 그러한 특별법들에 대해서는 전술하였다.

Ⅱ. 계속적 계약 · 일시적 계약

소비자계약의 경우에 일회의 급부로서 그 목적을 달성할 수 있느냐의 여부에 따라 계속적 계약과 일시적 계약으로 구분할 수 있다. 일시적 소비자계약의 예로서는 소비자매매를 들 수 있고 계속적 소비자계약으로서는 소비자소비대차계약, 소비자시설제공계약, 소비자역무제공계약 등이 해당한다. 급부의 계속성이란 개념은 상대적이다. 예컨대 매매의 특수한 형태인 계속적 공급계약인 경우에는 계속적 계약관계로 보아야 할 것이다.

계속거래에 관해서는 방문판매법에서 규율하고 있다. 동법 제2조 10호에서는 계속거래란 1개월 이상에 걸쳐 계속적으로 또는 부정기적으로 재화등을 공급하는 계약으로서 중도에 해지할 경우 대금 환급의 제한 또는 위약금에 관한 약정이 있는 거래라고 규정하고 있고, 사업자에게 정보제공의무 등을 부과하고 있다(동법 제30조).

소비자계약이 계속적 계약의 특성을 갖는 경우에는 계약관계의 해소는 해지에 의해 종료가 되며, 사업자와 소비자 사이에는 일시적 계약관계에서와 같은 개별적 권리의무관계는 물론 복합적 권리의무관계, 즉 포괄적인 법적 지위를 갖는 경우가 많다. 예컨대 스포츠시설이용계약인 경우 사업자와 소비자는 여러 가지의 권리와 의무를 상호 갖게 된다. 또한 계속적 계약의 특성상 신의성실의 원칙이 적용될 여지가 더 크다.

제 4 장

소비자계약의 규율

제4장 소비자계약의 규율

제1절 소비자계약에 대한 통일적 규율의 필요성

1. 특별법에 의한 개별적 규율

현행법상 소비자계약 모드를 아우르는 통일적 법률을 가지고 있지 않기 때문에 소비자계약관계에서의 소비자보호를 위한 법적 규율방법으로는 기존의 법률체계에 의하여 규율할 수밖에 없다. 우선 소비자계약은 계약이기 때문에 일반적으로는 민법총칙의 법률행위나 계약법에 관한 규정의 적용을 받는다. 따라서 소비자에게 불리한 불공정한 내용의 소비자계약은 무효로 되거나, 취소할 수 있거나 담보책임이 발생하기도 한다.

민법규정의 적용을 통한 소비자보호는 주로 판례에 의하여 이루어지겠지만, 현재 소비자보호와 관련된 판례는 그다지 많지 않다. 이러한 현상은 소비자보호가 우리나라에서는 행정감독관청에 의한 행정규제에 의하여 사전에 규제되는 측면도 있겠지만, 계약자유의 원칙을 근간으로 하고 있는 우리 법체계상 법원의 입장에서 특별법에 의하여 특별히 제한되지 않는 한, 당사자들의 계약내용에 따라 당사자들에게 법적 지위를 부여할 수밖에 없기 때문이기도 하다.

소비자계약에 관해서는 소비자보호에 관한 기본법인 소비자기본법이 적용되지만, 동법에서 소비자계약과 관련된 규정은 찾아보기 힘들다. 소비자계약에 관한 법적 규율 입법례로서는 독일과 같이 민법전에의 편입, 일본과 같이 소비자계약법의 제정, 혹은 우리나라처럼 개개의 특별법으로 규율하는 방법이 있다. 아직까지 우리나라에서는 개개의 특별법에 의하여 규율되는 만큼 소비자계약에 관한 특별법이 민법이나 상법에 우선하여 적용된다.

즉 소비자계약은 사업자와 소비자간의 계약이면서 통상 약관에 의하여 체결되고, 따라서 약관에 의하여 체결된 경우에는 약관규제에 관한 법률의 적용을 받게 된다. 또한 소비자계약이 각각 할부판매나 방문판매, 다단계판매, 통신판매, 전화권유판매, 또는 전자상거래 등과 같은 특수한 형태의 계약에 해당되는 경우에는 할부거래에 관한 법률, 방문판매 등에 관한 법률, 전자거래법, '전자상거래등소비자보호에관한법률'의 적용을 받게 된다. 또한 신용카드거래와 관련하여서는 여신전문금업법이 적용된다. 이러한 특별법들은 민법이나 상법에 우선하여 적용되며, 강행규정들을 내포하고 있다.

2. 소비자계약법의 제정 또는 민법전 변용의 필요성

소비자사법 내지 소비자계약법 체계가 이론적으로 정비되지 않은 상태에서 소비자보호의 필요성이 대두됨에 따라 각각 상이한 소비자계약에 관한 특별법 규정을 그 때 그 때 제정하여 온 것이 사실이다. 이로 말미암아 경우에 따라서는 통일적인 규율을 하지 못하게 되는데, 대표적인 예가 청약철회의 기간 등에서 개별법마다 다른 기간을 규정을 하고 있는 것이다. 또한 통신판매를 방문판매법에서 떼어내어 '전자상거래소비자보호법'에서 전자상거래와 함께 통신판매를 규율하도록 하였는데, 한 때 어떠한 규정들이 전자상거래와 통신판매 양자에 적용되는지 모호한 경우도 있었다.

소비자법에 대한 소비자사법 내지 소비자계약법적 접근은 계약이 당사자의 자치(autonomy)에 근거한다는 점에서 주요한 장점이 있다. 이것으로부터 소비자는 사업자에 대하여 이것이 정보를 얻을 권리, 합의할 권리, 계약내용에 따라 급부를 청구할 권리, 계약내용대로 이행되지 않았을 경우 계약을 해소할 권리, 손해배상을 청구할 권리 등 소비자의 권리를 이끌어낼 수 있는 자연적인 근원지가 될 수 있기 때문이다.

그러나 다른 한편으로는 전통적인 계약법원리로는 소비자보호에 미흡함이 밝혀진 이상 특별법에 의하든 일반법으로서 소비자법을 제정하거나 민법전에의 편입 등 그 대책이 강구되어야 하는데, 입법론적으로는 일본식의 소비자계약법[1]의 제정이나 독일식의 민법전에의 편입 등을 상정할 수 있다.

독일과 같이 소비자계약법의 민법에의 편입을 통하여 꾀한 주된 목적은 민사법의 투명성·조감성·통일성을 제고하고, 법규범을 개선하며, 민법전의 위상을 강화하고, 거래상의 부담을 완화하는 것이었다.[2] 즉 채권법에 속하는 특별법의

1) 그러나 일본 민법개정시안(이른바 카토안과 우치다안)에서 소비자계약법의 전부 또는 일부를 민법전에 편입할 것을 제안하는 학자도 있다. 서희석, 소비자사법의 일반화의 가능성, 전게서, 136면.

2) 이에 대한 상세는, 김진우, 소비자계약법의 민법전으로의 통합을 의한 변론, 소비자법과 민법,

범람은 동일한 개념의 상이한 사용과 해석을 야기하여 법적용자와 거래에 있어서 불투명성을 초래하게 되었고, 각각의 특별법의 소재가 점점 더 원자화됨으로써 채권법의 통일성을 저해하고 있으며, 또한 일상적 거래에 있어 민법전상의 계약법이 특별법에 의하여 배제되는 상황이 발생하고 있는바, 이와 같이 심화되고 있는 법의 분열을 방지하기 위하여 소비자계약법의 민법전으로의 통합이 필요하다는 것이었다.[3] 독일에서는 소비자계약법의 민법전에의 편입 후 큰 혼란 없이 적응기를 거쳐 독일사회에 수용되고 있는 것으로 평가되고 이제는 일반사법으로 관념되고 있다.

우리나라에서도 민법전으로의 통합에 대한 논의가 이미 시작되었는데 반대론의 입장에서는 첫째, 사적 자치 내지 계약에의 구속성의 원칙과의 부조화를 든다. 즉 일반계약법의 기본원칙인 계약에의 구속의 원칙을 공동화할 우려가 있다고 한다.[4] 둘째, 법질서의 조감성 저하를 든다. 일반계약과 소비자계약이 혼재함으로 인하여 오히려 이해하기 어렵게 될 수 있다고 한다. 이것은 소비자계약의 특수성 때문에 민법의 일반성과의 조화가 어려울 수 있다는 전제가 깔린 주장이다. 가령 소비자계약법상의 청약철회권은 우리 민법의 청약의 구속력에 관한 규정(제527조)과 정면으로 배치되기 때문에, 청약철회권이 민법전으로 편입되면 민법전이 단순화되기보다는 오히려 복잡화된다는 것이다.[5] 민법전과의 정합성을 문제삼는 것이다. 셋째, 시기상조론 또는 입법기술상의 난점, 넷째, 민법전의 내구성과의 관계 등을 꼽기도 한다.[6] 이는 소비자계약법을 민법전으로 통합할 경우 그 이후에 발생하게 되는 새로운 소비자거래유형을 용이하게 법전에 규율할 수 없다는 것이다. 만약 소비자계약을 민법전에 편입한다면 새롭게 변화하는 소비자거래 현실을 반영해야하고 그 경우 민법전의 개정이 수시로 요구되고 그로 말미암아 민법전의

세창출판사, 2010, 39면 이하; 이병준, 민법에서의 소비자의 지위와 소비자특별법의 민법전에의 통합, 민사법학 39-1호, 2007.12, 223면. 김진우 교수는 소비자계약법의 민법전으로의 통합이 유럽연합지침을 따른 것이 아니라 독일의 순수한 내부적 사정에 기한 것이라고 한다(전게논문 43면 참조).

3) BT-Drucks. 14/6040, S.2, 79, 91, 92, 98; Schmidt-Räntsch(주 16), S.170. 김진우, 전게논문, 47-48 재인용.

4) 백경일, 소비자보호법의 민법전 내 편입문제에 관한 비판적 고찰-소비자사법론, 상황관련적 소비자보호관, 실질적 자치 개념 등의 모순성에 대하여-, 재산법연구 제26권 제2호, 2009, 271면 이하.

5) 백경일, 상게논문, 296면.

6) 김진우, 상게논문, 56-60면.

내구성을 훼손한다는 것이다.

그렇다면 소비자사법 내지 소비자계약법의 규율을 어떻게 할 것인가. 독일과 일본뿐만 아니라 네덜란드 등 다양한 입법례들이 나왔고 각국에서 이미 그러한 법체계를 운용하고 있기 때문에 우리의 입장에서는 우리의 실정에 가장 적합한 소비자사법체계를 구축해 나가야 할 것이다. 이는 단순한 입법의 문제가 아니라 소비자계약의 규율에 있어 행정과 사법까지 고려하여 결정하여야 할 문제이다. 현재 소비자보호는 전적으로 공정거래위원회 소관으로 되어 있어서 행정적 규제 측면에서 소비자보호가 이루어지기 때문에 소비자보호가 신속성 면에서는 이점을 가지지만 지나친 행정규제로 인하여 기업의 경제활동을 위축시킬 가능성도 존재한다. 따라서 소비자보호를 위한 입법과정에서는 사회경제적 맥락과 소비자보호 규범의 역할과 기능까지도 고려하여야 할 것이다.[7)]

3. 민법전의 변용의 방향

그 동안 종래의 민법학은 계약이란 거시적인 사회현상에 관심을 두기보다는 사인 사이의 모든 법률관계를 추상화·개념화·체계화하는 데에 주력했다. 그 결과 사회 속에서의 계약의 기능을 파악하고 그를 바람직한 쪽으로 바로잡는 사회과학으로서의 과제는 외면한 채 구체적 거래에서 계약당사자 사이의 이해를 조정하는 미시적 접근의 기술 학문으로 스스로를 전락시켰다. 또한 계약의 문제를 법해석학 내무의 논리 적합성에 한정시켰다.[8)] 거래관계의 대량화, 국제화, 온라인화, 복잡화는 새로운 패러다임의 민법전과 계약법전을 요구하고 있다. 민법 및 계약법의 현대화 국제화의 기저에는 소비자보호가 깔려 있는 것은 부정하기 힘든 것이 사실이다.

사법에 대한 규율은 크게 두 가지이다. 통일적인 원리 및 체계를 세우고 되도록 일반원칙에 의거하여 규율하거나 개별·유형화하여 유형론적 접근을 하는 방법이다. 전자가 대륙법계인 프랑스민법과 독일민법전이 취한 태도이며, 후자는 로마법에 그 뿌리를 두면서 영미법이 취하고 있는 태도이다. 현대에 들어와 계약

7) 아직까지는 사업자 및 기업을 '갑'으로, 소비자를 '을'로 보는 시각에서 소비자보호에 치중하였으나 현실적으로는 블랙컨슈머의 폐해도 등장하고 있고, 파워블로거에 의한 사업자 및 제품정보의 제공과 함께 소비자단체에 의한 단체소소의 길도 열려 있어서, 거래의 공정과 소비자보호라는 두 가지 측면에서 입법방향이 결정되어야 한다.

8) 졸고, 계약법, 전남대학교출판부, 2011, 23면 이하.

관계 뿐만 아니라 불법행위 영역 등 전 영역에서 통일적인 체계에 따라 규율하는 것이 더 이상 어렵게 되었고, 이에 따라 다시 '다른 것은 다르게 취급하여야 한다는 사고하에서 유형화하려는 시도가 나타나고 있다.

이는 소비자계약을 어떻게 규율할 것인가에 대하여 시사하는 바가 크다고 생각한다. 이제 각국의 민법전은 사인 사이의 법률관계만을 규율하는 고유 의미의 민법전 체계를 고집하지 않으려고 하고 있고, 새로운 유형의 거래와 현상에 대해 탄력적으로 대응하려는 추세를 보이고 있다.

따라서 앞으로 종전의 근대입법자가 예상하지 못했던 소비자계약의 유형은 갈수록 증가할 것으로 보이는데 민법전 계약편의 공동화 현상을 막기 위해서라도 이러한 새로운 소비자계약의 유형들이 민법전에 편입되어야 할 것이다.[9] 그렇지 않으면 소비자계약의 특성을 감안한 전 소비자계약에 적용할 수 있는 소비자계약법의 제정도 고려할만하다 하겠다. 다만 소비자계약법이 기업의 자유로운 경제활동과 소비자보호라는 양가치 중 어느 쪽에 포커스를 맞추어야 하는 문제[10]는 여전히 과제로 남게 된다.

제2절 소비자매매의 규율

Ⅰ. 할부매매

1. 할부거래법

할부매매는 광의의 할부매매와 할부거래에 관한 법률을 적용받는 소비자계약으로서의 협의의 할부매매가 있다. 즉, 협의의 할부매매란 소비자계약에 해당하

9) 소비자계약법의 민법전에의 편입에 대한 논의로는, 이은영, 소비자계약법의 과제, 소비자와 민법(이은영 편), 세창출판사, 2010, 1면 이하; 이병준, 약관규제법의 민법편입, 전게서, 186면 이하; 남궁술, 여러 특별법으로 산재된 소비자법의 단일화 방안, 상게서, 94면 이하; 김성천, 할부거래법의 민법편입문제, 상게서, 227면 이하; 고형석 특수거래법의 민법편입문제, 260면 이하.

10) 일본에서도 제30회의 소비자보호회의 결정 및 경제심의회에서 규제완화 후의 새로운 경제사회 시스템의 기본원칙으로서 투명한 공정시장의 창설을 제언하고, 그 근거로서 ① 자기책임의 원칙 ② 다양한 선택과 충분한 정보개시 ③ 정부의 행정지도 등에 의한 개별사례의 재량적 처리로부터의 유인을 통한 시장규칙의 정비나 제도에 기초를 두는 감시기능의 강화 등에 그 역할의 중점을 옮기는 것을 요구하였다. 經濟審議會經濟展望部會・經濟主體役割部會同報告書(經濟企劃院), 平成 10年 6月.

여 소비자보호를 위한 특별법인 「할부거래에 관한 법률」(이하 '할부거래법'이라 한다)의 적용을 받는 할부매매를 말한다. 할부거래는 18세기 산업혁명 이후 상품의 대량생산과 대량소비가 가능하게 되면서 소비자의 부담을 덜어주고 구매력을 증대시키기 위한 수단으로 활용되기 시작하였는데, 소비자신용의 일종으로 소비자의 입장에서는 필요한 재화와 용역을 신용으로 구입할 수 있게 된다. 또한 금융제도의 발달로 제3의 신용제공자와의 결합으로 이제 생산자와 소비자간의 법률문제뿐만 아니라 소비자와 신용제공자의 법률문제도 등장하게 되었다.

각국은 할부거래로 인한 소비자피해를 구제하기 위하여 관련법규를 제정하여 운용하고 있는데, 이를 소비자신용의 문제로 인식하여 소비자신용법제를 마련하여 이에 대처하고 있으며, 공통적으로 소비자를 보호하기 위하여 사적자치를 제한하고 있다. 우리나라에서도 1991년 12월 31일 법률 제4480호로 할부거래에 관한 법률을 제정(전문 16개조와 부칙 3개조)하여 1992년 7월 1일부터 시행하고 있다.[11] 입법적으로도 규율하고 있다.

미국, 영국, 독일 및 프랑스 등은 할부거래를 포함한 소비자신용(consumer credit)에 관한 일반법을 두고 이를 규제하는 포괄적 규제주의를 취하고 있으며, 우리나라, 스위스 등은 소비자신용의 거래분야마다 특별법에 의해 할부거래를 규율하는 개별적 규제주의를 취하고 있다.[12]

할부거래법 제정 이후 우리나라에서는 대금이 완납한 이후에 재화 등을 공급하는 상조업이 등장함에 따라 이러한 선불식 할부거래는 본래 할부거래법의 적용대상이 아니었으나 상조업에서의 소비자피해를 예방하기 위하여 2010년 개정에서 선불식 할부거래를 그 적용대상에 포함시켰다.

(1) 할부거래법의 적용범위

동법은 1991년 12월 31일에 제정되어 1992년 7월 1일부터 시행되고 있다. 할부거래법에서는 계약의 명칭 · 형식 여하를 불문하고 재화 또는 용역(일정한 시설을 이용하거나 용역의 제공을 받을 권리를 포함한다)에 관한 할부계약 및 선불식 할부계약

---

11) 방문판매 등에 관한 법률(제4481호, 1991년 12월 31일 제정, 1992년 7월 1일 시행)과같이 제정 · 시행되고 있다.

12) 독일민법 제2편 채권편의 제8장 제3절에서 소비대차계약 ; 사업자와 소비자 사이의자금융통원조 및 분할공급계약의 절 제2관에 사업자와 소비자 사이의 자금융통원조라는 제목 하에 할부거래를 규정하고 있다. 금융리스에 적용되는 모든 규정이 할부거래에도 그대로 적용된다(독일민법제499조, 제501조).

에 의한 거래에 적용된다(동법 제2조 제1호·제2호). 할부거래법에서 계약의 명칭이나 형식을 묻지 않는 것은 계약의 명칭·형식보다는 계약의 내용을 기준으로 그 적용여부를 판단하는 것이다.

할부거래법은 매수인이 대금의 완납 전에 목적동산을 인도받거나 또는 용역을 제공받기로 하되, 매수인이 목적물의 대금을, 2개월 이상의 기간에 걸쳐 3회 이상 분할하여, 매도인에게 지급하기로 하는 (직접)할부거래(동법 제2조 제1호 가목)와 소비자가 신용제공자에게 재화 등의 대금을 2개월 이상의 기간에 걸쳐 3회 이상 나누어 지급하고, 재화 등의 대금을 완납하기 전에 사업자로부터 재화 등의 공급을 받기로 하는 간접할부계약(제2호 나목), 재화 등의 대금을 2개월 이상의 기간에 걸쳐 2회 이상 나누어 지급함과 동시에 또는 지급한 후에 재화 등의 공급을 받기로 하는 선불식 할부계약(제4호)에 적용된다. 선불식할부계약은 주로 상조업에서 행해지고 있다.

할부거래법에서는 이처럼 할부계약의 유형 중 후불식과 선불식(제2조 4호) 외에 직접할부계약과 신용제공자가 관여하는 간접할부계약 모두를 규율하고 있다. 할부거래법에서 계약의 명칭이나 형식을 묻지 않는 것은 계약의 명칭·형식보다는 계약의 내용을 기준으로 그 적용여부를 판단한다는 것이며, 재화나 용역의 할부거래 및 선불식 할부거래를 적용대상으로 하는 이유는 소비시대의 거래에서 재화 및 용역에서 소비자보호가 가장 절실하기 때문이다. 할부거래법의 적용을 받는 '용역'에는 일반적으로 통용되는 의미의 용역 외에도 일정한 시설을 이용하거나 용역의 제공을 받을 권리도 포함된다. 따라서 스포츠시설이용권을 할부로 구입하거나 피부관리실을 정기적으로 다니면서 대금을 할부로 지급하는 경우에 할부거래법이 적용될 수 있다.

(2) 할부거래법의 적용제외

할부거래법은 계약의 명칭·형식이 어떠하든 재화나 용역에 관한 할부거래 및 선불식 할부거래에 적용되지만, ① 사업자가 상행위를 위하여 재화 등의 공급을 받는 거래(다만, 사업자가 사실상 소비자와 같은 지위에서 다른 소비자와 같은 거래조건으로 거래하는 경우는 적용한다), ② 성질상 할부거래법을 적용하는 것이 적합하지 아니한 것으로서 대통령령으로 정하는 재화 등의 거래 등에 해당하는 때에는 적용되지 않는다(동법 제3조).

대법원은 '사업자가 상행위를 위하여 재화 등의 공급을 받는 거래'를 하였는지의 여부에 대하여, 광고물 제작업을 운영하기 위하여 전사기를 매수하면서 그 매매대금을 지급하기 위해 할부금융업자와 할부금융약정을 체결한 사안에서, 대법원은 그 할부거래법상 '매수인이 상행위를 목적으로 할부계약을 체결하는 경우라 함은 매수인이 신용제공자의 여신으로 매수한 물건을 다른 소비자에게 판매할 목적으로 물건을 할부로 구입한 경우만을 의미하는 것이 아니라, 자신의 소비만을 목적으로 한 경우가 아닌 영리를 목적으로 할부계약을 체결하는 경우를 의미한다고 해석함이 타당하다고 하면서, 구할부거래법이 적용되지 않는다고 판시하였다.[13)]

또한 할부거래에 해당하지 않은 경우, 예컨대 할부거래의 할부기간이 2개월 미만이거나 할부횟수가 3회 미만인 경우, 선불식 할부거래의 할부기간이 2개월 미만이거나 할부횟수가 2회 미만인 경우, 부동산 거래 등은 동법이 적용되지 않는다(동법 제3조).

위의 ①에서 '사업자가 상행위를 위하여 재화 등의 공급을 받는 거래'라 함은 사업자가 신용제공자의 여신으로 매수한 물건을 다른 소비자에게 판매할 목적으로 물건을 할부로 구입한 경우만을 의미하는 것이 아니라, 자신의 소비만을 목적으로 한 경우가 아닌 영리를 목적으로 할부거래 및 선불식 할부거래를 하는 경우를 의미한다.[14)] 따라서 그 목적이 소비만을 위한 경우에는 상인이라 할지라도 할부거래법이 적용된다.

위의 ②에서 '대통령령으로 정하는 재화 등의 거래'란 ㉠ 농산물·수산물·축산물·임산물·광산물로서 통계법 제22조에 따라 작성한 한국표준산업분류표상의 제조업에 의하여 생산되지 아니한 것, ㉡ 의약품(약사법 제2조 제4호), ㉢ 보험업법에 따른 보험, ㉣ 증권(자본시장과 금융투자업에 관한 법률 제4조) 및 어음(동법 제336조 제1항 1호), ㉤ 부동산 등의 어느 하나에 해당하는 재화 등의 거래를 말한다(동법 시행령 제4조).

판례에 의하면, 할부거래법이 적용되는 간접할부거래에 해당하는지의 여부가 다투어진 사례에서 「할부거래에 관한 법률 제2조 제1호 나목 소정의 할부계약(간접할부계약)은 매도인, 매수인, 신용제공자라는 3당사자의 존재를 전제로 하여 매

13) 대판 2001.8.21, 2000다8397; 대판 2006.7.28, 2004다54633.

14) 대판 2006.7.28, 2004다54633; 대판 2001.8.21, 2000다8397.

도인과 매수인 사이의 매매계약 이외에 신용제공자와 매도인 사이의 보증이나 채권양도 등의 약정과 신용제공자와 매수인 사이의 할부금의 지급 등에 관한 약정이라는 3면 계약에 의하여 이루어진 것을 말하고, 매도인과 신용제공자 사이에서는 아무런 계약관계 없이 매수인이 목적물의 대금을 신용제공자로부터 차용하여 목적물을 구입한 후 나중에 그 차용금을 분할하여 상환하는 방식은 분할변제의 특약이 있는 신용제공자와 매수인 사이의 순수한 소비대차계약으로서 위 법률이 적용되지 않는다」고 한다[15].

(3) 할부거래의 목적물

할부거래의 목적물은 재화와 용역이다. 일정한 시설을 이용하거나 용역을 제공받을 수 있는 권리도 포함한다. 종전에는 동산과 용역으로 되어 있었으나 동산 대신에 재화라는 용어로 바꾸어 규정하였다. 따라서 이 법은 토지나 주택과 같은 부동산의 할부계약에는 적용되지 않는다. 동산도 일정한 것은 제외하고 있다(농·수·축·임·광산물(제조업에 의하여 생산되지 않는 것), 의약품, 보험, 매수인의 주문에 의하여 개별적으로 제조되는 것(제2조 제1항, 할부거래에관한법률시행령 참조).

(4) 다른 법률과의 관계

할부거래 및 선불식 할부거래에서의 소비자보호와 관련하여 할부거래법과 다른 법률이 경합하여 적용되는 경우에는 할부거래법을 우선하여 적용하되, 다른 법률을 적용하는 것이 소비자에게 유리한 경우에는 그 법률을 적용한다(동법 제4조).

할부거래법의 적용을 받는 '용역'에는 일정한 시설을 이용하거나 용역의 제공을 받을 권리도 포함되므로, 스포츠센터이용권을 할부로 구입하거나 피부마사지실을 정기적으로 다니면서 대금을 할부로 지급하는 경우에는 할부거래법이 적용될 수 있다. 다만 이러한 거래는 방문판매법상 계속거래에 해당하므로 할부거래법과 방문판매법 중 어느 법률을 적용할 것인가가 문제될 수 있으며, 방문판매법도 방문판매·전화권유판매·다단계판매·계속거래 및 사업권유거래에서의 소비자보호와 관련하여 방문판매법과 다른 법률의 적용이 경합하는 경우에는 방문판매법을 우선 적용하되, 다른 법률을 적용하는 것이 소비자에게 유리한 경우에는 그 법을 적용하도록 규정하고 있다(방문판매법 제4조).

---

15) 대판 2008.7.10. 2006다57872.

(5) 할부거래의 법률관계

1) 계약체결전의 정보제공의무(표시의무) 할부거래법은 신용구매에 따른 충동구매로 인한 소비자의 피해를 최소화하기 위해 소비자가 당해 할부계약의 내용을 충분히 이해할 수 있도록 할부거래업자의 계약체결 전 할부계약내용 표시의무를 규정하고 있다. 즉 할부거래업자는 할부계약을 체결하기 전에 소비자가 할부계약의 내용을 이해할 수 있도록 총리령으로 정하는 바에 따른 사항을 표시하여야 한다(동법 제5조). 할부거래법이 이와 같이 할부거래업자에게 할부계약내용 표시의무를 규정한 이유는 계약의 내용을 소비자로 하여금 오해가 없도록 주지시켜 분쟁을 방지하고 계약의 공정화를 기하기 위한 것이다.

할부거래업자는 할부계약을 체결하기 전에 ① 재화 등의 종류 및 내용, ② 현금가격(할부계약에 의하지 아니하고 소비자가 재화 등의 공급을 받은 때에 할부거래업자에게 지급하여야 할 대금 전액), ③ 할부가격(소비자가 할부거래업자나 신용제공자에게 지급하여야 할 계약금과 할부금의 총합계액), ④ 각 할부금의 금액 · 지급횟수 및 지그빗기, ⑤ 할부수수료의 실제연간요율, ⑥ 계약금(최초지급금 · 선수금 등 명칭이 무엇이든 할부계약을 체결할 때에 소비자가 할부거래업자에게 지급하는 금액), ⑦ 소비자가 학부금 지급의무를 이행하지 아니할 경우 소비자에게 청구하는 지연손해금 산정 시 적용하는 비율 등을 사무실에 게시하거나 서면에 제시하여야 한다(동법 제5조 및 시행규칙 제2조).

방문판매법과 달리 할부거래업자의 성명, 상호, 주소, 전화번호, 전자우편주소 등은 할부거래법상 표시사항이 아니며, 재화 등의 공급시기는 할부계약서의 기재사항(제6조 제1항)이지만, 표시의무 사항은 아니다.

2) 서면계약 체결의무 할부계약은 서면(전자거래기본법에 따른 전자문서 포함)에 의하여야 하고(제6조 제1항), 그 계약서를 소비자에게 발급하여야 한다(제6조 제2항). 즉 할부거래업자는 할부계약을 체결할 때 ① 할부거래업자 · 소비자 및 신용제공자의 성명 및 주소, ② 재화 등의 종류 · 내용 및 재화 등의 공급시기, ③ 현금가격, ④ 할부가격, ⑤ 각 할부금의 금액 · 지급횟수 · 지급기간 및 지급시기, ⑥ 할부수수료의 실제연간요율[16] ⑦ 계약금, ⑧ 재화의 소유권 유보에 관한 사

16) 할부수수료는 금리 · 신용조사비 · 사무관리비 기타 명목여하를 불문하고 할부거레에 관한 수수료로, 소비자가 할부거래업자나 신용제공자에게 지급하는 총액에서 현금가격을 제외한 것을 말한다. 할부수수료의 실제연간요율의 계산방법 및 최고한도는 이자제한법에서 정한 이자의 최고한도의 범위에서 대통령령으로 정하도록 하고 있는데, 현행 이자제한법시행령은 연

항, ⑨ 동법 제8조에 따른 청약철회의 기간·행사방법·효과에 관한 사항, ⑩ 동법 제11조 제1항에 따른 할부거래업자의 할부계약의 해제에 관한 사항, ⑪ 동법 제12조 제1항에 따른 지연손해금 산정 시 적용하는 비율, ⑫ 동법 제13조에 따른 소비자의 기한의이익 상실에 관한 사항, ⑬ 동법 제16조에 따른 소비자의 항변권과 행사방법에 관한 사항 등이 기재되고, 소비자의 철회권 및 항변권 행사를 위한 서식이 포함된 계약서를 소비자에게 교부하여야 한다(동법 제5조 제1항 각 호 및 동법 시행규칙 제3조 제1항 제3호).

다만, 여신전문금융업법에 따른 신용카드회원과 신용카드가맹점 간에 체결하는 간접할부계약의 경우에는 위 표시사항 중 할부가격, 각 할부금의 금액·지급횟수 및 지급시기, 계약금, 지연손해금의 산정 시 적용하는 비율 등을 표시하지 않을 수 있다(동법 제5조 본문 단서). 이는 할부가격이나 할부금에 관한 사항 등은 원칙적으로 신용카드회원인 각 소비자와 신용카드업자 사이에 체결된 신용카드 이용계약에 따라 결정되는 것으로서 회원에 따라 상이하고 수시로 변경될 수 있으므로 신용카드거래의 편의성을 고려하여 표시사하에서 제외한 것이고, 계약금은 대부분의 신용카드거래에서는 해당되지 않으므로 제외한 것으로 볼 수 있다.

판례는 「할부계약의 주요 내용을 서면으로 하도록 한 취지는 할부거래에 있어서는 대금의 지급이 장기간에 걸쳐 계속되기 때문에 계약 내용이 복잡하고 소비자의 충동구매가 이루어지는 경우가 많은 현실을 감안하여, 매수인으로 하여금 할부계약의 내용을 이해할 수 있도록 함과 동시에 계약체결을 신중하게 하도록 함으로써 부당하게 불리한 특약으로부터 매수인을 보호하고, 분쟁을 사전에 예방하고자 한 데 있을 뿐이고, 그와 같은 서면 기재를 신용제공자에 대한 지급거절권의 행사요건으로 규정한 것은 아니다」[17]고 한다.

서면에 의하지 않은 경우에는 매도인은 과태료의 처벌을 받으나(동법 제53조 제4항2호 및 3호), 할부계약의 성립 자체가 부정되는 것은 아니어서 사법상의 효력에는 영향이 없으나,[18] 계약의 해석상 소비자에게 불이익이 돌아가지 않도록 하는 것으로 해석된다.

3) 청약철회권 할부계약이 체결되었더라도 일정기간 내에는 매수인에게

100분의 30을 초고한도로 규정하고 있다(동법 제7조 및 시행령 제5조 제2항).

17) 대판 2006.7.28. 2004다54633.

18) 곽윤직, 채권각론, 박영사, 2003, 166면; 김형배, 채권각론, 박영사, 2001, 376면.

철회권이 인정된다(제8조, 제9조). 이것을 영미에서는 cooling off period, 일본에서는 숙려기간이라고 한다. 매수인은 계약서를 교부받은 날 또는 목적물을 인도받은 날로부터, 각각 7일 이내에 서면으로 청약을 철회할 수 있다(동법 제8조 제1항). 다만 할부가격이 10만원 이하이거나 신용카드를 사용하여 한 거래로서 20만원 이하인 할부계약은 철회권 행사가 제한된다(동법 시행령 제6조 제2항 1호). 계약서의 교부사실 등에 대한 다툼이 있는 경우에는 매도인이 이를 입증하여야 한다(제5조 5항). 철회의 효력은 그 발송일에 발생한 것으로 본다(제5조 제3항).

매수인이 청약을 철회한 경우에는 매수인은 인도받은 동산이나 제공받은 용역을, 그리고 매도인은 지급 받은 할부금을 각각 상대방에게 반환하여야 한다(제10조). 목적물반환비용의 부담에 대해서는 목적물의 반환에 필요한 비용은 매도인이 이를 부담하며, 매도인은 매수인에게 위약금 또는 손해배상을 청구할 수 없다(제10조 제10항). 신용제공자가 있는 경우의 철회에 있어서는 매수인은 매도인뿐만 아니라 신용제공자에게도 철회기간 내에 철회의 의사표시를 서면으로 발송하여야 한다(제9조 제1항).

청약철회의 효과로서 소비자는 원상회복의무를 지게 된다. 즉 소비자는 이미 공급받은 재화 등을 반환하여야 하고(제10조 제1항), 할부거래업자는 재화를 공급한 경우에는 소비자로부터 재화를 받은 날로부터 3 영업일 이내, 그리고 용역을 제공한 경우에는 소비자로부터 청약을 철회하는 서면을 수령한 날로부터 3 영업일 이내에 이미 지급받은 계약금 및 할부금을 환급하여야 한다(동조 제2항). 청약철회에 대한 상세는 청약철회권에서 기술.

4) 할부거래업자의 계약해제 소비자가 할부금 지급의무를 지체하고 있는 때에는, 할부거래업자는 14일 이상의 기간[19]을 정하여 이행을 서면으로 최고하고, 그 최고기간 내에 이행하지 않으면, 할부계약을 해제할 수 있다(제11조 제1항). 이는 할부거래의 경우 대금의 지급이 장기간에 걸쳐서 이루어지는 경우가 많은데, 소비자가 부주의 등으로 인하여 할부금 지급의무를 이행하지 않을 경우에 사업자가 즉시 계약을 해제한다면 소비자가 지나치게 큰 손해를 입을 수 있으므로, 민법에서 '상당한 기간'을 정하여 최고하게 하는 것과 달리(민법 제544조) 충분한

19) 일본의 할부판매법은 20일 이상, 영국의 소비자신용법(CCA)은 7일 이상, 스위스의 할부계약 및 선급계약에 대한 연방법은 14일 이상이다.

기간을 정하여 소비자로 하여금 지급의무를 이행할 기회를 주도록 하는 것이다.

할부계약이 해제된 경우 원상회복의무가 있는데 동시이행관계이다. 따라서, 상대방이 원상회복할 때까지 자기의 의무이행을 거절할 수 있다(동법 제11조 제2항). 특히 할부거래업자가 할부금 지급의무의 이행을 확보하기 위해 대금이 완납되기 전까지 거래의 목적물인 재화 등의 소유권을 자신에게 유보시키는 경우가 많은데(소유권유보부 매매), 이 경우에는 매매대금의 완납이 이루어져야 소유권이 소비자에게 이전되는 것이어서 일응 매매대금이 완납되기 전에는 할부거래업자에게 소유권이 귀속되지만, 소비자가 할부금 지급의무를 이행하지 않는다고 하더라도 즉시 그 목적물의 반환을 청구할 수 있는 것은 아니고, 할부계약을 해제하고서야 비로소 그 반환을 청구할 수 있다(동법 제11조 제3항).

위의 규정은 소비자의 계약위반 시에도 할부거래업자의 목적물의 자의적인 회수를 인정하지 아니하고 계약해제요건을 갖춘 경우에만 반환을 청구할 수 있도록 하여 소비자를 보호하고자 한 취지이다.

5) 기한의 이익포기와 기한이익 상실 소비자는 할부계약에 의하여 그가 가지는 기한의 이익을 포기하고 나머지 할부금을 한꺼번에 지급할 수 있다(제14조 제1항). 그러나 소비자가 기한의 이익을 잃게 되는 경우가 있는데, 할부금을 연속하여 2회 이상 지체하고, 그 지체한 금액이 할부가격의 100분의 1을 초과하는 경우, 또는 국내에서 할부금 채무이행 보증이 어려운 경우로서 대통령령으로 정하는 경우에 기한의 이익을 주장하지 못한다(제13조). 대통령령으로 정하는 경우란, ① 생업에 종사하기 위하여 외국에 이주하는 경우, ② 외국인과의 혼인 및 연고관계로 인하여 외국에 이주하는 경우 등의 어느 하나에 해당하는 경우를 말한다(동법시행령 제10조). 따라서 할부거래업자는 이에 열거되지 아니한 사유로 소비자에게 기한이익을 상실시킬 수 없고 만약 소비자에게 부여된 기한의 이익을 상당한 이유 없이 박탈하는 약관조항은 약관규제법 제11조를 위반한 것이므로 무효이다(약관규제법 제11조).

6) 소비자의 항변권 소비자는 할부계약이 무효·취소 또는 해제된 경우나 목적물의 전부 또는 일부가 할부계약서에 기재된 인도시기까지 소비자에게 인도 또는 제공되지 않은 경우, 할부거래업자가 하자담보책임을 이행하지 않는 경우 등에는 매도인에게 할부금의 지급을 거절할 수 있다(제16조 제1항). 소비자

의 항변권에 대해서는 제2장 Ⅳ. 참조.

7) 할부거래업자 등의 손해배상청구금액의 제한　할부거래업자 등에 의하여 손해배상액이 예정되어 있는 경우 과도한 손해배상을 예정하고 있는 경우 동법에서는 할부거래업자의 손해배상청구금액의 범위를 한정하여 소비자를 보호하고 있다.

(6) 선불식 할부거래

상조업의 등장으로 종전에 알지 못하던 새로운 유형의 할부거래가 등장함에 따라 종전의 후불식 할부거래와 다른 선불식 할부거래의 규율에 대하여 논의를 거쳐 별도의 2010년에 특별법이 아닌 할부거래에 관한 법률에서 편입하여 제3장에서 선불식 할부거래라는 제목하에 규정하고 있다.

1) 후불식 할부거래와의 차이　할부거래법에서는 선불식 할부계약에 대하여 “계약의 명칭·형식이 어떠하든 소비자가 사업자로부터 장례 또는 혼례를 위한 용역(제공시기가 확정된 경우는 제외한다) 및 이에 부수한 재화 또는 이에 준하는 소비자피해가 발생하는 재화등으로서 소비자의 피해를 방지하기 위하여 대통령령으로 정하는 재하 등의 대금을 2개월 이상의 기간에 걸쳐 2회 이상 나누어 지급함과 동시에 또는 지급함과 동시에 또는 지급한 후에 재화 등의 공급을 받기로 하는 계약(동법 제2조 제2호)”으로 정의하고 있는데, 후불식 할부계약과 비교하여 첫째, 대금분할의 횟수에서 후불식할부계약이 3회인 반면 선불식 할부계약은 2회 이상으로 규정하고 있는 점, 둘째, 후불식 할부계약은 대금의 완납 이전에 재화 등의 공급이 이루어지지만, 선불식 할부계약은 대금의 납부 후에 재화 등이 공급된다는 점에서 차이가 있다.

2) 영업의 등록　선불식 할부거래업자는 대통령령으로 정하는 바에 따라 ① 상호·주소·전화번호·전자우편주소(영업소 및 대리점을 포함한다)·대표자의 이름·주민등록번호·주소 등을 적은 신청서, ② 자본금이 3억원 이상임을 증명하는 서류, ③ 소비자피해보상보험계약 등(동법 제27조)의 체결 증명 서류, ④ 그 밖에 선불식 할부거래업자의 신원을 확인하기 위하여 필요한 사항으로서 총리령으로 정하는 서류(회사의 영업일을 기재한 서류: 동법시행규칙 제4조 제3항) 등을 갖추어 특별시장·광역시장·도지사 또는 특별자치도지사에게 등록하여야 한다(동

법 제18조 제1항).

선불식 할부거래의 등록을 한 경우에는 시·도지사는 총리령으로 정하는 등록증을 지체없이 발급하여야 한다(동법 제18조 제2항, 동법 시행령 제12조 제3항). 선불식 할부거래업을 등록하려는 자는 상법상 회사로서 자본금이 3억원 이상이어야 한다(동법 제19조).

선불식 할부거래업자는 제1항에 따라 등록한 사항 중 같은 항 제1호부터 제3호까지의 사항이 변경된 경우에는 대통령령으로 정하는 바에 따라 시·도지사에게 신고하여야 한다(동법 제18조 제3항). 또한 선불식 할부거래업자는 휴업 또는 폐업을 하거나 휴업 후 영업을 다시 시작할 때에는 대통령령으로 정하는 바에 따라 시·도지사에게 신고하여야 한다. 이 경우 시·도지사는 폐업신고를 받은 때에는 그 등록을 말소하여야 한다. 다만, 폐업신고 전 등록취소 요건에 해당되는 경우에는 폐업신고일에 등록이 취소된 것으로 본다(제18조 제4항).

3) 정보의 공개 공정거래위원회는 선불식 할부거래업자에 대한 등록한 사항(제18조 제1항) 및 신고한 사항(제18조 제3항) 또는 그 밖에 공정거래질서 및 소비자보호를 위하여 필요하다고 인정하여 총리령으로 정하는 사항 등을 대통령령으로 정하는 바에 따라 공개하여야 한다(제18조 제5항 본문). 다만, 선불식 할부거래업자의 경영·영업상 비밀에 관한 사항으로서 공개될 경우 선불식 할부거래업자의 정당한 이익을 현저히 해칠 우려가 있다고 인정되는 사항과 개인에 관한 사항으로서 사생활의 비밀 또는 자유를 침해할 우려가 있다고 인정되는 사항에 대하여는 공개하지 아니한다(제18조 5항 단서).

총리령으로 정하는 사항이란 ① 선불식 할부거래업자가 판매하는 재화 또는 용역의 판매품목, ② 선불식 할부거래업자가 판매하는 재화 또는 용역의 판매품목, ③ 선불식 할부거래업자의 자산·부채 및 동법 제27조 제1항에 따른 선수금 내역 등의 어느 하나에 해당하는 사항을 말한다(동법 시행규칙 제7조).

공정거래위원회는 공개를 위하여 필요한 경우에는 선불식 할부거래업자에게 관련 자료의 제출을 요구할 수 있다. 이 경우 선불식 할부거래업자는 정당한 사유가 없으면 관련 자료를 제출하여야 한다(제18조 6항). 공정거래위원회는 이에 따라 선불식 할부거래업자가 제출한 자료가 불명확한 경우 적당한 기간을 정하여 선불식 할부거래업자에게 필요한 내용의 변경 또는 보완을 요구할 수 있다(동법 시행령

제13조 제3항).

4) 결격사유 선불식 할부거래업의 등록시 ① 미성년자, 한정치산 또는 금치산의 선고를 받은 사람, 파산선고를 받고 복권되지 아니한 사람, 동법을 위반하여 징역형을 선고받고 그 집행이 끝나거나(집행이 끝난 것으로 보는 경우를 포함한다) 집행이 면제된 날부터 5년이 지나지 아니한 사람, 동법을 위반하여 형의 집행유예를 선고받고 그 유예기간 중에 있는 사람, 동법을 위반하여 벌금형을 선고받고 3년이 지나지 아니한 사람에 해당하는 사람이 임원인 회사와 ② 동법을 위반하여 징역형을 선고받고 그 집행이 끝나거나(집행이 끝난 것으로 보는 경우를 포함한다) 집행이 면제된 날부터 5년이 지나지 아니한 사람과 동법을 위반하여 형의 집행유예를 선고받고 그 유예기간 중에 있는 사람에 해당하는 사람이 지배주주인 회사, ③ 동법 제40조에 따라 등록이 취소된 후 5년이 지나지 아니한 회사, ④ 동법 제40조에 따른 등록취소 당시 임원 또는 지배주주였던 사람이 임원 또는 지배주주인 회사인 경우에는 결격사유에 해당한다.

5) 정보의 제공과 계약서 발급의무 선불식 할부거래업자는 선불식 할부계약을 체결하기 전에 소비자가 계약의 내용을 이해할 수 있도록 ① 선불식 할부거래업자의 상호·주소·전화번호·전자우편주소·대표자의 이름, ② 재화등의 종류 및 내용, ③ 재화등의 가격과 그 지급의 방법 및 시기, ④ 재화 등을 공급하는 방법 및 시기, ⑤ 계약금, ⑥ 청약의 철회 및 계약 해제의 기한·행사방법·효과에 관한 사항 및 청약의 철회 및 계약 해제의 권리 행사에 필요한 서식으로서 총리령으로 정하는 것, ⑦ 소비자 피해보상, 재화등에 대한 불만 및 소비자와 사업자 사이의 분쟁 처리에 관한 사항, ⑧ 선불식 할부거래에 관한 약관, ⑨ 그 밖에 소비자의 구매 여부 판단에 영향을 주는 거래조건 또는 소비자의 피해구제에 필요한 사항으로서 대통령령으로 정하는 사항 등을 설명하여야 하고(동법 제23조), 계약을 체결할 경우에는 위의 사항을 적은 계약서를 소비자에게 발급하여야 한다(제23조 제2항).

6) 청약의 철회 선불식 할부거래의 경우에도 청약철회를 인정하고 있는데, 그 기간은 후불식 할부거래의 경우 7일로 하고 있지만 선불식 할부거래의 경우에는 14일로 규정하고 있다. 즉, 계약서를 받은 날로부터 14일 혹은 선불식 할부거래업자의 주소 등이 적혀 있지 아니한 계약서를 받았거나 선불식 할부거

래업자의 주소 변경 등의 사유로 계약서를 받은 날로부터 14일 이내에 청약을 철회할 수 없는 경우에는 그 주소를 안 날 또는 알 수 있었던 날 등 청약을 철회할 수 있는 날부터 14일이다(제24조 제1항 1호·2호). 또한 계약서에 청약의 철회에 관한 사항이 적혀 있지 아니한 경우에는 청약을 철회할 수 있음을 안 날 또는 알 수 있었던 날부터 14일(3호), 선불식 할부거래업자가 청약의 철회를 방해한 경우에는 그 방해행위가 종료한 날로부터 1일(4호), 계약서를 받지 아니한 경우에는 계약일부터 3개월(5호)이다.

소비자가 청약을 철회할 경우에는 청약철회기간 이내에 선불식 할부거래업자에게 청역철회의 의사표시가 적힌 서면을 발송하여야 하며(제24조 제2항), 청약의 철회는 서면을 발송한 날에 그 효력이 발생한다(제24조 제3항). 계약서의 발급사실과 그 시기 등에 대하여 다툼이 있는 경우에 입증책임은 할부거래업자에게 있다(제24조 제4항).

청약철회의 효과로서 청약을 철회한 경우 선불식 할부거래업자는 청약철회의 서면을 접수한 날로부터 3영업일 이내에 이미 지급받은 계약금 및 할부금을 환급하여야 한다. 이 경우 선불식 할부거래업자가 환급을 지연한 때에는 그 지연기간에 따라 지연배상금을 함께 환급하여야 한다(제24조 제5항). 선불식 할부거래업자는 그 휴업기간 또는 영업정지기간 중에도 청약의 철회나 계약의 해제업무를 계속하여야 한다(제32조).

7) 소비자와 선불식 할부거래업자의 선불식 할부계약 해제 소비자가 선불식 할부식 할부계약에 의한 재화 등의 공급을 받지 못한 경우에는 그 계약을 해제할 수 있다(제25조 제1항). 계약이 해제된 경우 선불식 할부거래업자는 소비자에게 해제로 인한 손실을 초과하는 위약금을 청구하여서는 아니된다(제25조 제2항). 뿐만 아니라 소비자가 ① 휴업 또는 폐업신고를 한 때 ② 영업정지 처분을 받은 때 ③ 등록이 취소되거나 말소된 때 ④ 「은행법」에 따른 은행으로부터 당좌거래의 정지처분을 받은 때 ⑤ 파산 또는 화의 개시의 신청이 있는 때의 사유로 계약을 해제하는 경우에는 소비자에게 위약금을 청구하여서는 아니 된다(제25조 제3항).

선불식 할부거래업자는 선불식 할부계약이 해제된 경우에는 해제된 날부터 3영업일 이내에 이미 지급받은 대금에서 위약금을 뺀 금액을 소비자에게 환급하여야 하고, 이 경우 선불식 할부거래업자가 환급을 지연한 때에는 그 지연기간에 따라 지연배상금을 함께 환급하여야 한다(제25조 제4항). 공정거래위원회는 총리령으로 정하는 바에 따라 위약금 및 대금의 환급에 관한 산정기준을 정하여 고시할 수 있다(제5항).

선불식 할부거래업자도 소비자가 대금 지급의무를 이행하지 않는 경우, 14일 이상의 기간을 정하여 소비자에게 이행할 것을 서면으로 최고한 후 선불식 할부계약을 해제할 수 있다(제26조).

8) 선수금의 보전　　선불식 할부거래업자가 등록을 한 경우 소비자로부터 선불식 할부계약과 관련되는 재화 등의 대금으로서 미리 수령한 금액(선수금)을 보전하기 위하여 ① 소비자피해보상을 위한 보험계약, ② 소비자피해보상금의 지급을 확보하기 위한 은행과의 채무지급보증계약, ③ 소비자피해보상금의 지급을 확보하기 위한 대통령령으로 정하는 기관(이하 "예치기관"이라 한다)과의 예치계약, ④ 공제조합과의 공제계약을 체결하여야 한다(제27조 제1항).

누구든지 위의 예치금을 상계·압류(가압류 포함)하지 못하며, 선불식 할부거래업자는 대통령령으로 정하는 경우 외에는 예치금을 양도하거나 담보로 제공하여서는 아니 된다(제 27조 제3항). 여기서 "대통령령으로 정하는 경우"란 다른 선불식 할부거래업나에 대한 선불식 할부계약 당사자로서의 지위 양도, 영업의 양도 등의 어느 하나에 해당하는 경우를 말한다(동법시행령 제16조 제4항).

선불식 할부거래업자가 소비자피해보상보험계약 등에 따라 보전하여야 할 금액(제1항 각 호 중 둘 이상의 계약을 체결한 경우에는 각 계약에 따라 보전되는 금액을 합산한다) 및 그 산정기준은 선수금 합계액의 100분의 50을 초과하지 아니하는 범위에서 대통령령을 정한다. 선불식 할부거래업자가 소비자피해보상보험계약 등에 따라 보전하여야 할 금액은 다음 계산식에 따른 금액으로 하며, 이 경우 선불식 할부거래업자가 재화 등을 실제로 인도하지 아니한 경우에는 재화 등이 공급된 것으로 보지 아니한다(동법 시행령 제16조 제3항).

보전하여야 할 금액 = (선불식 할부거래업자가 소비자고부터 선불식 할부계약과 관련되는 재화 등의 대금으로서 미리 수령한 금액 − 선불식 할부거래업자가 소비자에게 공급한 재화 등의 가액) × 50/100

선불식 할부거래업자는 공제사업을 운영하기 위하여 공정거래위원회의 인가를 받아 공제조합을 설립할 수 있는데, 공제조합은 법인으로 하며 공제조합에 가입한 자는 공제사업의 수행에 필요한 출자금 등을 공제조합에 내야 한다. 공제조합을 설립하려는 경우에는 10인 이상의 발기인이 되어 정관을 작성하고 창립총회의 의결을 거쳐 공정거래위원회에 인가를 신청하여야 하며(동법 시행령 제18조 제1항), 공정거래위원회는 공제조합의 설립을 인가하였을 때에는 이를 공고하여야 한다(동법시행령 제18조 제2항).

공제조합의 설립인가 기준 및 절차, 운영 및 감독 등에 관하여 필요한 사항은 대통령령으로 정한다(제28조 제5항). 공제조합에 관하여 할부거래법에 규정된 것을 제외하고는 민법 중 사단법인에 관한 규정을 준용한다(제28조 제6항).

공제조합의 기본재산은 조합원의 출자금 등으로 조성하되 출자금은 200억원 이상으로서 대통령령으로 정하는 규모(200억원, 동법시행령 제17조) 이상이어야 한다. 공제조합의 사업은 ① 소비자피해보상을 위한 공제사업 및 소비자의 권익보호를 위한 공익사업, ② 소비자피해예방과 홍보를 위한 출판 및 교육사업, ③ 시장의 건전한 발전을 위한 자율정화사업, ④ 공정거래위원회로부터 위탁받은 사업 등인데, 할부거래법에 따른 공제조합의 사업에 대하여는 보험업법을 적용하지 아니한다(제29조 제2항). 공제조합의 감독기관은 공정거래위원회이다(제31조).

9) 선불식 할부거래업자의 금지행위 선불식 할부거래업자는 ① 계약의 체결을 강요하거나 청약의 철회 또는 계약의 해제를 방해할 목적으로 상대방을 위협하는 행위, ② 거짓·과장된 사실을 알리거나 기만적 방법을 사용하여 상대방과의 거래를 유도하거나 청약의 철회 또는 계약의 해제를 방해하는 행위, ③ 청약의 철회 또는 계약의 해제를 방해할 목적으로 주소·전화번호 등을 변경하는 행위, ④ 분쟁이나 불만처리에 필요한 인력 또는 설비가 부족한 상태를 상당기간 방치하여 상대방에게 피해를 주는 행위, ⑤ 상대방의 청약이 없음에도 재화등의 대금을 청구하는 행위, ⑥ 소비자가 계약을 체결할 의사가 없음을 밝혔음에도 전화, 팩스, 컴퓨터통신 등을 통하여 계약체결을 강요하는 행위, ⑦ 소비자피해보상보험계약등을 체결하지 아니하고 영업하는 행위, ⑧ 소비자피해보상보험계약등을 체결하지 아니하였음에도 소비자피해보상보험계약등을 체결한 사실을 나타내는 표지나 이와 유사한 표지를 제작 또는 사용하는 행위, ⑨ 본인의 허락을 받지 아니하거나 허락받은 범위를 넘어 소비자에 관한 정보를 이용(제3

자에게 제공하는 경우를 포함한다)하는 행위. 다만, 재화등의 배송 등 소비자와의 계약이행에 불가피한 경우로서 대통령령으로 정하는 경우이거나 재화등의 거래에 따른 대금을 정산하기 위하여 필요한 경우와 도용을 방지하기 위하여 본인임을 확인할 때 필요한 경우로서 대통령령으로 정하는 경우, 다른 법률에 따라 불가피한 사유가 있는 경우에는 제외한다. ⑩ 소비자가 계약을 해제하였음에도 불구하고 정당한 사유 없이 이에 따른 조치를 지연하거나 거부하는 행위, ⑪ 청약의 철회 또는 계약의 해제와 관련하여 분쟁이 발생한 경우 대금을 지급받기 위하여 소비자에게 위계를 사용하거나 위력을 가하는 행위, ⑫ 자신이 공급하는 재화등을 소비자가 양도·양수하는 것을 상당한 이유 없이 제한하거나 양도·양수함에 있어 과다한 비용을 부과하는 행위, ⑬ 다른 사람에게 자기의 명의 또는 상호를 사용하여 선불식 할부거래업을 하게 하거나 선불식 할부거래업 등록증을 대여하는 행위를 하여서는 아니 된다.

10) 공정거래위원회 등에 의한 규제 공정거래위원회, 시·도지사 또는 시장·군수·구청장은 선불식 할부거래업자가 동법에 위반되는 행위를 하거나 동법에 따른 의무를 이행하지 아니하는 경우 먼저 선불식 할부거래업자로 하여금 해당행위의 중지, 동법에 따른 의무의 이행, 그 밖에 소비자 피해예방 및 구제에 필요한 조치를 하도록 시정방안을 정하여 선불식 할부거래업자에게 이에 따를 것을 권고할 수 있으며, 이 경우 선불식 할부거래업자가 그 권고를 수락한 경우에는 시정조치가 내려진 것으로 본다는 뜻을 함께 통지하여야 한다(제38조 제1항).

시정권고를 받은 선불식 할부거래업자는 그 통지를 받은 날부터 10일 이내에 그 권고의 수락 여부를 시정권고를 한 행정청에 통지하여야 한다(제38조 제2항). 시정권고를 받은 선불식 할부거래업자가 이를 수락한 때에는 시정조치가 내려진 것으로 본다(제38조 제3항).

공정거래위원회는 선불식 할부거래업자가 일정한 사유를 위반한 경우 및 금지행위를 한 경우나 할부거래법에 따른 의무를 이행하지 아니한 경우 해당 선불식 할부거래업자에게 그 시정을 위한 조치를 명할 수 있다(제39조 제1항). 이러한 시정조치로서는, ① 해당 위반행위의 중지, ② 할부거래법에 규정된 의무의 이행, ③ 시정조치를 받은 사실의 공표, ④ 소비자피해 예방 및 구제에 필요한 조치, ⑤ 그 밖에 시정을 위하여 필요한 조치 등의 어느 하나에 해당하는 조치를 포함한다

(제39조 제2항).

11) 소비자피해분쟁조정의 요청 공정거래위원회, 시·도지사 또는 시장·군수·구청장은 이 법 위반행위와 관련하여 소비자의 피해구제신청이 있으면 제38조에 따른 시정권고 또는 제39조에 따른 시정조치를 하기 전에 선불식 할부거래에 관한 소비자보호 관련 업무를 수행하는 기관 또는 단체 등 대통령령으로 정하는 소비자피해분쟁조정기구에 그 조정을 의뢰할 수 있다. 이 경우 공정거래위원회, 시·도지사 또는 시장·군수·구청장은 조정안을 당사자가 수락하고 이행하는 경우에는 제39조에 따른 시정조치를 하지 아니한다는 뜻을 당사자에게 알려야 한다(제41조 제1항).

여기서 "선불식 할부거래에 관한 소비자보호 관련 업무를 수행하는 기관 또는 단체 등 대통령령으로 정하는 소비자피해분쟁조정기구"란 ① 한국소비자원(소비자기본법 제33조), ② 시·도지사가 설치한 소비자피해구제기구(소비자기본법 제16조 및 동법시행령 제7조), ③ 그 밖에 소비자보호 관련 법령에 따라 설치·운영되는 분쟁조정기구 등의 어느 하나에 해당하는 기구를 말한다(동법시행령 제28조). 소비자피해분쟁조정기구의 조정안에 대하여 당사자가 수락하고 이행한 경우에는 대통령령으로 정하는 바에 따라 제39조에 따른 시정조치를 하지 아니한다(제2항).

(7) 소비자에게 불리한 계약의 금지(편면적 강행규정)

할부거래법상 동법 제6조 내지 제13조 및 제15조, 제16조, 제23조부터 제26조까지는 모두 강행규정이며, 매수인을 이들 규정에서보다 불리하게 하는 약정은 무효이다(제43조). 이른바 편면적 강행규정이다. 동규정은 '매수인의 항변권'을 보호하기 위한 규정으로서 매수인에게 불리한 것은 매도인뿐만 아니라 신용제공자에 대한 관계에서도 효력을 인정할 수 없다.[20]

(8) 전속관할

민사소송법상 관할법원은 피고의 주소지 법원이 되는 것이 원칙(민사소송법 제2조·제3조)이지만, 할부거래에 대하여 할부거래법은 할부거래 및 선불식 할부거래와 관련된 소는 제소 당시 소비자의 주소를, 주소가 없는 경우에는 거소를 관할하는 지방법원의 전속관할로 한다. 다만 제소 당시 소비자의 주소 및 거소가 분명하

20) 대판 2006.7.28, 2004다54633.

지 아니한 경우에는 민사소송법의 관련 규정을 준용한다(제44조).

(9) 사업자단체의 등록

할부거래 및 선불식 할부거래의 건전할 발전과 소비자의 신뢰도 제고, 그 밖에 공동이익의 증진을 목적으로 설립된 사업자단체는 대통령령으로 정하는 바에 따라 공정거래위원회에 등록할 수 있다(제45조 제1항). 이 때 등록의 교건, 방법 및 절차 등에 관하여 필요한 사항은 대통령령으로 정한다(제45조 제2항). 등록하려는 사업자단체는 대통령령으로 정하는 신청서에 ① 목적, ② 명칭, ③ 주된 사무소·지부의 주소 및 인터넷 홈페이지 주소, ④ 대표자의 성명·주민등록번호·주소·전화번호·전자우편주소, ⑤ 설립연월일, ⑥ 회원의 수(지부의 수를 포함한다), ⑦ 사업내용 등의 사항을 적어 공정거래위원회에 제출하여야 한다(동법시행령 제32조 제1항). 신청서에는 정관과 ① 인력·재정 상황 및 재원 확보방안, ② 주요 설비의 목록 및 성능 등에 관한 자료를 첨부하여야 한다(동법시행령 제32조 제2항).

Ⅱ. 방문판매·전화권유판매

1. 특수거래의 분화

전통적이고 전형적인 거래방식은 판매업자가 상점에서 상품을 진열하고, 고객을 맞이하여 상품을 판매하는 상점판매방식이었으나 현대에 들어와 사업자의 입장에서 새로운 판매방식을 통하여 판매량을 늘리고자 하였고, 이것은 새로운 판매방식으로 연계되었다. 이러한 새로운 판매방식으로서는 방문판매, 통신판매, 전화권유판매, 다단계판매, 전자상거래 등을 들 수 있다. 이러한 특수거래에서는 방문판매처럼 자신에게 필요한 것인지에 대하여 충분히 판단할 수 없는 상태에서 계약을 체결할 수 있고, 더 나아가서 정보량의 격차를 이용한 사기·강압적인 방법에 의한 재화와 용역의 판매, 신용의 제공 등이 이루어지기도 한다. 이하에서는 할부거래 이외의 특수거래 중 방문판매와 전화권유판매의 규율에 대하여 살펴보기로 한다.

2. 방문판매·전화권유판매의 규율

(1) 방문판매법에 의한 규율

방문판매와 전화권유판매를 규율하는 법률로 방문판매법이 있다. 방문판매법은 방문판매, 전화권유판매, 다단계판매, 후원방문판매, 계속거래 및 사업권유거래 등에 의한 재화 또는 용역의 공정한 거래에 관한 사항을 규정함으로써 소비자의 권익을 보호하고 시장의 신뢰도를 높여 국민경제의 건전한 발전에 이바지함을 목적으로 하고 있다. 방문판매와 전화권유판매는 사업자의 영업장이 아닌 소비자의 영역에 사업자가 방문하거나 전화를 통하여 판매를 권유한다는 점에서 공통점이 있기 때문에 방문판매법에서 동일한 원리로 규율하고 있다.

(2) 방문판매법의 적용범위

1) 적용범위의 원칙과 당사자의 제한　방문판매법은 방문판매 또는 전화권유판매로 재화 등을 구입하는 소비자를 보호하기 위하여 제정되었기 때문에 소비자계약이 그 적용대상이다(동법 제1조). 따라서 사업자(다단계판매원, 후원방문판매원 또는 사업권유거래의 상대방은 제외한다)가 상행위를 목적으로 방문판매 등을 통하여 재화 등을 구입한 경우에 동법은 적용되지 않는다(동법 제3조 1호). 다만, 사업자가 사실상 소비자와 같은 지위에서 다른 소비자와 같은 거래조건으로 거래하는 경우는 제외한다.

2) 목적물의 제한　보험업법에서 규정하고 있는 보험사업자와의 보험계약에는 적용되지 않는다(동법 제3조 2호). 또한 개인이 독립된 자격으로 공급하는 재화 등의 거래로서 대통령령으로 정하는 거래에도 적용되지 아니한다(제3조 3호). 여기서 대통령령이 정하는 거래라 함은 방문판매원을 두지 아니하는 방문판매업자가 ① 가공되지 아니한 농산물·수산물·축산물·임산물, ② 방문판매자가 직접 생산한 재화 등을 방문판매하는 거래를 말한다(동법시행령 제5조).

3) 다른 법률에 별도의 규정이 있는 경우　방문판매법상의 계약서 교부의무에 관한 규정(동법 제7조, 제16조 및 제28조)은 다른 법률에 방문판매법의 규정과 다른 방법에 의한 계약서교부의무 등이 규정되어 있는 거래(예컨대, 할부거래법상의 계약서 교부의무, 할부거래법 제6조 제2항)에는 적용되지 아니하며(방문판매법 제4조 제2항), 방문판매법상의 계속거래에 관한 규정은 방문판매법에서 규정하고 있는 사항을 다른 법률에 따로 정하고 있는 경우에는 그 법률을 적용한다(제4조 제3항).

3. 방문판매 · 전화권유판매의 법률관계

(1) 계약서 교부의무

방문판매 등을 통하여 재화 등에 관한 계약을 체결한 경우에 소비자가 계약을 재차 확인할 수 있도록 함과 동시에 추후 분쟁해결에 관한 증거로서 활용할 수 있도록 방문판매자 등은 제7조 제1항의 사항을 적은 계약서를 소비자에게 발급하여야 한다(동법 제7조 제2항). 즉 계약서에는 계약체결을 위하여 방문판매자 등이 소비자에게 제공하여야 할 정보가 기재되어 있어야 하며, 계약체결 후 즉시 소비자에게 교부하여야 한다. 하지만 전화권유판매의 경우는 비대면거래의 특성상 계약서의 교부는 즉시 이루어질 수 없기 때문에 팩스나 전자문서로서 계약서를 송부할 수 있으나, 이를 위하여 소비자의 동의를 얻어야 한다(제7조 제4항 본문). 이 경우 팩스나 전자문서로 송부한 계약서의 내용이나 도달에 관하여 다툼이 있으면 전화권유판매자가 이를 증명하여야 한다(제7조 제4항 단서).

(2) 계약체결전의 정보제공의무

방문판매자 등은 재화 등의 판매에 관한 계약을 체결하기 전에 소비자가 계약의 내용을 이해할 수 있도록 ① 방문판매업자 등의 성명(법인인 경우에는 대표자의 성명), 상호, 주소, 전화번호 및 전자우편주소, ② 방문판매원 등의 성명, 주소, 전화번호 및 전자우편주소(다만 방문판매업자 등이 소비자와 직접 계약을 체결하는 경우는 제외), ③ 재화 등의 명칭, 종류 및 내용, ④ 재화 등의 가격가 그 지급의 방법 및 시기, ⑤ 재화 등을 공급하는 방법 및 시기, ⑥ 청약의 철회 및 계약의 해제의 기한 · 행사방법 · 효과에 관한 사항 및 청약철회 등의 권리행사에 필요한 서식으로서 총리령으로 정하는 것, ⑦ 재화 등의 교환 · 반품 · 수리보증 및 그 대금 환불의 조건과 절차, ⑧ 전자매체로 공급할 수 있는 재화 등의 설치 · 전송 등과 관련하여 요구되는 기술적 사항, ⑨ 소비자피해 보상, 재화 등에 대한 불만 및 ㅎ소비자와 사업자 사이의 분쟁 처리에 관한 사항, ⑩ 거래에 관한 사항, ⑪ 그 밖에 소비자의 구매 여부 판단에 영향을 주는 거래조건 또는 소비자피해 구제에 필요한 사항으로서 대통령령으로 정하는 사항이다.

제11호의 대통령령이 정하는 사항은 ① 재화 등의 가격 외에 소비자가 추가로 부담하여야 할 사항이 있는 경우 그 내용 및 금액, ② 판매일시 · 판매지역 · 판매수량·인도지역 등 판매조건과 관련하여 제한이 있는 경우 그 내용 등에 관한 사항을 말한다(동법시행령 제10조).

(3) 미성년자와의 계약체결

방문판매자 등의 계약상대방이 미성년자인 경우에 방문판매자 등은 법정대리인의 동의를 얻어야 하며, 법정대리인의 동의를 얻지 못한 경우에 미성년자 또는 법정대리인이 계약을 취소할 수 있다는 내용을 소비자인 미성년자에게 고지하여야 한다(동법 제7조 제3항). 미성년자측에 취소권이 있음을 고지하는 주의적 규정으로 보아야 하며 미성년자 이외의 행위무능력자인 경우에는 취소권에 대한 고지의무는 없으며, 당연히 민법규정에 의하여 취소할 수 있게 된다.

(4) 청약의 철회

1) 청약의 철회권의 행사기간과 행사방법 등　방문판매 또는 전화권유판매의 방법으로 재화 등의 구매에 관한 계약을 체결한 소비자는 ① 계약서를 교부(동법 제7조 제2항)받은 날부터 14일(다만, 그 계약서를 교부받은 때보다 재화 등의 공급이 늦게 이루어진 경우에는 재화 등을 공급받거나 공급이 개시된 날부터 14일), ② 계약서를 교부받지 아니한 경우, 방문판매자 등의 주소 등이 기재되지 아니한 계약서를 교부받은 경우 또는 방문판매자 등의 주소 변경 등의 사유로 ①의 기간 이내에 청약철회 등을 할 수 없는 경우에는 그 주소를 안 날 또는 알 수 있었던 날부터 14일의 기간(거래 당사자 사이에 위의 기간보다 더 긴 기간으로 약정한 경우에는 그 기간) 이내에 당해 계약에 관한 청약철회 등을 할 수 있다(동법 제8조 제1항 1호·2호).

③ 계약서에 청약철회 등에 관한 사항이 적혀 있지 아니한 경우에는 청약철회 등을 할 수 있음을 안 날 또는 알 수 있었던 날부터 14일, ④ 방문판매업자 등이 청약철회 등을 방해한 경우에는 그 방해 행위가 종료한 날부터 14일 이내에 청약철회를 할 수 있다(동법 제8조 제1항 3호·4호).

다만, 소비자는 ① 소비자에게 책임 있는 사유로 재화 등이 멸실되거나 훼손된 경우(다만, 재화 등의 내용을 확인하기 위하여 포장 등을 훼손한 경우에는 제외한다), ② 소비자가 재화 등을 사용하거나 일부 소비하여 그 가치가 현저히 낮아진 경우, ③ 시간이 지남으로써 다시 판매하기 어려울 정도로 재화 등의 가치가 현저히 낮아진 경우, ④ 복제할 수 있는 재화 등의 포장을 훼손한 경우, ⑤ 그 밖에 거래의 안전을 위하여 대통령령으로 정하는 경우에는 청약철회를 할 수 없다.

소비자는 위의 사항에도 불구하고 재화 등의 내용이 표시·광고의 내용과 다르거나 계약 내용과 다르게 이행된 경우에는 그 재화 등을 공급받은 날부터 3개월 이내에, 그 사실을 안 날 또는 알 수 있었던 날부터 30일 이내에 청약철회 등을 할 수 있다.

청약철회의 방법에 대하여 할부거래법에서는 서면에 의하도록 하고 있으나, 방문판매법상 방문판매 또는 전화권유판매에 대한 청약철회는 소비자의 선택에 따라 구두(전화)나 서면으로 할 수 있으며 반드시 서면으로 해야 하는 것은 아니다.

2) 청약철회의 효과 청약철회 등을 서면으로 하는 경우에는 청약철회 등의 의사표시가 기재된 서면을 발송한 날에 그 효력이 발생한다(제8조 제4항). 청약철회의 효과에 대해서는 방문판매법 제9조 제1항부터 제10항까지 규정되어 았다.

소비자가 청약철회를 한 경우에 당사자는 원상회복의무를 부담한다. 따라서 소비자는 이미 공급받은 재화 등을 반환하여야 하고, 방문판매업자 등은 재화 등을 반환받은 날부터 3영업일 이내에 이미 지급받은 재화 등의 대금을 환급하여야 한다. 민법상 계약해제의 경우 당사자의 원상회복의무는 동시이행관계에 있으나(민법 제549조), 방문판매법상 소비자가 청약을 철회한 경우에는 소비자가 공급받은 재화 등의 반환의무에 관하여 선이행의무를 진다는 점에 차이가 있다.

청약철회 등의 경우 공급받은 재화 등의 반환에 필요한 비용은 방문판매자 등이 부담하며, 방문판매자 등은 소비자에게 청약철회 등을 이유로 위약금 또는 손해배상을 청구할 수 없다(방문판매법 제9조 제9항). 청약철회를 하여 소비자가 공급받은 재화 등을 반환할 경우 방문판매자 등은 이미 재화등이 사용되거나 일부 소비된 경우에는 그 재화 등을 사용하거나 일부 소비하여 소비자가 얻은 이익 또는 그 재화 등의 공급에 든 비용에 상당하는 금액으로서 대통령령으로 정하는 범위의 금액을 지급할 것을 소비자에게 청구할 수 있다(제9조 제8항).

방문판매자 등은 청약철회에 따라 재화 등의 대금을 환급할 때 소비자가 「여신전문금융업법」 제2조 제3호에 따른 신용카드나 그 밖에 대통령령으로 정하는 결제수단으로 재화 등의 대금을 지급한 경우에는 지체 없이 그 신용카드등의 대금결제수단을 제공한 사업자로 하여금 재화 등의 대금 청구를 정지하거나 취소하도록 요청하여야 한다. 다만 방문판매업자 등이 결제업자로부터 그 재화 등의 대금을 이미 지급받은 경우에는 지체 없이 이를 결제업자에게 환급하고 그 사실을 소비자에게 알려야 한다(제9조 제3항).

위의 사항에 따라 방문판매업자로부터 재화 등의 대금을 환급받은 결제업자는 지체 없이 소비자에게 이를 환급하거나 환급에 필요한 조치를 하여야 한다(제9조 제4항).

(5) 손해배상청구금액의 제한

소비자에게 책임있는 사유로 인하여 재화 등의 판매에 관한 계약이 해제된 경우 방문판매자 등이 소비자에게 청구하는 손해배상액은 ① 공급받은 재화 등이 반환된 경우에는 반환된 재화 등의 통상 사용료액 또는 그 사용에 의하여 통상 얻어지는 이익에 상당하는 금액 및 반환된 재화 등의 판매가격에서 그 재화 등이 반환된 당시의 가액을 공제한 금액에 해당하는 금액 중 큰 금액, ② 공급받은 재화 등이 반환되지 아니한 경우에는 그 재화 등의 판매가격에 상당하는 금액에 미대금미납에 따른 지연배상금을 더한 금액을 초과할 수 없다(제10조 제1항). 공정거래위원회는 방문판매업자 등과 소비자간의 손해배상청구에 따른 분쟁의 원활한 해결을 위하여 필요한 경우에는 손해배상액의 산정기준을 정하여 고시할 수 있다(제10조 제2항).

(6) 방문판매자·전화권유판매자의 금지행위

방문판매자 등은 ① 재화 등의 판매에 관한 계약의 체결을 강요하거나 청약철회 등 또는 계약해지를 방해할 목적으로 소비자에게 위력을 가하는 행위, ② 거짓 또는 과장된 사실을 알리거나 기만적 방법을 사용하여 소비자를 유인 또는 거래하거나 청약철회 등 또는 계약의 해지를 방해하는 행위, ③ 방문판매원등이 되기 위한 조건 또는 방문판매원등의 자격을 유지하기 위한 조건으로서 방문판매원 등 또는 방문판매원등이 되려는 자에게 가입비, 판매 보조 물품, 개인 할당 판매액, 교육비 등 그 명칭이나 형태와 상관없이 대통령령으로 정하는 수준을 초과한 비용 또는 그 밖의 금품을 징수하거나 재화 등을 구매하게 하는 등 의무를 지게 하는 행위, ④ 방문판매원등에게 다른 방문판매원등을 모집할 의무를 지게 하는 행위, ⑤ 청약철회등이나 계약 해지를 방해할 목적으로 주소·전화번호 등을 변경하는 행위, ⑥ 분쟁이나 불만 처리에 필요한 인력 또는 설비가 부족한 상태를 상당 기간 방치하여 소비자에게 피해를 주는 행위, ⑦ 소비자의 청약 없이 일방적으로 재화등을 공급하고 재화등의 대금을 청구하는 행위, ⑧ 소비자가 재화를 구매하거나 용역을 제공받을 의사가 없음을 밝혔음에도 불구하고 전화, 팩스, 컴퓨터통신 등을 통하여 재화를 구매하거나 용역을 제공받도록 강요하는 행위, ⑨ 본인의 허락을 받지 아니하거나 허락받은 범위를 넘어 소비자에 관한 정보를 이용(제3자에게 제공하는 경우를 포함한다)하는 행위를 하여서는 아니된다. 다만, 제9호 중 재화등의 배송 등 소비자와의 계약을 이행하기 위하여 불가피한 경우로서 대통령령으로 정하는 경우, 재화 등의 거래에 따른 대금을 정산하기 위하여 필요한 경우, 도용을 방지하기 위하여 본인임을 확인할 때 필요한 경우로서 대통령령으로 정하는 경우, 법률의 규정 또는 법률에 따라 필요한 불가피한 사유가 있는 경우에 해당하는 경우는 제외한다(제11조).

Ⅲ. 다단계판매 및 후원방문판매

1. 다단계판매자의 규제

다단계판매란 ① 판매업자에게 속한 판매원이 특정인을 해당 판매원의 하위 판매원으로 가입하도록 권유하는 모집방식 ② ①에 따른 판매원의 가입이 3단계(다른 판매원의 권유를 통하지 아니하고 가입한 판매원을 1단계 판매원으로 한다) 이상 단계적으로 이루어질 것. 다만, 판매원의 단계가 2단계 이하라고 하더라도 사실상 3단계 이상으로 관리·운영되는 경우로서 대통령령으로 정하는 경우를 포함한다. ③ 판매업자가 판매원에게 제2조 9호 나목(판매원의 수당에 영향을 미치는 다른 판매원들의 재화 등의 거래실적) 또는 다목(판매원의 수당에 영향을 미치는 다른 판매원들의 조직관리 및 교육훈련 실적)에 해당하는 후원수당을 지급하는 방식을 가지고 있을 것 등의 요건을 모두 충족하는 판매조직을 통하여 재화 등을 판매하는 것을 말한다(방문판매법 제2조 5호).

다단계판매자에 대하여는 다단계판매업자와 다단계판매원에 대한 등록의무, 소비자에 대한 정보제공의무, 후원수당의 지급제한, 휴업기간 중 업무처리 의무, 다단계판매업자의 책임, 후원방문판매자의 의무 등 행정적 규제(동법 제13조-제29조 등)와 함께 소비자의 책임 있는 사유로 인하여 계약이 해제된 경우 손해배상청구액을 제한하는 민사적 규제(제19조), 일정한 행위의 금지(제23조) 규정을 두고 있고, 또한 다단계판매의 특성상 사행적 판매원 확장을 금지하는 조항을 별도로 두고 있다(제24조).

(1) 다단계판매자 등의 등록의무

다단계판매업자는 대통령령으로 정하는 바에 따라 ① 상호·주소, 전화번호 및 전자우편주소(법인인 경우에는 대표자의 성명, 주민등록번호 및 주소를 포함한다) 등을 적은 신청서, ② 자본금이 3억원 이상으로서 대통령령으로 정하는 규모 이상임을 증명하는 서류, ③ 제37조에 따른 소비자피해보상보험계약등의 체결 증명서류, ④ 후원수당의 산정 및 지급 기준에 관한 서류, ⑤ 재고관리, 후원수당 지급 등 판매의 방법에 관한 사항을 적은 서류, ⑥ 그 밖에 다단계판매자의 신원을 확인하기 위하여 필요한 사항으로서 총리령으로 정하는 서류를 갖추어 공정거래위원회 또는 특별시장·광역시장·특별자치시장·도지사·특별자치도지사에게 등록하여야 한다(제13조 제1항).

또한 다단계판매업자는 제13조 제1항에 따라 등록한 사항 중 같은 항 제1호부터 제4호까지의 사항이 변경된 경우에는 대통령령으로 정하는 바에 따라 신고하여야 하고(동조 제2항), 휴업 또는 폐업을 하거나 휴업 후 영업을 다시 시작할 때에는 대통령령으로 정하는 바에 따라 이를 신고하여야 하며, 폐업을 신고하면 제1항에 따른 등록은 그 효력을 잃는다. 다만, 폐업신고 전 등록취소 요건에 해당되는 경우에는 폐업신고일에 등록이 취소된 것으로 본다(동조 제3항).

공정거래위원회는 다단계판매업자에 대한 ① 제1항에 따라 등록한 사항, ② 그 밖에 공정거래위원회가 공정거래질서 확립 및 소비자보호를 위하여 필요하다고 인정하는 사항의 정보를 대통령령으로 정하는 바에 따라 공개하여야 한다. 다만, 다단계판매업자의 경영상·영업상 비밀에 관한 사항으로서 공개될 경우 다단계판매업자의 정당한 이익을 현저히 해칠 우려가 있다고 인정되는 정보 및 개인에 관한 사항으로서 공개될 경우 사생활의 비밀 또는 자유를 침해할 우려가 있다고 인정되는 정보의 경우에는 그러하지 아니하다(동조 제4항).

공정거래위원회는 제4항에 따른 정보 공개를 위하여 필요한 경우에는 다단계판매업자에게 관련 자료의 제출을 요구할 수 있다. 이 경우 다단계판매업자는 정당한 사유가 없으면 이에 따라야 한다.

(2) 다단계판매원의 등록 및 탈퇴

다단계판매조직에 다단계판매원으로 가입하려는 사람은 그 조직을 관리·운영하는 다단계판매업자에게 총리령으로 정하는 바에 따라 등록하여야 한다(제15조 제1항). 다만, ① 국가공무원, 지방공무원, 교육공무원 및 「사립학교법」에 따른 교원, ② 미성년자(다만, 제4호 또는 제5호에 해당하지 아니하는 법정대리인의 동의를 받은 경우는 제외한다), ③ 법인, ④ 다단계판매업자의 지배주주 또는 임직원, ⑤ 이 법을 위반하는 행위를 한 자로서 대통령령으로 정하는 자는 다단계판매원으로 등록할 수 없다(제15조 제2항).

다단계판매업자는 그가 관리·운영하는 다단계판매조직에 가입한 다단계판매원에게 총리령으로 정하는 바에 따라 다단계판매원 등록증을 발급하여야 한다(제3항). 다단계판매업자는 총리령으로 정하는 바에 따라 다단계판매원 등록부를 작성하고, 소비자피해의 방지 또는 구제를 위하여 소비자가 요청하는 경우에는 소비자로 하여금 등록된 다단계판매원의 신원을 확인할 수 있도록 하여야 한다(제4항).

다단계판매업자는 제1항에 따라 등록한 다단계판매원에게 ① 후원수당의 산정 및 지급 기준, ② 하위판매원의 모집 및 후원에 관한 사항, ③ 재화등의 반환 및 다단계판매원의 탈퇴에 관한 사항, ④ 다단계판매원이 지켜야 할 사항, ⑤ 그 밖에 총리령으로 정하는 사항을 확인할 수 있는 다단계판매원 수첩(전자기기로 된 것을 포함한다)을 발급하여야 한다(제5항).

(3) 다단계판매원에 대한 부담 제한

다단계판매업자는 다단계판매원이 되려는 사람 또는 다단계판매원에게 등록, 자격 유지 또는 유리한 후원수당 지급기준의 적용을 조건으로 과다한 재화등의 구입 등 대통령령으로 정하는 수준을 초과한 부담을 지게 하여서는 아니 된다(제22조 제1항). 대통령령으로 정하는 수준이란 연간 5만원을 말한다. 이 경우 다단계판매원 또는 후원방문판매원이 되려는 자, 다단계판매원·후원방문판매원 또는 그 하위판매원의 판매실적과 구매실적에 따라 후원수당의 지급기준을 달리하는 행위는 재화 등을 구매하도록 하는 부담으로 보지 아니한다(동법시행령 제29조).

(4) 다단계판매원의 탈퇴

다단계판매원은 언제든지 다단계판매업자에게 탈퇴 의사를 표시하고 탈퇴할 수 있으며, 다단계판매업자는 다단계판매원의 탈퇴에 조건을 붙여서는 아니 된다(제22조 제4항). 다단계판매업자는 탈퇴한 다단계판매원의 판매행위 등으로 소비자 피해가 발생하지 아니하도록 다단계판매원 수첩을 회수하는 등 필요한 조치를 하여야 한다(제22조 제5항).

2. 소비자에 대한 정보제공의무

다단계판매의 방법으로 재화등의 판매에 관한 계약을 체결하는 경우에는 방문판매자와 같이 소비자에 대하여 정보제공의무를 부담하며 제7조가 준용된다. 이 경우 "방문판매자등"은 "다단계판매자"로, "방문판매업자등"은 "다단계판매업자"로, "방문판매원등"은 "다단계판매원"으로 본다.

3. 청약의 철회

(1) 소비자의 철회권

청약철회규정(제8조)은 다단계판매의 방법으로 재화 등의 구매에 관한 계약을 체결한 소비자가 청약철회 등을 하는 경우에 이를 준용하며, 이 경우 방문판매자 등은 다단계판매자로 본다(제17조 제1항 본문). 다만, 소비자가 다단계판매원과 재화 등의 구매에 관한 계약을 체결한 경우에는 다단계판매원에게 우선적으로 청약철회 등을 하고, 다단계판매원의 소재불명 등 대통령령이 정하는 사유로 인하여 다단계판매원에 대하여 청약철회 등을 하는 것이 곤란한 경우에 한하여 소비자는 단해 재화 등을 공급한 다단계판매업자에게 청약철회 등을 할 수 있다(제17조 제1항 단서).

위에서 대통령령이 정하는 사유라 함은 ① 다단계판매원의 주소·전화번호 또는 전자우편주소 등 연락처의 변경이나 불명 등의 사유로 청약철회 등을 할 수 없는 경우, ② 당해 다단계판매원에게 청약철회 등을 하더라도 대금환급 등의 효과를 기대하기 어려운 경우 등을 말한다(동법시행령 제22조).

(2) 다단계판매원의 철회권

다단계판매의 방법으로 재화등의 구매에 관한 계약을 체결한 다단계판매원은 계약을 체결한 날부터 3개월 이내에 서면으로 그 계약에 관한 청약철회등을 할 수 있다. 다만 ① 재고 보유에 관하여 다단계판매업자에게 거짓으로 보고하는 등의 방법으로 과다하게 재화등의 재고를 보유한 경우, ② 다시 판매하기 어려울 정도로 재화등을 훼손한 경우, ③ 그 밖에 대통령령으로 정하는 경우는 예외로 한다(제17조 제2항).

청약철회권을 행사하는 경우 원상회복의무가 발생하며, 이미 공급받은 재화등을 반환하여야 하며, 다단계판매자는 재화 등을 반환받은 날부터 3영업일 이내에 이미 지급받은 재화 등의 대금을 환급하여야 한다(제18조). 다만, 다단계판매원에게 재화 등의 대금을 환급할 때에는 대통령령으로 정하는 범위의 비용을 공제할 수 있으며, 다단계판매자가 상대방에게 재화 등의 대금 환급을 지연하였을 때에는 그 지연기간에 대한 지연배상금을 지급하여야 한다(제18조 제2항 단서).

다만 다단계판매자는 재화 등의 일부가 이미 사용되거나 소비된 경우에는 그 재화 등을 사용하거나 일부 소비하여 상대방이 얻은 이익 또는 그 재화 등의 공급에 든 비용에 상당하는 금액의 지급을 그 상대방에게 청구할 수 있다(제18조 제7항).

신용카드 등으로 대금을 지급한 계약에 대하여 청약철회 등을 한 경우에는 다단계판매자는 지체 없이 그 결제업자에게 재화 등의 대금 청구를 정지하거나 취소할 것을 요청하여야 한다. 다만, 다단계판매자가 결제업자로부터 해당 재화 등의 대금을 이미 지급받은 경우에는 지체 없이 이를 결제업자에게 환급하고 그 사실을 상대방에게 알려야 하며, 환급이 지연되어 상대방이 대금을 결제한 경우에는 결제한 날 이후의 지연기간에 대한 지연배상금을 상대방에게 지급하여야 한다(제18조 제3항).

제3항 단서에 따라 다단계판매자로부터 재화등의 대금을 환급받은 결제업자는 지체 없이 상대방에게 이를 환급하거나 환급에 필요한 조치를 하여야 하며, 다단계판매자가 정당한 사유 없이 결제업자에게 대금을 환급하지 아니하는 경우 상대방은 환급받을 금액에 대하여 결제업자에게 그 다단계판매자에 대한 다른 채무와 상계할 것을 요청할 수 있고, 결제업자는 대통령령으로 정하는 바에 따라 그 다단계판매자에 대한 다른 채무와 상계할 수 있다(제18조 제4항).

다단계판매자와 상대방으로부터 재화 등의 대금을 지급받은 자 또는 상대방과 다단계판매에 관한 계약을 체결한 자가 동일인이 아닌 경우 각자는 재화 등의 대금환급과 관련한 의무의 이행에 있어 연대하여 책임을 진다(제18조 제9항).

다단계판매자는 제17조에 따른 청약철회등에 따라 재화등의 대금을 환급한 경우 그 환급한 금액이 자신이 다단계판매원에게 공급한 금액을 초과할 때에는 그 차액을 다단계판매원에게 청구할 수 있다(제18조 제6항).

4. 후원수당의 지급제한

후원수당이란 판매수당, 알선 수수료, 장려금, 후원금 등 그 명칭 및 지급형태와 상관없이 판매업자가 판매원 자신의 재화등의 거래실적이나 판매원의 수당에 영향을 미치는 다른 판매원들의 재화 등의 거래실적, 판매원의 수당에 영향을 미치는 다른 판매원들의 조직관리 및 교육훈련 실적, 그 밖에 위의 것 이외에 판매원들의 판매활동을 장려하거나 보상하기 위하여 지급되는 일체의 경제적 이익과 관련하여 소속판매원에게 지급하는 경제적 이익을 말한다(제2조 9호).

(1) 후원수당의 지급기준

다단계판매업자는 다단계판매원에게 고지한 후원수당의 산정 및 지급 기준과 다르게 후원수당을 산정·지급하거나 그 밖의 부당한 방법으로 다단계판매원을 차별하여 대우하여서는 아니 된다(제20조 제1항). 다단계판매업자는 후원수당의 산정 및 지급 기준을 객관적이고 명확하게 정하여야 하며, 후원수당의 산정 및 지급기준을 변경하려는 경우에는 대통령령으로 정한 절차에 따라야 한다(제2항).

다단계판매업자가 다단계판매원에게 후원수당으로 지급할 수 있는 총액은 다단계판매업자가 다단계판매원에게 공급한 재화등의 가격(부가가치세를 포함한다) 합계액(이하 이 조에서 "가격합계액"이라 한다)의 100분의 35에 해당하는 금액을 초과하여서는 아니 되며, 가격합계액 및 후원수당 등의 구체적인 산정 방법은 ① 가격합계액은 출고 또는 제공 시점을 기준으로 할 것, ② 후원수당 지급액은 그 후원수당의 지급 사유가 발생한 시점을 기준으로 할 것, ③ 가격합계액 및 후원수당은 1년을 단위로 산정할 것. 다만, 다단계판매 영업기간이 1년 미만인 경우에는 다단계판매업자의 실제 영업기간을 기준으로 한다. ④ 가격합계액을 산정할 때 위탁의 방법으로 재화등을 공급하는 경우에는 위탁을 받은 다단계판매업자가 다단계판매원에게 판매한 가격을 기준으로 하고, 중개의 방법으로 재화등을 공급하는 경우에는 다단계판매자가 중개를 의뢰한 사업자로부터 받은 수수료를 기준으로 한다(제3항).

다단계판매업자는 다단계판매원이 요구하는 경우 후원수당의 산정·지급 명세 등의 열람을 허용하여야 한다(제4항). 다단계판매업자는 일정 수의 하위판매원을 모집하거나 후원하는 것을 조건으로 하위판매원 또는 그 하위판매원의 판매실적에 관계없이 후원수당을 차등하여 지급하여서는 아니 된다(제5항).

(2) 후원수당 관련 표시·광고 등

다단계판매업자는 다단계판매원이 되려는 사람 또는 다단계판매원에게 다단계판매원이 받게 될 후원수당이나 소매이익(다단계판매원이 재화등을 판매하여 얻는 이익을 말한다)에 관하여 거짓 또는 과장된 정보를 제공하여서는 아니 된다(제21조 제1항). 다단계판매업자는 다단계판매원이 되려는 사람 또는 다단계판매원에게 전체 다단계판매원에 대한 평균 후원수당 등 후원수당의 지급 현황에 관한 정보를 총리령으로 정하는 기준에 따라 고지하여야 한다(제2항). 다단계판매업자는 다단계조직의 운영 방식 또는 활동 내용에 관하여 거짓 또는 과장된 사실을 유포하여서는 아니 된다(제3항).

5. 다단계판매업자의 책임

다단계판매업자는 다단계판매원이 자신의 하위판매원을 모집하거나 다단계판매업자의 재화등을 소비자에게 판매할 때 제23조 또는 제24조를 위반하지 아니하도록 다단계판매원에게 해당 규정의 내용을 서면이나 전자우편으로 고지하여야 한다(제28조 제1항). 다단계판매업자가 제1항에 따른 고지의무를 게을리한 경우에 다단계판매원이 제23조 또는 제24조를 위반하여 다른 다단계판매원 또는 소비자에게 입힌 재산상 손해는 대통령령으로 정하는 바에 따라 다단계판매업자가 배상 책임을 진다. 이 경우 다단계판매업자는 다단계판매원에게 구상권을 행사할 수 있다(제2항).

6. 후원방문판매자의 의무

(1) 후원방문판매의 규제

후원방문판매자는 후원방문판매원에게 판매원 자신의 직근 하위판매원이 아닌 다른 후원방문판매원의 구매·판매 등의 실적과 관련하여 후원수당을 지급하거나 이러한 지급을 약속하여 후원방문판매원을 모집하는 행위를 하여서는 아니 된다(제29조 제1항).

후원방문판매자에게 명부작성의무(제6조), 등록(제13조), 결격사유(제14조), 등록결격사유(제15조 제2항)는 준용하되, 자본금 3억원(제13조 제1항 2호)은 준용하지 아니한다(제3항). 제13조제1항제3호는 "제37조에 따른 소비자피해보상보험계약등의 체결 증명서류 또는 제29조제2항에 해당함을 증명하는 서류"로 본다. 제16조부터 제28조까지의 규정은 준용하되, 이 경우 제20조제3항 각 호 외의 부분 중 "100분의 35"는 "100분의 38"로 본다(제3항). 이 경우 "다단계판매"는 "후원방문판매"로, "방문판매자등"과 "다단계판매자"는 "후원방문판매자"로, "방문판매업자등"과 "다단계판매업자"는 "후원방문판매업자"로, "방문판매원등"과 "다단계판매원"은 "후원방문판매원"으로, "다단계판매조직"은 "후원방문판매조직"으로 본다.

(2) 규제의 적용 제외

후원방문판매업자가 후원방문판매원에게 공급한 재화등의 100분의 70 이상을 판매원이 아닌 소비자에게 판매한 경우에는 대통령령으로 정하는 바에 따라 후원수당 총액제한(제20조제3항), 소비자피해보상보험가입의무화(제37조)·취급제품가격제한(제9호)를 적용하지 아니한다(제2항).

7. 손해배상액의 제한 및 금지행위

(1) 손해배상액의 제한

소비자에게 책임이 있는 사유로 다단계판매자와의 재화등의 판매계약이 해제된 경우에는 손해배상액의 제한 규정인 제10조를 준용하여 소비자에게 청구하는 손해배상액은 제10조 각 호에서 정한 금액에 대금 미납에 따른 지연배상금을 더한 금액을 초과할 수 없다. 이 경우 "방문판매자등"은 "다단계판매자"로, "소비자"는 "상대방"으로 본다(제19조).

(2) 다단계판매자의 금지행위

다단계판매자는 다음과 같은 금지행위를 하여서는 아니 된다(제23조).

즉 ① 재화등의 판매에 관한 계약의 체결을 강요하거나 청약철회등 또는 계약 해지를 방해할 목적으로 상대방을 위협하는 행위, ② 거짓 또는 과장된 사실을 알리거나 기만적 방법을 사용하여 상대방과의 거래를 유도하거나 청약철회등 또는 계약 해지를 방해하는 행위 또는 재화등의 가격·품질 등에 대하여 거짓 사실을 알리거나 실제보다도 현저히 우량하거나 유리한 것으로 오인시킬 수 있는 행위, ③ 청약철회등이나 계약 해지를 방해할 목적으로 주소·전화번호 등을 변경하는 행위, ④ 분쟁이나 불만 처리에 필요한 인력 또는 설비가 부족한 상태를 상당 기간 방치하여 상대방에게 피해를 주는 행위, ⑤ 상대방의 청약이 없는데도 일방적으로 재화등을 공급하고 재화등의 대금을 청구하는 등 상대방에게 재화등을 강제로 판매하거나 하위판매원에게 재화등을 판매하는 행위, ⑥ 소비자가 재화를 구매하거나 용역을 제공받을 의사가 없음을 밝혔는데도 전화, 팩스, 컴퓨터 통신 등을 통하여 재화를 구매하거나 용역을 제공받도록 강요하는 행위, ⑦ 다단계판매업자에게 고용되지 아니한 다단계판매원을 다단계판매업자에게 고용된 사람으로 오인하게 하거나 다단계판매원으로 등록하지 아니한 사람을 다단계판매원으로 활동하게 하는 행위, ⑧ 제37조에 따른 소비자피해보상보험계약등을 체결하지 아니하고 영업하는 행위, ⑨ 상대방에게 판매하는 개별 재화등의 가격을 대통령령으로 정하는 금액을 초과하도록 정하여 판매하는 행위, ⑩ 본인의 허락을 받지 아니하거나 허락받은 범위를 넘어 소비자에 관한 정보를 이용하는 행위. 다만, 다음 재화등의 배송 등 소비자와의 계약을 이행하기 위하여 불가피한 경우로서 대통령령으로 정하는 경우, 재화등의 거래에 따른 대금을 정산하기 위하여 필요한 경우, 도용을 방지하기 위하여 본인임을 확인할 때 필요한 경우로서 대통령령으로 정하는 경우, 법률의 규정 또는 법률에 따라 필요한 불가피한 사유가 있는 경우는 제외한다. ⑪ 다단계판매조직 및 다단계판매원의 지위를 양도・양수하는 행위. 다만, 다단계판매원의 지위를 상속하는 경우 또는 사업의 양도・양수・합병의 경우에는 그러하지 아니하다.

또한 다단계판매업자는 다단계판매원으로 하여금 제1항의 금지행위를 하도록 교사(교사)하거나 방조(방조)하여서는 아니 된다(제2항).

8. 사행적 판매원 확장 금지

누구든지 다단계판매조직 또는 이와 비슷하게 단계적으로 가입한 자로 구성된 조직을 이용하여 다음과 같은 행위를 하여서는 아니 된다(제24조 제1항). 즉, ① 재화등의 거래 없이 금전거래를 하거나 재화 등의 거래를 가장하여 사실상 금전거래만을 하는 행위로서 판매원에게 재화등을 그 취득가격이나 시장가격보다 10배 이상과 같이 현저히 높은 가격으로 판매하면서 후원수당을 지급하는 행위, 판매원과 재화등의 판매계약을 체결한 후 그에 상당하는 재화등을 정당한 사유 없이 공급하지 아니하면서 후원수당을 지급하는 행위, 그 밖에 판매업자의 재화등의 공급능력, 소비자에 대한 재화등의 공급실적, 판매업자와 소비자 사이의 재화등의 공급계약이나 판매계약, 후원수당의 지급조건 등에 비추어 그 거래의 실질이 사실상 금전거래인 행위에 해당하는 행위를 하여서는 아니 된다.

② 판매원 또는 판매원이 되려는 자에게 하위판매원 모집 자체에 대하여 경제적 이익을 지급하거나 정당한 사유 없이 후원수당 외의 경제적 이익을 지급하는 행위, ③ 제20조제3항(제29조제3항에 따라 준용되는 경우를 포함한다)에 위반되는 후원수당의 지급을 약속하여 판매원을 모집하거나 가입을 권유하는 행위, ④ 판매원 또는 판매원이 되려는 자에게 가입비, 판매 보조 물품, 개인 할당 판매액, 교육비 등 그 명칭이나 형태와 상관없이 10만원 이하로서 대통령령으로 정하는 수준을 초과한 비용 또는 그 밖의 금품을 징수하는 등 의무를 부과하는 행위

⑤ 판매원에 대하여 상품권[그 명칭이나 형태와 상관없이 발행자가 일정한 금액이나 재화등의 수량이 기재된 무기명증표를 발행하고 그 소지자가 발행자 또는 발행자가 지정하는 자에게 이를 제시 또는 교부하거나 그 밖의 방법으로 사용함으로써 그 증표에 기재된 내용에 따라 발행자등으로부터 재화등을 제공받을 수 있는 유가증권을 말한다]을 판매하는 행위로서 판매업자가 소비자에게 판매한 상품권을 다시 매입하거나 다른 자로 하여금 매입하도록 하는 행위, 발행자등의 재화등의 공급능력, 소비자에 대한 재화 등의 공급실적, 상품권의 발행규모 등에 비추어 그 실질이 재화 등의 거래를 위한 것으로 볼 수 없는 수준의 후원수당을 지급하는 행위의 어느 하나에 해당하는 행위.

⑥ 사회적인 관계 등을 이용하여 다른 사람에게 자신의 하위판매원으로 등록하도록 강요하거나 그 하위판매원에게 재화등을 구매하도록 강요하는 행위, ⑦ 판매원 또는 판매원이 되려는 사람에게 본인의 의사에 반하여 교육·합숙 등을 강요하는 행위, ⑧ 판매원을 모집하기 위한 것이라는 목적을 명확하게 밝히지 아니하고 취업·부업 알선, 설명회, 교육회 등을 거짓 명목으로 내세워 유인하는 행위

또한 다단계판매업자는 다단계판매원으로 하여금 위에 해당하는 금지행위를 하도록 교사하거나 방조하여서는 아니 된다(동조 제2항).

9. 침해정지 요청

다단계판매의 특성상 피해가 광범하게 급속히 확산될 수 있기 때문에 침해의 우려가 있는 경우 이를 사전에 신속히 차단할 필요가 있다. 방문판매법은 이에 대

처하기 위하여 일정한 단체에 대하여 사전적인 침해정지의 요청을 공정거래위원회에 하도록 하고 있다.

즉 제23조의 금지행위 또는 제24조의 사행적 판매원 확장행위 등의 금지에 위반한 다단계판매자의 행위로 이익을 침해받거나 침해받을 우려가 있는 자 또는 대통령령으로 정하는 소비자단체 등은 그 행위가 현저한 손해를 주거나 줄 우려가 있는 경우에는 그 행위에 대하여 대통령령(동법시행령 제34조)으로 정하는 바에 따라 공정거래위원회에 침해의 정지에 필요한 조치를 요청할 수 있다(제25조).

침해정지 요청권자는 등록 소비자단체와 한국소비자원, 민법상 다단계판매 또는 후원방문판매와 관련한 소비자보호를 목적으로 설립한 비영리법인이며 공정거래위원회에 위와 같은 침해의 정지에 필요한 위법행위의 내용을 적시하고 피해의 내용과 침해의 정지에 필요한 조치의 내용을 적은 서면을 제출하여야 한다(동법시행령 제34조).

10. 입증책임

방문판매법상의 특수판매업자는 ① 재화 등의 훼손에 대한 소비자의 책임 유무, ② 계약이 체결된 사실 및 그 시기, ③ 재화 등의 공급 사실 및 그 시기, ④ 계약서의 발급 사실 및 그 시기, ⑤ 입증책임에 관한 별도의 약정이 없는 그 밖의 거래 사실에 관하여 계약 상대방과 다툼이 있는 경우에는 특수판매업자가 이를 증명하여야 한다. 이 경우 특수판매업자는 증명에 필요한 통화 내용 등에 대한 거래기록을 대통령령으로 정하는 바에 따라 보관할 수 있다(제36조 제1항).

또한 계속거래업자는 제1항에 따른 증명에 필요한 통화내용 등 거래기록을 미리 보존할 수 있다. 이 경우 특수판매업자는 거래기록을 그 대상·범위·기간 및 열람 방법 등에 관하여 대통령령으로 정하는 바에 따라 보존하여야 한다(제36조 제2항).

Ⅳ. 통신판매

1. 통신판매의 의의

우편·전기통신, 그 밖에 총리령으로 정하는 방법으로 재화 또는 용역의 판매에 관한 정보를 제공하고 소비자의 청약을 받아 재화 또는 용역을 판매하는 것을 말한다. 다만 방문판매법상의 전화권유판매는 제외된다(전자상거래소비자보호법 제2조 제2호). 여기서 총리령이 정하는 방법이란 광고물·광고시설물·전단지·방송·신문 및 잡지 등을 이용하는 방법, 판매자와 직접 대면하지 아니하고 우편환·우편대체·지로 및 계좌이체 등을 이용하는 방법 등을 이용하여 소비자에게 재화 또는 용역에 관한 정보를 제공하거나 소비자의 청약에 의하여 재화 등을 판매하는 것을 말한다(동법 시행규칙 제2조).

즉 통신판매란 판매자가 판매에 관한 정보를 우편, 전기통신, 광고물, 광고시설물, 전단지, 방송, 신문, 잡지 등을 통하여 불특정 다수에게 제공하고, 소비자가 우편환, 우편대체, 지로, 계좌이체 등 직접 판매자를 대면하지 않는 방법(비대면거래)으로 청약토록 하여 재화 또는 용역을 판매하는 것을 말한다. 전자상거래에서는 대면거래에서 계약을 체결하고 비대면의 방법으로 계약의 이행을 하는 경우도 포함한다. 그러나 통신판매는 전자상거래와 달리 전자문서의 사용여부와 관계없이 계약의 체결은 반드시 비대면거래이어야 한다.

전자상거래와 통신판매의 개념에 대한 또한 구별의 표지는 전자문서에 의한 거래인지에 있다. 그러나 입법자는 양자를 비대면거래라는 점에 착안하여 전자상거래소비자법에서 규율하고 있다.

2. 통신판매와 통신판매중개

통신판매법에서는 통신판매업자와 통신판매업자의 책임을 달리 규율하기 때문에 사업자의 행위가 통신판매인지 아니면 통신판매중개인지의 여부에 따라 책임소재가 달라지게 된다. 이러한 문제는 특히 오픈마켓에서 재화 등의 구입이 이루어진 경우 오픈마켓운영자가 통신판매업자의 거래에 깊숙이 관여하는 경우 문제가 된다. 전자상거래소비자법은 "통신판매중개"란 사이버몰(컴퓨터 등과 정보통신설비를 이용하여 재화등을 거래할 수 있도록 설정된 가상의 영업장을 말한다. 이하 같다)의 이용을 허락하거나 그 밖에 총리령으로 정하는 방법으로 거래 당사자 간의 통신판매를 알선하는 행위(제2조 4호)라고 정의하고 있다.

위에서 총리령으로 정하는 방법이란 자신의 명의로 통신판매를 위한 광고수단을 제공하거나 그 광고수단에 자신의 이름으로 표시하여 통신판매에 관한 정보의 제공이나 청약의 접수 등 통신판매의 일부를 수행하는 것을 말한다. 통신판매 중개자의 책임에 대해서는 별도로 제20조의 2에서 규율하고 있다.

3. 통신판매업자의 일반적 의무

전자상거래소비자법은 통신판매와 전자상거래 공히 적용되는 규정에 대하여 제2장에서 전자상거래 및 통신판매라는 표제하에 전자문서의 활용, 거래기록의 보존 등, 조작실수 등의 방지, 전자적 대금지급의 신뢰확보, 사업자의 정보제공, 통신판매업자의 신고, 청약확인 및 청약철회, 손해배상청구금액의 제한 등에 대하여 규정하고 있다.

(1) 전자문서의 활용에 의한 거래

통신판매가 전자문서의 활용에 의하여 이루어진 경우에는 전자상거래소비자법은 사업자에게 전자문서를 정당하게 활용할 의무를 부과하고 있다.

사업자가 소비자와 미리 전자문서로 거래할 것을 약정하여 지정한 주소(「전자문서 및 전자거래 기본법」 제2조제2호의 정보처리시스템을 말한다)로 전자문서를 송신하지 아니한 경우에는 그 사업자는 해당 전자문서에 의한 권리를 주장할 수 없다. 다만, 긴급한 경우, 소비자도 이미 전자문서로 거래할 것을 예정하고 있는 경우, 소비자가 전자문서를 출력한 경우 등 대통령령으로 정하는 경우에는 그러하지 아니하다(제5조 제1항).

사업자는 전자서명을 한 전자문서를 사용하려면 대통령령으로 정하는 바에 따라 그 전자문서의 효력, 수령 절차 및 방법 등을 소비자에게 고지하여야 한다(제2항). 사업자는 전자문서를 사용할 때 소비자에게 특정한 전자서명 방법을 이용하도록 강요(특수한 표준 등을 이용함으로써 사실상 특정한 전자서명 방법의 이용이 강제되는 경우를 포함한다)하여서는 아니 되고, 소비자가 선택한 전자서명 방법의 사용을 부당하게 제한하여서는 아니 된다(제3항).

전자상거래를 하는 사업자는 소비자의 회원 가입, 계약의 청약, 소비자 관련 정보의 제공 등을 전자문서를 통하여 할 수 있도록 하는 경우에는 회원탈퇴, 청약의 철회, 계약의 해지·해제·변경, 정보의 제공 및 이용에 관한 동의의 철회 등도 전자문서를 통하여 할 수 있도록 하여야 한다(제4항). 전자상거래를 하는 사업자는 소비자가 재화등의 거래와 관련한 확인·증명을 전자문서로 제공하여 줄 것을 요청한 경우 이에 따라야 한다(제5항).

전자상거래를 하는 사업자가 전자문서로 제공하기 어려운 기술적 이유나 보안상 이유가 명백하여 이를 소비자에게 미리 고지한 경우에는 제4항과 제5항을 적용하지 아니한다(제6항). 전자상거래를 하는 사업자가 제4항과 제5항에 따른 의무를 이행할 때 해당 사이버몰의 구축 및 운영과 관련된 사업자들은 그 의무 이행에 필요한 조치를 하는 등 협력하여야 한다(제7항).

(2) 거래기록의 보존의무

사업자는 전자상거래 및 통신판매에서의 표시·광고, 계약내용 및 그 이행 등 거래에 관한 기록을 상당한 기간 보존하여야 한다. 이 경우 소비자가 쉽게 거래기록을 열람·보존할 수 있는 방법을 제공하여야 한다(제6조 제1항). 제1항에 따라 사업자가 보존하여야 할 거래기록 및 그와 관련된 개인정보(성명·주소·주민등록번호 등 거래의 주체를 식별할 수 있는 정보로 한정한다)는 소비자가 개인정보의 이용에 관한 동의를 철회하는 경우에도 「정보통신망 이용촉진 및 정보보호 등에 관한 법률」 등 대통령령으로 정하는 개인정보보호와 관련된 법률의 규정에도 불구하고 이를 보존할 수 있다(제2항). 제1항에 따라 사업자가 보존하는 거래기록의 대상·범위·기간 및 소비자에게 제공하는 열람·보존의 방법 등에 관하여 필요한 사항은 대통령령으로 정한다(제3항).

거래기록 열람과 관련하여 사업자가 조치하여야 할 사항은 ① 사이버몰을 통하여 거래가 이루어진 경우 거래당사자인 소비자에게 해당 사이버몰에서 거래기록을 열람·확인할 수 있도록 하여야 한다. ② 사이버몰 이외의 수단을 통해 거래가 이루어진 경우, 거래당사자인 소비자에게 전화, 모사전송, 인터넷 등을 통하여 쉽게 거래기록을 열람·확인할 수 있도록 하여야 한다. ③ 소비자가 사업자의 사업활동을 방해할 목적으로 동일한 거래기록의 열람을 계속, 반복적으로 요구하는 경우 위의 규정은 예외로 한다(소비자보호지침 Ⅱ.3).

(3) 조작실수방지의무

사업자는 전자상거래에서 소비자의 조작 실수 등으로 인한 의사표시의 착오 등으로 발생하는 피해를 예방할 수 있도록 거래 대금이 부과되는 시점이나 청약 전에 그 내용을 확인하거나 바로잡는 데에 필요한 절차를 마련하여야 한다.

(4) 개인정보보호의무

가. 사업자는 전자상거래 또는 통신판매를 위하여 소비자에 관한 정보를 수집하거나 이용(제3자에게 제공하는 경우를 포함한다. 이하 같다)할 때는 「정보통신망 이용촉진 및 정보보호 등에 관한 법률」 등 관계 규정에 따라 이를 공정하게 수집하거나 이용하여야 한다.

나. 사업자는 재 화등을 거래함에 있어서 소비자에 관한 정보가 도용되어 해당 소비자에게 재산상의 손해가 발생하였거나 발생할 우려가 있는 특별한 사유가 있는 경우에는 본인 확인이나 피해의 회복 등 대통령령으로 정하는 필요한 조치를 취하여야 한다.

4 통신판매업자의 의무

(1) 신고의무

통신판매업자는 대통령령으로 정하는 바에 따라 ① 상호(법인인 경우에는 대표자의 성명 및 주민등록번호를 포함한다), 주소, 전화번호, ② 전자우편주소, 인터넷도메인 이름, 호스트서버의 소재지, ③ 그 밖에 사업자의 신원 확인을 위하여 필요한 사항으로서 대통령령으로 정하는 사항을 공정거래위원회 또는 특별자치도지사 · 시장 · 군수 · 구청장에게 신고하여야 한다. 다만, 통신판매의 거래횟수, 거래규모 등이 공정거래위원회가 고시로 정하는 기준 이하인 경우에는 그러하지 아니하다(제12조 제1항).

통신판매업자가 제1항에 따라 신고한 사항을 변경하려면 대통령령으로 정하는 바에 따라 신고하여야 한다(제2항).

제1항에 따라 신고한 통신판매업자는 그 영업을 휴업 또는 폐업하거나 휴업한 후 영업을 다시 시작할 때에는 대통령령으로 정하는 바에 따라 신고하여야 한다(제3항). 공정거래위원회는 제1항에 따라 신고한 통신판매업자의 정보를 대통령령으로 정하는 바에 따라 공개할 수 있다(제4항).

(2) 신원정보 등 제공의무

통신판매업자가 재화등의 거래에 관한 청약을 받을 목적으로 표시 · 광고를 할 때에는 그 표시 · 광고에 ① 상호 및 대표자 성명, ② 주소 · 전화번호 · 전자우편주소, ③ 제12조에 따라 공정거래위원회 또는 특별자치도지사 · 시장 · 군수 · 구청장에게 한 신고의 신고번호와 그 신고를 받은 기관의 이름 등 신고를 확인할 수 있는 사항을 포함하여야 한다(제13조 제1항).

통신판매업자는 소비자가 계약체결 전에 재화등에 대한 거래조건을 정확하게 이해하고 실수나 착오 없이 거래할 수 있도록 다음 각 호의 사항을 적절한 방법으로 표시 · 광고하거나 고지하여야 하며, 계약이 체결되면 계약자에게 ① 재화등의 공급자 및 판매자의 상호, 대표자의 성명 · 주소 및 전화번호 등, ② 재화등의 명칭 · 종류 및 내용, ③ 재화등의 정보에 관한 사항(이 경우 제품에 표시된 기재로 계약내용에 관한 서면에의 기재를 갈음할 수 있다), ④ 재화등의 가격(가격이 결정되어 있지 아니한 경우에는 가격을 결정하는 구체적인 방법)과 그 지급방법 및 지급시기, ⑤ 재화등의 공급방법 및 공급시기, ⑥ 청약의 철회 및 계약의 해제(이하 "청약철회등"이라 한다)의 기한 · 행사방법 및 효과에 관한 사항(청약철회등의 권리를 행사하는 데에 필요한 서식을 포함한다), ⑦ 재화등의 교환 · 반품 · 보증과 그 대금 환불 및 환불의 지연에 따른 배상금 지급의 조건 · 절차, ⑧ 전자매체로 공급할 수 있는 재화등의 전송 · 설치 등을 할 때 필요한 기술적 사항, ⑨ 소비자피해보상의 처리, 재화등에 대한 불만 처리 및 소비자와 사업자 사이의 분쟁 처리에 관한 사항, ⑩ 거래에 관한 약관(그 약관의 내용을 확인할 수 있는 방법을 포함한다), ⑪ 소비자가 구매의 안전을 위하여 원하는 경우에는 재화등을 공급받을 때까지 대통령령으로 정하는 제3자에게 그 재화등의 결제대금을 예치하는 것(이하 "결제대금예치"라 한다)의 이용을 선택할 수 있다는 사항 또는 통신판매업자의 제24조제1항에 따른 소비자피해보상보험계약등의 체결을 선택할 수 있다는 사항(제15조제1항에 따른 선지급식 통신판매의 경우에만 해당하며, 제24조제3항에 각 호의 어느 하나에 해당하는 거래를 하는 경우는 제외한다), ⑫ 그 밖에 소비자의 구매 여부 판단에 영향을 주는 거래조건 또는 소비자피해의 구제에 필요한 사항으로서 대통령령으로 정하는 사항이 기재된 계약내용에 관한 서면을 재화등을 공급할 때까지 교부하여야 한다. 다만, 계약자의 권리를 침해하지 아니하는 범위에서 대통령령으로 정하는 사유가 있는 경우에는 계약자를 갈음하여 재화등을 공급받는 자에게 계약내용에 관한 서면을 교부할 수 있다(제13조 제2항).

통신판매업자는 미성년자와 재화등의 거래에 관한 계약을 체결할 때에는 법정대리인이 그 계약에 동의하지 아니하면 미성년자 본인 또는 법정대리인이 그 계약을 취소할 수 있다는 내용을 미성년자에게 고지하여야 한다(제3항).

공정거래위원회는 제1항 및 제2항에 따른 통신판매업자의 상호 등에 관한 사항, 재화등의 정보에 관한 사항과 거래조건에 대한 표시·광고 및 고지의 내용과 방법을 정하여 고시할 수 있다. 이 경우 거래방법이나 재화등의 특성을 고려하여 그 표시·광고 및 고지의 내용과 방법을 다르게 정할 수 있다(제4항). 통신판매업자는 제2항에 따라 소비자에게 표시·광고하거나 고지한 거래조건을 신의를 지켜 성실하게 이행하여야 한다(제5항).

(3) 청약확인의무

통신판매는 비대면거래이기 때문에 청약자인 소비자로서는 자신의 청약이 상대편에 도달하여 인지하였는지에 대하여 관심을 갖게 마련이다. 이를 위하여 동법에서는 통신판매업자에게 청약확인의무를 부과하고 있다. 즉, 통신판매업자는 소비자로부터 재화등의 거래에 관한 청약을 받으면 청약 의사표시의 수신 확인 및 판매 가능 여부에 관한 정보를 소비자에게 신속하게 알려야 하며, 계약체결 전에 소비자가 청약내용을 확인하고, 정정하거나 취소할 수 있도록 적절한 절차를 갖추어야 한다(제14조).

(4) 재화 등의 공급의무

통신판매업자는 소비자가 청약을 한 날부터 7일 이내에 재화등의 공급에 필요한 조치를 하여야 하고, 소비자가 재화등을 공급받기 전에 미리 재화등의 대금을 전부 또는 일부 지급하는 통신판매(이하 "선지급식 통신판매"라 한다)의 경우에는 소비자가 그 대금을 전부 또는 일부 지급한 날부터 3영업일 이내에 재화등의 공급을 위하여 필요한 조치를 하여야 한다. 다만, 소비자와 통신판매업자 간에 재화등의 공급시기에 관하여 따로 약정한 것이 있는 경우에는 그러하지 아니하다(제15조 제1항).

통신판매업자는 청약을 받은 재화등을 공급하기 곤란하다는 것을 알았을 때에는 지체 없이 그 사유를 소비자에게 알려야 하고, 선지급식 통신판매의 경우에는 소비자가 그 대금의 전부 또는 일부를 지급한 날부터 3영업일 이내에 환급하거나 환급에 필요한 조치를 하여야 한다(제2항). 비록 통신판매업자가 청약을 받은 재화를 공급하기 곤란하여 환급하거나 환급에 필요한 조치를 취하였다 하더라도, 허위·과장 등의 방법을 사용하여 소비자를 유인한 행위에 대한 책임은 면할 수 없으며, 그러한 경우로서는 소비자로 하여금 자신의 사이트나 홈쇼핑, 카탈로그

등에 청약유인 목적으로 일부제품의 가격을 허위로 기재한 뒤, 동제품의 공급이 곤란하다는 이유를 들어 대금을 환급하는 경우이다(소비자보호지침 Ⅱ.7.나).

통신판매업자는 소비자가 재화등의 공급 절차 및 진행 상황을 확인할 수 있도록 적절한 조치를 하여야 한다. 이 경우 공정거래위원회는 그 조치에 필요한 사항을 정하여 고시할 수 있다(제3항). 제2항에 따라 선지급식 통신판매에서 재화등의 대금을 환급하거나 환급에 필요한 조치를 하여야 하는 경우에는 제18조제1항부터 제5항까지의 규정을 준용한다(제4항).

(5) 휴업기간 중 업무처리의무

통신판매업자는 휴업기간이나 영업정지기간에도 제17조제1항 및 제3항에 따른 청약철회등의 업무와 제18조제1항부터 제5항까지의 규정에 따른 청약철회등에 따른 대금 환급과 관련된 업무를 계속하여야 한다(제22조 제1항).

통신판매업자가 폐업신고를 하지 아니한 상태에서 파산선고를 받는 등 실질적으로 영업을 할 수 없는 것으로 판단되는 경우에는 제12조제1항에 따른 신고를 받은 공정거래위원회 또는 특별자치도지사·시장·군수·구청장은 직권으로 신고사항을 말소할 수 있다(제2항).

5. 통신판매보조사업자의 의무

통신판매보조사업자로는 전자결제업자, 배송사업자, 사이버몰운영자, 통신판매중개자 등을 들 수 있는데 통신판매중개자에 대하여는 별도로 다루도록 하고 여기에서는 전자결제업자, 배송사업자, 사이버몰운영자의 의무에 대해서만 언급하기로 한다.

(1) 전자결제업자 등의 의무

전자적 대금지급에 의하여 전자결제가 이루어지는 경우 '전자적 대금지급의 신뢰확보'가 중요하다. 제9조에서 규정하고 있다.

사업자가 전자적 수단에 의한 거래대금의 지급(이하 "전자적 대금지급"이라 한다) 방법을 이용하는 경우 사업자와 전자결제수단 발행자, 전자결제서비스 제공자 등 전자적 대금지급 관련자(이하 "전자결제업자등"이라 한다)는 관련 정보의 보안 유지에 필요한 조치를 하여야 한다(제1항).

사업자와 전자결제업자등은 전자적 대금지급이 이루어지는 경우 소비자의 청약의사가 진정한 의사 표시에 의한 것인지를 확인하기 위하여 ① 재화등의 내용 및 종류, ② 재화등의 가격, ③ 용역의 제공기간 다음 각 호의 사항에 대하여 명확히 고지하고, 고지한 사항에 대한 소비자의 확인절차를 대통령령으로 정하는 바에 따라 마련하여야 한다(제2항).

사업자와 전자결제업자등은 전자적 대금지급이 이루어진 경우에는 전자문서의 송신 등 총리령으로 정하는 방법으로 소비자에게 그 사실을 알리고, 언제든지 소비자가 전자적 대금지급과 관련한 자료를 열람할 수 있게 하여야 한다(제3항).

사이버몰에서 사용되는 전자적 대금지급 방법으로서 재화등을 구입·이용하기 위하여 미리 대가를 지불하는 방식의 결제수단의 발행자는 총리령으로 정하는 바에 따라 그 결제수단의 신뢰도 확인과 관련된 사항, 사용상의 제한이나 그 밖의 주의 사항 등을 표시하거나 고지하여야 한다(제4항).

사업자와 소비자 사이에 전자적 대금지급과 관련하여 다툼이 있는 경우 전자결제업자등은 대금지급 관련 정보의 열람을 허용하는 등 대통령령으로 정하는 바에 따라 그 분쟁의 해결에 협조하여야 한다(제5항).

전자적 대금지급이 이루어진 경우(제8조 제3항), 사업자와 전자결제업자 등이 그 사실을 소비자에게 통지할 때에는 전자우편, 전화, SMS, 모사전송 등을 이용하여 즉시 통지하는 것을 원칙으로 하되, 대면하여 본인 여부를 확인한 경우와 소비자의 동의를 얻은 경우에는 통지를 생략할 수 있다(소비자보호지침 Ⅱ.5).

(2) 배송사업자 등의 협력의무

전자상거래나 통신판매에 따라 재화등을 배송(정보통신망을 통한 전송 포함)하는 사업자는 배송 사고나 배송 장애 등으로 분쟁이 발생하는 경우에는 대통령령으로 정하는 바에 따라 그 분쟁의 해결에 협조하여야 한다(제9조 제1항).

호스팅서비스(사업자가 전자상거래를 할 수 있도록 사이버몰 구축 및 서버 관리 등을 하여주는 서비스를 말한다)를 제공하는 자는 사업자와 호스팅서비스에 관한 이용계약을 체결하는 경우 사업자의 신원을 확인하기 위한 조치를 취하여야 한다(제2항).

사업자와 소비자 사이에 분쟁이 발생하는 경우 호스팅서비스를 제공하는 자는 ① 공정거래위원회, ② 특별시장·광역시장·도지사·특별자치도지사 또는 시장·군수·구청장, ③ 수사기관, ④ 분쟁의 당사자인 소비자, ⑤ 그 밖에 분쟁해결을 위하여 필요하다고 인정되어 대통령령으로 정한 자의 요청에 따라 사업자의 신원정보 등 대통령령으로 정하는 자료를 제공함으로써 그 분쟁의 해결에 협조하여야 한다(제3항).

(3) 사이버몰 운영자의 표시의무

전자상거래를 하는 사이버몰의 운영자는 소비자가 사업자의 신원 등을 쉽게 알 수 있도록 ① 상호 및 대표자 성명, ② 영업소가 있는 곳의 주소(소비자의 불만을 처리할 수 있는 곳의 주소를 포함한다), ③ 전화번호・전자우편주소, ④ 사업자등록번호, ⑤ 사이버몰의 이용약관, ⑥ 그 밖에 소비자보호를 위하여 필요한 사항으로서 대통령령으로 정하는 사항을 총리령으로 정하는 바에 따라 표시하여야 한다(제10조 제1항).

제1항에 따른 사이버몰의 운영자는 그 사이버몰에서 이 법을 위반한 행위가 이루어지는 경우 운영자가 조치하여야 할 부분이 있으면 시정에 필요한 조치에 협력하여야 한다(제2항).

사이버몰 운영자의 표시방법으로는 제10조 제1항의 사항을 소비자가 알아보기 쉽도록 사이버몰의 초기 화면에 표시하여야 한다. 다만, 법 제10조 제1항 제5호의 사항은 소비자가 연결 화면을 통하여 볼 수 있도록 할 수 있다(동법 시행규칙 제1조).

전자상거래를 하는 사이버몰의 운영자는 제1항에 따라 표시한 사항의 진위 여부를 소비자가 쉽게 확인할 수 있도록 공정거래위원회가 법 제12조제4항 및 동법시행령 제19조에 따라 정보를 공개하는 사업자정보 공개페이지를 사이버몰의 초기 화면에 연결하여야 한다(시행규칙 제2조).

전자상거래를 하는 사이버몰의 운영자로서 출력에 제한이 있는 휴대전화 등과 같은 기기를 이용하여 거래하는 사업자는 법 제10조 제1항 제1호부터 제6호까지의 사항이 사이버몰의 화면에 순차적으로 나타나도록 할 수 있다. 이 경우 대표자 성명, 사업자등록번호 및 사이버몰의 이용약관은 그 내용을 확인할 수 있는 방법을 화면에 나타나게 하는 것으로 대신할 수 있다(제3조).

6. 통신판매중개자의 책임

(1) 통신판매중개자의 의의

전자상거래소비자보호법상 통신판매중개란 사이버몰(컴퓨터 등과 정보통신설비를 이용하여 재화등을 거래할 수 있도록 설정된 가상의 영업장을 말한다)의 이용을 허락하거나 그 밖에 총리령으로 정하는 방법으로 거래 당사자 간의 통신판매를 알선하는 행위를 말한다(전자상거래소비자보호법 제2조 4호). 여기서 총리령으로 정하는 방법이라 함은 자신의 명의로 통신판매를 위한 광고수단을 제공하거나 그 광고수단에 자신의 이름을 표시하여 통신판매에 관한 정보의 제공이나 청약의 접수 등 통신판매의 일부를 수행하는 것을 말한다(동법 시행규칙 제3조).

결국 전자상거래소비자보호법상 통신판매중개행위란 사이버몰의 이용 허락에 의하여 거래 당사자 간의 통신판매를 알선하는 행위 또는 자신의 명의로 통신판매를 위한 광고수단을 제공하거나 그 광고수단에 자신의 이름을 표시하여 통신판매에 관한 정보의 제공이나 청약의 접수 등 통신판매의 일부를 수행하는 방법으로 거래 당사자 간의 통신판매를 알선하는 행위를 말한다.

통신판매중개가 성립하기 위한 요건으로 ① 구매자와 중개자, 판매자와 중개자 간의 통신판매 중개계약의 존재, ② 중개자가 사이버상 중개시스템을 갖출 것, ③ 판매자와 구매자간 계약이 성립하여 유효하게 효력을 발생할 것을 들기도 한다.[21]

(2) 통신판매중개자의 유형[22]

통신판매중개자는 중개행위유형에 의하여 구분할 수 있고, 통신판매중개자가 통신판매업자인지에 따라서 구분할 수 있다. 전자는 다시 사이버몰의 이용 허락에 의한 거래당사자간 거래의 소극적 알선을 행하는 자, 정보제공형 알선자, 거래관여형 알선자로 나눌 수 있다.

1) 사이버몰 이용허락에 의한 거래당사자간 거래의 소극적 알선 먼저 통신판매중개자는 "사이버몰의 이용을 허락하여 거래당사자간의 통신판매를 알선하는 자라고 할 수 있다. 여기서는 사이버몰의 이용허락에 중점을 두어 당사자들이 거래하도록 소극적으로 알선하는 유형을 말한다. 즉 자신이 사이버몰을 만들어 놓고 여기에서 통신판매업자들이 거래를 할 수 있도록 사이버몰의 이용허락을 해주는 유형이며, 오프라인으로 비유하면 시장을 만들어서 그 점포에 상인을 입점 시키는 형태와 매우 유사하다고 할 수 있다.[23] 현재 우리 실정에서 통신판

21) 노종천, E-Commerce에서 통신판매중개자의 법적 지위와 책임, 민사법학 39-1호, 2007, 284-293면.
22) 통신판매중개자의 유형에 대해서는 오병철, 재산법연구, 제26권 제1호, 2009. 6, 187~194면 참조.
23) 이러한 비유(analogy)는 통신판매중개자가 통신판매자의 행위에 대해 여하한 책임도 부담하지

매의 일부를 수행하지 아니하고 단순히 사이버몰만을 만들어 놓고 각각의 통신판매자가 고유하게 계약을 체결할 수 있도록 이용을 허락하는 영업모델은 거의 찾아볼 수 없다.

전자상거래를 하고자 하지만 전자상거래 사이트를 제작하고 운영할 기술적 능력이나 자금력이 갖추고 있지 않는 자도 손쉽게 전자상거래를 할 수 있도록, 미리 규격화해서 만들어둔 전자상거래 사이트 모델을 갖춰 놓고 다수의 사람들에게 제공하는 이른바 "쇼핑몰 솔루션 제공자"도 사이버몰 이용허락자와 외형상 크게 다르지 않기 때문에 전자상거래 솔루션 제공자도 통신판매중개자에 해당되는가는 논란의 여지가 있다.[24]

쇼핑몰 솔루션을 제공하는 자는 쇼핑몰 솔루션을 구성하는 소스코드 자체의 권리를 전자상거래업자에게 이전하는 것이 아니라. 쇼핑몰 솔루션 프로그램의 이용을 허락하는 것이지만 동법에서 이용을 허락하는 경우도 통신판매중개의 개념에 포섭할 수 있기 때문에 통신판매중개자인지가 문제된다. 동법의 정의는 "사이버몰의 이용을 허락"하여 통신판매를 알선하는 경우를 말하기 때문에 단순히 이용의 허락에 그치는 것이어서, 이 경우 이론적으로나 현실적으로 쇼핑몰 솔루션 제공자를 통신판매중개자라고 보기는 어렵다.

2) 정보제공형 알선자　통신판매 알선자를 다시 정보제공형 알선자, 거래관여형 알선자로 구분하기도 한다. 먼저 동법 제2조의 통신판매중개자 개념정의와 동법 시행규칙 제3조에 따르면, "자신의 명의로 통신판매를 위한 광고수단을 제공하거나 그러한 광고수단에 자신을 이름 표시하여 통신판매에 관한 정보의 제공으로 거래 당사자간의 통신판매를 알선하는 행위"를 하는 자도 통신판매중개자에 해당된다. 이러한 유형을 정보제공형 알선자라고 할 수 있다.

엄밀한 의미에서, 광고수단을 제공하거나 매매계약에 관한 정보를 제공하는 것만으로 매매계약의 일부를 이행하는 것이라고 할 수는 없으므로, 전자상거래소비자보호법 제2조의 개념 정의에서 "통신판매의 일부를 수행하는 것에 의하여"라는 문구는 이러한 정보제공형 알선자를 수식하는 것은 아니라고 해석되어야 할

않는다는 논거로 종종 사용된다.

24) 상호, 운영자, 주소, 상품이미지 등만 공란으로 둔 상태로 쇼핑몰 사이트를 제작하여 쇼핑몰 운영자에게 그 쇼핑몰 사이트 프로그램을 제공하여 그가 원하는 대로 공란을 손쉽게 채워서 쇼핑몰 사이트를 완성시킬 수 있도록 제공하는 것을 말하며, 쉽게 비유하면 표준 건축 설계도를 가지고 상점의 외형만 지어서 상점을 넘겨주는 것과 유사하다.

것이다.[25)]

즉 정보제공형 알선자는 통신판매에 관한 광고나 정보를 자기의 명의로 제공하는 것에 그치므로 통신판매에 관한 계약체결과정에는 전혀 관여하지 아니한다. 정보제공형 알선자가 되기 위한 요건은 크게 3가지로 구성해 볼 수 있다. 첫째는 자기의 명의 또는 자신의 이름을 표시하여야 한다는 점이다. 그러므로 단순히 자신의 사이트에서 타인명의의 광고팝업창을 띄우거나 타인명의의 배너광고를 노출시켜서 광고나 정보제공을 하는 경우에는 전자상거래소비자법상 통신판매중개자가 되지 못한다.

둘째로 타인의 통신판매에 관한 광고수단이나 정보를 제공하여야 한다. 광고수단이나 정보를 제공하는 수준을 넘는 행위는 통신판매의 계약체결 단계에 개입하는 것이 되고 그 경우에는 후술하는 거래관여형 알선자에 해당된다고 보아야 할 것이다.

셋째로 실질적으로 통신판매를 알선하여야 한다. 단순히 통신판매하는 물품에 대해 소비자의 입장에서 자신의 명의로 이용후기나 상품평을 게재하는 것은 통신판매를 알선하는 행위에 해당된다고 볼 수 없으므로 통신판매중개자라고 볼 수 없을 것이다. 그렇다면 현실생활에서 정보제공형 알선자라함은 검색엔진을 통해 상품나열식 정보제공을 하는 포털사이트,[26)] 가격비교정보를 전문적으로 제공하는 가격비교사이트를 말한다고 할 수 있다. 이러한 정보제공형 알선자가 통신판매에 미치는 실질적인 영향은 오직 통신판매에 관한 정보를 제공해서 소비자가 통신판매를 하게 되는 동기를 부여하는 것에 그친다. 통신판매 계약체결을 위해서는 별도의 통신판매사이트로 이동을 하므로 소비자도 정보제공과는 별도로 계약체결이 완전히 별도의 주체에 의해 이루어지는 것이라는 점을 잘 인식하고 있고, 정보제공형 알선자가 통신판매의 계약체결이나 이행과정 어디에도 전혀 개입하지 않는다는 점도 명확하다.

---

25) 전자상거래보호법상의 개념정의는 지나치게 모호하고 혼란스러울 뿐이다. 통신판매와 전자상거래의 용어법의 혼란부터 시작해서 통신판매와 통신판매중개의 개념정의, 각 규정의 주체의 명확성등 실체법적 의미를 갖는 거의 모든 규정이 여전히 입법적으로 잘 정돈되지 않은 상태이다.

26) 포털사이트가 정보제공형 알선자로서 뿐만 아니라 직접 통신판매업자로서 활동하는 경우도 있다. 근래에는 포털사이트는 정보제공형 알선자인 통신판매중개자로서 역할에 더 충실하고 있다.

3) 거래관여형 알선자 다음으로 거래관여형 알선자는 "자신의 이름을 표시하여 통신판매에 관한 청약의 접수 등 통신판매의 일부를 수행하는 것에 의하여 거래 당사자 간의 통신판매를 알선하는 행위"를 하는 자라고 할 수 있다. 자신의 이름을 표시하여 타인의 통신판매의 청약을 접수한다는 것은 의사표시의 수령상대방으로서의 지위가 인정되므로 법이론적으로 보면 타인의 통신판매 계약체결의 수동대리행위를 하는 것이라고 평가 할 수 있다. 이는 단순히 광고나 정보를 제공하는 것에 그치는 것이 아니라 계약체결과정에 관여하는 것이므로 통신판매 계약체결 과정의 참여자로서의 지위에 선다.

온라인에서 전형적인 예로서는 "G마켓"이나 "옥션" "11번가"와 같은 오픈마켓을 들 수 있다.[27] 오픈마켓의 사이트에 접속하여 그 사이트 내에서 개별적인 통신판매자의 물품을 선택하되 계약체결을 통일적으로 오픈마켓의 화면에서 하므로 소비자의 입장에서 보면 오픈마켓을 상대로 계약을 체결한다는 인식을 갖게 한다. 또한 할인쿠폰의 발행, 마일리지 적립, 사이버머니의 이용 등 통신판매의 이행과정에서도 오픈마켓은 일정한 역할을 수행하므로, 소비자는 오픈마켓이 통신판매 주체이지만 상품의 보관이나 물류의 편의를 위해 배송만 타인에게 내부적으로 의뢰하는 형태와 구분하는 것이 용이하지 않다.

오픈마켓에서 상품을 판매하고자 하는 개인 및 사업자는 오픈마켓운영자의 홈페이지상의 '등록시 유의사항'을 확인하고 판매서비스 이용약관에 동의한 후, 일정한 판매자정보(이름, 주민등록번호, 사업자등록번호, 주소, 전화번호, 결제계좌번호 등)를 입력하면 회원으로 가입되고, 판매자는 오픈마켓운영자가 운영하는 판매자거래관리시스템 프로그램 등을 다운받아 이를 통하여 상품의 등록, 판매, 배송 등 판매와 관련된 일체의 업무를 수행하며 판매대금의 8-12%에 해당하는 금액을 공제한 금액을 오픈마켓운영자로부터 지급받는다.

오픈마켓 운영업체의 주수액원이 판매대금의 8-12%에 해당하는 중개수수료이며, 물품의 종류, 거래금액 등에 따라 차별적으로 부과된다. 오픈마켓은 중개수수료 이외에도 물품 등록시의 등록비, 광고효과가 있는 특정서비스 이용에 대한 부가서비스 이용료 등을 수취하고 있으며, 수수료 매출 이외에 광고를 통한 수입도

27) 인터넷쇼핑몰은 시장유형에 따라서 '오픈마켓', '단독몰', '입점형 인터넷쇼핑몰(입점몰), '링크배너를 제공하는 몰' 등의 형태로 구분하기도 한다. 노종천, 전게논문, 293-294면.

새로운 수익원으로 하고 있다. 결제에서는 소비자보호를 위하여 오픈마켓운영자의 프로그램에서 결제업자로 연결되는 방식을 취하고 있으며, 오픈마켓 운영자가 결제에 대한 매출전표를 구매자에게 발행하는 것이 일반적이다. 결국 오픈마켓은 단순히 판매자와 구매자간의 판매장소만을 제공하는데 그치지 않고, 거래단계 전반에 걸쳐서 관여한다.[28]

이처럼 오픈마켓도 자신의 지배적인 명성이나 신용을 소비자에게 내세워 통신판매를 유도하고 소비자 역시 오픈마켓을 신뢰하고 통신판매하는 것이니 만큼 오픈마켓 역시 통신판매에 일정한 관여자로서 참여하는 것이라고 보아야 할 것이다. 이러한 점에서는 확연히 정보제공형 알선자와는 구별된다.

(3) 통신판매자와 통신판매중개자의 구별표지

위에서 살펴본 것처럼, 어떤 사업자가 인터넷 상에 사이버몰을 설치해 놓고, 다른 사업자들이 그 사이버 몰에서 자기의 재화 등에 대한 광고를 하고 소비자로부터 직접 청약을 받아 판매를 할 수 있도록 하는 경우, 사이버몰을 개설한 사람은 통신판매중개자로 볼 수 있고(예컨대 옥션, G마켓 등 온라인 마켓플레이스 등), 그 사이버몰에서 재화 등을 광고하고 판매한 자는 통신판매사업자(전자상거래사업자)로 볼 수 있다.

그렇다면 양자를 어떠한 표지로 구분할 것인가. 통신판매를 업으로 하는 자와 '그와의 약정에 따라 통신판매 업무를 수행하는 자'를 통신판매업자로 하고 있는 전자상거래소비자법의 입법취지까지 고려하여 해석하는 것이 필요하다.

먼저 누가 판매계약의 당사자인가가의 결정문제로서 계약당사자의 확정과 관련된다. 계약당사자의 확정문제는 계약의 효력을 누구에게 귀속시키느냐의 문제인데 여기서는 실제 계약의 당사자성이 문제가 되는 것이 아니고, 계약의 내용과 밀접한 관련을 맺는 문제이기 때문에 명의가 누구인지 또는 사업자의 일방적 표시나 고지에 의해 결정될 문제가 아니라 실질적인 계약 내용이나 급부의 귀속관계를 가지고 검토하여야 한다.

특별법상의 소비자계약법에서는 매매라는 용어 대신에 판매라는 용어를 사용하고 있지만(방문판매·통신판매 등[29]), 민법상의 매매에 해당한다고 볼 수 있다. 매

---

28) 오픈마켓의 운영에 대해서는 박수영, 통신판매중개자의 지위·의무·책임-오픈마켓을 중심으로-, 2013년 한국소비자법학회 춘계학술대회 자료집, 2013.5, 67면 참조.

매의 대상은 재산권으로서 물건이나 권리 모두 가능하다. 따라서 재화나 용역에 대한 구입권의 매매도 가능하다.[30] 매매계약 당사자의 급부 내용은 재산권의 이전과 대금의 지급이다. 매수인은 재산권의 가치와 대가적 의미있는 금원을 매도인에게 전액 지급하게 된다. 통상 소셜커머스에서 50%의 가격으로 재화나 용역을 공급하는 구입권의 가격을 책정한다 할지라도 이를 보수나 수수료라고 보기보다는 매매목적물과 일시적 계약관계인 매매계약에서는 당사자간에 계약이 체결되고 급부가 이행되면 당사자들은 계약의 목적을 달성하게 되고 당사자간의 법률관계는 종료하게 된다. 이를 종국적 계약관계라고 부를 수도 있겠다.

매도인이 소유권이나 처분권을 가져야 하는가에 대해서는 부정하여야 할 것이다. 우리 민법은 타인의 권리의 매매의 유효성을 전제로 한 제569조의 규정을 두고 있을 뿐만 아니라,[31] 매도인에게 물건이나 권리에 대한 소유권자이거나 처분권자임을 요구하고 있지 않기 때문이다. 다만 매도인은 권리를 취득하여 매수인에게 이전하면 되고, 만약 재산권이전의무를 위반하게 되면 담보책임 내지 채무불이행 법리에 의하여 책임을 부담하면 될 뿐이다. 판례도 수분양권의 매매에서 원칙적으로 매도인은 매수인으로 하여금 그 수분양권에 근거한 목적물의 소유권을 취득할 수 있도록 하여줄 의무가 있지만, 수분양권에 근거하여 목적물에 관한 소유권을 취득한 다음 매수인 앞으로 소유권이전등기를 마쳐 줄 의무까지는 없다고 하고 있다.[32]

이에 대해서 중개계약의 급부내용은 계약체결의 기회 소개 및 계약체결의 알선과 보수(알선료)의 지급이다. 통상 보수는 재화나 용역의 가치에 상당하지 않은 가액이다. 중개계약의 내용이 매매의 알선인 경우에 의뢰인들은 중개인과 위임 혹은 중개계약을 체결하고, 중개인은 양 당사자에에게 소개 및 알선을 하게 된다. 따라서 의뢰인과 중개인 사이에 중개계약에 따라 급부(소개 및 알선)가 이루어져도 의뢰인은 중개인의 소개 및 알선에 따라 의뢰인의 목적달성을 위한 진정한(본래의)

29) 판매를 포함하는 넓은 의미로 사용하고자 하는 경우에는 거래라는 표현을 사용한다. 예컨대 할부거래, 전자거래 등이다.

30) 권리의 양도와 권리의 매매의 차이점은 권리의 양도에서는 채무자, 즉 소셜커머스상 공급자에 대한 통지만 있으면 대항요건을 갖추게 되지만(민법 제450조 제1항), 권리의 매매인 경우에는 소셜커머스 사업자와 소비자간 재화나 용역의 권리 이전과 대금의 지급에 대한 당사자간의 합의가 있어야 한다는 점에서 차이가 있다.

31) 판례도 타인 권리의 매매의 유효성을 인정하고 있다. 대판 1966.4.6. 66다267.

32) 대판 2006.11.23. 2006다44401.

혹은 제2차적 계약체결로 나아가야 한다. 이러한 제2차적 계약체결로는 재화의 매매일 수도 있고(매매계약), 시설물에 대한 사용일 수도 있고(임대차계약), 노무의 제공(고용계약), 일의 완성(도급계약), 사무의 처리(위임계약)일 수도 있고, 혼합계약(숙박계약·여행계약)일 수도 있고 무명계약(의료계약·컨설팅계약)일 수도 있다.

오픈마켓에서 구매자는 오픈마켓사업자에게 대금을 지급하지 않고 오픈마켓상의 판매자에게 대금을 지급하고, 다만 오픈마켓은 결제가 용이하게 이루어지도록 방법을 제공하는 역할을 하는데 전형적인 통신판매중개업자로 보아야 한다. 중개계약에서는 이처럼 제2차적인 계약에 따라 급부가 이행되어야 의뢰인의 진정한 계약목적은 달성되는 것이다.

요컨대, 양자의 결정적인 구분 표지는 계약당사자 사이의 종국적인 계약인 것인지 여부, 재화나 용역의 가치에 상당한 정도의 대금의 수수인지 여부 및 그에 대한 귀속 등에 따라 판단되어야 할 것이다.

(4) 통신판매중개자의 책임의 종류

1) 표시광고 주체로서의 책임　　통신판매중개자는 자신의 이름으로 된 오픈마켓의 영업활동을 위해 오픈마켓 그 자체에 관한 광고를 하게 된다. 이 경우 통신판매중개자는 개별적인 통신판매에 대한 광고를 하는 것이 아니라 오픈마켓 자체에 대한 광고를 하는 사업자로서 "표시·광고의 공정화에 관한 법률"의 적용을 받게 될 것이다. 표시광고법 제10조 1항에서는 "거짓·과장의 표시·광고", "기만적인 표시·광고", "부당하게 비교하는 표시·광고", "비방적인 표시·광고"등 부당한 표시·광고행위를 함으로써 피해를 입는 자가 있는 경우에는 당해 피해자에 대하여 손해배상의 책임을 지도록 규정하고 있다. 동조 제2항에서는 이 책임을 무과실책임으로 명시하여 면책의 여지를 봉쇄하고 있다. 따라서 통신판매중개자는 오픈마켓 자체에 대한 광고에 대해서는 고의·과실이 없더라도 이와 같은 무과실 책임을 개별적인 통신판매와는 무관하게 부담한다.

대법원은 인터넷쇼핑몰(오픈마켓)에서 통신판매중개의뢰자의 허위광고에 대하여「사이버몰 운영자가 입점업체의 광고행위에 대하여 입점업체와 공동으로 또는 입점업체와 독립하여 광고행위의 주체로서 행정적 책임을 지는지 여부는 사이버몰 운영자와 입점업체 사이의 거래약정의 내용, 사이버몰 운영자의 사이버몰 이용약관의 내용, 문제된 광고에 관하여 사이버몰 운영자와 입점업체가 수행한 역할과 관여 정도, 광고의 구체적 내용은 물론 광고행위의 주체에 대한 소비자의 오인가능성 등을 종합하여 구체적·개별적으로 판단하여야 하고, 사이버몰 운영자가 입점업체의 광고행위에 대하여 그 주체로서 표시·광고의 공정화에 관한 법률 제3조, 제7조 제1항에 의한 행정적 책임을 진다고 볼 수 없다」[33]고 한다. 이는 통신판매중개의뢰자인 입점업체의 오픈마켓에서의 표시·광고행위를 통하여 입점업체의 존재와 책임소재를 파악할 수 있고, 소비자에게 오인가능성이 없는 경우에는 그 표시·광고행위에 대한 책임은 통신판매업자가 부담하지만, 다만 오픈마켓운영자인 통신판매중개자가 표시·광고행위의 주체로서 오인할 가능성이 이쓴 경우에는 오픈마켓운영자에게 그 책임을 지울 수 있다는 것이다.

오프라인 광고에 대한 통신판매중개자의 책임[34]에 대한 의결로서, 피심인은 3차례에 걸쳐 무료신문 데일리포커스를 통해 "반값 특가 이벤트"라는 제하에 107개 상품에 대해 광고하며 이중 82개 상품에 대해 최근에 자신의 쇼핑몰에서 판매한 가격이 아닌 객관적 근거가 없는 비교 가격을 제시하는 방법으로 광고한 사실이 있다. 또한 자신의 인터넷 쇼핑몰 홈페이지를 통해 "오늘의 반값"등의 표현으로 자신의 쇼핑몰에서 특별히 저렴한 가격으로 판매하는 것처럼 광고하였다. 이에 대해 공정위는 '객관적 근거 없는 할인 전 가격을 광고하여 자신의 사이버몰에서 판매되는 해당 상품들의 할인율이 실제보다 더 큰 것처럼 소비자를 오인시킬 우려가 있는 부당한 광고행위를 하여서는 아니 된다'고 의결하였다.

2) 계약관여자로서의 책임 　전자상거래소비자보호법 제20조의 2는 통신판매중개자는 통신판매와 관련하여 제20조 제1항의 고지를 하지 아니한 경우 통신판매중개의뢰자의 고의 또는 과실로 소비자에게 발생한 재산상의 손해에 대하여 중개를 의뢰한 자와 연대하여 배상할 책임을 지도록 규정하고 있다. 이 연대손해배상책임은 소비자보호를 위해 통신판매중개자가 부담하는 일종의 법정책임으로 성격을 규명하는 것이 다수의 학설[35]이지만, 소비자에 대한 통신판매중개의뢰자 정보제공의무위반에 따른 책임으로 보는 견해,[36] 상법상 중개인의

---

33) 대판 2005.12.22, 2003두8296; 이 사건 원심(서울고법 2003.7.8, 2002누16872)은 광고의 행위주체를 오픈마켓운영자로 보아 공정거래위원회가 내린 시정명령 및 법위반사실공표명령은 정당하다고 하였다.

34) 공정위 2007.3.26, 2006서소2139 심결.

35) 나지원, "통신판매중개에 있어서 소비자보호", 『인터넷법률』, 제29호, 2005. 114면 이하: 정완용, 전게서(추록), 24면.

개입의무에 따른 책임으로 보는 견해, 계약당사자로서의 혼동의 우려에 따른 책임으로 보는 견해,[37] 외관주의에 따른 거래의 안전을 위한 책임으로 보는 견해[38] 등이 있으나, 좀 더 구체적으로는 일종의 법정책임이면서도 실질적으로 통신판매의 일부를 수행하는 "거래관여형 알선자"에게 거래관여와 그로 인한 수익에 따라 부담시키는 형평책임 내지는 보상책임의 일종이라고 보아야 할 것이다.

이러한 연대손해배상책임의 발생에는 ① 통신판매중개의뢰자의 고의 또는 과실에 의한 행위로 인하여 소비자에게 재산상 손해가 발생할 것, ② 중개의뢰자의 책임에 대하여 통신판매중개자의 면책을 약정하지 않거나 고지하지 않았을 것 등이 요구된다고 한다.[39] 손해발생의 원인행위에 대해서는 불법행위까지도 포함하여야 한다는 견해[40]와 통신판매중개자에게 중개의뢰인의 불법행위책임까지 부과하는 것은 너무 지나치므로 통신판매중개자가 부담하는 책임은 중개의뢰자의 채무불이행 책임에 대하여만 연대채무를 부과한다고 제한적으로 해석하는 것이 타당하는 견해[41]가 있다.

생각건대, 동법 제20조의 제2는 손해발생의 원인에 대하여 고의 또는 과실과 재산상의 손해만을 들고 있기 때문에 계약상 뿐만 아니라 계약 이외의 손해에 대하여도 일응 연대책임을 부담한다고 해석된다. 동조의 취지는 소비자를 두텁게 보호하기 위한 취지이므로 일체의 통신판매중개의뢰자의 고의 또는 과실로 인한 소비자의 재산상의 손해에 대하여 통신판매중개자도 책임을 져야 할 것이고, 따라서 '연대하여'의 의미에 대해서는 부진정연대채무로 보아야 할 것이다.

---

36) 이병준, 민법상 전형계약으로서의 중개계약과 중개인의 책임, 법학연구 제42권 제1호, 부산대학교, 17면 이하.

37) 통신판매중개자가 통신판매의 청약을 접수하는 등 일부를 수행하는 경우는 통신판매중개자도 통신판매의 계약당사자로 이해될 수 있다. 특히 소비자의 입장에서는 통신판매중개자가 알선만 하는 것인지 아니면 계약당사자인지 혼동할 우려가 있다. 이것이 연대책임 규정의 하나의 근거가 된다는 것이다. 오병철, 통신판매업자의 불법행위에 대한 통신판매중개자(오픈마켓)의 책임-서울중앙지방법원 2008.11.20, 2006가합46488 판결을 중심으로 -, 재산법연구 제26권 제1호, 2009.6, 191면.

38) 박수영, 통신판매중개자의 지위·의무·책임-오픈마켓을 중심으로-, 2013년 한국소비자법학회 춘계학술대회 자료집, 2013.5, 75면.

39) 고형석, 통신판매중개자의 책임에 관한 연구, 법학논고 제32집, 경북대학교 법학연구원, 2010, 130-131면.

40) 고형석, 상게논문, 130-131면.

41) 이충훈, 인터넷통신판매중개자의 법적 책임, 인터넷법률 제38호, 41면; 이병준, 민법상 전형계약으로서의 중개계약과 중개인의 책임, 법학연구 제42권 제1호, 부산대학교, 18면 이하.

3) 공동불법행위자로서의 책임　통신판매자가 상표권을 침해한 상품을 판매하거나 부정경쟁행위를 하는 경우에 통신판매중개자의 책임에 대해서도 문제가 된다. 통신판매자가 취급하는 상품이 상표권을 침해한 위조품이거나 부정경쟁행위에 해당되는 유사품인 경우는 일상생활에서 빈번하다. 통신판매자는 당연히 거래 주체로서 그에 따른 책임을 부담하는 것이 마땅하지만, 통신판매중개자는 오로지 이러한 상품을 소비자에게 판매할 수 있도록 단순히 알선하거나 혹은 거래의 일부를 수행하는 것이므로 거래주체로서의 책임을 완전히 부담시키기는 적절하지 않다. 즉 이러한 책임은 통신판매중개자 스스로의 광고행위로 인한 자기책임도 아니고, 통신판매자와 소비자 간의 거래에 있어서의 소비자보호를 위한 법정책임도 아니며, 통신판매자와 제3자 사이의 불법행위에 대해 오픈마켓의 운영이라는 행위기여에 대한 협의의 공동불법행위 내지는 방조에 의한 불법행위 책임에 관한 문제가 된다.

이 경우 공동불법행위자로 이론구성하기 위해서는 협의의 공동불법행위(민법 제760조 제1항) 내지 방조에 의한 불법행위(민법 제760조 제3항)의 요건을 갖추어야 한다. 먼저 협의의 공동불법행위가 되기 위해서는 행위의 공동성이 있어야 한다. 이 때 판매중개의뢰자는 과실 심지어 무과실이라 할지라도 객관적으로 통신판매업자의 불법행위와 행위공동성이 있다고 인정되는 경우에는 협의의 공동불법행위책임을 부담하게 된다. 또한 행위의 공동성이 인정되지 않는다 하더라도 과실에 의한 방조행위가 인정되는 경우 민법 제760조 3항에 의한 공동불법행위가 성립하고 양자는 연대하여 손해배상책임을 지게 된다.

(5) 전자상거래등소비자보호법의 책임 규정

이미 전술하였듯이 전자상거래소비자보호법은 제20조의 2에서 통신판매중개자 및 통신판매중개의뢰자의 책임을 구체적으로 규정하고 있다. 제20조의 2 제1항은 통신판매자는 제20조제1항의 고지[42]를 하지 아니한 경우 통신판매중개의뢰자의 고의 또는 과실로 소비자에게 발생한 재산상 손해에 대해 통신판매중개의뢰자와 연대하여 배상책임의무를, 제2항은 통신판매중개자가 제20조 2항에 따라 소비자에게 정보 또는 정보열람방법을 제공하지 아니하거나 제공한 정보가 사실과

42) 통신판매중개자가 자신이 통신판매의 당사자가 아니라는 사실을 소비자가 쉽게 알 수 있도록 총리령으로 정하는 방법으로 미리 고지하는 것.

달라 소비자에게 손해가 발생한 경우 통신판매의뢰자와 연대하여 배상책임이 있음을 규정하고 있고, 다만 소비자에게 피해가 가지 아니하도록 상당한 주의를 기울인 경우에는 그러하지 아니한 예외규정(제2항)을, 제3항은 제20조 1항에 따른 고지에도 불구하고 통신판매중개자는 제12조부터 제15조 및 제17조와 제18조에 따른 통신판매업자의 책임을 면하지 못하는 것과 예외적으로 통신판매업자의 의뢰를 받아 통신판매를 중개하는 경우 통신판매중개의뢰자가 책임을 지는 것으로 약정하여 소비자에게 고지한 부분에 대하여는 통신판매중개의뢰자가 책임을 진다라고 규정하여 소비자를 보호하고 있다.

뿐만 아니라 제4항은 통신판매중개의뢰자(사업자의 경우에 한정)도 통신판매중개자의 고의 또는 과실로 소비자에게 발생한 재산상 손해에 대하여 통신판매중개자의 행위라는 이유로 면책되지 아니한다고 규정하며, 다만, 소비자에게 피해가 가지 아니하도록 상당한 주의를 기울인 경우에는 책임을 면할 수 있음을 인정하고 있다(제4항 단서).

제3절 소비자신용계약에 대한 규율

Ⅰ. 서 언

개인은 일상생활에서 필요한 소비를 위하여 타인으로부터 신용에 근거하여 금전 기타 대체물을 대차하여 소비하고 있는데, 과거와 달리 오늘날에는 전문화된 금융기관을 이용하여 금전을 차용하는 것이 일반화되어 있다. 또한 상품이나 서비스의 거래에 이용되는 신용은 통상 사업자가 제공하거나 사업자가 중개하는 금융기관을 통하여 제공받는 거래방식(예컨대, 할부거래 또는 각종의 금융보조 등)이 널리 이용된다.

이와 같이 오늘날 소비자신용은 다양한 형태로 제공되고 있고 약관도 개입되고, 거래조건도 복잡·다단해져서 소비자가 사업자와의 거래조건이나 계약내용을 용이하게 이해하기가 어렵다. 특히 신용거래에서 소비자의 열악한 지위를 이용하여 폭리를 취하거나 채권추심의 부적절한 관행으로 말미암아 금융소비자 보호를 위한 신용기회의 공평성과 신용거래의 공정성 등을 확보하는 것이 중요한 문제로 인식되고 있다.

소비자신용(consumer credit)이란 금융기관, 제조업자, 판매업자가 최종소비자에게 소비생활에 필요한 자금을 대출해 주거나 판매대금의 지급유예를 통해서 신용을 제공해 주고 장래에 수수료나 이자를 덧붙여 이를 회수하는 방법을 의미하는데,[43] 생산자 신용[44]과 대비되는 개념이다. 전통적으로 소비자신용은 금전자체를 신용으로 제공하는 소비자금융(consumer finance) 또는 대부신용과 재화나 용역을 신용으로 제공하는 판매신용(sales on credit)으로 나눌 수 있으며, 후자는 다시 할부거래, 신용카드 및 금융리스로 세분화할 수 있다. 그 밖에 신용카드 할부매매와 같은 결합용소비자신용[45]도 존재한다.

이들 신용형태는 모두 타인의 신용을 이용한다는 점에서 공통되나, 법적인 형식에 있어서는 차이가 나타난다. 즉 소비자신용은 대부신용이라는 금전소비대차계약에서 상품이나 서비스와 결부된 판매신용으로 변화 내지는 발전되어 왔고 법적으로도 복잡·다양한 형식을 가지게 되었다. 여기서 소비자신용계약이란 신용제공자(사업자)와 소비자사이의 신용제공이나 알선을 하는 계약으로 정의할 수 있다.

소비가 미덕인 사회에서 끊임없는 수요창출을 꾀하고 영리의 목적으로 금융기관들은 소비자들에게 다양한 신용을 제공하지만, 금융소비자의 입장에서 적절한 규제책을 마련하는 것이 소비자보호뿐만 아니라 국민경제의 건전한 발전에도 도움이 된다고 할 것이다.

소비대차란 당자의 일방(대주)이 금전 기타 대체물의 소유권을 상대방(차주)에게 이전할 것을 약정하고, 상대방은 동종, 동질, 동량의 물건을 반환할 것을 약정함으로써 성립하는 계약이다.[46] 주로 금전이 그 목적물인데, 금전소비대차계약이 금전소비자소비대차계약이 되기 위해서는 유상의 소비대차일 것, 대주가 사업자일 것, 차주가 소비자일 것이라는 세 가지 요건이 충족되어야 한다. 특히, 대부업

43) 권오승, 전게서, 227면.

44) 금융기관이 기업에 대해 생산과정에서 투입되는 자금 또는 유통산업의 경영에 이용되는 자금을 대부하거나 그러한 자금의 사용을 목적으로 기업상호간에 어음을 발행하는 것을 말한다. 이를 기업신용이라고 한다. 권오승, 상게서, 각주 14참조.

45) 신용카드 할부판매의 경우에는, 통상적으로 기본계약에 의해 부과되는 수수료는 소비자뿐만 아니라 판매자로부터도 징수되어 소비자신용료와 기업신용료의 성격을 겸비하고 있다.

46) 김형배, 민법학강의 제7판, 신조사, 2008, 1296면.

체 등 금전 대출을 업으로 하는 자와 일반 개인의 소비대차가 소비자계약으로서 소비자소비대차계약인지 여부가 문제된다.

판매신용인 할부거래에 대해서는 이미 다루었으므로 여기에서는 소비자소비대차 등 소비자신용계약 중심을 다루게 된다.

Ⅱ. 소비자소비대차 규율

1. 입법례

소비자신용에 관한 입법례로는 크게 대해결의 방식과 소해결의 방식이 있다. 대해결의 방식이란 포괄적인 소비자신용 규제법의 제정을 통해서 규율하는 입법을 말하며 소해결이란 통일입법이 아닌 단행법의 제정을 통해서 규율하는 입법방식을 말한다. 미국 · 영국 · EU · 독일 등 대부분의 입법례는 대해결의 방식을 채택하고 있다.

(1) 독 일

먼저 독일은 과거 개별법에서 규율하던 방식을 버리고 1990년에 포괄적인 규율방식으로 소비자신용법(Verbraucherkreditgesetz)을 제정하였다. 동법은, 첫째 1980년 12월 22일의 '소비자신용에관한공동체가맹국의법규정과행정조정을위한EC이사회의지침'과 1990년 2월 22일의 'EC지침변경을위한이사회의지침'을 국내법으로 전환한 것이고, 둘째 신용이용자의 상태를 개선하기 위한 법정책적인 요구에 따랐으며, 특히 지연이자 · 복리의 제한 · 변제충당의 순서변경 및 신용중계에 관한 규정을 포함시켰다. 셋째, 동법은 할부거래법의 조항도 포함하고 있는데, 할부거래법은 EC지침의 국내법화에 따라 법체계의 명확성을 확보하기 위하여 폐지하고 대신에 일부조항을 이 법에 포함시켰다.

소비자신용법은 2001년 채권현대화법에 의하여 폐지되는 대신에 해당 조항을 민법 제488조 이하에서 소비대차계약에 편입하였는데, 제2편 제8장 제3절의 제목을 소비대차계약과 함께 사업자와 소비자 사이의 자금융통원조 및 분할공급계약이라는 부제를 달고, 제1관 소비대차계약에서 따로 소비자소비대차계약(제491조)[47)]

---

47) 금전소비대차계약이 소비자금전소비대차계약이 되기 위해서는 ① 유상의 소비대차일 것 ② 대주가 사업자일 것 ③ 차주가 소비자일 것이라는 세 가지 요건이 충족되어야 한다(제491조 1항).

을 규정하고 있다.[48] 그리고 종전의 소비자신용법 제15조 내지 제17조에서 규율되었던 신용중개계약(Kreditvermittelungsvertrag)은 개정법에서 "(금전)소비대차중개계약이라는 표제로 제655조의a 내지 제655조의e에서 중개계약의 일종으로 규율하고 있다. 이러한 소비자소비대차계약은 서명으로 체결할 것을 요청하고 있다(제492조). 제2관에서는 사업자와 소비자 사이의 자금융통원조라는 제목 하에 자금융통원조(제499조), 사업자와 소비자 사이의 금융리스계약(제500조), 할부거래(제501조)에 대하여 규정하고 있다.

독일소비자소비대차계약 규정인 제492조 내지 제498조에서 소비자소비차주에 대한 보호는 크게 두 단계로 나누어 이루어진다. 먼저 계약체결시와 그 이전에는 성급한 결정이나 재정적 부담에 대한 잘못된 판단으로부터의 보호이다. 이는 엄격한 서면방식의 요구와 대주에 대한 상세한 정보제공의무와 그 위반에 대한 강력한 제재로 나타나고 있다(독일민법 제492조, 제494조 참조).

(2) 일 본

일본에서는 소비자 계약과 관련하여 2000년 4월에 제정되어 2001년 4월부터 시행하고 있는 소비자계약법과 금융상품판매등에관한법률이 있는데, 전자는 사업자와 소비자 사이의 계약 일반에 관하여 사기나 곤혹으로 인하여 성립된 계약의 취소, 소비자의 이익을 부당하게 침해하는 계약 조항의 무효를 내용으로 하는 민사특별규정이며, 후자는 금융서비스의 이용자보호를 목적으로 하며 넓게 금융상품에 대해서 금융상품판매업자의 고객에 대한 설명의무를 부과하고, 설명의무위반에 따라 발생한 손해배상책임을 민법의 특례로서 정하고 있다.

일본의 소비자계약법은 민법, 상법이라는 일반법에 대해 특별히 소비자계약에 대해 적용되는 민사특별법으로 보고 있으며, 다른 소비자계약을 규율하는 할부판매법 등은 개별사업법 등의 민사실체법규정과의 관계에서는 소비자계약에 대한 일반법의 지위에 있는 것으로 본다. 이전의 소비자거래를 규율했던 개별입법과 비교하여 볼 때 소비자계약법의 특징은 종전의 행정에 의한 소비자구제에서 민사원칙의 확립에 의한 사법을 중심으로 한 구제를 도모했다는 점이다.[49]

---

48) 이에 대해서는 하경효, 소비자보호법의 통합수용, 「독일채권법의 현대화」(김형배 외), 법문사, 2003, 150면 이하 참조.

49) 배성호, 일본의 소비자계약법, 비교사법 8권 1호(2001), 한국비교사법학회, 581면 이하 참조.

(3) 미 국

미국에서의 소비자신용보호는 빈곤대책 문제 뿐만 아니라 인종문제 등과 연계되어 있어서 복잡한 형태를 가지고 있고 소비자문제의 중요성을 인식하면서 소비자보호입법의 격증을 가져왔는데, 소비자신용입법은 연방법과 주법뿐만 아니라 지방자치단체의 조례에까지 넓게 나타나고 있다. 즉 소비자신용에 관한 법규제는 전통적으로 주법의 영역에 해당되는데, 현재에도 주법이 담당하는 역할은 대단히 넓다. 예컨대, 각주는 이자제한법(usury laws), 소액대부법(small loans acts), 할부대부법(installment loan laws), 소매할부판매법(retail installment sales act)등 소비자신용에 관한 각종의 제정법을 마련하고 있다.

2. 우리나라

현재 우리나라에서는 소비자신용이 하나의 통일입법에 의해 규율되지 않고 여러 단행법들에 의해 규율되고 있다. 민법에 소비대차계약에 관한 규정이 있고, 특별법으로는 이자제한법, 여신전문금융업법, 대부업의 등록 및 금융이용자보호에 관한 법률, 종합금융회사에 관한 법률, 은행법, 할부거래에 관한 법률 등을 들 수 있다. 과거에 소비자보호를 위한 구 이자제한법(1962.1.15 시행)이 존재하다가 IMF이후 198.1.13자로 폐지되었다.

민법상 소비대차에 관하여 특별히 소비자보호를 위한 규정이 존재하지 않고 다만 제607조와 제608조의 대물변제의 예약의 경우에 차주에 불이익한 약정의 금지규정 이나 민법의 일반이론인 선량한 풍속조항이나 불공정한 법률행위조항 정도에 의하여 보호될 뿐이었다. 이후 사채시장에서 초고리가 성행하고 불법적인 채권추심행위가 극성을 부리면서 「대부업의 등록 및 금융이용자보호에 관한 법률」이 2002년 8월 26일 제정되어 동년 8월 27일부터 시행되었다. 그러나 대부업법의 제정은 대부업법의 적용을 받지 않는 미등록대부업체에 대하여는 적용되지 않는 결과, 오히려 미등록대부업체를 이용하는 소비자에게는 폭리를 취하는 수단이 되었고, 이에 대한 반성으로 이자제한법이 2007.3.29. 부활되어 사금융에서 이자의 적정한 최고한도를 정함으로써 국민경제생활을 보호하기 위한 최소한의 사회적 안전장치를 마련하게 되었다.

3. 소비자소비대차의 법률관계

앞에서 기술하였듯이 우리나라에서 소비자소비대차에 관한 통일적인 입법은 이루어지고 있지 않다.[50] 따라서 특별법에 의하여 규율되고 있는데, 주된 특별법으로는 이자제한법과 대부업법이다. 이 양자를 중심으로 살펴보도록 한다.

(1) 소비자소비대차 계약의 성립요건과 효과

1) 서면주의 　소비자소비대차계약이 서면에 의하여야 하는가. 소비자소비차주의 입장에서는 계약체결시에는 아무래도 신용을 얻고자 하는 마음에서 성급한 결정을 할 가능성이 높다. 따라서 소비자소비차주를 보호하기 위해서는 성급한 결정이나 재정적 부담에 대한 잘못된 판단으로부터의 보호가 관건이다. 방법으로는 엄격한 서면방식의 요구와 대주에 대한 상세한 정보제공의무와 그 위반에 대한 강력한 제재일 것이다. 그러나 민법상 소비대차에 관하여 계약체결방식의 자유를 인정하여 서면을 요구하지 않는다.[51] 소비자소비대차계약에 관하여 사업자가 약관을 마련해 두고 계약에 이용할 경우에는 약관규제법에 따라 약관을 명시하고 설명할 의무가 생긴다(약관규제법 제3조).

다만 대부업법에서는 서면작성과 사업자에 대한 정보제공 및 계약서 교부의무를 부과하고 있다. 즉 대부업자가 그의 거래상대방과 대부계약을 체결하는 경우에는 거래상대방이 본인임을 확인하고 대부업자 및 거래상대방의 명칭 또는 성명 및 주소 또는 소재지(제6조 제1항 1호), 계약일자(2호), 대부금액(3호), 대부이자율(4호), 변제기간 및 변제방법(5호), 변제방법이 계좌이체 방식인 경우에는 변제를 받기 위한 대부업자 명의의 계좌번호(6호), 해당거래에 관한 모든 부대비용(7호), 손해배상액 또는 강제집행에 관한 약정이 있는 경우에는 그 내용(8호), 보증계약을 체결한 경우에는 그 내용(9호), 채무의 조기상환 조건(10호), 연체이자율(11호), 그 밖에 대부업자의 거래상대방을 보호하기 위하여 필요한 사항으로서 대통령령

---

50) 소비자소비대차의 입법과 관련하여 만약 민법에 소비자금융에 관한 규정을 신설한다면 일반용어대로 '소비자금융'이라는 표현을 사용할지 아니면 소비대차의 법개념에 충실하게 '소비자소비대차'라는 표현을 사용해야 할지 고민해야 하는 문제가 있으며 우리 민법에서는 그냥 소비자 소비대차에 관한 규정을 신설하는 것을 제안하는 견해로는 이은영, 금융소비자와 자본시장, 금융시장과 소비자보호(이은영편), 세창출판사, 2011, 31면 이하.

51) 입법론으로서는 민법의 소비대차계약에서 서면주의를 취하는 것이 소비차주 보호를 위한 방안이다.

으로 정하는 사항(12호)의 사항이 적힌 대부계약서를 거래상대방에게 교부하여야 한다(제6조 제1항). 계약서를 교부하지 않은 경우 사법상의 효력까지 무효로 되는 것은 아니고 다만 동법 제21조에 의하여 과태료가 부과된다.

더 나아가 대부업법에서는 중요사항에 대해서는 거래상대방이 자필로 기재하도록 하고 있는데, 그러한 사항으로서는 대부금액, 대부이자율, 변제기간, 대통령령으로 정하는 사항 등이다(제6조의 2 제1항). 또한 금전소비대차와 관련하여 보증계약을 체결하는 경우에도 보증인으로 하여금 보증기간, 피보증채무의 금액, 보증의 범위, 대통령령으로 정하는 사항에 대하여는 자필로 기재하도록 하고 있다(동조 제2항).

자본시장법 제59조 제1항에 의하면 금융투자업자는 투자자와 계약을 체결한 경우 그 계약서류를 투자자에게 지체 없이 교부하여야 하지만, 계약내용 등을 고려하여 투자자 보호를 해할 우려가 없는 경우로서 대통령령으로 정하는 경우에는 그 계약서류를 교부하지 아니할 수 있도록 하고 있다.

2) 해제권 내지 철회권 소비자소비대차의 경우에는 이자부소비대차가 행해지게 되므로 그 법적 성질은 유상·쌍무계약이다. 따라서 채무불이행이 있는 경우에 양 당사자는 해제권을 행사할 수 있다(제543조 이하). 민법에는 소비대주가 목적물을 차주에게 인도하기 전에 당사자 일방이 파산선고를 받은 때에는 소비대차는 그 효력을 잃는다(민법 제599조)고 하여 사정변경에 의한 계약의 실효를 규정하고 있을 뿐이다. 그 외에 재산권이전형인 매매와 달리 신용을 금전으로 얻고자 하는 소비자소비차주에게는 청약철회권을 인정할 실익이 별로 없기 때문에 청약철회권을 인정하는 규정은 없다.

다만 「자본시장과 금융투자업에 관한 법률」에서는 일반투자자에게 청약철회권을 계약해제권이라는 명칭으로 인정하고 있다. 즉 금융투자업자와 계약을 체결한 투자자는 계약서류를 교부받은 날부터 7일 이내에 계약의 해제를 할 수 있다(자본시장법 제59조 제2항). 이 때 계약의 해제는 해당 계약의 해제를 하는 취지의 서면을 해당 금융투자업자에게 송부한 때에 그 효력이 발생한다.

계약이 해제된 경우 해당 계약의 해제까지의 기간에 상당하는 수수료, 보수, 그 밖에 해당 계약에 관하여 투자자가 지급하여야 하는 대가로서 대통령령으로 정하는 금액을 초과하여 해당 계약의 해제에 수반하는 손해배상금 또는 위약금의 지급을 청구할 수 없다(동법 제59조 제3항).

(2) 이자제한법과 소비자보호

1) 이자제한법의 적용범위 금전소비대차는 사인간에 행해질 수도 있고 상인간 혹은 사업자와 소비자 사이에서도 행해질 수 있다. 특히 사업자와 소비자간에 행해지는 소비대차를 소비자금융이라고 칭하기도 한다. 사인간에 행해지는 금전소비대차는 원칙적으로 민법 제598조 이하의 소비대차에 관한 규정이 적용되고, 그것이 특히 이자부 금전소비대차인 경우 민법의 특별법인 이자제한법이 적용된다. 특히 대부업법은 등록대부업체에게 적용됨으로써 미등록대부업체가 사인에게 금전소비대차를 하는 경우에는 동법이 적용되는 결과, 이자제한법은 소비자보호를 위한 법으로 작용하게 된다.

이자제한법은 소비대차를 비금융업자와의 소비대차와 금융업자 및 대부업자와의 소비대차의 두 종류로 나누고 전자인 비금융업자와의 소비대차에만 적용되는 것이다. 실제 소비자소비대차에서 문제되는 것은 금융업자 또는 대부업자와 소비자 사이의 금전소비대차인데 우리 이자제한법상 적용범위를 제한함으로 말미암아 이자제한법의 기능을 약화시키고 있다. 입법론으로서는 이자제한법의 적용범위를 모든 소비자소비대차 -금융업자 및 대부업자로부터의 소비대도 포함하는-에 확대하는 것이 바람직하다.[52]

어떻든 이자제한법의 적용범위는 소비자성을 요건으로 하지 않는다는 점이다. 즉 다른 법률에 따라 인가·허가·등록을 마친 금융업 및 대부업과 대부업의 등록 및 금융이용자보호에 관한 법률 제9조의 4에 따른 미등록대부업자에 대하여는 이 법을 적용하지 아니한다(동법 제7조)고 규정하고 있다. 대부업법 제9조의 4는, 대부업자는 제3조에 따른 대부업의 등록 또는 제3조의 2에 따른 등록갱신을 하지 아니하고 사실상 대부업을 하는 자(이하 미등록대부업자)로부터 대부계약에 따른 채권을 양도받아 이를 추심하는 행위를 하여서는 아니되고(제1항), 대부업자는 대부업의 등록 또는 등록갱신을 하지 아니하고 사실상 대부중개업을 하는 자로부터 대부중개를 받은 거래상대방에게 대부하여서는 아니된다(제2항).

2) 이자제한법상 최고이자율 2007.3.29. 제정된 이자제한법은 금전소비대

---

52) 이은영, 전게논문, 33면.

차에 관한 계약상의 최고이자율을 연 40%를 초과하지 아니하는 범위 안에서 대통령령으로 정하도록 하였고(동법 제2조 제1항), 대통령령은 연 30%로 규정하였다가 이는 다시 2011.7.25. 개정되어 현재 이자제한법은 최고이자율을 연 30%를 초과하지 아니하는 범위 안에서 대통령령으로 정하도록 하였고(동법 제2조 제1항), 대통령령에서 연 30%로 정하고 있다.

이자제한법은 소비차주를 보호하기 위하여 최고이자율은 약정한 때의 이자율로 하고(제2조 제2항), 계약상 이자로서 최고이자율을 초과하는 부분은 무효로 한다(제3항). 채무자가 최고이자율을 초과하는 이자를 임의로 지급한 경우에는 초과 지급된 이자 상당금액은 원본에 충당되고, 원본이 소멸한 때에는 그 반환을 청구할 수 있다(제4항). 최고이자율의 제한은 대차원금이 10만원 미만인 때에는 적용하지 아니한다(제5항).

선이자를 사전 공제한 경우에는 그 공제액이 채무자가 실제 수령한 금액을 원본으로 하여 제2조 제1항에서 정한 최고이자율에 따라 계산한 금액을 초과한 때에는 그 초과부분은 원본에 충당한 것으로 본다. 판례는 선이자를 공제한 금전소비대차약정도 일단 유효한 것으로 보고 예컨대 1억원의 차용액에 대하여 월 3푼의 이자율, 대차기간 1년으로 하고 선이자로 3백만원을 공제하고 9천 7백만원을 제공하고 1년 뒤에 원금 1억원과 이자 3천 3백만을 받기로 하였다면, 실제 수령한 금액을 원본으로 하기 때문에 9천 7백만원에 최고이자율인 연 30%를 곱한 액수인 29,100,000원이 이자가 되므로 1년 후 반환해야 할 원본과 이자는 126,100,000원이 된다. 만약 매월 이자를 지급하기로 약정하여 3백만원씩을 매월 지급하여 초과지급한 이자부분이 있다면 원본에 충당하게 된다.

또한 예금, 할인금, 수수료, 공제금, 체당금, 그 밖의 명칭에도 불구하고 금전의 대차와 관련하여 채권자가 받은 것은 이를 이자로 보며(제4조 제1항), 채무자가 금전대차와 관련하여 금전지급의무를 부담하기로 약정하는 경우 발생의 원인 및 근거법령, 의무의 내용, 거래상 일반원칙 등에 비추어 그 의무가 원래 채권자가 부담하여야 할 성질인 때에는 이를 이자로 본다(동조 제2항). 또한 복리약정이 있다 하더라도 최고이자율을 초과하는 부분에 해당하는 금액에 대하여는 무효로 본다(제5조).

3) 배상액의 감액 법원은 금전을 목적으로 한 채무의 불이행에 관하여 예정한 배상액을 부당하다고 인정한 때에는 상당한 액까지 이를 감액할 수 있

다. 이는 민법 제398조 제2항에서와 같이 손해배상액의 예정이 부당히 과다한 경우에는 법원이 적당히 감액할 수 있다는 규정과 궤를 같이한다.

(3) 대부업법과 소비자보호

대부업법은 소비자가 금융업자 및 대부업자로부터 금원을 차용한 경우에 적용된다. 대부업법은 소비자보호를 위하여 대부업자의 등록, 등록의 제한, 계약서 교부의무, 중요사항의 자필기재, 과잉대부의 금지, 이자율의 제한, 허위과장광고의 금지, 중개의 제한 등의 규정을 두고 있다.

1) 대부업자의 등록 대부업 또는 대부중개업을 하려는 자(여신전문금융기관은 제외한다)는 ① 명칭 또는 성명과 주소, ② 등록신청인이 법인인 경우에는 출자자의 명칭 또는 성명, 주소와 그 지분율 및 임원의 성명과 주소, ③ 등록신청인이 영업소의 업무를 총괄하는 사용인을 두는 경우에는 업무총괄사용인의 성명과 주소, ④ 영업소의 명칭 및 소재지(둘 이상의 영업소를 설치하는 경우 영업소 각각의 명칭 및 소재지를 포함한다), ⑤ 영업소의 소재지 증명서류(등기사항증명서 또는 임대차 등의 계약서 사본에 한정한다) ⑥ 경영하려는 대부업 등으 구체적 내용 및 방법 ⑦ 표시 또는 광고에 사용되는 전화번호(홈페이지가 있으면 그 주소를 포함한다) 등의 사항을 적은 신청서를 제출하여 영업소별로 해당 영업소를 관할하는 특별시장 · 광역시장 · 도지사 등에게 등록하여야 한다(동법 제3조 제1항 · 제2항). 이를 위반하면 형사처벌토록 하고 있다(제19조).

2) 계약서 교부 및 설명의무 대부업자가 대부계약을 체결할 때에는 거래상대방에게 대부업자 및 거래상대방이 본인임을 확인하고 ① 대부업자 및 거래상대방의 명칭 또는 성명 및 주소 또는 소재지, ② 계약일자, ③ 대부금액, ④ 대부이자율(이자율의 세부내역 및 연 이자율로 환산한 것 포함), ⑤ 변제기간 및 변제방법, ⑥ 변제방법이 계좌이체방식인 경우에는 변제를 받기 위한 대부업자 명의의 계좌번호, ⑦ 해당 거래에 필요한 모든 부대비용, ⑧ 손해배상액 또는 강제집행에 관한 약정이 있는 경우에는 그 내용, ⑨ 채무의 조기상환 조건, ⑩ 연체이자율, ⑪ 그 밖에 대부업자의 거래상대방을 보호하기 위하여 필요한 사항으로서 대통령령으로 정하는 사항 등이 기재된 계약서를 교부여야 하고(동법 제6조 제1항), 거래상대방에게 위의 사항을 모두 설명하여야 한다.

또한 대부계약과 관련하여 보증계약을 체결하는 경우에는 보증인에게도 일정한 사항이 기재된 보증

계약서 및 대부계약서 사본을 교부하여야 하며, 또한 보증계약서에 기재된 사항들을 모두 설명하여야 한다(제6조 제3항 · 제4항). 대부계약 또는 그와 관련한 보증계약을 체결한 자는 대부업자에게 그 계약서와 계약서류와 관련된 증명서의 발급을 요구할 수 있고, 이 경우 대부업자는 정당한 사유 없이 이를 거부하여서는 아니 된다(제6항).

3) 과잉대부의 금지　　대부업자는 대부계약을 체결하려는 경우에는 미리 거래상대방으로부터 그 소득 · 재산 및 부채상황에 관한 것으로서 대통령령으로 정하는 증명서류를 제출받아 그 거래상대방의 소득 · 재산 및 부채상황을 파악하여야 한다. 다만, 대부금액이 대통령령으로 정하는 금액 이하인 경우에는 그러하지 아니하다(제7조 제1항). 대부업자는 거래상대방의 소득 · 재산 · 부채상황 · 신용 및 변제계획 등을 고려하여 객관적인 변제능력을 초과하는 대부계약을 체결하여서는 아니 된다(제2항).

또한 대부업자는 제1항에 따른 서류를 거래상대방의 소득 · 재산 및 부채상황을 파악하기 위한 용도 외의 목적으로 사용하여서는 아니 된다(제3항).

4) 이자율 등의 제한　　대부계약에서 이자율을 산정할 때 사례금, 할인금, 수수료, 공제금 기타 어떠한 명칭에도 불구하고 여신업자가 받은 것은 이자로 간주되고(동법 제8조 2항), 대부업자가 개인 또는 대통령령이 정하는 소규모법인에게 대부를 하는 경우 이자율은 연 100분의 50의 범위 내에서 대통령령으로써 최고이율을 제한하고 있는데, 최고이자율은 39%이다. 또 최고이자를 초과한 부분은 무효로 규정하고, 이자율을 초과하는 이자를 지급한 경우 그 초과 지급된 이자 상당금액은 원본에 충당되고, 원본에 충당되고 남은 금액이 있으면 그 반환을 청구할 수 있다(제8조 제4항). 이자제한법과 마찬가지로 대부업자가 선이자를 사전에 공제하는 경우에는 그 공제액을 제외하고 채무자가 실제로 받은 금액을 원본으로 하여 이자율을 산정한다(제8조 제5항).

여신금융기관도 대부업자와 마찬가지로 연 100분의 50의 범위에서 대통령령으로 정하는 율을 초과하여 대부금에 대한 이자를 받을 수 없고, 이자율을 산정할 때에는 동법 제8조 제2항을 준용한다. 제한이자율은 대부업법과 동일하게 39%이

다(동법시행령 제9조 제1항).

미등록대부업자가 대부를 하는 경우의 이자율은 이자제한법 제2조 제1항에 의한 이자율 및 동법 제8조 제2항부터 제5항까지의 규정을 준용한다(제11조 제1항). 따라서 미등록대부업자에게는 연 30%의 이자율이 적용된다. 여신전문금융기관에 대해서는 대통령령으로 정하는 율을 초과하여 대부금에 대한 연체이자를 받을 수 없는데, 이를 위반한 경우 금융위원회는 여신전문금융기관에 대하여 그 시정을 명할 수 있다(동법 제15조 제3항 · 제4항).

5) 대부조건의 게시와 광고 대부업자는 등록증, 대부이자율, 이자계산방법, 변제방법, 연체이자율, 그 밖에 대통령령으로 정하는 중요 사항을 일반인이 알 수 있도록 영업소마다 게시하여야 한다(제9조 제1항). 대부업자가 대부조건 등에 관하여 표시 또는 광고(「표시 · 광고의 공정화에 관한 법률」에 따른 표시 또는 광고를 말한다)를 하는 경우에는 ① 명칭 또는 대표자 성명, ② 대부업 등록번호, ③ 대부이자율(연 이자율로 환산한 것을 포함한다) 및 연체이자율, ④ 이자 외에 추가비용이 있는 경우 그 내용, ⑤ 과도한 채무의 위험성을 알리는 경고문구 및 그 밖에 대부업자의 거래상대방을 보호하기 위하여 필요한 사항으로서 대통령령으로 정하는 사항을 포함하여야 한다(제9조 제2항).

대부업법은 대부업자와 여신금융기관이 아니면 대부업에 관한 광고를 금지하고 있고(제9조의 2 제1항), 대부중개업자 또는 대출모집인이 아니면 대부중개업에 관한 광고를 하여서는 아니 된다(제2항).

또한 대부업자 등은 대부이자율, 대부 또는 대부중개를 받을 수 있는 거래상대방, 대부중개를 통하여 대부할 대부업자, 그 밖에 대부 또는 대부중개의 내용에 관하여 ① 사실과 다르게 광고하거나 사실을 지나치게 부풀리는 방법, ② 사실을 숨기거나 축소하는 방법, ③ 비교의 대상 및 기준을 명시하지 아니하거나, 객관적인 근거 없이 자기의 대부 또는 대부중개가 다른 대부업자등의 대부 또는 대부중개보다 유리하다고 주장하는 방법으로 광고하는 행위를 하여서는 아니 된다(제9조의 3 제1항).

뿐만 아니라, 대부 또는 대부중개를 받을 수 있는 것으로 오인하게 하거나 유인하여 ① 동법 또는 다른 법률을 위반하는 방법, ② 타인의 재산권을 침해하는 방법으로 광고하거나(동조 제2항), 그 밖에 대부업자등의 거래상대방을 보호하거나 불법 거래를 방지하기 위하여 필요한 경우로서 대통령령으로 정하는 광고 행위를 하여서는 아니 된다(동조 제3항).

Ⅲ. 신용카드거래와 소비자보호

1. 서 언

오늘날 신용카드는 소비와 지불수단 사이에 시간이 개재된 소비자신용 중 하나로 현대 소비문화의 상징물이라 할 수 있다. 신용카드는 언제, 어디서나 현금 없이도 물품 또는 용역을 구매할 수 있는 소비생활에 필요불가결한 보편적인 지급수단이 되었다.[53] 최근 국민의 소비의식과 소비행태의 변화로 말미암아 생활경제에서 신용카드가 차지하는 비중이 날로 높아지고 국민경제에 미치는 영향이 매우 큰 것으로 나타나고 있다.

신용카드 이용실적 [단위 : 조원]

연 도	2009	2010	2011	2012
이용실적	470.8	517.4	558.5	577.7

그러나 이러한 신용카드 이용의 상당한 양적 증가와 단기간에 걸친 신용카드업의 성장에도 불구하고 사회적 여건과 법제도적 마련이 미흡하여 신용카드와 관련한 소비자 문제가 끊임없이 발생하고 있다.[54]

신용카드거래도 대표적인 소비자신용의 한 예인데, 신용카드거래에 관한 법적 규제는 아직 미흡한 실정이다. 현재 신용카드에 관한 법으로는 1987년 제정된 신용카드업법을 대체하여 1997년에 제정된 여신전문금융업법[55]이 있는데 2005년에도 다단계판매를 통한 회원모집의 금지 등 소비자보호를 위한 개정이 있었다. 동법은 주로 신용카드업자의 감독을 목적으로 하는 것이고 소관부처도 금융위원

53) 최완진, “신용카드제도의 문제점과 정착방안”, 「외법논집」, 제13집, 한국외국어대학교 법학연구소, 2002. 12, 115면.

54) 황진자, “신용카드 약관의 적정화 방안 연구”, 한국소비자보호원, 2006. 10, 11-12면.

55) 여신전문금융업법에서는 신용카드업, 시설대여업, 할부금융업, 신기술사업금융업을 규율하고 있다.

회이어서 동법에 의한 소비자의 보호는 간접적인 효과에 그치고 있다.

2. 신용카드거래의 의의 및 법적 성질

(1) 신용카드와 신용카드거래의 의의

1) 신용카드의 의의 먼저 신용카드란 이를 제시함으로써 반복하여 신용카드가맹점에서 결제할 수 있는 증표로서 신용카드업자가 발행한 것(여신전문금융업법 제2조 3호)이며,[56] 원칙적으로 신용을 얻는 후불이지만 동법에서는 직불카드와 선불카드에 대해서도 정의하고 있다. 즉 직불카드란 직불카드회원과 신용카드가맹점 간에 전자적 또는 자기적 방법으로 금융거래계좌에 이체하는 등의 방법으로 결제가 이루어질 수 있도록 신용카드업자가 발행한 증표(자금을 융통받을 수 있는 증표는 제외)를 말하며(제2조 6호), 선불카드란 신용카드업자가 대금을 미리 받고 이에 해당하는 금액을 기록(전자적 또는 자기적 방법에 따른 기록)하여 발행한 증표로서 선불카드소지자가 신용카드가맹점에 제시하여 그 카드에 기록된 금액의 범위에서 결제할 수 있게 한 증표를 말한다(8호).

근래 새로운 지불결제수단으로서 직불카드와 신용카드를 절충한 체크카드가 등장하여 이용자가 빠르게 증가하고 있다. 체크카드도 직불카드처럼 자신의 결제계좌의 잔액 범위 안에서만 사용할 수 있고, 전국의 모든 신용카드 가맹점에서 24시간 사용할 수 있고 전자상거래나 해외에서도 사용할 수 있도록 함으로써 직불카드의 이용불편을 해소하며, 신용카드의 현금서비스 및 할부 기능을 없앰으로써 신용불량자가 발생할 요소를 차단하는 장점이 있다. 현금카드의 기능도 겸하고 일부 체크카드의 경우에는 신용도를 고려하여 신용한도(주로 50만 원)를 제공하기도 한다. 연회비는 기본적으로 없지만, 신용구매를 이용하는 경우에 받는 곳도 있다. 은행에 예금계좌를 가지고 있는 만 14세 이상 또는 만 18세 이상이면 누구나 발급받을 수 있다.

2) 신용카드거래의 의의 신용카드거래라 함은 신용카드업자[57]와 신용카드

---

56) 다만 금전채무의 상환이나 자본시장과 금융투자업에 관한 법률 제3조 제1항에 따른 금융투자상품 등 대통령령으로 정하는 금융상품, 게임산업진흥에 관한 법률 제2조 제1호의 2에따른 사행성게임물의 이용대가 및 이용에 따른 금전의 지급의 결제는 제외된다(동법 제2조 3호 단서).

57) 2010년말 현재 국내 신용카드업자는 전업카드사(6개), 신용카드업 겸영은행(14개), 유통계 카

이용계약을 체결한 신용카드 회원이 당해 당해 신용카드업자가 재화나 용역의 제공자인 경우에는 그 자로부터 신용으로 재화나 용역을 제공받고 추후 대금의 결제를 하거나, 또는 신용카드업자와 신용카드 이용계약을 체결한 신용카드 회원이 신용카드업자와 신용카드가맹점계약을 체결한 신용카드가맹점에서 이를 제시함으로써 반복하여 물품의 구입 또는 용역의 제공 대가 등을 체결하고, 추후 회원이 가맹점에서 소비자에 대한 대금채권을 양수하여 소비자에게 대금의 결제를 요청하는 것을 말한다. 전자는 양당사자카드거래이며 후자는 3당사자 카드거래이다.

양당사자카드는 카드 발행인 자신이 신용의 제공자인 동시에 재화 또는 용역의 제공자인 경우를 말하는데, 이 카드는 이를 발행한 상점에서만 사용할 수 있다. 이 경우에는 카드발행인과 카드회원 사이에 하나의 법률관계가 성립한다(예 백화점 신용카드).

신용카드는 관련 당사자의 수에 따라서 양당사자카드, 3당사자카드, 다당사자카드가 있는데, 양당사자카드는 카드발행인 자신이 제공자인 동시에 물품 또는 용역의 제공자인 경우로서, 이 카드는 이를 발행한 상점에서만 통용된다. 거래당사자는 카드발행인과 소비자이다. 3당사자카드란 물품을 제공하지 않는 독립적인 기업이 카드를 발행하여 그의 가맹점에서만 통용되는 카드를 말한다. 이 때에는 카드발행인과 소지인 사이의 회원규약, 카드발행인과 가맹점간의 가맹점규약, 카드소지인과 가맹점간의 매매계약 등 3면적인 법률관계가 성립한다. 소비자신용계약은 카드발행인과 카드소지인 사이에 있게 된다.

현재 소비자신용에 관한 통일적인 법률을 가지고 있지 아니하나, 소비자보호의 목적에서 소비자신용에 관한 문제를 포괄적으로 규율하는 소비자신용법의 제정이 필요하다.

(2) 카드거래 대금결제의 법적 성질

신용카드거래가 3당사간 카드거래인 경우 신용카드업자, 가맹점 및 신용카드회원이란 3자가 있게 되는데, 신용카드업자가 대금결제일에 신용카드회원에게 대금을 청구할 권리를 갖게 되는 근거 및 가맹점이 회원에게 신용판매를 한 후에

드업자(5개)로 구성되어 있다. 전업카드사는 여신전문금융업법에 따라 금융위원회로부터 신용카드업 허가를 받은 여신전문금융회사로서 BC카드, 신한카드, 삼성카드, 현대카드, 롯데카드, 하나SK카드, 국민카드가 여기에 속한다. 이에 대한 상세는, 이준수, 우리나라 신용카드 영업행위 규제 현황과 과제, 금융시장과 소비자보호(이은영편), 세창출판사, 2011, 435-436면.

신용카드업자에게 신용카드이용대금을 청구할 법적 근거가 무엇인지 문제된다. 이와 관련하여 대금결제의 법적 성질에 대하여 크게 채권양도설, 채무인수설(체당금지급설) 및 혼합설, 직접채무설, 지급지시설 등이 있다.[58]

먼저 채권양도설은 카드가맹점이 카드회원에 대하여 재화 등의 판매 또는 용역제공의 대가로 취득한 대금채권을 카드회사가 양수하고, 카드회사는 이 양수한 대금채권을 카드회원으로부터 추심한다는 견해이다. 카드회사는 채권양수의 대가로 카드가맹점에게 대금을 지급한다는 것이다. 이 견해는 여신전문금융업법 제20조에서 신용카드거래에 의하여 생긴 채권은 이를 신용카드업자 외의 자에게 양도하여서는 아니 되며, 신용카드업자 외의 자는 이를 양수하여서는 아니 된다고 규정하고 있다는 점에 근거를 둔다. 원칙적으로 채권양도시에는 대항요건으로서 채권자의 채무자에의 통지나 채무자의 승낙을 요하는데(민법 제450조 제1항), 개개의 채권양도는 가맹점이 채권을 카드사에 양도함으로써 행하여지고, 회원은 카드사와의 신용카드이용약정에서 채권양도에 대한 사전적인 포괄적 승낙을 해두기 때문에 개개의 채권양도 때마다 대항요건을 따로 갖출 필요가 없다고 한다.[59]

물론 여기서 특정되지 아니한 채권에 대하여 사전에 포괄적 승낙이 유효한가에 대한 문제가 있으나, 민법 제450조 제1항은 채무자의 이중부담의 위험을 방지하여 채무자를 보호하기 위한 임의규정이므로 사전적 포괄적 승낙도 가능하고 대항요건이 필요 없다는 특약도 유효하다고 한다.[60]

면책적 채무인수설은 카드회원이 가맹점에 대하여 부담하는 채무를 신용카드업자가 면책적으로 채무를 인수하는 것으로 이론구성한다.[61] 따라서 가맹점은 직접 신용카드업자에 대하여 채권을 취득하게 되고, 신용카드업자는 채무인수자로서 그 대금을 가맹점에 지급한 후 회원에게 구상할 수 있으며, 또한 회원으로부터 채권의 회수가 불능한 때에는 신용카드업자가 그 위험을 부담하게 된다.

병존적 채무인수설은 카드회원이 가맹점에 대하여 부담하는 채무를 신용카드

58) 카드거래 대금결제의 법적 성질에 대해서는 한상문, 신용카드법, 정법사, 1993, 112-114면; 강위두, 신용카드거래의 법구조, 법학연구 30(1), 부산대학교 법학연구소, 1988.8, 192-194면; 최금진, 신용카드 법리에 관한 한국과 중국간의 비교연구, 연세대학교 박사학위논문, 2005, 69-70면, 각주 151) 참조.

59) 곽윤직, 채권각론, 박영사, 2005, 162면; 김형배, 채권각론, 박영사, 2001, 553면.

60) 곽윤직, 채권총론, 박영사, 2004, 217면.

61) 정찬형, 어음·수표법, 홍문사, 1998, 661면.

업자가 채무를 인수하지만 여전히 카드회원도 채무를 부담하게 된다고 한다. 다만 이 경우에는 특별한 사정이 없는 한 카드회원에게 대금을 직접 청구하지 않겠다는 특약이 체결된 것으로 본다. 그 외에도 카드회원이 직접 카드회사에게 채무를 부담한다는 직접채무설, 가맹점이 카드를 받고 물건을 팔 때 카드회원이 매출전표에 서명을 함으로써 카드이용대금을 가맹점에 지급하라는 지시를 카드회사에 하며, 카드회사는 이 지급지시에 따라 가맹점에 지급을 한 뒤 카드회사에 위 지급금액의 상환을 청구하는 것이라는 지급지시설등이 있다.

다수의 견해는 가맹점은 카드회사와 카드회원 중 어느 일방에게든 임의로 지급청구를 할 수 있지만 가맹점규약에 의해 카드회사에게 1차적으로 지급을 청구할 수 있고, 일반적으로 카드회원에게는 먼저 청구를 하지 아니하는 것을 약관에 정하고 있음을 이유로 하여 병존적채무설의 입장이다.[62]

판례는 「신용카드거래의 법적 성질은 채권매매 또는 이와 유사한 유상행위라기보다는 카드회원이 카드회사에 신용카드 가맹점에 대한 채무를 인수하여 줄 것을 포괄적으로 의뢰하고 카드사가 카드가맹점에 대하여 신용카드회원의 채무를 중첩적으로 인수하며, 그 대신에 카드가맹점은 카드회원에 우선하여 카드회사에게 거래대금을 청구하기로 하는 계약으로 해석함이 상당하다」[63]고 하여 병존적 채무인수설을 취한 사례도 있고, 「일반적으로 신용카드를 사용하여 물품을 구입하고 카드회사로부터 그 대금에 대한 신용대부를 받은 것은 상품의 구매와 일정기간내의 대금지급의무가 결합된 특수한 신용대부의 한 형태라 할 것이다」[64]라고 하여 직접 대부설을 취한 경우도 있다.

3. 신용카드거래의 법률관계

신용카드의 법률관계는 양당사자인 경우와 3당사자인 경우에 따라 법률관계가 달라진다. 양당사자인 경우의 법률관계는 일반적인 법리에 따라 비교적 그 관계가 간명하지만 3당사자의 관계는 회원계약과 가맹점계약, 매매계약관계가 있기 때문에 3당사자들의 각 법률관계로 성립한다.

62) 정동윤, 어음 · 수표법, 박영사, 1998, 695면; 최기원, 어음 · 수표법, 박영사, 1996.
63) 서울지판 1999.5.19, 98가합4410.
64) 대판 2005.8.19, 2004도6859; 대판 1996.4.9, 95도2466.

(1) 규율 입법

우리나라는 신용카드거래의 법적 문제를 내용에 따라 개별적으로 규율하는 방식을 취하고 있다. 현행 신용카드관련법제는 여신전문금융업법, 할부거래에 관한 법률, 방문판매 등에 관한 법률, 신용정보의 이용 및 보호에 관한 법률, 약관의 규제에 관한 법률, 소비자기본법, 전자상거래 등 소비자보호법 등 사법적 규제보다는 행정규제에 치중하고 있는 분산입법방식을 취하고 있어서 신용카드거래와 관련한 법률문제는 사안에 따라 각각의 해당법률에 따라 규율하고 있다. 따라서 통일된 법의 흠결로 말미암아 분쟁이 발생하는 경우 소비자들은 해당되는 각각의 법률을 탐색하여 그 해결방안을 시도하여야 한다는 문제점이 있다.

영・미, 독일 등의 국가에서는 신용카드거래에서 계약의 주요내용에 대하여 소비자가 이해할 수 있도록 설명하고, 고지의무 등을 규정하고 있으나 신용카드거래를 규율하는 여신전문금융업법에서는 이러한 규정을 두고 있지 않다. 또한 동법은 소비자법이라기 보다는 제1조 목적에서 밝힌 것처럼 국민의 금융편의를 도모하고 국민경제의 발전에 이바지함을 목적으로 하고 있으며, 소관부처도 소비자보호를 하는 공정거래위원회가 아니라 금융위원회이다.

재화와 용역을 신용카드거래로 구입하면서 할부로 하는 경우에는 간접할부계약으로서 할부거래법이 적용된다. 카드회사와 신용카드이용계약을 체결할 때 약관이 존재한다면 약관규제법의 적용을 받게 된다.

(2) 신용카드업자와 회원(소비자)의 법률관계

1) 약관에 의한 회원계약　　일반적으로로 카드신용업자와 회원간에 카드회원계약을 체결할 때 약관이 제공된다. 카드회원약관은 카드회사와 카드회원간의 책임의 범위, 카드의 관리, 비밀번호, 카드의 이용한도, 대금결제, 카드의 이용, 할부구매, 회전결제(리볼빙), 기한의 이익상실, 카드의 도난・분실과 보상처리, 카드의 위조・변조에 대한 책임, 변경사항 등의 통지, 카드이용의 정지 및 탈회, 카드이용대금에 대한 이의신청 및 책임, 약관의 변경승인, 약관 위반한 경우에 책임 등이 정해져 있다.

회원계약의 법적 성질에 대해서는 카드회사가 카드회원을 위해 가맹점에 카드이용대금을 지급하고 그에 따른 보수(연회비, 이용대금, 수수료)를 받는 일종의 도급계약으로 보는 견해[65]도 있으나 「일의 완성」이라는 측면보다는 「사무의 처리」

로 보아 유상위임으로 보아야 할 것이다. 회원계약에 의하여 카드회사는 신용카드를 카드회원에게 발급하고, 카드회원은 가맹점에서 신용카드를 제시하고 매출전표에 서명한 후 재화 또는 용역을 제공받을 수 있고 일정기일 후 사용금액을 카드회사에 결제하게 되는 과정을 거친다.

2) 발급시 서면주의와 거래조건의 주지의무　　신용카드업자는 발급신청을 받아야만 신용카드나 직불카드를 발급할 수 있다. 다만 이미 발급한 신용카드나 직불카드를 갱신하거나 대체 발급하는 것에 대하여 대통령령으로 정하는 바에 따라 카드회원의 동의를 받은 경우에는 그러하지 아니하다(제14조 제1항). 신용카드업자는 다단계판매나 인터넷을 통한 모집방법으로서 대통령령으로 정하는 모집 또는 그 밖에 대통령령으로 정하는 모집방법으로 신용카드 회원을 모집하여서는 아니된다(제4항).

신용카드업자는 신용카드나 직불카드를 발급하는 경우 그 약관과 함께 신용카드회원이나 직불카드회원의 권익을 보호하기 위하여 필요한 사항으로서 대통령령으로 정하는 사항을 신청자에게 서면으로 내주어야 한다. 다만, 신청자가 동의하면 팩스나 전자문서로 보낼 수 있다(제14조 제5항).

신용카드업자는 ① 신용카드업자가 정하는 이자율·할인율·연체료율·가맹점수수료율 등 각종 요율, ② 신용카드·직불카드 이용금액의 결제방법, ③ 제16조에 따른 신용카드회원등에 대한 책임, ④ 제17조와 제19조에 따른 신용카드가맹점에 대한 책임과 신용카드가맹점의 준수 사항, ⑤ 그 밖에 총리령으로 정하는 사항을 총리령으로 정하는 방법에 따라 신용카드회원등과 신용카드가맹점에 알려야 한다(동법 제18조).

3) 항변권　　신용카드거래에서 항변권이라 함은, 회원계약에 기초하여 이루어지는 재화 또는 용역공급계약에서 발생하는 사유를 가지고 카드회원(매수인)이 가맹점(매도인)에 대하여 주장할 수 있는 항변을 신용카드업자(신용제공자)에게 직접 주장(카드이용대금지급의 거절, 감액청구, 기지급대금에 대한 반환청구 등)할 수 있는 것을 말한다. 여기에서 말하는 항변권은 실체법상의 동시이행항변권(민법 제536조)이나 최고검색의 항변권과는 다른 개념으로서, 항변권이 부정되는 경우를 「항변권의 단절」이라고 한다.

---

65) 최금진, 전게논문, 42면.

이러한 항변권의 문제는 신용카드거래가 3면의 법률관계, 즉 회원계약, 가맹점계약, 매매계약으로 이루어지고 있다는 데에서 출발한다. 즉, 신용카드업자, 가맹점, 신용카드회원 신용카드회원이 가맹점에서 재화나 용역을 구입한 경우 직접 당사자인 신용카드회원과 가맹점 외에 신용카드업자가 존재한다는 특성이 있기 때문에 신용카드회원이 가맹점과의 카드거래에서 가지는 항변권이 있다면 신용카드업자에게 항변해야할 실익이 있기 때문이다. 따라서 신용카드업자로부터 이용대금을 청구 받은 신용카드회원이 구입한 재화 등의 하자를 이유로 혹은 원인행위의 무효·취소의 사유로 신용카드이용대금의 지급을 거절할 수 있는가의 문제와 이용대금이 회원의 결제계좌에서 자동이체로 결제된 경우 무효·취소의 항변권을 이유로 매매대금의 전부 또는 일부의 반환을 요구하거나 손해배상을 청구할 경우에 그 청구의 상대방은 가맹점과 신용카드업자 중 누가 되는가의 문제이다.

종래 우리나라에서는 항변권의 법리적 해결을 위하여 카드거래관계의 법적 성질에 관한 이론을 원용하여 왔다. 즉 카드거래에서 카드회원이 가맹점에 대하여 부담하는 카드이용대금채무를 신용카드업자가 가맹점에게 지급하고, 신용카드업자는 이를 카드회원으로부터 구상하는 관계를 어떻게 파악할 것이냐를 항변권 문제에 접근하는 출발점으로 삼아, 그 중 병존적 채무인수설의 입장에서 구성하고 있음은 앞에서 살펴보았다. 채권양도설과 병존적 채무인수설은 각각 항변권 도출을 위한 법이론적 전개를 시도하고 있으나 회원의 항변권은 카드거래의 특수성에서 이끌어내야 한다.[66]

그렇다면 어떠한 경우에 항변권이 발생하는가?

첫째, 민법상 매도인의 하자담보책임이 발생하는 경우이다(민법 제580조 이하). 매도인에 대하여 계약해제권, 대금감액청구권, 완전물급부청구권 손해배상청구권, 하자보수청구권을 청구할 수 있는 사유가 있는 경우이다. 가맹점이 공급한 재화나 용역에 하자가 있거나, 가맹점이 하자담보책임을 이행하지 아니하였다는 항변(할부거래법 제16조 4호) 등이 있는 경우이다.

둘째, 채무불이행이 있는 경우이다. 즉 가맹점의 이행불능, 이행지체와 불완전이행이 있는 경우이다. 예컨대 가맹점이 약정한 시기까지 재화 또는 용역의 전

66) 신용카드거래의 본질에 착안하여 소비자보호라는 사회적·법정책적 관점에서 도출해야 한다는 견해로는, 김진우, 신용카드거래와 항변권, 소비자문제연구 17권, 한국소비자원, 1996.6, 96면.

부 또는 일부를 인도 또는 제공하지 아니하였다는 항변(할부거래법 제16조 제1항 3호·5호) 등이다.

셋째, 원인행위에 불성립 또는 무효의 사유가 있는 경우(할부거래법 제16조 1호)로서 계약에서 의사의 합치가 없었다거나, 반사회질서 법률행위(민법 제103조), 불공정한 법률행위(민법 제104조), 강행법규위반의 법률행위 항변 등이다.

넷째, 원인행위가 취소·해제 또는 해지된 경우(할부거래법 제16조 2호)로서 착오(민법제109조) 또는 사기·강박(민법 제110조)으로 인한 매매계약이었다는 항변 등이다.

다섯째, 법률 또는 신용카드약정에 위반한 경우이다. 예컨대 불량거래자로 통보된 자와 카드거래를 하였다든지 또는 분실·도난된 카드에 의한 거래라는 항변, 카드회원이 신용상실의 상태에 빠져 있음을 알면서도 거래를 하였다는 항변, 매출전표를 실제 매출액보다도 초과하여 작성하거나 카드를 자금융통의 수단으로 사용하였다는 항변 등이다.

위에서 살펴본 것처럼 신용카드로 할부거래를 한 경우에는 간접할부계약으로서 이에 대한 항변권에 대해서는 할부거래법에서 규정하고 있다(제16조). 항변권을 행사하기 위한 또 다른 요건으로 거래금액이 20만원 이상이 이어야 하고(할부거래법 제16조 제2항), 항변권의 행사를 서면으로 하는 경우 그 효력은 서면을 발송한 날에 발생한다(동법 제16조 제4항).

또한 회원이 재화 등의 구입이 신용카드를 사용하지 않았음에도 불구하고 신용카드업자로부터 결제요청을 받은 경우에 신용카드회원은 서면으로 신용카드의 이용금액에 대하여 이의를 제기할 수 있고, 이의를 제기할 경우 신용카드업자는 이에 대한 조사를 마칠 때까지 그 신용카드회원으로부터 그 금액을 받을 수 없다(제16조 제10항).

신용제공자를 보호하기 위하여 할부거래법에서는 소비자가 할부거래업자에게 간접할부계약에 관한 청약을 철회한 경우에는 7일 이내에 신용제공자(신용카드업자)에게 청약을 철회하는 의사표시가 적힌 서면을 발송하여야 하는데(제9조 제1항), 만약 소비자가 신용제공자에게 청약 철회의 서면을 발송하지 아니한 경우에는 신용제공자의 할부금지급청구를 거절할 수 없다. 다만 ① 신용제공자가 7일 이내에 할부거래업자에게 재화 등의 대금을 지급한 경우 ② 신용제공자가 할부거래업자로부터 할부금청구의 중지 또는 취소를 요청받은 경우에는 청약철회의 서면을 발송하지 않은 경우에도 신용제공자의 할부금지급청구를 거절할 수 없다.

4) 신용카드의 양도 등의 금지　　신용카드는 양도・양수하거나 질권을 설정할 수 없다(여신전문금융업법 제15조). 따라서 회원이 신용카드를 양도하거나 담보로 제공하여 발생한 채무에 대하여 책임을 면치 못하며, 특히 양도 또는 담보로 제공된 신용카드를 이용하여 위・변조된 신용카드의 사용에 대하여는 고의 또는 중대한 과실이 인정되기 때문에 회원은 그 전부 또는 일부의 책임을 부담할 수 있다(동법 제16조 제3항, 제5항, 제7항 등).

5) 신용카드 이용한도 제한　　신용카드의 사용은 소비자신용으로서 최대한 편의를 제공하는 것이지만, 한편으로는 소비자의 자산상태에 비하여 과도한 소비를 부추길 가능성이 크다. 이에 대비하여 여신전문금융업법에서는 신용카드 등의 이용한도를 제한하는 규정을 두고 있다.

신용카드 등의 이용한도 제한 등에 관한 사항으로 금융위원회는 신용질서를 유지하고 소비자를 보호하기 위하여 신용카드업자가 지켜야 할 사항으로 ① 신용카드에 의한 현금융통의 최고한도, ② 직불신용카드의 1회 또는 1일 이용한도, ③ 선불신용카드의 총발행한도와 발행권면금액의 최고한도, ④ 제14조 제2항 2호에 따라 신용카드업자가 정하는 신용한도 산정에 관한 기준, ⑤ 신용카드 이용한도를 정할 때 지켜야 할 사항, ⑥ 신용카드업자가 ⑦ 가맹점 관리에 관한 사항 ⑧ 수수료율을 적용하기 위하여 회원을 분류할 때 지켜야 할 사항, ⑨ 수수료율을 적용하기 위하여 회원을 분류할 때 지켜야 할 사항, ⑩ 그 밖에 대통령령으로 정하는 사항 등에 대한 기준을 정하는 필요한 조치를 할 수 있다(동법 제24조).

(3) 신용카드의 부정사용과 소비자보호

신용카드거래와 관련하여 소비자보호문제는 여러 가지 유형으로 나타날 수 있다. 먼저, 신용카드를 분실하거나 도난당하여 제3자가 이를 부정사용한 경우에 이로 인한 손실부담의 주체가 누구인지가 문제된다. 이는 신용카드의 무단사용 내지 부정사용에 관한 문제이다. 둘째, 신용카드를 이용하여 구입한 물건에 하자가 있는 경우에 카드회원이 카드회사에 대하여 이 하자를 항변으로 주장할 수 있는가의 문제인데, 이는 앞에서 이미 다루었다. 셋째, 카드사가 카드회원에 대하여 실제의 이용대금보다 더 많은 금액을 청구하는 경우의 문제, 넷째, 카드회원이 신용카드를 이용하여 재화 또는 용역을 구입하려고 할 때 카드가맹점이 독자적으로

카드회사에 조회한 결과 사용한도액이 초과된 것으로 오인되어 신용구매를 거절 당한 경우의 문제 등이 있다.[67]

신용카드의 부정사용은 주체에 의한 분류와 행위유형에 의한 분류를 할 수 있다. 전자로는 제3자에 의한 분류, 회원 본인에 의한 부정사용, 가맹점에 의한 부정사용, 위의 3가지가 혼합된 부정사용으로 나눌 수 있다. 후자로는 도난・분실에 의한 부정사용과 위조・변조에 의한 부정사용, 신용카드의 도용에 의한 부정사용 등으로 나눌 수 있다.

1) 도난・분실된 신용카드의 부정사용 신용카드업자는 신용카드회원이나 직불카드회원으로부터 그 카드의 분실・도난 등의 통지를 받은 때부터 그 회원에 대하여 그 카드의 사용에 따른 책임을 진다(여신전문금융업법 제16조 제1항). 다만, 회원의 통지 전에 사용된 금액 중 분실・도난 등의 통지를 받은 날부터 60일 전까지의 기간 내에 제3자가 사용한 금액에 대하여 회원이 아닌 신용카드업자가 책임을 진다(제2항).

신용카드업자는 신용카드의 분실・도난 등에 대하여 그 책임의 전부 또는 일부를 신용카드회원이 지도록 할 수 있다는 취지의 계약을 체결한 경우에는 그 신용카드회원에 대하여 그 계약내용에 따른 책임을 지도록 할 수 있다. 다만, 저항할 수 없는 폭력이나 자기 또는 친족의 생명・신체에 대한 위해때문에 비밀번호를 누설한 경우 등 신용카드회원의 고의 또는 과실이 없는 경우에는 그러하지 아니하다(제3항). 이러한 책임부담의 계약은 반드시 서면에 의한 경우에만 효력이 있으며, 신용카드회원 등의 중대한 과실은 계약서에 기재된 것에 한한다(제7항). 이러한 회원의 고의 또는 중대한 과실은 고의 또는 중대한 과실에 의한 비밀번호의 누설 및 신용카드 또는 직불카드의 양도 또는 담보목적으로의 제공으로 한정된다(제9항, 동법시행령 제6조의 10).

2) 위조・변조・도용 등에 의한 신용카드의 부정사용 신용카드업자는 신용카드회원등에 대하여 ① 위조되거나 변조된 신용카드 등의 사용, ② 해킹, 전산장애, 내부자정보유출 등 부정한 방법으로 얻은 신용카드 등의 정보를 이용한 신용카드 등의 사용, ③ 다른 사람의 명의를 도용하여 발급받은 신용카드등의 사용(신용카드회원등의 고의 또는 중대한 과실이 있는 경우는 제외한다)에 따른 신용카

67) 김상찬・김상명, 신용카드거래의 사법적 검토, 법학연구 제35집, 한국법학회, 2009.8, 78-79면.

드등의 사용으로 생기는 책임을 진다(제5항).

제5항에도 불구하고 신용카드업자가 제5항 제1호 및 제2호에 따른 신용카드등의 사용에 대하여 그 신용카드회원 등의 고의 또는 중대한 과실을 증명하면 그 책임의 전부 또는 일부를 신용카드회원등이 지도록 할 수 있다는 취지의 계약을 서면으로 신용카드회원등과 체결한 경우에 그 신용카드회원 등이 그 계약내용에 따른 책임을 지도록 할 수 있다(제6항, 제7항). 일종의 입증책임의 전환규정이다.

3) 책임귀속의 근거 　신용카드 부정사용에 대한 손해를 신용카드업자가 부담하도록 하는 이유는, 신용카드회사는 회원에 비하여 카드의 부정사용에 따른 손해의 발생 및 확대를 예방허가나 관리할 수 있는 지위에 있으며, 이러한 위험들은 여러 회원들에게 손해를 분담케 함으로써 분산시킬 수 있는 지위에 있기 때문이다. 또 다른 이유로는 보상책임설을 들 수 있다. 오늘날 무과실인 경우에도 기업에 대하여 책임을 지우는 중요한 사유로 '이익이 있는 곳에 손해도 돌아가야 한다'는 원리가 신용카드거래에서도 작동하는 것으로 보아야 한다. 신용카드회사는 신용카드사업을 통하여 카드회원으로부터 다양한 이익을 창출하여 얻고 있기 때문이다.

카드회사가 손해를 부담하는 방식은, 카드업자는 카드가 부정사용되었을 경우라도 카드가맹점에는 대금을 지급하지만 카드회원에게는 구상하지 아니하는 형식을 취하고 있다. 이와 같은 신용카드업자부담주의에 의한 위험분산을 위하여 여신전문금융업법은 신용카드업자로 하여금 보험 또는 공제에 가입하거나 준비금을 적립하는 등의 조치를 취하도록 하고 있다(동법 제16조 제8항).

(4) 가맹점과 회원(소비자)의 관계

가맹점과 회원 사이에 재화 또는 용역에 대한 매매계약 내지 공급계약이나 이용계약이 체결된다. 따라서 양 당사자는 계약 당사자로서 모든 권리와 의무를 부담하며 민법과 소비자계약법에 의하여 규율된다. 신용카드가맹점은 신용카드로 거래한다는 이유로 신용카드 결제를 거절하거나 신용카드회원을 불리하게 대우하지 못한다(제19조 제1항). 또한 가맹점수수료를 신용카드회원이 부담하게 하여서는 아니 된다(동조 제3항).

신용카드가맹점은 신용카드로 거래를 할 때마다 그 신용카드를 본인이 정당하게 사용하고 있는지를 확인하여야 한다(동조 제2항). 즉 신용카드상의 서명(전자서명 포함)과 일치하는지의 여부를 확인하여야 한다. 즉 도난·분실된 카드의 사용시 이러한 본인여부를 확인하지 않은 경우에 가맹점은 중대한 과실이 있는 것으로 인정되어 당해 거래로 발생하는 신용카드 사업자의 손해의 전부 또는 일부를 부담할 수 있다(제17조 제1항).[68]

Ⅳ. 계속적 계약(계속거래)

1. 계속거래의 의의와 특성

계속거래라 함은 1개월 이상에 걸쳐 계속적으로 또는 부정기적으로 재화 등을 공급하는 계약으로서 중도에 해지할 경우 대금환급의 제한 또는 위약금에 관한 약정이 있는 거래를 말한다(방문판매법 제2조 10호). 잡지 구독, 레저, 스포츠 시설, 피부미용실 이용권 판매, 운전교습소, 학습지의 일정기간 공급, 결혼정보의 제공 등 대부분의 회원제 거래가 계속거래의 형태라고 할 수 있다. 그 외에도 이동전화서비스계약, 정수기렌탈서비스계약, 인터넷게임서비스계약 등도 흔히 이용하는 계속거래이다.

민법에서도 계속적 계약에 해당하는 것으로는 소비대차, 사용대차, 임대차, 고용, 위임, 임치, 조합, 종신정기금이 있다. 방문판매법에서는 소비자계약만을 다루고 있기 때문에 유상계약이면서 사업자로부터 소비자가 계속적으로 재화 등을 공급받기로 하는 거래만이 계속거래에 해당한다고 할 수 있다.

계속거래에서는 신의성실의 원칙이 더 요구되는데(방문판매법 제30조 제5항), 그 특성을 보면 첫째, 일반적으로 급부의 실현이 시간적 계속성을 가지는 결과 계약당사자 사이에 상호 밀접한 상태적 법률관계의 특징을 가지게 된다. 둘째 계속적 계약관계의 해소는 해지에 의해 종료된다. 계약관계의 해지의 원인으로서는 단순한 채무불이행이 아니고, 계약 당사자간에 계약을 존속시킬 수 없는 신뢰관계파괴라는 주대한 원인이 있어야 한다. 셋째, 당사자는 일시적 계약관계에서와 같은 개별적 권리의무관계는 물론, 복합적 권리의무관계, 즉 포괄적 법적 지위를 가지는 경우가 많다. 넷째, 계속거래에서는 채권·채무가 공동목적을 위하여 서로 협력하는 하나의 협동체에 포함되고 일시적 계약관계에 비하여 계약관계가 장기적

68) 대판 1986.10.28, 85다카739.

이기 때문에 신의성실의 원칙이 적용될 가능성이 많다. 다섯째, 계속거래에서는 당사자 사이의 경제적 힘의 불균형 등으로 명령·복종의 지배관계가 이루어지기 쉽다. 그러므로 계속적 계약관계에서는 당사자 사이의 실질적인 평등을 위하여 계약자유의 원칙이 어느 정도 제한됨을 요한다.[69] 이에 대한 규제로서 특별법으로서 근로기준법, 주택임대차보호법, 이자제한법, 대부업법 등이 강행법으로서 존재한다.

계속거래에서는 1회의 급부가 아니라 계속적으로 재화 등이 공급되는 관계상 소비자의 입장에서는 재화 등의 공급에 대한 확실성이 주요한 관심의 대상이다. 현실적으로 많이 발생하는 소비자피해는 소비자의 계약해지를 거부하거나 해지시 과다한 위약금을 청구하는 행위 등이다.

2. 계속거래의 규율

소비자계속거래에 관한 입법으로서는 「방문판매등에 관한 법률」이 있으며, 제4장에서 사업권유거래와 함께 규율하고 있다. 그 외에도 이자제한법과 대부업법 등이 있다. 계속거래에 관한 규율로는 사업자의 정보제공과 계약서 교부의무, 소비자의 계약의 해지, 거래기록의 열람과 사업자의 금지행위 등에 관한 규정 등을 두고 있으나, 계속거래의 성질상 소비자의 철회권에 관한 규정은 없다. 계속거래의 특성상 거래조건에 대한 신의성실의무를 부과하고 있다(동법 제30조 제5항).

(1) 정보제공 및 계약서 교부의무

계속거래사업자는 대통령령으로 정하는 금액 및 기간 이상을 거래조건으로 하는 계속거래등에 관한 계약을 체결하는 경우에는 계약을 체결하기 전에 소비자가 계약 내용을 이해할 수 있도록 ① 계속거래업자등의 성명(법인인 경우에는 대표자의 성명을 말한다), 상호, 주소, 전화번호 및 전자우편주소, ② 계속거래를 통하여 판매하는 재화등(계속거래와 관련하여 따로 구입할 필요가 있는 다른 재화등이 있는 경우에는 그 재화등을 포함한다)이나 사업권유거래를 통하여 판매하는 재화등의 명칭, 종류 및 내용, ③ 재화등의 대금(가입비, 설치비 등 명칭에 상관없이 재화등의 거래와 관련하여 지급하는 모든 금액을 포함한다. 이하 이 장에서 같다)과 그 지급 시기 및 방법, ④ 재화등의 거래방법과 거래 기간 및 시기, ⑤ 사업권유거래의 경우에는 제공되는 사업

69) 졸저, 계약법 제2판, 2013, 전남대학교출판부, 68면 이하.

에 관한 거래조건으로 대통령령으로 정하는 사항, ⑥ 제31조에 따른 계약 해지와 그 행사방법 · 효과에 관한 사항 및 해지권의 행사에 필요한 서식, ⑦ 소비자피해 보상, 재화등에 대한 불만 및 소비자와 사업자 사이의 분쟁 처리에 관한 사항, ⑧ 거래에 관한 약관, ⑨ 그 밖에 거래 여부 판단에 영향을 주는 거래조건 또는 소비자피해 구제에 필요한 사항으로서 대통령령으로 정하는 사항을 설명하여야 한다(방문판매법 제30조 제1항).

계속거래업자등은 재화등의 판매에 관한 계약을 체결할 때에는 위의 각 호의 사항을 적은 계약서를 소비자에게 발급하여야 한다(제2항).

계속거래업자 등이 미성년자와 계속거래 등에 관한 계약을 체결하는 경우에는 법정대리인의 동의를 얻어야 하며, 이 경우 법정대리인의 동의를 얻지 못하는 경우에는 미성년자 본인 또는 법정대리인이 계약을 취소할 수 있다는 내용을 고지하여야 한다(동법 제7조 제3항, 제28조 제4항).

(2) 신의칙에 의한 거래조건의 이행

계속거래의 특성상 계속거래업자 등은 소비자에게 표시 또는 고지한 거래조건을 신의에 좇아 성실하게 이행하여야 한다(동법 제30조 제5항).

(3) 자동계약갱신의 사전 통지의무

계속거래를 업으로 하는 자는 소비자에게 용역을 공급하는 계약으로서 소비자의 별도 의사표시가 없는 한 자동으로 갱신되는 계약을 체결한 경우에는 그 계약 종료일의 50일 전부터 20일 전까지의 기간에 소비자에게 종료일이 다가오고 있음을 서면이나 전자우편으로 통지하여야 한다. 다만, 거래기간이 2개월 이내의 계약인 경우나 소비자가 재계약 체결 또는 계약 갱신의 의사를 표시한 경우에는 그 통지를 생략할 수 있다(제30조 제3항).

(4) 계약의 해지

1) 소비자의 계약해지권 계속거래업자 등과 계속거래 등의 계약을 체결한 소비자는 '언제든지' 계약기간 중 계약을 해지할 수 있다(동법 제31조 본문)[70] 다만, 다른 법률에 별도의 규정이 있거나 거래의 안전 등을 위하여 대통령령이 정하는 경우에는 그러하지 아니하다(동조 단서). 여기서 대통령령이 정하는 경우

---

70) 이를 중도해지권이라 한다.

라 함은 소비자(사업권유거래의 상대방을 포함)의 주문에 의하여 개별적으로 생산되는 재화등에 대한 것으로서 계약 해지를 인정하면 계속거래업자에게 회복할 수 없는 중대한 피해가 예상되는 경우로서 사전에 해당 거래에 대하여 별도로 그 사실을 고지하고 소비자의 서면(전자문서를 포함) 동의를 받은 경우를 말한다(동법 시행령 제40조).

2) 계약의 해지·해제의 효과와 위약금 등

가) 과다한 위약금청구·부당한 대금반환거부의 금지 계속거래업자 등은 자신의 책임이 없는 사유로 계속거래등의 계약이 해지 또는 해제된 경우 소비자에게 해지 또는 해제로 발생하는 손실을 현저하게 초과하는 위약금을 청구하여서는 아니 되고, 가입비나 그 밖에 명칭에 상관없이 실제 공급된 재화등의 대가를 초과하여 수령한 대금의 환급을 부당하게 거부하여서는 아니 된다(동법 제32조 제1항). 공정거래위원회는 제1항에 따른 위약금 청구와 제2항에 따른 대금 환급 또는 위약금 경감과 관련된 분쟁을 방지하기 위하여 필요한 경우 위약금 및 대금의 환급에 관한 산정기준을 정하여 고시할 수 있다(제4항).

나) 소비자의 재환반환과 대금환급·위약금경감 계속거래등의 계약이 해지 또는 해제된 경우 소비자는 반환할 수 있는 재화등을 계속거래업자등에게 반환할 수 있으며, 계속거래업자등은 대통령령으로 정하는 바에 따라 대금 환급 또는 위약금 경감 등의 조치를 하여야 한다(제2항). 동법 제32조 제2항에 따라 소비자가 재화 등을 반환하는 경우 계속거래업자 등은 반환받은 재화등의 가치에 상당하는 금액을 계약의 해지 또는 해제에 따라 지급하여야 할 환급금에 더하거나 청구할 수 있는 위약금에서 빼야 한다(동법시행령 제41조 제1항).

계속거래업자 등은 위에 따라 환급금을 증액하거나 위약금을 감액하는 경우 재화등을 반환받은 날부터 3영업일 이내에 증액되거나 감액된 금액을 소비자에게 반환하거나, 재화등의 대금 등 소비자로부터 받을 금액이 있는 경우에는 증액되거나 감액된 금액을 빼고 청구하여야 한다. 계속거래업자등이 전단의 조치를 지연한 경우에는 총리령으로 정하는 지연기간에 대한 지연배상금을 지급하여야 한다(동법 시행령 제41조 제2항). 제1항에 따라 반환받은 재화등의 가치에 상당하는 금액을 산정할 때에는 재화등의 시장가격이나 감가상각 등을 고려하여야 한다(제3항).

다) 차액환급의무 계속거래업자등은 자신의 책임이 없는 사유로 계약이 해

지 또는 해제된 경우 소비자로부터 받은 재화등의 대금(재화등이 반환된 경우 환급하여야 할 금액을 포함한다)이 이미 공급한 재화등의 대금에 위약금을 더한 금액보다 많으면 그 차액을 소비자에게 환급하여야 한다. 이 경우 환급이 지연되는 경우에는 총리령으로 정하는 지연기간에 대한 지연배상금을 함께 환급하여야 한다(제32조 제3항). 여기서 '총리령이 정하는 지연기간'이라 함은 3영업일 이상 지연된 경우의 그 지연일수를 말한다(동법시행규칙 제22조).

(5) 거래기록의 열람

계속거래업자등은 대통령령으로 정하는 바에 따라 재화등의 거래기록 등을 언제든지 소비자가 열람할 수 있게 하여야 한다(제33조). 계속거래업자등은 법 제33조에 따라 재화등의 거래기록 등을 방문・전화 또는 인터넷 등을 통하여 즉시 열람할 수 있도록 필요한 조치를 하여야 하고, 소비자가 우편 등의 방법으로 열람 요청을 하는 경우 3영업일 이내에 관련 자료를 발송하여야 한다(동법시행령 제42조).

(6) 금지행위

계속거래업자등은 ① 계속거래등의 계약을 체결하게 하거나 계약의 해지 또는 해제를 방해하기 위하여 소비자를 위협하는 행위, ② 거짓 또는 과장된 사실을 알리거나 기만적 방법을 사용하여 소비자를 유인 또는 거래하거나 계약의 해지 또는 해제를 방해하는 행위, ③ 계속거래등에 필요한 재화등을 통상적인 거래가격보다 현저히 비싼 가격으로 구입하게 하는 행위, ④ 소비자가 계속거래등의 계약을 해지 또는 해제하였는데도 정당한 사유 없이 이에 따른 조치를 지연하거나 거부하는 행위, ⑤ 계약의 해지 또는 해제를 방해할 목적으로 주소・전화번호 등을 변경하는 행위, ⑥ 분쟁이나 불만 처리에 필요한 인력 또는 설비가 부족한 상태를 상당 기간 방치하여 소비자에게 피해를 주는 행위, ⑦ 소비자의 청약이 없는데도 일방적으로 재화등을 공급하고 재화등의 대금을 청구하는 행위, ⑧ 소비자가 재화를 구매하거나 용역을 제공받을 의사가 없음을 밝혔는데도 전화, 팩스, 전자우편 등을 통하여 재화를 구매하거나 용역을 제공받도록 강요하는 행위에 해당하는 행위를 하여서는 아니 된다(제34조 제1항).

(7) 입증책임

계속거래업자는 ① 재화 등의 훼손에 대한 소비자의 책임 유무, ② 계약이 체결된 사실 및 그 시기, ③ 재화 등의 공급 사실 및 그 시기, ④ 계약서의 발급 사실 및 그 시기, ⑤ 입증책임에 관한 별도의 약정이 없는 그 밖의 거래 사실에 관하여 계약 상대방과 다툼이 있는 경우에는 특수판매업자가 이를 증명하여야 한다. 이 경우 특수판매업자는 증명에 필요한 통화 내용 등에 대한 거래기록을 대통령령으로 정하는 바에 따라 보관할 수 있다(제36조 제1항).

또한 계속거래업자는 제1항에 따른 증명에 필요한 통화내용 등 거래기록을 미리 보존할 수 있다. 이 경우 특수판매업자는 거래기록을 그 대상·범위·기간 및 열람 방법 등에 관하여 대통령령으로 정하는 바에 따라 보존하여야 한다(제36조 제2항).

제4절 전자소비자계약[71)]

Ⅰ. 전자소비자계약의 의의와 법적 기초

1. 전자거래와 전자계약의 관계

전자소비자계약이라는 용어는 전자계약과 소비자계약이라는 용어의 합성어이다. 따라서 동개념을 이해하기 위해서는 전자계약이라는 개념과 소비자계약이라는 개념에 대한 이해가 필요하다.

전자계약이란 의사표시의 합치가 구두 또는 서면으로 이루어지는 것이 아니라 당사자간의 약정에 의하여 전자적인 형태의 의사표시의 합치로서 성립하는 것을 말한다. 즉 전자계약이란 매매계약이나 중개계약처럼 특정한 계약의 유형을 지칭하는 것이 아니라 계약체결의 형태의 하나를 말한다. 전자계약이라는 개념을 이렇게 정의한다면 전자거래라는 개념과 반드시 일치하는 것은 아니다.[72)] 전자거래는 전자정보처리장치 혹은 정보통신망을 통하여 전자적 방식으로 이루어지는 거래를 전자거래라고 칭하며, 법령에서는 재화 또는 용역을 거래함에 있어서 그

71) 전자소비자계약에 관한 부분은 졸고, 전자소비자계약, 민사법학 38호, 2007.9, 411-462면을 수정 가필한 것이다.

72) 졸저, 가상공간법, 전남대학교출판부, 2005, 85면 이하.

전부 또는 일부가 전자문서에 의하여 처리되는 거래(전자문서 및 전자거래기본법 제2조 제5호)라고 정의하고 있다.

여기서 전자문서란 청약과 승낙의 의사표시만을 가리키는 것이고 전자적 이행의 목적물을 제외한다고 볼만한 근거가 없기 때문에 오프라인상에서 계약이 체결되고 전자적 형태로 그 채무의 이행과 결제가 이루어지는 경우 비록 전자계약의 형태로 체결되지는 않았다고 하더라도 전자거래에 해당하게 된다. 즉 전자거래는 전자계약보다 더 넓은 개념이라고 할 수 있다.

전자거래의 방법으로 상행위를 하는 것을 전자상거래라고 한다(전자상거래등 소비자보호에 관한 법률 제2조 제1호).[73] 전자거래는 거래주체에 따라 다양하게 나타난다. 기업과 기업(B2B) 또는 기업과 고객(B2C), 정부와 기업(G2B), 정부와 국민(G2C), 개인과 개인(C2C)간에 전자거래가 이루어질 수 있다. 전자거래란 거래가 전자정보를 통하여 이루어지는 것으로 크게 인터넷상의 비즈니스와 네트워크를 활용하여 행해지는 계약, 주문, 배달, 그리고 대금청구 및 지불에 이르는 모든 거래행위를 포함한다.[74] 전자거래는 주로 영리를 목적으로 하여 이루어지지만 반드시 상거래에 한하지 않고 공공부문에서의 거래나 순수한 사인간의 거래에서도 이루어질 수 있기 때문에 우리나라에서는 입법시 전자거래라는 용어를 채택하였다. 따라서 전자소비자계약은 전자거래 중 기업과 소비자간의 거래(B2C)에서 만 문제된다.

전자소비자계약(Electronic consumer contracts)이라는 용어는 우리나라에서는 사용되고 있지 않고 있는데, 심지어 소비자계약이라는 용어도 아직까지 친숙한 개념은 아니다.[75] 이 용어는 일본에서 2001년 6월 29일 공포되어 동년 12월 25일부터

73) 사전적 의미에서 거래의 의미로는 '상인과 상인 또는 상인과 고객 사이에 돈을 대차하거나 물품을 매매하는 일'과 '서로 자기의 이익에 도움이 될 사물이나 행위를 교환하는 일'이라고 되어 있어 상거래의 의미도 포섭하고 있다. 국어사전, 민중서림, 2006.

74) 졸저, 가상공간법, 전남대학교출판부, 2005, 45면.

75) 우리나라에서 소비자계약이란 용어의 최초의 사용과 이에 대한 논문은, 전효숙, "소비자계약에 관한 고찰", 「사법논집」 제12집(1981.12), 법원행정처, 181면 이하. 그 밖에 소비자계약 용어를 사용하여 연구된 문헌으로는 소재선, 소비자계약법의 과제와 전망, 비교사법 5권 2호(1998.12), 197면 이하가 있고, 일본에서 2000년 4월에 소비자계약법의 제정 이후에 일본의 소비자계약법의 소개와 더불어 소비자계약이란 용어가 일반적으로 사용되고 있다. 이후의 논문으로는, 정종휴, 일본의 소비자계약법에 관한 연구, 소비자문제연구 제24권, 한국소비자보호원, 2001; 배성호, 일본의 소비자계약법, 비교사법 제8권 1호(상)(통권 14호), 2001; 최지현, 전자계약의 법적 제문제 -소비자계약을 중심으로- 법률행정논총(제22집 제1호), 전남대학교 법률행정연구소, 2002; 현대호, 소비자계약관련입법의 체계화방안 연구, 한국법제연구원, 2003.11; 박동진・이병준, 외국의 약관 및 소비자계약 규제 동향 및 사례연구, 공정거래위

시행된 「전자소비자계약 및 전자승낙통지에 관한 민법의 특례에 관한 법률」(이하 전자소비자계약법이라고 한다)에서 사용하고 있다. 이하에서는 전자소비자계약의 개념에 대한 선이해를 돕기 위하여 전자계약과 소비자계약의 개념에 대하여 살펴보기로 한다.

2. 소비자계약과 전자계약의 의의

소비자계약에 대해서는 이미 기술하였으므로 이하에서는 전자계약의 의의에 대해서 알아보고 전자소비자계약의 개념에 대해서 살펴보기로 한다.

(1) 전자계약의 의의와 성립

1) 전자계약의 의의　전자계약이란 청약과 승낙이라는 의사표시의 합치가 당사자간의 약정에 의하여 전자적인 형태의 의사표시의 합치로서 성립하는 것을 말한다.[76] 전자거래가 재화나 용역을 거래함에 있어서 그 전부 또는 일부가 전자문서에 의하여 처리되는 거래(전자문서 및 전자거래기본법 제2조 제5호)를 의미한다면, 오프라인에서 계약을 체결하고 온라인상에서 계약의 이행이나 대금의 지급이 이루어지는 경우나 온라인에서 계약을 체결하고 오프라인상에서 이행이나 대금의 지급이 이루어지는 경우 모두 일부가 전자문서에 의해 처리된다면 전자거래에 해당된다. 하지만 전자계약은 자연적 의사표시 대신에 전자적 의사표시(전자문서)에 의하여 계약이 체결되는 것을 말하고, 계약의 이행이나 대금의 지급은 오프라인상에서도 행해질 수 있다는 점에서 양자의 차이가 있다.

전자계약에서는 의사표시가 전자문서로 행해진다는 점이 주요한 특징인데, 전자문서는 종이문서와 달리 가시성·가독성이 없지만, 오늘날에는 전자문서의

원회, 2004.12; 황진자, 소비자계약의 적정화 방안 연구, 한국소비자보호원, 2005.12; 최진구, 일본의 소비자계약법에 관한 소고, 민사법학 제32호, 한국민사법학회, 2006.9. 등이 있다. 대개의 논문은 아직까지는 비교법적 입장에서 일본의 소비자계약법과 독일의 소비자계약의 민법에의 편입 등에 대해 고찰한 것으로 보인다.

76) 전자계약은 사업자와 소비자 사이의 계약뿐만 아니라 사업자와 사업자 사이의 전자계약이 가능하다. 독일민법 제312조의 e도 이러한 전자계약의 전제하에 계약체결 이전과 체약이행 이후의 광범위한 정보제공의무를 소비자(Verbraucher)가 아닌 고객(Kunden)을 효과적으로 보호하기 위한 내용으로서 고객이 사업자인 경우에도 그대로 적용된다는 점에서 방문판매나 통신판매에서의 사업자와 소비자 사이의 계약만을 적용대상으로 한 것과 구별된다. 하경효, 독일채권법의 현대화(김형배 외 5인 공저), 2003, 142면.

문서성을 법률로 인정함으로서 이 문제를 해결하고 있다.[77]

미국 UCC 제2편에서 종래부터 요구되어 온 서면 요건 즉 500달러 이상의 상품 매매계약에는 서면 및 법적으로 구속되는 당사자의 서명이 필요하다는 요건을 대폭 수정하고 있다. 즉, 금액을 대폭 상향조정하여 5,000 달러 이상의 상품매매계약에 있어서 서면을 요구하고 그 서면요건은 전자문서에 의하여도 충족되는 것으로 규정하였다.[78]

2) 계약의 성립　계약의 성립과 관련한 법적 쟁점으로는 청약의 유인 혹은 청약으로서 홈페이지의 문제와 의사표시의 효력 발생시기와 관련하여 격지자간의 계약의 성립시기이다.

첫 번째 쟁점을 먼저 살펴보면, 일반적으로 전자쇼핑몰의 홈페이지에는 배너를 통해서 상품을 광고하기도 하고 텍스트나 그래픽의 형태로 상품이나 급부를 제공할 수 있다. 이 경우 홈페이지를 통하여 상품이나 급부를 제공할 때, 그 제공이 이른바 '청약의 유인'인지 민법 제527조의 '청약'에 해당하는지 문제된다. 전통적인 거래에서도 청약과 청약의 유인의 구별이 문제되는데, 특히 사이버몰에서 이루어지는 거래에서 그 비대면적인 특성 때문에 종종 이와 관련한 어려운 문제가 발생한다. 인터넷 홈페이지에서 상품, 가격, 품질, 배송방법 등 계약의 조건을 제시하고 있는 경우가 보통인데, 이것을 청약으로 볼 것인지 아니면 청약의 유인으로 볼 것인지가 문제된다.

기본적으로 청약과 청약의 유인의 구별은 표의자의 승낙이 있으면 계약을 성립시키겠다는 확정적 의사표시가 있는지 여부를 기준으로 판단하나, 전자계약의 경우 「전자상거래등 소비자보호에 관한 법률」제2조 제2호에서 '재화 또는 용역의 판매에 관한 정보(예컨대 상품 카탈로그, 가격표시, 음식메뉴)를 제공하고[79] 소비자의

---

77) 즉 전자거래기본법 제4조 제1항은 "전자문서는 다른 법률에 특별한 규정이 있는 경우를 제외하고는 전자적 형태로 되어 있다는 이유로 문서로서의 효력이 부인되지 아니한다."고 규정하여 전자문서의 문서성을 인정하고 있다.

78) Section 2-201(a) of (Draft) Revision of Uniform Commercial Code Article 2(Sales), August, 2001: "A contract for the sale of goods for the price $ 5,000 or more is not enforceable by way of action or defence unless there is some record sufficient to indicate that a contract has been made between the parties and authenticated by the party against which enforcement is sought or by its authorized agent or broker.…"

79) 학설에서도 홈페이지를 통하여 단지 상품을 광고할 뿐이고, 주문기능을 갖고 있지 아니한 경우에는 청약의 유인으로 보고, 주문기능을 가지고 있는 경우에는 명시적으로 상품게시가 청약으로서의 의미가 있다는 사실을 안내하지 않는 한 청약의 유인으로 보아야 한다고 한다. 배대

청약에 의하여'라고 규정하여 정보의 제공을 청약의 유인으로 전제하고 있는 것과 당사자 사이의 이해관계(가령 재고량, 상대방의 변제자력에 대한 위험)를 고려한다면 비록 확정조건의 제시가 있었다 하더라도 이를 청약의 유인으로 보는 것이 일반적이다.[80)]

그러나 청약자의 다른 의사표시가 없는 한 자동화된 컴퓨터프로그램을 통하여 사람의 개입 없이 자동으로 계약의 성립과 이행이 이루어지도록 하였다면 이는 단순한 청약의 유인이라기보다는 구매자로부터 구입하겠다는 의사가 있는 경우 즉시 이에 구속되겠다는 의사가 있는 것으로 보아서 웹 사이트에서 단순한 거래조건의 제시에 그치는 것이 아니라 사이버몰에서 재화를 구입하겠다는 의사로서 아이콘을 선택한 다음 사이버몰의 운영자가 제시하는 양식에 따라 인적사항과 배송을 희망하는 주소지를 기재하고 즉시 결제를 요구하는 절차를 거치도록 되어 있는 경우에는 특별한 사정이 없는 한 웹 사이트의 게시는 이를 구속력 있는 청약이라고 볼 것이다.[81)] 즉 청약의 유인인지 청약인지의 여부는 홈페이지의 객관적 표시가치, 즉 홈페이지의 종류나 게시하고 있는 상품의 종류에 따라서 결정된다고 할 수 있다.[82)]

두 번째 쟁점인 의사표시의 효력의 발생시기와 관련하여, 전자계약의 체결이 대화자 사이의 거래인지 격지자 사이의 거래인지의 문제가 있다. 이는 우리 민법이 대화자간의 계약 성립시기에 관해서 특별한 규정을 두고 있지 않기 때문에 의사표시의 효력발생시기에 관한 원칙인 도달주의에 입각하여 승낙의 의사표시가 상대방에게 도달한 때 계약도 성립한다고 해석하면 되나, 격지자간의 거래인 경우에는 민법 제531조에 의하여 승낙의 통지를 발한 때 계약이 성립한다고 하고 있어 발신주의를 취하고 있기 때문이다.[83)]

헌, 정보사회로의 변혁과 민사법상 수용에 관한 연구, 민사법학 제20권, 2001, 282면; 김민중, 인터넷법학의 민사법적 과제와 체계, 인터넷법학 제2호, 법무부, 2003, 303면.

80) 사법연수원, 전자거래법연구(노태악 집필부분), 2012, 65면. 공정거래위원회가 제정한 전자상거래(인터넷 사이버몰) 표준약관 제10조 제2항에서는 계약의 성립시기를 정하면서 웹사이트의 게시를 청약의 유인으로 보는 전제하에서 회원의 청약에 대하여 사이버 몰의 승낙을 필요로 하는 것으로 규정하고 있다.

81) 사법연수원, 상게서, 56면. 이와 관련해서는 서울지방법원 2002.5.30. 선고 2001가단324872.

82) 김민중, 전게논문, 302면.

83) 2001년 확정된 법무부의 민법개정안에 의하면, 민법 제531조를 개정하여 격지자간의 계약의 성립시기에 관하여 발신주의를 버리고 도달주의를 채택하였다. 따라서 이에 대한 논의의 실익은 적어진다.

인터넷을 통하여 전자계약이 이루어지는 경우 이를 대화자간의 계약이라고 보면 승낙의 의사표시가 도달하였을 때 계약이 성립하고(도달주의), 격지자간의 계약이라고 본다면 승낙의 의사표시를 발신하였을 때 계약이 성립한다(발신주의). 물론 격지자간의 계약의 경우에도 승낙기간을 정한 경우(민법 제528조 제1항)와 그렇지 않은 경우(민법 제529조)로 나누어 발신주의에 다소 제한을 가하고 있다.

이에 관하여 원칙적으로 격지자간의 의사표시로 보아야 한다는 견해[84]와 전자거래에서는 비록 격지자라 하더라도 의사표시의 발송과 도달이 거의 동시적 또는 실시간으로 이루어지고 또한 발신자로서는 의사표시의 부도달을 용이하게 알 수 있기 때문에 대화자간으로 보아야 한다는 견해[85] 및 전자거래의 방법은 매우 다양하므로 일률적으로 대화자간의 거래나 격지자간의 거래라고 단정할 수 없고, 인터넷폰이나 화상회의의 경우에는 대화자간의 거래라고 볼 수 있고, 채팅의 경우에도 대화자간의 거래라고 보는 견해[86] 등이 있다.

생각건대 인터넷에서의 전자문서의 교환은 비록 물리적·거리적으로는 멀리 떨어져 있다 하더라도 오늘날 통신기술과 인터넷기술의 발달로 인하여 거의 실시간으로 이루어지고 있다. 따라서 전자메일과 같은 전자사서함을 사용하는 것처럼, 일정한 시간적 간격을 두고 이루어지는 의사표시 이외에는 인터넷상에서 이루어지는 거래는 대화자간의 거래라고 보아야 할 것이고 입법론적으로도 그렇게 함으로써 오늘날 민법 제528조와 제531조를 둘러싸고 나누어지는 첨예한 견해의 대립도 해결할 수 있을 것이다.[87]

---

84) 표의자와 수령자의 컴퓨터가 물리적으로 분리되어 있으며, 발신과 도달이 동시에 일어나지 않고 발신과 도달이 전자사서함에 저장되는 경우도 있기 때문에 격지자간의 거래라고 한다. 지원림, 자동화된 의사표시, 저스티스 제31권 제3호, 1998, 53면; 한삼인·김상명, 전자상거래의 법리에 관한 연구, 비교사법 제11호, 1999.12., 722면; 이철송, 전자거래기본법의 개정방향, 인터넷법률 제5호, 2001.3, 법무부, 16면.

85) 배대헌, 정보사회로의 변혁과 민사법상 수용에 관한 연구, 민사법학 제20호, 2001, 한국민사법학회, 283면.

86) 김민중, 전게논문, 302면; 고형석, 전자상거래의 성립시기에 관한 연구-전자소비자계약을 중심으로-, 비교사법 13권 3호(통권 34호), 2006.9. 28면에서는 사업자가 사이버몰에 계약체결의 자동화 시스템을 갖추어 소비자의 청약에 대하여 즉각적인 승낙을 하는 경우와 소비자의 청약을 수령한 후 배송가능성 여부를 판단한 후 승낙을 하는 경우를 구분하여 전자는 대화자간의 계약으로 보고, 후자는 청약이 상당한 기간동안 유지되며, 청약의 유효기간으로 격지자간인지 대화자간인지 판단하고자 한다; 격지가 전자계약의 의사표시는 전자문서의 교환에 의하여 성립하기 때문에, 인터넷폰이나 화상회의는 전자문서 교환에 의한 계약이라고 볼 수 없으므로 전자계약의 범주에 속하지 않는다.

그렇다면 계약의 성립시기를 승낙의사가 도달한 시점으로 보는 경우, 어느 때 도달하였다고 볼 수 있는가?

먼저, 우리 민법은 의사표시의 효력발생기기에 대하여 도달주의를 취하고 있는바(민법 제111조), 도달은 상대방의 지배권 내로 들어가 사회통념상 일반적으로 요지할 수 있는 상태가 생겼다고 인정되는 것을 말하므로,[88] 이와 관련하여 전자적 방식에 의한 경우에는 어느 때에 도달되었는지 문제된다. 「전자문서 및 전자거래기본법」 제6조 제1항은 '전자문서는 수신자 또는 그 대리인이 전자문서를 수신할 수 있는 정보처리시스템에 입력된 때에 송신된 것으로 본다'고 규정하고 있으며, 다시 수신에 대해서는 수신자가 전자문서를 수신할 정보처리시스템을 지정한 경우에는 지정된 정보처리시스템에 입력된 때(단 전자문서가 지정된 정보처리시스템이 아닌 정보처리시스템에 입력된 경우에는 수신자가 이를 출력한 때), 동조 제2항 2호는 수신자가 전자문서를 수신할 정보처리시스템을 지정하지 아니한 경우에는 수신자가 관리하는 정보처리시스템에 입력된 때[89]라고 규정함으로써 전자문서에 관한 도달에 관한 의제규정을 두고 있다.[90] 수령자의 기계장치의 흠결로 인한 위험은 수령자가 부담하는 것이 아니라 의사표시자가 부담하여야 한다.[91]

격지자간의 계약의 성립시기에 관해서는 도달주의 원칙과 계약법의 발신주의의 충돌 때문에 여러 가지 해석이 있는데, 공정거래위원회가 2003년 10월에 제정한 인터넷사이버몰이용 표준약관 제10조 제2항은 몰의 승낙이 제12조 제1항의 수신확인통지형태로 이용자에게 도달한 시점에 계약이 성립한 것으로 본다고 규정

---

87) 졸저, 가상공간법, 전남대학교출판부, 2005, 89면.

88) 곽윤직, 민법총칙, 박영사, 1994, 430면; 대판 1960.12.15, 선고 4293 민상 455 판결.

89) 의사표시의 도달에 관해 기술적인 도달과 법적 측면의 도달로 구분하여 기술적 측면에서는 입력 자료가 수령자의 자동화설비에 도달하면 도달이 있으나, 단순히 기술적으로 도달한 것만으로는 법적으로 도달하였다고 할 수 없다는 견해(김상용, 자동화된 의사표시와 시스템계약, 사법연구 제1집, 청헌법률문화재단, 청림출판, 1992, 54면)와 전자적 의사표시에 있어서도 그 의사표시가 수령자의 지배영역내로 들어오고, 수령자가 그 의사표시의 내용을 인지할 수 있을 때 비로소 도달하였다고 하는 요지주의 입장(Helmut Köhler, BGB Allgemeiner Teil, 22. Aufl. (1994), S.141)도 있다.

90) EU 전자상거래지침을 대폭 수용한 독일은 2002년 개정 민법 제312 e조 1항(4)에서 도달에 관한 의제규정을 두고 있다. 즉 당사자가 주문 및 수신확인 전자메일을 통상의 상황에서 불러올 수 있는 시점에 도달되었다고 보고 있다. Directive 2000/31/EC of 8 June on certain legal aspect of information society services, in particular electronic commerce, in the international Market 〈http://europa.eu.int/eur-lex/de/search/search-lif.html〉.

91) Helmut Köhler, a.a.O., S.140.

하고 있어 위 각 약관을 채택한 사이버몰에서의 계약은 위 약관에 따라 전자적 의사표시는 도달되었을 때 그 효력이 발생한다.

우리 민법과 같이 계약의 성립에 관하여 격지자간에 발신주의를 취하고 있는 일본에서는 2002년에 「전자소비자계약 및 전자승낙통지에 관한 민법의 특례의 관한 법률」을 제정하여 전자소비자계약의 성립시기를 도달주의로 규정하고 있다(동법 제4조)[92]. 아직 계약법적 측면에서 소비자계약이나 전자거래를 규율하고 있지 않기 때문에 발생하는 이러한 문제에 관해서는 일본과 같이 특례규정을 두거나 향후 민법의 개정과정에서 대화자간의 계약과 격지자간의 계약으로 구분하여 계약의 성립시기를 달리 정하고 있는 민법의 규정을 개정하여 양자 모두 동일하게 도달주의의 원칙을 취함으로써 해결해야 할 것이다.[93]

(2) 전자소비자계약의 의의

전자소비자계약은 이미 살펴보았듯이 전자계약과 소비자계약의 개념에서 도출해 낼 수 있는데, 소비자계약이 전자적 방식으로 사업자와 소비자간에 체결되는 계약을 말한다. 전자적 방식에 의한 계약은 당사자에 따라서는 사업자간 전자상거래(B2B), 사업자와 정부간 전자상거래(B2G), 사업자와 소비자간 전자상거래(B2C), 개인간 전자거래(P2P 혹은 U2U)로 구분할 수 있으며, 위와 같은 다양한 전자계약 중 사업자가 가상공간에 개설한 사이버 몰에 소비자가 접속하여 자동화된 체결절차에 따라 상품과 용역에 대한 계약을 체결하는 것을 전자소비자계약이라고 한다.[94]

---

92) 동법 제4조는 '전자 승낙 통지에 관한 민법의 특례'란 제목 하에 「민법 제526조 제1항 및 제527조의 규정은, 격지자간의 계약에 있어 전자승낙 통지를 발한 경우에 관해서는 적용하지 않는다」고 하여 발신주의의 적용을 배제하고 있다.

93) 동지, 한웅길, 민법개정과 관련하여 격지자간의 계약성립시기에 대한 제언, 법이론과 실무 제3집, 1999, 영남민사법학회, 195-197면; 김재형, 전자거래에서의 계약의성립에 관한 규정의 개정방향, 인터넷법률 제9호, 2001.11., 법무부, 7-9면. 현재 민법개정안에서는 격지자간의 계약성립시기를 발신주의에서 도달주의로 하고 있다(민법개정안 제531조); 고형석, 전자상거래의 성립시기에 관한 연구-전자소비자계약을 중심으로-, 비교사법 13권 3호(통권 34호), 2006.9, 26면.

94) 고형석, 전게논문, 21면에서는 전자소비자계약의 대상을 매매계약에 한정하고 있으나, 앞에서 살펴본 것처럼 소비자계약의 대상이 될 수 있는 것은 매매계약 뿐만 아니라, 임대차계약, 임치계약, 위임계약, 소비대차계약에서도 가능하며, 그 외에도 여행계약, 중개계약과 소비자신용계약, 인터넷 서비스이용계약, 인터넷 정보제공계약도 가능하며 의료계약을 소비자계약으로 보는 경우 원격의료계약도 전자소비자계약으로 볼 수 있다.

전자소비자계약과 가장 밀접한 관련을 갖는 「전자상거래등에서의 소비자보호에 관한 법률」에서는 규율하고 있는 대상이 전자상거래와 통신판매인데 각각의 정의에 관해 제2조 제1호는 전자상거래를 전자거래의 방법으로 상행위를 하는 것을 말한다고 하고, 제2호에서 통신판매

일본에서는 이러한 형태의 전자상거래를 전자소비자계약이라 칭하고, 이 분야에서 문제되는 점을 해결하고자 2001년에 전자소비자계약 및 전자승낙통지에 관한 민법의 특례에 관한 법률을 제정하였다. 일본 전자소비자계약법에서는 소비자와 사업자 사이에서 전자적 방법에 의한 전자계산기의 영상면을 이용하여 체결된 계약으로서, 사업자 또는 그 위탁을 받은 자가 해당 영상면에 표시한 절차에 따라 소비자가 전자계산기를 이용하여 송신한 것에 의해 그 신청 또는 그 승낙의 의사표시를 행한 것을 말한다(동법 제2조 제1호)고 규정하고 있다.[95)]

우리나라에서는 전자소비자계약에 대한 직접적인 규정을 두고 있지 않고, 「전자상거래 등에서의 소비자보호에 관한 법률(이하 전소법이라 한다)」에서 전자상거래에서의 소비자보호에 관한 규정을 두고 있는데, 전자소비자계약이란 표현을 사용하고 있지 않지만 통신판매와 함께 전자소비자계약에서 소비자보호를 위한 규정을 두고 있다. 즉, 동법 제2장은 전자상거래와 통신판매란 제목 하에, 제14조 제1항은 '통신판매업자는 소비자로부터 재화 등의 거래에 관한 청약을 받은 경우 청약의 의사표시의 수신 확인 및 판매 가능 여부에 관한 정보를 소비자에게 신속하게 통지하여야 한다'고 하고 있으며, 제17조는 '통신판매업자와 재화 등의 구매에 관한 계약을 체결한 소비자는 다음 각호의 기간 이내에 당해 계약에 관한 청약철회 등을 할 수 있다'고 규정되어 있다. 동조항들은 통신판매와 전자상거래에 모두 적용되며, 동조항에서의 청약 내지 청약의 철회 등의 표현은 전자소비자계약을 전제하고 있는 것이다.

3. 전자소비자계약의 법적 성질과 특성

(1) 전자소비자계약의 법적 성질

오늘날 근대 입법자가 예상하지 못한 다양한 형태의 소비자계약이 재화와 용역의 거래에서 등장하면서 민법전의 공동화현상을 초래하고 있다. 이러한 현상에 직면하여 민법학자들은 최근 활발하게 민법과 소비자법의 관계 규명에 진력하고 있다. 소비자계약은 일방이 사업자로서 상행위를 통하여 이윤을 추구하는 자와, 타방은 소비자로서 사업자가 제공하는 정보에 의존하여 재화나 용역의 소비를 위

는 재화 또는 용역(일정한 시설을 이용하거나 용역의 제공을 받을 수 있는 권리를 포함)을 대상으로 하고 있어서 소비자보호를 위하여 거래객체를 넓게 규정하고 있다.

95) 동법에서의 전자계산기는 전자정보처리장치를 말한다.

하여 구입하는 자 사이의 계약이다. 전자소비자계약이 그 내용과 방식에서 특수성을 인정한다 할지라도 여전히 '당사자의 합의'라는 당사자의 자치성에서 출발하는 만큼 계약법의 적용을 예상할 수 있다.

또한 전자소비자계약은 소비자계약에서 살펴본 것처럼 매매계약과 같은 전형계약처럼 어떤 특정한 내용을 가진 계약을 지칭하는 것이 아니고, 다양한 내용을 지닌 사업자와 소비자사이의 계약이다. 그렇다면 전자소비자계약은 어떠한 법적 성질을 지니는 것일까?[96)]

전자소비자계약을 살펴보면, 그 체결과정은 다음과 같다. 먼저 사업자가 가상공간에 사이버 몰을 개설하여 재화 내지 용역에 관한 정보를 게시한다. 이후 소비자가 사이버 몰에 접속하여 사업자가 게시한 재화 내지 용역에 관한 정보를 보고 자신의 구매의사를 표시하면 사업자는 이의 승낙여부를 결정하여 소비자에게 전송하며, 승낙시 전자소비자계약은 체결된다. 이후 소비자는 재화나 용역의 대금을 지급할 의무를 부담하며, 사업자는 재화나 용역을 공급할 의무를 부담한다. 이의 절차는 자동화된 체결절차에 따라 전자문서의 교환으로 이루어지게 되고, 소비자는 재화나 용역에 대한 대가를 온라인상에서 인터넷뱅킹을 통한 송금이나 신용카드나 전자화폐 혹은 휴대폰결제를 할 수 있으며 오프라인상에서 입금을 할 수도 있다.

이상의 것을 종합하여 보면 전자소비자계약은 유상・쌍무・요식계약의 성질을 띠고 있는 것을 알 수 있다. 먼저 사업자의 재화나 용역의 제공에 대하여 소비자는 그에 대한 대가를 지급할 의무를 부담하므로 유상계약이고, 쌍무계약이다. 따라서 민법 제567조의 매매에 관한 규정의 유상계약에의 준용규정에 의하여 소비자는 사업자에게 담보책임 등을 추궁할 수 있다.[97)]

소비자의 대금지급의무와 사업자의 재화나 용역의 제공의무는 동시이행관계에 있지만, 통상 소비자는 전자소비자계약의 체결과정 또는 체결직후에 대금을 지급한다. 원칙적으로 우리 계약법은 계약방식의 자유를 인정하기 때문에 할부매매인 경우를 제외하고는 서면에 의할 것을 요하지 않는다. 그러나 전자소비자계

96) 전자소비자계약의 법적 성질에 대해서는 고형석, 전자상거래의 성립시기에 관한 연구-전자소비자계약을 중심으로-, 비교사법 제13권 제3호(통권 34호), 2006.9, 21면 이하.

97) 김문환, 전자상거래법의 체계와 과제, 인터넷법연구 제2호, 2003, 한국인터넷법학회, 390-391면; 고영덕, 전자상거래의 법적 문제, 기업법연구 제7집, 2001, 한국기업법학회, 393면.

약에서는 전자문서에 의한 의사의 합치를 요구하기 때문에 요식계약이라고 할 수 있다. 또한 할부매매의 서면성에 대하여 전자문서가 서면성을 충족하는지가 문제되는데, 입법적으로 해결하고 있음은 앞에서 살펴보았다.

전자소비자계약이 낙성계약인가에 대해서는 검토를 요한다.[98] 전자소비자계약의 체결이 소비자와 사업자의 의사의 합치만으로 성립하며, 별도의 재화의 인도 기타의 급부를 이전하지 않더라도 성립한다면 낙성계약에 해당한다. 그러나 종전에는 통상 소비자가 전자소비자계약의 체결과정이나 직후에 대금을 지급하여야 하였으므로, 낙성계약이라기보다는 요물계약적인 측면이 있었고, 대금의 지급 후 재화나 용역의 공급이 이루어지지 않는 경우에 소비자보호가 문제되었다.

이를 해결하기 위하여 2005년에 선불식 전자상거래나 통신판매의 경우 거래안전을 위해 결제대금 예치제도(Escrow)를 두고 있다. 즉 선불식 통신판매업자는 소비자가 원하는 경우에는 소비자가 재화 등을 공급받을 때까지 그 결제대금을 제3자에게 예치하도록 하고, 통신판매업자(전자상거래업자) 본인이 소비자 피해보상보험계약 등을 체결하도록 하는 규정을 두고 있다. 단 신용카드거래, 배송이 필요 없는 거래, 10만원 이하의 범위 안에서 대통령령이 정하는 금액 이하인 소액거래 등에 대하여는 그 적용을 제외하도록 하고 있다.

(2) 전자소비자계약의 특성

전자소비자계약에서도 소비자계약의 특성을 대개는 갖는다. 즉, 사업자와 소비자의 비대칭성, 사업자와 다수당사자인 개인으로서의 소비자계약, 약관에 의한 계약, 변형계약 내지 비전형계약성의 특성을 갖게 된다. 이하에서는 전자소비자계약의 특성에 대하여 살펴본다.

1) 사업자의 정보제공의무와 정보접근의 용이성 및 개방성 소비자계약의 당사자인 사업자와 소비자는 비대칭성을 갖는다. 즉 정보와 기술조작, 조직력과 시장지배력 등에 있어서 사업자는 우월한 지위에 있고 소비자는 열등한 지위에 놓여 있다.[99] 소비자가 계약을 체결하고 그 결과를 자기책임 하에 부담하기 위

---

98) 전자소비자계약의 체결이 소비자와 사업자의 의사의 합치로 성립하며, 별도로 재화의 인도 기타의 급부를 이전하지 않더라도 성립하므로 낙성계약으로 보는 견해(고형석, 전게논문, 22면)도 있으나, 많은 전자상거래에서는 계약의 체결과 동시에 대금의 지급이 이루어지는 경우가 많기 때문에 일률적으로 낙성계약이라고 말하기는 어렵다.

99) 竹内昭夫, 消費者保護法, 現代經濟構造と法(現代法學全集 52), 16면 이하; 大村敦志, 消費

해서는 충분한 정보가 주어지고 자발적인 의사결정이 전제조건일 것이다. 그러나 현대의 소비자거래에 관한 정보가 고도화 전문화되어 있는 상태에서, 소비자는 사업자에 비하여 정보력에 있어서 열위에 있을 수밖에 없다. 일본의 소비자계약법은 제1조에서 동법의 목적을 '소비자와 사업자간의 정보의 질, 양 및 교섭력의 격차를 감안하여'라고 하여 소비자계약의 비대칭적인 특성을 동법에 담고 있다.

따라서 사업자의 정보제공의무는 소비자계약에서 핵심요소로 등장하였다.

이러한 소비자의 정보의 열위력과 정보의 편재는 전자소비자계약에서는 약간 다른 모습을 띠게 된다. 소비자는 정보의 바다인 인터넷에서 다양한 정보검색포털사이트와 검색툴을 통해서 구매하고자 하는 상품과 용역에 대한 정보를 당해 사업자로부터 얻을 뿐만 아니라, 다른 사업자와 구매경력이 있는 다른 소비자로부터 얻을 수 있다. 따라서 전자소비자계약에서는 정보의 공유와 편재가 혼재한다는 면에서 전통적인 거래방식의 소비자계약과 차별성을 갖는다.

2) 비대면성과 전자문서에 의한 계약의 성립 전자소비자계약은 소비자와 생산자가 가상공간에서 계약을 체결한다는 특징을 가지고 있다. 이러한 비대면성은 익명성의 문제와 연결되어 당사자가 실제 존재하는지가 중요한 문제로 등장한다. 이러한 문제는 전자인증제도와 전자서명제도 실시로 해결하고 있다.

전자소비자계약은 소비자와 사업자 사이에 청약과 승낙의 의사표시가 디지털화된 전자문서(전자적 의사표시)에 의해 이루어진다. 문서란 문자 또는 이를 대신한 부호에 의하여 일정한 사상, 관념을 표시한 물체를 말한다. 전통적인 의미에서의 문서는 가시성, 가독성, 영속성을 중요한 특성으로 한다. 이러한 문서의 특성으로 말미암아 음반이나 테이프의 기록들은 무형물로서 문서성을 인정받지 못하였다.

이에 반해 전자문서는 컴퓨터와 같은 특별한 매체가 없으면 눈으로 볼 수 없고, 읽어서 인식할 수 없을 뿐만 아니라 새로운 데이터에 의해 기존의 데이터가 수정·보완될 수 있다는 특성을 지니고 있다. 전통적인 의미에서의 문서는 정보저장 및 전달의 기능, 증명적 기능, 상징적 기능의 세 가지 기능을 가지고 있는

者・消費者契約の特性-中間報告(2), NBL 476號(1991), 44면. 이러한 소비자의 '약자론'에 대하여, 앞으로의 소비자보호는 공평・정의에 의한 약자론이 후퇴하고 자기책임주의로의 전환을 예견하는 견해(소재선, 전게논문, 201면)도 있으나, 본질적으로 양자간에 격차가 존재하기 때문에, 자기책임주의로의 전환은 한계가 있기 마련이다.

데,[100] 이런 면에서 전자문서도 위 세 가지의 기능을 수행할 수 있으며 특별한 경우에는 몇 가지의 조건 속에서 문서의 기능을 할 수 있다.

소비자의 의사표시는 사업자와의 자유로운 의사교환에 따른 의사형성보다는 사업자가 쇼핑몰에 일방적으로 제시한 Web문서에 의해 이루어지는, 일정한 방식에 따른 계약이다. 여기서는 전자문서의 문서성과 진정성, 전자소비자계약의 성립시기와 관련된 전자문서의 송·수신시기 등이 문제된다.

전자문서의 문서성에 대해서는 「전자문서 및 전자거래기본법」 제4조, 전자문서의 송·수신기와 관련하여서는 제6조부터 제10조까지 규정하고 있으며 전술하였다. 전자문서의 진정성은 전자문서의 사용자를 거래 상대방이 확인하는 것이다. 전자적 방식의 가상공간은 비대면의 특성을 가지고 있기 때문에 서로에 대하여 직접 확인할 수 없다. 이에 따라 사업자와 소비자 사이에 서로에 대한 신뢰를 확보하기가 매우 어렵다. 따라서 사업자가 제공하는 정보에 접근하는 소비자들을 통제하기 위하여 각 소비자를 통제하기 위한 기법이 필요한데, 이러한 기능은 전자서명을 이용해서 담보된다. 일반적으로 사용자 인증의 경우 비대칭 암호화기법을 기반으로 인증기관이 발급하는 인증서에 의하게 된다. 이에 관해서는 전자서명법에 의해서 규율되고 있다. 위의 법은 당사자와 전자문서의 진정성 확보를 위한 전자서명이나 전자인증의 기술적 발달에 따른 '기술적 중립성'을 채택한 점이 특징이다.

3) 전자약관에 의한 계약 약관이란 계약의 일방 당사자가 다수의 상대방과 계약을 체결하기 위하여 일정한 형식에 의하여 미리 마련해 놓은 계약의 내용이나 조건, 즉 계약의 초안을 가리키는데,[101] 이러한 요건이 충족되면 구체적인 형태, 명칭, 범위 등에 상관없이 약관으로 인정된다. 사업자는 다수의 소비자와 계약체결시 이러한 약관을 이용하여 간편하게 계약을 체결하게 된다.[102]

전자소비자계약에서도 통상 계약 체결 이전 약관이 제시되는데, 이를 전자약

100) 김영갑·최성준, 정보사회에 대비한 상사법연구 서론, 정보화사회에 대비한 일반법연구(Ⅰ), 통신개발연구원, 1997.6, 150면.

101) 약관규제법 제2조 제1항 참조.

102) 이러한 약관은 은행거래(예금·대차계약), 보험계약(화재·손해·생명보험), 공급계약(전기·가스·수도공급 등), 운송계약(철도·버스·선박·항공운송 등), 이용계약(우편, 전신, 전화, 인터넷 등), 할부판매, 통신판매, 여행계약, 전자거래 등에서는 물론이고, 의료계약에서도 사용된다.

관이라고도 부른다. 전자약관은 계약의 일방 당사자(사업자)에 의하여 사전에 작성된 전자적 기록의 형태로 된 약관을 말한다.[103] 일반적인 약관이 서면의 형식으로 작성되어 제시됨에 비하여 전자약관은 전자적 기록의 출력방식에 의하여 제시되는 것이 특징이다. 전자약관은 사업자의 홈페이지 내에 게시되어 소비자가 모니터를 이용하여 이를 확인하는 것이 보통이고, 경우에 따라서는 사업자가 이를 고객에게 전자우편을 통하여 전달하고 고객은 이를 모니터나 프린터를 통하여 출력함으로써 확인할 수도 있다.

결국 전자약관은 그 성질과 내용면에서는 일반적인 약관과 동일한 실질을 지니는 것이고 다만 그것이 전자적 기록의 형태로 존재함으로 말미암아 그 명시 및 설명방법에 있어서 일반적인 약관과 달리 취급하여야 할 필요성이 있을 뿐이다. 처음 전자상거래가 행해지는 때에는 쇼핑몰 사업자에 의하여 일방적으로 약관이 게시되거나 고객이 사이버몰의 어느 곳에 약관이 소재하는지 발견하기가 어렵게 되어 있는 경우가 많았다. 실제로 약관이 존재하는 경우에도 마우스로 스크롤 해야만 그 다음의 약관 내용을 볼 수 있게 되어 있다. 쉽게 거래약관을 찾을 수 있어야만 당사자 간의 권리・의무관계가 약관을 통하여 명확히 해결 될 수 있을 것인데, 약관내용을 모른 채 고객들은 일단 계약을 체결하고, 그 후에 분쟁이 발생하면 비로소 약관 내용을 문제로 삼는 것이 일반적이다. 이것은 사업자의 약관교부 설명의무 위반의 문제로 연결된다.

현재 전자약관 조항 가운데는 개인정보 누출시 사업자 책임배제조항, 일방적인 계약 내용 결정 조항, 부당한 회원자격 정지 및 박탈조항, 청약철회권 행사 제한 및 환불일 지연조항, 고객이 주문한 상품・용역이 제공된 이후에 회사에 대하여 영수증 또는 세금계산서를 요구한 경우, 그 배송 및 제공비용을 고객의 부담으로 돌리는 조항 등 다수의 불공정 조항을 내포하고 있는 경우도 있다. 이러한 이유로 공정거래위원회에서는 전자거래 표준약관을 만들어 게시하고 있다.[104]

전자상거래 표준약관[105]에서는 사이버몰의 신뢰성을 높이기 위해 정보제공의

---

103) 졸저, 전게서, 221면.

104) http://www.ftc.go.kr. 이외에도 보험회사에서는 전자보험거래표준약관을 사용하고 있다. 이에 대한 자세한 소개는 고형석, 사이버몰의 약관과 소비자보호에 관한 연구-전자상거래표준약관을 중심으로-, 민사법학 제26호, 2004.9, 391면 이하.

105) 표준약관은 사업자 등이 거래분야에서 자율적으로 소비자를 보호하기 위한 방안이므로 표준약관의 제정을 사업자 등이 자율적으로 할 수 있고, 표준약관의 내용이 약관규제법에 위반하

무를 부과하고 있는데, 약관의 내용과 상호, 대표자성명, 몰의 영업소 소재지 주소(소비자의 불만을 처리할 수 있는 곳의 주소를 포함), 전화번호・모사전송번호・전자우편번호, 사업자등록번호, 통신판매업 신고번호, 개인정보관리책임자 등을 게시하도록 하고 있다(표준약관 제3조 제1항). 몰이 약관을 개정할 경우에는 적용일자 및 개정사유를 명시하여 현행 약관과 함께 몰의 초기화면에 그 적용일자 7일 이전부터 적용일자 전일까지 공지하여야 한다(표준약관 제3조 제4항).

또한 '몰'이 제공하기로 한 이용자와 계약을 체결한 서비스의 내용을 재화의 품절 또는 기술적 사양의 변경 등의 사유로 변경할 경우에는 '몰'은 이로 인하여 이용자가 입은 손해를 배상하되, 고의 또는 과실을 요하도록 하고 있다(제4조 제3항).

구매신청과 관련하여 몰은 이용자가 구매신청을 함에 있어서 재화 등의 검색 및 선택(제1호), 성명, 주소, 전화번호, 전자우편주소(또는 이동전화번호) 등의 입력(제2호), 약관내용, 청약철회권이 제한되는 서비스, 배송료・설치비 등의 비용부담과 관련한 내용에 대한 확인(제3호), 약관에 동의하거나 제3호의 사항을 확인하거나 거부하는 표시(예, 마우스 클릭)(제4호), 재화 등의 구매신청 및 이에 관한 확인 또는 몰의 확인에 대한 동의(제5호), 결제방법의 선택(제6호) 등의 내용을 알기 쉽게 제공하도록 규정하고 있다(제9조).

지급방법에 대해서는 몰에서 구입한 재화 또는 용역에 대해서는 폰뱅킹, 인터넷뱅킹, 메일뱅킹 등의 각종 계좌이체, 선불카드, 직불카드, 신용카드 등의 카드결제, 온라인무통장입금, 전자화폐에 의한 결제, 수령시 대금지급, 마일리지 등 몰이 지급한 포인트에 의한 결제, 몰과 계약을 맺었거나 몰이 인정한 상품권에 의한 결제, 기타 전자적 지급방법에 의한 대금 지급 등 광범위한 지급 결제 방법을 제시하고 있다(제11조).

배송에 대해서는 이용자가 구매한 재화의 배송수단, 배송비용부담, 배송기간 등을 소비자보호를 위하여 명시토록 하고 '몰'이 약정 배송기간을 지키지 못하는 경우 배상책임 규정을 두고 있다(제13조 제2항). 동조 제1항에서는 이용자와 재화 등의 공급시기에 관하여 별도의 약정이 없는 이상, 이용자가 청약을 한 날로부터 7일 이내에 재화 등을 배송할 수 있도록 주문제작, 포장 등 기타의 필요한 조치를 취하도록 하고 있고, 다만, '몰'이 이미 재화 등의 대금의 전부 또는 일부를 받은 경우에는 대금의 전부 또는 일부를 받은 날부터 2영업일 이내에 조치를 취하도록

는지 여부를 사업자 등은 공정거래위원회에 서면으로 심사를 청구할 수 있다.

하고 있다. 뿐만 아니라 몰은 이용자가 재화 등의 공급절차 및 진행 사항을 확인할 수 있도록 적절한 조치를 하도록 규정하고 있다(제14조).[106]

재판권 및 준거법에 대해서는 몰과 이용자간에 발생한 전자상거래 분쟁에 관한 소송은 제소 당시의 이용자의 주소에 의하고, 주소가 없는 경우에는 거소를 관할하는 지방법원의 존속관할로 하며, 제소 당시 이용자의 주소 또는 거소가 분명하지 않거나 외국 거주자의 경우에는 민사소송법상의 관할법원에 제기하도록 규정하고 있다. 몰과 이용자간에 제기된 전자상거래 소송의 준거법에 대해서는 한국법으로 규정하고 있다(제24조).[107]

4) 특별법에 의한 규율　전자소비자계약을 계약으로 본다고 하더라도, 실제로 민법상의 계약법에 의해 규율되는 것은 별로 없다. 우선적으로 소비자보호에 관련된 개별 특별법이 적용되고, 사안에 대해 특별법을 적용할 수 없는 경우에 민법상의 계약법이 적용되게 된다. 민법상의 계약편에서도 매매, 소비대차, 임대차, 위임, 임치 등 극히 일부에 지나지 않는다. 전자소비자계약도 유상계약으로서 매매에 관한 규정이 준용되는데, 담보책임 정도에서 의의를 갖는다.

전자소비자계약에서는 청약의 철회가 인정되는 만큼 청약의 구속력을 인정하는 민법 제527조의 규정도 배제된다.[108] 또한 계약법에서 규정하고 있지 않지만, 원칙적으로 인정되고 있는 계약방식의 자유도 전자소비자계약에서는 전자문서에 의해 계약이 성립하기 때문에 서면주의를 요구하는 할부매매(할부거래법 제4조)처럼 예외적이다.

전자소비자계약은 이처럼 소비자계약이 전자거래로 이루어지는 경우 소비자계약에 관한 특별법과 전자거래에 관한 특별법에 의하여 규율되는 특징을 가진다.

5) 다양한 계약유형의 존재　전자소비자계약은 소비자와 사업자간에 전자적 방식을 통하여 계약을 체결하는 것을 일컫는 것으로, 민법의 전형계약처럼 특정의 계약유형에 한하지 않고 다양한 계약유형이 존재한다. 따라서 전자적으로 가능한 소비자계약은 모두 전자소비자계약의 범주에 속할 수 있다. ① 방문

---

106) 사업자가 소비자에게 제공하여야 할 배송에 관한 정보 역시 소비자가 청약의 의사를 결정하는데 있어서 중요한 사항이기 때문에 계약체결 전에 제공하여할 사항으로서 제14조에 규정할 것이 아니라 제9조에 규정해야 한다는 견해가 있다. 고형석, 전게논문, 417면.

107) 소비자계약의 준거법에 대해서는 국제사법 제27조에서 규정하고 있다.

108) 전자상거래등 소비자보호에 관한 법률 제17조 제1항

판매나 전화권유판매와 같은 것을 제외한 전자매매, 할부매매, 다단계판매와 같은 매매계약형, ② 여행계약이나 의료계약과 같은 역무제공형,[109] ③ 금융기관, 제조업자, 판매업자가 최종소비자에게 소비생활에 필요한 자금을 대출해 주거나 판매대금의 지급유예를 통해서 신용을 제공해 주고 장래에 수수료나 이자를 덧붙여 이를 회수하는 소비자신용형,[110] ④ 스포츠시설 이용계약과 같은 시설제공형 ⑤ 소비자가 약정한 보험료를 지급하고 사업자가 재산 또는 생명이나 신체에 관하여 불확정한 사고가 생길 경우에 일정한 보험금액 기타의 급여를 지급할 것을 약정하는 보험계약형[111]으로 구분할 수 있다.

여행계약이나 인터넷서비스이용계약과 같은 소비자계약의 유형은 민법의 전형계약에 포섭할 수 없는 무명계약이나 혼합계약적 성질을 띠고 있다. 가상공간에서 이루어지는 전자소비자계약은 앞으로도 다양한 형태를 띠고 등장할 것으로 보인다.

Ⅱ. 전자소비자계약의 법적 규율

1. 민법의 적용

전자소비자계약은 소비자계약이다. 따라서 소비자계약 전반에 관한 법률을 가지고 있지 않은 현행 법제 하에서 소비자를 보호하기 위하여 소비자계약을 법

---

109) 매매계약은 매도인이 매수인에게 매매의 목적이 된 권리를 이전하고 매수인은 대금을 지급하는 것(민법 제568조)을 내용으로 하는 재산권이전형 계약이다. 따라서 매매의 목적물은 물건과 권리이다. 원칙적으로 용역 자체는 매매계약의 대상이 아니다. 그러나 소비자계약을 다루는 방문판매법과 할부거래법에서는 할부거래와 방문판매, 다단계판매, 통신판매의 적용대상으로서 재화 내지 상품과 용역 양자를 인정하고 있기 때문에 특별히 용역만 별도의 법적 규율을 받지 않는다. 또한 위의 법들은 용역에 일정한 시설을 이용하거나 용역의 제공을 받을 수 있는 권리를 포함하고 있어서 시설이용계약까지도 함께 규율하고자 하였다. 졸고, 소비자계약의 유형과 법적 규제, 법학논총 제27집 제1호, 전남대학교 법률행정연구소, 2007.6, 285면.

110) 유럽계약법의 소비자신용입법지침은 광고, 계약전 및 계약상 정보제공의무와 신용의 기한 전 변제에 관한 권리에 관한 규정을 담고 있다. 소비자신용에 관한 회원국들의 법률규정과 행정규정의 조화에 관한 1986년 12월 22일 87/102/EWG 입법지침(Abl. 1987 L 42/48)

111) 상법 제638조. 유럽계약법에서는 보험계약에 관한 두 개의 입법지침이 있다. 소비자보험의 영역에 대해서는 첫 번째부터 세 번째 손해보험입법지침(ABl. 1973 L 228/3, ABl 1988 L 172/1. ABl 1992 L 228/1)과 생명보험입법지침(ABl. 1979 L 63/1, ABl 1990 L 330/50, ABl 1992 L 360/1)이 있다.

적으로 규율하는 수단으로 우선 민법을 들 수 있다. 즉 전자소비자계약은 계약이기 때문에 일반적으로 민법의 총칙편이나 계약에 관한 규정의 적용을 받는다.

이에 따라 소비자에게 불리한 불공정한 내용의 소비자계약은 무효로 되거나(민법 제104조), 사기에 의한 의사표시를 한 경우 취소할 수 있다(민법 제110조). 착오로 인한 경우에는 취소할 수 있으나(민법 제109조), 전자계약의 특성상 표시주의의 입장에서 해석할 가능성이 높으므로,[112)] 조작실수와 같은 명백한 경우가 아니면 착오로 인하여 취소할 가능성은 적다고 하겠다.[113)] 무능력자와 행해진 전자소비자계약은 법정대리인의 동의를 받지 않은 경우 취소할 수 있다(민법 제5조・제10조・제13조).

전자소비자계약은 사업자와 소비자간의 유상계약이기 때문에 담보책임이 발생하기도 한다. 민법규정의 적용을 통한 소비자보호는 주로 판례에 의하여 이루어지겠지만, 현재 소비자보호와 관련된 판례는 그다지 많지 않다. 이러한 현상은 소비자보호가 우리나라에서는 행정감독관청에 의한 행정규제에 의하여 사전에 분쟁예방을 하기 때문인 것으로 보인다.

2. 소비자보호 관련 특별법의 우선 적용

소비자계약에 관해서는 소비자보호에 관한 기본법인 소비자기본법이 적용되지만, 동법에서 소비자계약과 관련된 규정은 찾아보기 힘들다. 이는 동법의 입법목적이 소비자계약측면에서 소비자보호를 염두에 둔 것이 아니라, 공법적 규제의

---

112) 입력된 정보자료에 흠이 있는 경우에, 그 흠 있는 정보에 의한 의사표시의 취소여부에 대해서는 동기의 착오의 문제로 보아 외관책임의 법리에 따라 상대방에게 책임을 지우자는 견해(김상용, 자동화된 의사표시와 시스템계약, 사법연구 제1집, 청헌법률문화재단, 1992, 51면)와 취소의 일반원칙에 따라 법률행위의 내용의 중요부분의 착오와 표의자의 중대한 과실이 없을 것을 요건으로 하여 취소할 수 있다고 하는 견해(지원림, 컴퓨터와 관련된 민사법적 문제: 컴퓨터법의 정립을 위한 시론-컴퓨터계약과 EDI를 중심으로, 성곡논총 제26집 상권, 성곡학술문화재단, 1995, 1485-1486면) 등이 있는데, 신속한 거래가 요구되고 대량・정형적으로 이루어지는 사업자의 사기나 과대・허위광고에 의하여 왜곡되지 않는 한, 전자소비자계약에서는 표시주의에 입각하여 의사표시의 해석을 도모해야 할 것이다.

113) 전자소비자계약은 전자적 수단의 사용으로 인하여 전통적인 거래에 비하여 그 체결과정이나 내용에 관하여 착오가 생기기 쉬울뿐더러 또한 그 착오를 발견하기도 용이하지 않다. 전자거래기본법 제8조는 '수신한 전자문서(의사표시)의 독립성을 규정하면서, 상당한 주의를 하였더라면 동일한 전자문서가 반복되어 송신된 것임을 알 수 있었을 때에는 독립된 의사표시로 보지 아니한다'고 규정하고 있다.

측면에서 소비자보호를 바라보았기 때문이다. 소비자계약에 관한 법적 규율 입법례로서는 독일과 같이 민법전에의 편입, 일본과 같이 소비자계약법 내지 전자소비자계약법의 제정, 혹은 우리나라처럼 개개의 특별법으로 규율하는 방법이 있다. 아직까지 우리나라에서는 개개의 특별법에 의하여 규율되는 만큼 소비자계약에 관한 특별법이 민법이나 상법에 우선하여 적용된다.

즉 전자소비자계약은 소비자와 사업자간에 전자적 방식(전자문서)을 통하여 성립되는 계약이고 통상 전자약관에 의하여 체결되고, 따라서 전자약관에 의하여 체결된 경우에는 약관규제에 관한 법률의 적용을 받게 된다. 또한 전자소비자계약이 각각 할부판매나 다단계판매, 또는 전자상거래와 같은 특수한 형태의 계약에 해당하는 경우에는 할부거래에 관한 법률, 전자거래법, 전소법의 적용을 받게 된다.

현재 소비자금융에 대한 법적 규율로는 민법의 소비대차계약에 관한 규정[114]이 있고, 특별법으로는 이자제한법(2007.3.29. 제정, 2007.6.30. 시행),[115] 대부업의 등록 및 금융이용자보호에 관한 법률, 종합금융이용자보호에 관한 법률, 은행법, 할부거래에 관한 법률, 신용카드와 관련하여서는 여신전문금융업법이 적용된다.[116] 이자제한법은 개인간의 금전대차나 미등록대부업체에게 적용되는데, 개인간의 금전대차는 소비자계약이 아니므로, 여기서는 미등록대부업체와 개인간의 계약만을 소비자계약으로 보아야 한다.

이러한 특별법들은 민법이나 상법에 우선하여 적용되며, 강행규정들을 내포

114) 독일민법에서는 제2편 제8장 제3절의 제목을 소비대차계약과 함께 사업자와 소비자 사이의 자금융통원조 및 분할공급계약이라는 부제를 달고, 제1관 소비대차계약에서 따로 소비자소비대차계약(제491조)을 규정하고 있다. 소비자금전소비대차계약이 되기 위해서는 ① 유상의 소비대차일 것 ② 대주가 사업자일 것 ③ 차주가 소비자일 것이라는 세 가지 요건이 충족되어야 한다(동조 제1항).

115) 구이자제한법(1962.1.15. 시행)은 I.M.F. 이후 1998.1.13.자로 폐지되었다가 이후 사채시장에서 초고리가 성행하고 불법적인 채권추심행위가 극성을 부리면서 「대부업의 등록 및 금융이용자 보호에 관한 법률」이 2002년 8월 26이 제정되어 동년 8월 27일부터 시행되었다. 그러나 동법은 등록된 대부업자에게만 적용이 되고, 등록되지 않은 대부업자와 일반 사인간에는 적용되지 않게 되어서 다시 이자제한법을 제정하게 된 것이다. 따라서 등록되지 않은 사업자와 사인간의 소비대차에서 소비자보호의 의의를 찾을 수 있다.

116) 소비자 신용거래의 실태와 관련하여 소비자보호라는 관점에서 공통적 문제로 제기되는 사항들은 신용가격(이자)의 적정성, 계약체결 전의 계약내용의 명시, 충동구매의 규제, 할부대부금의 연체로 인한 해제, 특히 3당사자관계에서의 소비자의 항변권, 연체이자의 적정률 보장, 연체금 회수와 관련된 위법·부당행위의 방지 등이다. 김형배, 채권각론(계약법), 박영사, 2001, 553면.

하고 있다.

3. 통신판매와 동법에 의한 규율

전자상거래는 전소법에서 통신판매와 함께 규율하고 있다. 전소법 제2장은 전자상거래 및 통신판매라는 제목하에 양자를 동일하게 규율하고 있다. 따라서 통신판매에서 소비자보호를 위한 권리 등이 동일하게 전자상거래에도 적용되게 된다. 통신판매 편에서 이미 다루었으므로 이하에서는 간단하게 설명한다. 다만 동법은 전자상거래와 통신판매를 구별하여 별도의 정의를 내리고 있고, 사업자의 금지행위를 규정하면서 통신판매업자와 구분되는 개념으로서 '전자상거래를 행하는 사업자'라는 용어를 사용하고 있다(동법 제21조 제1항). 양자를 구별하는 실익은 각각에 적용되는 규정들이 구별되는 점에 있다. 전자상거래소비자법상의 규정들은 그 조문의 문언만으로 판단할 때 그 적용대상을 달리 하는 세 가지 부류의 규정들이 있다. 첫째, 전자상거래만을 적용대상으로 정하고 있는 규정들이 있다(동법 제7조 · 제10조). 둘째, 전자상거래와 통신판매 모두를 적용대상으로 명시한 규정들이 있다(제6조 · 제8조 · 제9조 · 제11조 · 제21조 · 제23조 내지 제29조 등). 셋째, 전자상거래는 제외하고 통신판매만 그 적용대상으로 하는 규정들이 있다(제12조 내지 제20조, 제22조).

4. 전자상거래등 소비자보호에 관한 법률

전자소비자계약과 관련하여 가장 중요한 법으로는 2002년 3월에 제정되어 7월 1일부터 시행된 '전자상거래등 소비자보호에 관한 법률'을 들 수 있다. 동법은 전자소비자계약이란 용어를 사용하고 있지 않지만, 전자소비자계약을 규율하는 법이라고 할 수 있다. 그러나 동법은 전자상거래 뿐만 아니라 종전에 방문판매법에 있었던 통신판매를 함께 규정하고 있는데, 입법자의 의도는 양자가 비대면이라는 공통점을 가지고 있기 때문에 함께 규율한 것으로 보인다.[117)]

동법은 사업자가 상행위를 목적으로 구입하는 거래에 대하여는 적용되지 아

117) '전소법'은 여러 규정에서 전자상거래와 통신판매를 명백히 구분하고 있어서 동법이 순수하게 전자소비자계약만을 위한 법은 아니며, 규정에 있어서도 입법자는 양자를 구분하여 규율하고 있다. 예컨대, 통신판매업자에 관하여 통신판매를 업으로 하는 자 또는 그와의 약정에 따라 통신판매업무를 수행하는 자라고 용어 정의를 하고 있는 한편(동법 제2조 3호), 사업자의 금지행위를 규정하면서 통신판매업자와 구분되는 개념으로서 '전자상거래를 행하는 사업자'라는 용어를 사용하고 있다(동법 제21조 제1항).

니하고, 다만 사업자라 하더라도 사실상 소비자와 같은 지위에서 다른 소비자와 같은 거래조건으로 거래하는 경우에는 적용이 된다(제2조 5호 나목). 전소법의 소비자보호에 관한 규정이 다른 법률의 규정과 경합하는 때에는 다른 법률의 규정을 적용하는 것이 소비자에게 유리한 경우를 제외하고는 전소법상의 규정이 우선하여 적용된다(동법 제4조).

(1) 전자상거래소비자보호법의 주요내용

1) 전자문서의 활용과 기록보전의 문제(제5조, 제6조) 전자문서의 효력을 전소법 제5조 제1항 본문에서는 소비자와 사업자 간에 사전에 전자문서로 약정하여 지정한 주소(전자문서 및 전자거래기본법 제2조 제2호의 정보처리시스템을 말한다)로 전자문서를 송신하지 아니한 경우 권리를 주장할 수 없도록 하고 있다.[118) 다만, 긴급성을 요하는 경우, 소비자도 이미 전자문서로 거래할 것을 예정하고 있는 경우, 소비자가 전자문서를 출력한 경우 등에는 권리를 주장할 수 없다(제5조 제1항 단서). 제2항에서는 당해 전자문서의 효력 및 수령에 필요한 절차와 방법 등에 관하여 소비자에게 고지하여야 하고, 제3항에서는 소비자에게 특정한 전자서명 방법의 이용을 강요하거나, 소비자가 선택한 전자서명 방법의 사용을 부당하게 제한하여서는 아니 된다고 규정하고 있다.

또한 전자상거래를 하는 사업자는 소비자의 회원 가입, 계약의 청약, 소비자 관련 정보의 제공 등을 전자문서를 통하여 할 수 있도록 하는 경우에는 회원탈퇴, 청약의 철회, 계약의 해지・해제・변경, 정보의 제공 및 이용에 관한 동의의 철회 등도 전자문서를 통하여 할 수 있도록 하여야 하고(제4항), 소비자가 재화등의 거래와 관련한 확인・증명을 전자문서로 제공하여 줄 것을 요청한 경우 이에 따라야 한다(제5항).

전자상거래를 하는 사업자가 전자문서로 제공하기 어려운 기술적 이유나 보안상 이유가 명백하여 이를 소비자에게 미리 고지한 경우에는 제4항과 제5항을 적용하지 아니한다(제6항).

제6조에서는 사업자에게 전자상거래에서의 표시광고, 계약 내용 및 그 이행 등 거래에 관한 기록을 상당한 기간 보존하여야 한다고 정하고, 이 경우 소비자가 쉽게 거래기록을 열람 보존할 수 있는 방법을 제공하도록 하고 있다.

118) 전자거래기본법 제4조에서도 전자문서의 효력에 대하여 규정하고 있다.

2) 조작실수의 방지(제7조) 및 청약의 확인(제14조) 사업자는 전자상거래에서 소비자의 조작실수 등으로 인한 의사표시의 착오 등으로 발생하는 피해를 예방할 수 있도록 거래 대금이 부과되는 시점 또는 청약에 앞서 그 내용의 확인 및 정정에 필요한 절차를 마련하여야 한다(제7조)고 규정함으로써 소비자의 예상치 못한 실수로 클릭하는 것을 방지하고, 시스템이나 통신장애로 인해 발생할 수 있는 오류들을 줄일 수 있도록 하였다.

또한 제14조는 통신판매업자[119]는 소비자로부터 재화 등의 거래에 관한 청약을 받은 경우 청약의 의사표시의 수신 확인 및 판매 가능 여부에 관한 정보를 소비자에게 신속하게 통지하여야 한다. 또한 계약 체결 전에 소비자가 청약의 내용을 확인하고, 정정 또는 취소할 수 있도록 적절한 절차를 갖추어야 한다.

3) 개인정보 및 프라이버시 보호(제11조)[120] 사업자는 전자상거래를 위하여 소비자에 관한 정보를 수집 또는 이용(제3자에게 제공하는 경우를 포함한다)하고자 하는 경우에는 정보통신망이용촉진및정보보호등에관한법률 등 관련 규정에 따라 이를 공정하게 수집 또는 이용하여야 한다(제1항). 사업자는 재화 등을 거래함에 있어서 소비자에 관한 정보가 도용되어 당해 소비자가 재산상의 손해가 발생하였거나 발생할 우려가 있는 특별한 사유가 있는 경우에는 본인 확인이나 피해의 회복 등 대통령령이 정하는 필요한 조치를 취하여야 한다.

4) 사업자의 신원 및 거래조건에 대한 정보의 제공 사업자는 청약을 받을 목적으로 표시·광고를 행하는 경우에는 상호 및 대표자 성명, 주소·전화번호·전자우편주소 등이 포함되도록 해야 한다(제13조 제1항).

통신판매업자는 소비자가 계약체결 전에 재화 등에 대한 거래조건을 정확하게 이해하고 실수 또는 착오 없이 거래할 수 있도록 적절한 방법으로 표시·광고 또는 고지하고, 계약이 체결된 경우에는 계약자에게 계약내용에 관한 서면을 교부하여야 한다. 여기서의 통신판매업자에는 전자상거래의 사업자를 포함하며 서

119) 동법은 통신판매업자라고만 규정하고 있으나 전자상거래에서의 사업자도 여기에 해당한다고 해석해야 한다.

120) 전자거래시스템에서는 쇼핑몰운영자, 몰관리자, 네트워크 서비스제공자, 통신사업자, 인증기관, 결제업자(카드사 또는 전자화폐발행·관리업자 등) 등 극히 다수의 관계자가 관여하기 때문에 개인정보의 노출기회가 그만큼 많고, 개인정보의 유용 및 악용 가능성도 크다. 우리나라 입법례로는 민간부문으로는 정보통신망 이용촉진 및 정보보호 등에 관한 법률, 전기통신사업법, 신용정보의 이용 및 보호에 관한 법률, 전자서명법, 전자거래기본법 등이 있다.

면은 전자문서를 포함한다고 해석하여야 한다. 공정거래위원회는 통신판매업자의 상호 등에 관한 사항 및 거래조건에 대한 표시·광고 및 고지의 방법을 정하여 고시할 수 있다(동조 제4항).[121]

5) 미성년자와의 계약체결시 고지　통신판매업자(사업자)는 미성년자와 재화 등의 거래에 관한 계약을 체결하고자 하는 경우에는 법정대리인이 그 계약에 대하여 동의를 하지 아니하면 미성년자 본인 또는 법정대리인이 그 계약을 취소할 수 있다는 내용을 미성년자에게 고지하여야 한다(제13조 제3항). 주의적 규정으로 볼 수 있다.

6) 재화의 공급　통신판매업자(사업자)는 소비자가 청약을 한 날부터 7일 이내에 재화 등의 공급에 필요한 조치를 하여야 한다(제15조). 통신판매업자가 이미 재화 등의 대금의 전부 또는 일부를 받은 경우에는 대금의 전부 또는 일부를 받은 날부터 3영업일 이내에 재화 등의 공급을 위하여 필요한 조치를 하여야 한다. 다만, 당사자간에 별도의 약정이 있는 경우에는 약정에 의한다.

7) 청약의 철회 및 효과　통신판매업자(사업자)와 재화 등의 구매에 관한 계약을 체결한 소비자는 당해 계약에 관한 청약의 철회[122] 등을 할 수 있다. 먼저, 계약내용에 관한 서면을 교부 받은 날부터 7일 이내 다만, 그 서면을 교부 받은 때보다 재화 등의 공급이 늦게 이루어진 경우에는 재화 등의 공급을 받거나 공급이 개시된 날부터 7일 이내에 철회할 수 있다. 반면 계약내용에 관한 서면을 교부 받지 아니한 경우, 통신판매업자의 주소 등이 기재되지 아니한 서면을 교부 받은 경우 또는 통신판매업자의 주소 변경 등의 사유로 7일 이내에 청약 철회 등을 할 수 없는 경우에는 그 주소를 안 날 또는 알 수 있었던 날부터 7일 이내 철회할 수 있다(제17조 제1항).[123]

---

121) 2006년 4월 1일부터 소비자에게 사업자에 대한 신뢰도를 높이기 위하여 전자상거래시 결제대금예치나 소비자피해보상보험, 채무지급보증계약 등을 통해 사기성 거래로부터 소비자의 구매안전을 보장해 주는 구매안전 서비스 가입을 의무화 하였으나, 가입율이 저조하자 공정거래위원회는 고시를 통해 2007년 9월 1일부터 인터넷을 통해 제품을 판매하는 사이버쇼핑몰 사업자나 오픈마켓에 입점한 통신판매업자는 쇼핑몰의 초기화면과 소비자가 결제수단을 선택하는 화면에 관련 사실을 반드시 표시하도록 하였다. 2007.7.18일자 연합뉴스 보도자료.

122) 소비자가 철회하기 전까지는 소비자의 의사표시는 유효하므로 소비자는 사업자와 체결한 계약에 우선 구속된다. 따라서 철회권이 존재하는 경우에 그 계약은 유동적 유효(Schwebende Wirksamkeit)의 상태에 있게 된다.

다만, 소비자에게 책임 있는 사유로 재화 등이 멸실 또는 훼손된 경우나 소비자의 사용 또는 일부 소비에 의하여 재화 등의 가치가 현저히 감소한 경우 또는 시간이 지나 다시 판매하기 곤란할 정도로 재화 등의 가치가 현지가 감소한 경우, 복제가 가능한 재화 등의 포장을 훼손한 경우, 그 밖에 거래의 안전을 위하여 대통령령으로 정하는 경우에는 청약철회를 할 수 없다(제17조 제2항). 철회권 행사 이전에는 소비자가 체결한 계약이 유효하기 때문에 원칙적으로 계약당사자 쌍방 모두에게 계약상의 이행청구권이 인정된다.

그러나 사업자는 자신의 급부의무를 철회기간 종료 이후에 이행하는 것으로 약관에서 정할 수 있다. 또한 소비자도 철회여부를 숙고할 수 있는 철회기간 동안에는 사업자의 이행청구권에 대하여 이행을 거절할 수 있는지에 관하여는 학설이 대립하고 있다. 철회기간이 지나서 철회권이 소멸하면 소비자가 체결한 계약은 종국적으로 유효한 것이 된다.[124)]

만약 재화 등의 내용이 표시·광고 내용과 다르거나 계약내용과 다르게 이행된 경우에는 당해 재화 등을 공급받은 날부터 3월 이내, 그 사실을 안 날 또는 알 수 있었던 날부터 30일 이내에 청약철회 등을 할 수 있다. 이와 같은 청약 철회 등을 서면(전자문서)으로 하는 경우에는, 그 의사표시가 기재된 서면을 발송한 날에 그 효력이 발생하며, 재화 등의 훼손에 대하여 소비자의 책임이 있는지의 여부, 재화 등의 구매에 관한 계약이 체결된 사실 및 그 시기, 재화 등의 공급사실 및 그 시기 등에 관하여 다툼이 있는 경우에는 통신판매업자(사업자)가 이를 입증하여야 한다(동조 제5항).

청약철회의 효과로서는 소비자는 청약철회 등을 행한 경우에는 이미 공급 받은 재화 등을 반환하여야 하며(제18조 제1항), 사업자는 재화 등을 반환 받은 날부터 3영업일 이내에 이미 지급 받은 재화 등의 대금을 환급받아야 한다. 이 경우 사업자가 소비자에게 재화 등의 대금의 환급을 지연한 때에는 그 지연기간에 대

123) 철회가능기간과 관련하여 방문판매와 전화권유판매·다단계판매의 경우 계약서를 교부받은 날로부터 14일내, 계약서를 교부 받은 때보다 재화 등의 공급이 늦게 이루어진 경우에는 재화 등을 공급받거나 공급이 개시된 날로부터 14일내(방문판매법 제8조 제1항), 할부거래의 경우에는 7일(할부거래법 제5조 제1항 본문)로 소비자보호관련 법규가 각각 상이한 청약철회권의 행사기간을 두고 있다.

124) 인정하는 견해로는 하경효, 소비자보호법의 통합수용, 독일채권법의 현대화(김형배 외 5인공저), 2003, 145면; Erman/saenger, Rn.4 zu §355; Münchkomm/Ulmer, Rn. 32 zu §361a, 부정하는 견해로는 Palandt/Heinrichs, Rn. 4 zu §355.

하여 연 100분의 40 이내의 범위에서 지연배상금을 지급하여야 한다(제18조 제2항). 또한 사업자는 신용카드 등을 결제수단으로 재화 등의 대금을 지급한 때에는 지체 없이 당해 결제수단을 제공한 사업자로 하여금 재화 등의 대금의 청구를 정지하거나 취소하도록 요청하여야 한다. 다만, 사업자가 결제업자로부터 해당 재화 등의 대금을 이미 지급 받은 때에는 지체 없이 이를 결제업자에게 환급하고, 그 사실을 소비자에게 통지하여야 한다. 그리고 사업자의 환급지연배상금과 소비자의 사업자에 대한 다른 채무와의 상계요청도 가능하다(동조 제3항-제6항).

사업자는 이미 재화 등이 일부 사용 또는 일부 소비된 경우에는 그 재화 등의 사용 또는 일부 소비에 의하여 소비자가 얻은 이익 또는 그 재화 등의 공급에 소요된 비용에 상당하는 금액으로서 대통령령이 정하는 범위의 금액의 지급을 소비자에게 청구할 수 있다(동조 제8항). 일반적인 청약철회 등의 경우 공급받은 재화 등의 반환에 필요한 비용은 소비자가 이를 부담하며, 사업자는 소비자에게 청약철회 등을 이유로 위약금 또는 손해배상을 청구할 수 없다(동조 제9항).

반면, 표시·광고 내용과 다른 경우 등의 철회의 경우 재화 등의 반환에 필요한 비용은 사업자가 이를 부담한다. 사업자, 재화 등의 대금을 지급받은 자 또는 소비자와 통신판매에 관한 계약을 체결한 자가 동일인이 아닌 경우에 각자는 재화 등의 대금 환급과 관련한 의무의 이행에 있어서 연대하여 책임을 진다(동조 제11항).

8) 결제권자에 대한 항변　　소비자는 통신판매업자가 제18조 제3항 단서에도 불구하고 정당한 사유 없이 결제업자에게 대금을 환급하지 아니하는 경우에는 결제업자에게 그 통신판매업자에 대한 다른 채무와 통신판매업자로부터 환급받을 금액을 상계(相計)할 것을 요청할 수 있다. 이 경우 결제업자는 대통령령으로 정하는 바에 따라 그 통신판매업자에 대한 다른 채무와 상계할 수 있다(동조 제6항).

소비자는 결제업자가 제6항에 따른 상계를 정당한 사유 없이 게을리한 경우에는 결제업자에 대하여 대금의 결제를 거부할 수 있다. 이 경우 통신판매업자와 결제업자는 그 결제 거부를 이유로 그 소비자를 약정한 기일까지 채무를 변제하지 아니한 자로 처리하는 등 소비자에게 불이익을 주는 행위를 하여서는 아니 된다(동조 제7항).

9) 손해배상청구금액의 제한　　소비자에게 책임 있는 사유로 인하여 재화

등의 판매에 관한 계약이 해제된 경우 사업자가 소비자에게 청구하는 손해배상액은 공급받은 재화 등이 반환된 경우 반환된 재화 등의 통상 사용료액 또는 그 사용에 의하여 통상 얻어지는 이익에 상당하는 금액이나 반환된 재화 등의 판매가격에서 그 재화 등이 반환된 당시의 가액을 초과할 수 없다. 공급받은 재화 등이 반환되지 아니한 경우에는 그 재화 등의 판매가액에 상당하는 금액에 대금미납에 따른 지연배상금을 더한 금액을 초과할 수 없다(제19조).

위의 규정들(제17조-제19조)에 위반한 약정으로서 소비자에게 불리한 것은 그 효력이 없다(동법 제35조). 편면적 강행규정이다.

(2) 전자상거래소비자법의 문제점

전소법은 기존의 '방문판매 등에 관한 법률'에서 통신판매부분으로 전자상거래를 규율하여 오던 것에 비하여 소비자보호의 문제점을 여러 부분 입법적으로 보완하였다. 그러나 입법과정에서 오는 용어상의 문제점과 법조문상의 미비점들이 보이고 있다.

첫째, 동법 제2조 제1호에서는 전자상거래 정의규정을 두어 "전자상거래"란 전자거래의 방법으로 상행위를 하는 것이라고 하고, 제2호에서는 "통신판매"란 우편・전기통신 그 밖에 총리령이 정하는 방법에 따라 재화 또는 용역(일정한 시설을 이용하거나 용역의 제공을 받을 수 있는 권리를 포함한다)의 판매에 관한 정보를 제공하고 소비자의 청약에 의하여 재화 또는 용역을 판매하는 것을 말한다고 규정하고 있다. 이처럼 동법에서는 전자상거래와 통신판매 개념을 규정하고 동시에 통신판매업자의 개념에 대해서는 규정을 두고 있으나 전자상거래업자의 개념에 대해서는 규정을 두고 있지 않는데, 전자상거래업자의 개념도 규정하는 것이 바람직하다. 여전히 입법자는 통신판매업자의 개념 속에 전자상거래업자를 포함하는 것으로 보이나, 앞에서 기술한 것처럼 양자의 관계를 보면 통신판매가 전자상거래를 완전히 포섭하는 개념은 아니다.

둘째, 동법 제2장에서는 전자상거래와 통신판매를 동시에 규율하고 있다. 양자는 동일한 소비자보호문제를 갖지만, 전자상거래환경에서는 질적인 수준에서의 차이가 존재한다고 할 수 있다. 통신판매는 우편, 광고문, 신문, 잡지 등을 이용하고,[125] 전자상거래는 인터넷을 이용한다는 점에서 양자는 차이가 있고, 이러한 차

125) 물론 전기통신의 개념 속에 정보처리장치를 포함한다고 보면 양자는 일정한 영역에서 중복된다.

이는 상호 규율하여야 하는 내용에 있어서도 차이를 가져오므로 이들을 거래행위의 성질상 동일하게 취급할 수 있는가가 문제된다. 가장 중요한 차이는 전자상거래는 거래의 전부 또는 일부가 전자문서에 의하여 행해진다는 점이며, 계약의 체결부터 이행까지 일괄적으로 인터넷에서 행해진다는 점, 전자상거래는 대개 web 문서에 의하여 정보자동처리장치에 의하여 실시간으로 이루어지며, 쌍방향 통신이 가능하다는 점 등 양자는 여러 면에서 차이가 난다.[126)]

셋째, 동법 제7조에서 사업자는 전자상거래에서 소비자의 조작실수 등으로 인한 의사표시의 착오 등으로 발생하는 피해를 예방할 수 있도록 거래 대금이 부과되는 시점 또는 청약에 앞서 그 내용의 확인 및 정정에 필요한 절차를 마련하여야 한다고 규정하고 있다. 한편 UNCITRAL 전자계약 초안서에서는 "자동화거래"에 있어서 조작실수를 정정하는 시스템을 마련할 의무를 부과하고 있고 더불어 마련하지 않은 경우에 그러한 계약은 무효라고 규정하고 있다. 따라서 동법 제7조에서 조작실수 정정 시스템을 마련의무를 위반한 계약의 효력에 관해 규정하지 않은 것은 문제이고,[127)] 이 경우 소비자보호를 위하여 취소 혹은 무효로 규정해야 할 것이다.

넷째, 사업자의 광고나 거래조건이 사기에 의한 의사표시까지는 이르지 않으나 소비자가 오인하거나 현혹된 경우, 소비자는 취소할 수 없고 유효하게 되어 이러한 경우 행정상의 단속이나 제재는 받게 되나 소비자는 보호받지 못하게 된다. 이 경우 일본 소비자계약법 제4조[128)] 처럼 이러한 경우에도 소비자에게 '취소권'

126) 구체적인 차이로서는 첫째, 개인정보호면에서이다. 통신판매에서보다 전자상거래에서는 거래의 수단으로 이용되는 컴퓨터와 컴퓨터네트워크의 특성상 개인정보의 수집방법에 있어서 인터넷 쿠키기술 등의 기술을 이용하여 손쉽게 수집이 가능하다는 점, 또한 정보처리과정에서도 이른바 Data-matching기법을 이용하여 각각의 단편적인 자료를 연계하여 종합적인 정보를 수집할 수 있다. 다음으로는 신뢰성 확보의 문제이다 통신판매에서는 거래상대방의 실체에 관한 신뢰성은 심각하지 않으나 전자상거래에서는 거래상대방에 대한 신뢰가 통신판매보다 훨씬 심각한 문제로 대두된다. 오병철, 전자상거래에 있어서의 소비자의 보호- OECD 소비자보호 Guideline과 우리법규와의 비교, 법학논총 제9집, 경상대학교, 2000, 44-45면.

127) 박정식, 전게논문, 49면.

128) 일본 소비자계약법 제4조는 민법의 의사표시에 관한 규정의 특칙으로서 당사자의 일정한 행위로 말미암아 소비자가 '오인'하거나 또는 '곤혹(困惑)'하여 의사표시를 한 경우에 취소권을 인정하고 있는데, 이는 민법상의 사기, 강박에 의한 의사표시의 요건을 완화하여 사업자의 부당한 권유에 의해 체결한 계약에 의해 체결한 계약에 대해 소비자를 보호하려는 의도에서 입법된 것이다. 구체적으로 보면, 부실고지 또는 단정적 판단의 제공에 의한 오인 유형(동법 제4조 제1항), 불이익사실의 불고지에 의한 오인유형(동법 제4조 제2항), 불퇴거・감금에 의

을 인정할 실익이 있다 할 것이다.

Ⅲ. 소셜커머스와 소비자보호[129)]

1. 서 언

(1) SNS와 결합한 새로운 영업방식의 소셜커머스의 등장

인류역사는 네트워크 확대의 역사라고 말할 수 있다. 인간은 사회적 동물로서 가장 작은 공동체인 가족과 같은 혈연공동체로부터 마을과 국가와 같은 지역공동체의 일원으로서, 이제는 가상공간에서 네티즌으로서, 정보의 공유와 확산을 통하여 상호간 거래에서 '최대의 이익'을 추구하여 왔다. 정보통신수단의 발달, 특히 컴퓨터기술과 인터넷기술의 발달은 정보의 수집, 공유, 확산을 보다 용이하게 하였고, 소셜미디어나 온라인미디어의 등장은 마케팅에서 종래 사업자에 의하여 일방적으로 홍보와 광고가 이루어지던 관행을 페이스북과 트위터 등으로 대변되는 소비자 주도의 SNS를 통하여 신속하게 실시간 홍보와 광고를 하게 되었다.

예전부터 소비자들은 제품을 저렴하게 구입하는 방법으로 공동구매의 방법을 사용하여 왔지만, 한정된 공간과 인적 네트워크에 의존하여 왔다. 그러나 스마트폰의 보급으로 SNS 이용자가 증가하면서 2010년에 한국 땅에도 소셜커머스[130)]가 새로운 영업방법으로 등장하여 그 거래량도 대폭 증가하게 되었다.[131)] 소셜커머스는 최소한의 비용으로 최대한의 효용을 얻고자 하는 소비자의 욕구와 단시간에

한 곤혹(困惑)유형(동법 제4조 제3항) 등이다.

129) 「소셜커머스와 소비자보호」 부분은, 졸고, 소셜커머스의 법률관계 : 공동구매형 소셜커머스에서 소비자보호를 중심으로, 재산법연구 28권 2호, 2011.8, 법문사, 201-234면을 수정 가필한 것이다.

130) 소셜커머스를 우리 말로 '사회적 상거래' 혹은 '사회 상거래'라고 번역할 수도 있다. 인간을 사회적 동물이라고 할 때의 '사회적(social)'이라는 개념에는 '공동체의 구성원으로서 다른 사람과 관계를 맺으며 살아가는'이라는 의미가 포함되어 있기 때문이다. electronic commerce를 전자상거래라고 번역하여 사용한다면 social commerce도 사회적 상거래라고 번역하여 사용하는 것이 가능하다.

131) 국내의 소셜커머스는 소셜쇼핑 위주로 시장이 형성되어 있으며 현재 확인된 소셜 쇼핑업체 수는 3~400개나 되는데 현재도 계속 증가하고 있다. 지난 해 국내 소셜쇼핑 시장 규모는 총 매출기준으로 600억원 정도였는데, 2011년에는 1, 2월 2개월 모두 400억원을 넘어서서 올해는 총 매출 5,000억원을 넘어설 것으로 예상하고 있다. 김철환, 소셜커머스 산업에 대한 고찰과 제언, 소비자원 발표논문, 2011.4.28, 11면 이하.

제품 및 용역에 대한 홍보와 광고를 통하여 매출의 극대화를 꾀하고자 하는 사업자간의 욕구가 맞아떨어지면서 새롭게 등장한 영업방식이다. 소셜커머스는 기존의 E-Commerce 혹은 M-Commerce의 일종이지만 SNS를 이용하는 새로운 영업방식이라는 점에서 종전의 전자상거래와 구별된다 하겠다.

(2) 소셜커머스의 법적 쟁점들

이렇게 급작스럽게 들이닥친 소셜커머스의 열풍에 따라 소비자보호와 관련한 다양한 법적 문제점이 등장하고 있으며 이에 대한 법적 검토가 필요하게 되었다. 소셜커머스는 상품이나 용역을 제공하는 공급자와 소비자 사이에 소셜커머스 사업자가 관여한다는 점에서 직거래가 아닌 중개적 성격을 갖는 거래이다. 그리고 그러한 중개적 거래를 '영업'으로 하는 사업자에 의하여 거래가 이루어진다는 특징을 가지고 있다.

「전자상거래등에서의 소비자보호에 관한 법률(이하 전자상거래소비자법)」에서는 각각 전자상거래와 통신판매, 통신판매업자, 통신판매중개 등을 규정하고 있는데, 소셜커머스가 어느 개념에 포섭되는지 검토되어야 한다. 최근 공정거래위원회도 소비자보호를 위한 대책을 내놓으면서 소셜커머스업체를 통신판매중개자가 아닌 통신판매업자로 하는 지침을 내놓기도 하였는데,[132] 이는 소셜커머스를 어떻게 정의하느냐에 따라 소비자보호수준이 달라지기 때문이다.

공동구매형 소셜커머스에서는 대개 50% 정도의 대폭적인 할인쿠폰을 판매하기 때문에 소비자의 입장에서는 충동구매를 하게 될 염려가 많으며, 업체가 제공하는 정보와 지인의 정보에 의존하기 때문에 실제의 상품 및 제공되는 용역과 차이가 날 수 있다. 일반소비자와의 차별이나 판매의 회피 문제, 청약의 철회 문제, 불공정약관 및 면책약관의 문제 등이 존재하며, 과장광고나 허위광고의 문제,[133] 광고와 다른 상품이나 용역의 제공으로 인한 책임문제, 결제지급수단에서도 신용카드, 선불카드, 핸드폰결제, 전자화폐, 스마트폰 앱 등 다양하기 때문에 결제와

---

132) 공정거래위원회는 5월 6일 소셜커머스 사업자의 법적 지위를 전자상거래소비자법상의 통신판매임을 확인하고 5개 소셜커머스 사업자의 전자상거래소비자법 위반행위에 대하여 시정명령을 하였다. 즉 청약철회권의 인정, 구매안전서비스의 이용, 과도한 손해배상책임의 제한 내용의 면책금지, 허위 기만의 광고행위의 금지 등을 골자로 한 내용이다.

133) 소셜쇼핑에서 판매되는 상품이 주로 오프라인 서비스 상품이다 보니 공산품처럼 규격화되어 있지 않아서 허위 기만 광고를 하는 경우 소비자들이 서비스 품질을 감지하는데 어려움이 있다. 김철환, 전게논문, 16면.

관련하여서도 이용자 보호의 문제가 있다. 또한 구매 후 소수에 의한 구매취소가 이루어지는 경우 전체 구매계약이 불성립하는 경우의 법률문제 등도 있다. 뿐만 아니라 인터넷서비스제공자의 책임과 유사하게 소셜오픈마켓이나 연결몰로서의 기능만 하는 소셜커머스[134]에 대해서 오픈마켓 사업자나 연결몰이 오픈마켓 거래나 피연결몰에서 이루어지는 거래에 대한 책임문제 등도 생각할 수 있다.

또한 소셜커머스사업자는 홈페이지에 전자약관을 게시하여 일방적으로 이용자와의 계약조건을 정하고 있는데, 소셜커머스의 특성상 청약의 철회나 환불 또는 면책에 대하여 불공정한 내용의 약관을 내용으로 하고 있는 경우 약관의 효력과 관련하여 약관의 통제문제가 발생한다. 이 뿐만 아니라 소셜커머스사업자의 입장에서는 SNS를 통한 소비자의 개인정보를 무제한 수집, 가공할 수 있는데 이러한 개인정보의 수준은 과거의 어떠한 개인정보보다 광범위하고 내밀하다는 점에서 개인정보보호의 문제도 중요한 쟁점으로 볼 수 있다.

2. 소셜 커머스의 의의와 법적 성격

(1) 소셜커머스의 의의

1) 소셜커머스의 개념 소셜커머스[135]란 소셜과 커머스가 합쳐진, 다시 말해서 트위터, 페이스북과 같은 SNS(Social Network Service)의 '소셜'과 상거래의 영어표현인 '커머스'의 합성어이다. 따라서 소셜커머스의 정의에 대해서는 사회구성원들의 상호의사소통과 사용자공헌(user contribution)을 지원하는 소셜미디어나 온라인미디어를 활용하여 온라인상에서 상품과 용역을 구매하거나 판매하는 일종의 전자상거래로 보는 것이 일반적이다.[136] 요컨대 SNS를 통한 새로운 영업방

---

134) 소셜쇼핑업체 수가 많아지자 그 정보들을 한 데모아 제공하는 메타소셜쇼핑 사이트들도 등장하였는데, 그런 곳만 30~40개 이르는데, 쿠폰서틀, 티켓초이스, 쿠폰차트가 대표적인 예이다. 이러한 사이트에서는 구매가 이루어지지 않고 소셜 쇼핑업체의 사이트로 이동하여 구매하도록 하고 있다.

135) 소셜커머스는 David Biesel이 전자상거래에서 사용자에 의하여 작성된 홍보 내용을 지칭하는 개념으로 개발하였고, Steve Rubel은 여기에 '구매자들이 재화나 용역을 구매할 때 신뢰할 수 있는 개인들로부터 조언을 얻을 수 있는 상호 협력적 전자상거래 도구'라는 의미를 첨가하였는데, 2005년 11월에 야후가 처음 소개한 용어이다. 당시 야후는 장바구니(Pick List) 공유서비스인 shoppersphere를 선보였는데, 야후는 이것의 범주를 '소셜커머스'라고 이름 붙였다. 이때부터 소셜커머스는 상거래 플랫폼을 소비자들에게 '개방'하고, 소비자들 각자의 상거래 경험을 서로 '공유'시킨다는 '소비자 영역에서의 커머스 2.0' 을 의미하게 되었다.

법에 의한 전자상거래를 말한다.137)

소셜커머스와 소셜쇼핑의 개념을 구분하기도 하는데, 전자는 온라인상 판매자들의 공동네트워크가 중심개념이며, 소셜쇼핑은 온라인 구매자들의 공동 행위(공동구매행위)가 중심개념이라고 한다. 따라서 현재 가장 활발하게 이루어지는 온라인상 공동구매행위는 실제 소셜쇼핑이라고 한다.138) 실제 소셜커머스의 상품들은 지역의 알려지지 않은 서비스업체들이 홍보를 노리고 많이 제공하기 때문에 로컬커머스(Local Commerce)라고 불리기도 한다.

실제로 오프라인의 인적 네트워크를 통해서도 다양한 커머스가 행해지고 있고, 온라인의 카페, 블로그 등에서도 다양한 형태의 커머스가 일어나지만 소셜커머스는 소셜미디어 내지 온라인미디어를 통해 상거래가 직·간접적으로 일어나는 것으로 그 의미가 축소된다.

종전의 거래나 상거래에서는 사업자가 상품 및 용역에 대한 광고와 홍보를 하여 소비자들로 하여금 구매하게 하지만, 소셜커머스에서는 소셜커머스 사업자뿐만 아니라 소비자 스스로 자발적으로 SNS를 통하여 자신의 소셜네트워크상의 지인에게 적극적으로 홍보하고, 사업자의 신뢰성보다는 지인의 신뢰에 기반을 두어서 또 다른 소비자들이 제품을 구매하도록 한다는 점에서 차이가 있다. 소셜커머스의 정의에서 중요한 표지는 SNS이다. 즉 진정한 의미의 소셜커머스가 되기 위해서는 판매의 상당부분이 실제로 소셜네트워크를 통한 추천과 공유에서 비롯되어야 한다.139)

2) 소셜커머스의 유형 　소셜커머스의 유형은 매우 다양하다. 소셜커머스의 정의를 SNS를 활용하여 상품과 용역을 구매하거나 판매하는 일종의 전자상거래라고 정의한다면, 그 유형도 기존 상거래의 종류만큼이나 다양해 질 수 있다는 것을 의미하게 된다. E-Commerce의 경우에도 독립쇼핑몰, 공동 구매사이트, 오픈마켓,140) 경매사이트, 소비자 직거래사이트, 회원제 쇼핑클럽, 디지털콘텐츠

---

136) http://en.wikipedia.org/wiki/Social_commerce. 2011.5.11. 방문

137) 소셜커머스가 이슈가 된 것은 미국의 그루폰의 흥행이 큰 역할을 하였다. 그루폰은 2008년 11월 미국 시카고 지역을 서비스 권역으로 창업을 하여 이후 전국으로 확대하였고, 이제 한국 등 세계 곳곳으로 영역을 확대하고 있다.

138) 김철환, 전게논문, 1면.

139) 국내 소셜커머스 1위 업체인 티켓몬스터의 SNS를 통한 사이트 유입율은 0.5가 안되는 미미한 수준에 머물고 있다. 김철환, 상게논문, 5면.

140) 일반적인 쇼핑몰 판매방식을 벗어나, 개인과 소규모 판매업체 등이 온라인상에서 자유롭게

마켓, 이러닝 등 무수히 많은 서비스 모델이 있는데, 소셜커머스도 마찬가지로 다양한 형태의 영업방식이 존재가능하다.[141]

소셜커머스에는 SNS와 연동된 독립쇼핑몰, 그루폰이나 티켓몬스터와 같은 소셜쇼핑, 다음 소셜쇼핑처럼 누구나 소셜 공동 구매 이벤트를 진행할 수 있는 소셜 오픈 마켓, 신종 프라이빗쇼핑클럽, 경매사이트, 소비자 직거래사이트, 회원제 쇼핑클럽, 디지털콘텐츠마켓, 이러닝 등 무수히 많은 서비스 모델이 있는데, 소셜커머스도 마찬가지로 다양한 형태의 영업방식이 존재가능하다. 다만 차이가 있다면 기존의 인터넷쇼핑몰과 같은 E-Commerce에 비해서 소셜커머스는 할인율에서 많은 차이가 나는 점이다.

소셜커머스의 유형에 대해서는 소셜링크형, 소셜웹형, 공동구매형, 오프라인 연동형으로 구분하기도 하고,[142] 소셜미디어 연동형 소셜커머스, 공동구매형 소셜커머스, 직접판매형 소셜커머스, 프로모션형 소셜커머스의 유형으로 구분하기도 하는데,[143] 후자는 전자의 소셜링크형과 소셜웹형 양자를 소셜미디어 연동형 소셜커머스에 포함시키고 프로모션형 소셜커머스를 구분하는 점에서 차이가 있다. 그러나 프로모션형 소셜커머스는 직접적인 구매를 목적으로 하는 것이 아니라 다양한 이벤트와 프로모션을 통하여 간접적으로 매출을 끌어올리는 것을 목적으로 하기 때문에 진정한 소셜커머스라고 보기 어렵다.

가) 소셜미디어 연동형 소셜커머스 가장 기본적인 형태의 소셜커머스로서 커머스 사이트에 소셜네트워크로 이동할 수 있는 형식의 링크를 게재하는 방식인 소셜 링크형과 커머스 사이트 안에서도 소셜네트워크 기능을 구현하는 방식인 소셜 웹형이 있다. 전자는 버튼을 클릭하면, 웹문서의 웹링크가 생성되어 해당 소셜네트워크 글쓰기에 자동으로 삽입되거나, 자신의 소셜네트워크에 웹문서가 그대로 복사되어 게시물로 생성되고, 후자는 커머스사이트에서 이루어지는

상품을 거래하도록 하는 '중개'형 인터넷 쇼핑몰이다. G마켓, 옥션, 인터파크 등이 대표적 사이트로 이들은 시스템을 제공한 대가로 상품을 등록한 사용자에게서 수수료 수익을 얻는다. 오픈마켓은 인터넷 쇼핑몰에서의 중간 유통마진을 생략할 수 있어 기존보다 저렴한 가격으로 판매가 가능하다.

141) KT 올레샵과 같은 SNS와 연동된 독립쇼핑몰, 그루폰이나 티켓몬스터와 같은 소셜쇼핑, 다음 소셜쇼핑과 같은 소셜오픈마켓 등이 그 예이다.

142) 각주 7)의 위키피디아 사이트.

143) 유윤수/윤상진, 소셜커머스, 무엇이고 어떻게 활용할 것인가, 더숲, 2011, 41면 이하.

소비자의 구매, 평가, 리뷰 등의 활동이 소비자의 소셜네트워크에 자동으로 반영되어 친구들과 공유된다.[144] 소셜미디어 연동형 소셜커머스는 일반 쇼핑몰에서도 소셜미디어로 알릴 수 있는 공유버튼만 추가하면 되기 때문에 손쉽게 구현이 가능하다는 장점이 있다.

나) 공동구매형 소셜커머스 제품이나 서비스를 공동구매 형식으로 판매하는 형태의 커머스로서 공동구매사이트와 소셜네트워크가 결합한 것으로서, 보통 딜(deal)별로 정한 최소 구매수량이 달성되면 절반 수준의 할인 혜택을 받을 수 있도록 하여, 소비자들로 하여금 적극적으로 소셜네트워크를 통해 홍보하여 친구들을 공동구매에 참여하도록 하는 형태이다. 일반적으로 소셜커머스하면 떠올리는 형태가 공동구매형 소셜커머스이다. 초대한 친구가 회원 가입을 하거나 제품을 구매하면, 현금 또는 사은품이나 포인트를 적립해 주는 인센티브 프로그램을 운영하기도 한다.[145] 공동구매형 소셜커머스는 소비자의 충동구매를 유발하게 하여 매출을 극대화 할 수 있지만, 청약의 철회 및 환불과 관련한 문제와 지역 업소와 소비자간에 분쟁이 발생할 우려가 높다. 공동구매형의 가장 큰 장점은 커머스가 실제 행해지기 때문에 다른 인터넷영업방식에 비해서 사업자는 수익창출의 속도가 빠르고, 진입장벽이 낮다는 장점이 있다.

다) 직접판매형 소셜커머스 직접판매형 소셜커머스는 소셜미디어 내에서 제품이나 용역을 직접 판매하는 유형을 말한다. 국내에서도 오래 전부터 옥션이나 G마켓 등의 오픈마켓을 통해 개인이나 중소기업들이 자신의 제품을 판매하고 있기는 하지만 소셜네트워크를 이용한다는 점에서 차이가 있다. 즉 직접판매형 소셜커머스는 신뢰를 바탕으로 소셜미디어상의 친구들에게 직접 판매하는 방식의 커머스이다. 페이스북에서는 농산물직거래와 같은 다양한 시도들이 행해지고, 트윗모아는 누구나 소셜커머스 상품 판매자가 될 수 있도록 소셜커머스 플랫폼을 제공하기도 한다. 직접판매형 소셜커머스야말로 진정한 소셜커머스라고 할 수 있다. 사업자 뿐만이 아니고 누구나 커머스의 당사자가 될 수 있다는 점과 소셜커머스 사업자와 소비자간 직접거래가 이루어진다는 점에서 소셜미디

144) 리바이스처럼 페이스북의 플러그인을 적용한 사이트나 게시물을 작성하면 자동으로 트위트로 배포되는 기능을 적용한 사이트들이 대표적인 사례이다.

145) 그루폰, 위폰 등이 대표적인 사례이다.

어 연동형, 공동구매형과 차이가 나며, 전형적인 전자상거래이다.

이처럼 소셜커머스의 유형은 다양하게 구분할 수 있지만, 재화 또는 용역의 구매와 직접적으로 연관이 되며 소셜커머스 사업자가 관여하는 공동구매형에서 소비자보호문제가 주로 대두된다. 본고도 주로 공동구매형 소셜커머스를 염두에 두고 작성되었음을 밝혀둔다.

(2) 소셜커머스의 법적 성격

1) 일반론　　소셜커머스가 이루어지려면 상품 및 용역공급업자와 소셜커머스 사업자간의 계약과 소셜커머스사업자와 소비자(이용자)간의 계약이 있어야 한다. 전자의 계약은 사업자와 사업자간의 계약이기 때문에 우선은 당사자간의 계약내용이 적용되고 계약 이외의 사항에 대해서는 상법 내지 민법상의 매매계약이 보충적으로 적용되게 된다.

문제는 후자인데, 소셜커머스사업자와 소비자간의 계약인 소셜커머스의 법적 성질이 무엇이냐에 따라 적용법규 및 규율원리도 달라지기 때문에 소셜커머스에 대한 법적 성격이 우선 규명되어야 한다.

소셜커머스는 유상·쌍무·요물·요식계약이다. 또한 민법상의 전형계약 중 매매입권을 판매한다 하더라도 구매자는 일정한 금액에 해당하는 부분의 대가를 지급하기 때문에 유상이면서 쌍무계약이라고 보아야 한다. 소셜커머스가 성립하려면 이용자는 구매계약시에 신용카드, 선불카드, 핸드폰결제, 전자화폐(이캐쉬) 등으로 결제를 하여야 하기 때문에 요물계약에 해당한다. 또한 전자문서를 통하여 계약이 성립하기 때문에 요식계약이다.

따라서 원칙적으로 소셜커머스의 사업자는 소비자(이용자)에게 담보책임을 지게되며, 소셜커머스의 쌍무계약성을 인정한다면 쌍무계약상의 견련성으로부터 나오는 동시이행항변권, 위험부담 등의 규정도 적용된다. 또한 친구나 지인에게 쿠폰이나 티켓을 선물한 경우에는 '제3자를 위한 계약'이 성립하여 제3자를 위한 계약에 관한 규정도 적용되게 된다.

소셜커머스는 이용자가 티켓(또는 쿠폰)을 구매하여 결제하였더라도 바로 계약상의 권리의무가 발생하는 것이 아니라, 만약 사업자가 제시한 재화나 용역에 대한 공동구매상의 목표인원을 충족시키지 못한 경우에는 이용자는 상품이나 용역에 대한 권리를 취득하지 못하므로, 공동구매의 목표인원 충족이라는 조건이 붙은 조건부매매계약으로 볼 수 있다.

소셜커머스의 법적 성격을 매매로 보는 경우에 매매의 목적이 재화와 같은 유형적 물건인지 그렇지 않으면 용역이나 이용권과 같은 권리냐에 따라 구분할 필요가 있다. 소셜커머스업체가 재화를 판매하는 경우에는 자기의 명의로 타인의 계산으로 타인 소유의 재화를 판매해 주고 수수료를 얻는 형태를 취하고 있어서, 상법 제101조의 위탁매매에 해당한다고 볼 수도 있다.[146] 물건 중 부동산에 대해서는 위탁매매의 대상이 되지 못하고 동산만 해당되는데, 매도위탁의 경우 매도목적물은 매도위탁과 함께 위탁매매인에게 점유가 이전된다.

하지만 상법 제103조는 위탁물의 귀속과 관련하여 위탁매매인이 위탁자로부터 받은 물건 또는 유가증권이나 위탁매매로 인하여 취득한 물건, 유가증권 또는 채권은 위탁자의 위탁매매인 또는 위탁매매인의 채권자간의 관계에서는 이를 위탁자의 소유 또는 채권으로 본다고 하여, 동산 물권변동의 요건으로서 점유의 이전이 있을지라도 소유권에 대해서는 위탁자에게 귀속되는 것으로 보고 있다. 그런데 소셜커머스의 거래에서는 소셜커머스 사업자가 동산상품을 판매할지라도 동산상품이 공급업자로부터 소셜커머스 사업자에게 점유의 이전이 이루어지지 않기 때문에 실제 소셜커머스 사업자는 동산을 판매하는 것이 아니고 동산구매권을 판매하는 것으로 보아야 할 것이다.

민법은 제568조에서 매매의 목적을 권리로 명시하고 있을 뿐만 아니라 매매의 효과로서 매도인에게 재산권이전의무를 부과하고 있는 점을 감안하면, 소셜커머스사업자가 판매하는 동산구입권이나 용역구입권, 이용권의 판매를 매매로 이론구성하는데 별 어려움이 없다고 본다.[147] 따라서 소셜커머스 사업자는 권리의 하자가 있는 경우에 민법 제580조 이하의 하자담보책임이 아니라 제570조 이하의 추탈담보책임을 부담하는 것으로 보아야 한다.

2) 전자상거래 소셜커머스가 전자상거래라는 것에 대해서는 의문의 여지가 없다. 전자상거래라 함은 전자상거래 소비자법상 전자거래의 방법으로 상행

146) 동지 오병철, 소셜커머스의 전자상거래소비자보호법상 법적 성격 - 통신판매자인가? 통신판매중개자인가?-, 2011,5, 12면.

147) 용역상품의 판매나 이용권의 판매를 매매로 본다면 권리양도의 이론구성을 하여 채권양도의 대항요건으로서 양도의 통지의 논의까지 전개할 필요는 없다고 본다. 오병철, 상게논문, 12면 참조.

위를 하는 것을 말하고(동법 제2조 제1호), 전자거래란 재화나 용역을 거래함에 있어서 그 전부 또는 일부가 전자문서에 의하여 처리되는 거래를 말한다(전자거래기본법 제2조 5호). 소셜커머스는 구매단계에서 전자문서에 의한 매매계약의 체결과 결제도 가상공간에서 이루어지기 때문에 전자상거래이다. 따라서 종전의 온라인으로 이루어지는 전자상거래나 스마트폰 이전의 모바일기기를 통한 M-Commerce 등이 전통적인 전자상거래의 모습이라고 할 수 있다. 만약 소셜커머스를 소비자계약으로 본다면 전자상거래 중 B2C에 해당하게 된다.

소셜커머스가 전자상거래인 이상 거래의 객체가 '재화 또는 용역의 거래'인 이상 특정한 유형의 거래일 필요가 없다. 이를 통하여 달성하려는 법적 효과의 유형은 전혀 문제되지 않는다. 다양한 유형의 법률관계를 그 내용으로 할 수 있다. 따라서 매매와 같은 양도거래나, 임대차와 소비대차와 같은 대차거래, 위임, 도급과 같은 노무공급거래를 유형으로 할 수도 있다. 재화는 대개 '동산'에 머무르고 있으나 부동산의 경우에도 가능하다 할 것이다.

다만 종전의 전자상거래가 광고나 홍보 등을 통한 고객의 유치가 주로 사업자에 의하여 이루어졌다면, 소셜커머스는 광고와 홍보가 SNS를 통해 사용자간에 순식간에 이루어질 뿐만 아니라 사용자가 적극적으로 제품구입을 권유한다는 점에서 전자상거래의 새로운 영업방식이라고 할 수 있다.

법적인 측면에서는 소셜커머스는 전자계약이다. 의사표시의 합치가 구두 또는 서면으로 이루어지는 것이 아니라 당사자간의 약정에 의하여 전자적인 형태의 의사표시(전자문서)의 합치로서 성립한다.[148)]

3) 소비자계약　다음으로 소셜커머스는 소비자계약인가가 문제된다. 소비자계약이란 넓은 의미로는 소비자와 사업자 사이에 체결된 모든 계약을 의미하고, 통상은 좁은 의미로, '상품'과 '상품처럼 거래되는 용역'을 그 대상으로 하는 소비자와 사업자의 계약을 말하기도 하지만, 오늘날에는 그 적용범위가 일반적인 거래에까지 넓혀지고 있다. 우리 입법은 소비자계약이라는 용어를 사용하고 있지 않지만 소셜커머스는 사업자로서의 소셜커머스사업자와 소비자간의 소비자계약으로 보아야 하고,[149)] 또한 전자소비자계약[150)]이라고 말할 수 있다.

---

148) 전자계약이란 매매계약이나 중개계약처럼 특정한 계약의 유형을 지칭하는 것이 아니라 계약체결의 한 형태를 말한다. 전자계약이라는 개념을 이렇게 정의한다면 전자거래라는 개념과 반드시 일치하는 것은 아니다. 졸저, 가상공간법, 전남대학교출판부, 2005, 85면 이하.

3. 소셜커머스의 법적 규율

(1) 민법의 적용

소셜커머스는 민법상의 전형계약 중 매매계약에 해당한다. 계약의 당사자는 소셜커머스 사업자와 이용자이다. 계약이 성립하면 사업자는 상품이나 용역을 공급할 의무를 부담하는 것이 아니라 상품이나 용역을 구입할 수 있는 권리를 이전해 주어야 할 의무를 부담하고 이용자는 할인된 가격에 해당하는 대금의 지급을 하여야 할 의무를 부담하게 된다. 따라서 이용자의 궁극적인 목적이 상품의 취득이라 할지라도 사업자는 상품을 이전할 의무를 부담하는 것이 아니라 상품을 구입할 수 있는 권리를 이전해야 할 의무를 부담하게 된다. 따라서 법이론적으로는 소셜커머스의 목적물에 하자가 있는 경우에 '권리의 하자'로 보아야 하고 사업자는 민법 제580조 이하의 '하자담보책임'이 아닌 민법 제570조 이하의 담보책임을 지게 된다.

문제는 소셜사업자가 허위광고를 하는 경우라든가, 구입한 제품에 소셜사업자가 제공한 정보와 달리 하자가 있거나 서비스가 못 미치는 경우 소셜사업자에게 책임을 추궁할 수 있느냐이다. 일응 민법 제110조의 사기에 의한 의사표시로서 취소가 가능하다 할 것이다. 소셜사업자는 상품이나 용역을 구매할 수 있는 권리만 이전하면 채무의 이행을 한 것으로 보아야 하고, 만약 구매권(쿠폰)으로 제품의 취득이나 용역의 제공이 거부된 경우에는 소비자는 소셜사업자에게 담보책임의 추궁이 가능하지만, 제품의 하자나 서비스의 조악에 대해서까지 책임을 지울 수 있느냐가 문제되는데, 원칙적으로 제품 및 용역공급자에 대하여 책임추궁이 가능하다 할 것이고, 소셜사업자가 약관에 책임의 면제조항을 두는 경우에는 약관의 무효 내지 불공정성의 문제로 넘어가게 된다.

(2) 전자상거래소비자보호법의 적용

문제는 현재 특수한 형태의 매매유형으로 소비자를 보호하기 위하여 할부매

---

149) 독일민법 제310조에서는 사업자와 소비자간의 계약을 소비자계약(Verbrauchervertrag)으로 칭하며, 제355조에서도 「소비자계약에서의 철회권」이라는 표제어로 소비자계약이라는 용어를 사용하고 있다. 일본에서는 넓은 의미에서의 소비자계약을 입법하여 규율하고 있고, 미국 통일상법전에서는 소비자계약을 상인인 매도인과 소비자인 매수인 사이의 판매계약의 경우로 한정하기도 하지만 오늘날에는 그 적용범위가 일반적인 거래에까지 넓혀지고 있다.

150) 전자소비자계약에 대해서는 졸고, 전자소비자계약, 민사법학 제38호, 2007.9, 411면 이하.

매에 관해서는 「할부거래에 관한 법률」에서, 통신판매와 전자상거래에 관해서는 「전자상거래등에서의 소비자보호에 관한 법률」에서, 방문판매와 다단계판매에 관해서는 「방문판매법」에서 규율하고 있는데, 소셜커머스가 어떠한 특별법의 적용을 받는가이다.

공동구매형 소셜커머스의 적용법규에 대한 검토는 전자상거래소비자보호법이 그 대상이 될 것이고, 전자상거래인지 또는 통신판매인지가 검토대상이다. 왜냐하면 동법은 전자상거래와 통신판매를 구별하여 규정하고 있고 적용법규도 달리하고 있다. 동법은 소비자를 보호하기 위하여 둔 핵심적인 규정들은 통신판매에는 적용하면서도 전자상거래에는 적용하지 않고 있다.

전자상거래소비자법은 전술하였듯이 전자상거래와 통신판매를 구별하여 별도의 정의를 내리고 있고, 사업자의 금지행위를 규정하면서 통신판매업자와 구분되는 개념으로서 '전자상거래를 행하는 사업자'라는 용어를 사용하고 있다(동법 제21조 제1항). 양자를 구별하는 실익은 각각에 적용되는 규정들이 구별되는 점에 있다. 전자상거래소비자법상의 규정들은 그 조문의 문언만으로 판단할 때 그 적용대상을 달리 하는 세 가지 부류의 규정들이 있다. 첫째, 전자상거래만을 적용대상으로 정하고 있는 규정들이 있다(동법 제7조 · 제10조). 둘째, 전자상거래와 통신판매 모두를 적용대상으로 명시한 규정들이 있다(제6조 · 제8조 · 제9조 · 제11조 · 제21조 · 제23조 내지 제29조 등). 셋째, 전자상거래는 제외하고 통신판매만 그 적용대상으로 하는 규정들이 있다(제12조 내지 제20조, 제22조).

양자의 개념에 대해서 살펴보기로 한다. 전자상거래라 함은 전자거래기본법 제2조 제5호에서 규정하고 있는 전자거래의 방법으로 상행위를 하는 것을 말한다(동법 제2조 제1호). 전자거래의 정의가 재화나 용역을 거래함에 있어서 그 전부 또는 일부가 전자문서에 의하여 처리되는 거래임을 감안한다면 전자상거래는 「재화나 용역을 거래함에 있어서 그 전부 또는 일부가 전자문서에 의하여 처리되는 상행위」라고 정의할 수 있다.

전자문서 및 전자거래기본법은 전자문서란 '정보처리시스템에 의하여 전자적 형태로 작성되어, 송 · 수신 또는 저장된 정보'라고 정의하고 있다(동법 제2조 제1호).[151] 그리고 동법은 정보처리시스템이란 '정보처리능력을 가진 전자적 장치 또

151) 정보통신망이용촉진법(제2조 제5호)은 '전자문서라 함은 컴퓨터 등 정보처리능력을 가진 장치에 의하여 전자적인 형태로 작성되어 송 · 수신 또는 저장된 문서형식의 자료로서 표준화

는 체계'라고 정의하고 있다(동법 제2조 제2호).

상행위에 대해서는 상법 제2편 상행위편에서 제46조에 기본적 상행위를 규정하고 제47조에서 보조적 상행위를 규정하고 있는데, 제46조에서는 각호에서 기본적 상행위가 되는 것들을 열거하고 있다. 따라서 전자상거래란 전자문서에 의하여 행해지는 상행위로서 기본적 상행위에 해당하는 상행위이거나 상인에 의하여 행해지는 행위로서 거래의 이행과정 중에 일부라도 전자문서에 의해 행해지면 전자상거래로 본다.

전자상거래가 '재화 또는 용역의 거래'인 이상 특정한 유형의 거래일 필요는 없다. 전자상거래는 이를 통하여 달성하려는 법적 효과의 유형은 문제되지 않는다. 전자거래는 재화나 용역에 관한 '거래'인 한 다양한 유형의 법률관계를 그 내용으로 할 수 있다. 따라서 전자거래는 매매와 교환과 같은 재산권의 이전을 내용으로 하는 거래나, 임대차와 소비대차와 같은 대차거래, 위임이나 도급 등과 같은 노무공급거래, 중개계약, 운송계약, 출판계약 같은 민법전과 상법전상의 전형계약 유형뿐만 아니라, 여행계약이나 리스계약, 숙박계약과 같은 비전형계약도 당연히 포함된다.

이에 대하여 통신판매는 우편·전기통신·광고물·광고시설물·전단지·방송·신문 및 잡지 등을 이용하는 방법 및 판매자와 직접 대면하지 아니하고 우편환·우편대체·지로 및 계좌이체 등을 이용하는 방법으로 재화 또는 용역(일정한 시설을 이용하거나 용역의 제공을 받을 수 있는 권리를 포함한다)의 판매에 관한 정보를 제공하고 소비자의 '청약'에 의하여 '재화 또는 용역을 판매'하는 것을 말한다(동조 제2호, 동 시행규칙 제2조). 요컨대 통신판매란 광고물, 광고시설물, 전단지, 방송, 신문, 잡지 등 개인적 또는 공적인 '통신적 수단'이라는 비대면의 거래방법에 의하여 정보의 제공과 함께 '재화 또는 용역'을 판매하는 것이라고 볼 수 있다.

전자상거래와 통신판매의 양자의 개념에서 결정적 차이는 '거래'와 '판매'에 있다. 일응 거래는 판매를 포함하는 넓은 의미이고, 판매는 전형계약중의 하나인 매매로 해석될 수 있다. '판매'의 개념에 위탁 및 중개를 포함할 것인가. 원래 통신판매는 구방문판매법의 규율을 받다가, 통신판매와 전자상거래가 비대면거래라는

된 것을 말한다'고 규정함으로써, 기본적으로 전자거래기본법(제2조 제1호)상의 전자문서의 개념을 차용하고 있다. 다만 동법은 '표준화된' 전자문서만을 규율의 대상으로 한다는 점에서 이러한 요구가 없는 전자거래기본법상의 전자문서와 차이가 있다.

공통점을 가지고 있는 점에 착안하여 전자상거래소비자법에서 규율하게 되었다. 구방문판매법은 통신판매를 '상품 또는 용역'에 관하여 광고물 등의 매체를 이용하여 상품을 판매하거나 용역을 제공하는 것(구방문판매법 제2조 제6호)이라고 정의하였고, 현행 방문판매법은 방문판매를 「방문판매에 의한 재화 또는 용역(일정한 시설을 이용하거나 용역의 제공을 받을 수 있는 권리를 포함한다)의 판매(위탁이나 중개를 포함한다)」라고 정의하고 있다. 방문판매의 개념에서는 판매에 위탁 및 중개를 포함한다고 규정하고 있다.

통신판매에 관하여 전자상거래소비자법이 위탁이나 중개를 포함한다는 규정을 두지 않은 점이나 통신판매중개를 거래당사자간의 통신판매를 알선하는 행위라고 정의하여 통신판매와 구별하여 정의를 내리고 있는 것을 보면 통신판매에서의 판매는 매매를 지칭하는 것으로서 거래보다는 협의의 개념으로 보아야 할 것이다.[152] 또한 전자상거래소비자법은 용역에 일정한 시설을 이용하거나 용역의 제공을 받을 수 있는 권리를 포함한다고 하여, 용역의 개념을 확대하여 사용하고 있다.

전자상거래에서의 통신적 수단은 디지털 네트워크이며, 전자상거래는 여기에서 형성된 전자문서에 의한 상행위로서 판매를 포함하는 전형·비전형 계약을 아우르는 넓은 의미이다. 이에 반해서 통신판매는 계약유형으로서는 '판매'에 한정되며, 통신적 수단이 디지털네트워크인 경우에는 전자상거래에 포섭되지만 전통적 방법인 우편이나 카달로그에 의한 경우에는 전자상거래에 포섭되지 않는다. 이러한 의미에서 전자상거래를 통신판매의 특수한 형태로 보기도 한다.[153]

스마트폰의 보급으로 소비자는 실시간으로 인터넷 접속이 가능해져 정보를 검색하고 전자문서를 통한 재화와 용역의 구매가 가능하지만 소비자는 여전히 이러한 전자문서 이외의 방법에 의한 전통적 통신수단에 의하여도 비대면적 구매가 가능한데, 이 점에서 통신판매는 거래의 수단이나 방법에서 전자상거래보다 더 넓은 개념이다.

---

152) 이에 대해서 통신판매의 판매개념을 매매에 한정해서는 안되며, 방문판매와 달리 중개를 포함하고 있지 않더라도 통신판매의 판매의 개념을 확장하여 보고자 하는 견해가 있다. 남효순, 전자상거래등에서의 소비자보호에 관한 법률에 관한 몇 가지 쟁점 -전자상거래와 통신판매에 대한 적용법조의 차별, 전자상거래에서 청약과 승낙의 결정 및 이행하자로 인한 청약철회와 해제의 관계, 민법학의 현대적 양상, 羅岩 서민교수정년기념논문집, 2006.5, 408면.

153) 남효순, 상게논문, 404면 참조.

위에서 살펴본 전자상거래와 통신판매의 정의와 연관하여 소셜커머스는 전자상거래소비자법상의 전자상거래와 통신판매의 양자에 해당한다고 볼 수 있다. 통신판매에서의 특징을 '소극적 정보제공'이 아닌 '적극적 정보제공'으로 보더라도 소셜커머스에서는 기존의 전자상거래와 달리 소셜커머스 사업자는 한정된 상품에 대해 상당히 상세한 정보를 제공하고 있다. 소셜커머스를 이용하는 업체들은 대개 알려지지 않은 소규모 업체들이어서 소비자들의 신뢰확보를 위한 상세한 정보제공이 이루어지고 있는 실정을 감안할 때 통신판매해당성에는 문제가 없다 할 것이다. 소셜커머스가 전자상거래와 통신판매 양자에 해당한다고 본다면, 전자상거래소비자법의 전자상거래와 통신판매를 규율하는 모든 법규의 적용대상이 된다 할 것이다.

(3) 약관규제법의 적용

소셜커머스도 통상 사업자가 회원으로 가입할 때 전자약관을 제시하거나, 사이트의 초기화면에 전자약관을 게시하는 방법에 의해 거래가 행해지게 된다. 전자상거래가 대두하기 시작한 초기처럼 소셜커머스업체가 한국에서 2010년도부터 등장하여 활동하였기 때문에 소셜커머스업체가 일방적으로 정한 계약조건이 약관인 불공정하여 소비자가 피해를 입은 사례가 늘고 있다. 특히 공동구매형에서는 대개 절반가격에 재화와 용역의 공급가격이 정해지고 제한된 시간에 판매가 이루어지기 때문에 정상적인 거래에 비해서 소비자에게 불리하게 약관이 작성될 가능성이 높다.

소셜커머스도 다른 인터넷몰과 마찬가지로 전자약관을 사용하는데, 전자약관이란 거래의 일방당사자(사업자)에 의하여 사전에 작성된 전자적 기록의 형태로 된 약관을 말한다. 전자약관은 전자적 기록의 출력방식에 의하여 제시되는 것이 특징이다.

현재 소셜커머스사업자가 작성한 전자약관 중 문제되는 것으로는 청약철회권의 제한, 환불의 금지, 면책조항 등을 들 수 있는데, 약관규제법에 의한 편입통제, 해석통제, 불공정성 통제를 통하여 규제가 행해지게 된다. 소셜커머스 사업자에 대한 표준약관의 제정도 고려할 수 있다.

(4) 그 밖의 특별법

소셜커머스를 이용하는 재화 및 용역의 공급업자는 대개 소비자들에게 알려지지 않은 지역 중소업체인 경우가 많다. 소셜커머스의 구매 첫단계에서 소비자는 전적으로 소셜커머스 사업자가 제공하는 정보에 의존하게 된다. 소셜커머스의 상품은 유형의 공산품이라기보다는 무형의 용역상품이기 때문에 소비자로서는 서비스의 품질에 대해서는 구매하기 전까지는 평가가 곤란하다. 심지어 공급업자와 다른 사업자의 객장 모습이나 서비스 등에 관한 정보를 제공하기도 한다. 공급업자는 소셜커머스를 이용하여 홍보의 극대화를 노리고, 소셜커머스 사업자는 판매를 통하여 수익의 최대화를 노리기 때문에 허위 또는 과장된 표시·광고를 할 수 있게 된다. 부당한 표시·광고행위의 유형으로서는 위에 든 것 이외에도 기만적인 표시·광고, 부당하게 비교하는 표시·광고 등이 있다. 이러한 부당한 광고를 규제하는 법률로는 「표시광고의 공정화에 관한 법률」이 있다. 대금의 결제 시 신용카드를 이용하여 할부로 구입한다면 할부거래에 관한 법률과 여신전문금융업법이 적용된다.

향후 소셜커머스에서 가장 쟁점이 될 사항으로 개인정보보호를 들 수 있다. 소셜미디어와 소셜네트워크를 통하여 용이하게 개인정보의 수집과 가공이 가능하기 때문에 향후 가장 뜨거운 이슈가 될 수 있다. 이에 대해서는 「정보통신망이용촉진 및 정보보호의 법률」과 2011년 9월에 시행된 「개인정보보호법」이 적용되게 된다. 이에 대해서는 후에 상술하기로 한다.

4. 소셜커머스 사업자의 법적 지위

(1) 법적 지위의 구별실익 : 통신판매자 또는 통신판매중개자

1) 통신판매와 통신판매중개자의 정의 소셜커머스 사업자와 관련하여 논의의 핵심은 소셜커머스 사업자가 통신판매자인지 아니면 통신판매중개자인지에 있다. 소셜커머스 사업자의 법적 지위를 어떻게 보느냐에 따라 전자상거래소비자법상 책임이 달라지기 때문이다. 즉, 소비자보호에서 중요사항은 청약의 철회(동법 제17조),[154] 일정한 경우 손해배상책임의 면제(제20조의 2 제1항), 신고의무

154) 전자상거래소비자보호법 제17조에서는 두 종류의 청약철회를 규정하고 있다. 하나는 의사변경에 의한 청약철회이고 다른 하나는 이행하자로 인한 청약철회이다. 실제 양자의 성립요건은 다르기 때문에 달리 규율하여야 한다고 한다. 남효순, 전게논문, 414면; 소셜커머스에서의 청약철회에 대한 상세는 고형석, 소셜커머스에 있어서 청약철회권에 관한 연구, 연세대 법학연구원 의료과학기술과 법센타, 소셜커머스의 소비자보호 학술대회 발표문, 2011.5.

(제12조 제1항)[155] 등인데 청약의 철회와 신고의무는 통신판매업자에게 적용되는 규정이고, 통신판매중개업자인 경우에는 일정한 경우 손해배상책임이 면제된다.

전자상거래소비자법 제2조 3호와 4호에 각각 통신판매업자와 통신판매중개에 대한 정의를 하고 있는데, 전자에 대해서는 「통신판매를 업으로 하는 자 또는 그와의 약정에 따라 통신판매업무를 수행하는 자를 말한다」고 규정하고, 후자에 대해서는 「사이버몰(컴퓨터 등과 정보통신설비를 이용하여 재화 등을 거래할 수 있도록 설정된 가상의 영업장을 말한다. 이하 같다)의 이용을 허락하거나 그 밖의 총리령이 정하는 방법에 의하여 거래 당사자 간의 통신판매를 '알선'하는 행위를 말한다」고 규정하고 있다.

소셜커머스의 등장으로 소셜커머스업자가 통신판매업자 혹은 통신판매중개자인지의 여부와 그에 대한 청약철회가 가능한지의 문제가 대두하였다. 2012년 2월에 전자상거래소비자법 제20조의 2를 신설하여 통신판매업자인 통신판매중개업 소셜커머스사업자인 경우에는 제20조 제1항의 고지를 한 경우에도 불구하고 통신판매업자의 책임을 부과함으로써 입법적으로 해결하였다(제20조의 2 제3항).

2) 통신판매중개자의 책임　　통신판매중개자의 책임[156]은 전자상거래소비자법 제20조의 2 제1항에서, 「통신판매중개자는 자신이 통신판매의 당사자가 아니라는 사실을 소비자가 쉽게 알 수 있도록 고지하지 아니한 경우 통신판매의 중개를 의뢰한 자의 고의 또는 과실로 소비자에게 발생한 재산상의 손해에 대하여 그 통신판매중개자는 중개를 의뢰한 자와 연대하여 배상할 책임을 진다」라고 규정하고 있다. 바꾸어 말하면 통신판매중개자는 자신이 통신판매의 당사자(통신판매업자)가 아니라는 사실을 미리 고지한 경우에는 손해배상책임을 지지 않는다는 것이다.

또한 통신판매중개자는 소비자에게 정보 또는 정보를 열람할 수 있는 방법을 제공하지 아니하거나 제공한 정보가 사실과 달라 소비자에게 발생한 재산상 손해에 대하여 통신판매중개의뢰자와 연대하여 배상할 책임을 진다(제20조의 2 본문).

---

155) 동법 제12조에 따라 대통령령이 정하는 신고의무가 면제되는 통신판매업자가 있는데, 판례는 대통령령이 정하는 통신판매업자에 관하여 '부가가치세법 제25조 제1항의 규정에 의한 간이과세자인 사업자'를 말한다고 한다. 대판 2010.1.28, 2009도12663.

156) 이에 대한 상세는 고형석, 통신판매중개자의 책임에 관한 연구, 법학논고 제32집, 경북대학교 법학연구원, 2010.2, 119면 이하 참조.

다만, 소비자에게 피해가 가지 아니하도록 상당한 주의를 기울인 경우에는 그러하지 아니하다(동조 단서)고 하여 통신판매중개자가 그의 귀책사유로 인하여 소비자에게 재산상 손해를 가한 경우에는 통신판매중개자라 할지라도 손해배상책임을 지우고 있다.

뿐만 아니라, 통신판매중개의뢰자가 사업자인 경우에는 통신판매중개자의 고의 또는 과실로 소비자에게 발생한 재산상 손해에 대하여 통신판매중개자의 행위라는 이유로 면책되지 아니한다. 다만, 소비자에게 피해가 가지 아니하도록 상당한 주의를 기울인 경우에는 그러하지 아니하다(동조 제4항)는 규정을 두어 소비자를 두텁게 보호하고자 하였다.

3) 통신판매자인 통신판매중개자의 책임 통신판매업자인 통신판매중개자는 고지 및 정보제공의무가 있다. 즉 통신판매업자인 통신판매중개자는 통신판매중개를 의뢰한 자가 사업자인 경우에는 그 성명(사업자가 법인인 경우에는 그 명칭과 대표자의 성명)·주소·전화번호 등 대통령령으로 정하는 사항을 확인하여 청약이 이루어지기 전까지 소비자에게 제공하여야 하고, 통신판매중개의뢰자가 사업자가 아닌 경우에는 그 성명·전화번호 등 대통령령으로 정하는 사항을 확인하여 거래의 당사자들에게 상대방에 관한 정보를 열람할 수 있는 방법을 제공하여야 한다(동법 제20조 제2항).

동법 제20조의 2 제3항에서는 「제20조 제1항의 규정에 의한 고지에도 불구하고 통신판매업자인 통신판매중개자는 제12조 내지 제15조까지, 제17조 및 제18조에 따른 통신판매업자의 책임을 면하지 못한다. 다만, 통신판매업자의 의뢰를 받아 통신판매의 중개를 함에 있어서 의뢰자가 책임을 지는 것으로 약정하여 소비자에게 고지한 부분에 대하여는 의뢰자가 책임을 진다」고 규정하여 통신판매중개자가 통신판매업자의 지위를 가지고 있는 경우에는 통신판매업자로서의 책임을 지는 것으로 하였다.

입법자는 통신판매업자에게는 소비자계약의 사업자로 보아 소비자계약상의 엄격한 책임을 부과하지만, 판매가 아닌 '알선'으로서 판매자와 소비자간의 매매를 단지 중개만 하는 경우에는 사업자에게 신뢰성 확보를 위한 신고 및 정보제공의무(시행령 제25조)를 부과하지만, 소비자에게 소비자계약에서 중요한 청약철회권을 인정하지 않고 있다.

이러한 쟁점과 관련하여 종전 소셜커머스 사업자들은 자신들을 통신판매중개자라고 주장하면서 이러한 법적 규제를 회피하고자 하였지만 전자상거래소비자법을 개정함으로써 이 문제는 해결되었다.

(2) 통신판매업자로서 소셜커머스사업자

통신판매와 통신판매중개업자의 구별에 대해서는 전자상거래소비자법, 전자상거래소비자법 시행규칙, 공정거래위원회의 전자상거래등에서의 소비자보호지침에서 각각 규정하고 있다. 법에서는 통신판매업자를 통신판매를 업으로 하는 자와 '그와의 약정에 따라 통신판매 업무를 수행하는 자' 로 정의하고 있고, 통신판매중개업자의 정의에 대해서는 따로 규정하지는 않았지만 제2조 4호(통신판매중개의 정의규정)에 따른다면 사이버몰의 이용을 허락하거나 거래 당사자간의 통신판매를 알선하는 행위를 업으로 하는 자라고 할 수 있겠다.[157)]

동법 시행규칙 제2조에서는 법에서 위임한 사항에 대하여 보다 세부적으로 밝히고 있는데, 통신판매의 방법에 대하여 구체적인 통신판매의 방법을 열거하고 있고, 동 시행규칙 제3조에서는 통신판매중개의 방법에 대하여 '자신의 명의로 통신판매를 위한 광고수단을 제공하거나 그러한 광고수단에 자신의 이름을 표시하여 통신판매에 관한 정보의 제공이나 청약의 접수 등 통신판매의 일부를 수행하는 것'으로 규정하고 있다.

동법과 시행세칙의 개념정의에도 불구하고 개념정의를 통한 구분의 모호함이 존재하므로 공정거래위원회는 지침을 통하여 더욱 구체화하였는데, 소비자보호지침 Ⅱ. 일반사항 2.에서 통신판매, 통신판매업자, 통신판매중개자의 개념정의 및 책임의 범위를 예시를 들어서 상세히 설명하고 있다.[158)]

전자상거래 소비자보호지침 Ⅱ. 2. 바에서는 양자의 판단기준을 제시하고 있다. 즉,「어떠한 사업자가 통신판매업자인지 통신판매중개자인지 구별이 불분명

157) 통신판매중개의 경우에도 재화 등의 판매에 관한 정보를 제공하고, 거래의 상대방이 계약을 체결할 수 있도록 중개의뢰자에게 단순 연결하여 주는 소개형 통신판매중개와 거래관여형 통신판매중개로 구분할 수 있는데 문제되는 것은 거래관여형 통신판매 중개이다. 고형석, 전게논문, 147면 이하.

158) 예컨대 A신용카드회사의 카탈로그에 B여행사의 여행상품의 판매정보만 제공하고 청약의 접수 및 판매를 B여행사라 행하면 A카드사는 통신판매중개자이지만, A카드사가 청약을 비대면으로 접수하여 여행상품 판매업무를 수행하면 통신판매업자와의 약정에 따라 통신판매업무를 수행하는 자로서 통신판매업자에 해당한다고 한다.

한 경우에는 (ⅰ) 사업자가 자신은 통신판매중개자에 불과하며 통신판매에 따른 법적 책임은 제3의 의뢰인에게 있음을 소비자들이 알기 쉬운 방법으로 약정하거나 고지하였는지 여부, (ⅱ) 대금결제가 통신판매중개를 의뢰한 자와의 거래임을 소비자가 충분히 인식할 수 있도록 결제화면에서 표시하는 등 필요한 조치를 하였는지 여부, (ⅲ) 통신판매에 따른 매출이익이 직접 자신의 수익이 되는지 아니면 단순히 중개수수료 수익만을 얻는 것인지 등의 회계처리 방법 등을 종합적으로 고려하여 판단한다」고 규정하고 있다.

그러나 소셜커머스는 계약당사자의 자유로운 의사의 교환에 따라 계약이 이루어지는 것이 아니라 사업자가 제공한 계약내용이나 계약조건에 따라 소비자가 청약을 하기 때문에 통신판매업자인지 통신판매중개업자인지의 여부가 지침의 (ⅰ) (ⅱ) 에서처럼 사업자 자신의 표시(예컨대 약관 등)나 고지에 의하여 일방적으로 결정되어서는 안된다. 그나마 (ⅲ)의 수익귀속의 내용은 어느 정도 양자를 구분하는 표지로서 작용한다 할 것이나, 직접 자신의 수익이 되는지 아니면 단순히 중개 수수료 수익만을 얻는 것인지 외부에서 객관적으로 인식하기도 어려울 뿐만 아니라 그 한계도 모호해서 소셜커머스 사업자들에게 단순히 중개수수료만을 얻고 있다고 주장할 근거만 제공할 뿐이다.

그렇다면 어떠한 표지로 양자를 구분할 것인가.

통신판매를 업으로 하는 자와 '그와의 약정에 따라 통신판매 업무를 수행하는 자'를 통신판매업자로 하고 있는 전자상거래소비자법의 입법취지까지 고려하여 해석하는 것이 필요하다.

먼저 누가 판매계약의 당사자인가가의 결정문제로서 계약당사자의 확정과 관련된다. 계약당사자의 확정문제는 계약의 효력을 누구에게 귀속시키느냐의 문제인데 여기서는 실제 계약의 당사자성이 문제가 되는 것이 아니고, 계약의 내용과 밀접한 관련을 맺는 문제이기 때문에 명의가 누구인지 또는 사업자의 일방적 표시나 고지에 의해 결정될 문제가 아니라 실질적인 계약 내용이나 급부의 귀속관계를 가지고 검토하여야 한다.

특별법상의 소비자계약법에서는 매매라는 용어 대신에 판매라는 용어를 사용하고 있지만(방문판매 · 통신판매 등[159]), 민법상의 매매에 해당한다고 볼 수 있다. 매

159) 판매를 포함하는 넓은 의미로 사용하고자 하는 경우에는 거래라는 표현을 사용한다. 예컨대 할부거래, 전자거래 등이다.

매의 대상은 재산권으로서 물건이나 권리 모두 가능하다. 따라서 재화나 용역에 대한 구입권의 매매도 가능하다.[160] 매매계약 당사자의 급부 내용은 재산권의 이전과 대금의 지급이다. 매수인은 재산권의 가치와 대가적 의미있는 금원을 매도인에게 전액 지급하게 된다. 통상 소셜커머스에서 50%의 가격으로 재화나 용역을 공급하는 구입권의 가격을 책정한다 할지라도 이를 보수나 수수료라고 보기보다는 매매목적물과 일시적 계약관계인 매매계약에서는 당사자간에 계약이 체결되고 급부가 이행되면 당사자들은 계약의 목적을 달성하게 되고 당사자간의 법률관계는 종료하게 된다. 이를 종국적 계약관계라고 부를 수도 있겠다.

매도인이 소유권이나 처분권을 가져야 하는가에 대해서는 부정하여야 할 것이다. 우리 민법은 타인의 권리의 매매의 유효성을 전제로 한 제569조의 규정을 두고 있을 뿐만 아니라,[161] 매도인에게 물건이나 권리에 대한 소유권자이거나 처분권자임을 요구하고 있지 않기 때문이다. 다만 매도인은 권리를 취득하여 매수인에게 이전하면 되고, 만약 재산권이전의무를 위반하게 되면 담보책임 내지 채무불이행 법리에 의하여 책임을 부담하면 될 뿐이다. 판례도 수분양권의 매매에서 원칙적으로 매도인은 매수인으로 하여금 그 수분양권에 근거한 목적물의 소유권을 취득할 수 있도록 하여줄 의무가 있지만, 수분양권에 근거하여 목적물에 관한 소유권을 취득한 다음 매수인 앞으로 소유권이전등기를 마쳐 줄 의무까지는 없다고 하고 있다.[162]

이에 대해서 중개계약의 급부내용은 계약체결의 기회 소개 및 계약체결의 알선과 보수(알선료)의 지급이다. 통상 보수는 재화나 용역의 가치에 상당하지 않은 가액이다. 중개계약의 내용이 매매의 알선인 경우에 의뢰인들은 중개인과 위임 혹은 중개계약을 체결하고, 중개인은 양 당사자에에게 소개 및 알선을 하게 된다. 따라서 의뢰인과 중개인 사이에 중개계약에 따라 급부(소개 및 알선)가 이루어져도 의뢰인은 중개인의 소개 및 알선에 따라 의뢰인의 목적달성을 위한 진정한(본래의) 혹은 제2차적 계약체결로 나아가야 한다. 이러한 제2차적 계약체결로는 재화의

160) 권리의 양도와 권리의 매매의 차이점은 권리의 양도에서는 채무자, 즉 소셜커머스상 공급자에 대한 통지만 있으면 대항요건을 갖추게 되지만(민법 제450조 제1항), 권리의 매매인 경우에는 소셜커머스 사업자와 소비자간 재화나 용역의 권리 이전과 대금의 지급에 대한 당사자간의 합의가 있어야 한다는 점에서 차이가 있다.

161) 판례도 타인 권리의 매매의 유효성을 인정하고 있다. 대판 1966.4.6. 66다267.

162) 대판 2006.11.23. 2006다44401.

매매일 수도 있고(매매계약), 시설물에 대한 사용일 수도 있고(임대차계약), 노무의 제공(고용계약), 일의 완성(도급계약), 사무의 처리(위임계약)일 수도 있고, 혼합계약(숙박계약 · 여행계약)일 수도 있고 무명계약(의료계약 · 컨설팅계약)일 수도 있다.

오픈마켓에서 구매자는 오픈마켓사업자에게 대금을 지급하지 않고 오픈마켓상의 판매자에게 대금을 지급하고, 다만 오픈마켓은 결제가 용이하게 이루어지도록 방법을 제공하는 역할을 하는데 전형적인 통신판매중개업자로 보아야 한다. 중개계약에서는 이처럼 제2차적인 계약에 따라 급부가 이행되어야 의뢰인의 진정한 계약목적은 달성되는 것이다.

요컨대, 양자의 결정적인 구분 표지는 계약당사자 사이의 종국적인 계약인 것인지 여부, 재화나 용역의 가치에 상당한 정도의 대금의 수수인지 여부 및 그에 대한 귀속 등에 따라 판단되어야 할 것이다.

5. 개인정보보호의 문제

(1) SNS와 과도한 개인정보 노출

개인정보 침해는 대형화 · 지능화 · 다양화되고 있으며, 2010년 한 해동안 약 1억건 이상의 개인정보침해사고가 발생하는 등 개인정보에 관한 사회적 경각심이 높아지고 있다.[163] 특히 소셜커머스는 SNS를 기반으로 행해지는데, 사업자와 소비자 모두에게 재화와 용역에 대한 정보의 공유 및 단시간 내 확산을 통하여 양자의 이익을 극대화하는 반면에, 다른 한편으로는 개인정보유출의 가능성을 증대시키는 야누스와 같은 측면이 있다. 소셜커머스에 관여하는 자를 보면 소셜커머스 사업자, 네트워크 서비스제공자, 재화나 용역의 공급자, 통신사업자, 인증기관, 결제업자 등 다수의 관계자가 관여하기 때문에 개인정보의 노출기회가 그만큼 많게 된다.

이용자는 구매난계에서 성명, 주소, 전화번호, 이메일 정도를 입력하지만, 소셜커머스는 사업자들이 소비자들로 하여금 SNS로 참여하도록 함으로써 익명성이

163) 2010년에 한국인터넷 진흥원 개인정보침해 신고센터 접수자료에 의하면 총 54,832건 중 개인정보 무단수집이 1,267건, 개인정보 무단이용제공이 1,202건, 주민번호 등 타인정보도용이 10,137건, 회원탈퇴 또는 정정요구 불응이 826건, 법적용 불가 침해사례가 38,414건, 기타(고시 · 명시의무 불이행, 개인정보관리책임자 미지정 등 절차적 준수사항 위반) 2,986건으로, 전년 대비 약 55.9%가 증가한 것으로 나타났다.

보장되는 가상공간에서 익명의 가면을 벗도록 한다. SNS상에서 얼굴이 드러나고, 이름, 성별, 나이, 직업, 개인적인 관심사, 학벌, 결혼 여부 등 지극히 사적인 정보까지도 파악된다. SNS 이용자들도 자신의 신상정보를 기꺼이 공개하기 때문에 이러한 SNS상의 프로필만 봐도 그 사람의 외모, 성별, 직업, 나이, 관심사뿐만 아니라 인맥 정보들을 알 수 있게 된다. 서비스 이용자들은 실시간으로 다른 이용자들과 연결되어 있기 때문에, 정보의 공유와 확산이 순식간에 이루어지고 그만큼 정보의 수집과 가공이 유리한 측면이 있다.[164)]

이제 페이스북이나 트위터와 같은 소셜네트워크를 운영하는 회사는 소셜커머스를 통하여 획득된 정보를 결합하고 기존데이터베이스와 비교할 뿐만 아니라 용이하게 소비자의 행동을 추적하기도 하고, 개인의 신용등급도 파악하며 소비자의 내밀한 사적 정보까지도 축적한다. 소비자의 수입, 소비패턴, 거주지역, 교육수준, 종교, 취미활동뿐만 아니라 소셜네트워크상에서 가족관계, 친구관계, 혼인관계, 직장관계 등 민감하지 않은 정보에서부터 '민감한' 정보에 이르기까지 광범위하게 수집하여 가공이 가능하게 되었다.

더구나 스마트폰과 같은 이동전화는 전화기의 위치를 추적하는 위성항법장치(GPS)에 의하거나 와이파이와 같은 무선접속망을 통하여 소비자의 소재지까지 파악이 가능하게 되었다. 이제 소셜네트워크를 기반으로 한 소셜커머스의 활성화는 가공할만한 개인정보가 수집, 축적되어 개인이 원하지 않는 형태로 가공되어 활용되는 것을 의미하게 되었다. 법의 세계에서는 모든 것이 '시간의 경과'에 따라 일정한 자에게 이익이든 불이익이든 시효로 소멸하는 것을 인정하는데 반해, 소셜네트워크의 세계에서 한 번 입력된 개인정보나 활동들은 데이터가 삭제되지 않는 한 영원히 개인의 정보를 간직하고, 활용가능하게 한다.

또한 SNS의 특성상 트위터나 페이스북의 친구들에게 그들이 원하든 원하지 않든 광고성 정보를 보내는 일이 가능한데, SNS상의 친구들은 직접적인 친구뿐만 아니라 친구와 연결된 친구들도 있기 때문에 사업자가 직접 광고정보를 보내지 않더라도 SNS상에서 원하지 않은 광고정보를 접하는 경우가 많아지게 되었다.

이제 소비자들은 자신에 관하여 어떤 정보가 수집되고 있는지, 그리고 수집된

---

164) LG전자 사건(서울고법 2008.11.25, 2008나25888)에서는 3,000명의 피해자가 발생하였는데 성명, 주민등록번호, 학력, 학점, 경력 등이 불특정다수에게 인터넷 열람이 가능하도록 방치하였다.

정보는 어떤 처리절차를 거쳐 어디에, 어떻게 사용되는지를 알기 어렵게 되었을 뿐만 아니라 스스로 자신의 개인정보를 적절히 통제할 수 없는 지경에 이르렀다.

(2) 개인정보 보호법규

개인정보의 보호에 관하여 우리나라는 공공기관과 민간부문을 구분하여 공공기관이 보유하고 있는 개인정보에 대하여는 '공공기관의 개인정보보호에 관한 법률'을 적용하였고, 민간부문의 개인정보 보호에 관한 포괄적 · 일반적 법률이 없는 가운데 개별 사안별로 입법이 진행되어 왔다. 개인정보관련 법률체계는 금융, 정보통신, 공공, 교육, 의료 등 주요 분야별로 나누어져 있다.[165] 즉, 개인의 금융정보를 보호하기 위한 「금융실거래 및 비밀보장에 관한 법률」, 개인의 신용정보를 보호하기 위한 「신용정보의 이용과 보호에 관한 법률」, 통신비밀은 「통신비밀보호법」, 「전기통신사업법」, 인증기관에 의한 개인정보보호에 관하여는 「전자서명법」, 개인의 의료정보에 대해서는 「의료법」등으로 산재되어 있다. 무엇보다도 날로 확장되어 가는 정보통신망상의 개인정보보호를 위해 제정된 「정보통신망이용촉진 및 정보보호 등에 관한 법률(이하 '정보통신망법'이라 한다)」이 민간부문에서 가장 비중있는 개인정보 보호법률이다.

정보통신망법을 제외하고 각각의 개별법에서는 개인정보호호 관련 조항이 제한적이거나 선언적인 규정에 그치고 있어, 개인정보에 관한 일반법인 「개인정보보호법」의 필요성이 대두되었고, 이에 2008년 개인정보보호법안이 발의되었고, 2011년 3월 29일 공포되어 9월 30일부터 시행되고 있다.[166]

동법의 주요내용을 보면 적용대상을 공공 · 민간부문의 모든 개인정보처리자로 확대하고(제2조 5호), 전자적으로 처리되는 개인정보 외에 수기문서까지 개인정보의 보호범위에 포함시키고 있다. 개인정보의 처리에 있어 수집 · 이용 · 제공 · 파기 등 단계별로 보호기준을 강화하고 있으며(제15조-제22조), 개인정보의 분실 · 도난 · 유출 · 변조 및 훼손을 방지하기 위하여 기술적 · 관리적 · 물리적 보호조치를

---

165) 개인정보보호는 프라이버시와 밀접한 관련을 맺고 있는데, 전통적인 관념에서는 국가 내지 공공기관의 간섭에서 자유로울 권리를 의미하였다면 오늘날에는 개인의 자율권적 측면에서 접근하고 있다.

166) 동법의 시행으로 공공기관의 개인정보보호에 관한 법률은 폐지된다(부칙 제2조). 현재 동법 시행령에 대한 공청회 등이 열리고 있는데 동법 시행시기에 맞추어 향후 시행규칙, 관련 고시 및 지침 등을 통해서 동법 제정에 따른 금융권의 기술적 · 관리적 · 물리적 세부 조치사항 등이 구체화될 것으로 예상된다.

취하도록 의무화하고 있다(제29조).

개인정보처리자가 개인정보 유출사실을 인지하였을 경우 지체 없이 해당 정보주체에게 관련사실을 통지하고, 일정 규모 이상의 개인정보가 유출된 때에는 전문기관에 신고하도록 하고 있다. 정보주체의 권리를 보장하기 위하여 정보를 받을 권리, 개인정보 처리 동의 여부 및 동의 범위 결정권, 정보주체에게 개인정보의 열람청구권(제35조), 정정·삭제 청구권(제36조), 처리정지 요구권(제37조) 등을 부여하고 있다. 또한 표준개인정보 보호지침을 제정하여 개인정보처리자에게 그 준수를 권장할 수 있도록 하였다(제12조).

개인정보보호법은 개인정보보호에 관한 일반법으로서 정보통신망법 등 다른 법률에 특별한 규정이 있는 경우를 제외하고는 동법이 적용된다(제6조).

소셜커머스가 전자상거래이면서 통신판매에 해당한다고 보는 경우 전자상거래소비자보호법상 규정하는 개인정보 관련규정이 적용된다. 즉 동법은 사업자에게 전자상거래 또는 통신판매를 위하여 소비자에 관한 정보를 수집 또는 이용(제3자에게 제공하는 경우를 포함한다)하고자 하는 경우에는 정보통신망법 등 관련규정에 따라 공정하게 수집 또는 이용하도록 하고 있고(전소법 제11조), 전자문서 및 전자거래기본법에서도 전자거래사업자는 개인정보를 수집·이용·제공 및 관리함에 있어서 정보통신망법 등 관련 규정을 준용하도록 하는 규정을 두고 있다(동법 제12조 제2항).

개인정보보호와 관련하여 정보통신망법과 동법 시행령, 동법 시행규칙 이외에도 방송통신위원회 고시(제2008-2호)로 개인정보보호지침이 제정되었으나 정보통신망법과 동법 시행령, 개인정보의 기술적·관리적 보호조치기준 고시(방송통신위원회 고시 제2009-21호)에 모두 반영되어서 특별히 새로운 사항이 없다는 지적에 따라 2011년 1월 5일 방송통신위원회 고시 제2011-3호에 따라 폐지되었다.

(3) 소셜커머스와 개인정보보호

소셜커머스 사업자는 전자상거래업자이면서 통신판매업자에 해당하기 때문에 전자상거래소비자법 제11조에 따라 정보통신망법에서 규정하는 개인정보보호에 관한 규정들을 준수해야 할 의무가 있다.

정보통신망법 제2조 제1항 제6호는 「개인정보란 생존하는 개인에 관한 정보로서 성명·주민등록번호 등에 의하여 특정한 개인을 알아볼 수 있는 부호·문자 · 음성 · 음향 및 영상 등의 정보(해당 정보만으로는 특정 개인을 알아볼 수 없어도 다른 정보와 쉽게 결합하여 알아볼 수 있는 경우에는 그 정보를 포함한다)를 말한다」고 규정하여 '특정한 개인 식별정보'를 개인정보의 표지로서 제시하고 있다.[167]

소셜커머스에서는 다른 정보와 쉽게 결합하여 특정한 개인을 식별할 수 있는 경우가 많아졌으며, 특히 SNS를 통하여 무차별적으로 수집될 수 있는 개인의 정보에 대해서는 개인정보의 유형을 구분하여 제한할 필요가 있다.[168] 개인정보보호법 제23조도 민감한 정보로서 사상 · 신념, 노동조합 · 정당의 가입 · 탈퇴, 정치적 견해, 건강, 성생활 등에 관한 정보, 그 밖에 정보주체의 사생활을 현저히 침해할 우려가 있는 개인정보 등은 처리를 금하고 있다.

그 동안 인터넷 이용시 개인식별 및 신원확인과 성인인증 등을 위하여 주민등록번호를 관용적으로 요구하였고, 주민등록번호가 과도하게 사용되면서 유 · 노출 및 명의도용의 심각성이 제기되자 2008년 정보통신망법 제23조의 2에 정보통신서비스제공자등에게 일일이용자수가 일정 수 이상인 경우[169] 주민등록번호 외의 회원가입방법을 제공하도록 하였다.

또한 동법 제22조 제1항에서 개인에 관한 정보를 수집하는 경우에는 이용자에게 알리고 동의를 받도록 되어 있고, 제23조는 '사업자에게 사상, 신념, 과거의 병력(病歷) 등 개인의 권리 · 이익이나 사생활을 뚜렷하게 침해할 우려가 있는 개인정보를 수집하여서는 아니된다'라고 하여 개인정보의 수집을 제한하고 있다.

---

167) 양재모, 전자거래상 개인정보보호에 대한 민사적 접근, 사이버커뮤니케이션학보 통권 제27권 제2호, 2010.6, 95면 이하.

168) 개인정보를 기본정보, 색인정보, 부가정보 및 민감한 정보의 형태로 구분하여 개인정보에는 개인의 성명과 생년원일, 주소 및 주민번호, 성별 등으로 직접 특정인의 동일성이 식별가능한 정보이고, 색인정보는 기본정보와 직접 결합되는 정보로서 색인정보의 사용방법에 따라 특정인의 신원을 식별할 수 있는 정보로서 지문이나 홍채를 든다. 부가정보는 개인의 신용등급, 금융자산, 자산규모, 납세액, 신용카드번호, 은행계좌내역 등을 들고, 민감한 정보로는 사상 및 양심과 관련된 자료, 성적 취향이나 DNA정보, 정신질환이나 특이한 유전질환의 진료정보 등을 들고 있다. 정영화, 인터넷상 개인정보보호 및 분쟁해결에 관한 연구, 인터넷법연구 제1호, 한국인터넷법학회, 2002, 22면.

169) 정보통신망법 시행령 제9조의 2 제1항 3호에 의하면 '전자상거래 서비스(「전자상거래 등에서의 소비자보호에 관한 법률」 제2조 제1호 및 제2호에 따른 전자상거래 및 통신판매를 정보통신망을 이용하여 제공하는 서비스를 말한다)의 경우는 전년도 말 기준 직전 3개월간의 일일 평균 이용자수가 1만명 이상인 정보통신서비스 제공자'인 경우에 주민등록번호 외의 회원가입방법을 제공하도록 규정하고 있다.

문제는 주민등록번호를 사용하지 않더라도 SNS를 사용하는 소셜커머스의 특성상 특정한 개인식별가능성이 상존한다는 점이다. 즉 소셜커머스의 특성상 소비자들이 자발적으로 개인의 정보를 노출시킬 뿐만 아니라 사업자는 손쉽게 개인정보를 수집할 수 있어서, 사업자의 입장에서는 개인정보 수집에 대한 소비자의 동의 추정 내지 묵시적 승인 등의 주장을 할 가능성이 높다. 특히 민감한 정보를 용이하게 수집할 수 있는 소셜커머스 사업자에 대한 개인정보 수집의 내용범위와 소비자의 동의에 대한 보다 상세한 개인정보보호 표준지침 등의 제정이 필요하다고 본다.

(4) 개인정보침해에 대한 구제

개인정보에 대한 개인의 권리는 자신의 정보가 타인에 의하여 수집되지 아니하도록 하는 소극적 의미의 정보통제권과 자기정보열람청구권, 자기정보의 정정·보완청구권과 같은 적극적 의미의 정보통제권을 포함한다.[170)]

개인정보 침해유형은 공공부문과 민간부문에서 차이가 있다. 공공부문의 경우 정보의 수집이 대부분 강제적으로 이루어지는 반면, 민간부문에서의 정보수집은 개인의 명시적·묵시적 동의하에 이루어지는 경우가 많기 때문이다. 민간부문에서의 침해유형으로는 개인정보의 부당한 유출 및 판매, 이용자의 동의 없는 수집, 고지 및 명시 범위를 벗어난 사용, 법정대리인의 동의 없는 아동의 개인정보 수집 등이 있다.[171)]

개인정보침해에 대한 구제수단으로는 여러 가지가 있다. 행정적, 형사적, 민사적 구제수단으로 나누어진다. 개인정보보호 관련 법규 등은 대개 벌칙규정을 두고 있어 행정적, 형사적, 민사적 구제수단이 혼재되어 있다.

개인정보와 관련되어 분쟁이 있는 경우 당사자는 개인정보 분쟁조정위원회를 통하여 조정을 신청할 수 있다(개인정보보호법 제43조). 개인정보침해시 구제수단으로서 예방적 권리보호가 중요한데 개인정보보호법은 개인정보 피해구제제도를 개선하고자 집단분쟁조정제도(동법 제49조) 및 단체소송제도(제51조)를 도입하였다.

---

170) 한귀현, 개인정보법제의 동향과 개선방향, 공법학연구 제6권 제2호, 한국비교공법학회, 2005. 6, 85면.

171) 제3자에 의하여 해킹당하여 개인정보가 유출되는 경우에도 만약 적절한 보안유지장치를 마련하지 않았다면 개인정보침해로 볼 수 있다. 개인정보보호법 제29조는 개인정보처리자에게 개인정보가 분실·도난·유출·변조 또는 훼손되지 않도록 내부 관리계획 수립, 접속기록 보관 등 안정성 확보에 필요한 기술적·관리적 및 물리적 조치를 하도록 규정하고 있다.

개인정보처리자가 분쟁조정위원회의 조정을 거부하거나 조정결과를 수락하지 아니한 경우, 동법에서 정한 요건에 해당하는 단체는 법원에 행위의 금지·중지를 구하는 단체소송을 제기할 수 있다.[172)]

그러나 단체소송의 경우에도 일정한 단체에게만 소송상의 당사자능력을 인정하기 때문에 집단소송이나 개별적으로 소송을 제기할 수밖에 없다. 소비자 개인은 개인정보침해행위에 대하여 민사상 침해행위의 중지나 금지의 청구를 하거나,[173)] 손해배상청구를 할 수도 있다.

민법상 손해배상청구권자인 개인정보주체인 소비자가 사업자의 귀책사유를 입증하여야 하나, 동법에서는 사업자가 자신의 귀책사유가 없음을 입증하지 못하는 한 손해배상책임을 인정하고 있어 입증책임을 전환하고 있다(정보통신망법 제32조). 또한 사업자가 개인정보처리 등을 타인에게 위촉한 경우, 수탁자의 행위로 인하여 피해가 발생한 경우에 사업자는 사용자책임을 부담하기 때문에 위탁받은 자의 귀책사유로 인한 손해에 대하여도 손해배상책임을 진다(동법 제25조 제5항, 민법 제756조 제1항).

개인정보유출사건에서의 손해는 재산적 손해와 정신적 손해가 포함되는데, 재산적 손해를 청구하기 위해서는 개인정보의 침해와 손해 사이의 인과관계를 입증해야 하는 문제가 있다. 대개는 개인정보침해를 이유로 한 손해배상에서는 대개 정신적 손해를 청구하게 될 것인데, GS 칼텍스 사건의 1심[174)]이나 옥션 사건의 1심[175)] 재판부는 손해배상의 요건으로서 (1) 개인정보가 사업자들의 지배영역을 떠나 외부로 노출됨으로서 원고들에게 정신적 손해가 발생하였다는 사정이 구체적으로 입증되어야 할 것 (2) 최소한 개인정보가 외부로 누출됨으로써 원고들

---

172) 소비자기본법 제70조는 소비자단체에게 소비자권익침해행위의 금지·중지 소송을 인정하고 있지만, 보호법익을 소비자의 생명·신체 또는 재산에 대한 권익으로만 한정하고 있어서 개인정보침해의 경우 대부분 정신적 손해에 대한 피해를 구하는 소송이어서 단체소송을 하는데 한계가 있었다.

173) 대판 1996.4.12, 93다40614·40621에서 인격권에 기한 금지 및 중지청구권을 인정한 이래 대판 1997.10.24, 선고 96다17851과 대판 2005.1.17.자 2003마1477 결정에서 인정하고 있으며 최근 대법원 2010.8.25.자 2008마1541 결정에서는 일반불법행위의 효과로서 금지 및 예방청구권을 인정하기도 하였다.

174) 서울중앙지법 2010.9.16. 선고 2008가합90021.

175) 서울중앙지법 2010.1.14, 2008가합31411; 이 이외에도 개인정보유출사건으로는 엔시소프트사건 서울중앙지법 2006나12182; LG 전자 사건 서울고법 2008.11.25, 2008나25888; 국민은행 사건 서울고법 2007.11.27, 2007나33059 등이 있다.

의 개인정보가 불특정 다수에게 공개되어 이를 열람할 수 있는 상태일 것 (3) 원고들의 의사에 반하여 원고들의 개인정보가 수집·이용될 수 있는 상태에 이르러 원고들의 개인정보 자기결정권이 침해되었다거나 침해될 상당한 위험이 발생할 것을 들면서 이를 입증할 것이 요청된다고 하면서 원고들의 손해배상청구소송을 기각하였다.

옥션 소송이나 LG 칼텍스 소송에서 재판부는 사회경제적 파장을 우려하여 다른 불법행위 소송에 비하여 상당히 요건을 엄격하게 하고 그 입증의 정도도 높이고 있음을 알 수 있다. 소비자계약법에서도 소비자보호를 위한 다양한 보호수단을 두고 있고, 소비자불법행위법인 제조물책임법에서도 제조자의 귀책사유를 요건으로 하지 않고 있는 점 등을 고려할 때, 인격권의 한 요소로서 개인정보에 대한 침해시 요건과 입증책임의 정도를 완화할 때 정보사업자들의 자율적 규제[176]도 기대할 수 있다는 점에 비추어, 위험책임의 법리[177] 내지 엄격책임의 법리, 개연성의 법리 등을 고려할 필요가 있다고 본다.

생각건대, 인터넷의 진화와 함께 끊임없이 새로운 BM모델이 등장하고 있다. 소셜커머스도 그러한 모델중의 하나일 뿐이다. 소셜커머스는 전자상거래의 일종이지만 종전의 전자상거래나 통신판매와 달리 SNS를 통하여 소비자들에 의하여 정보가 공유되고 확산된다는 점에 특징이 있다. 이제 소셜미디어 환경 하에서 소비자들은 사업자가 작성한 일방적 정보에 의존하지 않고 SNS를 통하여 신뢰할 수 있는 지인들의 정보를 통하여 구매의사를 결정하게 되었다.

이제 거래가 판매자와 소비자들만의 청약과 승낙, 거기에 더한 판매자의 정보제공만에 의하여 이루어지지 않고, 이제 판매자는 자신들이 구축한 정보구축망뿐만 아니라 SNS를 통하여 시장을 조사하고 수요를 예측하며 개인맞춤형 상품도 공급할 수 있게 되었으며, 마찬가지로 소비자도 인터넷을 통한 검색과 웹 서핑을 하고 SNS를 통하여 신뢰할 수 있는 지인으로부터 구매의사결정의 정보를 획득하게 된다. 하지만 여전히 소비자들은 많은 부분에서 사업자가 제공한 정보에 의존하고 있는 것도 사실이다.

소셜커머스사업자는 전자상거래업자이면서 통신판매업자에 해당하기 때문에

176) 미국이 개인정보보호와 관련하여 자율적 규제주의를 취하고 있는 것은 궁극적으로 법률에 의해서가 아니라 법원에 의해서 규율되는 것을 의미한다.

177) 위험책임의 법리 적용에 대해서는 양재모, 전게논문, 107면 이하.

전자상거래소비자법에서의 소비자보호책무를 부담하여야 한다. 통신판매업자와 통신판매중개업자 양자의 결정적인 구별 표지는 계약당사자 사이의 종국적인 계약인 것인지 여부, 재화나 용역의 가치에 상당한 정도의 대금의 수수인지 여부 및 그에 대한 귀속 등에 따라 판단되어야 할 것이다. 동법에서의 통신판매중개자가 아닌 통신판매업자로서 공정거래위원회나 지방자치단체장에게 신고를 하여야 하며, 소비자는 청약철회권을 행사할 수 있으며, 사업자가 약관으로 청약철회권의 제한이나 면책조항을 두는 경우, 약관규제법의 적용을 받기 때문에 그 내용이 불공정한 경우에는 무효라고 보아야 한다.

무차별적인 개인정보의 수집과 확산에 대하여 소셜커머스 사업자는 개인정보보호법과 정보통신망법상 개인정보보호의무의 주체로서 정보주체인 소비자의 개인정보를 침해하여서는 안되며, 실무에서도 개인정보보호에 대하여 다른 영역과 상응하거나 일관된 태도를 견지할 필요가 있다.

SNS의 등장이야말로 소비자가 국가에 의한 소비자보호의 객체에서 소비자보호의 주체로 변화하게 한 동인을 제공하게 되었다. 소셜미디어 내지 소셜네트워크를 통하여 이제 소비자간 소비생활의 합리적 판단정보를 공유하게 되었고, 정보와 지식의 축적은 이처럼 구체화된 인격을 가지고 있고, 신뢰할 수 있으며, 사회 관계망으로 검증해낼 수 있는 소셜 정보에서 비롯된 합리성은 이른바 '소셜 지성(social intelligence)'의 구축으로 이어져, 소비자주권의 실현을 앞당길 수 있는 기회를 맞이하였다고 볼 수도 있다.

Ⅳ. 전자소비자계약에서의 책임과 분쟁 처리

전자소비자계약에서의 분쟁은 전자거래에서의 분쟁과 달리 소비자와 사업자간의 분쟁으로 한정된다. 그러나 통상 전자거래에서의 분쟁은 공통적으로 사이버숍의 점포개설자는 물론, 사이버 숍의 자료를 축적하여 일반으로부터의 접근을 가능하게 하는 포털사이트개설자, 사이버 숍을 집합시키거나 복합시킨 사이버몰의 개설자, 인터넷과의 접속서비스를 제공하는 회사나 전자화폐 발행자나 중개자와 같은 결제기관, 또는 거래상의 주체의 동일성이나 송신되는 전자데이터의 동일성 등을 인정하는 인증기관 등 다수의 당사자가 관계하고 있어 전자상거래에서 발생한 손실이 누구의 책임에 의해서 발생한 것인지 파악하기 어렵다고 하는 특색이 있다.

전자소비자계약 당사자 사이의 분쟁에 대해서는 전자약관이나 계약법원리나 혹은 전자상거래에 관한 특별법 내지 불법행위법에 따라 해결하면 되기 때문에 비교적 그 분쟁해결이 용이하다. 그러나 전자거래의 사회기반인 정보통신 네트워크는 대단히 복잡하고, 또한 기술적으로 수준 높은 것이기 때문에, 직접 거래당사자인 소비자와 사업자 쌍방에 책임이 없는 경우에도 손실이 생기는 경우도 있다. 그러나 일단 소비자 피해가 발생하면, 그 전파의 속도가 빠르고 그 피해는 짧은 기간에 광범위하게 파급될 우려가 있으며 그 손실은 클 가능성이 높다. 그러므로 이러한 전자상거래에서 예측되는 사고의 발생시 누가 위험을 부담하여야 하는가라는 문제에 관해 논의할 필요가 있다.

1. 전자소비자계약에서의 책임

전자소비자계약의 특성상 발생한 분쟁에 관해서 종래의 계약법이나 민사책임 법리를 적용하면 그 손실부담이 공평·공정하다고 말할 수 없는 경우가 발생한다.[178] 다량의 정보가 폭주해서 시스템 전체가 다운되는 경우도 있고, 사업자 측의 면책을 넓게 인정한 약관이 존재하는 경우, 이러한 경우의 손실은 소비자에게 부담이 된다.

이에 대해서 '네트워크 책임론'이나 '시스템 책임론'이라고 불리는 법리[179]가 주장되기도 한다. 이 견해의 핵심은 컴퓨터전문기술을 가지지 않은 피해자로서 소비자가 그러한 전문기술을 가지고 있는 사업자에 대하여 사업자의 고의·과실을 입증해야 하는 책임을 지지 않아야 한다고 하고, 거래관여자는 누구라도 자기의 지위 및 관여의 정도에 따라 네트워크의 전체의 안전성을 유지할 의무와 전자거래의 안전성 확보에 대한 배려의무를 부담하여, 네트워크 사고가 발생한 경우에 그 주의의무 해태에 따른 과실행위를 추정하여야 하며, 거래관여자는 자신의 관여도에 상응하는 범위의 손해배상책임을 져야 한다고 한다.

178) 계약당사자가 대등하다는 전제가 유지될 수 없는 소비자계약에서는 계약자유의 보장이 계약이 공정성까지 담보하지 못한다데 고민이 있는 것이다. Wermer Flume, Allgemeiner Teil des Bürgerlichen Rechts(Zweiter Band) -Das Rechtsgeschäft, Springer-Verlag, 1992, S.10.

179) 松本恒雄, 新版注釋民法, 有斐閣, 1996, 263면.

생각건대 전자소비계약당사자의 급부의무 위반인 경우에는 계약위반으로서 계약책임을 부담지우면 되고, 그 외에 전자약관과 소비자보호에 관한 특별법에 의하여 규율될 것이다. 그러나 전자소비자계약에서는 계약이 실시간으로 이루어지는 것처럼 보이지만, 거기에는 많은 네트워크가 연결되어 있고, 기술적 요소들이 작용하게 된다. 일응 거래과정에 관여하고 있는 주체에게 각각의 관여의 정도나 전자상거래를 통해 향유하는 이익의 내용·정도에 따라 손실을 부담하도록 하는 것이 공평하다 할 것이나, 관여의 정도를 어떻게 인정하여 그에 상응하는 손해배상책임의 범위를 결정하느냐는 용이하지 않다. 이는 실무에서 판례의 축적에 의하여 결정되어야 할 것이다.

다른 방안으로는 소비자가 부담하게 될 지도 모르는 손해에 대해 소비자의 책임을 한정시킴으로써, 소비자가 입는 손실을 최소한으로 억제하는 틀을 마련하여 전자상거래에서 소비자의 불안을 제거한다면 궁극적으로는 사업자에게도 이익이 될 것이다. 다른 각도에서 전자상거래의 당사자에게 무거운 책임을 지우기보다는 적절한 보험제도[180]를 개발하여 손해배상책임을 분산시킴으로써 전자상거래를 활성화시키는 방안도 생각할 수 있다.

2. 소비자 분쟁구제수단과 ODR (Online Dispute Resolution)

(1) 전자소비자계약 분쟁의 특수성

전자상거래는 소액 다수 거래라는 특수성에 의해 단기간에 광범위한 범위에서 일어날 가능성이 크고, 물리적 국경의 범위를 넘어서 국제적으로도 발생하게 된다. 또한 계약당사자간의 비대면 상황 하에서 계약이 체결되기 때문에 분쟁발생의위험이 상존한다. 소비자들은 불량품의 배송, 반품·환불·불이행, 사기거래 등으로 분쟁에 휘말린다. 전통적인 소송과 같은 분쟁해결방식은 오히려 전자상거래가 가지는 가장 큰 장점인 비용절감과 신속성을 지원하지 못하게 되는 결과를 낳는다.

또한 전자소비자계약의 당사자는 전통적인 계약 당사자와 달리 대면거래가

---

180) 우리나라는 전자상거래 업체들이 해커에 의해 피해를 보거나 고객들이 손해배상을 청구할 때 사용할 수 있는 '넷시큐어종합보험'과 일반소비자들을 대상으로 한 '네티즌안심보험 등이 있다.

아닐뿐더러, 지역적으로 상당히 떨어져 있는 사업자에게 소비자가 책임을 추궁하는 것이 어렵게 된다. 당사자간에 분쟁이 발생할 경우, 국내거래이든 국제거래이든, 상품의 불도착 및 상품의 상위, 하자 등의 분쟁에 직면하게 되는 소비자로서는 최종적으로 의지할 수 있는 것은 재판제도이다. 재판제도는 분쟁해결수법으로서는 대단히 투명성이 높고 공정성이 유지되지만, 비용과 시간이 걸린다. 또한 소액거래의 경우 재판제도를 이용하기가 어렵다. 국제거래의 경우, 일반소비자로서는 상대방사업자가 해외에 소재하고 있다면 재판절차를 이용한다는 것도 어렵게 된다.

다만 소액 다수의 소비자피해가 발생한 경우 최근에 2006년 9월 27일에 개정되어 2008년 1월 1일부터 시행되게 될 소비자단체소송의 도입으로 소액 다수의 피해자도 구제받을 수 있는 방법이 열렸는데, 전자소비자계약의 피해소비자들은 이제 소비자단체의 홈페이지나 소비자피해관련 홈페이지를 통해서 용이하게 피해정보나 사업자의 위법행위 정보를 교환하여 소비자단체소송을 제기할 수 있을 것으로 보인다.

그러나 우리나라의 소비자단체소송의 한계점은 정부에 등록된 한국소비자연맹, YMCA 전국연맹, 한국여성단체협의회 등 10곳에 불과한 소비자단체만이 소비자단체소송을 제기할 수 있다는 점(동법 제70조 제1호),[181] 소송의 결과물이 피해소비자에 대한 손해배상이 아니라 사업자에 대한 소비자권익침해행위의 금지・중지라는 점(동법 제70조 본문), 소비자단체소송의 원고는 변호사를 소송대리인으로 선임해야 한다는 점(동법 제72조)을 들 수 있겠다.

(2) ADR과 Online 대체적 분쟁해결(ODR)

*私法*의 분쟁해결방법에는 소송과 동일한 기능을 하는 여러 가지 것들이 존재하는데, 그것을 전체로 대체적 분쟁해결(Alternative Dispute Resolution, ADR)이라고 부른다. 이러한 대체적 분쟁해결방식은 분쟁의 당사자들에게 종전의 소송절차보다 더 신속하게 분쟁해결을 가능케 한다는 장점을 가지고 있다.

전자소비자계약은 가상공간에서 이루어지기 때문에 상이한 국가의 소비자와 사업자 사이의 거래가 얼마든지 가능하다. 그러나 법체계가 상이한 경우 당사자

181) 다만 공정거래위원회에 등록한 소비자단체의 경우 정회원이 1,000명 이상으로서 등록 후 3년이 경과하면 소비자단체소송을 할 수 있다(소비자기본법 제70조 제1호 나, 다).

간에 분쟁이 발생한 경우 소비자쪽에서는 구제가 용이하지 않게 된다.

이러한 가상공간에서의 분쟁을 전면적 또는 부분적으로 온라인에서 해결해야 한다는 접근 방법으로서는 중재[182]와 온라인 대체적 분쟁해결(Online Alternative Dispute Resolution, ADR)의 형태로 나타난다.

OECD는 1999년 12월 이사회에서 채택한「OECD 전자상거래 소비자보호가이드라인」에서 전자거래에 관한 법정 외 분쟁 해결제도를 만들도록 회원국에게 권고했으며, WIPO(세계지적재산권기구)에서는 WIPO 분쟁조정센터를 통하여 지적재산권을 포함하는 도메인네임 분쟁의 처리를 위한 온라인시스템을 개발하여 99년 12월부터 서비스하고 있다.

우리나라에서도 소비자기본법에 제60조에 따라 한국소비자원에 소비자분쟁조정위원회가 설치되어 있으며, 동법 제68조 제1항에 따라 국가·지방자치단체 또는 소비자단체 사업자는 소비자의 피해가 다수의 소비자에게 같거나 비슷한 유형으로 발생하는 경우(50인 이상)에는 대통통령이 정하는 사건에 관하여 조정위원회에 일괄적인 분쟁조정(집단분쟁조정)을 의뢰할 수 있도록 한 소비자집단분쟁조정제도가 2007년 3월에 도입되었다. 전자거래기본법 제32조에 따라 2000년4월4일 한국전자거래진흥원 내에 '전자거래분쟁조정위원회'를 설치하였다.[183] 동위원회는 2005년 4월까지 4,000여건의 조정사건을 해결하였다.

각국은 기존의 전통적인 ADR 방식이 아닌 online ADR 쪽으로 관심을 가지고 있다. 이제 인터넷에서의 대체적 분쟁해결 규정들이 최근에 일반적이 되었고, 2004년 조사에 의하면 전세계에 115개의 ODR provider가 존재한다고 한다.[184]

---

182) 국제분쟁을 해결하는 방법으로 소송 이외의 재판의 분쟁해결 수단이다. 거래분쟁시 재판외 분쟁해결 수단으로 그리고 국제거래상의 분쟁해결에도 널리 이용되고 있다. 국제상설 중재기관으로는 국제상업회의소(ICC), 미국중재협회(AAA), 일본의 국제상사중재협회 등이 있다. 중재는 당사자간의 중재합의에 기해 당사자가 선정한 중재인이 내린 중재 판정에 승복함으로써 분쟁을 해결하는 방법이다. 중재인은 중재법 제12조에 의해 국적에 관계없이 선정될 수 있으며, 반드시 법률가일 필요는 없고 분쟁된 업무영역에 능통한 전문가를 선정하여 해결을 도모할 수 있다. 그 절차가 공개되지도 않고 소송절차와 같이 엄격한 형식을 요하지도 않아서 유연하며 신속한 해결을 가능하게 한다. 중재판정은 중재법 제35조에 의해 당사자간에 있어서 법원의 확정판결과 동일한 효력을 갖는다.

183) 전자거래법의 명칭이 전자문서 및 전자거래법으로 변경됨에 따라 전자문서·전자거래분쟁조정위원회로 명칭이 변경되었다.

184) Gralf. Peter Calliess, Online Dispute Resolution: Consumer Redress in a Global Market Place, German Law Journal No. 8(1 August 2006), 각주 12) 참조.

그러나 온라인에서 해결하려는 접근방법에 대해서는 중재지의 결정상의 어려움, 분쟁해결과 관련된 비밀보장의 어려움, 결정 집행의 어려움 등의 법적인 문제점이 지적된다. 그러나 장차 제도의 독립성, 공평성 및 투명성이 보장되고 대립당사자주의, 절차적 효율성, 결정의 적법성과 당사자자치 및 대리인을 이용할 수 있는 권리 등이 보장되고, 암호화에 의하여 소송문서의 비밀을 보장하기 위한 방안이 강구되는 등의 기술적 제도적 보완이 이루어진다면 온라인상의 분쟁해결방법은 신속한 분쟁해결 수단으로서 매우 중요한 역할을 할 수 있을 것으로 보인다.

제 5 장

소비자불법행위법

제1절 서 언　　제2절 제조물책임　　제3절 개인정보보호

제5장 소비자불법행위법

제1절 서 언

Ⅰ. 과학문명의 발달과 소비자의 안전

소비자기본법 제4조 1호는 소비자는 물품 또는 용역으로 인한 생명·신체 또는 재산에 대한 위해로부터 보호받을 권리를 가진다고 하여 소비자의 기본적 권리로서 안전의 권리를 인정하고 있다. 현대사회를 여러 가지로 특징지울 수 있지만 그 중의 하나가 위험사회이다. 산업화가 급속하게 진전됨에 따라 대량생산·대량판매가 이루어지고, 기술개발로 인하여 새로운 상품이 속출하면서 한편으로는 소비자들의 생활이 편리해지는 측면도 있지만 다른 한편으로는 소비자들의 생명과 신체 및 재산의 안전성을 위협하는 현상도 발생하게 되었다.

특히 소득수준의 향상으로 소비자들의 욕구가 고급화·다양화됨에 따라 이제 소비자들은 상품의 수량이나 품질뿐만 아니라 상품이나 용역의 안전성에 대하여도 깊은 관심을 갖게 되었다. 그러나 제품 중에서 위해(危害)가 전혀 없는 것은 존재하지 않기 때문에 고도로 발달된 제조과정이나 복잡한 유통경로를 거쳐서 공급된 재화 등을 구입하여 소비하는 자는 어느 정도의 위해는 스스로 감수하지 않으면 안된다.

이런 맥락에서 소비자의 안전이란 재화 또는 서비스의 이용과 관련하여 발생할 수 있는 모든 위해로부터 소비자의 생명·신체 또는 재산상의 손해를 최소화하는 것을 의미한다.

Ⅱ. 사업자의 거래상 안전 및 주의의무의 확대

오늘날 기업은 사업의 범위를 무제한으로 확장해 나가고 있기 때문에 모든 분야에서 소비자의 안전문제와 마주치게 된다. 사업자들은 현실공간에서 뿐만 아니라 가상공간에서 적극적으로 다양한 활동들을 펼치고 있다. 교통과 통신기술의 발달은 사업자와 소비자가 계약 교섭 이전의 단계부터 다양하게 접촉하는 것을 가능하게 하고, 사업자는 광고나 홍보를 통하여 기업제품을 홍보하고 적극적으로 개인의 정보도 수집하여 자신의 영업활동에 반영한다.

또한 사업자로부터 대량으로 생산되어 공급된 제품은 우리나라 뿐만 아니라 세계 곳곳에서 사용되는데, 이는 제품과 관련하여 계약관계가 있는 거래당사자 뿐만 아니라 거래당사자가 아닌 자들도 기업의 활동으로 인한 위험에 노출되고 있다. 즉, 사업자와 소비자가 계약관계가 없는 경우에도 기업의 불법행위로 인하여 일반 다수의 소비자들은 손해를 입는 경우가 많다. 예컨대 식품이나 약품, 어린이들의 완구, 컴퓨터 프로그램, 스마트폰의 앱, 기업이 배출한 유해물질, 공장의 소음, 진동 등과 같은 환경오염, 기업의 무제한 개인정보의 수집 등 다양하게 소비자들은 피해를 입을 수 있다.

이는 사업자들에게 재화 등을 공급 내지 유통시킨 자로서 더욱더 거래상 안전의무 내지 거래관념상 주의의무가 있음을 의미하고 사업자에게 일정한 작위의무가 있음에도 부작위로 말미암아 소비자에게 안전성의 이익이 침해되는 경우 손해배상책임을 지울 수 있다는 것을 의미한다.

Ⅲ. 과실책임에서 무과실책임으로

불법행위영역에서 손해배상책임이 발생하려면 요건으로서 가해자의 과실이 있어야 한다. 과실책임의 원칙은 근대민법의 개인주의 사상에 기반을 두고 있다. 즉 개인 대 개인의 영역에서 누구에겐가 발생한 손해에 대하여 책임을 지우려면 단지 손해란 결과의 발생만으로는 족하지 않고 가해자에게 귀책사유가 있어야만 한다는 것이다. 과실책임의 원칙은 기업의 입장에서는 기업활동의 한계를 설정할 수 있는 중요한 지표가 되었고, 기업으로서는 과실이 없으면 발생한 손해에 대하여 책임을 지지 않아도 되어서 근대자본주의의 발전에 획기적인 기여를 하게 되었다. 그러나 이러한 과실책임의 원칙은 현대에 들어와 기업은 그의 활동으로 막대한 이익을 얻으면서도 과실이 없다는 이유로 기업활동과 시간적으로 또는 지역적으로 밀접한 연관성이 있는 경우에도 손해배상책임을 지지 않음으로 말미암아 사회 전체적인 입장에서 문제가 되었고, 특히 피해자인 소비자들은 기업의 과실을 입증해야 하는 부담까지 안게 되면서 기업에 대해서는 과실책임이 아니라 기업이 위험원을 지배하거나 운영하는 경우에는 위험책임을 부담시켜야 한다는 주장이 제기되었다.

이에 현대형 기업관련 불법행위특별법들은 불법행위요건에서 주관적인 요건인 과실을 객관적인 요건인 결함으로 대체하거나 과실을 손해배상책임의 요건으로 요구하지 않게 되었다.

Ⅳ. 소비자불법행위 법률

민법에서 사업자에게 손해배상책임을 지울 수 있는 불법행위책임규정이 도처에 존재한다. 그러한 규정으로는 법인의 불법행위책임(민법 제35조), 사용자책임(제756조), 공작물의 점유자·소유자의 책임(제758조) 등이 있고 특별법으로는 자동차손해배상보장법, 원자력손해배상보장법, 광업법, 환경정책기본법, 제조물책임법, 개인정보보호법, 정보통신망이용촉진 및 정보보호 등에 관한 법률 등이 있다. 민법상의 특수불법행위에 대해서는 민법상의 대원칙인 자기책임의 원칙, 즉 과실책임원칙의 예외로서 중간책임 혹은 무과실책임을 인정하고 있다.

특별법상의 특수불법행위는 무과실책임으로서 기업책임을 인정하고 있다. 이는 '이익이 있는 곳에 손해가 돌아가야 한다'는 보상책임의 원리에 따라 기업에게 무과실책임을 지우고 있는 것이다.

제2절 제조물책임

Ⅰ. 서 언

1. 의 의

제조물책임이라 함은 제조물이 소비자 또는 이용자에게 판매된 경우에, 그 물건의 결함(하자)으로 야기된 생명·신체·재산권의 침해로 인한 손해에 대하여 침해를 가한 결함 있는 제조물의 제조자 및 공급자가 지는 손해배상책임을 말하는데, 제조물책임 또는 공급자책임이라고도 한다(식품해·약해·자동차·항공기 포함, 부동산은 제외).

2. 대량생산·대량유통·대량소비시대의 진입으로 결함 있는 제조물로 인한 신체나 재산상의 손해를 입는 사례가 증대하였다. 초기에는 산업발전을 위해 제조물에 결함이 있었고, 그로 인하여 이용자가 피해를 입었다 하더라도 제조자에게는 손해배상책임을 인정하지 않았다.

3. 그런데 제조물책임은 제조자 등이 통상 자기와 직접적인 계약관계가 없는 제3자인 소비자 또는 이용자에 대하여 지는 책임이라는 점에서 전통적인 불법행위이론인 과실책임으로는 제조자 등의 민사책임을 인정하기엔 고의 또는 과실의 입증·인과관계의 존재 여부 등 여러가지 어려운 문제를 안고 있었고, 이것을 해소하고자 끊임없이 새로운 특별법에 대한 요청이 있었고 그것이 2000년 1월 12일에 제정되어 2002년 7월 1일부터 시행되고 있는 제조물책임법이다.

4. 제조물책임의 법적 성격은 주관적 귀책사유로서 과실을 요하지 않는 무과실책임이며 동법은 불법행위법의 특별법이라고 할 수 있다. 각국의 제조물책임법은 결함을 책임요건으로 하여 엄격책임(Strict Liability) 또는 무과실책임을 인정한다. 우리 제조물책임법은 미국의 불법행위법 제3차 리스테이트먼트의 제조물책임법의 영향을 많이 받아 결함을 제조상의 결함, 설계상의 결함, 지시·경고상의 결함으로 유형화하여 열거하고 있는 점이 특징이다.

Ⅱ. 결함과 하자

1. 매도인의 하자담보책임과의 관계

매도인에게 하자담보책임을 묻기 위해서는 매매목적물에 하자가 있어야 한다. 즉 이 경우에는 매도인은 매수인에 대하여 무과실책임을 지게 된다(제580조). 제조물에 결함이 있을 때에는 제조자가 이용자에 대하여 손해배상책임을 진다(제조물책임법 제3조). 그러면 물건의 하자와 결함은 동일한 의미인가 아니면 서로 다른 개념인가?

제조물의 결함은 크게 두 가지로 나누어 볼 수 있다. 제조물의 상품성이 결여된 경우와 제조물의 안전성이 결여된 경우이다. 상품성의 결여는 제조물의 성능(상)이나 품질이 표준 내지 기준 이하인 것을 말하며, 안전성의 결여는 결함으로 인하여 소비자의 생명, 신체, 기타 재산상의 손해를 발생시킬 위험성을 말한다.[1] 하자담보책임에서의 하자는 바로 제조물의 상품성의 결여이며, 제조물책임에 있어서의 결함은 안전성의 결여이다.

즉 하자담보책임은 매수인이 매매계약에 터 잡아 매수한 매매목적물을 이용할 수 없음에 대한 계약당사자인 매도인의 책임이며, 제조물책임은 제조물의 결함에 의하여 소비자에게 생명, 신체, 기타 재산상의 손해가 발생한 경우 계약관계의 유무와 관계없이 안전성이 결여된 제조물을 유통시킨 제조자의 그 손해에 대한 배상책임이다.

판례에서도「이른바 제조물책임이란 제조물에 통상적으로 기대되는 안전성을 결여한 결함으로 인하여 생명, 신체나 제조물 그 자체 외의 다른 재산에 손해가 발생한 경우에 제조업자 등에게 지우는 손해배상책임이고, 제조물에 상품적합성이 결여되어 제조물 그 자체에 발생한 손해는 제조물책임이론의 적용 대상이 아니다.」고 한다.[2]

2. 공작물책임과의 관계

공작물책임은 공작물의 설치·보존상의 하자로 인한 피해를 배상하는 것인데, 여기서는 공작물 제조자가 아니라 점유자나 소유자가 책임을 지며, 특히 식품, 의약품, 기계장치 등은 공작물에 포함시키기 어려운 면이 있다. 이러한 점에서 공작물책임과 제조물책임은 입법의 취지에 차이가 있다.

---

1) 김증한 대표, 학설·판례 주석민법(하), 1972, 325면; 권영준, 결함제조물의 민사책임연구, 형설출판사, 1987, 19면; 김상용, 불법행위법, 법문사, 1997, 296면.

2) 대판 1999.2.5. 97다26593.

Ⅲ. 책임의 법적 구성

종전에 제조물책임을 인정하는 데는 이설이 없으나 인정한다고 할 때 어떠한 법적 근거에 의하여 인정할 것인가 하는 문제가 있었다. 현재는 특별법에 의하여 해결되었다고 할 수 있다.

1. 제조물 책임의 법리구성의 변천

(1) 초기의 계약법 법리구성 계약관계가 없는 자 사이의 손해배상책임에서 는 과실을 요건으로 하기 때문에 초기에는 무과실책임을 인정하는 매도인의 하자담보책임이나 불완전이행의 법리에 의하여 소비자의 손해배상청구를 인정하고자 하였다. 그러나 제조자와 소비자 간에는 계약관계가 없기 때문에 이론구성에 난점이 있자, 불법행위법으로 구성하였으나 과실의 입증에 어려운 점이 있었다.

(2) 무과실책임의 특별법 제정 이로 인하여 대륙에서는 1970년 초부터 계약책임 또는 불법행위책임의 법리만으로는 제조물책임 법리구성이 불충분하다는 비판이 제기되어, 제조자에게 무과실책임을 인정하는 방향으로 제조물책임의 법리가 정립되고 많은 나라에서 무과실책임의 입법을 하였다.

Ⅳ. 책임의 성립요건

1. 제조물

제조물책임법 제2조 1호는 「제조물이라 함은 다른 동산이나 부동산의 일부를 구성하는 경우를 포함한 제조 또는 가공된 동산을 말한다」라고 규정하고 있다. 제조물책임은 기본적으로 현재의 대량생산·대량소비의 형태를 가지고 있는 제조물을 대상으로 하고 있다. 예컨대 가정용품, 사무용품, 식품, 약품 및 공장에서 사용하는 기계등이 포함된다. 이 조항에서 제조물의 범위를 「제조 또는 가공된 동산」으로 제한하고 있다. 여기서 제조 또는 가공된 동산이라는 정의에 비추어 볼 때, 가공되지 않은 농산물이나 어패류, 그리고 건축물과 같은 부동산은 동법의 적용을 받지 않는다고 볼 수 있다. 그러나 부동산의 일부를 구성하고 있는 조명시설, 배관시설, 공조시설, 승강기, 창호 등은 동법이 적용된다. 그리고 우리나라의 경우는 전기, 음향, 광선과 같은 무형의 에너지와 중고품, 재생품, 수공업품, 예술작품 등도 동법이 적용된다.

여기에서 「제조」라 함은 제조물의 설계 · 가공 · 검사 · 표시를 포함한 일련의 행위로서 일반적으로 원재료에 손을 가하여 새로운 물품을 만드는 것을 의미하며 생산보다는 좁은 개념이다. 즉 제2차 산업에 관계있는 생산행위를 가리키며 1차 산업이나 제3차 산업에서 사용되는 생산행위는 포함되지 않는다. 따라서 서비스의 제공으로 인하여 발생한 피해에 대해서는 본법의 적용이 없다.

또한 「가공」이라 함은 재료에 공작을 가하여 새로운 속성을 부가하거나 가치를 더하는 것을 의미한다. 예컨대 식품의 조미 · 냉동 · 건조 등이 가공에 해당된다고 하겠다. 따라서 전혀 이러한 의미의 제조 · 가공이 가해지지 않은 천연적인 산물 즉 미가공 농산물 · 축산물 · 임산물 등은 동산임에도 불구하고 본법의 적용대상인 제조물에는 포함되지 않는다.

그리고 우리 민법은 「본법에서 물건이라 함은 유체물 및 전기 기타 관리할 수 있는 자연력을 말한다(민법 제98조)」고 물건을 정의하고 있고, 다시 「부동산 이외의 물건은 동산이다(민법 제99조 2항)」고 하고 있다. 따라서 본법의 대상이 되는 제조물은 부동산을 제외한 모든 유체물과 무체물이더라도 관리할 수 있는 자연력, 즉 전기 · 가스 등을 포함한다.

어떠한 제품이 본 법의 적용대상인 '제조물'에 포함되느냐의 문제는 구체적인 경우에 법의 목적인 피해자구제를 고려하여 개별적으로 확정해야 한다.

(1) 전기 등의 에너지

일반적으로 전기 등 에너지의 결함은 에너지 발생장치의 결함으로부터 기인하므로 피해자는 에너지 발생장치의 결함에 대해 그 제조자에게 손해배상을 청구할 수 있다. 그러나 에너지의 경우도 품질을 가지고 있으므로 이러한 에너지 자체의 결함이 에너지를 사용하는 전기제품 등을 통해 소비자에게 손해를 입힐 수 있다.

미국의 경우 대다수의 주에서 전기의 공급행위를 서비스로 보아 엄격책임의 적용대상에서 제외하였다. 그러나 판례 중에는 고객에게 공급된 전기 자체는 제조물이라고 보는 견지에서 고압전류를 가정에 공급하였기 때문에 발생한 화재 등에 대하여 소비자기대기준을 적용하여 전력회사에게 엄격책임을 인정한 것도 있으며[3] 제조물책임법 리스테이트먼트는 “전기 기타 유형동산이 아닌 물건이라도 그 공급과 사용이 유형동산의 경우와 유사”한 경우에는 제조물로 보고 있다.[4]

(2) 소프트웨어 등 지적 산물

과학화 · 정보화 사회가 전개되면서 지적 산물인 소프트웨어가 직 · 간접적으로 우리 사회와 개인에게 미치는 영향은 막대하다. 예컨대 자동차를 제어하는 소프트웨어의 결함으로 큰 사고를 일으킬 수도 있으며, 결함있는 소프트웨어가 유통 · 판매되어 개인의 컴퓨터에 들어가 다른 재산적 피해를 가져올 수도 있는 것이다. 여기서 소프트웨어에 대한 제조물책임법의 적용 여부가 문제된다.

정보나 소프트웨어는 그 자체로 인해 인적 손해 또는 화재 등의 위험성이 없고 계약법상의 하자담보책임으로 구제받을 수도 있으며, 더욱이 정보나 소프트웨어의 개념 · 내용 · 기능 등이 다양하여 정보 일반에 대하여 무과실책임을 지우면 자유로운 정보유통과 언론 · 학문의 발전에 저해요소가 될 수 있다고 하여 제조물책임법의 적용대상이 될 수 없다는 견해가 있다.

또한 플로피디스켓이나 CD-ROM 등에 저장되어 유통되는 형태의 소프트웨어에 대해 용역이라고 하는 견해도 있고, 제조물로 인정할 수 있다는 견해도 있다.[5]

소프트웨어에 관한 논란과 관련하여 독일에서는 전기가 제조물에 해당된다는 점을 중시하여 소프트웨어도 전기의 흐름이라는 판단하에 제조물의 개념에 포함시켜야 한다는 논의가 심도 있게 거론되고 있다. 이를 고려하면, 전기도 동산에 포함시키고 있는 우리 제조물책임법에서 소프트웨어를 동산으로 해석하는데 별

3) Dan B. Dobbs, The Law of Torts(West Group, 2000), p.1041; Stein v. Southern California Edison Co., 7 Cal. App. 4th 565, 8 Cal Rptr. 2d 907(1992).

4) Restatement of Products Liability §19 (a).

5) 서울중앙지법 2006.11.3, 2003가합32083에서 의 MS SQL서버가 제조물에 해당하는지 여부를 판단하면서, MS SQL서버를 전자서적과 같은 형태로 씨디-롬(CD-ROM)이나 디스켓 등과 같은 일정한 저장매체에 저장하여 공급하거나, 웹사이트를 통하여 라이센스를 부여하고 프로그램을 다운로드받게 하는 형태로 공급하는데, 전자의 경우 저장장치와 소프트웨어를 일체로서 유체물로 볼 수 있어 그 소프트웨어 역시 제조물로 볼 수 있고, 후자의 경우 디지털 형태로 공급되는 소프트웨어를 이용하기 위해서는 하드디스크 등과 같은 다른 저장 매체에 저장되어야만 사용할 수 있고 일단 소프트웨어의 공급이 완료된 시점에서 결국 그 소프트웨어가 일정한 저장매체에 담겨져 있는 상태로 되며, MS SQL서버는 대량으로 제작 · 공급되는 것이어서 제조물책임법이 적용되는 제조물에 포함시키는 것이 제조물책임법이 제정목적에도 부합되므로, MS SQL서버를 제조물로 봄이 상당하다고 판시하였다.

문제는 없다고 본다.

2. 결함의 개념과 유형

동법 제2조 2호는「결함」이라 함은 당해 제조물에 다음 각목의 1에 해당하는 제조·설계 또는 표시상의 결함이나 기타 통상적으로 기대할 수 있는 안전성이 결여되어 있는 것을 말한다고 규정하면서 제조상의 결함, 설계상의 결함, 표시상의 결함을 규정하고 있다.

(1) 결함의 개념

제조물책임법 제정 이전에도 결함에 대하여 우리 대법원은 1992년의 변압변류기폭발사건에서 "제품의 구조, 품질, 성능 등에 있어서 현대의 기술수준과 경제성에 비추어 기대가능한 안전성과 내구성을 갖추지 못한" 결함 또는 하자로 인해 소비자에게 손해가 발생한 경우에 제조업자는 계약상의 배상의무와 별개로 불법행위로 인한 손해배상의무를 부담한다고 판시하였다.[6] 이 판결에서는 결함과 하자를 구별하지는 않았지만 제조물의 구체적인 결함판단기준으로 "현대의 기술수준과 경제성"을 제시하면서, 결함의 개념을 기대가능한 안전성과 내구성을 갖추지 못한 것이라고 하여 통일적으로 접근하려고 하였다.

동법은 제2조에서 제조상의 결함, 설계상의 결함, 지시·경고상의 결함을 포괄하여 "통상적으로 기대할 수 있는 안전성이 결여된 상태"라고 정의하고 다음과 같이 3가지 유형의 결함에 대해 예시적으로 정의하고 있다. 가목에서 제조상의 결함이란 "제조업자의 제조물에 대한 제조·가공상의 주의의무의 이행 여부에 불구하고 제조물이 원래 의도한 설계와 다르게 제조·가공됨으로써 안전하지 못하게 된 경우"라고 하고, 나목에서 설계상의 결함이란 "제조업자가 합리적인 대체설계를 채용하였더라면 피해나 위험을 줄이거나 피할 수 있었음에도 대체설계를 채용하지 아니하여 당해 제조물이 안전하지 못하게 된 경우"라고 규정하고, 다목에서 지시·경고상의 결함이란 "제조업자가 합리적인 설명·지시·경고 기타의 표시를 하였더라면 당해 제조물에 의하여 발생될 수 있는 피해나 위험을 줄이거나 피할 수 있었음에도 이를 하지 아니한 경우"라고 규정하고 있다.

이처럼 3가지 결함유형에 대한 각각의 개념을 예시적으로 규정하면서 다시

6) 대판 1992.11.24, 92다18139.

포괄적인 기타의 결함을 정의함으로써, 알려지지 않았거나 장차 나타날 수 있는 새로운 유형의 결함을 대비하고 있다.

(2) 결함의 유형

1) 제조상의 결함 제조상의 결함이라 함은 제조업자의 제조물에 대한 제조·가공상의 주의의무의 이행여부에 불구하고 제조물이 원래 의도한 설계와 다르게 제조·가공됨으로써 안전하지 못하게 된 경우를 말한다(동법 제2조 2호 가목).

제조상의 결함은 원칙적으로 설계와 다르게 제조·가공되어, 제품이 안전하지 못한 경우이다. 즉 책임의 기준이 설계, 혹은 원래의 제작의도와 다르다는 것과 제품이 안전하지 못하다는 점이다. 이에는 품질관리 불량, 안전장치 고장, 조립상태의 검사불량, 원재료·부품 불량 등이 해당된다. 이 경우 제작과정에서 불가피하게 발생하는 불량품에 대한 책임도 제조자에게 있는데, 이는 제조물책임의 기본적인 출발점은 행위불법에 대한 비난이 아니라, 제조자가 제조, 유통으로 야기한 위험에 대한 책임이기 때문이다. 따라서 제조물의 결함이 공급 당시의 과학기술 수준으로 인지될 수 있는 경우에는 기술적으로 이를 제거할 수 없는 경우에도 책임을 져야한다. 그러나 불량률을 낮추기 위해서 제조자가 경제적으로 불합리하게 비용을 부담하여야 하는 경우와, 결함이 그 제품의 사용목적에 주요한 요소가 아닌 경우에는, 제조자가 그 위험을 경고함으로써 책임을 면할 수 있다고 보아야 한다.

또한 제조자는 제품을 출하하기 전에 제조상의 결함 여부를 판단하기 위하여 적절한 검사를 하여야 한다. 이를 위한 검사로는 적재검사, 마멸경사, 조종검사 등이 있는데, 제조과정상 어떠한 결함이 발생하였는가, 그 결함은 제조물의 통상적 사용목적이나 구체적 사용 목적에서 볼 때에 얼마나 중요한가를 판단하여 그 범위나 방법이 결정되어야 할 것이다. 제조자는 충분한 검사설비를 갖추고 검사절차를 거쳐야 한다. 이러한 시설을 갖추지 못한 경우라면 설비를 갖춘 다른 기관이나 기업에 검사를 위탁하여야 한다.[7]

제조상의 결함에서의 목적물은 자동차, 기계 및 기구, 식품, 의약품 등 전반에 걸쳐서 나타나며, 이는 제조과정에서 착오에 의하여 제조자가 의도하지 않은 결과가 나타남으로써, 설계 및 사양과 다른 제품이 제조됨으로써 나타나는 결함이

7) 김재국, 제조물책임, 한도 정환담교수화갑기념논문-민사법의 실천적 과제-, 법문사, 2000.

다. 이러한 제조상의 결함이 전형적으로 나타나는 경우는 자동차의 제조(설계, 공작, 재질 등) 및 수리에서의 부적절성을 들 수 있으며, 또 완성되지 않은 제품, 완성품의 검사를 제대로 하지 않음으로써 나타나는 결함, 결함이 존재하는 비완성품, 법률상 의무를 위반한 제품, 욕실의 환기·배기장치의 부존재 등이 그 예이다. 이 같은 제조상의 결함은 품질검사 단계에서 발견되어야 하는데, 품질검사에서 발견하지 못하고 결함이 있는 제품을 시장에 유통시킨 경우에 문제가 된다.

따라서 제조자는 결함발생을 방지하기 위하여 기술적으로 필요한 최고의 기술을 적용하여야 하며, 제조물에 결함이 생기지 않도록 안전성이 보장된 재료를 선정하여 사용할 의무가 있으며, 일반적으로 예견되는 위험성이 내재된 재료의 사용은 제조자에 있어서 안전배려의무의 위반이 된다. 즉 제조자는 당해 제품을 이용하는 모든 이용자들에 대하여 안전배려의무가 있으며, 따라서 제품에 결함이 없다고 해서 만족하여서는 안되고 적당한 조처(경고 및 설명)를 하여야 한다. 이때 경고나 설명을 무시하여 사용자가 손해를 입었을 경우에는 당해 사용자 자신에 대하여 '위험의 인수(Riskoubernahme)'로서 제조자는 책임을 면하게 된다.

제조상의 결함이 나타난 구체적인 예로서, 미국에서는 다공성 금속(metal with excessive porosity)과 관련된 사건,[8] 일괄 조립과정에서 잡물질이 혼입된 사건, 식품에 미물질이 들어간 사건, 조잡한 품질의 유리그릇 사건 등이 있다. 그 외에도 자동차와 관련하여 제조공정에서 규격 외의 조잡한 재질이 혼합 사용된 경우, 부품에 결함이 존재한 경우, 설계와 달리 조잡하게 조립된 경우, 지정된 공정의 일부가 누락된 경우 등 많은 예가 있다.

현대 산업사회에서 제조공정은 일반적으로 컴퓨터로 제어되는 등 대량생산을 위한 품질관리·공정관리 시스템으로 되어 있기 때문에 개개의 제품에 대해서 제조과정에서 문제가 발생할 가능성은 줄어들고 있지만, 근본적인 문제점을 제거한다는 것은 불가능하기 때문에 제조과정에서의 결함을 둘러싼 분쟁은 계속될 전망이다.

2) 설계상의 결함 "설계상의 결함"이라 함은 제조업자가 합리적인 대체설계를 채용하였더라면 피해나 위험을 줄이거나 피할 수 있었음에도 대체설계를 채용하지 아니하여 당해 제조물이 안전하지 못하게 된 경우를 말한다(동조 2호

---

8) Parker v. Ford Motor Co., Ballard, 363 S.W. 2d 35(Mo. 1956).

나목).

설계상의 결함은 제조물의 일관작업계열(a whole line of product)에서 발생하게 되며, 제조자의 계획 또는 의식적 선택의 결과[9]로서 보다 안전한 합리적 대체설계를 채택할 수 있었음에도 불구하고 제조업자가 이것보다 열등한 설계를 채택한 경우를 의미한다. 예컨대, 주부가 가스레인지를 잠그는 것을 잊고 외출하는 경우가 많으므로 일정온도 이상으로 가열되었을 때 자동으로 꺼지는 온도감지센서를 채택하지 않은 경우는 설계결함에 해당한다. 비록 온도 감지센서를 채택하면 제조원가가 올라가지만 이로 인해 얻는 사고방지의 효용이 더 크므로 이를 채택하지 않은 것은 설계결함으로 인정될 수 있을 것이다.

설계상의 결함과 제조상의 결함의 중요한 차이점은 대체적으로 설계상의 결함은 설계가 적용되는 일관작업계열에서 생산되는 모든 제품에 존재하지만, 제조상의 결함은 개별제품(a single product)에 존재하는 점에 있다.[10]

설계상의 결함에 대한 판단기준은 여러 가지가 있는데, 비교적 접근방법은 당해 결함제조물과 유사한 다른 안전제품을 비교하여 관찰하는 방법이다. 균형적 접근방법이란 법원이 결합제조품의 과실설계 여부, 그 설계의 부당한 위험여부를 결정하는데 있어서 단일방법으로 채택하지 않고 여러 가지 요소를 고려하여 접근하는 방법을 말한다. 명백성의 원리란 제조물에 공개적이고 명백한 위험성이 있을 때 제조자의 책임을 인정할 것인가의 문제인데, 다수의견은 이 경우 위험예상의무가 없는 것으로 보기 때문에 제조자는 배상의무를 면하는 것으로 보고 있다.[11]

설계상의 결함을 판단할 때 어떤 면에서 합리적인 대체설계라고 평가할 것인지를 명확하게 제시하여야 할 것이며, 합리적인 대체설계가 거의 유일한 기준이 되고 있다는 점에서 이 대체설계에도 위험이 존재하는 경우에는 어떻게 해결할 것인가의 문제와 합리적인 대체설계가 존재하지 않는다면 언제나 결합이 부정될 것인가의 문제가 있다.

설계상의 결함을 판단하는 기준으로서, '합리적'이라는 용어 속에는 합리적 인

---

9) Jerry J.Phillips, A Synopsis of The Developing Law Products Liability, 28 Drake L. Rev., 1978-1979, p.345.

10) 한봉희, 제조물책임법론, 대왕사, 1997, 108면.

11) Sherill v. Royal Industries Inc., 526 F. 2d 108(7th Cir. 1976).

간의 행동관점에서 대체설계의 여부를 결정해야 한다는 의미를 포함하고 있고, 또한 합리적인 대체설계라는 것은 결국 위험과 호용을 비교형량한다는 의미를 포함하고 있다. 이 기준에 의한 설계상의 결함을 판단함에는 다음 몇 가지의 요소들이 고려될 수 있을 것이다.[12]

첫째, 대체설계의 효용성의 문제로서, 효용성이 우수하다면 해당 제조물에 다소의 결함이 있다고 하여도 이를 결함으로 판단할 수 없는 경우도 있을 것이다. 대체설계 자체로도 제거할 수 없는 위험이 존재할 수 있는 것이므로, 이 경우에는 그 위험에 대한 지시·경고를 통해 손해를 방지할 수 밖에 없는 것이고, 이에 위반하는 경우에는 지시·경고상의 결함의 문제가 된다.

둘째, 개발위험의 항변과 관련하여 대체설계는 당시의 최고수준의 기술적 가능성이 고려되어야 한다. 이론적으로 가능한 대체설계라 하더라도 채택하는데 현실적·기술적으로 불가능하다면, 이를 채택하지 않은데 결함이 있다고 할 수 없는 것이다. 이는 특히 제조자의 면책사유 중 개발위험의 항변과 관련하여 해석되는 요소이다.

셋째, 대체설계에 소요되는 비용을 고려하여야 한다 기술적으로 대체설계의 채용이 가능하다고 하여도 경제성이 확보되지 않는다면 제조자는 개발을 포기할 것이고, 소비자는 제품사용기회를 박탈당하게 될 것이다. 따라서 개발에 따른 경제성의 분석도 결함을 판단하는 중요한 기준으로 작용하는 것이다.

넷째, 대체설계에 따른 새로운 위험에 대해서도 평가하여야 한다. 대체설계가 채용되더라도 또 다른 위험이 존재할 수 있는 것이므로, 기존의 위험과 새로운 위험도 비교 형량되어야 하는 것이다.

요컨대 일반적으로 설계상의 위험에 대한 결정 여부는 제조물의 위험성과 효율성을 비교·교량하여 결정하는 위험·효용기준을 적용하는 것이 원칙이며, 중대한 위험이 있는 제조물일지라도 그것의 효용성이 막대하다면 제조물의 중대한

12) 연기영, 제조물책임법의 제정과정과 주요내용, 한국민사법학회 2002 하계학술대회자료집, 63면; 제3차 제조물책임법 리스테이트먼트는 합리적 대체설계의 미채택이 문제된 제품을 결함있는 것으로 만드느냐에 관하여 ① 문제된 설계가 초래할 상해의 가능성과 규모, ② 해당 제품에 부착된 지시 및 경고, ③ 제품에 대한 소비자의 기대의 내용과 강도, ④ 문제된 설계와 대체설계 간의 상대적 장단점, ⑤ 소비자가 선택할 수 있는 제품의 범위 등의 5가지 요소를 종합적으로 비교 형량하여 판단하여야 한다고 기술하고 있다. Restatement of the Law Third. Torts Product Liability, p.22-23.

위험을 바로 결함으로 할 필요는 없다는 견해도 있다.[13)]

결함 있는 제품을 공급한 제조자에 대한 비난가능성은 개발, 설계과정에서부터 안전한 제품을 만들기 위해 노력해야 한다는 일반적인 거래의무에 대한 위반에서 찾는 것이 보통이다. 즉 제조자는 법적으로 요구되는 제작기준에 맞게 제작계획을 세워서 적정한 구조를 가진 제품을 생산, 공급하여야 함에도 불구하고, 이를 지키지 못하였다는 행위에 대한 비난책임의 근거가 된다. 책임의 정도에 대하여는 제조원가를 기준으로 충분한 안전배려조치가 이루어졌는지에 대한 검토를 전제로 하는 것이지만 가격과 용도 사이의 관계는 주로 제품을 유통시킨 제조자와 이를 구입하여 사용하는 소비자와의 관계이지, 이 법이 보호대상으로 추가적으로 고려하고 있는 외부적 제3자에게 적용될 수 있는 논리는 아니라고 보아할 것이다. 그러므로 논리적으로는 제조자의 책임을 완화 제한하는 요소로서 제조들의 결함을 방지하기 위한 제작자 본인의 노력이 얼마나 있는가에 대한 사회 일반적 평가에서 찾을 수 있을 것이다. 제품이 경제인 관점에서 요구되는 기본적인 안전성이 확보되도록 설계가 이루어진 경우에 제작자는 자신에게 요구되는 거래안전의 행위의무를 이행하였다고 보아야 할 것이다.

실제 소송에 있어서 문제된 제품의 설계가 설계결함에 해당되느냐의 여부는 법원이 그 판단기준을 Global Standard로 할 것이냐 Korea Standard로 할 것이냐에 달라지게 된다. 우리 기업이 어떤 설계를 채택할 것인지의 여부를 검토하는 과정에서 위험·효용분석을 실시하지 않았다든지, 특정설계를 검토하는 과정에서 작동불량형태 및 효과분석(Failure Mode And Effect Analysis, 즉 FMEA)를 실시하지 않았다든지, 설계에 문제점이 없는지를 점검하여 검토하는 설계검토절차를 실시하지 않았다든지, 소비자의 예견 가능한 오사용(foreseeable misuse)에 대비한 설계를 하기 위하여 인간공학적 분석을 하지 않았다면 안전성에 대한 충분한 검토를 하였는지의 여부가 여기에서 문제된다. 만약 설계에 관하여 Global Standard를 적용한다면 위와 같은 분석을 하지 않은 것을 그 자체로서 결함에 해당한다고 할 수 있다.[14)]

또 하나의 문제는 대기업과 중소기업에 대해서 똑같은 기준을 적용할 것인지의 여부이다. 우리나라 대기업들은 이와 같은 설계 검토분석을 많이 실시하고 있는 반면에, 중소기업들은 이를 제대로 실시하지 않고 있다.

---

13) Interagency Task Force on Product Liability, 1977. 11의 9.

14) 하종선, 제조물책임소송의 현황과 과제 저스티스, 68호(2002. 8), 22면.

제조물책임보험의 가입률이 아직까지 미미한 상태에서 과연 대기업과 중소기업을 불문하고 엄격한 기준을 적용할 것인지도 과제라고 할 수 있다.[15)]

3) 표시상의 결함

"표시상의 결함"이라 함은 제조업자가 합리적인 설명 · 지시 · 경고 기타의 표시를 하였더라면 당해 제조물에 의하여 발생될 수 있는 피해나 위험을 줄이거나 피할 수 있었음에도 이를 하지 아니한 경우를 말한다(동조 2호 다목).

이 조항에 의하여 제조자에게 책임을 지우는 근거는 제조물에 결함이 있다는 위험성이 아니라, 그런 위험성을 알고도 경고하지 않거나, 제품의 특성, 용법에 대한 설명이나 표시를 등한시하여 소비자에게 발생할 위험을 방지하려는 노력을 기울이지 않았다는 부작위에 대한 비난이다.

제조물책임법에서의 표시상의 결함이라 함은 제조업자가 그의 제품에 대하여 적절하고 합리적인 설명 · 지시 · 경고 기타의 표시를 하지 않음으로써, 제품이 설계나 제조상의 결함은 없지만 그 제품 자체에 결함이 있는 것으로 평가하는 개념이다. 합리적 인간의 행동 관점에서 사용자에 대한 표시 · 경고의 의무를 다하지 못하는 경우에 결함을 인정하여야 한다. 이 경우에 지시 · 경고는 예견가능한 오용까지도 고려하여 해당 제조물을 사용하는 평균적 이용자의 주의를 집중시킬 수 있는 적절한 방법으로 행해져야 한다.

특히 우리 제조물 책임법은 면책사유에 관한 제4조 제2항에서 제조물을 공급한 후에 밝혀진 해당 제조물의 결함에 대해서도 적절한 조치를 취할 의무를 부과하고 있는데, 이는 지시 · 경고의 표시도 상당히 광범위하여야 한다는 것으로 해석할 수 있겠다. 예컨대 약품이나 식품에 해로운 성분이 함유되어 있을 때에는 그 위험을 회피하기 위하여 필요한 충분한 조치를 취해야 한다. 일반적인 통상의 사용자에게는 부작용이 없지만, 특수체질을 가진 사람에게는 부작용이 발생할 수 있다면 이를 경고하는 설명서를 부착해서 유통시켜야 한다.

표시상의 결함이 문제될 수 있는 경우는 ① 경고해야 할 위험이나 설명해야 할 지시가 표시되지 않은 경우, ② 표시된 경고 내지 지시의 내용이 불충분하거나 불분명한 경우, ③ 부착방법이나 기재방법 등이 부적절한 경우 등이다.

매뉴얼에 오류가 없는 경우에도 제조자가 책임을 져야 할 것인가?

---

15) 하종선, 전게논문, 23면.

제조업자가 발생한 설치 · 조립 등과 관련한 매뉴얼 · 지시서의 오류로 인하여 설치업자 또는 조립업자가 제조물을 잘못 설치 · 조립함으로써 제조물사고가 발생할 수 있다. 이 경우에도 표시상의 결함의 문제로 보아야 할 것이다.[16] 제조물책임법의 시행으로 말미암아 광고 · 선전까지 넓게 표시의 범주에 포함시키게 되므로 지나치게 과장하거나 잘못된 광고 선전은 지시 · 경고상의 결함으로 인한 제조물책임을 부담하게 된다.[17]

설계상의 결함이나 제조상의 결함이 제조 이전 제조물의 형성단계나 제조과정에서의 결함인데 대하여, 표시상의 결함은 제조 후 유통단계에서 많이 발생하는 문제이므로 마케팅상의 결함이라고도 한다.

본 규정에 의하여 제조물의 사용에 대한 적절한 지시의무(the duty to direct) · 설명의무(the duty to explain) · 경고의무(the duty to warm)에 대한 개념정의가 필요하다.

먼저 지시는 제조물의 효과적인 사용방법을 목적으로 하며, 설명은 제조물이 가지고 있는 특성 등을 설명함으로써 소비자에게 선택의 자유를 부여하게 되며, 경고는 제품을 부적당하게 사용하면 위험이 발생할 수 있다는 사실과 그 위험의 방지방법을 알림으로써 소비자의 안전을 위한 사전적인 예방책이 된다. 대부분 소비자들은 상품에 대하여 알고 있는 지식이 적고 사용방법에 있어서도 경험이 없는 것이 일반적이므로 지시 · 설명 · 경고의 내용은 구체적일수록 좋다. 이에 대하여 부적절한 경고 등에 대한 증명은 설계상의 결함의 증명보다 더 용이하다. 그 이유는 경고의 필요성이나 타당성에 대한 소비자의 기대는 일반상식의 문제로 되고 있으며, 위험경고가 문제가 될 때 해당 제품의 제조일을 추적하여 경고의 부적절성을 찾아낼 수 있기 때문이다.[18]

표시상의 결함을 파악하기 위해서는 '제조물이 갖고 있는 위험성'을 중시하고 소비자를 보호하기 위하여 어떠한 결함이 원인으로서 안전성을 결여하고 있는가를 밝혀야 한다. 여기에 경고 및 지시는 그 제품이 사용되고 있는 환경에서 통상인, 즉 평균적으로 사용자의 주의를 집중시키는 것이 합리적으로 기대될 수 있는

16) 소비자보호원, 전게서, 45면.

17) 실체로 미국에서는 「Safety · Kleen」이라는 상품명으로 판매된 세제에서 유독가스가 발생하여 주부가 사망하였다. 이 사건에서 「Safety」라는 단어가 부적절하다는 것을 이유로 세제 제조업자에게 배상책임을 인정하였다. 소비자보호원, 상게서, 40면.

18) Jerry J.Phillips, A Synopsis of the developing Law of Products Liability, 28 Drake L. Rev., 1978. p.351.

방법으로 행하여져야 하며, 제조자는 단순히 위험성을 설명·경고하는 사실만으로는 충분하지 않고 소비자에 대하여 제품의 위험을 알기 쉽고 정확·명료하게 하여야 한다. 위험경고의무는 약품, 독약, 화약, 가연성 물질, 부식성 물질을 비롯하여 위험성 있는 기계품에 이르기까지 광범하게 적용되어야 한다. 위험의 개연성, 유해의 가능성이 많은 제조물은 위험성이 적은 제조물에 비하여 경고가 강하게 요구된다. 특히 이 경우 적절한 경고가 되기 위하여는 그것이 합리적임과 동시에 명백하여야 하고, 그 내용에 위험성을 기술하고 위험을 피하는 방법까지도 알려야 한다.[19]

Ⅴ. 결함의 판단기준

1. 제조물책임법상 결함의 판단기준

우리 제조물책임법은 결함의 기준과 결함의 유형을 혼용하고 있다. 동법 제2조에서 '기타 통상적으로 기대할 수 있는 안전성이 결여되어 있는 것'이란 소비자거래기준을 표현한 것으로 보인다. 제조물책임법 제정 이전에도 결함의 개념이나 유형, 결함의 판단기준을 제시한 사례가 간혹 판례에서 나타나는데, 1992년 '변압변류기 폭발사건에서 결함개념을 정면으로 인정하면서, "현대의 기술수준과 경제성에 비추어 제조자에게 요구되는 책임을 다하였는가"라고 하는 결함의 판단기준을 제시한 바 있다. 또한 1995년의 'TV폭발사건[20]에서는 "현대의 기술수준과 경제성에 비추어 기대가능한 범위 내의 안전성과 내구성을 갖추지 못한 결함"이라고 하여, 결함판단기준에 관하여 표면상으로는 소비자기대수준을 언급하고 있다.

제조물책임법은 제2조에서 결함을 "통상적으로 기대할 수 있는 안전성이 결여되어 있는 것"이라고 규정하고, 이어서 제조상의 결함, 설계상의 결함, 지시·경고상의 결함에 대해 각각 정의하고 있는데 역시 결함의 판단기준에 대해서는 상세하게 규정하고 있지 않다. 이하에서 우리 제조물책임법상 언급되고 있는 결함의 판단기준을 살펴본다.

동법은 결함의 판단기준으로 통상적으로 기대할 수 있는 안정성의 결여(동법

---

19) Boyl v. Cal. Chem. Co., 221 F. Supp. 669, 674-675(D. Or 1963).

20) 속초지판 1995.3.24, 94가합131.

제2조 2호)를 제시하고 있다. 일반적으로 '기대할 수 있는'이라는 표현은 소비자기대수준을 채용한 것이라고 해석되지만, '통상적'이라는 용어를 통해 위험효용기준을 채용했다고 해석할 수 있다. 이는 사회통념상 인정되는 합리적인 판단으로 보아야 할 것이며, 이는 해당 제조물의 위험과 효용가치를 합리적으로 판단한다는 의미로 해석할 수 있는 것이다.

이 규정은 각 유형의 결함을 판단하는데 있어서 공통적으로 적용되는 일반기준으로써, 합리적으로 인간의 행위에서 판단하여 설계·제조·표시 등의 각 과정에서 결함을 결정할 때 적용시켜야 한다. 특히 제조물책임법 제정 이전부터 제조물의 안전성 결여로 인한 소비자의 피해를 방지하기 위해 정부가 사업자를 규제하는 각종 법률이 제정되었는데,[21] 이러한 법률들은 제조물의 결함을 판단하는데 하나의 기준으로 역할을 할 것으로 생각된다.

2. 결함의 판단기준의 유형

종전 우리나라 판례는 제조물책임 사례에서 민법상 과실책임에 근거한 불법행위의 범위를 이탈하지 않으려는 태도를 보여 왔으나, 과연 제조물책임법리를 채택하고 있는지 여부에 대해서 애매한 것이 대부분이었다. 따라서 결함의 개념이나 유형, 결함의 판단기준을 제시한 사례를 찾기도 어렵다.

(1) 결함의 판단기준의 유형

제품의 결함을 판단하는 기준으로는 표준일탈기준(deviation from norm test), 소비자기대수준(consumer expectation test), 위험효용기준(risk-utility test), Barker 기준이 있다.[22]

1) 표준일탈기준(deviation from norm test) 표준일탈기준이란 제조자가 의도한 설계나 방식에서 제조물이 일탈된 경우에 결함의 존재를 인정하는 방법이다. 그러나 설계상의 결함이나 표시상의 결함에 있어서는 제조물을 제조자가 의도한대로 설계한 방식에 일치하고 있으므로 이 기준을 가지고 결함판단기준

---

21) 소비자기본법, 식품위생법, 약사법 위생사 등에 관한 법률, 공중위생법, 향정신성의약품관리법, 공산품품질관리법, 전기용품안전관리법, 전기공사업법, 고압가스안전관리법, 농산물검사법, 수산물검사법, 농약관리법, 축산물위생처리법 등.

22) 한봉희, 제조물책임법론, 대왕사, 1997, 25면 참조.

으로 할 수 없다. 이들 경우에 무엇이 제조물의 통상의 상태인가를 판단할 수 있는 객관적 기준이 존재하지 않기 때문이다. 당해 제조물의 설계도를 다른 제조업자가 제조한 동종 제조물의 설계도와 비교함으로써 통상상태의 일탈을 인정할 수 있다는 견해도 있으나, 이와 같은 업계의 관행으로부터의 일탈을 가지고 이를 결함의 판단의 기준으로 삼는 사례는 없다.[23] 종래 제조상의 결함기준으로 사용되었다.

2) 소비자기대기준(consumer expectation test)[24] 소비자기대기준은 소비자가 통상적으로 기대하는 안전성을 결여하고 있는 경우에 결함의 존재를 인정한다. 제2차 불법행위법 Restatement §402 A Comment i에서 규정하고 있다. 여기서 누가 통상적인 소비자인가가 문제되는데, 그 사회의 통상적인 지식을 구비한 자를 말한다. 따라서 합리적인 소비자가 제조물의 위험한 상태를 예견하고 그로부터 발생 가능성 있는 사고의 위험을 충분히 인식할 수 있는 경우에 부당하게 위험한 제조물이 되지 않게 된다. 예컨대 예리한 칼과 같이 위험이 명백한 경우에는 판단을 용이하게 할 수 있다. 좋은 위스키가 단지 사람들을 취하게 한다는 것 때문에 부당하게 위험하다고 할 수는 없다. 그러나 소비자기대수준은 지금까지 나타난 대부분의 판례에서 보면 그 기준이 애매하고 주관적이어서 결함판단기준으로서나 책임의 근거로서 그 가치가 점점 감소되고 있으며, 제조자가 명시적·묵시적으로 표시한 제조상의 결함에 적용되고 있을 뿐이다.[25] 소비자기대기준은 현재 독자적인 기준은 되지 않고 위험효용기준의 한 요소로 이용되고 있다. EC 지침은 소비자기대기준을 채택하고 있다(동지침 제6조). Tascner 교수는 평균적·추상적인 소비자기대라는 용어를 피하고 보통사람에 의한 판단으로 객관화를 시도하고 있다.[26]

3) 위험·효용기준(risk-utility test) 결함의 판단기준에서 특히 논쟁이 되고 있는 것은 설계상의 결함과 경고상의 결함을 둘러싸고 일어나고 있다. 위험·효용기준은 제조물의 위험성과 효용성을 비교하여 위험성이 효용성을 능가할 때 그 제품은 결함이 있다는 것이다. 위험·효용기준은 결함판단기준으로서

23) American Law Institute, Op. Cit., 1998, p.27.

24) 이에 대해서는 한봉희, 전게서, 144-147면 참조.

25) William Powers, Jr., A Modest Proposal To Abandon Strict Products Liability, University of Illinois L. Rev. 3, pp.646-647.

26) Taschner, Produkthaftung, C.H. Beck, SS.67-68.

현재 미국 법원의 압도적 견해이다.[27] 이 기준은 제2차 리스테이트먼트 §402 A의 '부당하게 위험한 것(unreasonably dangerous)에 대한 해석에서 나온 것으로서 과실책임의 판단기준에서 사용된 Learned Hand 판사의 판결[28]에서 비롯된 것이다. 그 내용을 살펴보면, 많은 선박으로 뒤섞인 항구에서 선박이 계선설비로부터 이탈되어 다른 선박에 충돌한 사건에서 Learned Hand 판사는 선박은 계선설비로부터 이탈하는 경우에 주위의 다른 선박에 위협이 되기 때문에 손해의 발생을 방지하여야 할 선박소유자의 의무는 다음의 세 가지 사항을 고려하여야 한다고 판시하였다. 즉, ① 배가 이탈할 개연성, ② 배가 이탈한 경우의 손해의 크기 ③ 적절한 주의의무이다.

개연성(Probability)을 P, 손해(Loss)를 L, 손해회피를 위한 예방 부담(Burden)을 B라고 한다면, 책임은 B가 P와 L을 곱한 것보다 적은가의 여부, 즉 B 〈 P・L로 결정된다.[29] 이를 Learned Hand 판사의 공식(Learned Hand Formula)이라고 한다. 이 원리를 결함판단에 응용한 것이 위험・효용기준이다.

웨이드(Wade) 교수는 위험・효용의 판단기준으로서 7개 기준을 제시하고 있다. ① 제조물의 유용성과 필요성, ② 제조물의 안전성과 손해발생의 개연성 및 손해의 정도, ③ 대체설계의 가능성, ④ 제조자에 의한 위험회피의 가능성, ⑤ 사용자의 위험방지 가능성, ⑥ 위험에 대한 사용자의 예비지식, ⑦ 제조자에 의한 손실분산에 대한 가능성이다.[30]

소비자기대기준을 적용한 법원의 판례에서도 위험과 효용을 형량하지 않고 소비자기대기준을 순수하게 적용한 사건은 거의 없으며, 적어도 소비자기대기준은 위험・효용분석을 하기 위한 하나의 요소로 보고 있다.[31]

그러나 위험・효용기준에도 문제는 있다. 제조물의 위험과 효용을 비교할 때 어떠한 요소를 고려하여야 하는가이다. 그러나 그 요소는 개별 사례마다 달라서 이를 일반적으로 제시하는 것이 매우 곤란하다.

---

27) Handerson & Twerski, Proposed Revision of Section 402A, p.1526 주 7.

28) United States v. Carroll Towing Co., 159 F.2d 169(2d Cir. 1947). Learned Hand 판사의 과실책임 인정 여부에 대한 판단기준은 사고방지비용이 사고의 개연성과 손해의 중대성을 곱하더라도 그 비용일 적을 때에 그 방지조치를 하지 않았다면 과실인 인정된다고 한다.

29) Handerson&Twersik, Products Liability, 4ed. 2000, p.5.

30) 岡本佳世, 企業のPL對策, 1995, 商事法務研究會, 78面.

31) Henderson & Twerski, *op. cit.,* p.1533.

4) 바커 기준(Barker Test) : 소비자기대기준과 위험효용기준의 혼용 캘리포니아주 최고법원이 1978년 바커사건에서 엄격책임에 있어서의 '부당한 위험'이라는 요건을 배제하면서 새로운 '결함의 판단기준'을 보인 것에서 유래한 기준이다. 동법원은 ① 의도된 방법 또는 합리적으로 예상 가능한 방법에 의한 제품사용에 관하여 그 제품이 소비자가 기대하는 통상의 안전성을 결여하고 있었다는 것을 원고가 입증할 것, ② 제품의 설계가 손해의 원인임을 원고가 입증할 것, ③ 현재의 설계에 의해 초래되는 위험의 중대성 및 개연성, ④ 안전한 대체설계의 기술적 가능성, ⑤ 개선설계에 소요되는 비용, ⑥ 대체설계에 의해 제품 및 소비자에게 생기는 악영향 등을 고려하여야 한다고 판시하였다. 이러한 것을 고려한 후 현재 사용중인 설계에 의한 이익이 그 설계에 본래 따르는 위험을 상회한다는 사실을 피고가 입증하지 못하는 경우, 설계상의 결함의 존재를 인정할 수 있다고 판시하였다. 결국 바커기준은 1차적으로는 소비자기대기준을 고려하고, 이러한 소비자기대기준으로 결함이 존재하지 않는 경우 2차적으로 위험 · 효용기준을 채택한 것이다. 바커기준에서 특히 주목을 끄는 것은 위험효용기준에 관해 제품의 효용이 위험을 상회하는데 따른 입증책임을 피고에게 부과한 점이다.

(2) 합리적인 대체설계의 채용

설계상의 결함에서는 합리적인 대체설계의 채용 여부를 가지고 결함을 판단한다. 이 경우 어떤 면에서 합리적인 대체설계라고 평가할 것인지를 명확하게 제시하여야 할 것이며, 합리적인 대체설계가 거의 유일한 기준이 되고 있다는 점에서 이 대체설계에도 위험이 존재하는 경우에는 어떻게 해결할 것인가의 문제와 합리적인 대체설계가 존재하지 않는다면 언제나 결함이 부정될 것인가 등의 문제를 연구 검토하여 그 방향을 제시하여야 할 것이다.[32)]

대법원도 합리적인 대체설계를 채용하지 않은 경우 결함을 인정할 수 있다고 한다. 즉 「급발진사고가 운전자의 액셀러레이터 페달 오조작으로 발생하였다고 할지라도, 만약 제조자가 합리적인 대체설계를 채용하였더라면 급발진사고를 방지하거나 그 위험성을 감소시킬 수 있었음에도 대체설계를 채용하지 아니하여 제조물이 안전하지 않게 된 경우 그 제조물의 설계상의 결함을 인정할 수 있지만, 그러한 결함의 인정 여부는 제품의 특성 및 용도, 제조물에 대한 사용자의 기대의

32) 자동차 급발진사고에서 대체설계로서 자동차 쉬프트 록을 장착하였어야 한다고 주장하였으나 설계상의 결함을 부정한 판례로는 대판 2004.3.12, 2003다16771이 있다.

내용, 예상되는 위험의 내용, 위험에 대한 사용자의 인식, 사용자에 의한 위험회피의 가능성, 대체설계의 가능성 및 경제적 비용, 채택된 설계와 대체설계의 상대적 장단점 등의 여러 사정을 종합적으로 고려하여 사회통념에 비추어 판단하여야 할 것이다.」[33]고 하여 판단기준을 제시하고 있다.

(3) 결함의 판단의 시기

제조물책임법은 결함을 판단함에 있어서 일본 제조물책임법상의 "인도한 시기"와 같은 직접적인 판단시기를 규정하고 있지는 않다. 그러나 제조자의 면책사유에 관한 제4조 제1항의 규정에서 "공급한 때"의 과학기술수준을 고려하고 있으므로, 결함도 해당 제조물을 공급할 때를 기준으로 판단하여야 할 것이다.

(4) 결함의 입증책임

제조물책임법은 입증책임에 관하여 규정을 두고 있지 아니하다. 따라서 입증책임에 관한 일반원칙에 따라 피해자가 ① 제조물에 결함이 존재한다는 사실(결함존재의 문제), ② 손해가 발생하였다는 사실, ③ 결함과 손해 사이에 인과관계가 조재한다는 사실을 입증할 책임을 진다고 하여야 한다. 입증의 정도는 일반원칙에 따라 통상인이 의심을 품지 않을 정도로 진실하다고 확신할 수 있는 정도로 증명하여야 할 것이다.

지시상 결함에 관한 입증문제로서는 먼저 결함의 증명으로서 피해자인 원고는 필요한 지시경고가 행해지지 않았다는 것을 입증하여야 하며, 다음으로 인과관계의 입증으로서 지시경고가 행해지지 않았다는 것과 손해발생과의 사이에 인과관계가 있었다는 것을 입증하여야 한다.[34]

판례는 동법 시행 전에도 결함의 존재와 인과관계에 대하여 '사실상의 추정'을 활용함으로써 피해자의 입증책임을 완화시키는 방향으로 나아가고 있다. 즉 「물품을 제조·판매한 자에게 손해배상책임을 지우기 위하여서는 결함의 존재, 손해의 발생 및 결함과 손해의 발생과의 사이에 인과관계의 존재가 전제되어야 하는 것은 당연하지만…… 제품이 이를 유통에 둔 단계에서 이미 그 이용시의 제품의 성상이 사회통념상 당연히 구비하리라고 기대되는 합리적 안전성을 갖추

33) 대판 2004.3.12. 2003다16771.

34) K. Kuchinke, Die Risiken der Beweisfuhrung bei Haftungsklag en gegen den Produyenten, Festschrift fur Laufke, 1971, S.126.

지 못한 결함이 있었고, 이러한 결함으로 말미암아 사고가 발생하였다고 추정하여 손해배상책임을 지울 수 있도록 입증책임을 지울 수 있도록 입증책임을 완화하는 것이 손해의 공평·타당한 부담을 그 지도원리로 하는 손해배상제도의 이상에 맞는다」[35]고 판시하고 있다. 이 판결은 위험영역설, 공해소송 등에서 인정되고 있는 이른바 간접반증이론 및 사실추정법칙(res ipsa loquitur)을 혼합하여 '배타적 지배영역'이라는 개념을 사용하고 있다는 점에 특색이 있다.

또한 「고도의 기술이 집약되어 대량으로 생산되는 제품의 결함을 이유로 그 제조업자에게 손해배상책임을 지우는 경우 그 제품의 생산과정은 전문가인 제조업자만이 알 수 있어서 그 제품에 어떠한 결함이 존재하였는지, 그 결함으로 인하여 손해가 발생한 것인지 여부는 일반인으로서는 밝힐 수 없는 특수성이 있어서 소비자 측이 제품의 결함 및 그 결함과 손해의 발생과의 사이의 인과관계를 과학적·기술적으로 입증한다는 것은 지극히 어려우므로 그 제품이 정상적으로 사용되는 상태에서 사고가 발생한 경우 소비자 측에서 그 사고가 제조업자의 배타적 지배하에 있는 영역에서 발생하였다는 점과 그 사고가 어떤 자의 과실 없이는 통상 발생하지 않는다고 하는 사정을 증명하면, 제조업자 측에서 그 사고가 제품의 결함이 아닌 다른 원인으로 말미암아 발생한 것임을 입증하지 못하는 이상 그 제품에게 결함이 존재하며 그 결함으로 말미암아 사고가 발생하였다고 추정하여 손해배상책임을 지울 수 있도록 입증책임을 완화하는 것이 손해의 공평·타당한 부담을 그 지도원리로 하는 손해배상제도의 이상에 맞다.」[36] 고 한다.

종전에 피해자측에서 제조자의 주관적 과실을 입증했던 것을 제조물책임법의 시행으로 이제 객관적 요소인 결함만 입증하면 되므로 일견 피해자측에 유리하게 되었다고 할 수 있다. 그러나 판례가 적절하게 지적하고 있는 것과 같이 고도의 기술이 집약되어 대량으로 생산되는 제품의 경우, 그 생산과정을 대개의 경우 피해자가 거의 알 수 없고, 전문가인 제조업자만이 알 수 있을 뿐이며, 나아가 그 결함으로 인하여 손해가 발생한 것인지 여부는 전문가인 제조업자가 아닌 보통 사람이 밝혀 낼 수 없는 특수성이 있어서 피해자측이 제품의 결함 및 그 결함과 손해의 발생 사이의 인과관계를 과학적·기술적으로 완벽하게 입증한다는 것은 여전히 지극히 어렵다.

35) 대판 2000.2.25. 98다15934.

36) 대판 2004.3.12. 2003다16771.

Ⅵ. 책임의 주체

제조물책임의 주체는 원칙적으로 제조업자이다(동법 제3조 1항). 다만 제조물책임법 제3조 2항은 예외적으로 제조물의 공급자가 제조물책임의 주체가 될 수 있는 경우에 대한 규정을 두고 있으므로 제조물의 공급자도 위 법규에서 인정하고 있는 예외적인 경우에 한하여 위 책임의 주체가 될 수 있다. 그리고 동일한 손해에 대하여 배상할 책임이 있는 자가 2인 이상인 경우에는 연대하여 그 손해를 배상할 책임이 있다(동법 제5조).

1. 제조업자 및 가공업자 · 수입업자

동법 제2조 3호에서 제조업자를 정의하는데 먼저 가목에서 제조물의 제조 · 가공 또는 수입을 업으로 하는 자이다. 제조물의 결함책임이 공업적인 대량생산 및 대량소비의 형태에서 발전된 법리라는 점에서, 본법은 제조업자를 제조 · 가공 또는 수입을 업으로 하는 경우에 한하고 있다. '업으로'라 함은 동종의 행위를 반복적으로 계속하는 것을 말한다. 어떤 기간 계속할 의사를 가지고 행한 것이라면 최초의 행위도 업으로써 한 것으로 해석된다. 또한 동종의 행위가 반복 · 계속해서 행하게 되면 반드시 영리를 목적으로 행해질 필요는 없는 것이지만, 비영리 중에서도 특히 공익을 목적으로 한 행위에 있어서는 구체적인 사정을 고려하여 판단하여야 할 것이다.

제조업자에는 완성품의 제조자뿐만 아니라, 부품이나 원재료의 제조자도 포함된다. 따라서 제조물의 결함이 그 제조물을 구성하는 부품이나 원재료에 기인하고 있는 경우에는 부품 및 원재료 제조자가 제조물책임을 부담한다. 완성품 제조자와의 관계에 있어서는 제조물책임법 제5조에 의한 연대책임을 지는 경우가 많을 것이다. 다만 부품이나 원재료의 결함이 완성품 제조자의 지시에 의하여 발생한 경우에는 부품 및 원재료 제조자에게 책임을 물을 수 없다.

2. 표시제조업자와 오인 표시제조업자(제3호 나목)

제3호 나목에 해당하는 자는 제조물의 명칭 · 상호 · 상표 기타 식별가능한 기호 등을 사용하여 자신을 가목의 제조 · 가공 또는 수입을 업으로 하는 자로 표시거나 가목의 제조·가공 또는 수입을 업으로 하는 자로 오인시킬 수 있는 표시를 한 자를 말한다. 구체적으로는 「제조원△△△」 「수입원△△△」 등의 이름으로 자기의 이름 등을 붙인 경우나, 특히 이름을 붙이지 않고 자기의 이름 등을 붙이는 경우가 해당된다. 이러한 자는 스스로 제조 또는 수입을 하지 않은 경우에도 제조업자 또는 수입업자로서 표시를 하거나 명백하게 그것으로 오인하도록 표시를 하는 경우를 통해서 제조업자로서의 신뢰를 주고 그러한 사실이 인정되는 이상은 신뢰책임의 관점에서 그 제조물의 안전성에 대하여 보증할 책임을 져야할 것이라는 견해에서 본법의 책임주체로 하고 있는 것이다.

또한 실질적인 제조업자로 인정할 수 있는 표시를 한 자, 예컨대 「판매원△△△」 「판매자△△△」등의 이름으로 자기의 이름 등을 표시한 경우이더라도 당해 표시자가 해당 제조물과 동종의 제조물 제조업자로서 사회적으로 인지되고 있으며 당해 제조물을 독점판매하고 있는 경우에도 여기에 해당한다.

3. 표시제조자인 공급자

OEM(Original-Equipment Manufacturing)제조물의 결함으로 인한 피해가 발생한 경우에는 그 공급원인 제조업자의 제조물책임과 제조자로서 표시된 공급자의 제조물책임이 문제된다. 공급원인 제조업자에 관해서는 그 제조물을 자신들이 설계 제조하는 한 제조자로서의 표시의 유무와 관계없이 통상의 제조업자와 같은 제조물책임을 지지 않을 수 없다. 그러나 그 제조업자가 공급자로부터 지시된 설계와 원칙에 따른 제조물을 제조한 때에는 조립제조업자의 지시에 다른 부품을 제조한 부품제조업자의 경우와 같은 책임 문제가 발생하게 된다.

4. 상표권자

상표권자가 프렌차이즈 계약 등에 따라 피허락자에게 상표 등의 사용을 허락한 경우에 있어서 그 상표가 첨부된 제조물에 기인한 손해에 관하여 제조물책임을 져야 하는는지가 문제된다. 상표권자가 그 상표에 대한 제조물유통에 관여하고 있다고 인정되는 범위 안에서 제조물엄격책임을 져야 할 것이다. 따라서 다른 사업자에 대한 제조기술과 제조방법을 제공하고 그 상표의 제조물을 품질을 관리할 권리를 가지고 그 상표의 제조물에 관한 선전을 하고 있는 사업자(상표권자)

는 그 제조물의 유통과정에 충분한 관여를 하고 있다고 볼 수 있다. 따라서 이 상표권자에게 그 제조물에 기인한 손해에 대한 엄격책임을 부과하는 것은 당연하다.

5. 설계업자 및 정보제공자

제조업자와 판매업자는 제조물을 유통하는 과정에서 이익을 얻고 그 제조물의 결함에 따른 소비자의 생명신체와 재산의 위험가능성이 있기 때문에 엄하게 배상책임이 부과되어야 할 것이다.

그러나 제조물의 유통과정에 깊이 관여하였음에도 불구하고 거래관계가 판매보다는 노무제공에 중점이 있는 경우에도 결함제조물책임을 인정할 것인가? 미국 법원들은 엄격책임에 기초한 설계업자의 제조물책임은 일반적으로 부정하고 있다. 엄격책임에 기초한 제조물책임을 부과할 수 있는 것은 제조 및 유통과정에 관여하여 이익을 취하는 자로 한정하는 것이 타당하다.

서적과 소프트웨어 등에 따라 제공된 정보에 의해 손해가 생긴 경우 제조물책임을 정보 제공자에게 물어 손해배상을 청구할 수 있는가? 일반적으로 서적의 내용에 따라 손해가 생긴 경우에 있어서 그 서적의 소매업자와 출판사의 배상책임은 부정되고 있다. 한편 정보제공자의 책임을 긍정한 사례도 있다. 항공용 지도의 결함에 따라 생긴 항공기 사고에 대하여 틀린 지도를 작성한 지도 발행자의 책임이 인정되었다.

6. 중개자의 개입

일반적으로 중간자의 과실은 제조자에 의하여 조성된 위험을 차단하는 경우가 많을 것이다. 그러나 중간의 취급자가 소매상이나 중간상인과 같이 단지 완성된 제조물을 유통시킴에 불과한 자인 경우에는 제조자의 책임에는 변함이 없다. 이에 반하여 중간의 취급자가 제조물을 완성시킨 자일 경우에는 그 부분품제조자에게는 원칙적으로 책임이 없다고 해야 할 것이다.

7. 제조승인과 국가의 책임

제조자가 국가로부터 제조승인 또는 품질보증을 받아서 제조한 제품의 결함으로 소비자 등이 손해를 입은 경우, 피해자가 국가의 책임을 물을 수 있는가의 문제가 있는 바, 이러한 때 국가는 손해배상책임을 지는 경우가 있을 수 있다(국가배상법 2조).

Ⅶ. 배상청구권자

결함 있는 제조물로 인하여 손해를 입은 계약당사자인 소비자가 손해배상청구권을 가지는 것은 당연하다 할 것이다. 계약당사자로서 소비자가 아닌 자, 즉 계약당사자가 구매한 제품의 결함으로 인하여 피해를 입은 경우에는 어떻게 될 것인가? 예컨대, 구매자가 사온 식품을 함께 먹은 가족이나 그의 친구의 경우이다. 제조자책임은 계약책임과는 관계없이 성립하는 책임이므로 제조물을 산 당사자 사이에 국한하여 생각할 필요는 없다. 따라서 이 경우의 가족이라든지 또는 친구는 물론 그 이외의 자, 가령 구매자가 산 콜라병이 폭발하여 우연히 곁을 지나던 자가 부상당한 경우도 제조자에 대하여 손해배상을 청구할 수 있다고 보아야 할 것이다.

Ⅷ. 면책사유와 면책의 제한

1. 면책사유

제조물책임법은 제조업자 등이 부담하는 제조물책임법이 무과실책임이라는 전제 하에 제조업자 등이 다음의 4가지 사유 중의 하나에 해당된다는 사실을 입증하면 제조물책임에서 면책되도록 규정하고 있다(동법 제4조 1항).

첫째, 제조업자가 당해 제조물을 공급하지 아니한 경우를 들 수 있다(1호). 즉 도난이나 유실 등과 같이 제조업자의 의사에 의하지 않은 사유를 통해 제조물이 유통에 놓이게 된 경우에는 제조업자는 책임을 면한다.

둘째, 제조업자가 당해 제조물을 공급할 때의 과학·기술수준으로는 결함의 존재를 발견할 수 없는 경우에는 제조업자는 책임을 면한다(2호). 이른바 「개발위험의 항변」으로서 개발도상의 결함에 대해서 제조업자는 면책되는데, 이러한 결함까지 제조업자에게 책임을 지우게 되면 연구개발이나 기술개발이 저해되고 소비자의 실질적 이익이 침해를 받을 수 있다는 점이 고려된 것이다.

셋째, 제조물의 결함이 제조업자가 당해 제조물을 공급할 당시의 법령이 정하는 기준을 준수함으로써 발생한 경우에 면책된다(3호).

넷째, 원재료 또는 부품의 경우에는 당해 원재료 또는 부품을 사용한 제조물 제조업자의 설계 또는 제작에 관한 지시로 인하여 결함이 발생한 경우에도 면책된다(4호). 즉 원재료 또는 부품의 결함으로 인해 완성품에 결함이 발생한 경우에는 원재료 또는 부품의 제조업자 등도 완성품의 제조업자 등과 같이 연대책임을 부담하지만(동법 제5조), 원재료 또는 부품의 제조업자 등이 당해 제조물을 사용한 완성제조물을 제조업자의 설계 또는 제작에 관한 지시로 인하여 결함이 발생하였다는 사실을 입증하면 책임에서 벗어나게 된다.

2. 면책의 제한

손해배상책임을 지는 자가 제조물을 공급 한 후에 당해 제조물에 결함이 존재한다는 사실을 알거나 알 수 있었음에도 그 결함에 의한 손해의 발생을 방지하기 위한 적절한 조치를 하지 아니한 때에는 제1항 제2호 내지 제4호 규정에 의한 면책을 주장할 수 없다(동법 제4조 2항).

이는 제조물 관찰상의 결함을 반영한 것으로써, 제조물을 공급한 자는 사후에 제조물을 주의 깊게 관찰하여 만약에 결함이 확인되면 즉시 고지·경고 및 리콜 등의 조치를 취하고, 설계변경 등의 개선조치를 취해 소비자의 안전을 확보하여야 한다.

또한 손해배상책임을 배제하거나 제한하는 특약은 무효로 한다. 다만 자신의 영업에 이용하기 위하여 제조물을 공급받은 자가 자신의 영업용 재산에 대하여 발생한 손해에 관하여 그와 같은 특약을 체결한 경우에는 그러하지 아니하다(동법 제6조).

Ⅸ. 소멸시효

제조물로 인한 피해로 인한 손해배상의 청구권은 피해자 또는 그 법정대리인이 손해 및 제3자의 규정에 의하여 손해배상책임을 지는 자를 안 날로부터 3년간 이를 행사하지 아니하면 시효로 인하여 소멸하고(동법 제7조 1항), 제조업자가 손해를 발생시킨 제조물을 공급한 날로부터 10년 이내에 이를 행사하여야 한다. 다만, 신체에 누적되어 사람이 건강을 해하는 물질에 의하여 발생한 손해 또는 일정한 잠복기간이 경과한 후에 증상이 나타나는 손해에 대하여는 그 손해가 발생한 날로부터 기산한다(동법 제7조 2항).

제3절 개인정보보호

Ⅰ. 정보화시대와 개인정보보호의 필요성

오늘날 정보기술기반(information infrastructure)의 발달과 인터넷 이용의 빠른 확산은 고도화된 정보사회로의 이행에 있어 없어서는 안될 중요한 매개체로서의 역할을 담당하고 있다. 그런데, 이러한 컴퓨터와 인터넷의 등장에 따른 정보화사회는 야누스처럼 양면의 얼굴을 가지고 있다. 한편으로는 많은 양의 정보를 보다 쉽게 수집, 저장, 처리할 수 있는 효율성과 다른 한편으로는 수집된 개인정보의 상품화와 영리적 목적의 이용가능성 등 개인정보유출 위험이 상존하고 있는 것이다. 네트워크 상에서 교류되는 전자데이터는 종이문서 등에 비하여 복제가 용이할 뿐만 아니라, 데이터를 전송시키는 네트워크도 매우 취약하기 때문에 보관 또는 전송 도중 제3자에 의해 개인정보가 탈취될 가능성이 매우 높다. 즉 전자데이터는 컴퓨터와 네트워크의 구조, 흐름에 대해 어느 정도의 지식을 가진 자라면 쉽게 그리고 대량으로 복제나 탈취가 가능하며 네트워크 상에서 이루어지는 그 같은 정보복제 · 탈취행위는 흔적이 남지 않고 뒤늦게 정보유출을 확인한 경우에도 탈취자를 추적하기가 곤란하다.

최근까지는 주로 공권력에 의한 프라이버시의 침해가 문제되었으나, 정보의 중요성이 인식되기 시작하면서부터는 대기업, 신용조사기관, 광고우편물업자, 정보통신서비스업자, 쇼핑몰운영업자 등 민간부문에 의한 개인정보의 습득 및 오용사례가 부쩍 늘고 있다. 정보통신기술이 발달하면 할수록 개인정보 침해도 갈수록 대형화·지능화·다양화되고 있다.

특히 전자거래에서는 쇼핑운영자, 몰관리자, 네트워크 서비스제공자, 통신사업자, 인증기관, 결재업자(카드사 또는 전자화폐발행·관리업자 등) 등 다수의 관계자가 관여하기 때문에 개인정보의 노출기회가 그만큼 많다. 이로 인해 소비자 또는 이용자의 개인정보에 접하는 사람도 다수일 수밖에 없으며, 따라서 이들에 의한 개인정보의 유용 또는 악용될 우려가 크다. 더구나 SNS의 등장으로 기업이 이를 개인정보의 수집에 적극 활용하면서 개인정보침해 가능성은 더욱 커졌으며,[37] 전자상거래의 일종인 소셜커머스의 등장은 이제 기업으로부터의 개인정보보호가 중요한 과제임을 인식시키고 있다.

그러므로 전자거래에 있어서 개인정보의 수집·처리·이용 및 제공활동이 적절히 통제되지 않는다면 소비자들은 그것이 사생활을 침해할 수 있는 위협적 요소라고 생각하게 될 것이고 이러한 인식은 전자거래의 발전을 저해할 수 있다. 따라서, 소비자들이 자신에 관하여 어떤 정보가 수집되고 있는지, 그리고 수집된 정보는 어떤 처리절차를 걸쳐서 어디에, 어떻게 사용되는지를 알 수 있어야 하며 또한 스스로 자신의 개인정보를 적절히 통제할 수 있어야 한다.[38]

2010년 이후로만 1억건 이상의 개인정보 침해사고가 발생하였고〈표 1〉, 이에 따라 자연스레 개인정보보호에 관한 사회적 경각심 또한 높아지고 있다. 이러한 사회적 압력에 힘입어 개인정보보호와 관련한 일반법 제정도 성사되었다. 지난 2004년부터 수차례 제안되었으나[39] 찬반 논란으로 표류해오던 「개인정보 보호법(2011. 9. 30. 시행, 법률 제10465호)」이 2011년 3월 비로소 국회를 통과하였고, 동년 9월 30일자로 시행되기에 이르렀다. 이 법에서는 개인정보 보호 기준을 준수해야 할 대상을 공공기관과 정보통신서비스 제공자뿐만 아니라 모든 민간사업자와 단

---

37) 영국 케임브리지 대학과 마이크로소프트 연구소 공동연구 결과에 따르면 facebook '좋아요'를 클릭한 이력만으로 성, 인종을 비롯해, 지능지수, 정치성향, 개인취향, 알콜중독여부, 부모의 이혼여부 등 이용자가 공개하지 않은 개인정보를 성의 경우에 95%이상 다른 정보도 80% 이상 밝혀낼 수 있다고 한다. 이는 개인정보 노출의 심각성을 보여준다. 2013.3.14.자 이데일리 뉴스.

38) 이창범, 전자상거래에 있어서 개인정보의 보호, ECSG 제6차회의 발표자료, 98.1.23.

39) 제17대 국회에서는 공공부문과 민간부문을 일반적으로 규율하는 성격의 개인정보보호법안 발의가 활발하게 이루어졌다. 2004년 11월 민주노동당 노회찬 의원안을 시작으로 이은영 의원안(2005년 7월), 이혜훈 의원안(2005년 12월) 등이 각 제출되었으나 임기만료로 자동폐기된 바 있다.

체로까지 확대했다. 또 다수의 정보주체가 피해를 입거나 피해를 입을 가능성이 높은 경우 소비자단체나 비영리단체를 통해 단체소송을 제기할 수 있도록 길을 열어주고 있는 것도 특징이다. 지금도 개인정보 유출 피해자들이 다수당사자 소송의 형태로 유출기업을 상대로 적극적인 손해배상소송을 제기하고 있는데, 이와 같은 단체소송제도[40]까지 도입됨으로써 영업 내지 업무상 필요로 타인의 신상정보를 수집할 수 밖에 없는 기업, 단체, 공공기관 등은 언제든지 소송의 위험에 노출되는 상황을 맞게 되었다.

이제 개인정보보호는 국가 및 지방자치단체로부터 국가보다 오히려 개인정보를 많이 축적하고 활용하고 있는 사업자인 기업에 대한 소비자보호의 문제로 그 무게중심이 이동하고 있다. 따라서 소비자보호의 관점에서 기업에 의한 개인정보의 침해뿐만 아니라 개인정보의 유출과 기술적 문제로 인한 해킹까지 염두에 두고 법적 차원에서 보호수준을 높여야 하는 과제가 주어져 있다고 할 수 있다.

〈표 1〉 주요 개인정보 유출사건 현황

구분	사고일시	업체(기관)	재판결과	1인당 배상액	피해인원
국내	2005년 5월	엔씨소프트 리니지		10만원	40만명
	2006년 2월		원고패소		28만명
	2006년 3월	국민은행		10만원	3만2,377명
				20만원	
	2006년 9월	LG전자		30만원	3,000명
	2007년 7월	다음커뮤니케이션			7,000명
	2008년 1월	옥션	원고패소	소비자분쟁조정 5-10만원	1,800만명
	2008년 4월	하나로텔레콤		10-20만원	600만명
	2008년 4월	LG 텔레콤	원고패소		
	2008년 7월	GS칼텍스	원고패소		1,125만명
	2008년 7월	다음	원고패소		55만명
	2010년 3월	신세계몰 등 25개 사이트			2,000만명

40) 다만 「개인정보 보호법」상의 단체소송으로는 손해배상 청구를 할 수 없고, 권리 침해 행위의 금지·중지만을 구할 수 있다.

구분	사고일시	업체(기관)	재판결과	1인당 배상액	피해인원
국내	2010년 9월	교육과학기술부			636만명[41]
	2011년 2월	현대캐피탈			42만명
	2011년 7월	SK커뮤니케이션즈	1심 일부승소		3,500만명
	2011년 8월	삼성카드			20만명
	2011년 11월	넥슨 메이플스토리			1,320만명
	2012년 7월	KT			873만명
국외	2004년 6월	미국 포털 AOL			3,000만명
	2005년 6월	카드사 비자·마스터·아멕스			4,000만명
	2007년 1월	미국 의류업체 TJX컴퍼니			9,400만명
	2009년 1월	미국 금융업체 하트랜드			1억3,000만명

〈자료 : 국내-주요매체 보도 관련 정리, 국외-오픈시큐리티파운데이션〉

Ⅱ. 개인정보의 의의 및 요건

1. 개인정보의 의의

'개인정보'라는 표현은 '연방데이터보호법'이라고 불리는 1977년 독일의 '데이터처리에 있어서의 개인데이터의 남용방지에 관한 법률'에 사용된 '개인관련정보'에서 비롯된 것으로 보이는데 이는 '프라이버시나' '개인의 비밀'이라는 표현이 불분명하여 가벌성의 범위를 확정하기 어려운 문제점을 위한 해결책이었고,[42] 1980년 9월 23일 경제협력개발기구(OECD) 이사회가 채택한 '프라이버시보호와 개인데이터의 유통에 관한 가이드라인에 관한 이사회의 권고'[43]에서는 개인정보를 "식별된 또는 식별될 수 있는 개인(데이터 주체)에 관한 모든 정보"라고 정의하고 있다.

유럽연합의 '개인정보보호지침'[44]은 개인정보를 "자연인을 식별시키거나 식별

41) 전국 초·중·고생의 약 85%에 해당하는 숫자.

42) 졸고, 전자거래에서의 개인정보보호, 법률행정논총 제20집(閑道 정환담 교수 화갑기념 특별호, 전남대학교 법률행정연구소, 2000, 172면.

43) Guidelines on the Protection of Privacy and Transborder Flows of Personal Data.

시킬 수 있는 모든 정보"라고 정의하고 있고, 미국 캘리포니아주 법에서는 개인정보를 "개인의 이름, 주민등록번호, 신체외형기록, 주소, 전화번호, 교육정도, 재정상태, 의료기록 및 고용기록 등을 포함하나, 이에 한정되지 아니하며, 개인을 식별시키거나 묘사하는 것으로서 기관에 의해 보관되는 정보"라고 정의하고 있다.

개인정보보호법에서는 '개인정보'란 살아 있는 개인에 관한 정보로서 성명, 주민등록번호 및 영상 등을 통하여 개인을 알아볼 수 있는 정보를 말한다. 해당 정보만으로는 특정 개인을 알아볼 수 없더라도 다른 정보와 쉽게 결합하여 알아볼 수 있는 것을 포함하고 있다.[45]

즉 개인정보란 개인의 신념, 신체, 재산, 사회적 지위, 신분 등에 관한 사실 판단·평가를 나타내는 일체의 정보를 말하며, 내면의 비밀(사상, 신조, 종교, 가치관, 양심 등), 심신상태(체력, 건강상태, 신체적 특징, 병력 등), 사회경력(학력, 범죄경력, 직업, 자격, 소속정당이나 단체 등), 경제관계(재산상황, 소득, 채권채무관계 등), 생활·가정·신분관계(성명, 주소, 본적, 가족관계, 출생지, 본관 등) 등이다.[46]

〈표 2〉 Weible의 개인정보 분류표[47]

분 류	예 시
일반정보	성명, 주민등록번호, 운전면허번호, 주소, 전화번호, 생년월일, 출생지, 본적지, 성별, 국적 등
가족정보	부모의 성명 및 직업, 배우자의 성명 및 직업, 부양가족의 성명, 가족구성원의 출생지 및 생년월일, 가족구성원의 주민등록번호 등
교육 및 훈련정보	학생기록부, 학력, 학교성적, 기술자격증, 전문면허증, 서클활동, 상벌사항, 성격 및 행태보고 등
병역정보	군번, 계급, 제대 유형, 주특기, 근무부대 등

44) EU Directive 95/46/EEC on the Protection of Individuals with regard to the Processing of Personal Data and on the Free Movement of Such Data, OJ 1995 L282/31; 졸고, 전게 논문, 172면.

45) 개인정보 보호법 제2조 제1호. 기존 정보통신망이용촉진및정보보호등에관한법률에서의 개념정의와 동일하다.

46) 졸고, 전게서, 274면.

47) 권헌영, "정보사회에서의 개인정보보호: 개인정보권의 의의와 입법체계", 연세법학연구, 제12집 제1권, 2005. 8., 32쪽. 이 논문에서 저자는 Weible의 다음과 같은 저술 내용을 표로 재정리하였다.(Weible, R.J., Privacy and Data(doctoral dissertation), Mississipi State Univ(1993), pp. 166~168.)

분 류	예 시
부동산정보	소유주택, 소유토지, 소유상점 및 건물 등
동산정보	자동차, 보유현금, 저축현황, 현금카드, 주식, 채권, 유가증권, 수집품, 고가의 예술품, 보석 등
소득정보	연봉, 이자소득, 임대소득, 기타 소득의 원천 등
기타 수익정보	보험가입현황, 보험 수익자, 회사의 판공비, 투자프로그램, 퇴직프로그램, 휴가, 병가 등
신용정보	대출상황, 저당권설정여부, 신용카드 연체 및 미납의 수담보설정여부 등
고용정보	고용형태, 고용주, 회사주소, 상관의 성명, 직무수행 평가기록, 훈련기록, 상벌기록 등
법적정보	전과기록, 교통위반기록, 파산 및 담보기록, 구속기록, 이혼기록, 납세기록 등
의료정보	본인 및 가족병력, 과거의 의료기록, 정신질환기록, 신체장애, 혈액형 등
조직정보	노조가입, 종교단체 가입, 정당가입, 클럽회원 등
습관 및 취미정보	흡연량, 음주량, 취미의 종류, 여가활동, 도박성향, 비디오 대여 기록 등

이메일(E-mail) 주소도 다른 정보와 용이하게 결합한 경우에 당해 개인을 알아볼 수 있는 개인정보에 해당한다.[48] 게임사이트의 아이디, 비밀번호 역시 가상공간에서 그 행위자의 인격을 표상한다고 할 것이므로 개인에 관한 정보에 해당한다.[49]

우리 헌법재판소는 "개인정보자기결정권의 보호대상이 되는 개인정보는 개인의 신체, 신념, 사회적 지위, 신분 등과 같이 개인의 인격주체성을 특징짓는 사항으로서 그 개인의 동일성을 식별할 수 있게 하는 일체의 정보라고 할 수 있고, 반드시 개인의 내밀한 영역이나 사사의 영역에 속하는 정보에 국한되지 않으며 공적 생활에서 형성되었거나 이미 공개된 개인정보까지 포함한다."고 판단한 바 있고[50], 하급심 법원도 위와 같은 헌법재판소의 판단과 동일하게 판시한 바 있다.[51]

48) 서울중앙지판 2007. 2. 8, 2006가합33062, 5332.

49) 서울중앙지판 2006. 4. 28, 2005가단240057(이른바 '리니지2 사건').

50) 헌법재판소, 2005. 5. 26. 99헌마513, 2004헌마190(병합) 전원재판부.

51) 부산지판, 2011.2.17, 2010가합10002 판결.

2. 개인정보의 개념 표지

(1) 생존하는 개인에 관한 정보

개인정보는 자연인으로서 현재 생존하고 있는 개인에 관한 정보만을 말한다. 따라서 이미 사망하였거나 사망으로 추정되는 자 또는 법인 기타 단체에 관한 정보는 개인정보의 보호대상에서 제외된다. 다만 사망자의 정보 중 사망자와 유족간의 관계를 나타내는 정보는 사망자의 정보인 동시에 관계되는 유족의 정보이기도 하므로 유족이 생존하고 있는 경우에는 개인에 관한 정보가 된다.

(2) 개인 식별이 가능한 정보

정보로서 당해 개인을 알아볼 수 있어야 한다. 지문이나 주민등록번호가 대표적이다. 또는 당해 정보만으로는 특정 개인을 알아볼 수 없지만 다른 정보와 용이하게 결합하여 알아볼 수 있는 것도 포함된다. 주소와 본적의 경우에 그것만 놓고 보면 특정 개인을 알아볼 수 없지만 성명 및 주민등록번호와 조합할 경우 특정인을 식별할 수 있는 정보로 볼 수 있기 때문에 개인정보에 해당한다고 보아야 한다.

3. 개인정보의 유형

개인정보의 유형은 분류방법에 따라 여러 가지 방법으로 나눌 수 있다. 일반정보와 특수정보, 민감한 정보와 덜 민감한 정보, 재산적 정보와 비재산적 정보 등으로 나눌 수도 있다. 개인정보보호법에서는 민감한 정보로서 사상·신념·노동조합·정당의 가입·탈퇴, 정치적 견해, 건강, 성생활 등에 관한 정보, 그 밖에 정보주체의 사생활을 현저히 침해할 우려가 있는 정보를 예시하고 있다(동법 제23조). 개인정보는 개인의 성명·주민등록번호 등 인적사항뿐만 아니라 사회·경제적 지위 및 상태, 신체, 교육, 보건·의료, 문화활동 및 정치적 성향과 같은 내면의 비밀도 포함될 수 있다.

이처럼 개인정보는 개인의 신분관계, 사회경력, 경제관계 등에 이르기까지 다양하고, 최근에는 정보통신기술의 발달로 종전에 등장하지 않았던 새로운 정보들이 나타나고 있다. 예를 들어 RFID에 따른 개인위치정보,[52] 생체 인식 기술과 생

52) RFID(Radio-Frequency IDentification)"란 전파를 이용해 먼 거리에서도 정보를 인식할 수 있도

체정보,[53] CCTV로 수집되는 화상정보[54] 등이 대표적인 예이다.

이러한 개인정보의 구체적 유형들은 기술발달과 제반환경의 변화에 따라 유동적으로 변할 수 있다. 또한 개인정보의 유형은 분류관점에 따라 다양하게 나눌 수 있다. 인적 사항, 신체적 정보, 정신적 정보, 재산적 정보, 사회적 정보 등으로 나누기도 한다.[55]

〈표 3〉 개인정보의 유형

구 분	예 시
신분관계	성명, 주민등록번호, 주소, 본적, 가족관계, 본관 등
내면의 비밀	사상, 신조, 종교, 가치관, 정치적 성향 등
심신의 상태	건강상태, 신장, 체중, 신체적 특징, 병력, 장애정도 등
사회경력	학력, 직업, 자격, 전과 여부 등
경제관계	소득규모, 재산보유상황, 거래내역, 신용정보, 채권·채무관계 등
신체정보	얼굴, 생체인식정보(지문, 홍채, 음성, DNA 등)
기 타	위치정보

(한국인터넷진흥원 2011년 분류방식 토대)

록 하는 기술을 말한다. RFID 기술은 유비쿼터스 환경구현의 핵심으로서 재고관리, 반품관리, 절도예방 등 여러 분야에서 활용될 무한한 가능성을 가진 반면, 정보주체의 인식 여부와 관계없이 수많은 정보들이 무제한적으로 수집될 가능성도 갖고 있어 개인정보침해의 가능성도 높다. 특히 RFID 기술에 따른 개인위치정보는 「위치정보의 보호 및 이용 등에 관한 법률」에 따라 보호되는 개인정보의 유형 중 하나이다.

53) 지문, 홍채, 음성 등 생체 인식 기술의 발전으로 인한 개인정보침해위험도 커지고 있다. 특히 전 세계적으로 전자여권 도입이 확산됨에 따라 생체정보보호의 문제가 부각되고 있다. 우리나라도 2008년부터 전자여권이 도입됨에 따라 여권에 포함될 생체정보에 대한 철저한 보호가 필요해졌다.

54) 화상정보는 자칫 인권침해 문제가 발생할 수 있기 때문에 CCTV에 의해 수집되는 화상정보에 대한 보다 엄격한 관리가 요구되고 있다, 참고로 「공공기관의 개인정보보호에 관한 법률」에서는 CCTV에 의해 수집되는 화상정보에 대하여 법적으로 규율하고 있다.

55) 행정안전부/한국정보보호진흥원, 민간기업 개인정보보호 매뉴얼, 2008, 17면.

Ⅲ. 개인정보보호의 법적 근거

1. 헌법적 관점

(1) 개인정보자기결정권

일반적으로 개인정보에 관한 정보주체의 권리란 자신에 관한 정보를 관리하고 통제할 수 있는 권리를 말하는데, 이러한 용어로는 개인정보자기결정권, 자기정보통제권, 자기정보통제관리권, 정보자결권, 정보자기결정권 등 다양하게 사용된다. 통상은 정보주체가 자신에 관한 정보를 관리하고 통제할 수 있는 권리를 개인정보자기결정권으로 통칭하고 있다.

개인정보자기결정권이란 정보의 조사·취급의 형태.정보의 내용, 정보처리의 형태를 불문하고 자신에 관해서 무엇인가를 말해주는 정보를 조사·처리해도 되는지 여부, 그 범위 및 목적에 대하여 정보의 주체가 스스로 결정할 수 있는 권리를 말한다. 헌법재판소는 개인정보자기결정권은 자신에 관한 정보가 언제 누구에게 어느 범위까지 알려지고 또 이용되도록 할 것인지를 그 정보주체가 스스로 결정할 수 있는 권리[56]라고 정의한다.

(2) 개인정보자기결정권의 근거

개인정보자기결정권의 헌법적 근거와 관련하여 독일에서는 처음에는 인간의 존엄과 개인의 인격을 자유롭게 발현할 권리로서 인정하는데 소극적이었으나 1983년에 「인격의 자유로운 발현은 현대적인 정보처리의 조건 아래에서도 개인정보의 무제한적인 수집, 저장, 사용 및 제공에 대하여 개인을 보호로 할 것을 전제로 한다」고 하여 이른바 정보자기결정권을 헌법상의 기본권으로 확인하였다.[57]

개인정보를 보호해야 하는 헌법적 근거는 소극적으로 보면 사생활의 비밀과 자유를 규정한 헌법 제17조에서 찾을 수 있고, 적극적으로 파악할 경우에는 인간의 존엄과 가치 그리고 행복추구권(제10조)의 전제가 되는 자기결정권의 일환으로서 파악할 수 있다.[58] 헌법 제10조는 "모든 국민은 인간으로서의 존엄과 가치를

---

56) 헌법재판소, 2005.5.26, 99헌마513, 2004헌마190(병합) 전원재판부.

57) BVerfGE 65, 1, 1983.12.5.

58) 우리나라 헌법학계의 다수설은 개인정보자기결정권의 헌법적 근거를 헌법 제17조의 사생활의 비밀과 자유의 한 내용으로 이해하는데, 헌법 제10조의 인간의 존엄과 가치에 그 근거가 있는

가지며, 행복을 추구할 권리를 가진다. 국가는 개인이 가지는 불가침의 기본적 인권을 확인하고 이를 보장할 의무를 진다."고 규정하고, 헌법 제17조는 "모든 국민은 사생활의 비밀과 자유를 침해받지 아니한다."라고 규정하고 있는바, 이들 헌법 규정은 개인의 사생활 활동이 타인으로부터 침해되거나 사생활이 함부로 공개되지 아니할 소극적인 권리는 물론, 오늘날 고도로 정보화된 현대사회에서 자신에 대한 정보를 자율적으로 통제할 수 있는 적극적인 권리까지도 보장하려는 데에 그 취지가 있는 것으로 해석된다.[59]

개인정보 보호는 전통적으로 전자의 관점, 즉 각 개인의 '비밀'이나 '프라이버시'를 보호해야 한다는 점에서 논의되었지만, 오늘날 정보처리기술의 발달에 따라 개인정보의 대량 수집·축적·처리·이용이 가능해지면서, 점차 '정보의 자기결정권 내지 자기통제권'의 관점에서 주로 논의되고 있다.[60] 헌법재판소는 "개인정보자기결정권을 헌법 제10조나 제17조에 완전히 포섭시키는 것이 불가능하므로 헌법에 명시되지 않은 독자적인 기본권"이라고 하면서, "개인정보자기결정권은 자신에 관한 정보가 언제 누구에게 어느 범위까지 알려지고 또 이용되도록 할 것인지를 정보주체가 스스로 결정할 수 있는 권리"라고 규정하고 있다.[61]

2. 법률적 관점

(1) 민법

1) 계약법 개인정보처리자와 이용자가 전자거래 계약, 정보서비스 이용계약 등의 내용으로써 이용자의 개인정보를 적절하게 취급·관리할 의무를 규정한 경우 이러한 계약으로부터 직접적으로 개인정보를 보호해야 할 의무가 발생한다. 설사 그러한 의무를 계약 조항 속에서 명시적으로 규정하지 않았더라도 기본 계약(전자거래를 통한 물품 거래 계약, 정보통신 등 용역 이용 계약 등)에서 파생되

일반적 인격권과 행복추구권에서 찾는 견해도 있다. 이 견해에서는 헌법 제17조의 사생활의 비밀에서 파생되는 특별한 정보의 자기결정권은 일반적 인격권에 근거를 두는 포괄적 정보자기결정권에 대한 특별한 규정이라고 한다. 정태호, 현행 인구주택 총조사의 위헌성, 법률행정논총 제20집, 전남대 법률행정연구소, 2000, 208-209면.

59) 대판 1998.7.24, 96다42789.

60) 사법연수원, 전자거래법연구, 사법연수원, 2011년, 408면.

61) 헌법재판소 2005. 5. 26.자 99헌마513, 2004헌마190(병합) 전원재판부 결정.

는 신의칙상의 부수 의무 내지는 안전배려의무로서, 계약 상대방의 개인정보를 주의 깊게 처리해서 그러한 불측의 피해가 생기지 않도록 배려하여야 할 의무가 있다고 볼 수 있다.

2) 불법행위법　　개인정보처리자의 고의 또는 과실에 의한 위법행위로 이용자의 개인정보를 유출하거나 수집하거나 동의 없이 제3자로 하여금 개인정보를 이용하게 하는 경우에는 개인정보보호법에 의하지 않더라도 민법 제750조 및 제751조에 따라 불법행위에 기한 손해배상책임이 발생할 수 있다. 또한 개인정보침해를 인격권 침해의 문제로 보아 사후적인 손해배상뿐만 아니라 사전적인 개인정보침해의 금지 및 침해예방을 청구하는 것도 가능하다. 개인정보침해의 경우에는 재산적 손해보다는 정신적 손해로서 위자료 이러한 불법행위법상의 조항들도 개인정보를 보호하는 법적 근거가 될 수 있다.

(2) 형 법

형법은 제127조에서 공무상 비밀을 누설하는 행위를 처벌하여, 광범위하기는 하지만 공공기관의 개인정보의 유출을 방지하려는 취지의 규정을 가지고 있다. 그리고 제227조의2와 제232조의2에서 각각 공(公)전자기록과 사(私)전자기록을 위작·변작하는 행위를 처벌하여 오늘날 통상 특수기록매체에 저장되어 있기 마련인 '개인정보의 진실성'을 그 침해로부터 보호하고 있다. 또한 제316조 비밀침해죄는 '봉함 기타 비밀장치한 사람의 우편, 문서 또는 도화를 개봉한 자'와 '우편, 문서, 도화 또는 전자기록 등 특수매체기록을 기술적 수단을 이용하여 그 내용을 알아낸 자'를 처벌한다. 나아가 제317조는 업무상 타인의 비밀을 알게 된 전문직 종사자(의사 변호사 등)나 성직자가 그 비밀을 누설한 때에도 처벌토록 한다. 이와 같은 형법 규정들은 형벌의 위하력을 통하여 개인정보 보호라는 목적을 달성하기 위해 둔 규정들이다. 제313조 신용훼손죄 역시 각자 자신에 관한 '진실한' 정보만 유통되도록 할 수 있는 것을 개인정보자기결정권의 범위에 포함시킨다면, 간접적으로 개인정보보호의 법적 근거가 될 수 있다.

(3) 개인정보보호법

지금까지 개인정보 관련 법률체계는 금융, 정보통신, 공공, 교육, 의료 등 주요 분야별로 소관 법령이 나누어져 있었다. 그런데 이와 같은 체계에서는 법 적용의 사각지대가 존재하고, 개별법간 처리 기준이 상이하여 혼란을 초래하는 경우도 있었다. 또한 「정보통신망 이용촉진 및 정보보호 등에 관한 법률」을 제외하고 각각의 개별법에서는 개인정보보호 관련 조항이 제한적이거나 선언적인 규정에 그치고 있어, 개인정보보호에 관한 일반법인 「개인정보 보호법」의 필요성이 사회적으로 대두되었다. 이에 2008년 개인정보보호법안이 발의되었고, 2011년 3월 29일 공포되어 9월 30일부터 시행되었다. 구 「공공기관의 개인정보보호에 관한 법률」은 개인정보보호법 시행으로 폐지되었다. 이하에서는 개인정보보호법에 대하여 살펴보기로 한다.

〈표 4〉 개인정보보호법 제정 전 개인정보 관련 법률체계[62]

분 야	소관 법령
금융·신용	신용정보의 이용 및 보호에 관한 법률
정보통신	정보통신망 이용촉진 및 정보보호 등에 관한 법률
공공·행정	공공기관의 개인정보보호에 관한 법률
교 육	초·중등교육법
의 료	생명윤리 및 안전에 관한 법률

Ⅳ. 개인정보보호법

1. 개인정보보호법 제정 배경

정보통신망을 통한 거래나 사회활동이 점차 대중화 보편화되면서 개인정보의 경제적 가치도 점차 증대되는 추세다. 이제는 공공기관이나 기업뿐만 아니라 사회의 모든 영역에 걸쳐 개인정보의 수집과 이용이 보편화되고 있다. 그동안은 개인정보와 관련하여 국가사회 전반을 규율하는 법률이 없다보니, 개인정보 취급 원칙과 처리 기준이 분명하지 않아서 개인정보보호의 사각지대가 생기고, 개인정보의 유출·오용·남용 등 침해 사례가 빈번하게 발생하고 있다는 지적이 많았

62) 유정각·송주민, "개인정보 유출 관련 금융권 시사점", 지급결제와 정보기술, 제44호, 2011.4, 130면.

다. 개인정보 보호법은 이러한 문제를 해소하기 위하여 약 350만개 모든 공공기관과 민간 사업자를 망라하여 규율대상을 확대하고, 국제 기준에 부합하는 개인정보 처리원칙 등을 규정하며, 개인정보 침해로 인한 국민의 피해 구제를 강화할 목적으로 제정되었다. 개인정보 보호법 제3조에 나타난 개인정보 보호 원칙의 내용을 살펴보면 경제협력개발기구(OECD) 가이드라인에 맞춰서 제정되었음을 알 수 있다.

〈표 5〉 개인정보 보호법 기본원칙

OECD 가이드라인	개인정보보호법(제3조)
1. 수집제한의 원칙	목적에 필요한 최소한 범위 안에서 적법하고 정당하게 수집
2. 정보정확성의 원칙	처리목적 범위 안에서 정확성, 안전성, 최신성 보장
3. 목적명확화 원칙	처리목적의 명확화
4. 이용제한의 원칙	필요 목적 범위 안에서 적법하게 처리, 목적 외 활용 금지
5. 안전보호의 원칙	정보주체의 권리 침해 위험성 등을 고려, 안전성 확보
6. 공개의 원칙	개인정보 처리사항 공개
7. 개인참가의 원칙	열람청구권 등 정보주체의 권리 보장
8. 책임의 원칙	개인정보처리자의 책임 준수·실천, 신뢰성 확보노력

2. 개인정보보호법의 성격

(1) 개인정보보호 관련 일반법

앞에서 살펴 본 것처럼 공공행정, 정보통신, 신용 등 분야별로 개별법에 따라 개인정보처리행위를 규율함에 따라 사회 전반을 규율하는 개인정보보호원칙과 개인정보 처리기준이 부재하였고, 또한 개인정보보호를 공공부분 중심으로 규율하였으나 민간부분에서의 개인정보보호가 중요한 과제로 인식되면서 양자를 아우르는 개인정보보호법의 제정이 요구되었다. 개인정보보호법은 이러한 의미에서 개인정보보호에 관한 한 일반법이라고 할 수 있다.

(2) 소비자법

개인정보보호법이 과연 소비자법인가. 동법 제1조는 제정목적을 '개인정보의 수집 · 유출 · 오용 · 남용으로부터 사생활의 비밀 등을 보호함으로써 국민의 권리와 이익을 증징하고, 나아가 개인의 존엄과 가치를 구현하기 위하여 개인정보 처리에 관한 사항을 규정함을 목적으로 한다'고 하여 소비자 보호가 아닌 국민의 권리와 이익 보호라고 하고 있다. 그러나 동법에서의 적용대상자로서 개인정보처리자는 공공, 민간 모든 개인을 포함하고 있다. 특히 민간부분에서는 전자거래를 하는 사업자가 가장 동법의 적용을 받게 될 것으로 보인다. 따라서 개인으로서 소비자는 동법을 통하여 개인정보침해에 대한 사전 및 사후적 권리구제가 가능하게 된다. 이 점에서 동법이 전적으로 소비자법이라고 말하기는 곤란한 점이 있지만 상당부분 동법을 통하여 소비자들의 개인정보보호 증진이 꾀해질 수 있다는 점에서 소비자법 특히 개인정보침해의 경우 손해배상 등의 문제를 다루고 있기 때문에 소비자불법행위법이라고 할 수 있다.

(3) 복합법

개인정보보호법은 복합법으로서의 성격을 지닌다. 공공부분과 민간부분까지 대상으로 하고 있으며, 개인정보처리자가 동법을 위반하는 경우 손해배상책임(동법 제39조)과 함께 집단분쟁조정(제49조), 개인정보단체소송(제51조) 시정조치(제64조) 벌칙규정(동법 제70조 이하), 과태료 규정(제75조) 뿐만 아니라 조직규정까지 두고 있어서 민사법, 형사법, 행정법, 소송법적인 내용들로 혼합된 복합법적 성격을 지니고 있다.

3. 개인정보보호법의 주요내용

(1) 공공 · 민간부문의 모든 개인정보처리자(제2조 5호)

공공기관뿐만 아니라 비영리단체 등 업무상 개인정보파일[63]을 운용하기 위하여 개인정보를 처리하는 자는 모두 이 법에 따른 개인정보 보호규정을 준수하여야 하고, 전자적으로 처리되는 개인정보 외에 수기(手記) 문서까지 개인정보의 보호범위에 포함시켰다.[64] 따라서 동사무소에서 민원을 신청할 때 작성하는 서류에

---

63) 구 「공공기관의 개인정보보호에 관한 법률」 제2조 제4호에서 규정하던 '개인정보파일'과 동일한 개념이다.

64) 졸저, 전게서, 277면에서 최근 우리나라 정보화가 완성되어 있다고는 하나, 아나로그적인 기록개념을 배제한 것은 너무 앞선 규정이라 할 것"이라고 지적한 바 있다.

적혀 있는 개인정보도 이 법에 의하여 보호되는 개인정보에 포함되게 되었다. 그리고 「정보통신망 이용촉진 및 정보보호 등에 관한 법률」제67조에서 개인정보보호에 관한 제반규정을 정보통신서비스제공자 이외에 재화 또는 용역을 제공하는 자(일반서비스제공자)에게까지 준용하도록 한 규정은 삭제했다. 개인정보보호법 제정으로 인하여 모든 개인정보처리자로 적용범위가 확대되었기 때문이다. 따라서 정보통신망을 이용하지 않는 순수한 오프라인 사업자와 협회, 동창회 등 비영리 단체 등도 법 적용대상에 들어오게 되었다.

(2) 개인정보보호위원회 설치(제7~8조)

개인정보 보호 기본계획, 법령 및 제도 개선 등 개인정보에 관한 주요 사항을 심의 · 의결하기 위하여 대통령 소속으로 위원장 1명, 상임위원 1명을 포함한 15명 이내의 위원으로 구성하는 개인정보보호위원회를 설치했다.

(3) 개인정보의 수집, 이용, 제공 등 단계별 보호기준 마련(제15~22조)

개인정보를 수집, 이용하거나 제3자에게 제공할 경우에는 정보주체의 동의 등을 얻도록 하고, 개인정보의 수집 · 이용 목적의 달성 등으로 불필요하게 된 때에는 지체 없이 개인정보를 파기하도록 했다. 「정보통신망 이용촉진 및 정보보호 등에 관한 법률」에서도 정해놓았던 절차이지만, 개인정보보호법에서는 개인정보의 수집, 이용, 제공, 파기에 이르는 각 단계별로 개인정보처리자가 준수하여야 할 처리기준을 구체적으로 규정했다는 점에서 차이가 있다. 향후 개인정보 침해 관련 소송에서 과실이나 위법성 판단을 할 때 중요한 판단기준이 될 것으로 예상된다.

(4) 민감정보와 고유식별정보의 처리제한 강화(제23조~24조)

사상 · 신념, 노동조합 · 정당의 가입 · 탈퇴, 정치적 견해, 건강, 성생활 등에 관한 정보와 같은 민감정보[65]나 주민등록번호 등 법령에 의하여 개인을 고유하게 구별하기 위해 부여된 고유식별정보는 원칙적으로 처리를 금지했다. 다만 별도의 동의를 얻거나 법령에 의한 경우 등에 한하여 제한적으로 예외를 인정하고 있다. 고유식별정보와 관련해서는 홈페이지 회원가입 등 일정한 경우 개인정보처리자

---

65) 구 「공공기관의 개인정보에 관한 법률」 제4조에서 수집을 금지하고 있던 '민감한 정보'와 유사한 내용이다.

는 주민등록번호 외의 방법(아이핀 등)을 반드시 제공하도록 의무화했다. 주민등록번호를 무심코 입력토록 하는 관행을 제한함으로써 주민등록번호 오·남용과 유출에 따른 피해를 사전에 차단하려는 목적이다.

(5) 영상정보처리기기(CCTV)의 설치제한근거 마련(제25조)

영상정보처리기기 운영자는 일반적으로 공개된 장소에 범죄예방 등 특정 목적으로만 영상정보처리기기를 설치할 수 있도록 했다. CCTV의 설치·운영 근거를 마련하고 기준을 구체화함으로써 무분별한 설치를 방지하여 개인영상정보 보호를 강화하려는 목적에서다.

(6) 개인정보 영향평가제도 도입(제33조)

개인정보처리자는 개인정보파일의 구축·확대 등이 개인정보 보호에 영향을 미칠 우려가 크다고 판단될 경우 자율적으로 영향평가를 수행할 수 있도록 하되, 공공기관은 정보주체의 권리침해 우려가 큰 일정한 사유[66]에 해당될 때에는 영향평가를 하도록 의무화했다.

(7) 개인정보 유출사실의 통지/신고제도 도입(제34조)

개인정보 처리자는 개인정보 유출 사실을 인지하였을 경우 지체 없이 해당 정보주체에게 관련 사실을 통지하고, 일정 규모 이상의 개인정보가 유출된 때에는 전문기관에 신고하도록 하는 한편, 피해의 최소화를 위해 필요한 조치를 하도록 했다. 최근 해킹 등에 의한 개인정보 유출 피해가 많아지고 있는데에 따른 대응책이다. 이와 같은 통지 신고를 제대로 했는가는 민사상 손해배상 소송 등에서 개인정보 처리자의 과실 유무 판단에 중요한 영향을 미칠 것으로 보인다.

(8) 정보주체의 권리 보장(제35~39조)

정보주체에게 개인정보의 열람청구권, 정정·삭제 청구권, 처리정지 요구권 등을 부여하고, 그 권리행사 방법 등을 규정했다.

(9) 개인정보 분쟁조정위원회 설치 및 집단분쟁조정제도의 도입(제40~50조)

개인정보에 관한 분쟁조정 업무의 신속·공정한 처리를 위하여 개인정보 분

66) 영향평가 실시 대상은 ① 5만명 이상 개인정보파일 신규 구축시 민감정보 또는 고유식별정보 처리가 예상되는 경우, ② 50만명 이상 개인정보파일 구축·운영시 다른 개인정보파일과 연계 또는 연동하려는 경우, ③ 개인정보파일에 연평균 100만명 이상의 개인정보가 포함되는 경우.

쟁조정위원회를 설치하고, 개인정보 분쟁조정위원회의 조정결정에 대해 수락한 경우 재판상 화해의 효력을 부여[67]하며, 개인정보 피해가 대부분 소액 다수 사건인 점을 고려하여 집단분쟁조정제도를 도입했다.

(10) 단체소송의 도입(제51~57조)

개인정보처리자로 하여금 개인정보의 수집 · 이용 · 제공 등에 대한 준법정신과 경각심을 높이고, 동일 · 유사 개인정보 소송에 따른 사회적 비용을 절감하기 위해 개인정보단체소송제도를 도입했다. 「소비자기본법」 상의 소비자단체와 「비영리 민간단체 지원법」상의 비영리 민간단체가 피해자들을 대신하여 단체소송을 제기할 수 있다. 다만, 단체소송이 남발되는 것을 막기 위해 단체소송 전에 반드시 집단분쟁조정제도를 거치도록 하고(필요적 전치주의), 단체소송의 대상을 권리침해행위의 중단 · 정지 청구소송으로 제한했다.

단체소송의 소는 피고의 주된 사무소 또는 영업소가 있는 곳, 주된 사무소나 영업소가 없는 경우에는 주된 업무담당자의 주소가 있는 곳의 지방법원 본원 합의부의 관할에 전속한다(동법 제52조 제1항). 단체소송의 원고는 변호사를 소송대리인으로 선임하여야 하고(동법 제53조), 단체소송을 제기하는 단체는 소장과 함께 원고 및 그 소송대리인, 피고, 정보주체의 침해된 권리의 내용을 기재한 소송허가신청서를 법원에 제출하여야 하며(동법 제54조 제1항), 소송허가신청서에는 소제기단체가 제51조 각호의 어느 하나에 해당하는 요건을 갖추고 있음을 소명하는 자료와 개인정보처리자가 조정을 거부하였거나 조정결과를 수락하지 아니하였음을 증명하는 서류를 첨부하여야 한다(동법 제54조 제2항).

법원은 ① 개인정보처리자가 분쟁조정위원회의 조정을 거부하거나 조정결과를 수락하지 아니하였을 것, ② 소송허가서의 기재사항에 흠결이 없을 것의 요건을 모두 갖춘 경우에 한하여 결정으로 단체소송을 허가한다(동법 제55조 제1항).

원고의 청구를 기각하는 판결이 확정된 경우에 판결이 확정된 후 그 사안과 관련하여 국가 · 지방자치단체 또는 국가 · 지방자치단체가 설립한 기관에 의하여 새로운 증거가 나타난 경우 또는 기각판결이 원고의 고의로 인한 것임이 밝혀진

---

67) 그간 「정보통신망 이용촉진 및 정보보호 등에 관한 법률」에 따라 '개인정보분쟁조정위원회'를 두고, 그 조정 결과에 '민사상 화해'와 같은 효력을 부여해왔다. 이번에 개인정보보호법 제정으로 그 효력을 '재판상 화해'로 강화했으며 정보통신망법상 개인정보분쟁조정위원회는 신법상 위원회로 흡수되었다.

경우가 아니고서는 이와 동일한 사안에 관하여는 제51조에 따른 다른 단체는 단체소송을 제기할 수 없다(동법 제56조).

단체소송에 관하여 특별한 규정이 없는 경우에는 민사소송법을 적용하고(법 제57조 제1항), 단체소송의 허가결정이 있는 경우에는 민사집행법 제4편에 따른 보전처분을 할 수 있다(동법 제57조 제2항).

(11) 개인정보 침해사실의 신고(제62조)

개인정보처리자로부터 권리 또는 이익을 침해받은 자는 행정안전부장관에게 그 침해사실을 신고할 수 있고, 행정안전부장관은 신고 접수 및 업무처리 지원을 위해 개인정보 침해신고센터를 설치·운영하도록 했다.

4. 기존 법령과의 관계

개인정보 보호법 부칙 제4조는 "이 법 시행 전에 다른 법령에 따라 적법하게 처리된 개인정보는 이법에 따라 처리된 것으로 본다"고 규정하고 있어서, 기존 개별법규의 기준에 따라 동의 수집된 개인정보는 그대로 보유할 수 있다.

5. 분야별·사안별 개별 법규

(1) 공공부문

1) 공공기관의 개인정보보호에 관한 법률 : 폐지

2) 공공기관의 정보공개에 관한 법률 : 공공기관이 보유하고 있는 정보는 공개를 원칙으로 하지만 제9조에서 '당해 정보에 포함되어 있는 이름·주민등록번호 등 개인에 관한 사항으로서 공개될 경우 개인의 사생활의 비밀 또는 자유를 침해할 우려가 있다고 인정되는 정보(제6호)'를 비공개 대상 정보로 분류하여 정보공개 청구에도 불구하고 공개하지 않을 수 있도록 하고 있다.

(2) 민간부문

1) 정보통신망 이용촉진 및 정보보호 등에 관한 법률 : 제4장에서 정보통신서비스 제공자[68]가 이용자의 개인정보를 수집·이용·처리·제공하는 경우 지켜야 할

68) 「전기통신사업법」 제2조 제8호에 따른 전기통신사업자와 영리를 목적으로 전기통신사업자의

사항들을 정하고 있다. 새로 제정된 「개인정보 보호법」은 일반법으로서 정보통신서비스 제공자에게도 적용되므로, 상당수의 규정은 일반법에 의해 동일하게 규율되는 내용이 되면서 그 독자적인 의미를 상실하게 되었다. 다만, 정보통신망법은 정보통신서비스 제공자의 특성을 고려하여 이용자의 동의 없이도 개인정보를 수집할 수 있는 예외조항[69]을 두고 있고, 제3자 제공 및 취급위탁에 관하여 규정하고 있는 등(동법 제24조의2, 제25조), 일부 특칙을 마련해두고 있다.

2) 신용정보의 이용과 보호에 관한 법률 : 개인정보 중에서도 특히 신용에 관한 정보는 경제생활과 밀접하게 관련되어 그 유용성이 크지만, 그만큼 유출될 경우 피해가 커서 보안 대책 마련이 더욱 중요한 영역이다. 따라서 이 법에서는 "신용정보업자 등이 신용정보전산시스템에 대한 제3자의 불법접근 또는 입력된 정보의 변경·훼손·파괴 기타 위험에 대한 기술적·물리적 보안대책을 수립하여야 한다(제19조)"고 규정하고 있다. 신용정보업자 등의 손해배상 책임을 가리는 경우 고의 또는 과실에 대한 입증책임을 전환하고 있는 점은 정보통신망법과 같다.

3) 금융실명거래 및 비밀보장에 관한 법률 : 원칙적으로 금융기관에 종사하는 자는 명의인(신탁의 경우에는 위탁자 또는 수익자를 말한다)의 서면상의 요구나 동의를 받지 아니하고는 그 금융거래의 내용에 대한 정보 또는 자료(이하 "거래정보등"이라 한다)를 타인에게 제공하거나 누설할 수 없도록 하고 있다. 다만 범죄수사 등에 필요한 경우에는 법관의 영장을 발부받아 금융거래내역을 조사할 수 있도록 예외를 인정하고 있다. 이렇게 금융거래정보를 타인에게 제공할 때는 명의인에게 그 사실을 통지하도록 의무화하고 있는 등 금융거래정보가 보호 내지 명의인에 의해 통제되도록 규정하고 있다.

4) 기타 : 전자거래기본법에서는 전자거래이용자의 개인정보를 수집·이용·

전기통신역무를 이용하여 정보를 제공하거나 정보의 제공을 매개하는 자를 말한다.(정보통신망법 제2조 제3호)

69) 제22조(개인정보의 수집·이용 동의 등) ① 생략

② 정보통신서비스 제공자는 다음 각 호의 어느 하나에 해당하는 경우에는 제1항에 따른 동의 없이 이용자의 개인정보를 수집·이용할 수 있다.

1. 정보통신서비스의 제공에 관한 계약을 이행하기 위하여 필요한 개인정보로서 경제적·기술적인 사유로 통상적인 동의를 받는 것이 뚜렷하게 곤란한 경우
2. 정보통신서비스의 제공에 따른 요금정산을 위하여 필요한 경우
3. 이 법 또는 다른 법률에 특별한 규정이 있는 경우

제공·관리함에 있어서 「정보통신망 이용촉진 및 정보보호 등에 관한 법률」등 관련 규정을 준수하도록 규정하고 있다(제12조 제2항). 공정거래위원회의 '인터넷사이버몰이용표준약관'에서는 이와 관련한 구체적이고 상세한 규정을 마련하고 있다. 전자서명법에서도 공인인증기관이 정보통신망법에 따라 개인정보를 보호하라고 규정하고 있으나, 개인정보 보호법의 제정으로 상위법에 근거가 마련되어서 인터넷 사이버몰은 그러한 특별 규정이 없더라도 당연히 개인정보 보호와 관련된 이 법의 규정을 따라야 하는 것으로 해석해야 할 것이다. 「전자정부법」과 「출입국관리법」 등 우리나라의 앞선 정보통신기술을 국가 행정 절차에 적극적으로 활용하는 것과 관련된 법률에서도 개인정보 보호에 관한 규정을 두고 있었으나, 개인정보 보호법 제정으로 대부분 일반법 규정을 준용하는 것으로 법령이 정비되었다.

V. 개인정보의 침해 유형

1. 주체에 따른 분류

(1) 공공기관에 의한 개인정보침해

공공기관의 개인정보 침해는 수집단계, 정보처리단계, 열람청구권 등의 행사단계에서 각각 일어날 수 있다. 수집 단계에서의 침해로는 크게 불법수집과 과다한 정보수집을 들 수 있다. 불법 수집은 법령 등에 의해 수집이 금지된 정보(민감정보, 고유식별정보 등)를 수집하는 것을 의미하고, 과다한 정보수집은 '필요한 범위'를 넘어선 수집을 말한다.[70] 정보처리단계에서는 분실·도난·누출·변조 또는 훼손하는 것을 들 수 있다. 개인정보 보호법 제29조는 이를 '안전조치의무'로 구체화하고 있다. 그리고 정보주체가 자신의 정보에 대한 열람 및 정정을 청구하였을 때 이를 거부하는 것도 침해가 될 수 있다. 개인정보 보호법은 제35조 내지 제38조에 이러한 열람 정정 삭제 처리정지 등의 청구권을 상세하게 규정하였다. 그러나 그러한 열람청구권 등을 제한할 수 있는 경우를 광범위하게 설정했던 구 공공기관정보보호법의 해당 조문을 거의 그대로 가져와서, 그 실효성에 대한 의문[71]을 끝

---

70) 개인정보 보호법 제16조 제1항은 "개인정보를 수집하는 경우 그 목적에 필요한 최소한의 개인정보를 수집하여야 한다."고 명문으로 규정하고, "최소한의 개인정보 수집이라는 입증책임은 개인정보처리자가 부담"하도록 하고 있다.

내 해소하지 못하였다.

(2) 정보통신서비스 제공자 등 민간사업자에 의한 침해

개인정보 수집시 사전 동의를 받지 않거나, 과거 동의했던 것을 철회하지 못하도록 하는 것은 개인정보에 대한 침해라고 볼 수 있다. 또한 열람 내지 정정 요구에 응하지 않는 것, 사생활 침해 우려가 있는 민감한 정보를 수집하는 것, 타 사업자에게 판매 또는 제공하는 것 등의 방법으로 개인정보 침해가 있을 수 있다. 공공 민간을 포괄적으로 규율하는 개인정보 보호법의 제정으로 대부분의 개인정보보호 준칙들이 공공기관과 다를 바 없이 적용되게 되었다.

(3) 다른 이용자 기타 사인에 의한 침해

개인정보처리자의 고의 또는 과실에 의하여 개인정보가 침해되는 것이 아니라 제3의 이용자에 의한 해킹 등으로 침해가 발생되는 유형으로서, 최근 현대카드 정보 유출, 네이트 해킹 사건 등에서 그 예를 찾을 수 있다. 점차 비중이 늘어나는 추세이다. 개인정보처리자의 과실이 일부 개입된 경우와 개인정보처리자가 주의의무를 다했는데도 어쩔 수 없는 외부의 공격으로 침해가 발생하는 경우가 모두 있을 수 있으며, 각각의 경우에 따라 그 구제수단이나 책임 범위가 달라지게 된다.

---

71) 졸저, 전게서, 288면. "열람을 제한할 수 있는 경우가 광범위하게 열거되어 있어서 그 실효성에 대한 의문이 있다."고 지적하였다.

〈열람청구권의 제한〉

개인정보보호법 제35조 ①~③ 생략

④ 개인정보처리자는 다음 각 호의 어느 하나에 해당하는 경우에는 정보주체에게 그 사유를 알리고 열람을 제한하거나 거절할 수 있다.

1. 법률에 따라 열람이 금지되거나 제한되는 경우
2. 다른 사람의 생명·신체를 해할 우려가 있거나 다른 사람의 재산과 그 밖의 이익을 부당하게 침해할 우려가 있는 경우
3. 공공기관이 다음 각 목의 어느 하나에 해당하는 업무를 수행할 때 중대한 지장을 초래하는 경우
   가. 조세의 부과·징수 또는 환급에 관한 업무
   나. 「초·중등교육법」 및 「고등교육법」에 따른 각급 학교, 「평생교육법」에 따른 평생교육시설, 그 밖의 다른 법률에 따라 설치된 고등교육기관에서의 성적 평가 또는 입학자 선발에 관한 업무
   다. 학력·기능 및 채용에 관한 시험, 자격 심사에 관한 업무
   라. 보상금·급부금 산정 등에 대하여 진행 중인 평가 또는 판단에 관한 업무
   마. 다른 법률에 따라 진행 중인 감사 및 조사에 관한 업무

2. 대상에 따른 분류

침해의 대상이 되는 개인정보가 무엇이냐에 따라 ① 정부기록에 대한 침해 ② 통신기록에 대한 침해 ③ 의료기록에 대한 침해 ④ 소비자정보에 대한 침해 등으로 분류하는 방법도 제시된다.[72]

3. 행위에 따른 분류

개인정보의 침해 분류 방법 중 가장 의미가 있는 분류방법이다. 개인정보보호법에서도 이러한 행위를 대상으로 보호수단을 강구하고 있다. 개인정보의 비밀수집, 정보의 과다수집, 정보의 오류, 정부수집 목적 이외의 사용, 제3기관으로의 유통, 정보의 (이용주체에 대한) 비공개, 개인정보의 부당한 유출 및 판매, 이용자의 동의 없는 수집, 고지 및 명시 범위를 넘어선 사용, 법정 대리인의 동의 없는 아동의 개인정보 수집 등이다.

OECD의 개인정보보호지침을 기준으로 하여 각각의 가이드라인에 위배되는 행위를 그 유형별로 정리할 수도 있다.[73] 이중에서 전통적으로 가장 문제가 되었던 것은 개인정보의 '수집 목적 외 사용'이다. 예를 들어 백화점 고객 데이터가 의료보험 광고 선전에 이용되거나, 자동차관리전산망을 통하여 외제 고급승용차의 차주가 노출되어 강도의 표적이 되는 등이다. 최근에는 개인정보처리자가 스스로 고객정보를 부당하게 이용하는 것에 더해져, 관련자를 통해 유출 또는 판매되거나, 전혀 관련 없는 제3자에 의하여 해킹되는 등의 피해사례가 점차 늘어가고 있다.

대법원은 개인정보의 부당한 유출의 경우와 관련한 판결에서, 정신적 손해발생 판단기준으로 개인정보를 처리하는 자가 수집한 개인정보를 피용자가 정보주체의 의사에 반하여 유출한 경우, 그로 인하여 정보주체에게 위자료로 배상할 만한 정신적 손해가 발생하였는지의 여부는 ① 유출된 개인정보의 종류와 성격, ② 개인정보 유출로 정보주체를 식별할 가능성 발생 여부, ③ 제3자가 유출된 개인정보를 열람하였는지 또는 제3자의 열람 여부가 밝혀지지 않았다면 제3자의 열람

72) 사법연수원, 앞의 책, 412면.

73) OECD 기준에 따라서 침해유형을 분류하면, ① 과도한 정보 수집 ② 내용의 부정확 ③ 수집목적 불분명 ④ 정보의 오·남용 ⑤ 안전조치의 미흡 ⑥ 비공개주의 ⑦ 개인의 권리 외면 등으로 나눌 수 있다.

가능성이 있었거나 앞으로 열람 가능성이 있는지 여부, ④ 유출된 개인정보의 확산 범위 여부, ⑤ 개인정보 유출로 추가적인 법익침해 가능성의 발생 여부, ⑥ 개인정보를 처리하는 자가 개인정보를 관리해온 실태와 개인정보가 유출된 구체적인 경위, ⑦ 개인정보 유출로 인한 피해 발생 및 확산을 방지하기 위하여 추가적 조치가 취하여졌는지 여부 등 여러 사정을 종합적으로 고려하여 구체적 사건에 따라 개별적으로 판단하여야 한다고 한다.[74)]

위의 판례에서 대법원은 「주유 관련 보너스카드 회원으로 가입한 고객들의 개인정보를 데이터베이스로 구축하여 관리하면서 이를 이용하여 고객서비스센터를 운영하는 甲 주식회사로부터 고객서비스센터 운영업무 등을 위탁받아 수행하는 乙 주식회사 관리팀 직원 丙이, 丁 등과 공모하여 무 등을 포함한 보너스카드 회원의 성명, 주민등록번호, 주소, 전화번호, 이메일 주소 등 고객정보를 빼내어 DVD 등 저장매체에 저장된 상태로 전달 또는 복제한 후 개인정보유출사실을 언론을 통하여 보도함으로써 집단소송에 활용할 목적으로 고객정보가 저장된 저장매체를 언론관계자들에게 제공한 사안에서, 개인정보가 丙에 의하여 유출된 후 저장매체에 저장된 상태로 공범들과 언론관계자 등에게 유출되었지만 언론보도 직후 개인정보가 저장된 저장매체 등을 소지하고 있던 사건 관련자들로부터 저장매체와 편집 작업 등에 사용된 컴퓨터 등이 모두 압수, 임의제출되거나 폐기된 점, 범행을 공모한 병 등이 개인정보 판매를 위한 사전작업을 하는 과정에서 위와 같이 한정된 범위의 사람들에게 개인정보가 전달 또는 복제된 상태에서 범행이 발각되어 개인정보가 수록된 저장매체들이 모두 회수되거나 폐기되었고 그 밖에 개인정보가 유출된 흔적도 보이지 아니하여 제3자가 개인정보를 열람하거나 이용할 수는 없었다고 보이는 점, 개인정보를 유출한 범인들이나 언론관계자들이 개인정보 중 일부를 열람한 적은 있으나 개인정보의 종류 및 규모에 비추어 위와 같은 열람만으로 특정 개인정보를 식별하거나 알아내는 것은 매우 어려울 것으로 보이는 점, 개인정보 유출로 인하여 무 등에게 신원확인, 명의도용이나 추가적인 개인정보 유출 등 후속 피해가 발생하였음을 추지할 만한 상황이 발견되지 아니하는 점 등 제반 사정에 비추어 볼 때, 개인정보 유출로 인하여 무 등에게 위자료로 배상할 만한 정신적 손해가 발생하였다고 보기는 어렵다」고 판시하였다.

---

74) 대판 2012.12.26, 2011다59834,59858,59841.

4. 수단에 따른 분류

(1) 쿠키(Cookie)

쿠키란 고객이 특정 홈페이지를 접속할 때 생성되는 정보를 담은 임시파일로서 애초 인터넷 사용자들의 홈페이지 접속을 돕기 위해 만들어졌다. 하지만 각 사업자들의 자사 홈페이지를 방문한 이용자의 컴퓨터에 쿠키를 심어, 여기에 이용자의 인터넷 이용 행태, 즉 어떤 내용을 봤는지, 어떤 상품을 샀는지 등이 기록되도록 해서 장차 마케팅 자료로 사용되는 경우가 생겨났다. 물론 쿠키로 인해 이용자의 각 홈페이지 접속이 편리해지는 측면도 있으나, 이용자의 동의 없이 개인정보가 유출된다는 점에서 침해라고 평가할 수 있다.

(2) 해킹(악성코드, 스파이웨어 등)

개인정보와 관련해서는 스파이웨어를 이용하는 해킹 기법이 주류를 이룬다. 스파이웨어란 이용자의 컴퓨터에 잠복하면서 정보처리장치나 저장매체에 수록되는 정보를 해커가 지정한 원격 컴퓨터에 전송하는 악성 프로그램을 말한다. 쿠키처럼 인터넷 이용자의 사용 행태를 수동적으로 기록 보관하는 것에서 더 나아가, 능동적으로 개인정보를 빼내가는 형태의 침해도 크게 늘고 있다.

(3) 봇(bot)에 의한 개인정보 무단 수집

프로그래머가 지정한 특정 알고리즘에 따라 웹상에서 자동화된 정보처리를 하는 장치를 '봇'이라고 한다. 개인정보 수집 '봇'의 경우, 웹상에 연쇄적으로 형성되어 있는 링크를 타고 다니면서 각 서버에 수록되어 있는 이용자들의 이름, 전화번호, 전자우편 주소 등 이용가치 있는 개인정보를 수집한다. 통상 검색엔진 등에서 가동시키는 '봇'은 표준 인터넷 프로토콜에 의하여 '이메일 주소 등 개인정보 수집을 거부한다'는 내용의 코드가 삽입되어 있는 웹사이트는 관련 정보를 수집하지 않고 건너 뛰도록 설계되어 있으나, 해커들은 이러한 코드를 무시하고 개인정보를 무차별적으로 수집하도록 '봇'을 설계하고 있다. 이렇게 수집·축적된 개인정보는 스팸메일 발송자 등에게 판매된다. 인터넷 게시판, 뉴스댓글, 토론광장 등을 실명인증으로 운영하는 정보통신서비스 제공자는 이러한 '봇'의 수집 활동으로 인하여 위와 같은 서비스를 이용하는 네티즌들이 고유식별정보가 침해당하지 않도록 적당한 보안조치를 강구할 주의의무가 있다고 보여진다.

(4) 전자우편의 검열

고용주가 서버 관리자를 통하여 종업원의 컴퓨터에서 오가는 전자우편 정보를 검열하는 방식으로 개인정보 침해가 일어날 수 있다.

Ⅵ. 개인정보 침해 구제방안

1. 서

개인정보침해행위는 다른 불법행위와 차별성을 갖는다. 다른 법익의 침해는 피해자가 침해에 대하여 비교적 명확하게 인식하는 반면 개인정보침해의 경우에는 피해자가 침해에 대하여 명백하게 인식하지 못하거나 인식하는데 시간이 경과하는 경우가 많다. 또한 개인정보침해가 일어나는 경우에도 손해배상액의 결정이 용이하지 않을 뿐만 아니라 다수의 개인은 소액의 손해배상을 위하여 소송까지 감수하려고 하지 않는 경향이 있다.

또한 가상공간의 정보처리시설에서 일어나는 개인정보의 침해는 한번 일어나고 나면 걷잡을 수 없이 피해 규모가 커지는 경우가 많고, 사후적 구제방법인 손해의 전보만으로는 피해 예방에 효과적이지 못한 측면이 있다.[75] 따라서 사전적·예방적 구제수단이 매우 중요하다. 특히 전자거래에서는 거래 정보가 전부 망에 의해 관리, 유지되는 특성상 소비자의 신용정보를 보호하는 것은 단순히 신용카드 회사만의 일이 아니기 때문에 판매업자, 사업자, 그리고 정보주체가 연결된 유기적 보호시스템이 필요하다.[76]

2. 민사적 구제

(1) 방해예방 및 방해배제 청구권

우리의 통설과 판례는 아직까지 일반 불법행위법의 효과로서 사전적 방해배제 내지 방해예방청구권을 인정하는데 주저하고 있으나,[77] '인격권'에 기해서는

75) 민간사업자의 개인정보침해와 관련한 민사소송에서 인정된 1인당 위자료 액수를 보면, 최저 7만원(국민은행 사건)에서 최고 70만원(LG전자 사건 제1심, 항소심에서 30만원으로 감액) 사이에서 형성되고 있다.

76) 졸저, 전게서, 258면.

침해행위의 정지 · 방지 등의 금지청구권이 인정된다고 한다.[78] 따라서 개인정보 침해가 있는 경우 이론적으로는 인격권을 그 근거로 하거나 혹은 불법행위의 효과로서 금지청구권을 행사할 수 있다.

개인정보의 목적 외 이용이나, 해킹 등에 의한 개인정보의 유출 등이 발생하였거나, 발생할 우려가 있을 때 정보주체는 자신의 인격권에 기하여 개인정보처리자나 기타 제3의 침해자를 상대로 그 행위의 중지 또는 피해 예방에 적당한 조치를 할 것을 청구할 수 있다. 이와 같은 청구는 가처분을 통해서도 할 수 있고, 본안인 민사소송을 통해서도 가능하다.

개인정보침해 우려가 있는 경우 금지청구권을 인정하기 위한 요건으로는 ① 법률상 가치가 있는 이익(개인정보이익)이 침해될 우려가 있을 것 ② 침해의 현실성에 대한 우려가 높을 것 ③ 금전배상만으로는 피해자 구제의 실효성을 기대하기 어려울 것 ④ 금지로 인하여 보호되는 피해자의 이익과 그로 인한 가해자의 불이익을 비교 교량할 때 피해자의 이익이 더 큰 경우 등을 들 수 있겠다.

(2) 계약상의 채무불이행 책임

앞에서 기술한 바와 같이 계약법 역시 개인정보보호의 법적 근거가 될 수 있으므로, 개인정보를 침해당한 이용자는 계약법상의 채무불이행 책임을 물어 손해배상을 청구할 수 있다(민법 제390조). 약관 및 계약 조항에서 직접 현출되는 개인정보보호의무의 위반, 즉 '주된 급부의무의 불이행'을 근거로 할 수도 있고, 계약상의 부수의무 즉 신의칙상 침해자에게 일반적으로 요구되는 안전배려의무를 위반한 것을 들어 손해배상을 청구하는 방법도 있다. 우리 민법은 불법행위법에서만 위자료를 규정(제751조)하고, 채무불이행 책임에 있어서도 정신적 손해에 대한 위자료 청구가 가능한지에 대해서는 명문의 규정을 두고 있지 않으나, 학설과 판례[79]는 이를 인정하고 있다.

---

77) 대법원 2010.8.25. 2008마 1541 결정에서 비록 가처분사건이었지만 불법행위의 효과로서 금지청구권을 인정하고 있다.

78) 대판 1996.4.12, 93다40614 판결(이른바 '남양유업 대 파스퇴르분유' 사건). "인격권은 그 성질상 한번 침해된 후의 구제수단(명예회복이나 명예회복에 적당한 처분 등)만으로는 그 피해의 완전한 회복이 어렵고 손해전보의 실효성을 기대하기 어려우므로 인격권의 침해에 대해서는 사전(예방)적 구제수단으로 침해행위의 정지 · 방지 등의 금지청구도 인정된다"고 판시하였다.

79) 대판 2004.11.12, 2002다53865. ("일반적으로 계약상 채무불이행으로 인하여 재산적 손해가 발생한 경우, 그로 인하여 계약 당사자가 받은 정신적인 고통은 재산적 손해에 대한 배상이 이루어짐으로써 회복된다고 보아야 할 것이므로, 재산적 손해의 배상만으로는 회복될 수 없는

(3) 불법행위책임

1) 손해배상책임과 입증책임의 전환 개인정보의 침해가 불법행위를 구성하는 경우에는 불법행위에 의한 손해배상책임이 발생함은 물론이다. 이 때는 민법 제750조, 제751조가 근거 규정이 된다. 개인정보보호법 제39조에서도 개인정보처리자에게 손해배상책임을 인정하는 규정을 두고 있다. 다만 제764조에 규정된 원상회복의 특칙, 즉 '명예회복에 적당한 처분' 조항은 개인정보 침해와 관련해서는 그 성격상 적용되기 어려운 점이 있다.[80] 개인정보 침해는 그것이 원치 않게 공개되어 있다는 사실 자체가 중요한 것이고 이러한 사실 상태를 제거하는 데에 목적이 있는 것이지, 명예훼손의 경우처럼 특정인에 대한 사회적 평가가 저하된 상태를 회복시켜 줄 수 있는 조치(예컨대 가해자의 비용으로 정정광고를 하는 등)를 취할 필요는 없기 때문이다.

일반불법행위의 요건 중 고의·과실과 관련하여 원칙적으로 피해를 주장하는 이용자가 가해자인 개인정보처리자의 고의·과실을 입증해야 할 것이나 개인정보 보호법은 제39조 제1항 단서에서 '개인정보처리자가 고의 또는 과실이 없음을 입증하지 아니한 경우에는 책임을 면할 수 없다'고 하여 입증책임을 전환시키고 있다. 이는 「정보통신망 이용촉진 및 정보보호 등에 관한 법률」제32조에서 규정하던 것과 실질적으로 같다. 다만 개인정보 보호법은 제39조 제2항의 규정을 신설하여, '개인정보처리자가 이 법에 따른 의무를 준수하고 상당한 주의와 감독을 게을리하지 아니한 경우에는 개인정보의 분실·도난·유출·변조 또는 훼손으로 인한 손해배상책임을 감경받을 수 있다.'는 조항을 뒀다. 즉, 공공기관이나 사업자 등 개인정보처리자가 특정 이용자의 피해에 대한 개별적인 주의의무를 위반하지 않았다는 점을 입증하는 대신, ① 개인정보 보호법에 정해진 취급 절차 등을 준수하였다는 점과 ② (일반적으로) 상당한 주의와 감독을 게을리하지 아니하였다는 점을 입증하면, 손해배상책임을 줄여주도록 하고 있는 점이 눈에 띄는 변화이다.

2) 징벌적 손해배상의 인정 여부 인터넷이나 정보통신망의 발달로 인해 개인정보의 침해가 날이 갈수록 심각해지고 있는 현대사회에서 침해구제에 대한 실효성 확보 및 제재적 기능 관점에서 징벌적 손해배상제도의 도입에 대한

정신적 고통을 입었다는 특별한 사정이 있고, 상대방이 이와 같은 사정을 알았거나 알 수 있었을 경우에 한하여 정신적 고통에 대한 위자료를 인정할 수 있다.")

80) 사법연수원, 전게서, 416면.

주장이 개인정보보호에 충실할 것으로 평가되고 있는데, 개인정보의 침해에 대한 구제방안으로서 징벌적 손해배상제도를 도입하는 것이 타당한지 문제된다.

국내 학설 중에는 ① 민사법상 손해배상의 구제방법은 전보적 손해배상으로 국한되어 있기 때문에 형사벌적 성격이 강한 징벌적 손해배상을 현행 사법체계에 도입하는 것은 어렵다는 견해[81], ② 민법 제751조가 규정하고 있는 위자료와 관련하여 일반적으로 고의의 경우에 고액으로 결정될 수 있는데, 법 해석론으로 이러한 위자료 산정에 징벌적 손해배상의 법리를 도입할 수 있다는 견해[82], ③ 해석론에 의한 징벌적 손해배상제도의 도입은 무리가 있으며 입법적 해결방법이 타당하다는 견해가 있다.

생각건대, 징벌적 손해배상제도를 도입할 경우 현행 법체계의 부조화, 과잉배상, 과잉금지원칙 위반 등과 같은 문제점 때문에 징벌적 손해배상제도의 도입을 반대하는 입장이 있지만, 최근에 과잉배상의 문제나 법체계 부조화의 문제는 배상의 현실에 맞게 조정하고, 징벌적 손해배상이 반드시 필요한 분야에 한정하여 도입한다면 현실적인 손해배상의 문제점을 해결하기 위한 적절한 대안이 될 것이다.

3. 형사적 구제

개인정보 침해 피해자나 관련자는 형사상 고소·고발을 통하여 간접적으로 피해 구제를 받을 수 있다.

(1) 형 법

개인정보 침해 시 개인정보를 침해 당한 이용자는 형법 제127조 공무상비밀누설죄, 제227조의2 공전자기록 위·변작죄, 제232조의2 사전자기록 위·변작죄, 제316조 비밀침해죄, 제317조 비밀누설죄, 제313조 신용훼손죄 등으로 형사처벌을 하는 방안을 고려할 수 있으나, 위 구성요건은 개인정보 침해 중에서도 일부 특수한 경우(공무원의 고의에 의한 정보 누설, 전자기록의 진실성 훼손, 서신 침해, 전문직 종사자의 누설, 영업상 신용 훼손하는 정보 유통 등)만을 규율하고 있어서 일반적인 구제수단으로는 기능하기 어렵다.

---

81) 윤용석, "징벌적 손해배상에 관한 미국의 최근 동향", 재산법연구 제23권 제1호, 한국재산법학회, 2006.

82) 박종렬, "징벌적 손해배상에 관한 연구", 법학연구 제26집, 한국법학회, 2007, 157면.

(2) 행정 형법

개인정보 보호법은 제9장 벌칙에서 형사처벌 규정을 두고 있다. 공공기관의 업무를 방해할 목적으로 개인정보를 변경·말소한 자는 10년 이하의 징역 또는 1억원 이하의 벌금으로 비교적 중하게 다스리고 있다(동법 제70조). 이는 일반 형법상의 공전자기록 위·변작죄, 그리고 민감정보 고유식별정보 등을 무단 처리하거나, 설치 목적과 다른 CCTV 운용, 개인 정보의 무단 이용·제공 등 중대 법익 침해에 대하여 최대 5년 이하의 징역 또는 5천만원 이하의 벌금에서부터 최하 2년 이하의 징역 또는 1천만원 이하의 벌금을 부과하는 형사처벌 규정(제71조 내지 제73조)을 두고 있다. 제74조는 양벌규정을 두어 법인 또는 사용자의 감독책임도 묻는다. 정보통신망법에서도 개인정보 침해에 대하여 정보통신서비스 제공자의 형사책임을 규정한 조항을 두고 있고, 구성요건이나 처벌 수준은 개인정보보호법과 유사하다.[83]

4. 행정법적 구제

(1) 시정조치

안전행정부장관은 개인정보가 침해되었다고 판단할 상당한 근거가 있고 이를 방치할 경우 회복하기 어려운 피해가 발생할 우려가 있다고 인정되면 이 법을 위반한 자(중앙행정기관, 지방자치단체, 국회, 법원, 헌법재판소, 중앙선거관리위원회는 제외한다)에 대하여 ① 개인정보 침해행위의 중지, ② 개인정보 처리의 일시적인 정지, ③ 그 밖에 개인정보의 보호 및 침해 방지를 위하여 필요한 조치를 명할 수 있다(동법 제64조 제1항).

또한 관계 중앙행정기관의 장은 개인정보가 침해되었다고 판단할 상당한 근거가 있고 이를 방치할 경우 회복하기 어려운 피해가 발생할 우려가 있다고 인정되면 소관 법률에 따라 개인정보처리자에 대하여 제1항 각 호에 해당하는 조치를

83) 2010년 3월 신세계몰, 아이러브스쿨 등 25개 기업사이트에서 성명, 주민등록번호, 주소, 아이디, 비밀번호 등 약 2천만건의 개인정보가 해킹으로 인해 유출되었다는 사실이 밝혀졌다. 개인정보 유출기업들 중 개인정보를 안전하게 보호하기 위한 기술적·관리적 보호조치를 제대로 이행하지 않은 업체들이 처벌을 받았는데, 중요정보를 암호화하지 않은 업체 경영진들은 불구속 입건되었고, 개인정보처리자에 대한 보안교육을 실시하지 않은 업체들은 과태료 처분을 받았다(연합뉴스 2010년 3월 12일자 보도).

명할 수 있다(제2항). 지방자치단체, 국회, 법원, 헌법재판소, 중앙선거관리위원회는 그 소속 기관 및 소관 공공기관이 이 법을 위반하였을 때에는 제1항 각 호에 해당하는 조치를 명할 수 있다(제3항).

보호위원회는 중앙행정기관, 지방자치단체, 국회, 법원, 헌법재판소, 중앙선거관리위원회가 이 법을 위반하였을 때에는 해당 기관의 장에게 제1항 각 호에 해당하는 조치를 하도록 권고할 수 있다. 이 경우 권고를 받은 기관은 특별한 사유가 없으면 이를 존중하여야 한다(제4항).

(2) 고발 및 징계권고

안전행정부장관은 개인정보처리자에게 동법 등 개인정보 보호와 관련된 법규의 위반에 따른 범죄혐의가 있다고 인정될 만한 상당한 이유가 있을 때에는 관할 수사기관에 그 내용을 고발할 수 있고(제65조 제1항), 동법 등 개인정보 보호와 관련된 법규의 위반행위가 있다고 인정될 만한 상당한 이유가 있을 때에는 책임이 있는 자를 징계할 것을 그 소속 기관·단체 등의 장에게 권고할 수 있다. 이 경우 권고를 받은 사람은 이를 존중하여야 하며 그 결과를 안전행정부장관에게 통보하여야 한다(제2항).

또한 관계 중앙행정기관의 장은 소관 법률에 따라 개인정보처리자에 대하여 제1항에 따른 고발을 하거나 소속 기관·단체 등의 장에게 제2항에 따른 징계권고를 할 수 있다. 이 경우 제2항에 따른 권고를 받은 사람은 이를 존중하여야 하며 그 결과를 관계 중앙행정기관의 장에게 통보하여야 한다.

(3) 의견제시 및 개선권고

안전행정부장관은 개인정보 보호에 영향을 미치는 내용이 포함된 법령이나 조례에 대하여 필요하다고 인정하면 보호위원회의 심의·의결을 거쳐 관계 기관에 의견을 제시할 수 있고(제61조 제1항), 개인정보 보호를 위하여 필요하다고 인정하면 개인정보처리자에게 개인정보 처리 실태의 개선을 권고할 수 있다. 이 경우 권고를 받은 개인정보처리자는 이를 이행하기 위하여 성실하게 노력하여야 하며, 그 조치 결과를 안전행정부장관에게 알려야 한다(제2항).

관계 중앙행정기관의 장은 개인정보 보호를 위하여 필요하다고 인정하면 소관 법률에 따라 개인정보처리자에게 개인정보 처리 실태의 개선을 권고할 수 있다. 이 경우 권고를 받은 개인정보처리자는 이를 이행하기 위하여 성실하게 노력하여야 하며, 그 조치 결과를 관계 중앙행정기관의 장에게 알려야 한다(제3항).

중앙행정기관, 지방자치단체, 국회, 법원, 헌법재판소, 중앙선거관리위원회는 그 소속 기관 및 소관 공공기관에 대하여 개인정보 보호에 관한 의견을 제시하거나 지도·점검을 할 수 있다(제4항).

5. 특별절차에 의한 구제

(1) 개인정보분쟁조정위원회

기존 정보통신망법에 근거를 두고 설치되었던 동 위원회가 개인정보보호법에 근거규정을 두게 되었는데(동법 제40조), 이로써 공공기관과 민간사업자 모두를 상대로 분쟁조정을 신청할 수 있도록 대상이 확대됐다. 분쟁조정위원회는 당사자 일방으로부터 분쟁조정신청을 받았을 때에는 그 신청내용을 상대방에게 알려야 하며(동법 제43조 제2항), 공공기관이 분쟁조정의 통지를 받은 경우에는 특별한 사유가 없으면 분쟁조정에 응하여야 한다(동법 제43조 제3항).

분쟁조정위원회는 ① 조사대상 및 침해행위의 중지, ② 원상회복, 손해배상, 그 밖에 필요한 구제조치, ③ 같거나 비슷한 침해의 재발을 방지하기 위하여 필요한 조치 중 어느 하나의 사항을 포함하여 조정안을 작성할 수 있고(동법 제47조 제1항), 분쟁조정위원회는 조정안을 작성하면 지체 없이 각 당사자에게 제시하여야 하며(동법 제47조 제2항), 조정안을 제시받은 당사자가 제시받은 날로부터 15일 이내에 수락 여부를 알리지 아니하면 조정을 거부할 것으로 보며(동법 제47조 제3항), 조정내용은 재판상 화해와 동일한 효력을 갖는다(동법 제47조 제5항).

조정 성립의 효력도 정보통신망법에서는 민사상 화해로 보았으나, 개인정보보호법에서는 '재판상 화해'로 강화했다. 따라서 조정이 성립된 내용을 뒤집는 주장을 하면서 어느 당사자가 민사소송으로 다투더라도 과거에는 본안 판단을 하여야 했으나, 이제는 기판력이 미쳐 '소 각하' 판결을 받게 된다. 더불어 정보주체의 피해가 다수에게 같거나 유사하면 집단분쟁조정을 신청할 수 있도록 해서 분쟁을 일거에 해결하는 길을 열어뒀다.

(2) 단체소송

동법에서는 개인정보단체소송제도를 도입하였다(제51조). 다수의 정보주체가 피해를 입거나 피해 가능성이 높은 경우, 일정 자격을 갖춘 단체[84]가 이들의 권리보호를 위해 개인정보 침해행위의 금지·중지를 구하는 소송을 제기할 수 있다. 손해배상 청구는 할 수 없다는 점, 소제기와 소장 부본의 송달이 아니라 법원의 소송허가로서 소송계속이 발생한다는 점은 '소비자단체소송'과 같다. 그러나 개인정보처리자가 분쟁조정위원회의 조정을 거부하거나 조정결과를 수락하지 않은 경우에만 단체소송을 제기할 수 있다는 점은 다른 부분이다.

84) 「소비자기본법」상의 소비자단체, 「비영리민간단체 지원법」상의 비영리단체.

제 6 장
소비자공법

제1절 표시 · 광고의 규제와 소비자보호

제6장 소비자공법

제1절 표시·광고의 규제와 소비자보호

Ⅰ. 표시·광고 규제의 필요성

대량생산·대량소비시대에서 대부분의 상품들은 시장에서 치열한 경쟁을 통해 소비자에게 판매되기 때문에 사업자의 입장에서는 자신의 상품과 용역에 관한 정보를 제공하는 수단인 표시·광고는 사업자에게 뿐만 아니라 소비자의 입장에서도 매우 중요하다. 현대정보사회에서 인터넷을 비롯한 통신수단과 매스미디어의 발달에 따라 상품 또는 용역에 대한 정보는 넘쳐나고 있으며, 이에 광고나 선전이 사업자에게는 중요한 경쟁수단으로 등장하게 되었다. 따라서 표시·광고에 있어서 기업들은 상품에 대한 과장을 하기 마련인데, 이러한 과장광고나 거짓광고들은 소비자의 선택을 왜곡시킬 뿐만 아니라 서로 경쟁하는 사업자들 사이의 공정경쟁을 해쳐 국가경제에도 악영향을 미치게 된다.

또한 대중소비시대에 들어서 주요 소비제품이 되어버린 자동차, 전자제품, 약품들은 제품의 사양과 구조 등이 매우 복잡하고 전문화·다양화 됨으로써 소비자들은 이에 대한 전문적 지식이 없기 때문에 점점 사업자들이 일방적으로 제공하는 정보인 표시·광고에 의하여 제품에 대한 정보를 획득하고 이러한 정보를 근거로 상품선택을 할 수밖에 없게 되었다.

따라서 소비자의 알권리 내지 자기결정권을 보장하고, 나아가 소비자의 생명이나 신체상 위해 또는 부당한 재산상의 경제적 피해를 방지하기 위해서는 사업자가 행하는 표시·광고를 적절히 규제하여 표시·광고의 진실성과 적적성을 확보하는 것이 매우 중요하게 되었다.

이러한 실정을 감안하여 소비자기본법 제10조는 “국가는 소비자가 물품의 사용이나 용역의 이용에 있어서 표시나 포장 등으로 인하여 선택이 잘못되는 일이 없도록 필요한 경우에는 그 주관하는 물품 또는 용역에 대하여 표시기준을 정하여야 한다"고 규정하여 국가의 책무 중의 하나로 표시·광고에 대한 소비자보호를 들고 있다. 현재 특별법에 의한 표시규제로는 부당한 표시행위 등의 금지(표시·광고의 공정화에 관한 법률 제3조 내지 제6조), 품질표시규제(품질경영촉진법 제9조), 가격표시규제(물가안정법 제3조), 식품 또는 첨가물의 표시규제(식품위생법 제10조, 제11조) 등이 있다.

한편, 소비자기본법 제11조는 "국가는 물품 또는 용역의 잘못된 소비 또는 과다한 소비로 인하여 소비자의 생명·신체 및 재산상의 위해를 방지하기 위하여 광고의 내용 및 방법에 관한 기준을 정하여야 한다."고 규정하고 있는데, 광고에 대한 현행법상 규제로는 허위·과장광고를 금지하는 표시·광고의 공정화에 관한 법률과 과대광고를 금지하는 약사법, 식품위생법 등이 있다.

소비자보호를 위한 표시·광고에 관한 규제는 「표시·광고의 공정화에 관한 법률(이하 표시공정법)」에서 전반적으로 규율하고 있으므로 이하에서는 동법을 중심으로 살펴보기로 한다.

Ⅱ. 「표시·광고의 공정화에 관한 법률」의 의의와 법적 성격

1. 표시광고법의 의의

1980년에 제정된 독점규제 및 공정거래에 관한 법률(이하 '공정거래법'이라고 한다)에서는 제15조(불공정거래행위의 금지)에서 「상품 또는 용역에 관하여 허위 또는 과장된 광고를 하거나 상품의 질 또는 양을 속이는 행위」로써 경제기획원장이 지정·고시한 불공정거래행위를 하여서는 아니 되도록 규정함으로써 부당한 표시·광고행위를 불공정거래행위의 한 유형으로 규제하였다. 그 후 1999년의 공정거래법에서는 제23조 제1항 6호에서 불공정거래행위에 해당하는 행위로서, 「부당한 표시·광고를 사업자, 상품 또는 용역에 관하여 허위 또는 소비자를 기만하거나 오인시킬 우려가 있는 표시·광고(상호의 사용을 포함)행위를 하는 행위」로 규정하였다.[1)]

---

1) 표시·광고의 규제의 변천에 대한 상세는, 박수영, 부당한 표시·광고행위의 성립요건과 유형, 기업법연구 제13집, 한국기업법학회, 2003, 271면 이하 참조.

이처럼 공정거래법은 부당한 표시·행위를 불공정거래행위의 한 유형으로 규정하여 공정거래질서 확립차원에서 규제하였다. 그러나 표시광고에 대한 일반적·포괄적 규제법제로서는 한계를 가지고 있었다. 즉 공정거래법에 의한 표시·광고의 규제는 동법상의 여타 불공정거래행위와 동일한 방법으로 단순히 사후적 규제에 그침으로써 부당한 표시·광고행위에 대하여 적절하고 효과적인 대처를 하지 못하였다. 또한 경제사회여건의 변화에 따라 '공정한 거래질서의 확보'뿐만 아니라 '소비자의 합리적 선택보장'을 직접 목적으로 하는 종합적인 표시·광고정책의 필요성이 제기되었으며, 시장구조가 공급자 중심에서 수요자중심으로 전환됨에 따라 소비자의 올바른 상품선택도 고려하는 입법의 필요성은 더욱 커졌다. 이에 1999년에 표시·광고법이 제정되어 시행되기에 이르렀다.

동법은 제1조에서 제정목적을, 소비자를 속이거나 소비자로 하여금 잘못 알게 하는 부당한 표시·광고를 방지하고, 소비자에게 바르고 유용한 정보의 제공을 촉진함으로써 공정한 거래질서를 확립하고 소비자를 보호하기 위한 것이라고 하여 소비자보호가 주된 목적임을 밝히고 있다.

2. 표시·광고법의 법적 성격

앞에서 살펴보았듯이 표시·광고법은 공정거래법의 일부규정으로 있다가 독립되어 표시·광고에 대한 일반적, 포괄적 규제법으로서 입법된 법률이다. 내용과 구제수단을 보면 동법은 주로 사업자로 하여금 부당하거나 거짓된 표시·광고행위를 금지하게 하는 내용이 주를 이루고 있다. 사업자와 소비자간의 거래를 규율하는 것이 아니라, 계약성립 전 청약의 유인단계에서 사업자의 부당한 표시·광고행위를 공법적 차원에서 규제하기 위한 법률이다. 동법 제11조는 사업자에게 이러한 사업자의 부당한 표시·광고로 인하여 손해를 입은 경우에는 소비자에게 손해배상책임을 지도록 하는 규정을 두고 있지만, 대개의 규정은 소비자보호 주관부서인 공정거래위원회에 대하여 사업자의 부당한 표시·광고에 대하여 규제수단을 부여하고 있다.

따라서 동법은 제1조에서 명확히 밝힌 것처럼 소비자법이며, 소비자공법으로서 강행법적 성격을 가지고 있다. 또한 동법은 행정법적 구제수단과 형사적 구제 및 손해배상규정까지 두고 있어서 복합법적 성격을 지니고 있다.

Ⅲ. 표시 · 광고의 의의

1. 표 시

표시라 함은 사업자 또는 사업자단체가 상품 또는 용역에 관한 자기 또는 다른 사업자 등에 관한 사항과 자기 또는 다른 사업자 등의 상품 등의 내용, 거래조건 기타 그 거래에 관한 사항을 소비자에게 알리기 위하여 그 상품 등의 용기 · 포장(첨부물 및 내용물을 포함한다) 또는 사업장 등의 게시물 또는 상품권 · 회원권 · 분양권 등 상품 등에 관한 권리를 나타내는 증서에 쓰거나 붙인 문자 · 도형 및 상품의 특성을 나타내는 용기 · 포장을 말한다(표시 · 광고법 제2조 제1호).

2. 광 고

광고라 함은 사업자 또는 사업자단체가 상품 등에 관한 자기 또는 다른 사업자 등에 관한 사항과 자기 또는 다른 사업자 등의 상품 등의 내용, 거래조건 기타 그 거래에 관한 사항을 「신문 등의 진흥에 관한 법률」상 신문 · 인터넷신문, 정기간행물, 방송법상 방송, 전기통신기본법상 전기통신, 전단 · 팸플릿 · 견본 또는 입장권, 인터넷 또는 PC통신, 포스터 · 간판 · 네온사인 · 애드벌룬 또는 전광판, 비디오물 · 음반 · 서적 · 간행물 · 영화 또는 연극, 자기 상품 외의 다른 상품 및 이와 유사한 매체 또는 수단으로 소비자에게 널리 알리거나 제시하는 것을 말한다(동법 제2조 제2호, 동법 시행령 제2조).

판례는 동조의 광고는 「사업자 등이 상품 등에 관한 일정한 사항을 정기간행물 등의 매체를 통하여 소비자에게 널리 알리거나 제시하는 일체의 행위'를 가리키는 것이라고 할 수 있으므로 사업자 등이 인터넷 홈페이지를 통하여 표시 · 광고법 제2조 제2호가 정하고 있는 사항을 널리 알리거나 제시하는 행위를 하였다면 이는 광고에 해당한다고 할 것이다」고 한다.[2)]

3. 표시 · 광고의 법적 성질

사업자가 행한 표시 · 광고의 법적 성질에 대한 문제는 이로 인한 소비자계약

---

2) 대판 2009.5.28, 2009두843.

의 체결시기와 직결하는 문제이다. 즉, 이를 청약으로 볼 경우, 소비자의 의사표시에 의하여 계약은 성립하지만, 청약의 유인으로 볼 경우 소비자의 의사표시는 청약이 되며, 이에 대한 사업자의 의사표시(승낙)가 있어야 비로소 계약은 성립하게 된다. 청약은 이에 응하는 승낙만 있으면 계약을 성립시키는 구체적·확정적 의사표시이지만, 청약만으로 계약은 성립하지 않고 이에 대한 승낙이 있어야 계약이 성립하기 때문에 법률요건이 아닌 법률사실에 해당한다. 반면에 청약의 유인은 상대방으로 하여금 청약을 하도록 유인하기 위한 거래의 권유를 말하며, 청약과 달리 법적 구속력이 없다.[3] 따라서 당사자의 의사표시가 승낙적격을 갖춘 경우에 청약이지만 승낙적격을 갖추지 못한 의사표시는 청약의 유인에 해당한다.[4]

즉, 표의자가 상대방의 승낙이 있으면 계약이 성립되고 이에 구속되겠다는 의도를 표명한 경우에는 승낙적격을 갖추었기에 청약이지만, 의사표시에 이러한 의도가 포함되지 않은 경우에는 청약의 유인에 해당한다. 따라서 표의자가 자신의 의사표시를 청약이라고 표시하더라도 이러한 의도가 없는 경우에는 청약의 유인에 해당한다.[5] 특정인에 대한 확정적인 거래조건의 제시는 청약에 해당하지만, 불특정 다수인에 대한 의사표시 또는 특정인에 대한 의사표시일지라도 불확정적인 거래조건을 제시하는 경우에는 청약의 유인에 해당한다. 다만, 불특정 다수에 대한 의사표시인 현상광고의 경우에는 청약의 유인이 아닌 청약이다.

표시·광고의 법적 성질에 대하여 청약설과 청약의 유인설이 있는데, 전자는 오늘날 전자계약에 주목하여 자동화된 프로그램으로 계약이 체결되는 전자상거래의 경우라든가, 웹사이트에서 단순한 거래조건의 제시에 그치는 것이 아니라 사이버몰에서 재화 등을 구입하겠다는 의사로써 아이콘을 선택한 다음 사이버몰의 운영자가 제시하는 양식에 따라 인적 사항과 주소지를 기재하고 즉시 결제를 요구하는 절차를 거치도록 되어있는 경우에 특별한 사정이 없는 한 웹사이트의 게시는 구속력이 있는 청약으로 보아야 한다[6]고 한다. 또한 전자상거래 이용자

---

3) Michael H. Whincup, Contract practice, Kluwer Law International, 1996, p.35. 청약자는 청약이 상대방에게 도달한 이후부터 임의적으로 철회하지 못하며, 이를 청약의 구속력이라 한다(민법 제527조).

4) 양자를 구별하는 기준으로서 상대방의 특정성 여부, 계약의 내용에 있어서 유보여부, 당사자 사이 종래의 거래관계, 지방적 관습 등을 들고 있다(곽윤직, 채권각론, 박영사, 2007, 36면).

5) G. H. Treitel, The Law of Contract, ninth edt., Sweet&Maxwell, 1995, pp.10~11.

보호가 가장 본질적인 또는 가장 우선시되어야 할 문제인바, 쇼핑몰이나 인터넷 상의 재화 등에 관한 정보게시는 청약으로 보아야 한다는 것이다.

이에 대하여 청약의 유인설은 불특정 다수인을 상대로 하는 인터넷 사이트에서 재화 등을 제시하는 자가 우선 주문을 받고 주문에 대하여 응할지의 여부를 결정하겠다는 의사를 가지고 있기에 쇼핑몰에 재화 등을 진열하는 것은 단지 청약의 유인으로 인정하여야 한다[7]고 한다. 전자상거래소비자보호법 제2조 2호에서 통신판매업자가 거래조건을 제시하는 것을 청약의 유인으로 전제하고 있으며, 나아가 재고량이나 상대방의 변제자력에 대한 위험 또는 당해 거래에 관한 행정적인 규제 등을 고려할 때 확정적인 거래조건의 제시를 청약의 유인으로 보아야 한다. 또한 사이버 몰을 통한 전자거래에서의 양 당사자 사이의 이해관계를 고려할 때 매수인의 대금지급능력이나 배송가능성에 대한 심사권을 사업자가 보유하고 있어야 할 것이라는 점에서 표시·광고를 청약의 유인이라고 한다.[8]

생각건대 소비자계약에서 계약의 체결과정을 보면, 사업자에 의한 광고, 광고를 접한 소비자와의 접촉에 의한 계약의 교섭, 청약과 승낙 등의 의사표시의 교환, 합의의 단계를 거친다고 볼 수 있다. 광고 중에 표시된 내용이 계약에 편입되어 의사표시의 주요한 사항이 될지라도 광고의 단계에서는 계약의 교섭이 시작되었다고 보기에는 무리가 있다. 온라인 쇼핑몰이나 자동화된 프로그램에 의한 계약의 체결의 경우에도 소비자의 입장에서는 광고를 접하고 사업자의 상품이나 용역에 대한 선택을 하고 사업자가 제시한 일정한 양식(이 경우 사업자의 청약의 제시로 볼 수 있다)에 기재함으로써 승낙과 함께 계약이 성립한다고 보아야 한다. 인터넷상의 제품정보의 게시만으로 청약이 행해졌다고 보기에는 어렵고, 광고단계에서는 여전히 사업자의 청약의 유인에 머무른다고 보아야 할 것이다.

---

6) 노태악, 전자거래와 계약, CYBER LAW의 제문제(상), 재판자료 제99집, 법원도서관, 2003, 441-442면; 오병철, 전자거래법, 법원사, 1999, 287면; 정준우, 전자상거래에서의 계약의 체결과 소비자보호, 법학연구 제6집, 인하대학교 법학연구소, 2003.12, 152면; 장재옥, 전게논문, 222-223면.

7) 이기수 외, 인터넷 경매에서의 계약체결과 소비자보호, 집문당, 2003, 106-107면.

8) 최병록, 전자계약에서의 법률문제, 비교사법 제29호, 한국비교사법학회, 2005.6, 322-323면; 한웅길, 전자거래와 계약법, 비교사법 제5권 제2호, 한국비교사법학회, 1998.12, 22면; 구재군, 인터넷 사이버몰 이용계약에 관한 소고, 정보화정책 제10권 제1호, 한국전산원, 2003.3, 26면.

Ⅳ. 부당한 표시 · 광고행위의 유형

부당한 표시 · 광고행위란 사업자 등이 상품 등에 관하여 자기 또는 다른 사업자 등에 관한 사항 및 자기 또는 다른 사업자 등의 상품 등에 관하여 소비자를 속이거나 소비자로 하여금 잘못 알게 할 우려가 있는 표시 · 광고행위로서 공정한 거래질서를 해칠 우려가 있는 행위를 말한다.[9] 표시 · 광고법에서는 ① 거짓 · 과장의 표시 · 광고, ② 기만적인 표시 · 광고, ③ 부당하게 비교하는 표시 · 광고, ④ 비방적인 표시 · 광고를 들고 있다(동법 제3조 제1항). 이러한 부당한 표시 · 광고행위는 소비자에게 구매선택에 큰 영향을 미침은 물론 소비자의 권익을 침해할 우려가 있고, 또한 공정한 거래질서를 저해할 우려가 있으므로 금지된다. 즉 부당한 표시 · 광고행위의 규제는 소비자의 권익보호와 공정한 경쟁에 있다.

부당한 표시 · 광고에서 부당성이란 어떠한 행위나 처분이 위법의 정도에 이르지는 않았지만 도덕적 · 사회적으로 통념시되고 있는 가치관에 위배되는 것을 말한다. 즉 부당성의 판단은 사회적 통념에 기초를 두고 있는 것이다. 표시 · 광고에 있어서의 부당성은 공정거래법상 불공정거래행위의 부당성과 동일한 의미로 보아야 한다. 다만 공정경쟁저해성에 있어서는 그 범위를 소비자의 합리적인 선택을 침해하는 것까지 포함시켜야 한다.[10]

1. 거짓 · 과장의 표시 · 광고

거짓 · 과장의 표시광고는 사실과 다르게 표시 · 광고하거나 사실을 지나치게 부풀려 표시 · 광고하는 것이다(동법 시행령 제3조 제1항). 여기서 거짓이란 표시 · 광고가 객관적인 진실에 부합하지 않는 것을 말하며, 거짓의 판단기준을 객관적인 진실로 삼고 있다.[11] 그러나 표시 · 광고의 거짓과 부당성은 구분되어야 한다. 즉 거짓의 표시 · 광고가 곧바로 부당한 표시 · 광고를 의미하는 것은 아니다. 개관적인 진실과는 부합하지 않는 거짓의 표시 · 광고가 부당한 표시 · 광고로 되는 경우가 많겠지만, 거짓의 표시 · 광고임에도 불구하고 소비자의 오인을 유발하지 않을

---

9) 기사형식에 의한 표시 · 광고도 포함되는 것으로 해석하여야 한다. 대판 2002.1.22, 2001도5530.

10) 박수영, 전게논문, 277면.

11) 박수영, 상게논문, 279면.

수도 있고, 표시·광고가 진실한 것임에도 불구하고 소비자의 오인을 유발하여 부당한 표시·광고로 되는 경우가 있을 수 있다.

표시·광고의 내용이 사실과 부합하지 않더라도 소비자의 오인성이 없는 표시·광고적 표현(부풀리기)은 사회관념상 허용이 되어 부당한 표시·광고에 포함되지 않는다. 따라서 표시·광고의 내용이 진실이 아닌 허위인 경우에는 부당한 표시·광고행위에 해당할 수 있는 1차적 요건이 되는 것에 불과하다. 여기서 요구되는 거짓의 범위는 그 내용이 객관적 사실에 부합하지 않으면서 소비자의 구매의사결정에 실질적으로 영향을 미치는 것이어야 한다.[12)]

판례는 구 독점규제 및 공정거래에 관한 법률에 규정되어 있었던 허위·과장광고와 관련하여, 「허위 또는 과장의 광고에 의한 불공정거래행위에 해당하기 위해서는, 사업자, 상품 또는 용역에 관한 광고의 내용이 허위이거나 사실을 과장한 것이어야 하고, 그러한 광고가 소비자를 오인시킬 우려가 있어야 하며, 나아가 그러한 광고가 공정한 거래를 저해할 우려가 있어야 하고, 한편 사업자는 광고를 함에 있어 상품 또는 용역에 관한 모든 사항을 광고 내용에 포함시켜 광고하여야 할 의무는 없고, 소비자의 구매결정에 영향을 미칠 수 있는 중요한 사항에 대하여 적정한 정보를 제공하면 되는 것이다」고 하여 단순한 허위나 과장의 요건만으로 부당한 표시·광고에 해당한다고 보지 않았다. 즉 주택할부금융회사들이 주택할부금융상품을 안내전단 형식으로 광고함에 있어서 여신거래기본약관에 따라 일정한 경우 예외적으로 금리가 변동될 수 있다는 사실을 광고 내용에 포함시키지 않은 경우, 그 사실이 '소비자의 구매결정에 영향을 미칠 수 있는 중요한 사항'에 해당한다고는 할 수 없다는 이유로 그 광고의 내용이 허위라거나 과장된 것이라고는 할 수 없다고 하였다.

과장이란 표시·광고상의 주장이 사실이나 객관적인 근거에 기초하고 있지만 그 내용을 지나치게 부풀려서 표시·광고하는 것이라 할 수 있다.[13)]

---

12) 소비자의 구매의사결정에 실질적 영향을 미치지 않는 사항에 대하여 허위의 사실을 주장하는 광고는 공정한 거래 즉 소비자의 합리적 상품선택을 저해할 우려가 없기 때문이다. 손수진, 부당광고의 규제에 관한 연구-독점규메 및 공정거래에 관한 법률을 중심으로-, 한양대학교 박사학위논문, 1996, 35면.

13) 이호영, 소비자보호법, 홍문사, 2010, 74면; 표시·광고법 및 동법시행령에서는 허위광고와 과장광고를 구분하고 있지 않으나, 공정거래위원회로부터 시정명령을 받은 사시의 공표에 관한 운영지침(공정거래위원회 예규 제64호, 2009.8.12. 개정)에는 명백한 허위광고, 과도한 과장광고, 단순한 과장광고를 구분하고 있다.

판례는 파스퇴르 우유의 부당한 광고사건에서 「아이.디.에프(I.D.F. 국제우유연맹)는 특정제품 및 품질을 공인하거나 판정하는 기관이 아니고, 원고가 자신이 생산한 제품 또는 사용원유에 대하여 I.D.F.로부터 어떠한 시험, 검사나 인정을 받은 일이 없음에도 불구하고 "아이.디.에프(International Dairy Federation)가 인정하는 진짜우유(국내최초)탄생"이라는 문구를 표시하여 광고하였다면 위 문구 중 "I.D.F.가 인정하는"이라는 표현은 "I.D.F.가 인정한"이라는 표현과는 달라서 "I.D.F.가 인정하는 기준에 부합한" 이라는 뜻밖에 없다고는 볼 수 없고, 위 광고문안은 마치 원고의 우유가 I.D.F.의 특정시험이나 검사 등을 거쳐 공인 또는 합격판정을 받은 것처럼 오인시키기에 충분하므로 자사 제품의 품질 등에 관하여 사실과 다르게 또는 과장하여 표시 또는 광고한 것에 해당한다」[14]고 판시하였다.

2. 기만적인 표시·광고

기만적인 표시·광고는 사실을 은폐하거나 축소하는 등의 방법으로 표시·광고하는 것이다(동법시행령 제3조 제2항). 즉 부당한 표시·광고가 성립하기 위해서는 소비자를 속이거나(기만) 소비자로 하여금 잘못 알게 할 우려가 있어야 한다. 여기서 '우려'란 표시·광고가 실제로 소비자를 기만하거나 오인시킬 것까지를 요구하지 아니하고, 기만·오인의 우려만 있으면 부당한 표시·광고가 성립함을 말한다. 즉 소비자가 광고를 진실한 것으로 실제로 오인하여 선택을 잘못한 경우에만 부당한 표시·광고가 성립하는 것이 아니라, 그 표시·광고를 진실한 것으로 오인할 개연성 내지 가능성, 즉 오인의 위험성만 있으면 족하다. 이는 표시·광고를 통한 소비자의 신뢰와 기대를 보호하기 위함이다.[15] 표시·광고의 내용이 허위이더라도 소비자의 오인가능성이 없으면 부당한 표시·광고에 해당하지 않으며,[16]

14) 대판 1990.10.10, 89누8200.

15) 대법원은 「현대산업화 사회에 있어 소비자가 갖는 상품의 품질, 가격에 대한 정보는 대부분 생산자 및 유통업자의 광고에 의존할 수밖에 없고 백화점과 같은 대형유통업체에 대한 소비자들의 신뢰(정당한 품질, 정당한 가격)는 백화점 스스로의 대대적인 광고에 의하여 창출된 것으로서 이에 대한 소비자들의 신뢰와 기대는 보호되어야 한다고 할 것인바, 종전에 출하한 일이 없던 신상품에 대하여 첫 출하시부터 종전가격 및 할인가격을 비교표시하여 막바로 세일에 들어가는 이른바 변칙세일은 진실규명이 가능한 구체적 사실인 가격조건에 관하여 기망이 이루어진 경우로서 그 사술의 정도가 사회적으로 용인될 수 있는 상술의 정도를 넘은 것이어서 사기죄의 기망행위를 구성한다」고 한다. 대판 1992.9.14, 91도2994.

16) 예컨대, 휴대전화기광고에서 "소리가 보인다"라는 표현, 청량음료광고에서 "가슴 속까지 시원

표시·광고의내용이 진실이더라도 오인가능성이 있으면 부당한 표시·광고에 해당한다.[17]

기만은 표시·광고주에게 소비자의 잘못된 믿음을 유발하려는 의도가 포함된 것을, 오인(오인가능성)은 그러한 의도가 없는 것을 말하며, 기만성은 광고주의 기만적 태도에 중점을 둔 개념이며, 오인가능성은 소비자의 인식에 중점을 둔 개념이라고 할 수 있다. 그러나 실제로 부당한 표시·광고의 규제에 있어서는 기만하고자 하는 의도의 증거가 없더라도 규제대상이 되기 때문에 그러한 의도의 유무는 문제되지 않는다. 즉 표시·광고주의 주관적 의사는 고려의 대상이 아니고 거래관념에 따라 판단되어야 한다. 왜냐하면 진실한 표시·광고나 속일 의도가 없는 표시·광고라 할지라도 오인을 유발시킬 수 있는 표시·광고는 얼마든지 있을 수 있기 때문이다. 미국의 경우에도 기만적 광고로서 규제하기 위해서는 그 광고가 사람을 '기만할 개연성'(be likely to ceceive)이 있을 것과 그 광고를 심판절차에 의해 중지시키는 것이 '공공의 이익'에 합치될 것을 필요로 할 뿐, 그 광고에 의해 실제로 누가 기만당했거나 피해를 입었을 것을 필요로 하지는 않는다.[18]

상품의 선전, 광고에 있어 다소의 과장이나 허위가 수반되는 것은 그것이 일반 상거래의 관행과 신의칙에 비추어 시인될 수 있는 한 기망성리 결여된다고 하겠으나, 거래에 있어서 중요한 사항에 관하여 구체적 사실을 신의성실의 의무에 비추어 비난받을 정도의 방법으로 고지한 경우에는 기망행위에 해당한다.[19]

판례는 「일반식품이 질병의 치료에 효능이 있는 것이 사실이라 할지라도, 그 제품을 식품위생법에 의하여 식품으로 공인받았을 뿐 의약품으로 공인받지 아니한 이상, 식품위생법의 규제대상인 식품에는 그 제2조 제1호에 의하여 처음부터 의약품은 제외되어 있으므로, 그 식품을 표시하거나 광고함에 있어서 의약품과 혼동할 우려가 있는 표현을 사용한다면 그것은 식품에 관한 표시나 광고로서의 범위를 벗어나 그 자체로 식품의 품질에 관한 허위표시나 과대광고로서 소비자의

한 사이다"라는 표현, 남성정장 광고에서 "행복을 입는다. 행복정장 000"라는 표현은 소비자의 감성에 호소하는 것으로서 오인가능성이 엇으며, 괴물 고질라가 밟아도 파손되지 않는 자동차광고도 허위성이 명백하나 소지다의 오인가능성이 없기 때문에 부당한 표시·광고가 되지 않는다. 박수영, 전게논문, 281면.

17) 박수영, 전게논문, 281-282면.

18) 박수영, 상게논문, 282면.

19) 따라서 대형백화점의 이른바 변칙세일은 기망행위에 해당한다.

위생에 위해를 가할 우려가 있다고 할 것이어서, 식품으로 인한 위생상의 위해를 방지한다는 관점에서 식품에 관한 표시와 광고를 규제하는 식품위생법 제11조, 동법시행규칙 제6조 제1항 제2호에 위반되게 되는 것이다」고 판시하였다.

3. 부당하게 비교하는 표시·광고

부당하게 비교하는 표시·광고는 비교대상 및 기준을 명시하지 아니하거나 객관적인 근거 없이 자기 또한 자기의 상품이나 용역을 다른 사업자 또는 사업자단체의 상품 등과 비교하여 우량 또는 유리하다고 표시·광고하는 것이다(동법시행령 제3조 제3항).

비교하는 표시·광고가 공정하게 행하여질 경우에는 상품구매에 있어 소비자에 대한 정보제공의 효과가 있으므로 그 비교가 부당한 경우에만 금지된다. 즉, 그 비교의기준이 적정하고 합리적으로 설정되지 않은 경우에 부당한 비교 표시·광고가 된다. 표시·광고법은 비교 표시·광고의 활성화를 위하여 비교 표시·광고 부당성의 요건을 명확히 하고 있다.

공정거래위원회는 부당하게 비교하는 표시·광고를 심사함에 있어 이에 관한 구체적인 처리기준을 제시함으로써, 사업자의 부당한 비교 표시·광고를 방지하는 한편, 진실한 정보제공을 통하여 합리적 소비활동과 건전한 경쟁촉진에 기여할 수 있는 정당한 비교 표시·광고를 활성화하기 위하여 「비교 표시·광고에 관한 심사지침(공정거래위원회 예규 제153)」을 제정하여 운용하고 있다.

부당한 비교 표시·광고가 되기 위해서는 우선 비교대상인 경쟁사업자가 광고에서 명시적으로 인용되거나 전체적인 문언을 통해 특정될 수 있어야 한다. 다만 비교의 상대방은 반드시 하나의 사업자일 필요는 없고 광고 당시의 시장구조가 과점상태에 있어 소비자들이 경쟁사업자를 쉽게 연상할 수만 있어도 비교대상의 특정성은 인정된다.

예컨대 세탁기나 텔레비전, 정수기 등에 대하여 광고하면서 비교기준을 명시하지 않고 자사제품의 성수기 판매량과 경쟁사제품의 비수기 판매량을 비교 광고하면서 비교기준을 명시하지 아니함으로써 자사 제품의 소비자 선호도가 높은 것처럼 광고한 행위나, 자동차 평가기관의 평가결과를 인용하면서 일부항목만 경쟁사업자에 비하여 우수판정을 받았는데도 비교 항목을 명시하지 아니하고 전반적으로 우수판정을 받은 것처럼 표시·광고하는 행위가 이에 해당한다. 또한 자신의 상품의 장점과 경쟁사업자의 상품의 단점에 대한 일방적인 강조도 전체를 왜곡시키는 표시 · 광고가 된다.[20]

4. 비방적인 표시 · 광고

비방적인 표시 · 광고는 다른 사업자 등의 상품 등에 관하여 객관적인 근거가 없는 내용으로 표시 · 광고하여 비방하거나 불리한 사실만을 표시 · 광고하여 비방하는 것이다(동법시행령 제3조 제4항). 판례도, 「다른 사업자 등 또는 다른 사업자 등의 상품 등에 관하여 객관적인 근거가 없는 내용으로 비방하거나 일부 불리한 사실만을 추출 · 왜곡하여 비방함으로써 공정한 거래질서를 저해할 우려가 있는 광고를 말한다」고 판시하고 있다.[21]

부당한 비교 표시 · 광고가 자신이나 자신의 상품에 초점을 두고 객관적인 근거 없이 경쟁사업자나 그 상품보다 우수하다고 주장하는 행위인데 반하여, 비방적인 표시 · 광고행위는 설령 다른 사업자 또는 다른 사업자의 상품과 비교하는 형식을 갖추고 있더라도 자신 또는 자신의 상품의 우수성을 알리기 위해 소비자에게 정보를 제공하는 것이라기보다는 다른 사업자나 그 상품에 초점을 두고 그에 관한 단점을 부각시킴으로써 실제보다 현저히 열등 또는 불리한 것처럼 표시 · 광고하는 것이다(비교표시 · 광고에 관한 심사지침 V, '비방적인 표시 · 광고와의 관계').

비방적인 표시 · 광고가 되기 위해서는 비방대상인 경쟁사업자가 표시 · 광고에서 명시적으로 인용되거나 전체적인 문언을 통하여 특정될 수 있어야 한다. 비방적인 표시 · 광고는 단순한 거짓 · 기만의 표시 · 광고와는 달리 특정되어 있거나 특정할 수 있는 다른 사업자나 그의 상품에 관하여 직접 비방하는 것을 내용으로 하기 때문에 소비자의 이익침해 이상으로 다른 사업자의 영업상의 이익을 침해하고 부당하게 자신의 경쟁상의 지위를 확보하여 공정한 거래질서를 무너뜨리는 특징을 가지고 있다.

대법원(2011두7991)은 「식품 또는 그와 직접 연관된 제품의 안전성 또는 인체에 대한 유해성과 관련하여 소비자들이 고도의 경각심을 갖고 그 위험을 미리 회피하기 위하여 최선의 노력을 다하는 것은 소비자들에게 주어진 정당한 선택의 권리에 속한다고 보아야 하는 점에 비추어, 어떠한 식품이나 그와 직접 연관된 제품

20) 박수영, 전게논문, 299-300면.

21) 대판 2013.3.14, 2011두7991.

의 인체 유해성에 관하여 어느 정도 객관적 근거를 갖춘 우려가 제기되어 현실적으로 논란이 되고 있다면, 그 유해성이나 유해 수준이 과학적으로 명백하게 입증되지는 않았다고 하더라도 경쟁 제품이 갖고 있는 위와 같은 유해의 가능성 또는 위험을 언급하거나 지적하는 내용의 광고에 대하여 함부로 공정한 거래질서를 저해할 우려가 있는 비방광고로서 금지하여야 한다고 단정할 것은 아니다」고 판시하여 식품의 경우에는 소비자의 생명과 신체의 안전성에 미치는 영향이 크므로 유해 수준이 과학적으로 명백하게 입증되지 않는다 하더라도 상대 사업자의 제품에 대한 유해의 가능성을 언급한 것만으로는 비방행위에 해당하지 않는다고 한다.

Ⅴ. 표시·광고 내용의 실증

1. 표시·광고에 대한 실증의 필요성

사업자 등은 자신의 상품 등을 판매하기 위한 표시·광고의 내용에서 여러 가지 사실을 들어 자신들의 제품의 우수성을 광고하게 되는데, 특히 가공식품이나 의약품 광고에서 건강증진 효능 등의 사실이라든가 전자제품 등에서 우수성을 강조하게 된다. 이처럼 소비자에게 정보를 제공하기 위하여 행한 표시·광고는 소비자가 구매의사를 결정함에 있어서 매우 중요한 역할을 한다. 특히, 표시·광고의 내용이 사실과 관련된 사항인 경우 소비자의 신뢰도는 매우 높아지게 된다.

그러나 사업자가 표시·광고한 사항이 사실과 부합하지 아니 한 경우, 표시·광고의 왜곡으로 소비자의 선택권은 침해를 받게 된다. 또한 사업자가 사실이 아닌 내용을 사실로 표시·광고할 경우 이로 인한 피해는 단지 소비자뿐만 아니라 동종의 사업자에게도 발생하게 된다. 즉 허위 사실을 표시·광고한 사업자에 대한 소비자의 불신은 단지 당해 사업자에게만 발생하는 것이 아니라 동종의 사업자 전체에 대하여 발생할 수 있다. 따라서 사업자가 표시·광고한 내용 중 사실과 관련된 내용에 대하여는 사실 유무를 정확하게 판별할 수 있어야 할 것이다. 이를 위하여 표시·광고법에서는 「사업자등은 자기가 한 표시·광고 중 사실과 관련한 사항에 대하여는 실증(실증)할 수 있어야 한다」고 하여 실증의 주체가 사업자임을 밝히고 있다.

2. 실증자료의 요청과 제출

실증절차는 먼저, 공정거래위원회가 사업자등이 제3조 제1항(부당한 표시 · 광고행위의 금지)을 위반할 우려가 있어 실증이 필요하다고 인정하는 경우에는 그 내용을 구체적으로 밝혀 해당 사업자등에게 관련 자료를 제출하도록 요청할 수 있다(제5조 제2항). 실증자료의 주요대상으로는 부당한 표시 · 광고행위에 해당할 우려가 있어 이에 대한 실증이 필요하다고 인정한 경우이다. 실증자료요청의 주요대상으로는 부당한 표시 · 광고행우에 해당할 염려가 있는 표시 · 광고로서 TV, 라디오, 신문 및 잡지를 통해 전국적으로 표시 · 광고되고, 표시 · 광고 중 사실과 관련한 사하이 당해 표시 · 광고의 주요 내용으로서 인체에 직접적으로 영향을 미친다는 내용인 경우, 안전 또는 환경과 관련된 내용인 경우, 성능 · 효능 · 품질에 관한 내용인 경우 및 기타 소비자의 구매선택 및 거래질서에 중대한 영향을 미치는 내용인 경우에 해당하면 실증자료요청의 주요대상이 된다.

실증자료 제출을 요청받은 사업자등은 요청받은 날부터 15일 이내에 그 실증자료를 공정거래위원회에 제출하여야 한다. 다만, 공정거래위원회는 정당한 사유가 있다고 인정하는 경우에는 그 제출기간을 연장할 수 있다(동조 제2항). 즉, 천재지변 등 불가항력적인 사유로 인해 제출기간 내에 실증자료를 제출할 수 없다고 공정거래위원회가 인정하는 경우에 한하여 그 사유가 소멸한 날부터 30일까지 제출기간을 연장할 수 있다.

사업자등은 실증자료를 제출할 때에는 ① 실증방법, ② 시험 · 조사기관의 명칭, 대표자의 성명 · 주소 · 전화번호(시험 · 조사를 하는 경우만 해당한다), ③ 실증 내용 또는 결과, ④ 실증자료 중 영업상 비밀에 해당하여 공개를 원하지 아니하는 경우에는 그 내용 및 사유 등을 적은 서면에 그 내용을 증명하는 서류를 첨부하여야 한다(동법시행령 제5조).

3. 실증자료의 열람 · 공개

사업자가 제출한 실증자료를 공개하지 않을 경우 소비자는 사업자의 표시 · 광고의 내용에 대하여 오인을 하게 되고, 그 결과 사업자는 시장에서 퇴출될 수도 있다. 따라서 소비자에게 정확한 정보를 제공하고, 이로 인한 사업자의 피해를 예방하기 위하여 실증자료를 공개할 필요가 있다. 따라서 공정거래위원회는 소비자의 오인을 방지하고 공정한 거래질서를 유지하기 위하여 필요한 경우에 실증자료를 비치하여 일반인이 열람할 수 있도록 하거나 기타 적절한 방법으로 이를 공개할 수 있다. 다만 그 자료가 사업자 등의 영업상 비밀에 해당하여 그 공개가 사업자의 영업활동을 침해할 우려가 있는 경우에는 그러하지 아니하다(동법 제5조 제4항).

여기에서 의미하는 영업상 비밀은 부정경쟁방지 및 영업비밀보호에 관한 법률 제2조 제2호의 규정에 의한 영업 비밀을 말한다(동법 시행령 제6조). 그러나 공정거래위원회의 표시 · 광고 실증에 관한 운영고시에 따르면 실증자료의 열람 · 공개의 대상이 되는 표시 · 광고는 실증자료요청이 대상이 된 표시 · 광고의 내용이 동법 제3조(부당한 표시 · 광고행위의 금지) 제1항의 규정에 위배되어 공정거래위원회가 시정조치, 과징금부과 또는 고발조치를 하기로 한 표시 · 광고로 한정하고 있으나 실증자료를 공개하는 목적인 소비자의 오인방지와 공정한 거래질서의 유지라는 차원에서 볼 때, 사업자의 표시 · 광고에 대한 소비자의 오인을 방지하기 위해서는 모든 사업자의 실증자료를 공개 또는 열람의 대상으로 하여야 할 것이다.

Ⅵ. 중요정보의 고시 및 통합공고

1. 중요정보의 의의 및 고시

공정거래위원회는 상품등이나 거래 분야의 성질에 비추어 소비자 보호 또는 공정한 거래질서 유지를 위하여 필요한 사항으로서 ① 표시 · 광고를 하지 아니하여 소비자피해가 자주 발생하는 사항이나 ② 표시 · 광고를 하지 아니하면 소비자가 상품등의 중대한 결함이나 기능상의 한계 등을 정확히 알지 못하여 구매 선택을 하는 데에 결정적인 영향을 미치게 되는 경우, 소비자의 생명 · 신체 또는 재산에 위해(위해)를 끼칠 가능성이 있는 경우, 그 밖에 소비자의 합리적인 선택을 현저히 그르칠 가능성이 있거나 공정한 거래질서를 현저히 해치는 경우에 해당하는 사항인 경우에는 중요정보로서 표시 · 광고에 포함하는 사항과 표시 · 광고의 방법(인터넷 게재 포함)을 고시할 수 있다(동법 제4조 제1항).

중요정보를 고시하게 하는 것은 소비자가 상품 등의 선택시 또는 이용에 있어서 해당 사항을 알지 못할 경우 소비자피해가 발생하기 때문이다. 이러한 중요정보를 지정하여 고시할 경우 중요정보제공협의회 및 관계행정기관의 장과 사전에 협의를 하여야 한다. 또한 필요하다고 인정되는 경우 공청회를 개최하여 사업자단체, 소비자기본법상 등록소비자단체 및 그 밖의 이해관계인 등의 의견을 들을 수 있다(동법 제4조 제2항). 또한 공정거래위원회는 중요정보를 고시함에 있어 소비자, 사업자 등 이해관계인에게 종합적인 정보를 제공하기 위하여 다른 법령에서 표시·광고를 하도록 한 사항 및 표시·광고를 제한하거나 금지하고 있는 사항을 통합하여 공고할 수 있으며, 관계행정기관의 장은 통합공고 사항에 관한 법령이 제정 또는 개정된 경우에 그 사항이 통합 공고될 수 있도록 그 법령의 시행일 전에 공정거래위원회에 통보하여야 한다(동법 제4조 제3항, 제4항). 이와 같이 고시된 중요정보에 대하여 사업자는 표시·광고를 함에 있어 반드시 포함하여야 한다(동법 제4조 제5항).

2. 중요한 표시·광고사항

(1) 중요한 표시·광고사항의 고시

소비자의 구매 선택에 영향을 미칠 수 있는 중요한 표시·광고 사항을 규정하여 소비자가 합리적으로 선택하는데 필요한 정보 제공을 확대하기 위하여 표시·광고의 공정화에 관한 법률 제4조 제1항에 근거하여 공정거래위원회는 사업자(사업자단체를 포함한다)가 표시·광고에 포함하여야 할 중요한 사항을 2007년 7월에 개정 고시하였다(공정거래위원회 고시 제2007-5호).

(2) 분야별 중요정보

① 유전자변형물질 분야의 중요정보

② 상품권 분야의 중요정보

③ 자격증 분야의 중요정보

④ 소비자안전 분야의 중요정보

(3) 업종별 중요정보

① 부동산 중개업종의 중요정보

② 학습교재 업종의 중요정보

③ 학원운영 업종의 중요정보

④ 간접투자업종의 중요정보

⑤ 장의업종의 중요정보
⑥ 체육시설 운영업종의 중요정보
⑦ 할인카드 회원권 운영업종의 중요정보
⑧ 사진현상 및 촬영 업종의 중요정보
⑨ 화물자동차운수 업종의 중요정보
⑩ 완구 업종의 중요정보
⑪ 의류 업종의 중요정보
⑫ 가구 업종의 중요정보
⑬ 주방용품 업종의 중요정보
⑭ 귀금속·보석 업종의 중요정보
⑮ 자동차부품 업종의 중요정보
⑯ 투자자문·투자일임 업종의 중요정보
⑰ 건강기능식품·특수영양식품 업종의 중요정보
⑱ 산후조리원 운영업종의 중요정보
⑲ 공동주택 업종의 중요정보
⑳ 유사금융업종의 중요정보
㉑ 결혼정보 업종의 중요정보
㉒ 영화업종의 중요정보
㉓ 건축물 분양업종의 중요정보
㉔ 여행업종의 중요정보
㉕ 전화정보서비스 업종의 중요정보
㉖ 체형·피부관리 서비스 업종의 중요정보
㉗ 토지분양 업종의 중요정보
㉘ 렌탈서비스 업종의 중요정보

3. 중요정보 미표시 위반의 효과

(1) 사법적 효과

소비자기본법과 소비자거래특별법들은 사업자에게 계약체결 전 정보제공의무를 부과하고 있는데, 그것이 중요정보인 경우 표시·광고에 현출되지 않은 경우 계약의 불성립, 또는 사기·착오에 의한 취소 등을 주장할 수 있는가가 문제이다. 특히 그것이 소비자의 선택에 있어 매우 중요한 정보인 경우에는 계약의 내용을 이루게 되어 소비자의 자기결정권을 침해하게 된다.

표시·광고의 공정화에 관한 법률은 그 특성상 거래를 규율하는 법이 아닌 공법적 색채를 지닌 법률인 관계상, 사업자가 중요정보를 제공하지 않은 상태에서 소비자가 계약을 체결하였을 경우 당해 계약의 효력 등 사법적 효력에 대하여는 규정하고 있지 아니하기 때문에, 결국 이 문제는 사법의 일반적인 원리에 따라 해결하여야 한다.

만일 사업자가 소비자에게 중요정보를 제공하지 않은 상태에서 계약이 이루어진 경우 소비자는 민법상 착오 또는 사기 등을 이유로 계약을 취소할 수 있는 가능성이 있지만, 구체적인 요건의 충족 및 소비자가 이를 입증하는 것은 사실상 곤란하기 때문에 이를 통한 사법적 구제는 현실적으로 곤란하다. 이 점을 고려하여 일본의 경우 소비자계약법에서 사업자의 정보제공의무를 인정함과 동시에 중요정보에 대하여 사실과 다르게 고지하거나, 중요정보 또는 이와 관련된 사항에 대하여 소비자에게 유리한 것만 제공하고 불이익한 것에 대하여 제공하지 않아 소비자가 오인 상태에서 계약을 체결한 경우 소비자에게 민법상 취소권과 별도의 취소권을 부여하고 있다(일본 소비자계약법 제4조).[22]

또한 우리의 방문판매법과 유사한 특정상거래법에서도 사업자가 고의로 제공하여야 할 정보를 제공하지 않은 상태에서 소비자가 오인상태에서 계약을 체결한 경우 역시 소비자취소권을 인정하고 있다(일본 소비자계약법 제9조의2, 제2조의2, 제40조의3).

현대사회에 있어서 거래는 다양화·복잡화되어 정보에 있어서 소비자와 사업자 간의 격차가 존재한다. 따라서 소비자가 계약을 체결하고자 하는 의사를 결정함에 있어 필요한 정보를 사업자가 계약체결을 권유하는 시점에서 적절하게 제공하지 않은 상태에서 계약이 체결되고 있다. 소비자가 사업자의 부적절한 권유행위에 영향을 받아 자신이 원하지 않은 계약을 체결한 경우에 민법상 사기가 성립하지 않을 수 있다. 그러나 하자 있는 의사표시에 의하여 체결된 계약에 소비자가 기속을 받는 것은 형평을 결한 것이기 때문에 소비자가 당해 계약의 효력을 부정

22) 고형석, 소비자취소권에 관한 연구, 동아법학 제41호, 동아대학교 법학연구소, 2007.2, 203-230면.

할 수 있도록 하는 것이 타당하다.[23)]

(2) 과태료의 부과

표시・광고법에서는 사업자가 소비자에게 중요정보를 제공하도록 하고 있으며, 공정거래위원회는 이를 구체화하고 있다. 만일, 사업자가 표시・광고를 함에 있어서 이러한 중요정보를 포함하지 않았을 경우 1억원 이하의 과태료에 처하며, 법인 또는 사업자단체의 임원 또는 종업원 기타 이해관계인이 위의 사항을 위반할 때에는 1천만원 이하의 과태료에 처한다(표시・광고법 제20조 제1항).

Ⅶ. 사업자단체의 표시・광고제한행위의 금지

사업자단체는 사업자로 구성된 단체이며, 소속 사업자는 내부적 규율에 따라 강한 통제를 받게 된다. 따라서 소속 사업자가 자신의 사업을 위하여 표시・광고를 함에 있어서 원칙적으로 자유롭게 할 수 있음에도 불구하고 단지 단체의 구성원이라는 이유로 단체의 부당한 계약을 받게 되면 영업활동의 자유를 침해받게 된다. 따라서 이러한 사업자단체의 부당한 제약을 배제하고자 표시・광고법에서는 사업자단체의 표시・광고제한행위에 대하여 금지규정을 두고 있다(동법 제6조 제1항).[24)]

즉, 사업자단체는 소속 사업자에 대하여 표시・광고를 제한하는 행위를 할 수 없다. 다만, 다른 법령에서 허용하는 경우를 비롯하여 공정거래위원회가 소비자의 이익을 보호하거나 공정한 거래질서를 유지하기 위하여 필요하다고 인정하는 경우에는 제한을 할 수 있다. 공정거래위원회가 제한을 허용할 경우는 먼저 사업자단체가 사유 및 내용을 기재한 인정신청서를 공정거래위원회에 제출하여야 하고, 공정거래위원회는 신청일로부터 60일 이내에 인정여부를 결정하여 서면으로 통보하여야 한다(동법시행령 제7조). 이 경우에 있어서 다른 관계 중앙행정기관과 연관이 있는 경우에 당해 중앙행정기관의 장과 미리 협의를 하여야 한다(동법 제6

23) 고형석, 소비자보호법, 세창출판사, 2008, 126-127면.

24) 사업자단체를 조직하게 된 목적달성을 위한 수단 등을 고려할 때, 즉 단체는 공동의 목적을 달성하기 위하여 조직되었으며, 이를 달성하기 위해서는 소속 사업자에 대한 제한이 불가피할 수 있다고 하면서 소속 사업자에 대한 사업자단체의 표시・광고제한행위를 원칙적으로 금지하는 동법의 규정은 부당하다고 하는 견해가 있다. 고형석, 상게서, 135면.

조 제2항). 만일 사업자가 공정거래위원회의 인정을 받지 않거나 법령에서 허용되지 않음에도 불구하고 소속 사업자의 표시·광고에 대하여 제한을 가한 경우 당해 위반행위의 중지, 당해 위반행위의 중지, 당해 위반행위를 정한 정관·규약 등의 변경, 기타 위반행위의 시정을 위하여 필요한 조치를 명할 수 있다(동법 제6조 제3항).

Ⅷ. 표시광고의 자율규약 및 자율심의기구

1. 표시광고의 자율규약

사업자의 표시·광고는 사업자에게는 영업활동상 필수불가결의 것이나 소비자에게는 양날의 칼처럼 정보의 제공과 함께 부당한 표시·광고행위가 있게 되면 그로 말미암아 피해를 입게 된다. 따라서 사업자의 부당한 광고행위를 금지하는 규정과 위반시 제제수단을 두고 있으나, 가장 바람직한 방법은 사업자 스스로 공정한 경쟁과 소비자보호를 위하여 부당한 표시·광고행위를 하지 않는 것이다.

표시·광고법은 이러한 점에 착안하여 사업자 스스로 자율적으로 부당한 표시·광고를 위반하는 행위를 방지하기 위하여 표시·광고에 대해 규약이나 기준을 정할 수 있도록 하고 있다(동법 제14조 제1항).

표시·광고에 대한 자율규약을 제정할 수 있는 주체는 사업자 또는 사업자단체이다. 다만, 자율규약의 내용은 표시·광고의 공정화에 관한 법률에서 금지하고 있는 부당한 표시·광고행위를 방지하기에 적합하여야 하며, 정당한 사유 없이 사업자 등의 표시·광고 또는 소비자에 대한 정보제공을 제한하지 않아야 한다(제2항). 이러한 내용상의 한계에 대한 일탈여부를 판단하기 위하여 사업자 등은 자율규약에 대한 심사를 공정거래위원회에 요청할 수 있으며(제3항), 요청을 받은 공정거래위원회는 60일 이내에 심사결과를 신청인에게 통보하여야 한다(제4항). 만일, 자유규약에 대한 심사결과 부당한 표시·광고행위에 해당하거나 부당한 사업자에 대한 표시·광고행위의 제한일 경우 사업자 등에게 시정을 명할 수 있다(제5항).

2. 자율심의기구

사업자 등의 표시·광고가 부당한 표시·광고 또는 자율규약에 위반되는지의 여부 등을 심의하는 등 부당한 표시·광고를 방지하기 위한 조직을 자율심의기구라 한다. 이러한 자율심의기구의 설립에 있어서 설립주체 및 설립요건에 대하여는 제한이 없다. 다만 자율심의기구를 설립한 경우 공정거래위원회에 신고할 수 있으며, 신고시 신고자의 성명, 신고자의 주소·전화번호 및 전자우편주소, 심의대상, 심의기준, 자율심의기구의 설립근거를 기재한 신고서를 제출하여야 한다(동법 시행령 제14조의2 제1항).

(1) 심의의 절차 및 감독

자율심의기구의 표시광고에 대한 심의는 내부에서 정한 절차에 따라 진행된다. 다만, 심의개시는 심의기구가 정하거나, 사업자 등 또는 소비자 등의 요청 및 공정거래위원회의 심의요청에 따라 이루어진다. 즉, 공정거래위원회는 표시광고가 자율심의기구 등의 심의대상에 해당되는 것으로 판단되는 경우에 자율심의기구 등에 대하여 심의를 요청할 수 있다(제14조의2 제5항). 심의의 기준은 동법 제3조 제1항 또는 자율규약이며, 정당한 사유 없이 사업자 등의 표시광고 또는 소비자에 대한 정보제공을 제한하여서는 아니 된다(제14조의2 제2항). 만일 심의내용이나 처리결과 등이 이에 위반한 경우 공정거래위원회는 이의 시정을 요청할 수 있으며,[25] 이를 판단하기 위하여 자율심의기구에 대하여 심의내용이나 처리결과 등에 관한 자료를 요청할 수 있다(제3항, 제4항). 심의의 결과 사업자 등의 표시·광고가 동법 제3조 제1항 또는 자율규약에 위반된다고 판단되는 경우 사업자 등에 대하여 이의 시정에 필요한 조치를 요청할 수 있다.

Ⅸ. 부당한 표시·광고와 사법상 구제

1. 부당한 표시·광고에 의하여 체결된 계약의 효력

사업자의 부당한 표시·광고행위로 인하여 계약을 체결한 경우에는 나누어

25) 공정거래위원회는 요청한 심의를 수행한 기관에 대하여 예산의 범위 내에서 소요경비를 보조할 수 있다(동법 제14조의2 제7항).

생각해 보아야 한다. 부당한 표시・광고가 계약의 내용을 이루어 소비자의 입장에서는 계약의 목적을 달성할 수 없게 되거나, 급부의 하자가 있는 경우가 있기 때문에 재산상 손해를 입게 되는 경우가 있고, 부당한 표시・광고행위가 있다 하더라도 계약의 내용에 영향을 미치지 않는 경우가 있다. 후자의 경우에는 계약체결상의 과실책임의 문제(민법 제535조)가 발생할 수도 있다.

표시・광고법에서는 계약의 효력에 대해서는 규정을 두고 있지 않고 단지 손해배상책임(동법 제10조)만 규정하고 있다. 따라서 계약에 관하여 규율하는 민법 등과 개별소비자거래법의 내용을 통하여 해결할 수밖에 없다. 먼저, 소비자가 행위무능력자(미성년자, 피성년후견인, 피한정후견인)일 경우 부당한 표시・광고 여부에 관계없이 자신의 행위무능력을 이유로 당해 계약을 취소할 수 있다(민법 제4조, 제10조, 제13조).

또한 표시・광고행위가 민법상 사기에 의한 의사표시에 해당하는 경우 이를 이유로 취소할 수 있다(민법 제110조 제1항). 다만, 사기를 이유로 취소하기 위해서는 사업자의 표시・광고가 표시・광고의 공정화에 관한 법률 제3조에서 의미하는 부당한 표시・광고에 해당하여야 하며(기망행위), 이로 인하여 소비자의 착오가 유발되고, 이 상태에서 의사표시를 하여야 한다. 또한 사업자에게는 기망행위에 대한 고의와 착오상태에서 의사표시를 하게 할 고의, 즉 2단의 고의가 존재하여야 한다. 따라서 민법상 사기를 이유로 취소를 하기 위하여 소비자는 위에서 언급한 요건을 입증하여야 한다.

착오에 의한 의사표시로서 취소(민법 제109조)도 생각할 수 있으나 이 경우에는 표시・광고가 법률행위의 내용의 중요부분일 것, 소비자에게 중과실이 없을 것 등을 갖추어야 하는데, 표시・광고의 특성상 법률행위의 중요부분으로 되는 경우는 드물다 할 것이다.

개별 소비자보호법에서는 소비자에게 청약철회권을 부여하고 있으므로 소비자는 부당한 표시・광고에 기초하여 할부거래, 방문판매, 전화권유판매, 다단계판매, 전자상거래 및 통신판매를 통하여 상품을 구입한 경우 청약철회권의 행사를 통하여 간편하게 당해 계약관계에서 벗어날 수 있지만, 청약철회권의 행사가 부정되는 경우와 청약철회권이 인정되지 않은 거래형태에서는 그 의미가 없다.[26]

---

26) 고형석, 전게서, 143면.

2. 손해배상책임

(1) 무과실책임

표시·광고법은 소비자공법임에도 불구하고 손해배상책임규정을 두고 있다. 즉, 동법상 부당한 표시·광고를 행한 사업자는 이로 인하여 피해를 입은 자에 대하여 손해배상책임을 진다(제10조 제1항). 물론 동규정이 없다 하더라도 부당한 표시·광고행위로 인하여 타인에게 피해를 입힌 경우에는 이러한 별도의 규정을 두지 않더라도 피해자에 대한 손해를 배상할 책임을 지는 것은 당연하다(민법 제750조). 그런데 동조 제2항은 사업자 등은 고의 또는 과실이 없음을 들어 그 피해자에 대한 책임을 면할 수 없다고 하여 무과실책임을 인정하고 있다.

따라서 부당한 표시·광고로 인하여 피해를 입은 소비자는 손해배상을 청구함에 있어서 표시·광고가 동법 제3조의 부당한 표시·광고에 해당한다는 것과 이로 인하여 손해가 발생하였다는 것을 입증하면 충분하다. 표시·광고법상 손해배상책임은 이처럼 무과실책임일 뿐만 아니라, 시정조치선확정주의(동법 제11조)를 채택하고 단기의 소멸시효가 적용된다는 점에서 민법상 불법행위에 기한 손해배상책임과 구별된다.[27] 다만, 피해를 입은 소비자가 표시·광고의 공정화에 관한 법률에 의하여 손해배상청구권을 행사하지 않고, 민법상 불법행위에 기한 손해배상청구권을 행사한 경우에 사업자 등의 귀책사유까지 입증하여야 할 것이다(민법 제570조).

그런데 동법은 손해배상청구를 하는데 제한을 가하고 있다. 즉, 동법 제10조에 따른 손해배상청구권은 제7조에 따른 시정조치명령이 확정된 후가 아니면 재판상 주장할 수 없다고 한다. 다만, 민법상 손해배상청구의 소는 제한되지 아니한다(제11조).

(2) 손해배상책임의 주체

소비자에게 손해배상책임을 지는 자는 당해 부당한 표시·광고를 행한 사업자 또는 사업자와 사업자단체이다. 즉, 상품 등에 대한 광고는 사업자가 행하나 사업자가 가입한 사업자단체가 사업자의 표시·광고행위를 제한함으로써 부당한 표시·광고를 행한 경우에 책임의 주체는 사업자뿐만 아니라 사업자단체도 포함

27) 이호영, 전게서, 91면.

된다. 이 경우에 소비자는 사업자와 사업자단체에 대하여 손해배상을 청구할 수 있으며, 양자는 연대하여 책임을 진다(민법 제760조 제1항).

(3) 행사기간

피해를 입은 소비자가 표시·광고의 공정화에 관한 법률상의 손해배상청구권을 행사하기 위해서는 시정조치가 확정되어야 한다. 하지만 사업자 등의 귀책사유 등을 입증하여 민법상의 불법행위책임으로 손해배상을 청구하는 경우에는 이러한 시정조치의 확정을 요하지 아니한다. 이러한 표시·광고의 공정화에 관한 법률상의 손해배상청구권은 행사할 수 있는 날로부터 3년 내에 행사하여야 한다(표시·광고의 공정화에 관한 법률 제11조).

Ⅹ. 부당한 표시·광고에 대한 공법적 규제

1. 행정규제

(1) 임시중지명령

사업자 등의 표시·광고가 부당한 표시·광고행위에 해당한다고 명백하게 의심되고, 당해 표시·광고행위로 인하여 소비자 또는 경쟁사업자에게 회복하기 어려운 손해가 발생할 우려가 있어 이를 예방하기 위한 긴급한 필요가 있다고 인정될 경우에는 신속하게 이러한 행위의 중단이 필요하다. 그러나 공정거래위원회가 해당 위반행위의 중지 등을 명하는 시정조치에는 관계 행정기관의 장과 미리 협의(동법 제6조 제2항)하여야 하는 등 어느 정도의 시간의 경과가 요구된다. 따라서 이러한 경우에는 민사집행절차의 가처분과 같이 잠정적인 조치가 필요하게 된다.

이와 관련하여 동법은 임시중지명령제도를 규정하고 있다. 즉, 공정거래위원회는 직권으로 또는 소비자단체, 전기통신사업법상 정보통신윤리위원회, 출판 및 인쇄진흥법상 한국간행물윤리위원회, 민법에 근거하여 설립된 사단법인 한국신문윤리위원회 및 사단법인 한국광고자율심의기구 및 기타 사업자 등이 행한 표시광고를 심의하기 위하여 다른 법령에 의하여 설립된 기관 또는 단체의 서면요청을 받아 사업자 등에 대하여 당해 표시·광고행위를 일시 중지할 것을 명할 수 있다(표시·광고법 제8조 제1항, 제2항, 동법시행령 제9조). 소비자단체 등이 임시중지명령을 요청할 경우에는 소비자단체 또는 기관 등의 명칭, 대표자의 성명·주소·전화번호, 표시·광고행위를 한 사업자 등의 명칭, 임시중지명령의 대상이 되는 표시·광고의 내용, 임시중지명령을 요청한 사유를 기재한 요청서를 제출하여야 한다(동법 시행령 제10조). 공정거래위원회의 임시중지명령을 받은 사업자 등은 불복이 있는 경우에 중지명령을 받은 날부터 7일 이내에 공정거래위원회에 이의를 제기할 수 있으며, 이의를 제기 받은 공정거래위원회는 지체 없이 당해 사실을 서울고등법원에 통보하여야 하며, 서울고등법원은 비송사건절차법에 의하여 재판한다(동법 제8조 제3항, 제4항).

(2) 시정조치

공정거래위원회는 사업자 등이 부당한 표시·광고행위를 하는 때에는 당해 사업자 등에 대하여 그 시정을 위한 당해 위반행위의 중지, 시정명령을 받은 사실의 공표, 정정광고, 기타 위반행위의 시정을 위하여 필요한 조치를 명할 수 있다(표시·광고법 제7조 제1항). 시정명령을 받은 사실의 공표 또는 정정광고를 명할 경우에는 위반행위의 내용 및 정도, 위반행위의 기간 및 횟수를 고려하여 공표 또는 정정광고의 내용 및 그 횟수, 크기, 매체 등을 정하여야 한다. 또한 공표에 관한 문안 등을 정함에 있어 공정거래위원회와 협의하도록 명할 수 있다(동법시행령 제8조).

(3) 과징금

부당한 표시·광고행위를 한 사업자 등에 대하여 공정거래위원회는 위반행위의 내용 및 정도, 위반행위의 기간 및 횟수, 위반행위로 인하여 취득한 이익의 규모 등을 고려하여 과징금을 부과할 수 있다(표시·광고법 제9조 제1항, 제3항). 과징금의 결정은 위반행위의 유형에 따라 결정된다. 즉, 동법 제3조 제1항의 부당한 표시·광고규정을 위반한 경우와 사업자의 표시·광고행위의 제한금지규정을 경우로 구분된다. 전자의 경우는 매출액이 없는 경우 등과 매출액이 있는 경우로 구분되며, 전자의 사업자 등에 대한 과징금은 5억원을 초과하지 아니하는 범위 안에서 부과할 수 있다. 후자의 사업자 등에 대하여는 직전 3개사업연도의 평균매출액에 100분의 2를 곱한 금액을 초과하지 아니하는 범위 안에서 과징금을 부과할 수 있다. 다만, 당해 사업연도 초일 현재 사업을 개시한지 3년이 되지 아니하는 경우에는 사업개시일부터 직전 사업연도 말일까지의 매출액을, 당해 사업연도에 사업을 개시한 경우에는 사업개시일부터 위반행위일까지의 매출액을 연 매출액으로 환산한 금액으로 한다(동법시행령 제12조). 또한 사업자의 표시·광고행위에 대한 제한금지규정을 위반한 사업자단체에 대하여는 5억원을 초과하지 않는 범위 안에서 과징금을 부과할 수 있다(동법 제9조 제2항).

(4) 과태료

고시된 중요정보를 표시·광고하지 아니한 사업자 등, 실증자료를 제출하지 아니한 사업자 등, 실증자료 미제출에 따른 임시중지명령에 따라 표시·광고행위를 중지하지 않은 사업자 등, 공정거래위원회의 임시중지명령에 응하지 아니한 사업자 등, 정당한 사유 없이 출석하지 아니한 사업자 등, 보고 또한 필요한 자료나 물건을 제출하지 않거나 허위의 보고 또는 자료나 물건을 제출한 사업자 등, 조사를 거부·방해 또는 기피한 사업자 등에 대하여 1억원 이하의 과태료가 부과되며, 법인 또는 사업자단체의 임원 또는 종업원 기타 이해관계인이 이에 해당하는 경우 1천만원 이하의 과태료가 부과된다(동법 제20조 제1항). 또한 공정거래위원회의 시정명령에 응하지 아니한 자에 대하여는 3천만원 이하의 과태료가 부과되며, 법인 또는 사업자단체의 임원 또는 종업원 기타 이해관계인이 이에 해당하는 경우 1천만원 이하의 과태료가 부과된다(동법 제20조 제1항). 마지막으로 질서유지명령에 응하지 아니한 자에 대하여는 100만원 이하의 과태료가 부과된다(동법 제20조 제2항).

2. 형사법적 규제

부당한 표시·광고행위를 하거나 또는 다른 사업자 등으로 하여금 이를 행하게 한 사업자 등, 시정명령에 응하지 않은 사업자 또는 사업자단체에 대하여는 2년 이하의 징역 또는 1억 5천만원 이하의 벌금이 부과된다(표시·광고법 제17조). 또한 법인의 대표자나 법인 또는 개인의 대리인·사용인 기타 종업원이 그 법인 또는 개인의 업무에 관하여 상기의 위반행위를 한 때에는 행위자를 벌하는 외에 그 법인 또는 개인에 대하여도 동조의 벌금형을 과한다(동법 제19조).

제 7 장

소비자피해의 구제

제7장 소비자피해의 구제

제1절 개 설

소비자피해는 오늘날 사업자와 소비자간의 거래관계에서 뿐만 아니라 거래관계 이외에서도 다양하게 광범위하게 발생하고 있다. 소비자피해의 유형도 대개는 소액 다수의 피해이지만 다액 소수의 피해가 발생하기도 한다. 또한 기존의 대면거래가 주류를 이루었던 거래로부터 오늘날에는 전자거래, 통신판매, 전화권유판매 등 비대면거래가 증가하고 있고, 소비자거래가 지역과 시간의 구애를 받지 않고 이루어지고 있는 관계상 소비자피해 및 분쟁의 양상도 종전에 비해 다양하게 전개되고 있다.[1)]

소비자피해구제의 가장 바람직한 모습은 무엇일까. 다른 분쟁해결과 마찬가지로 신속한 피해구제와 비용면에서 효율적인 피해구제일 것이다. 소비자피해구제도 여러 가지 각도에서 접근할 수 있는데, 먼저 사전적인 소비자피해예방과 사후적인 손해배상청구로 나눌 수 있다. 소비자피해의 사전적 예방이 가장 바람직한 모습이 될 것이고, 이에는 소비자에 대한 사전 소비자교육부터 시작하여 사업자의 침해행위에 대한 소비자측의 중지 내지 금지청구권의 인정과 같은 사전적·예방적 소비자권리보호와 침해가 발생한 경우 사후적인 손해배상청구권이 중요한 구제수단이 될 것이다.

또한 사업자와 소비자의 상호교섭에 의한 방법, 소비자단체의 개입에 의한 해결방법, 소송 외의 간이한 분쟁해결방법 등도 있으며 최종적인 분쟁해결방법인 소송도 있다. 동일한 유형의 소비자피해에 대하여 다수의 소비자가 있는 경우에는 소비자집단소송이나 소비자단체소송의 방법에 의한 권리구제의 방법도 있으며, 온라인거래이 활성화에 따른 온라인에 의한 다양한 분쟁해결방법도 존재하고

---

1) 소비자분쟁의 해결에 관한 문헌으로는, 류승훈, 소비자분쟁의 효과적 해결을 위한 제언, 외법논집 제9집, 외국어대학교 법학연구소, 2000.

있다.

이하에서는 상호교섭에 의한 구제, 간이한 소송제도, 소비자집단소송과 소비자단체소송의 순으로 기술하도록 한다.

제2절 상호교섭에 의한 구제

Ⅰ. 사업자와 소비자간 상호 교섭을 통한 피해구제

소비자가 사업자로부터 제공받은 재화나 용역과 관련하여 피해를 입은 경우에 가장 신속하고 적은 비용으로 그 피해를 구제받을 수 있는 방법은 당해 사업자와의 자발적 상호 교섭을 통한 방법이라고 할 수 있다. 통상 소송절차는 많은 시간과 비용이 들게 마련이어서 소비자의 입장에서는 소액의 손해배상을 위하여 소송까지 가는 것을 꺼려하게 된다. 상호 교섭에 의하여 소비자피해를 구제받는 방법은 소송은 물론이고 기타 조정 등의 대안적 분쟁해결방법과는 달리 제3자가 개입함이 없이 당사자끼리 아무런 형식에 구애받지 받지 않고 상호 수용할 수 있는 해결책을 모색하는 것이므로 비용과 시간을 절약할 수 있고 당사자의 요구를 충족할 수 있는 다양하고 원만한 해결책을 마련할 수 있다.[2)]

특히 거래계의 실태가 종전의 오프라인 위주에서 온라인 위주로 바뀌면서 소비자들은 전자상거래나 통신판매와 같은 비대면거래를 통하여 상품을 구입하기 때문에 피해구제에서 더욱이 온라인을 통한 상호교섭에 의한 피해구제의 효용성은 더욱 커졌다고 할 수 있다.

이러한 장점에도 불구하고 상호 교섭의 결과는 소송 등의 공식적 분쟁해결방법의 경우와는 달리 선례로서 기준을 제시할 수 없으므로 오직 당해 소비자의 피해를 구제하는 기능을 할 뿐이고, 동일하거나 유사한 피해를 입은 소비자의 피해구제에는 원칙적으로 아무런 영향을 줄 수 없을 뿐만 아니라 향후 유사한 소비자피해가 재발하는 것을 방지하거나 유사한 소비자분쟁의 해결에 도움을 줄 수도

2) 이호영, 전게서, 360면 이하.

없다.[3)]

자발적 교섭은 이상과 같은 단점에도 불구하고 여전히 아무런 법적 근거를 필요로 하지 않고 피해를 입은 소비자가 1차적으로 손쉽게 사용할 수 있는 기본적인 피해구제수단일 뿐만 아니라, 다른 분쟁해결수단과 결합하여 사용될 경우 그 실효성을 높일 수 있다는 측면에서 중요한 소비자피해구제수단이다. 따라서 현행 소비자기본법 역시 자발적 교섭을 통한 소비자피해의 구제를 촉진하기 위한 규정들을 두고 있다.

즉, 국가는 소비자와 사업자 사이에 발생하는 분쟁을 원활하게 해결하기 위하여 대통령령이 정하는 바에 따라 소비자분쟁해결기준을 제정할 수 있다고 규정하고(동법 제16조 제2항), 동법시행령은 소비자분쟁해결기준을 품목에 제한이 없이 적용되는 '일반적 소비자분쟁해결기준'과 특정한 품목별로 정하는 '품목별 소비자분쟁해결기준'으로 구분하고(동법시행령 제8조 제1항), 전자는 일반적 소비자분쟁해결기준은 [별표 1]에서 규정하고(동법시행령 제8조 2항), 후자는 공정거래위원회가 고시로서 제정하여 운용하고 있다(동조 제3항).

이러한 소비자분쟁해결기준은 소비자나 사업자 등 분쟁당사자를 구속하는 효력이 인정되지 않고, 원칙적으로 분쟁당사자 사이에 분쟁해결방법에 관한 별도의 의사표시가 없는 경우에 한하여 이들 당사자들이 자발적 교섭에 의해 분쟁을 해결하기 위한 합의 또는 이를 위한 권고의 기준이 된다(동법 제16조 제3항).[4)]

소비자분쟁해결기준은 다른 법령에 근거한 별도의 분쟁해결기준이 동법시행령 제8조의 소비자분쟁해결기준보다 소비자에게 유리한 경우에는 그 분쟁해결기준을 제8조의 소비자분쟁해결기준에 우선하여 적용한다(동법 시행령 제9조 제1항). 또한 품목별 소비자분쟁해결기준에서 해당 품목에 대한 분쟁해결기준을 정하고 있지 아니한 경우에는 같은 기준에서 정한 유사품목에 대한 분쟁해결기준을 준용할 수 있다(동조 제2항). 품목별 소비자분쟁해결기준에서 동일한 피해에 대한 분쟁해결기준을 두 가지 이상 정하고 있는 경우에는 소비자가 선택하는 분쟁해결기준

---

3) 이호영, 전게서, 361면.

4) 문제는 소비자분쟁해결기준과 민법 등의 실체법 규범과의 관계이다. 이에 대하여는 소비자분쟁도 결국은 사인간의 분쟁의 일 유형이라는 점에서는 민사분쟁의 범위를 벗어나는 것은 아니므로 민사 실체규범에 의하여 분쟁을 해결하는 민사분쟁해결의 메카니즘은 ADR절차에서도 기본적으로 타당한 것이라고 해석해야 한다는 견해가 있다. 서희석, 소비자분쟁해결기준의 법적 성격-민사분쟁해결의 메카니즘을 통한 분석-, 민사법학 제61호, 2012.12, 302면.

에 따른다(동조 제3항).

또한 소비자기본법은 피해를 입은 소비자가 의견이나 불만 등을 제기할 경우에사업자 및 사업자단체가 이에 대하여 신속하고 적극적으로 대응할 수 있도록 소비자상담기구의 설치 및 운영에 노력할 의무를 규정하고 있다. 즉, 사업자 및 사업자단체는 소비자로부터 제기되는 의견이나 불만 등을 기업경영에 반영하고, 소비자의 피해를 신속하게 처리하기 위한 기구(소비자상담기구)의 설치・운영에 적극 노력하여야 하며(동법 제53조 제1항), 소비자의 불만 또는 피해의 상담을 위하여 「국가기술자격법」에 따른 관련 자격이 있는 자 등 전담직원을 고용・배치하도록 적극 노력하여야 하고(동조 제2항), 이를 촉진하기 위하여 중앙행정기관의 장은 사업자 또는 사업자단체에게 소비자상담기구의 설치・운영을 권장하고나 그 설치・운영에 필요한 지원을 할 수 있다(동법 제54조 제1항).

그 밖에 소비자기본법은 소비자단체의 업무 중 하나로서 소비자의 불만 및 피해를 처리하기 위한 상담・정보제공 및 당사자 사이의 합의의 권고를 규정하고 있다(제28조 제1항 5호). 이는 소비자가 자발적 교섭을 통하여 신속하고 적은 비용으로 손쉽게 피해를 구제받는 것을 유도・촉진하기 위한 것이라고 할 수 있다.[5]

Ⅱ. 등록 소비자단체 협의체의 자율적 분쟁조정

자율적 분쟁조정은 공정거래위원회에 등록한 소비자단체의 협의체도 권한을 가지고 있다. 즉 공정거래위원회에 등록한 소비자단체의 협의체는 소비자기본법 제28조 제1항 제5호의 규정에 따른 소비자의 불만 및 피해를 처리하기 위한 상담・정보제공 및 당사자 사이의 합의의 권고를 하기 위한 자율적 분쟁조정(분쟁조정) 의 권한이 있다(. 할 수 있다(제31조 제1항 본문). 다만, 다른 법률의 규정에 따라 설치된 전문성이 요구되는 분야의 분쟁조정기구인 「금융위원회의 설치 등에 관한 법률」에 따라 설치된 금융분쟁조정위원회, 「의료법」에 따라 설치된 의료심사조정위원회, 「환경분쟁조정법」에 따라 설치된 환경분쟁조정위원회, 「저작권법」에 따른 한국저작권위원회, 「전기통신기본법」에 따라 설치된 개인정보분쟁조정위원회, 「전기사업법」에 따라 설치된 전기위원회, 「우체국예금・보험에 관한 법률」

5) 이호영, 전게서, 362면.

에 따라 설치된 우체국보험분쟁조정위원회 등 전문성을 갖춘 대통령령이 정하는 기구에서 관장하는 사항에 대하여는 그러하지 아니하다(제31조제1항 단서).

소비자기본법에서 이렇게 등록 소비자단체 협의회로 하여금 소비자분쟁에 관하여 자율적 분쟁조정 권한을 부여한 것은, 한국소비자원의 소비자분쟁조정이나 위의 전문적 분쟁조정기구와는 달리 피해를 입은 소비자와 사업자 사이의 자발적 교섭을 통한 합의가 원활하지 않을 경우에 다시 한 번 소비자단체의 협의체의 관여를 통하여 자율적으로 분쟁을 해결할 수 있는 기회를 부여하려는 취지이다.[6)]

따라서 이와 같은 자율적 분쟁조정은 당사자간 임의적인 자발적 교섭에 의한 피해구제와 소비자분쟁조정과 같은 공식적인 분쟁조정에 의한 피해구제의 중간 단계에 위치한 소비자피해구제의 수단이라고 할 수 있다. 즉, 소비자와 사업자간 에발생한 분쟁에 대하여 등록소비자단체가 합의를 권고하였음에도 불구하고 합의가 이루어지지 아니하면 소비자 및 그를 대리하는 소비자단체와 사업자는 등록소비자단체의 협의체에 자율적 분쟁조정을 신청할 수 있고(동법 시행령 제24조 제1항 및 제2항), 자율적 분쟁조정을 행하는 소비자단체협의회는 '자율적 분쟁조정위원회'를 구성하여 분쟁조정을 실시한다(동조 제3항).

자율적 분쟁조정이 신청된 경우에 자율적 분쟁조정위원회는 그 분쟁조정을 위하여 필요하다고 인정되면 분쟁당사자나 소비자를 대리하여 신청한 소비자단체에 증거서류 등 관련 자료의 제출을 요청할 수 있고(동법시행령 제24조 제5항), 자율적 분쟁조정위원회는 분쟁조정의 신청을 받은 날부터 30일 이내에 그 분쟁조정을 마쳐야 한다. 다만, 부득이한 사정으로 그 기간 내에 분쟁조정을 마칠 수 없으면 그 사유와 기한을 구체적으로 밝혀 당사자나 그 대리인에게 알려야 한다(동조 제6항).

당사자가 위와 같은 절차를 거쳐서 이루어진 자율적 분쟁조정을 수락한 경우에는 당사자 사이에 자율적 분쟁조정의 내용과 동일한 '합의'가 성립된 것으로 보게 되는데(동법 제31조 제2항), 효력면에서는 한국소비자원의 소비자분쟁조정위원회 등이 행하는 분쟁조정에 미치지 못하게 된다. 소비자분쟁조정위원회가 행하는 분쟁조정의 내용을 당사자가 수락하거나 수학한 것으로 보는 때에는 분쟁조정의 내용은 재판상 화해와 동일한 효력을 갖기 때문이다(동법 제67조 제4항).

---

6) 이호영, 전게서, 363면.

제3절 간이한 소송제도

Ⅰ. 소액사건 심판

소비자피해가 발생한 경우 그 손해액은 대부분의 경우에 소액에 해당한다. 하지만 사업자가 임의적으로 손해배상을 해 주지 않고 다른 수단에 의한 구제가 이루어지지 않을 경우 소비자는 최후의 수단인 민사소송을 제기해야 하나 민사소송을 통한 권리구제는 소액의 피해가 대부분인 소비자분쟁에서는 시간적, 경제적 측면 등에서 비효율적이다. 이처럼 소액의 분쟁을 효율적으로 처리하기 위하여 마련된 제도가 소액사건심판이다.

1. 동법의 적용범위와 소송의 개시

소액사건심판법은 민사소송의 특별법으로서 소액사건심판법의 적용대상이 되는 사건은 소송가액이 2,000만원 이하의 금전 기타 대체물이나 유가증권의 일정수량의 지급을 목적으로 하는 비교적 간단한 민사사건으로서 민사 제1심 사건을 대상으로 하며, 소송가액이 2,000만원을 초과함에도 불구하고 소액사건심판절차를 통하여 분쟁을 해결하고자 청구금액을 분할하여 그 일부만을 당사자가 청구하는 경우에는 소액사건심판법의 적용대상이 되지 못하며, 만일 이러한 소송이 제기된 경우에는 법원은 판결로 각하하여야 한다(동법 제5조의 2, 소액사건심판규칙 제2조).

소액사건심판은 소장의 형식으로 제기되는 일반 민사소송과 달리 구술로서 소를 제기할 수 있으며(동법 제4조 제1항), 양 당사자의 출석에 의한 제소가 인정된다(제5조). 소액사건에서는 변호사가 아니더라도 당사자의 배우자, 직계혈족, 형제자매는 법원의 허가 없이 소송대리인이 될 수 있다(제8조).

2. 이행권고결정

법원은 소가 제기된 경우에 ① 독촉절차 또는 조정절차에서 소송절차로 이행된 때, ② 청구취지나 청구원인이 불명한 때, ③ 그 밖에 이행권고를 하기에 적절하지 아니하다고 인정하는 때에 해당하지 않는 경우에는, 결정으로 소장부본이나 제소조서등본을 첨부하여 피고에게 청구취지대로 이행할 것을 권고할 수 있다(제5조의 3 제1항).

피고는 이행권고결정서의 등본을 송달받은 날부터 2주일 내에 서면으로 이의신청을 할 수 있다. 다만, 그 등본이 송달되기 전에도 이의신청을 할 수 있다(제5조의 4 제1항). 법원은 제1항의 이의신청이 있는 때에는 지체없이 변론기일을 지정하여야 한다(제3항). 이행권고 결정에 대해서는 피고는 즉시항고를 할 수 있다(제5조의 5 제2항).

이행권고 결정이 내려지는 경우 ① 피고가 제5조의4제1항의 기간(2주일) 내에 이의신청을 하지 아니한 때, ② 이의신청에 대한 각하결정이 확정된 때, ③ 이의신청이 취하된 때에 해당하면 확정판결과 같은 효력을 가지며(제5의 7 제1항), 법원사무관등은 이행권고결정이 확정판결과 같은 효력을 가지게 된 때에는 이행권고결정서의 정본을 원고에게 송달하여야 한다(동조 제2항). 이행권고결정서를 수령한 원고는 집행문을 부여받지 않고서도 결정서의 정본에 기하여 강제집행을 할 수 있다(제5조의 8).

3. 심리절차

소액사건은 신속처리를 위하여 소의 제기가 있으면 판사는 지체 없이 변론기일을 지정하여야 하고, 가능한 1회의 변론기일로 심리를 종결하도록 하여야 한다(제7조). 소액사건절차는 변론에 관하여서도 특칙을 두고 있는데, 법원은 소장·준비서면 기타 소송기록에 의하여 청구가 이유 없음이 명백한 때에는 변론 없이 청구를 기각할 수 있고, 판사의 경질이 있는 경우라도 변론의 갱신없이 판결할 수 있다(제9조). 증거조사에서도 판사는 필요하다고 인정한 때에는 직권으로 증거조사를 할 수 있다. 그러나 그 증거조사의 결과에 관하여는 당사자의 의견을 들어야 한다(제10조 제1항). 증인신문도 판사가 한다. 그러나 당사자는 판사에게 고하고 신문할 수 있다(동조 제2항). 이는 민사소송법상의 교호신문제에 대한 특칙이다. 판사는 상당하다고 인정한 때에는 증인 또는 감정인의 신문에 갈음하여 서면을 제출하게 할 수 있다(동조 제3항).

4. 소송의 종료

소액사건을 종국판결에 의하여 종료시킬 때에는 판결의 선고는 변론종결 후 즉시 할 수 있다(제11조의 2 제1항). 판결을 선고함에는 주문을 낭독하고 주문이 정당함을 인정할 수 있는 범위 안에서 그 이유의 요지를 구술로 설명하여야 하며, 판결서에는 이유를 기재하지 아니할 수 있다(동법 제11조의 2 제2항·제3항).

Ⅱ. 독촉절차

1. 의의 및 대상

독촉절차는 금전 기타 대체물 또는 유가증권의 일정한 수량의 지급을 목적으로 하는 청구에 관한 특별소송절차이다. 채무자가 채무를 이행하지 않은 경우에 채권자의 입장에서는 강제집행을 하려면 소송을 제기하여 승소판결에 의한 집행권원을 얻고 이 집행권원에 기해서 강제집행을 할 수가 있게 된다. 하지만 채권의 존부가 명백한 경우에도 이와 같은 방식을 고수하면 시간·경제적인 면에서 채권자에게 불이익하게 되므로 간이하고 신속한 절차로 집행권원을 얻게 하는 약식절차가 요구된다. 이러한 약식절차가 독촉절차이며, 독촉절차에 의하여 법원이 발하는 명령이 지급명령이다.

지급명령을 신청할 수 있는 대상은 금전, 기타 대체물이나 유가증권의 일정한 수량의 지급을 목적하는 청구권에 한정된다(민사소송법 제462조). 다만 대한민국에서 공시송달 외의 방법으로 송달할 수 있는 경우에 한하기 때문에(동조 단서), 주소, 거소 또는 근무장소를 알 수 없는 경우와 외국에서의 송달을 할 수 없거나 송달하여도 그 호력이 없을 것으로 인정되는 경우에는 지급명령을 신청할 수 없다(동법 제194조).

2. 신청 및 변론

독촉절차는 채무자의 보통재판적이 있는 곳의 지방법원이 된다(제463조). 지급명령의 신청은 그 성질에 어긋나지 아니하면 소에 관한 규정을 준용한다(제464조). 따라서 신청방식은 서면에 의하는 것이 원칙이나 청구금액이 소액심판의 대상인 경우에는 구술 또는 임의출석에 의하여도 신청할 수 있다(동법 제248조, 소액사건심판법 제4조, 제5조). 따라서 서면으로 신청할 경우에는 당사자(법정대리인), 청구의 취지와 원인을 기재하여야 한다(민사소송법 제249조). 하지만 채권자의 지급명령 신청에 대하여 적용대상이 아니거나 관할을 위반한 경우, 청구의 이유가 없음이 병백한 경우에 법원은 그 신청을 각하하여야 한다(민사소송법 제465조).

독촉절차에서 법원은 원칙적으로 채무자를 심문하지 아니하고 채권자의 주장만으로 지급명령 여부를 결정하어야 한다(제467조). 이러한 심문절차의 특성으로 인하여 신속하게 분쟁을해결할 수 있게 된다.

3. 지급명령 및 이의신청

법원의 지급명령에는 당사자, 법정대리인, 청구의 취지와 원인을 적고, 채무자가 지급명령이 송달된 날부터 2주 이내에 이의신청을 할 수 있다는 것을 덧붙여 적어야 한다(민사소송법 제468조). 지급명령에 대하여 이의신청이 없거나, 이의신청을 취하하거나, 각하결정이 확정된 때에는 지급명령은 확정판결과 같은 효력이 있다(제474조).

채무자가 지급명령을 송달받고 2주일 이내에 이의신청을 하게 되면 이의신청의 범위 내에서 지급명령은 효력을 상실한다(민사소송법 제470조). 채무자가 지급명령에 대하여 적법한 이의신청을 한 경우에는 지급명령을 신청한 때에 이의신청된 청구목적의 값에 관하여 소가 제기된 것으로 본다(제472조 제2항). 그 외에도 채권자가 제466조제1항의 규정에 따라 소제기신청을 한 경우, 또는 법원이 제466조제2항의 규정에 따라 지급명령신청사건을 소송절차에 부치는 결정을 한 경우에는 지급명령을 신청한 때에 소가 제기된 것으로 본다(제472조 제1항).

하지만 모든 이의신청에 대하여 지급명령의 효력이 상실하는 것이 아니라 채무자의이의신청이 적법하여야 한다. 따라서 이의신청이 적법하지 아니한 경우에 법원은 결정으로써 이의신청을 각하하며, 이로써 지급명령은 확정된다(제471조 제1항, 제474조). 이러한 이의신청의 각하결정에 대하여 채무자는 즉시 항고할 수 있다(제471조 제2항).

Ⅲ. 조정을 통한 분쟁해결

1. 조정제도 의의의 및 필요성

소비자측에 발생한 피해로 말미암아 사업자와 소비자간에 분쟁이 발생하였을 경우 당사자간에 자율적으로 분쟁을 해결하는 것이 가장 바람직하지만 자율적인 분쟁해결이 이루어지지 않거나 그 결과에 대하여 소비자가 만족을 하지 못한 경우, 최종적으로는 사법기관에 소송 등의 방식으로 분쟁해결을 할 수 밖에 없다. 하지만 소비자피해의 경우에는 대개 소액이고 분쟁절차의 복잡성과 소송절차의 장기화는 신속한 소비자피해에는 미흡하게 된다. 따라서 분쟁이 발생하였을 경우에 소비자가 간편한 절차에 의하여 신속, 공정하며 저렴한 비용으로 분쟁을 해결할 수 있는 대안적 분쟁해결방안이 요구된다.[7)]

오늘날 소비자분쟁뿐만 아니라 모든 분쟁해결에서 소송외 대체적 분쟁해결방안이 그 대안으로 떠오르고 있으며, 이에는 화해 · 알선 · 조정 및 중재 등이 있다. 이 중 조정제도는 당사자 일방이 조정기관에 분쟁해결을 요청하면 이에 대한 조정안을 마련하여 당사자의 수락을 권고하며, 당사자가 수락한 경우에 확정판결과 동일한 효력을 부여하는 제도이다(민사조정법 제29조, 민사소송법 제220조).

조정제도는 분명히 소송에 비하여 많은 이점을 가지고 있기 때문에 소비자분쟁해결의 수단으로서도 활용할 수 있다. 다만 기존의 조정제도는 국제적인 분쟁 등에 있어서는 효율적인 해결방안이 되지 못한다. 이러한 공간적 문제 때문에 간이한 방법으로 조정절차에 참여할 수 있는 방안이 요구되었으며, 이에 전자적 방식으로 조정절차에 참여할 수 있는 온라인 조정제도가 새롭게 등장하고 있다. 전자상거래나 인터넷도메인, 온라인광고 등에서 전자적 방식에 의한 온라인조정제도가 새롭게 등장하고 있다.

온라인조정제도는 당사자가 직접 조정기관을 방문하지 않더라도 인터넷 등을 통하여 조정신청을 할 수 있으며, 조정절차의 참여도 역시 인터넷 등을 통하여 할 수 있는 제도로서 장소와 시간에 구애 없이 조정절차를 진행할 수 있다는 점에서 장점을 가지고 있다.

---

7) 이에 관한 문헌으로는 임중호, 소비자분쟁의 소송외적 방법에 의한 해결, 중앙대 법학논문집 제13집, 1989.

조정은 다른 대체적 분쟁해결방안인 중재와는 소송외적인 분쟁해결방안이라는 점에서 공통점을 갖지만, 중재가 사전 또는 분쟁의 발생시에 중재에 의한 분쟁해결을 합의하여 분쟁의 해결을 요청하는 경우 당사자는 중재위원회의 중재결정에 기속되고 중재합의가 된 경우 확정판결과 동일한 효력이 부여되는 결고 법원에의 제소는 인정되지 않지만(중재법 제9조·제35조), 조정은 조정절차의 도중에서 당사자가 합의를 포기하고 소송절차로 진행할 수 있으며, 조정안에 대하여도 거부가 인정된다는 점에서 차이가 있다(민사조정법 제27조). 또한 중재는 양당사자가 분쟁을 중재기관을 통하여 해결하기로 약정한 경우에만 신청할 수 있지만 조정은 상대방의 동의여부와 관계없이 조정기관에 분쟁해결을 요청할 수 있다는 점에서 차이가 있다(중재법 제3조 2호, 제8조, 제9조, 민사조정법 제2조).

조정의 유형은 그 신청 및 절차의 진행이 온라인으로 가능한가의 여부에 따라일반조정제도와 온라인 조정제도로 구분할 수 있으며, 사안에 따라 일반적인 민사조정과 전문적인 조정으로 나눌 수 있다. 후자의 예로서는 법률의 규정에 따라 설치된 전문성이 요구되는 분야의 분쟁조정기구인 「금융위원회의 설치 등에 관한 법률」에 따라 설치된 금융분쟁조정위원회, 「의료법」에 따라 설치된 의료심사조정위원회, 「환경분쟁조정법」에 따라 설치된 환경분쟁조정위원회, 「저작권법」에 따른 한국저작권위원회, 「전기통신기본법」에 따라 설치된 개인정보분쟁조정위원회, 「전기사업법」에 따라 설치된 전기위원회, 「우체국예금·보험에 관한 법률」에 따라 설치된 우체국보험분쟁조정위원회 등이 있다.

2. 민사조정

민사에 관한 분쟁의 당사자는 법원에 조정(조정)을 신청할 수 있다(민사조정법 제2조). 이러한 민사조정의 방법은 소비자분쟁의 해결에 적합한 제도이기는 하지만 그렇게 이용되고 있지 않다. 조정의 대상은 개인 간의 법률관계에서 발생하는 다양한 분쟁, 소유권의 귀속, 손해배상 등의 재상법상의 분쟁 및 이혼을 비롯한 각종의 가사분쟁에 대하여 조정을 신청할 수 있다(민사조정법 제2조).[8]

분쟁의 당사자는 관할법원에 조정을 서면 또는 구두로 신청할 수 있다. 하지

8) 다만 가사소송사건과 가사비송사건에 대하여 가정법원에 소를 제기하거나 심판을 청구하고자 하는 자는 반드시 먼저 조정을 신청하여야 한다(가사소송법 제50조).

만 조정담당판사가 사건의 성질상 조정을 함에 적당하지 아니하다고 인정하거나 당사자가 부당한 목적으로 조정을 신청한 것으로 인정한 때에는 조정을 하지 아니하는 결정으로 사건을 종결시킬 수 있다(민사조정법 제26조). 또한 민사분쟁에 대하여 정식소송이 제기된 경우에도 당해 법원은 항소심판결선고 전까지 조정에 의한 분쟁해결이 필요하다고 인정하는 경우에 당해 사건을 결정으로 조정에 회부할 수 있다(동법 제6조). 대개 당사자의 신청에 의한 조정의 경우보다는 법원에 의한 조정회부사건이 많은 편이다.

당사자의 신청 또는 법원의 직권으로 조정에 회부된 사건은 조정담당판사가 이를 처리하는 것이 원칙이나 조정담당판사의 판단으로 당해 사건을 조정위원회에 회부할 수 있다. 다만 당사자가 조정위원회에서 처리를 요청한 경우에는 당해 사건을 조정위원회에 회부하여야 한다(동법 제7조 제1항, 제2항). 당사자에 의하여 조정신청을 받은 법원은 조정신청서 또는 조정신청조서를 지체 없이 피신청인에게 송달하여야 하며, 조정기일 역시 당사자에게 통지하여야 한다(제14조, 제15조 제1항).

조정담당판사는 당사자간에 합의가 성립하지 아니하거나 성립된 합의의 내용이 상당하지 아니하다고 인정되는 경우에 조정이 성립하지 아니한 것으로 사건을 종결시켜야 한다(동법 제27조). 이와 달리 당사자가 조정안에 합의를 한 경우에 합의내용을 조서에 기재함으로써 조정은 성립한다(제28조). 하지만 조정이 성립하지 아니한 경우라도 조정담당판사는 직권으로 당사자의 이익 기타 모든 사정을 참작하여 신청인의 신청취지에 반하지 아니한 한도 내에서 사건의 공평한 해결을위한 결정을 하여야 한다(제30조).

조정담당판사가 사건의 성질상 조정함에 적당하지 아니하다고 인정하거나, 조정을 하지 아니하기로 하는 결정이 있는 경우, 조정이 성립되지 아니한 것으로 사건이 종결된 경우, 제32조에 따른 조정을 갈음하는 결정에 대하여 제34조제1항에 따른 기간 내에 이의신청이 있는 경우에는 조정신청을 한 때에 소가 제기된 것으로 보아 소송으로 이행하게 된다(제36조 제1항).

조정절차를 통하여 성립된 조정은 재판상 화해와 동일한 효력을 가지므로 신청인은 조정조서로써 채무자의 재산에 대하여 강제집행을 할 수 있다(제29조). 또한 조정신청 그 자체는 시효중단의 효력이 있으나, 조정신청이 취하 또는 새로운 기일 또는 그 후의 기일에 신청인이 출석하지 아니하여 조정신청이 취하된 것으로 인정되는 경우에는 1개월 이내에 소를 제기하지 않으면 시효중단의 효력은 발생하지 아니한다(제35조).

3. 소비자분쟁조정위원회

소비자원장에게는 소비자의 피해구제신청에 따라 피해구제신청의 당사자에 대하여 피해보상에 관한 합의를 권고할 수 있고(소비자기본법 제57조), 피해구제의 신청을 받은 날부터 30일 이내에 그 합의가 이루어지지 아니한 때에는 지체 없이 소비자원에 설치된 소비자분쟁조정위원회에 분쟁조정을 신청하여야 한다(동법 제58조). 다만, 피해의 원인규명 등에 상당한 시일이 요구되는 피해구제신청사건으로서 ① 의료 관련 사건, ② 보험 관련 사건, ③ 농업 및 어업 관련 사건, ④ 그 밖에 피해의 원인규명에 시험·검사 또는 조사가 필요한 사건 등 피해의 원인규명 등에 상당한 시일이 요구되는 피해구제신청사건의 경우에는 60일 이내의 범위에서 처리기간을 연장할 수 있다(동법 제58조 단서 및 동법시행령 제44조).

분쟁조정위원회가 분쟁조정의 신청을 받은 경우에는 지체 없이 분쟁조정절차를 개시하여야 하는데(제65조 제2항), 조정위원장은 분쟁조정 업무의 효율적 수행을 위하여 10일 이내의 기간을 정하여 분쟁당사자에게 보상방법에 대한 합의를 권고할 수 있다(동법시행령 제54조). 또한 분쟁조정위는 분쟁조정절차에 앞서 이해관계인·소비자단체 또는 관계기관의 의견을 들을 수 있고(동법 제65조 제4항), 분쟁조정절차가 진행 중에 법원에 소가 제기된 경우에도 소를 제기한 당사자는 그 사실을 통보하여야 하고, 분쟁조정위가 당사자의 소제기 사실을 알게 된 때에는 지체 없이 분쟁조정절차를 중단하고, 당사자에게 이를 통지하여야 한다(동조 제5항).

분쟁조정위는 분쟁조정의 조정위원회는 분쟁조정을 신청받은 때에는 그 신청을 받은 날부터 30일 이내에 그 분쟁조정을 마쳐야 한다(제66조 제1항). 조정위원회는 제1항의 규정에 불구하고 부득이한 사정으로 30일 이내에 그 분쟁조정을 마칠 수 없는 경우에는 그 기간을 연장할 수 있다. 이 경우 그 사유와 기한을 명시하여 당사자 및 그 대리인에게 통지하여야 한다(동조 제2항).

분쟁조정위의 분쟁조정이 종료되면 동 위원회의 위원장은 지체 없이 당사자에게 그 분쟁조정의 내용을 통지하여야 하고(제67조 제1항), 그 통지를 받은 당사자는 그 통지를 받은 날로부터 15일 이내에 분쟁조정의 내용에 대한 수락여부를 분쟁조정위에 통보하여야 하는데, 만일 동 기간 이내에 의사표시가 없는 때에는 수락한 것으로 본다(제2항). 당사자가 분쟁조정의 내용을 수락하거나 수락한 것으로 보는 때에는 그 분쟁조정의 내용은 재판상 화해와 동일한 효력을 갖는다(제4항).

4. 소비자집단분쟁조정

소비자집단분쟁의 해결방법에는 민사소송법상 다수당사자제도, 증권관련집단소송법상 집단소송제도, 소비자단체소송제도, 소비자집단소송제도 등이 있으나,[9] 소비자집단분쟁의 해결로는 미흡한 부분이 있다. 먼저 민사소송법상 다수당사자제도는 공동소송제도와 선정당사자제도가 있는데, 공동소송제도는 많은 피해자가 모두 법정에 원고로서 출석해야 하고, 법원도 이들 모두에게 개별적으로 기일 소환장을 송부해야 하므로 당사자와 법원 양측이 부담을 갖게 되고, 당사자 중 일부가 출석하지 않거나 최선의 노력으로 소송을 수행하지 아니하면 패소하게 되어 동일한 사안의 피해자라 할지라도 일부는 승소하고, 일부는 패소하는 결과가 발생하게 된다.[10] 또한 소송자료의 통일이나 소송의 진행, 공동소송의 강제도 이루어지지 않으므로 집단소송 목표중의 하나인 분쟁의 1회적 해결도 곤란하다.

다음으로 증권관련집단소송은 소액투자자들의 집단적 피해의 효율적 구제와 기업경영의 투명서의 제고를 신장하고 이 제도 자체만으로 경영권자의 분식회계 등 부저에 대한 견제라는 점에서 획기적이라는 의의가 있으나,[11] 그 범위가 증권관련 소송에 제한된다. 소비자단체소송도 소비자가 개별적으로 직접 소송을 제기할 수 없고 손해배상청구가 인정되지 않은 관계로 실효적인 구제를 받을 수 없다는 문제가 있다.

이러한 소비자분쟁의 해결에 대한 문제점에 대하여, 특히 동일・유사한 피해가 다수의 소비자에게 발생할 경우 이에 대한 일괄적 피해구제와 사건 처리를 위한 제도의 필요성으로 소비자집단분쟁조정제도가 소비자기본법에 도입되었다.

---

9) 이와 관련된 문헌으로는, 김상찬・이충은, 집단소비자분쟁조정제도에 관한 연구, 중재연구 제19호, 한국중재학회; 김원기・박수영, 소비자기본법상 집단적 분쟁해결제도, 상사판례연구 제20권, 2007; 백병성, 집단소비자분쟁해결제도에 관한 연구, 소비자문제연구 제30호, 한국소비자원, 2006; 이병준, 소비자법 내에서의 소비자기본법상 집단분쟁조정제오의 역할과 과제, 중재연구 제18권 제3호, 한국중재학회, 2008; 전삼현, 소비자기본법상의 집단분쟁조정제도에 관한 소고, 상사법연구 제26권 제3호, 한국상사법학회, 2007.

10) 백병성, 집단소비자분쟁해결제도에 관한 연구, 소비자문제연구 제30호, 한국소비자원, 2006.12, 11면.

11) 이시윤, 신민사소송법, 박영사, 2010, 672-673면.

소비자기본법상의 집단분쟁조정제도는 기존의 소비자분쟁제도를 보완한 것으로 다수의 소비자에게 같거나 유사한 유형의 피해가 발생한 경우 공공적 신뢰를 갖는 한국소비자원의 소비자분쟁조정위원회가 다수의 피해가 있는 사안에 대하여 집단분쟁의 발생을 공고한 후 추가적인 분쟁조정신청의 접수, 대표당사자 선정 등의 절차를 통해 일괄적으로 분쟁을 조정하여 사업자로부터 금전적 배상을 받을 수 있도록 하는 제도이다.

(1) 일괄적 분쟁조정제도로서 집단분쟁조정

소비자기본법은 다수의 소비자에게 동일 또는 유사한 유형의 피해가 발생한 경우에 당사자 중 대표당사자를 선임하여 일괄적으로 분쟁조정을 행하는 '집단분쟁조정제도'를 도입하였다(동법 제68조). 이는 동일 또는 유사한 피해가 다수의 소비자에게 발생한 경우에 각자 분쟁조정절차를 통하도록 할 경우에 우려되는 절차의 중복과 이에 따르는 비효율 및 분쟁조정결과의 불일치를 막기 위한 것이다.

집단분쟁조정제도는 단체소송제도가 소비자에 대한 금전적 손해배상이 미흡하다는 지적에 대해 소비자기본법으로 개정함에 있어 일괄적 분쟁조정제도를 신설하여 이를 보완하고자 하였다.

(2) 분쟁조정의 특례

집단(일괄적) 분쟁조정제도란 소비자의 피해가 다수의 소비자에게 같거나 비슷한 유형으로 발생하는 경우에 한국소비자원, 소비자단체, 사업자 등이 소비자분쟁조정위원회에 일괄적인 분쟁조정을 신청 또는 의뢰하여, 동종 혹은 유사한 유형의 대규모 피해자들이 간이한 절차를 통해 구제받을 수 있도록 마련된 제도로서, 기본적으로 민사조정법을 준용하면서(제69조), 조정위원회의 의결을 통하여 소비자측을 대표하는 대표당사자를 선임하여 절차를 진행할 수 있고, 최초 집단분쟁조정의 당사자 외의 다른 소비자나 사업자의 추가신청을 허락하고 있다(제68조 제2항 내지 제4항).

집단분쟁조정절차에 따른 결과를 사업자가 받아들일 경우, 사업자는 조정위원회의 권고를 받아 절차에 참여하지 않는 피해자에 대한 보상계획서를 작성하여 제출할 수 있다(68조 제5항). 일부의 소비자가 소를 제기한 경우에도, 조정절차를 중지하지 아니하고 소를 제기한 소비자만을 제외하도록 하고 있다(같은 조 제6항). 결국 피해소비자들은 집단분쟁조정절차가 진행된 이후에도 조정절차에 참여할 수 있는 기회를 보장받고 있기는 하나, 그 외의 피해를 입은 소비자에 대해서까지 동 조정의 효력을 미치게 하지는 않고 있다.

(3) 당사자적격

동법 제68조는 집단분쟁조정에 있어 제70조 이하의 단체소송의 경우와 마찬가지로 소비자들에게 집단분쟁조정신청의 자격을 부여하고 있지 않고, 단지 소비자원과 소비자단체에게만 당사자적격을 인정하고 있다. 아울러 국가, 지방자치단체, 사업자 등에게도 집단분쟁조정신청의 자격을 부여하고 있다. 즉, 국가・지방자치단체・한국소비자원 또는 소비자단체・사업자는 ① 물품등으로 인한 피해가 같거나 비슷한 유형으로 발생한 소비자 중 (a) 위에서 언급된 등록소비자단체의 협의에에 의한 자율적 분쟁조정, (b) 한국소비자원 원장의 권고, (c) 그 밖의 방법으로 사업자와 분쟁해결이나 피해보상에 관한 합의가 이루어진 소비자를 제외한 소비자의 수가 50명 이상이고, ② 당해 사건의 중요한 쟁점이 사실상 또는 법률상 공통된 사건에 대하여 조정위원회에 일관적인 분쟁조정(이하 집단분쟁조정)을 의뢰 또는 신청할 수 있다(동법 제68조 제1항 및 동법시행령 제56조).

그러나 이는 집단분쟁조정제도의 절차법적 관점에서 소비자를 배제하는 것은 문제가 있다. 집단분쟁조정의 남용으로 사업자의 입장에서는 기업 이미지 손상 등 우려가 있기는 하지만, 소비자를 제외한 것은 민사소송법의 처분권주의와 모순됨은 물론, 소비자법상 신청권자에 소비자를 제외한 것이 소비자법의 취지상 타당하지 않기 때문이다.[12)]

다음으로 분쟁조정 참가인원의 완화 필요성이 있다. 소비자기본법 제68조는 분쟁조정 참가인원을 50인 이상으로 제한하고 있다. 그러나 50인으로 제한함으로써 소비자의 절차법적 권리를 제한할 우려가 있다. 집합건물 분쟁에서 보듯이, 만약 아파트 한 동에서 같은 유형의 피해가 발생하였을 때 그 한 동에 입주할 수 있는 가구의 수가 50가구 미만이라면 집단분쟁조정제도를 이용할 수 없는 결과가 된다. 또한 연립주택의 경우에는 아파트와 같이 정형화・규격화되어 있어 집단피해가발생할 가능성이 있더라도 아파트에 비하면 입주 가구 수가 현저히 적어 집단분쟁조정의 절차를 밟기가 어려울 수도 있다. 따라서 집단분쟁조정 신청요건

---

12) 함영주, 소비자집단분쟁조정제도에 관한 고찰, 민사소송, 제14집 제1호, 한국민사소송법학회, 2010, 88-89면.

중 50명의 조정절차의 참가인원에 대한 조건을 완화하여 이를 하향 조정하거나, 집단 전체의 피해액수가 일정 금액을 상회하는 경우에는 참가인원에 대한 조건을 완화할 필요성이 있다고 본다.

(4) 청구의 대상

동법 제68조는 집단분쟁조정을 통해 소비자가 무엇을 구할 수 있는지 여부에 대한 구체적인 정의를 담고 있지 않다. 따라서 해석에 의해, 위법행위의 금지나 중지는 물론 금전적 손실보상 등도 요구할 수 있을 것으로 본다.

(5) 분쟁조정절차

위와 같은 집단분쟁조정을 의뢰 또는 신청을 받은 분쟁조정위는 그 의결로써 집단분쟁조정의 절차를 개시할 수 있는데, 이 경우 14일 이내의 기간 동안 그 절차의 개시를 공고하여야 하고(제68조 제2항 및 동법시행령 제58조 제1항), 집단분쟁조정의 당사자가 아닌 소비자 또는 사업자로부터 그 분쟁조정의 당사자에 추가로 포함될 수 있도록 하는 신청을 받을 수 있다(제68조 제3항).

집단분쟁조정절차의 장점은 중요한 쟁점이 공통적인 유사한 유형의 피해를 입은 소비자를 일괄하여 효율적으로 구제할 수 있다는 것이므로 사업자가 분쟁조정위의 집단분쟁조정의 내용을 수락한 경우에는 당해 사업자에 대하여 집단분쟁조정의 당사자가 아닌 자로서 유사한 피해를 입은 소비자에 대한 보상계획서를 작성하여 조정위원회에 제출하도록 권고할 수 있다(동조 제5항).

또한 일반적인 분쟁조정의 경우에는 분쟁조정절차가 진행되는 중에 당사자가 소를 제기한 경우에 그 절차를 중지하여야 하는데(제59조 및 제65조 제5항) 반하여, 집단분쟁조정의 당사자인 다수의 소비자 중 일부의 소비자가 법원에 소를 제기한 경우에도 나머지 소비자에 대한 피해구제의 필요성이 여전히 존재하므로 그 분쟁조정절차를 중지하지 아니하고, 소를 제기한 일부의 소비자만 그 절차에서 제외할 뿐이다(제68조 제6항).

그 밖에 집단분쟁조정의 경우에도 원칙적으로 30일 이내의 시한이 적용되지만(제66조 제1항), 일반적인 분쟁조정절차와는 달리 일정한 기간 동안 절차의개시를 공고하여야 하므로(제68조 제2항) 집단분쟁조정의 시한은 그 공고가 종료된 날의 다음 날부터 기산한다(제68조 제7항).

(6) 분쟁조정의 효력

분쟁조정이 성립될 경우 이는 재판상 화해의 효력을 지니게 되어 소송제도보다 간편한 피해구제가 가능하고, 기존의 분쟁조정제도와 달리 분쟁조정위원회는 사업자로 하여금 조정과정에 참여하지 않은 사후 피해자에 대한 보상계획을 제출하도록 권고할 수 있으므로 사후피해자에 대한 구제도 가능하다.

(7) 특 징

국가 등이나 단체가 신청할 수 있다는 점(제68조 제1항), 위원회가 대표당사자를 선정할 수 있다는 점(동조 제4항), 다수 소비자 가운데 일부의 소비자가 소를 제기하더라도 나머지 소비자에 대해서는 조정절차가 계속 속행된다는 점(동조 제6항)이 개인분쟁조정절차와는 다른 집단분쟁조정절차의 특징이다. 따라서, 유사한 피해를 입은 소비자들에게 일정한 기간 동안 조정에 참여하도록 효과적으로 권유한다면, 집단적 소비자피해구제에 도움이 될 것으로 보인다.

5. 전문적 분쟁조정위원회

소비자분쟁은 오늘날 전문화되고 특화된 분야에서는 그 특성상 일반 민사조정절차에 의한 조정으로서는 한계가 있다. 소비자분쟁은 소비자금융, 소비자의료, 소비자환경, 지적재산권분야, 개인정보분야, 전자거래분야 등 갈수록 다양화되고 전문화되고 있다. 이러한 추세를 감안하여 각각 관계되는 법률에서 전문적 분쟁조정위원회를 설치하여 효율적이고 전문적인 분쟁해결을 하도록 꾀하고 있다.

그 중 소비자분쟁과 직접 관련이 있는 전문적 분쟁조정위원회로는 전자거래분쟁조정위원회와 개인정보분쟁조정위원회가 있으며, 그 밖에 「금융위원회의 설치 등에 관한 법률」에 따라 설치된 금융분쟁조정위원회, 「의료법」에 따라 설치된 의료심사조정위원회, 「환경분쟁조정법」에 따라 설치된 환경분쟁조정위원회, 「저작권법」에 따른 한국저작권위원회, 「전기사업법」에 따라 설치된 전기위원회, 「우체국예금・보험에 관한 법률」에 따라 설치된 우체국보험분쟁조정위원회 등이 있다.

제4절 소비자집단소송

1. 집단소송의 의의

집단소송은 집단의 다수 구성원 중에서 1인 또는 그 이상이 집단 전체를 대표해서 제소하거나 제소를 당하는 형태의 소송을 말한다. 집단소송은 다수를 이룬 개인들이 원고가 되는 소송으로서 집단소송제도와 비슷한 제도로서 선정당사자제도(민사소송법 제53조)가 있는데 양자의 차이는 집단소송의 경우에는 소송에 참여하지 않은 집단 전체에 판결의 효력이 미치는데 반하여, 선정당사자제도는 소송에 참여한 사람에게만 효력이 미친다는 점이다.[13)]

집단소송제도는 미국에서 채택하고 있는 제도이며,[14)] 단체소송은 독일이나 프랑스 같은 대륙법계 국가에서 채택하고 있는 제도이다. 독일의 단체소송과 미국의 집단소송(대표당사자소송)은 모두 소비자의 피해를 구제하거나 예방하는 데에 중요한 역할을 담당하고 있으나, 양자 사이에는 상당한 차이가 있다.[15)] 첫째, 단체소송은 특정한 목적을 가지고 활동하는 단체가 단체의 구성원의 이익만을 위해서가 아니라 단체 자신의 이익 또는 그것을 초월하는 공공의 이익을 실현하기 위해서 소를 제기하는데 반하여, 대표당사자소송은 동일한 이해관계를 가지고 있는 다수인이 존재하는 경우, 그 중의 1인 또는 수인이 스스로 대표자가 되어 그 집단의 전원을 위하여 소를 제기하는 것이다.

둘째, 독일의 단체소송은 부정경쟁행위의 방지나 무효인 약관의 사용중지와 같은 법규의 보호목적을 실현하기 위한 것인데 반하여, 미국의 대표당사자소송은 손해배상이라고 하는 개별적인 피해구제를 위한 것이다. 즉, 독일의 단체소송는

---

13) 집단소송에 대한 문헌으로는, 이상정, 소비자집단소송 및 소비자단체소송에 관한 연구, 한국소비자보호원, 1988; 한충수, 소비자보호를 위한 바람직한 집단소송시스템소비자보호법개정안의 단체소송제도를 중심으로-, 민사소송 10(1), 한국민사소송법학회, 2006.5, 146면 이하; 이세인, 미국소비자집단소송에 관한 연구, 부산대학교 법학연구 제48권 제1호, 207.8, 1279면 이하; 함영주, 집단소송제에 관한 연구 및 입법의 최근동향: 분쟁해결시스템간의 경쟁의 관점에서, 민사소송 제16권 1호, 한국민사소송법학회, 2012, 327면 이하; 길준규, 중소기업에서의 개인정보보호: 집단소송제도 도입론을 중심으로, 법과 정책연구 9집 1호, 2009.6, 415면 이하.

14) 미국의 소비자집단소송에 대해서는 이세인, 미국 소비자집단소송에 관한 연구, 법학연구 제48권 제1호(통권 57권 下), 부산대학교, 2007.8, 1279면 이하 참조.

15) 양자의 차이점에 대해서는 권오승, 소비자보호법(제5판), 법문사, 2005, 347면 참조.

위반행위의 방지를 통한 손해발생의 저지를 위하여 활용되고 있으나, 미국의 대표당사자소송은 주로 이미 발생한 손해에 대한 구제를 위하여 활용되고 있다.

셋째, 대표당사자소송에서는 제소된 사건에 대한 판결의 효력은 그 소송의 당사자가 승소한 경우뿐만 아니라 패소한 경우에 있어서도 이해관계인에게 미친다. 또한 그 판결의 효력은 실제로 소를 제기한 자뿐만 아니라 구성원 전원에게 미친다. 이에 대해 단체소송제도에 있어서는 이 판결의 효력의 주관적 범위에 관한 문제는 판결의 효력을 편면적으로 확장한다고 하는 기술에 의하여 처리된다.

이러한 집단소송은 소비자피해구제의 효과와 가해기업에 대한 제재 효과가 크며, 대표당사자의 소송수행으로 다른 많은 피해자들이 구제를 받을 수 있다. 하지만 거액의 피해배상은 기업으로 하여금 가혹한 수단이 될 수 있으며, 승소금의 분배절차를 둘러싼 복잡한 문제발생의 소지가 있다.

2. 집단소송 도입의 논의와 제도의 도입

우리나라에서는 오래 전부터 집단피해 구제를 위한 집단소송제도의 도입에 대한 논의가 있어왔다. 특히 독일의 단체소송과 미국의 대표당사자소송제도를 중심으로 그 수용을 전제로 한 입법형식 등의 논의가 있었다. 기존의 선정당사자제도로는 집단분쟁을 해결하는데 한계가 있음을 인식하고 그 외의 방안을 모색해야 한다는 논의가 1970년대부터 시작되었고, 그것이 본격화된 것은 소액소비자의 피해가 가속적으로 거대화되고 있는 환경으로 인한 피해가 다수주민에게 광범위하게 나타난 1980년대라 볼 수 있다. 이러한 현행 사법적 제도의 한계가 문제로 제기됨과 아울러 이를 극복하려는 노력의 일환으로 1996년 집단분쟁을 처리하기 위해 법무부가 집단소송법 시안을 마련하였으나, 그 시행상의 문제점을 들어 입법을 중지하였다. 그 후에도 논의는 계속 되었으나 입법까지 연결되지는 못하였다.

그 후 우여곡절 끝에 2005.1.1.부터 미국의 대표당사자소송(class action)방식의 증권관련 집단소송제도가 도입되었다. 증권관련집단소송법의 제정으로 증권의 매매 또는 그 밖의 거래과정에서 다수인에게 피해가 발생한 경우 그 중의 1인 또는 수인이 대표당사자가 되어 손해배상청구소송을 수행하게 되었다(증권관련집단소송법 제2조 1호). 동법은 증권거래법상의 매우 제한적인 분야에 한정되지만 이 제도의 도입으로 전통적인 민사소송절차에 변화를 가져오게 되었다. 즉 기판력이론,

엄격한 증거조사를 통한 구체적인 손해산정이론 등을 포기하는 결과에 이르렀고 소제기를 위한 허가절차는 물론 판결절차 후 판결금의 분배(동법 제39조 이하)라고 하는 독특한 제도를 도입하는 계기가 되었다.[16)]

그러나 소비자관련 집단소송제도는 필요성은 인정되지만 그 경제적 파장이 크고 기업의 경제활동 등의 위축을 감안하여 소비자기본법에서 기업의 입장을 고려하여 단체소송만 인정하고 집단소송을 인정하지 않음으로써 소비자피해의 구제면에서는 미흡하게 되었다.

제5절 소비자단체소송

1. 의 의

단체소송이란 일정한 요건을 갖춘 단체가 원고가 되어 개개법률의 보호목적인 공익을 추구하거나 혹은 원고로서 타인의 개개 청구권을 주장하는 것을 말한다. 이는 단체가 개인의 소송수행을 배후 내지 측면에서 지원하거나 원조하는 것에 그치는 소송부조와는 구별된다. 즉, 소비자단체소송은 소비자기본법에서 정한 일정한 자격을 갖춘 단체가 소비자를 대신해 소비자권익침해 행위의 금지 혹은 중지를 청구할 수 있도록 하는 소송제도이다.[17)]

소비자단체소송제도는 일본에서는 2006년 5월에 소비자계약법의 개정으로 소

16) 집단소송의 도입에는 찬성하지만 이를 직접적·전면적으로 도입하기보다는 우리나라의 기존의 소송제도, 특히 선정당사자제도와의 조하를 모색해 보는 것이 바람직하다는 견해로는, 권오승, 전게서, 350면.

17) 소비자단체소송에 관한 문헌으로는, 김원기·박수영, 소비자기본법상 집단적 분쟁해결제도, 상사판례연구 제20집 2권, 2007.6, 119면 이하; 권대우, 새로운 소비자기본법의 소개, 월간 소비자 2006년 10월호; 함영주, 소비자단체소송의 법적 성질과 집단적 분쟁해결 시스템 구축 방향, 법조 통권 633호, 법조협회, 2009.6, 88면 이하; 권혁제, 일본 소비자계약법상의 소비자단체소송제도, 법조 통권 631호, 2009.4; 정영수, 소비자단체소송에 관한 고찰, 법조 56권 3호(통권 606), 2007.3, 5면 이하; 권혁재, 프랑스의 단체소송제도, 법학논고 제35집, 2011.2, 329면 이하; 전병서, 소비자단체소송에 있어서 단체의 제소권 : 그 이론적 근거 및 앞으로의 과제, 법조 통권 제639호, 2009.12, 102면 이하; 박희주, 단체소송의 대상 범위 확대에 관한 연구, 한국소비자원, 2012; 조만형, 개인정보보호법상 단체소송에 관한 연구, 토지공법연구 제60집, 2013.2, 365면 이하; 임상혁, 소비자단체소송의 도입과 전망, 법과 사회 33호, 2007 하반기, 199면 이하; 정규상, 소비자단체소송, 성균관법학 19권 2호, 2007.8, 287면 이하.

비자단체소송이 도입되었는데, 2007년 6월부터 시행되었고, 우리나라에서는 일괄분쟁조정제도와 더불어 소비자기본법의 핵심내용으로 2008년 1월 1일부터 시행되고 있다. 원래 단체소송제도는 독일 등 대륙법계에서 채택한 제도로서 특정한 목적을 가지고 활동하는 단체가 단체의 구성원의 이익만을 위해서가 아니라 단체 자신의 이익 또는 그것을 초월하는 공공의 이익을 실현하기 위해서 소를 제기하는데 특징이 있다.[18] 소비자단체소송제도는 소송법적 의의 이외에 실체법적 위반행위를 전제로 한 소송수행이라는 측면과 공익의 수행으로서의 측면을 가지고 있는데, 특별히 위반행위에 대한 행위금지청구소송으로서의 의의를 가진다. 소비자단체소송의 한계는 손해배상청구권은 인정되지 않기 때문에 소비자피해구제를 위하여 별도의 수단을 강구할 수밖에 없다는 점이다.[19]

소비자단체소송제도는 소비자 권리보호를 위해 2008년 도입되었지만 복잡하고 비현실적인 소송요건과 소송단체의 소송비용 부담으로 인해 2013년 현재까지 2008년도에 경실련이 하나로텔레콤을 대상으로 한 소비자단에소송사례가 1건에 불과할 정도로 도입취지를 살리지 못하고 있다.[20]

2. 당사자적격

소비자단체소송은 대표당사자소송(집단소송)과 달리, 소비자를 위하여 소송을 제기할 수 있는 자격을 일정한 단체로 한정하고 있다. 소비자기본법 제70조에서는 공정거래위원회에 등록한 소비자단체(1호), 사업자단체(2호), 비영리민간단체(3

18) 독일은 1965년 부정경쟁방지법(UWG)에 부작위를 명하는 형태의 단체소송을 도입한 이래 그 틀을 유지하고 있다. 그러나 제품을 공급하는 기업의 거대화와 물품의 대량공급현상에 따른 소액, 다수 피해자의 급증으로 소비자보호에 대한 관심이 급격히 증대됨으로써 최근 단체소송의 기능과 역할에 대해 관심이 급격히 증대되었고 이에 따라 미국의 대표자 소송에 대한 관심도 증대되었다. 한충수, 전게논문, 154-155면.

19) 독일도 단체소송을 통해 단순히 부작위만을 구하는 것의 한계를 인식하고 단체 역시 개인의 개별적인 손해배상청구권을 모아 집단적인 손해배상청구를 가능하게 하는 방안을 강구하게 되었으나 미국의 대표자소송제도에 대해서는 배심제도, 징벌적 손해배상제도 등 영미 고유의 시스템과 분리되어질 수 없는 제도라는 점에서 일정한 거리를 두고자 한다. 소비자단체소송에서 단순히 기업의 일정한 위법행위를 금지하거나 중지하는 차원의 단체소송은 그 제도의 실효성이 없다는 견해로는 한충수, 상게논문, 167면.

20) 따라서 소비자단체에게 소송비용을 일부 지원하고, 소송제기 요건을 완화해 소비자의 생명·신체·권익 침해가 진행되고 있는 사안뿐 아니라 그와 같은 침해가 명백히 예상되는 경우까지 확대하는 한편 소비자단체가 소송에서 승소할 경우 이를 일간지 등에 게재하는 개정안이 발의되어 있다. 새누리당 강석훈 의원 대표발의개정안, 머니투데이, 2013.3.13. http://m.mt.co.kr/new/view.html?no.

호)가 일정한 요건을 갖춘 경우에 한하여 단체소송을 제기할 수 있다고 규정하고 있다. 소비자기본법은 소비자단체소송이라는 명칭을 사용하고 있지만 소비자단체 뿐만 아니라 사업자단체와 비영리민간단체에도 원고적격을 인정하고 있으므로 소비자단체소송과 사업자단체소송을 결합한 것이라고 할 수 있다.[21)]

구체적인 요건을 살펴보면, 소비자를 위하여 소송을 제기할 수 있는 단체로는 공정거래위원회에 등록된 소비자단체 중 단체의 정회원숫자가 1,000명 이상이고, 등록된 후 3년이 경과하였으며, 소비자의 권익증진을 그 단체의 기본목적으로 한 경우로 제한되어 있다(동법 제70조 1호 · 제29조). 소비자단체 이외에도 대한상공회의소, 중소기업협동조합중앙회 및 대통령령에서 정하는 전국단위의 경제단체에게도 사업자대표로 원고적격을 인정하고 있다(제70조 2호). 그 밖에도 중앙행정기관에 등록된 5,000명 이상의 상시구성원이 있는 단체로서 소비자의 권익증진을 위한 활동을 구체적으로 하고, 3년 이상의 소비자보호 활동의 경력 있는 비영리민간단체가 50인 이상의 소비자로부터 단체소송의 제기를 요청받은 경우에는 소송수행권을 가진다(제70조 3호).

이처럼 소비자기본법이 당사자적격을 등록을 갖춘 소비자단체[22)] 등으로 제한하는 것에 대하여 소비자 단체소송제도의 효율적인 활용과 남소의 위험배제, 이에 대한 사회적 신뢰도 유지를 위해 소비자 단체소송을 할 수 있는 적격단체를 제한하는 것은 타당하며 그 필요성이 충분히 인정된다고 하는 견해도 있으나, 일정한 등록 소비자단체에 대해서만 당사자적격을 인정하게 되면 등록 · 인가의 심사기준에 따라서 적격단체가 너무 제한적으로 인정될 수 있어 소비자단체소송제도의 실효성이 확보되지 않을 위험성이 있는데다, 등록 · 인가 등의 심사과정에서 소비자단체에 대한 행정의 감독이 미칠 우려가 있으므로 등록되지 않은 단체라도 실체적 요건을 충족하고 있는 한, 당사자적격을 배제할 이유가 없다고 보는 것이 타당하다 할 것이다.

우리나라 소비자기본법은 복수의 단체가 소를 제기할 경우에 대해서는 아무런 규정을 두고 있지 않고, 소송허가제도(제73조, 제74조)를 통해 중복소송 문제의

---

21) 김원기 · 박수영, 전게논문, 125면.

22) 공정거래위원회에 등록된 소비자단체로는, 녹색소비자연대, 대한주부클럽연합회, 전국주부교실중앙회, 한국소비자교육원, 한국YMCA전국연맹, 한국소비자연맹, 한국소비생활연구원, 소비자문제를 연구하는 시민의 모임, 한국부인회, 대한YWCA연합회 등이 있고, 한국소비자단체협의회, 한국여성단체협의회는 소비자단체협의체로서 적격소비자단체에서 제외된다.

해결을 도모하고 있는 듯하다. 그러나 단체의 중복된 소송 제기를 방지하고자 한다면, 제소단계에서 법원의 통지 등을 통해 각 제소권자에게 소가 제기된 사실을 통보하고, 원하는 단체로 하여금 공동소송참가를 할 수 있는 기회를 부여하는 것이 필요하다. 이러한 소송참여에의 기회는 기판력을 확장할 수 있는 근거가 되며 이로써 원고의 승패와 상관없이 기판력을 확장함으로써 중복된 단체소송의 제기를 차단할 수 있을 것이다. 이를 위해 단체소송이 여러 법원에 제소된 경우에는 먼저 제소된 법원이 전속적으로 관할권을 갖는다는 점, 아울러 뒤에 제기된 소는 관할권 있는 법원에 이송함으로써 병합 심리할 수 있는 법적 근거를 마련해 주어야 할 것이다.

3. 단체의 법인격

법인격과 관련하여 소비자기본법에서는 소비자단체에 대하여 별도의 법인격을 요구하는 규정을 두고 있지 않다. 일반적으로 오늘날 사단에 대해서는 비영리단체의 실질로서 ① 규범으로서 비영리를 목적으로 한 정관, ② 구성원의 확정, ③ 합의체 구성, ④ 기관구성(대표기관, 집행기관)을 갖추고 있으면 법인과 구별하지 않고 법인격이 인정되고 있다. 우리나라 민사소송법 제52조는 비법인사단에 대해서도 당사자능력을 인정하고 있고, 현재 활동하고 있는 소비자단체는 대부분 법인격을 취득하고 있으므로 법인격의 요부는 큰 문제가 되지 않을 것이다.

4. 변호사 강제주의

민사소송에 관하여 우리나라에서는 변호사강제주의를 취하고 있지 않다. 그러나 소비자단체소송에서는 소비자의 권익실현을 위하여 단체소송을 제기하는 단체(원고)는 소송수행에 관하여 변호사를 선임하고 소송수행업무를 위임하여야 한다(동법 제72조)고 하여 변호사 강제주의를 채택하고 있다. 이는 증권관련 집단소송에서 원·피고 모두에게 변호사대리를 강제하는 것과 대조된다(동법 제5조 제1항). 그러나 증권관련 집단소송에서도 피고에 대한 변호사 강제주의의 적용은 별 의미가 없는데, 이는 피고가 변호사를 선임하지 않아도 이를 강제할 방법이 없기 때문이다.

5. 소송물

(1) 단체소송의 대상

소비자는 사업자가 소비자기본법 제20조를 위반하여 소비자권익을 침해한 경우 단체소송을 제기할 수 있다(동법 제70조). 즉 동법 제20조에 따라 위해행위의 기준(제8조 제1항), 표시기준(제20조 제2항), 광고기준(제3항), 사업자가 지정 고시한 부당행위(제4항), 개인정보 보호기준(제5항)에 위반한 경우이다. 동규정에는 위의 5가지 유형으로 한정된 것으로 보이지만 동규정에 따라 직접적으로 위반한 경우뿐만 아니라, 소비자권익 침해행위에 포함될 수 있는 것은 소비자를 보호하기 위하여 제정된 법률인 소비자기본법, 약관규제법, 할부거래법, 방문판매법, 전자상거래소비자법에 위반되는 소비자의 권익을 침해하는 행위들뿐만 아니라 공정거래법, 표시·광고법, 가맹사업거래의 공정화에 관한 법률 등 사업자의 거래질서에 관한 법률에 위반되는 행위로 간접적으로 소비자의 권익을 침해할 수 있는 행위도 포함된다고 해석해야 할 것이다.[23] 구체적으로는 불공정약관의 사용, 위해물품의 판매, 비서면할부거래, 부적절한 내용의 서면계약서 사용, 청약철회권행사 방해, 방문판매법 등 소비자보호법령상 위반행위 등도 대상이 될 것이다. 즉, 동조에 따르면 개별법상 수많은 소비자관련법규를 위반한 경우 모두 소송대상이 됨으로써 약자보호에 충실한 조항이라고 할 수 있다.

(2) 단체소송의 요건

소비자권익의 침해행위에 대하여 단체가 소송을 제기하기 위한 요건으로서는, ① 물품 등의 사용으로 인하여 소비자의 생명·신체 또는 재산에 피해가 발생하거발생할 우려가 있는 등 다수 소비자의 권익보호 및 피해예방을 위한 공익상의 필요가 있을 것, ② 제73조의 규정에 따른 소송허가신청서의 기재사항에 흠결이 없을 것, ③ 소제기단체가 사업자에게 소비자권익 침해행위를 금지·중지할 것을 서면으로 요청한 후 14일의 요건을 모두 충족하여야 한다.

사업자의 위반행위로 인해 소비자의 생명·신체 또는 재산에 대한 권익이 직접적으로(직접성) 침해되고 있으며(현재성), 그 침해가 계속될 경우(계속성)에 단체가 소송을 제기할 수 있도록 규정하고 있다.

---

23) 동지, 김원기·박수영, 전게 논문, 134면.

1) 침해의 계속성 단체소송의 요건으로서 침해의 계속성을 요한다. 이를 엄격히 해석하면 제1회의 침해뿐만 아니라 계속적인 침해가 요구된다. 이렇게 되면 청구를 너무 제한적으로 인정하게 됨으로써 피해의 발생과 확대방지를 위해 소비자단체소송제도를 도입하려는 목적을 충분히 살릴 수 없다. 즉, 침해의 계속성을 요구함으로써 만약 제소단계에서는 위반행위로 인한 침해가 계속 진행 중이었다 하더라도 제소 후 위반행위를 기업이 스스로 중단하게 되는 경우에는 소의 이익이 상실되어 당해 소는 각하되어야 한다는 결론에 이르게 된다. 손해배상청구가 인정되지 않고 부작위청구만을 인정하는 단체소송제도에서는 피고의 자의적인 행위에 따라 소의 유지여부가 결정되는 매우 불합리한 결론에 이르게 된다. 이는 금지·중지의 의미를 방해배제청구로만 상정한 것인데, 침해뿐만 아니라 침해의 우려가 있는 경우에도 금지·중지를 청구를 인정하는 것이 단체소송제도의 취지에 부합한다 할 것이다.

2) 침해의 현실성 단체소송의 허가요건을 규정하고 있는 동법 제74조 제1호는 '법 제20조 규정 위반으로 인한 소비자피해'라고 규정하지 아니하고 "물품등의 사용으로 인한" 소비자피해에 국한하고 있을 뿐 아니라, '공익상의 필요'를 추가해서 요구하고 있는 반면, '피해발생의 우려'만으로도 소송허가를 받을 수 있어 피해의 현실성을 요구하고 있지 않다. 침해의 현실성을 요구하고 있는 제70조의 규정과 다소 모순된다는 지적이 있으나, 이는 사전심사단계에서는 법률요건을 완화하여 심사하는 것이 타당하므로 적절하다고 보이고, 오히려 '물품등의 사용으로 인한' 소비자피해에 국한하고 있는 부분이 사전심사단계에서 본안심사단계보다 엄격한 심사를 해야 한다는 것은 이치에 맞지 않으므로 그 개정이 필요하다고 보인다.

(3) 침해행위의 금지·중지청구

소비자소송제도와 관련한 각국의 입법례 중 독일의 '단체소송'을 모델로 입법한 이유 중 하나는 소송물을 '소비자권익침해행위의 금지 혹은 중지'로 한정하려는 데 있었다.[24] 소비자들이 입은 피해에 대한 손해배상소송을 집단적으로 인용

24) 독일에서는 단체소권의 법적 성질에 대해 고유권설, 법정소송담당설, 특수제소권설, 민중소송설 등이 주장되고 있는데, 이는 단체소송이 금지를 구하는 소인 관계로 이를 실체법상의 부작위청구와의 관계에 대해 어떻게 보느냐에 따라 차이를 보이고 있다. 즉 고유권설은 소비자단체에 주어진 고유한 금지청구권으로부터 도출된다고 하고, 법정소송담당설은 소비자단체가

하기 보다는 침해행위의 금지 혹은 중지를 요청하는 부작위청구소송의 형태로 소비자소송제도를 운용함으로써 기업의 부담을 덜어주기 위함이다. 따라서 소비자 피해에 따른 손해배상청구는 여전히 기존의 개별적인 손해배상소송이나 공동소송의 형태로 이루어질 수밖에 없다.

다만, 한국소비자원의 소비자분쟁조정위원회에서는 일괄분쟁조정제도를 통하여 동일한 사안에서 피해를 입은 소비자들의 배상청구를 일괄하여 조정하는 것이 가능하게 되었다.

6. 소비자 단체소송의 수행

(1) 냉각기간

소송의 이전단계에서 소비자단체는 해당사업자에게 소비자의 권익을 침해하는 행위의 중단을 서면으로 요청하여야 하며, 이러한 최고절차를 거치고 14일이 지난 후에야 비로소 소송을 제기할 수 있다(동법 제74조 제1항 제3호). 이는 사업자의 자율적 시정을 위한 냉각기간을 두어 단체소송의 남발을 방지하기 위한 것으로 볼 수 있다.

(2) 전속관할

단체소송의 관할권은 피고가 되는 기업의 주된 사무소 혹은 영업소가 있는 곳의 지방법원 본원의 합의부의 관할에 전속한다(제71조 제1항). 만약 외국인 사업자의 경우에 대한민국에 그 주된 사무소가 있는 경우에 그 사무소가 있는 곳의 지방법원 합의부가 담당재판부가 될 것이다(동조 제2항). 피고가 외국사업자인 경우 피고의 주된 사무소나 영업소가 국내에 없는 경우, 국내의 거소지 관할법원이 관할권을 갖게 하는 등의 보충적 규정이 필요하다.

소비자기본법 제71조에서는 피고의 주된 사무소나 영업소 소재지 지방법원 본원 합의부를 전속관할 법원으로 규정하고 있는데, 관할법원과의 물리적인 거리는 소의 제기와 소송 수에 매우 큰 영향을 미친다는 점을 고려한다면, 이는 관할

한정된 집단의 집합적 권리를 대표하여 행사하는 것으로 소비자단체는 타인의 권리를 자신의 이름으로 주장한다고 한다. 특수제소권설은 원고의 실체법상의 부작위청구가 아닌 순수한 소송법상의 제소권이라고 하며, 민중소송설은 제소권이 부여되는 기준은 특정단체의 이익이나 소제기의 동기가 아니고 통제의 유효성이며, 법적 통제를 보다 강화하기 위한 것으로 본다. 이에 대해서는 김원기·박수영, 전게 논문, 각주 4) 참조.

법원과의 물리적 거리로 인한 소송제기와 소송 수행상 피해자들에게 불리하게 작용할 수 있는 불합리한 규정으로 보인다. 소비자가 소송을 통하여 피해를 구제받기 위해서는 재판절차로의 접근과 재판절차 내에서의 활용이 용이하여야 한다. 재판에 소요되는 비용, 시간 등이 지나치게 과다하거나 재판절차내로 들어가서 절차의 복잡, 시간의 지연, 소비자의 특성이 감안되지 않은 일률적인 법률의 적용 등은 소비자의 재판청구권에 지장을 초래하게 된다. 따라서 소비자거래에 있어서는 일반민사소송법과는 달리 토지관할에 있어 소비자 또는 피해자주소지에서 제소할 수 있는 법적 규정을 도입하는 방안을 모색할 필요가 있다. 그런데, 이와 관련하여 소비자 집단피해의 경우는 피해자가 다수이므로 어떤 원고의 주소지를 근거로 관할을 정할지가 문제될 수 있다. 그러나 소비자 단체소송에 있어서는 소비자단체가 소비자의 법정소송담당자로 볼 수 있다. 따라서 단체가 소비자를 위해 소를 제기하더라도 소비자 보호이념은 유지되어야 한다는 점에서 보더라도 소를 제기하는 단체의 주소지에 관할을 두는 것이 더 타당하리라고 본다.

국제사법 제27조는 헤이그협약초안과 EU의 브뤼셀 규칙을 수용하여 소비자를 위한 보호관할 규정을 설치하고 소비자가 원할 경우 언제나 그의 상거소지에서 사업자를 상대로 소를 제기할 수 있는 것을 현재 국제적으로 통용되는 준칙으로 하고 있다. 소비자기본법 제71조는 국내사건의 경우 뿐 아니라 섭외사건을 고려한다면 이러한 국제적인 추세에 역행하는 규정이라 할 수 있다.

(3) 소송허가신청

동법 제70조에 따른 단체소송을 제기할 수 있는 자격요건을 갖춘 단체라도 소송허가요건을 충족시켜야 단체소송이 가능하다. 즉, 단체가 소송을 제기하는 경우 해당단체는 소장과 함께 단체소송허가신청서를 법원에 제출하여야 하는데, 단체소송허가신청서에는 원고와 소송대리인, 그리고 피고, 금지·중지가 요구되는 사업자의 소비자권익침해행위가 구체적으로 제시되어야 하며(제73조 제1항), 해당단체의 원고적격을 소명할 수 있는 자료와 소제기 14일 이전에 한 사업자에 대한 최고서면 및 사업자의 의견서 등을 첨부하여야 한다(제73조 제2항). 법원이 소송을 허가하면, 비로소 단체소송이 진행되고, 이에는 민사소송법 및 대법원 규칙이 준용된다(제76조 제1항).

(4) 보전처분

단체소송에 대한 법원의 판결이 내려지기 이전이라 할지라도 필요한 경우에는 원고는 피고기업에 대하여 가압류, 가처분 등의 민사집행법 제4편에 따른 보전처분을 할 수 있고(제76조 제2항), 이는 소비자의 권익침해에 대한 예방조치가 시급히 필요할 경우에 매우 유용한 수단이 될 수 있을 것이다. 그런데 이러한 보전처분은 '소송허가결정이 있은 후'에야 비로소 가능하기 때문에(제76조 제2항), 원래의 보전처분의 기능을 매우 제한하는 측면이 있다.

(5) 민사소송법의 적용

단체소송에 관한 소비자기본법에 특별한 규정이 없는 경우에는 민사소송법을 적용한다(제76조 제1항). 따라서 단체소송의 심리는 원칙적으로 일반 민사소송처럼 당사자주의, 변론주의, 쌍방심리주의가 적용되고, 사실과 증거의 수집제출에 있어 현행 민사소송제도상의 원칙을 고수한다. 특히, 주장책임과 증명책임에 있어서 특별히 원고측에 유리한 조항은 규정하지 않고 있다.

7. 기판력

(1) 다른 소비자단체에 대한 효과

동법에서는 남소의 우려와 소송의 이용제한의 우려 양자를 모두 고려한 조치로써, 청구기각의 경우에 판결의 효력을 확장하되, 객관적인 연구결과나 명백한 증거자료가 나타나면 판결의 효력이 확장되지 않도록 조치하고 있다(제75조). 즉 원고의 청구를 기각하는 판결이 확정된 경우 이와 동일한 사안에 관하여는 제70조의 규정에 따른 다른 단체는 단체소송을 제기할 수 없다. 다만, ① 판결이 확정된 후 그 사안과 관련하여 국가 또는 지방자치단체가 설립한 기관에 의하여 새로운 연구결과나 증거가 나타난 경우, ② 기각판결이 원고의 고의로 인한 것임이 밝혀진 경우에는 그러하지 아니하다.

소비자기본법 제75조는 원고의 청구를 기각하는 판결이 확정된 경우, 이와 동일한 사안에 관해서는 다른 단체가 단체소송을 제기할 수 없다고 규정하여 증권관련 집단소송제도[25]와 달리 청구기각 판결에 대해서만 기판력의 주관적 범위를

25) 증권관련 집단소송법에서는 모든 확정판결에 대해 기판력의 주관적 범위를 확장하고 있다. 증

확장하고 있다.

(2) 소비자에 대한 효과

독일의 경우 판결의 효력은 소송 당사자들에게만 미쳐 일방의 소송판결 기판력이 다른 소송에 영향을 미치지 않으나, 부당약관의 금지에 대해서는 패소한 약관 사용자가 금지명령을 위반할 때에는 위반으로 영향을 받은 계약당사자는 금지명령의 판결을 원용하여 약관에 포함된 그 조항을 무효로 할 수 있다고 하여, 기판력의 예외로서 판결의 효력을 제3자에게 확장하고 있다. 그러나 우리나라는 민사소송의 원칙대로 소비자단체가 취득한 승소판결의 효력은 소송에 참가하지 아니한 개개의 소비자에게는 미치지 않는다.

8. 손해배상청구권의 인정 필요성

소비자기본법 제70조에 따라, 일정한 자격을 갖춘 단체는 소비자권익침해행위의 금지・중지를 구하는 소송을 제기할 수 있으나 금전배상청구는 인정되지 않아, 결국 위법행위를 통한 불법 이득이 행위자에게 그대로 남는 불합리한 결과를 초래하고 있다.[26)]

세계적으로 단체소송의 형태는 영미의 대표당사자소송과 구분하기 어려울 정도로 혼합된 형태로 운영되고 있으며 EU국가 중에서 전통적으로 단체소송의 금전청구를 배제해 온 가장 보수적인 독일마저도 최근 부정경쟁방지법(법 제10조 제1항)의 개정을 통해 불법적으로 얻은 이익을 정부재정에 환수하게 하는 소위 이익환수방식의 구제를 인정하기에 이르렀다. 이러한 국제적인 입법추세에 비추어 볼 때 우리나라 단체소송이 단순히 부작위를 명하는 선에서 제한되어서는 곤란하다.

권 관련 집단소송법 제38조(기판력의 주관적 범위)는 확정판결은 제외신고를 하지 아니한 구성원에 대해서도 효력이 미친다고 규정하고 있다.

26) 독일의 단체소송제도는 법위반행위의 금지뿐만 아니라 예외적으로 소비자단체 등이 법위반행위로 인한 이익의 환수를 청구할 수 있도록 하고 있다. 예컨대, 독일의 부정경쟁방지법은 부정경쟁행위를 통하여 소비자의 이익을 침해함으로써 부당한 이익을 얻은 경우에는 소비자단체가 그로 인한 이익의 환수를 청구할 수 있도록 하고 있다. 이는 피해액의 분배에 초점을 맞추는 것보다는 재판상 소구를 통하여 가해자의 위법행위를 억지하고 소비자단체의 기금으로 귀속시킬 수 있는 장점이 있다. 한충수, 전게논문, 168-169면.

제6절 소비자 단체소송제도의 실효성 제고방안

1. 다양한 집단적 피해구제 시스템 구축

소비자에게 집단적인 피해가 발생한 경우 소비자집단소송이나 소비자단체소송 혹은 집단분쟁조정 등 다양한 제도가 있음을 살펴보았다. 우리나라에서는 집단분쟁조정제도와 소비자단체소송제도를 도입하고 있다. 오늘날 소비자 피해유형은 다양하기 때문에 소비자피해를 유형화할 필요가 있다.[27] 즉, 불특정 다수인에게 소액의 피해가 유발된 경우로서 개별 피해자의 정확한 파악이 어려울 뿐만 아니라 각 피해자의 손해액도 소액인 관계로 소 제기의 유인이 없는 경우와 불특정 다수의 피해자가 발생하였지만 피해자의 파악이 어느 정도 가능하고 개별 피해자 역시 나름대로 고액의 손해배상청구를 기대함으로써 개별적인 소제기의 동기를 있는 경우로 나누어 접근하여야 한다.

다음으로 피해자 집단 혹은 단체의 접근권을 제고하여야 한다. 현재의 소비자 단체소송제도는 소비자단체에게 비용부담을 지움으로써 그 실효성이 의문시되고 있다. 단지 소비자단체소송에서 금지·중지만을 구할 것이 아니라 사업자에게 부당이득을 환수하여 소비자단체의 비용에 충당하게 하거나 그렇지 않으면 일정액의 소송비용을 지원하도록 해야 한다.

그 실효성에 의문이 가는 소비자단체소송뿐만 아니라 소비자집단소송을 도입하여 일정한 요건하에 손해배상책임을 인정해야 할 것이다.

2. 증명책임의 경감 내지 전환

소비자기본법 70조에서는 동법 20조가 정하는 사업자의 위반행위 이외에 구체적인 침해와 그 계속성을 요구하고 있다. 동법은 입증책임에 관하여 별다른 규정을 두고 있지 않기 때문에 일반적인 입증책임분배 이론에 따라야 한다. 이 경우 소송요건인 사업자의 위반행위, 구체적인 침해와 그 계속성, 사업자의 위반행위와 침해 사이의 인과관계는 원고가 입증책임을 부담한다. 또한 입증의 정도는 법관에게 확신을 줄 정도로 입증하여야 한다. 그러나 다른 소비자소송과 마찬가지

27) 한충수, 전게논문, 167면.

로 소비자단체소송의 경우에도 이러한 요건을 소비자단체가 입증하기가 용이하지 않다. 따라서 법원이 민사소송인 제조물책임소송이나 의료과오소송, 환경오염소송에서 요건에 대한 사실상의 추정을 하거나 입증의 정도를 완화하여 개연성설을 취하고 있는데, 소비자단체소송에서도 동일하게 적용될 수 있을 것으로 보인다.

그러나 소비자단체소송의 경우에 소비자보호를 위해

동법은 입증책임에 그런데 이 때 사업자의 위반행위와 침해 상호간에 인과관계가 추정 된다고 볼 수 있는지 의문이다. 그렇게 보지 않는다면 소비자 측이 상호간의 인과관계를 입증해야 하는데 이는 현실적으로 사실상 불가능하다. 따라서 약자의 입장에 있는 소비자를 위해 증명책임(입증책임)을 전환하는 입법도 고려할 만 하다.

3. 법원의 전문성 강화

오늘날 집단 소비자분쟁의 영역은 실로 다양하다. 전통적인 소비자매매형 분쟁뿐만 아니라, 소비자신용형 분쟁 의료서비스계약과 같은 소비자역무제공형 분쟁, 사업자의 환경오염, 제조물책임, 언론에 의한 침해 등 경제의 전영역에서 발생할 수 있다. 따라서 집단소송제도의 도입은 단순히 외국의 제도를 도입하기 보다는 우리의 현실을 감안하여 재단할 필요가 있다.

왜냐하면 집단소송제가 원래 의도한 기능을 발휘하기 위해서는 독립성이 보장된 사법기관의 존재, 법관의 독립, 전문직역의 변호사 등 전문 인력의 존재, 국민들의 성숙한 법의식 같은 요소를 두루 갖춰야 하기 때문이다.

소비자피해 관련 소송에서는 과실입증 및 각종 조사과정에서 전문적이고 과학적인 지식의 원조를 필요로 하는 경우가 많다. 또한 환경피해와 같은 유사한 형태의 계속적인 집단피해를 방지하기 위해서는 신속하고 효과적인 피해구제가 이뤄져야 하므로 집난피해를 해결하는 전담부서를 설치하여 원인규명, 피해액산정, 소송절차의 간소화 등 보다 전문적이고 능률적인 소송수행이 이뤄질 수 있도록 하는 것을 고려할 만하다. 법원 내에 독립 부서를 통해 집단피해소송만을 전담하는 방법도 가능하며, 필요에 따라서는 소비자피해에 한하여 한국소비자원에 변호사자격 및 사법적 능력을 갖춘 전문가를 구성하여 별도의 독립적 부서를 구성하는 것도 고려할 만하다.

4. 소송비용의 확보

소비자단체소송이 도입된 이후 단 1건만이 제기되었다는 사실은 소비자단체소송의 한계를 드러내고 있다. 당사자적격을 소비자단체에게만 부여하였고, 금지 내지 중지청구만 인정하고 손해배상청구는 배제함으로써 경제적으로 열악한 지위에있는 소비자단체들이 소송비용을 감당하면서까지 소비자단체소송에 선뜻 나서지 않기 때문이다. 소비자주권에 걸맞는 소비자구제수단을 갖추기 위해서는 소비자단체소송을 활성화할 수 있는 방안을 강구해야 한다. 그 방안의 하나로 소비자단체소송을 통하여 사업자의 부당한 이익의 환수를 하여 소비자단체에게 일정액을 귀속시키거나 소비자단체소송 비용의 일부를 국가나 지방자치단체에서 보조하는 방법도 생각할 수 있다.

5. 대체적 분쟁해결 수단의 활성화

오늘날 우리 사회는 급격한 후기산업사회에 진입하면서 제품의 대량생산과 대량소비로 말미암아 이제 생산자중심주의에서 소비자중심주의로 변모하고 있다. 과거 소비자 구제방안은 주로 공법적 규제로서 행정청이 소비자정책에 깊숙이 관여하여 후견적 지위에서 소비자보호를 꾀해 왔다. 여러 분야에서 소비자보호의 필요성이 대두될 때마다 특별법의 제정을 통하여 이를 해결해 왔다. 대개 이러한 법률들은 공법적 규제수단과 함께 형사법적 제재수단까지 병과함으로써 당사자의 자율적인 상호교섭에 의한 분쟁해결이나 사업자의 자율적인 분쟁해결의 모색 등에 대하여는 관심이 상대적으로 적었다.

오늘날 소비자들의 피해는 비록 소액일지라도 다수의 광범위한 영역에서 발생하는 특색을 가지고 있어서, 이 점에서 집단소송제도는 매우 효과적인 사법제도이다. 또한 집단소송제도의 도입으로 기업체는 막대한 손해를 배상해야 하는 집단소송을 피하기 위하여 소비자를 위한 각종의 경제제도, 예컨대, 리펀드제도, 리콜제도, 소비자피해배상보험 등을 자율적으로 마련하게 되었고, 그 결과 국민의 소비생활과 삶의 질은 더욱 향상되고 기업경영은 전보다 투명하게 되었다. 그렇지만 집단소송제도는 그 효과는 막강해야 하되, 소비자의 집단적인 피해에 대한 구제방법으로서 최후 수단이어야 할 것이다.

소비자법이라고 하여 전적으로 소비자를 약자로 상정하여 제도와 구제수단의 초점을 소비자에게만 맞출 경우 오히려 국민경제에 역행할 우려가 있기 때문에 적절하고 신속한 소비자피해구제와 사업자의 건전한 기업활동이 균형을 이루도록 조절할 필요가 있다. 특히 소비자의 피해가 집단적으로 발생할 경우에는 더욱 더 그러하다. 따라서 이러한 제도를 이용함에 있어 다른 사법적 구제수단보다 쉽거나 또는 원고인 소비자에게만 유리한 절차이어서는 안된다.

집단소송의 기본적 취지는 소액다수의 소비자피해, 환경오염인 공해 등으로 인한 기본적 삶의 권리를 침해당하는 다수의 시민, 불공정거래행위 등 기업과 영업자들의 무질서한 경제행위로 인한 피해를 구제하기 위한 것이라고 볼 수 있다. 그러나 이 같은 취지의 법이 지나치게 남용되면 사회적 비용을 증가시키고 법원의 업무를 가중시키거나, 집단적 이기주의로 인한 소송남용으로 기본적 취지를 왜곡할 우려가 있다. 즉 집단소송과 관련하여 간과해서는 안 될 중요한 부분은 집단소송을 기존의 다른 제도들을 모두 제치고 가장 손쉽게 의지할 수 있는 수단으로 인식해서는 안 된다는 점이다. 독일의 소비자단체소송의 운영 실태를 살펴보더라도, 소비자피해구제를 위한 단체소송은 다른 형태의 사법적 처리나 조치에 비해 수적으로 극히 제한적으로 활용되어 왔다. 따라서, 단체소송제도와 같은 사법적구제 이외의 소송외적 구제방안도 활성화시켜 남소를 방지하고 소송경제를 이루는 것도 병행할 필요가 있다.

찾아보기

판 례

사 항

ㅅ

ㅇ

ㅎ

著者 略歷

宋 五 植

전남대학교 법과대학 및 동대학원 졸업(법학박사)
미국 워싱턴대학(St. Louis) 로스쿨 방문교수
광주고등법원 민사 · 가사조정위원
대한상사중재원 중재위원
전라남도 소청심사위원장
사법시험, 행정고시, 입법고시 시험위원
현 전남대학교 법학전문대학원 교수

저서 및 논문

계약법 증보판(전남대학교출판부, 2013)
불법행위법(법률정보센타, 2012)
민법총칙(공저, 형설출판사, 2009)
물권법(형설출판사, 2008)
전자상거래와 법(금왕출판사, 2000)
인터넷 이용자의 법적 지위(공저, 전남대학교출판부, 2002)
여성과 법(공저, 형설출판사, 2005)
가상공간법(전남대학교출판부, 2005)
불법행위에 있어서 귀책근거와 예방적 효과론
가상공간에 있어서 민사법적 대응과 전자적 의사표시
환경오염과 사법적 구제
전자거래와 소비자보호
제조물책임법상의 결함
컨설팅계약과 법적 문제
사용자의 안전배려의무
전자소비자계약 등 다수

소비자법

인 쇄 | 2013년 6월 20일
발 행 | 2013년 6월 25일

저 자 송오식
발행인 지병문
발행처 전남대학교출판부

등 록 1981년 5월 21일 제53호
주 소 500-757 광주광역시 북구 용봉로 77
전 화 062-530-0571~2
마케팅 062-530-0573
팩 스 062-530-0579
홈페이지 http://www.cnup.co.kr

값 32,000 원

ISBN 978-89-6849-022-4 (93360)

이 도서의 국립중앙도서관 출판시도서목록(CIP)은 서지정보유통지원시스템 홈페이지(http://seoji.nl.go.kr)와 국가자료공동목록시스템(http://www.nl.go.kr/kolisnet)에서 이용하실 수 있습니다. (CIP제어번호: CIP2013009006)